吉林省矿产资源潜力评价系列成果，
是所有在白山松水间
辛勤耕耘的几代地质工作者
集体智慧的结晶。

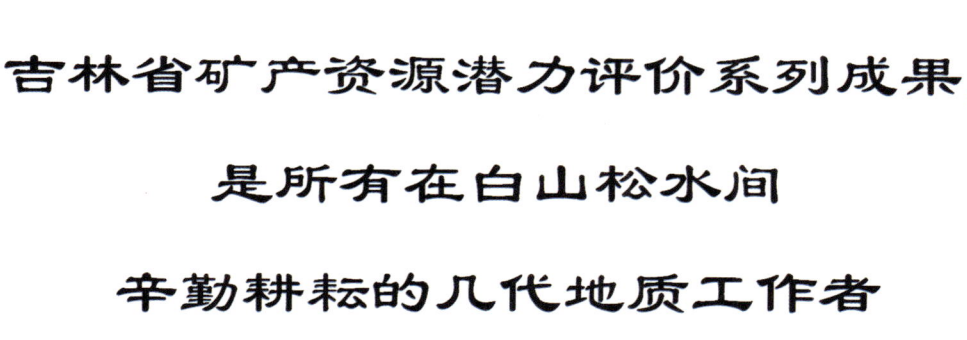

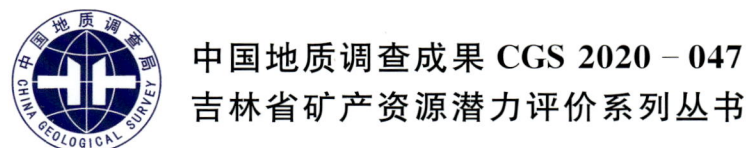

中国地质调查成果 CGS 2020–047
吉林省矿产资源潜力评价系列丛书

吉林省矿产资源潜力评价化探资料应用研究

JILIN SHENG KUANGCHAN ZIYUAN QIANLI PINGJIA
HUATAN ZILIAO YINGYONG YANJIU

杨复顶　李楠　李任时　徐曼　等编著

图书在版编目(CIP)数据

吉林省矿产资源潜力评价化探资料应用研究/杨复顶等编著.—武汉:中国地质大学出版社,2020.11
(吉林省矿产资源潜力评价系列丛书)

ISBN 978-7-5625-3806-6

Ⅰ.①吉…
Ⅱ.①杨…
Ⅲ.矿产资源-资源潜力-资源评价-吉林
Ⅳ.①F426.1

中国版本图书馆 CIP 数据核字(2020)第 222803 号

吉林省矿产资源潜力评价化探资料应用研究		杨复顶 等编著
责任编辑:马 严 选题策划:毕克成 段 勇 张 旭		责任校对:徐蕾蕾
出版发行:中国地质大学出版社(武汉市洪山区鲁磨路388号)		邮编:430074
电　　话:(027)67883511　　　传　　真:(027)67883580		E-mail:cbb@cug.edu.cn
经　　销:全国新华书店		http://cugp.cug.edu.cn
开本:880毫米×1230毫米　1/16	字数:638千字	印张:20.75
版次:2020年11月第1版	印次:2020年11月第1次印刷	
印刷:湖北睿智印务有限公司		
ISBN 978-7-5625-3806-6		定价:268.00元

如有印装质量问题请与印刷厂联系调换

吉林省矿产资源潜力评价系列丛书
编委会

主　　任：林绍宇
副主任：李国栋
主　　编：松权衡
委　　员：赵　志　赵　明　松权衡　邵建波　王永胜
　　　　　于　城　周晓东　吴克平　刘颖鑫　闫喜海

《吉林省矿产资源潜力评价化探资料应用研究》

编著者：杨复顶　李　楠　李任时　徐　曼　张红红
　　　　任　光　马　晶　崔　丹　宋小磊　陈　雷
　　　　齐　岩　曲洪晔　王鹤霖　李春霞　袁　平

前 言

《吉林省矿产资源潜力评价化探资料应用研究》的编著由吉林省地质调查院化探专题组承担。项目于2006年6月启动，2013年提交成果，旨在配合全国矿产资源潜力评价统一部署，摸清吉林省矿产资源家底，并实现成矿地质理论和技术方法创新，培养一批综合型地质矿产人才。

该研究成果在1∶20万和1∶5万区域地球化学水系沉积物测量的基础上，利用化探数据的分布特征，结合成矿地质背景、成矿条件以及矿化成因类型，编制完成了全省地球化学工作程度图、全省元素地球化学图、单元素异常图、元素组合异常图、元素综合异常图、地球化学找矿预测图。根据因子分析编制了地球化学推断地质构造图；根据吉林省地质、地理、地貌、水文、气象、土壤、植被等综合资料和以往景观地球化学的研究成果编制地球化学景观图；根据1∶5万化探资料编制预测工作区主要元素地球化学图、异常图、组合异常图、综合异常图、找矿预测图；根据中大比例尺水系、土壤、岩石资料进行典型矿床地球化学研究，编制主要元素剖析图、矿床异常图；建立矿床地质—地球化学找矿预测模型，编制典型矿床地球化学找矿模型集。并优选全省铜矿典型矿床进行吉林省铜资源地球化学定量预测。

对吉林省12个Ⅳ级成矿带进行了地球化学综合研究，阐明不同成矿带地质矿产特征，主要成矿元素的分布规律以及区域地球化学场对成矿岩浆系统的有力支撑。

对预测工作区主要成矿元素异常地球化学场在各种地质背景下的分布分配规律、元素组合特征及找矿预测进行具体分析评价，总结地球化学找矿标志。

对13个矿种的预测成果进行地球化学综合评价。阐述各预测矿种的元素地球化学属性（亲氧性、亲硫性、亲铁性），成矿元素在内生及外生地质作用下，在各种介质中迁移、分散、富集机制；矿种的预测类型以及元素异常组合的空间分布规律，圈定预测靶区。

以上工作最终为成矿规律、成矿预测以及矿产调查、勘查部署、矿权维护等方方面面提供了重要的地球化学技术支撑，并取得良好预测效果。

吉林省化探资料应用成果的研究历时五年，投入了大量的人力和物力，在全国化探专家以及沈阳地质研究中心的大力指导下，在全体工作人员的共同努力下，吉林省化探资料应用成果研究顺利完成。尤其在后期编著以及修改当中，项目主要成员李楠、李任时、李春霞、任光等付出了很大心血，在此表达诚挚的谢意！

作为吉林省矿产资源潜力评价系列丛书之一，能为吉林省的矿产勘查事业做点贡献，我们深感欣慰。由于能力有限，加之资料的不完整性，其中必存在诸多问题，望广大读者批评指正！

杨复顶

2020年6月

目 录

第一章　绪　论 …………………………………………………………………………… (1)
　　第一节　项目概况 ………………………………………………………………………… (1)
　　第二节　任务完成情况 …………………………………………………………………… (1)
　　第三节　取得主要成果 …………………………………………………………………… (5)

第二章　化探工作程度 ……………………………………………………………………… (7)
　　第一节　工作程度 ………………………………………………………………………… (7)
　　第二节　资料收集及可利用程度 ………………………………………………………… (9)

第三章　方法技术及质量评述 ……………………………………………………………… (11)
　　第一节　编图原则及依据 ………………………………………………………………… (12)
　　第二节　数据处理与解释方法 …………………………………………………………… (15)
　　第三节　编图方法技术 …………………………………………………………………… (17)
　　第四节　质量评述 ………………………………………………………………………… (24)

第四章　地质矿产及区域地球化学特征 …………………………………………………… (25)
　　第一节　地质矿产概况 …………………………………………………………………… (25)
　　第二节　地球化学地理景观特征 ………………………………………………………… (30)
　　第三节　区域地球化学特征 ……………………………………………………………… (33)

第五章　地球化学综合研究成果 …………………………………………………………… (46)
　　第一节　单元素地球化学图与异常图 …………………………………………………… (46)
　　第二节　典型矿床地球化学特征及找矿模式 …………………………………………… (55)
　　第三节　地球化学组合与综合异常特征分析 …………………………………………… (194)
　　第四节　地球化学推断地质构造 ………………………………………………………… (209)
　　第五节　预测工作区地球化学研究 ……………………………………………………… (210)

第六章　地球化学找矿预测区圈定及综合评价 …………………………………………… (243)
　　第一节　预测矿种成矿地球化学分析 …………………………………………………… (243)
　　第二节　找矿预测区、靶区圈定 ………………………………………………………… (246)
　　第三节　找矿预测区、靶区特征及综合评价 …………………………………………… (253)
　　第四节　综合评价成果应用 ……………………………………………………………… (317)

第七章　结论与建议 ………………………………………………………………………… (318)
　　第一节　主要结论 ………………………………………………………………………… (318)
　　第二节　问题与建议 ……………………………………………………………………… (320)

主要参考文献 ………………………………………………………………………………… (321)

第一章 绪 论

第一节 项目概况

《吉林省矿产资源潜力评价化探资料应用研究》是源于吉林省矿产资源潜力评价与综合项目之吉林省物探化探遥感自然重砂综合信息评价课题。总项目为全国矿产资源潜力评价,由中国地质调查局总体负责实施,吉林省国土资源厅为管理单位,吉林省地质调查院为项目承担单位。工作目的主要是通过对化探资料的全面整理与深入研究,即以1∶20万水系沉积物测量数据为基础,结合1∶5万以及更大比例尺的化探资料,对吉林省中东部地区进行地球化学成果图件的编制,并对银、镍、钼、铬铁矿、硼、萤石进行找矿预测,进而为吉林省矿产资源潜力评价提供重要的化探找矿预测信息。

项目任务书编号为资〔2006〕03901-(07-37)号、资〔2007〕038-01-07号、资〔2008〕02-01-08号、资〔2009〕增16-07号、资〔2012〕02-001-007号、资〔2013〕01-033-001号。

项目性质:资源评价。

项目工作时间:2006—2013年。

化探课题组以吉林省多年来在区域地球化学和矿产地球化学勘查方面获取的丰富数据为研究对象,系统地总结和应用了地球化学资料在找矿预测过程中的研究成果,为全面完成吉林省矿产资源潜力评价工作作出应有的贡献。其任务目标如下。

(1)充分利用现代计算机技术和GIS技术,对已获取的区域地球化学勘查数据进行收集、整理、集成和综合。

(2)深入研究本省主要成矿元素及元素组合在空间上的分布特征,依据《化探资料应用技术要求》编制地球化学图件,并对元素地球化学异常图、组合异常图、综合异常图以及地球化学找矿预测图进行解译,提取化探信息,为本省矿产资源潜力评价提供地球化学找矿依据。

(3)以成矿地质理论和地球化学理论为指导,开展全省重要矿产资源的区域地球化学找矿预测。预测矿种主要为金、铜、铅、锌、钨、锑、稀土、银、镍、钼、铬铁矿、硼、萤石。

(4)以找矿预测区为单元,开展本省铜资源地球化学定量预测工作。

(5)提交成果图件及化探资料应用成果汇总报告。

第二节 任务完成情况

按照吉林省总体设计要求,本次工作共选择了32种单元素,7种氧化物共计39种地球化学元素。依据《化探资料应用技术要求》,应用1∶20万地球化学数据库中水系沉积物测量数据,选择适当窗口,分别制作省级各类地球化学图件。同时,搜集整理1∶5万及更大比例尺的化探资料,并按规范要求录入在 Excel 文档中。以本省划定的预测工作区及典型矿床为单元,制作预测工作区及典型矿床的相应图件。最后,对异常信息进行综合研究和评价,按照矿种展开地球化学找矿预测,并完成化探报告的编写。

一、省级图件 129 张,成图比例尺 1∶50 万

省级图件 129 张,具体见表 1-2-1。

表 1-2-1　吉林省省级提交图件一览表

目录	比例尺	数量(张)	建库情况	备注
吉林省地球化学工作程度图	1∶50 万	1	建库	
吉林省地球化学景观图	1∶50 万	1	建库	
吉林省单元素(氧化物)地球化学图	1∶50 万	39	建库	
吉林省单元素(氧化物)地球化学异常图	1∶50 万	39	建库	
吉林省元素组合异常图	1∶50 万	22	不建库	按矿化类型编制
吉林省地球化学元素综合异常图	1∶50 万	13	建库	按预测矿种编制
吉林省地球化学推断地质构造图	1∶50 万	1	建库	
吉林省地球化学找矿预测图	1∶50 万	13	建库	按预测矿种编制
总计		129		

具体如下。
(1)吉林省地球化学工作程度图 1 张。
(2)吉林省地球化学景观图 1 张。
(3)吉林省单元素(氧化物)地球化学图 39 张。
(4)吉林省单元素(氧化物)地球化学异常图 39 张。
(5)吉林省元素组合异常图 22 张。
根据预测矿种的矿化类型,确定 22 张元素组合异常图:
金矿:Au-W、Sn、Mo、Bi、Cr、Ni、Co、Mn、Cu、Pb、Zn、Ag、As、Sb、Hg
铜矿:Cu-Pb、Zn、Ag、Au、Ni、Mo
铅锌矿:Pb-Zn、Cu、Ag、Au
钨矿:W-Sn、Mo、Bi、As
锑矿:Sb-Pb、Zn、Au、Ag
稀土矿:La、Nb、Be、Li、Y
银矿:Ag-Au、Cu、Pb、Zn、W、Sn、Mo、Bi、As、Sb、Hg
镍矿:Ni-Cr、Co、Mn、Au、Cu、Pb、Zn、As、Sb、Hg、Ag
钼矿:Mo-Cu、Pb、Zn、Ag、W、Bi、As、Sb、Hg
铬矿:Cr-Ni、Mgo、Fe_2O_3、Al_2O_3
硼矿:B-MgO、Fe_2O_3
萤石矿:F-CaO、Y、SiO_2
(6)吉林省地球化学元素综合异常图 13 张。
(7)吉林省地球化学推断地质构造图 1 张。

(8)吉林省地球化学找矿预测图 13 张。

二、预测工作区图件 1209 张，其中，非建库 311 张，建库 898 张，成图比例尺 1∶5 万

选择 67 个预测工作区进行相应图件的编制。其中，金矿 30 个，铜矿 23 个，银矿 9 个，镍矿 9，铅锌矿 8 个，钼矿 7 个，铬铁矿 3 个，萤石矿 3 个，锑矿 2 个，钨矿、稀土矿、硼矿各 1 个。重复工作区 30 个。见表 1-2-2。

表 1-2-2 吉林省预测工作区图件一览表

矿种	预测工作区(个)	图件名称	比例尺	数量(张)	建库情况
金矿	30	单元素地球化学图	1∶5 万	30	建库
		单元素地球化学异常图	1∶5 万	209	建库
		主成矿元素组合异常图	1∶5 万	68	
		主成矿元素综合异常图	1∶5 万	30	建库
		预测工作区找矿预测图	1∶5 万	27	
铜矿	23	单元素地球化学图	1∶5 万	23	建库
		单元素地球化学异常图	1∶5 万	175	建库
		主成矿元素组合异常图	1∶5 万	58	
		主成矿元素综合异常图	1∶5 万	23	建库
		预测工作区找矿预测图	1∶5 万	21	
银矿	9	单元素地球化学图	1∶5 万	9	建库
		单元素地球化学异常图	1∶5 万	77	建库
		主成矿元素组合异常图	1∶5 万	21	
		主成矿元素综合异常图	1∶5 万	9	建库
		预测工作区找矿预测图	1∶5 万	9	
镍矿	9	单元素地球化学图	1∶5 万	9	建库
		单元素地球化学异常图	1∶5 万	53	建库
		主成矿元素组合异常图	1∶5 万	16	
		主成矿元素综合异常图	1∶5 万	9	建库
		预测工作区找矿预测图	1∶5 万	9	
铅锌矿	8	单元素地球化学图	1∶5 万	16	建库
		单元素地球化学异常图	1∶5 万	64	建库
		主成矿元素组合异常图	1∶5 万	23	
		主成矿元素综合异常图	1∶5 万	8	建库
		预测工作区找矿预测图	1∶5 万	14	

续表 1-2-2

矿种	预测工作区(个)	图件名称	比例尺	数量(张)	建库情况
钼矿	7	单元素地球化学图	1∶5万	7	建库
		单元素地球化学异常图	1∶5万	56	建库
		主成矿元素组合异常图	1∶5万	15	
		主成矿元素综合异常图	1∶5万	7	建库
		预测工作区找矿预测图	1∶5万	7	
铬铁矿	3	单元素地球化学图	1∶5万	3	建库
		单元素地球化学异常图	1∶5万	15	建库
		主成矿元素组合异常图	1∶5万	3	
		主成矿元素综合异常图	1∶5万	3	建库
		预测工作区找矿预测图	1∶5万	3	
萤石矿	3	单元素地球化学图	1∶5万	3	建库
		单元素地球化学异常图	1∶5万	18	建库
		主成矿元素组合异常图	1∶5万	3	
		主成矿元素综合异常图	1∶5万	3	建库
		预测工作区找矿预测图	1∶5万	3	
锑矿	2	单元素地球化学图	1∶5万	2	建库
		单元素地球化学异常图	1∶5万	10	建库
		主成矿元素组合异常图	1∶5万	3	
		主成矿元素综合异常图	1∶5万	2	建库
		预测工作区找矿预测图	1∶5万	2	
钨矿	1	单元素地球化学图	1∶5万	1	建库
		单元素地球化学异常图	1∶5万	7	建库
		主成矿元素组合异常图	1∶5万	2	
		主成矿元素综合异常图	1∶5万	1	建库
		预测工作区找矿预测图	1∶5万	1	
稀土矿	1	单元素地球化学图	1∶5万	5	建库
		单元素地球化学异常图	1∶5万	5	建库
		主成矿元素组合异常图	1∶5万	1	
		主成矿元素综合异常图	1∶5万	1	建库
		预测工作区找矿预测图	1∶5万	1	
硼矿	1	单元素地球化学图	1∶5万	1	建库
		单元素地球化学异常图	1∶5万	3	建库
		主成矿元素组合异常图	1∶5万	1	
		主成矿元素综合异常图	1∶5万	1	建库
		预测工作区找矿预测图	1∶5万	1	

三、典型矿床图件 74 张

选择矿化成因类型具有代表性的典型矿床 64 个,并制作相应的地球化学图件。其中,金矿床 20 个,铜矿床 10 个,银矿床 8 个,铅锌矿床 6 个,镍矿床 5 个,钼矿床 7 个,萤石矿床 3 个,锑矿床、钨矿床、稀土矿床、铬铁矿床、硼矿床各 1 个。见表 1-2-3。同时结合搜集到的 1:5 万化探数据以及更大比例尺的土壤、岩石化探资料,建立矿床地球化学找矿模型。

表 1-2-3 吉林省典型矿床图件一览表

图件类别	图件名称	比例尺	数量(张)
典型矿床类图件	金典型矿床地球化学异常图	1:5 万	13
	金典型矿床地球化学异常剖析图	1:5 万	12
	铜典型矿床地球化学异常图	1:5 万	4
	铜典型矿床地球化学异常剖析图	1:5 万	7
	铅锌典型矿床地球化学异常图	1:5 万	2
	铅锌典型矿床地球化学异常剖析图	1:5 万	6
	钨典型矿床地球化学异常图	1:5 万	1
	钨典型矿床地球化学异常剖析图	1:5 万	1
	锑典型矿床地球化学异常图	1:5 万	2
	锑典型矿床地球化学异常剖析图	1:5 万	1
	稀土典型矿床地球化学异常剖析图	1:5 万	1
	银典型矿床地球化学异常剖析图	1:5 万	8
	镍典型矿床地球化学异常剖析图	1:5 万	4
	钼典型矿床地球化学异常剖析图	1:5 万	7
	铬典型矿床地球化学异常剖析图	1:5 万	1
	硼典型矿床地球化学异常剖析图	1:5 万	1
	萤石典型矿床地球化学异常剖析图	1:5 万	3
	总计		74

第三节 取得主要成果

通过对 1:20 万和 1:5 万水系沉积物测量数据以及更大比例尺化探资料的处理与解释评价,根据《化探资料应用技术要求》,绘制完成了省级和预测工作区以及典型矿床的地球化学图件,建立了找矿模型,并按照《潜力评价数据模型化探分册》,对所有相关图件进行属性挂接,从而为吉林省矿产资源潜力评价提供了科学的地球化学依据。

(1)以 1:20 万和 1:5 万水系沉积物测量工作程度为主体,编制了吉林省地球化学工作程度图。该图充分展示了吉林省 30 多年的化探工作历程。

(2)基于全国Ⅱ级地理景观分区,在全面研究和总结本省区域化探背景以及地质、地理、地貌、水文、气象、土壤、植被等各方面综合资料的基础上,编制了吉林省地球化学景观图。该图为本省化探数据的调平以及地球化学子区的划分提供了科学依据。

(3)应用1∶20万水系沉积物测量数据编制了1∶50万省级地球化学基础图件。39种元素(氧化物)的地球化学图和异常图反映了吉林省中东部地区地球化学元素分布、分配规律。元素组合异常图展示了主成矿元素和伴生元素在空间上的套合关系,揭示了成矿系统中成矿地球化学场的构成以及矿致性质,为综合异常的圈定及评价奠定了基础。元素综合异常图揭示了本省主成矿元素与矿化的响应关系以及成矿类型,为预测矿种的地球化学找矿预测奠定了坚实基础。地球化学推断地质构造图为本省地质体及断裂构造的准确划分和验证提供了有力的地球化学佐证。吉林省中东部地区地球化学元素分区图确定了本省地球化学元素的同生地球化学场和叠生地球化学场的基本格局,为找矿预测区的圈定提供了重要依据。

(4)在省级综合异常图分类、评序、评价的基础上,结合地质矿产资料、异常查证结果以及地球化学找矿模型等要素,分矿种分别编制了13张地球化学找矿预测图,并进行了综合分析与评价,同时圈定找矿预测靶区。

(5)应用1∶20万或1∶5万水系沉积物测量数据编制了预测工作区相应地球化学图件(地球化学图、异常图、组合异常图、综合异常图、找矿预测图)。通过对异常信息的提取与解释评价,总结了预测工作区地球化学找矿模型,圈定了重要的最小预测区,提高了矿种的预测精度。

(6)应用1∶5万水系沉积物测量数据及更大比例尺的土壤、岩石地球化学资料编制了典型矿床相应地球化学图件,建立了典型矿床地球化学找矿模型。根据单元素异常、组合异常以及综合异常的分布特征,通过类比典型矿床可以进一步评价未知区域的地质、地球化学背景及预测类型,明确找矿目标。

(7)建立了1∶5万化探数据结构表。

(8)应用类比法、面金属量法分别预测了吉林省铜矿资源量。

(9)编写了《吉林省矿产资源潜力评价化探资料应用研究》。

第二章　化探工作程度

第一节　工作程度

吉林省中东部地区面积为 $12.36\times10^4 km^2$。1∶20万水系沉积物测量工作已全部完成，测量面积为 $12.25\times10^4 km^2$，几乎覆盖整个中东部地区。1∶5万水系沉积物测量面积可统计到的面积 $45\,549 km^2$，占东部山区面积的 37%。1∶1万～1∶2万土壤地球化学测量主要针对化探异常查证，统计到的面积为 $1\,022.3 km^2$，只占 1∶5万水系沉积物测量面积的 2%。见图 2-1-1。

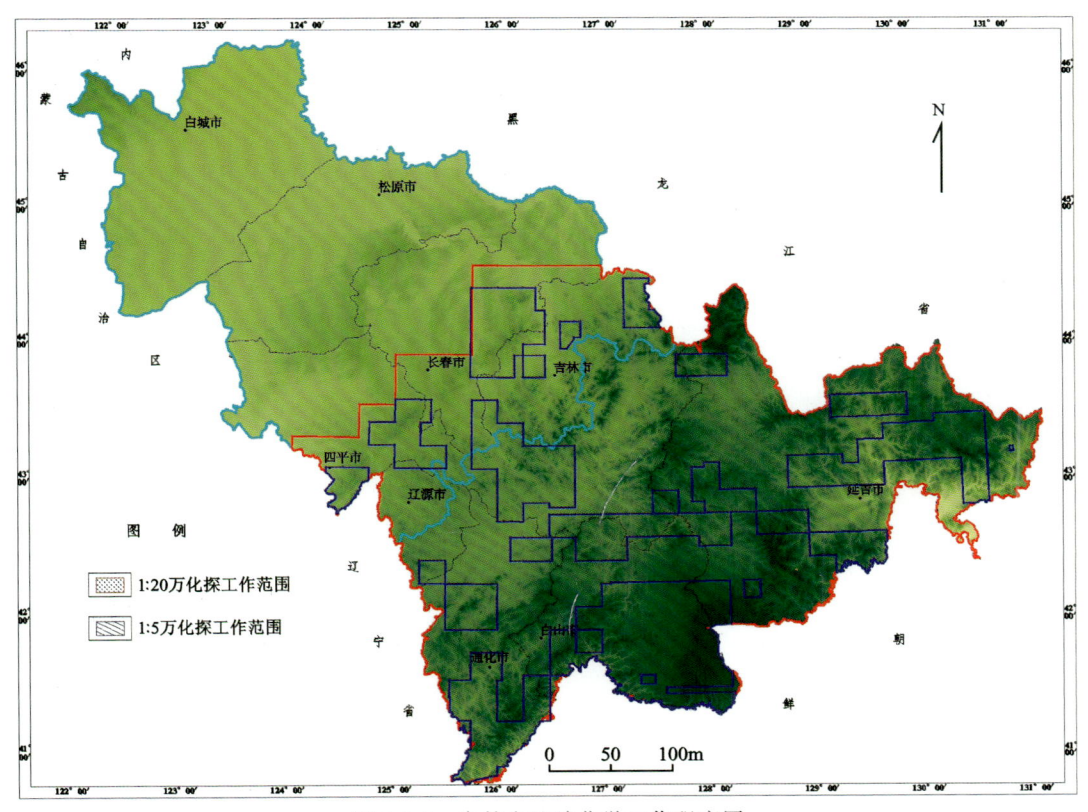

图 2-1-1　吉林省地球化学工作程度图

吉林省化探工作已经开展了 30 多年，总结这 30 多年化探历史，可将吉林省的化探工作划分为 20 世纪 80 年代前和 20 世纪 80 年代后。

20 世纪 80 年代前的化探工作是伴随着 1∶20 万区域地质调查而展开的。化探采样主要还是沿用苏联的方法技术，即主要是在 1∶20 万区调中沿地质路线进行次生晕的土壤测量采集，并辅以少量的水系沉积物测量、岩石测量和水化学测量。1:1万~1:2000化探采样主要用于矿产普查,资料比较零散,工作面有限。样品测试多采用发射光谱半定量分析,测试的元素较少且测试精度较低。20世纪70年代末,吉林省地质矿产局组织技术力量对20世纪80年代前的化探资料进行系统整理和综合研究,用1:20万比例尺的土壤测量数据编制了吉林省铜、铅、镍等7个元素的地球化学图、综合异常图、找矿远景区划图及说明书。这些成果对吉林省的宏观地质找矿布局起到了重要作用。

从20世纪80年代开始,为了查明多种元素分布分配规律和浓集特征,以寻找新型矿床、规划找矿远景区,并对地球化学理论研究提供基础地球化学资料为目的,进行了第二代的化探扫面工作,即控制面积大、找矿效果极佳的水系沉积物测量工作,同时辅以土壤测量和岩石测量等方法,取得了从区域到矿区的全面、系统的化探基础资料。

到20世纪80年代中后期,在短短的近10年时间里,先后完成了1:20万比例尺的桦树林子幅、磐石县幅、明月镇幅、吉林市幅、蛟河县幅、靖宇县幅、海龙县幅、通化市幅、浑江市(白山市)幅、桓仁县幅—集安县幅、四平市幅、辽源市幅、敦化市幅、延吉市幅、大碇子幅、长春市幅、大兴沟幅、漫江幅、长白县幅、老黑山幅—大肚川幅、抚松县幅、珲春县幅—春化幅—罗津幅测量。以上这些图幅都是在水系比较发育、景观较好的区域进行的水系沉积物采样工作。

20世纪80年末期到20世纪90年代初主要是针对特殊景观区,即典型的中低山森林沼泽区和火山岩覆盖森林沼泽区开展水系沉积物测量。包括舒兰县幅、向阳山幅、沙兰站幅、长白山幅、农安县幅和怀德县幅。

总结吉林省区域化探重新扫面工作共计有32个1:20万图幅,累计为25个片区,涉及的面积可达123 590km^2,采样总数计4万多个。

在样品加工与测试方面,设定测试39种地球化学元素的测试方案,并增加和引进先进设备,多次改进测试手段,完善监控系统,从根本上大幅度地提高了样品的测试精度及元素分析数据的准确性。

在数据处理方面,积极采用计算机技术,增加了工作效率和图件制作的精度,并完善了图件的整体效果。

吉林省1:5万水系沉积物测量工作主要始于20世纪80年代中后期,到20世纪90年代中期共完成了九大片区任务近百个图幅。九大片区任务基本上布置在吉林省主要成矿区(带)范围内分述如下。

Ⅰ片:舒兰县-农安县片区,主要是以永吉八台岭银金矿床为代表的区域;

Ⅱ片:长春市-四平市地域,代表矿床是四平山门银矿床、长春兰家金矿床;

Ⅲ片:吉林市-磐石县地域,代表矿床为磐石红旗岭铜镍矿床,永吉大黑山钼矿床,磐石石咀铜矿床;

Ⅳ片:海龙-靖宇-桦树林子东西向地域,代表矿床为海龙香炉碗子金矿床,夹皮沟金矿田,海沟金矿床;

Ⅴ片:吉林延边地区,代表矿床为天宝山铅锌矿床,九三沟金矿床,小西南岔铜金矿床;

Ⅵ片:长白山-大碇子地区,代表矿床有和龙金城洞金矿床,百里坪银金矿床,金谷山金矿床;

Ⅶ片:海龙地区,为配合1:5万区域地质调查而布置,目前未发现重要矿床;

Ⅷ片:通化地区,为老岭成矿带的吉林延续部分,主要是辽吉裂谷构造环境内成矿,产出矿床较多,代表矿床为荒沟山铅锌矿床,通化南金矿床等。

Ⅸ片:浑江市-漫江-长白地区,该地区是国家矿产资源大调查项目的主要工作区,近几年投入的1:5万工作量较大,代表矿床为临江铜矿床及境外朝鲜的惠山铜矿床。

1:5万图幅工作面积达45 549km^2,占中东部地区总面积的37%。尤其是在吉林省主要成矿区带上进行的1:5万水系沉积物采样,采样面积26 000km^2,经测试分析发现了一大批化探异常,并选择性地开展了异常查证,获取了多处珍贵而有价值的异常靶区,特别是在寻找金、银、铜、铅、锌、钼等多金属矿产方面效果更为显著。

总之,吉林省第二代区域化探扫面工作的全面完成,开拓了吉林省化探工作的新局面。其研究成果为今后地质普查及找矿预测提供了十分重要的区域性化探基础资料,意义深远。

第二节 资料收集及可利用程度

吉林省1：20万水系沉积物测量工作共完成32个图幅的25个片区任务，并严格按照《1：20万化探数据库建设工作指南》完成数据的建库工作。该资料已全部搜集完毕。具体见表2-2-1。

表 2-2-1　1：20万水系沉积物测量资料一览表

序号	项目名称	比例尺	工作面积/km²	完成单位	工作年份	完成情况
1	长春市幅	1：20万	5976	吉林省第五地质调查所	1989	建库
2	吉林市幅	1：20万	5976	吉林省第五地质调查所	1993	建库
3	舒兰县幅	1：20万	5909	吉林省第五地质调查所	1991	建库
4	农安县幅、怀德县幅	1：20万	2168	吉林省第五地质调查所	1991	建库
5	四平市幅	1：20万	2549	吉林省第五地质调查所	1991	建库
6	磐石县幅	1：20万	6043	吉林省第五地质调查所	1986	建库
7	桦树林子幅	1：20万	6043	吉林省第五地质调查所	1983	建库
8	海龙县幅	1：20万	4583	吉林省第五地质调查所	1990	建库
9	蛟河县幅	1：20万	5976	吉林省第五地质调查所	1986	建库
10	大兴沟幅	1：20万	4249	吉林省第五地质调查所	1992	建库
11	敦化市幅	1：20万	4949	吉林省第五地质调查所	1992	建库
12	抚松县幅	1：20万	6111	吉林省第五地质调查所	1992	建库
13	向阳山幅、沙兰站幅	1：20万	4328	吉林省第五地质调查所	1991	建库
14	漫江幅、长白县幅	1：20万	5879	吉林省第五地质调查所	1989	建库
15	珲春县幅、春化幅、罗津幅	1：20万	5668	吉林省第五地质调查所	1990	建库
16	老黑山幅、大肚川幅	1：20万	3829	吉林省第五地质调查所	1990	建库
17	长白山幅	1：20万	6111	吉林省第五地质调查所	1992	建库
18	浑江市幅	1：20万	4537	吉林省第五地质调查所	1988	建库
19	通化市幅	1：20万	3620	吉林省第五地质调查所	1988	建库
20	辽源市幅	1：20万	6043	吉林省第五地质调查所	1987	建库
21	靖宇县幅	1：20万	6111	吉林省第五地质调查所	1987	建库
22	大碇子幅	1：20万	2291	吉林省第五地质调查所	1992	建库
23	延吉市幅	1：20万	5571	吉林省第五地质调查所	1988	建库
24	集安县幅、恒仁县幅	1：20万	1955	吉林省第五地质调查所	1989	建库
25	明月镇幅	1：20万	6043	吉林省第五地质调查所	1982	建库

本次针对银、镍、钼、铬铁矿、硼、萤石的省级基础图件和成果图件所应用的数据，就是利用该数据库中的1：20万基础数据，由中国地质调查局发展研究中心统一提供的，利用程度很高。

由上可知，吉林省1：5万水系沉积物测量工作共完成近百个图幅片区任务，工作面积为45 549 km²。但是，由于工作年度较长、承担的工作单位较多等原因，造成资料不完整且分布零散，致使该项资料搜集十分艰难。经过半年多时间的努力,目前只搜集到 40 多个图幅片区的 1∶5 万水系沉积物测量数据。这些化探数据针对预测的矿种而涉及到的预测工作区较少,目前,只能截取制作预测工作区内的 1∶20 万化探数据制作各类图件。见表 2-2-2。

表 2-2-2　吉林省搜集到的 1∶5 万水系沉积物测量资料

序号	项目名称	比例尺	工作面积/km²	完成单位	工作年份	备注
1	北岔沟幅、大西南岔幅、西土门子幅、五道沟幅、梨树沟幅	1∶5 万	1000	吉林省地质勘物院	1987	未建库
2	汪清县幅、十里坪幅	1∶5 万	750	吉林省第六地质调查所	1988	未建库
3	白草沟、八道沟幅、苇子沟幅、和龙幅	1∶5 万	1158	吉林省第六地质调查所	1990	未建库
4	大蒲柴河幅、大甸子幅	1∶5 万	760	吉林省第二地质调查所	1990	未建库
5	大梨树沟幅、天桥岭幅	1∶5 万	1000	吉林省第六地质调查所	1991	未建库
6	古洞河幅、卧龙湖幅	1∶5 万	750	吉林省第六地质调查所	1985	未建库
7	凤凰-新安地区	1∶5 万	850	吉林省第五地质调查所	1994	未建库
8	石咀幅、烟筒山幅	1∶5 万	784	吉林省地质调查院	1984	未建库
9	烧锅街幅、吉昌幅	1∶5 万	1168	吉林省第二地质调查所	1986	未建库
10	双河镇幅	1∶5 万	370	吉林省第二地质调查所	1990	未建库
11	景山屯幅、榆树河子幅	1∶5 万	752	吉林省地质勘物院	1995	未建库
12	那尔轰幅、杨家店幅	1∶5 万	750	吉林省区域地质调查所	1984	未建库
13	白山镇幅、会全栈幅	1∶5 万	750	吉林省区域地质调查所	1986	未建库
14	苇沙河幅、临江镇幅、石人镇幅、花山幅	1∶5 万	1000	吉林省第四地质调查所	1987	未建库
15	七道沟幅、老岭幅	1∶5 万	678	吉林省第四地质调查所	1995	未建库
17	通化市幅、二道江幅、先锋村幅、头道崴子幅	1∶5 万	568	吉林省第四地质调查所	1986	未建库
18	蚂蚁河幅	1∶5 万	370	吉林省第三地质调查所	1991	未建库
19	霸王朝幅、花甸子幅、清河幅	1∶5 万		吉林省第四地质调查所	1985	未建库
20	松树镇幅、东岗幅	1∶5 万	800	吉林省第二地质调查所	1986	未建库

1∶1 万～1∶2 万或更大比例尺的土壤、岩石化学测量资料没有搜集到原始数据和相关图件,只是以典型矿床为单位,搜集到矿区或外围的部分土壤资料及研究报告。

第三章　方法技术及质量评述

根据本省地球化学元素的分布分配特征,专题组充分利用《化探资料应用技术要求》,选择适合本省的数据处理方法和图件编制原则。

化探工作的基本流程如图3-1-1所示。

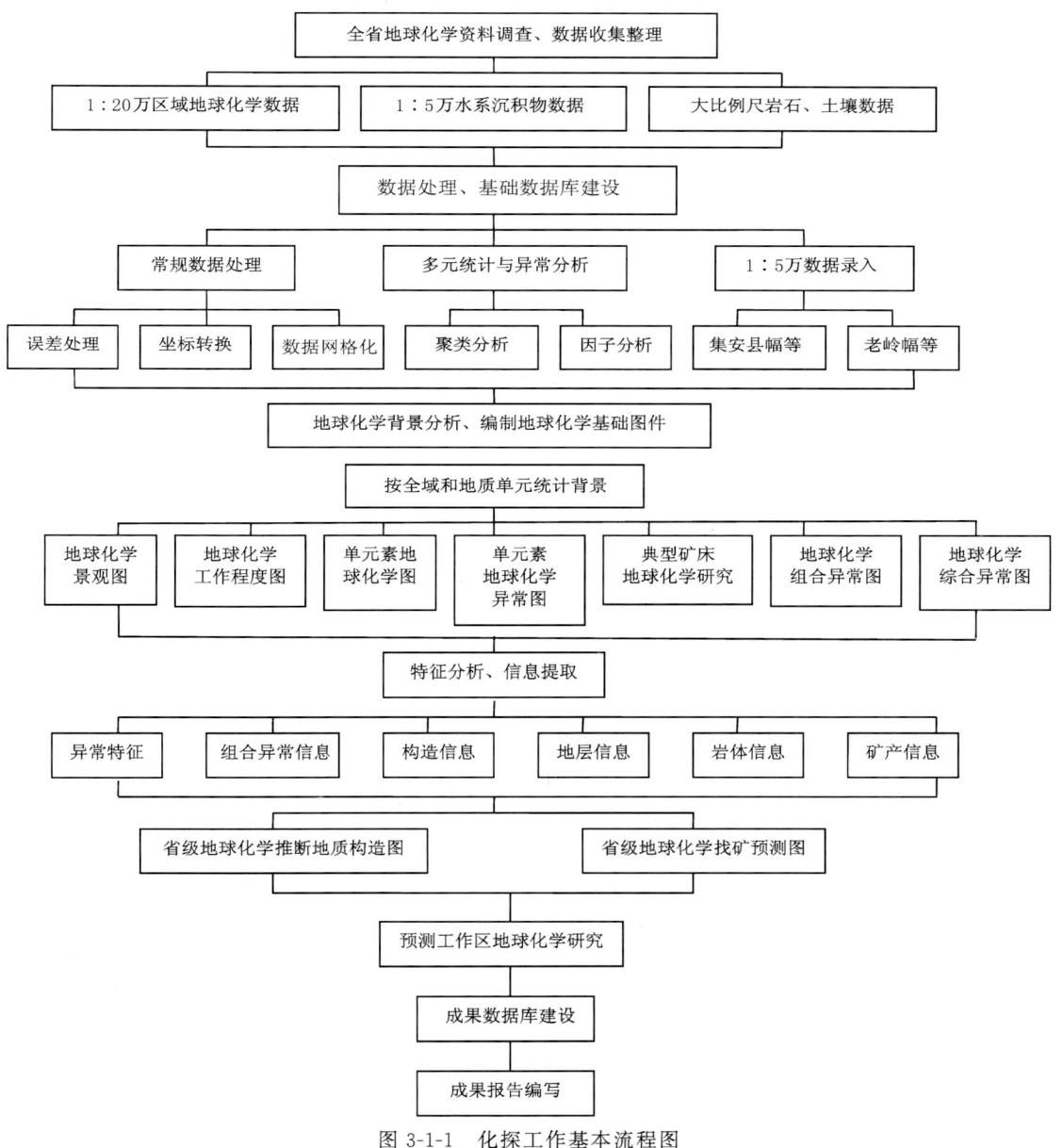

图3-1-1　化探工作基本流程图

第一节　编图原则及依据

以成矿地质、地球化学理论为指导,根据《化探资料应用技术要求》,针对要预测的矿种,应用计算机技术,对本省的地球化学数据进行收集、整理、处理、分析、综合和编图,提取与成矿有关的各种化探信息,充分发挥化探研究成果在资源潜力评价中的优势和特长。计算机技术指 MapGIS6.5 或 MapGIS6.7,GeoExpl 或 GeoMDIS 等软件应用。

一、基础数据源

(一)省级图件

1. 地球化学工作程度图

该图的编图资料主要是吉林省中东部地区的1∶20万和1∶5万水系沉积物测量范围以及工作年限。1∶20万多目标生态地球化学调查由于正在工作中而无法全面收取。更大比例尺的土壤、岩石测量资料难以搜集到位。

2. 地球化学景观图

编图依据是在全国Ⅱ级地球化学景观划分的基础上,全面收集本省地质、地理、地貌、水文、气象、土壤、植被等各方面的综合资料以及以往景观地球化学的研究成果进行编制。

3. 39种元素地球化学图

编图数据源于中国地质调查局发展研究中心下发的本省1∶20万化探数据库。

4. 39种元素地球化学异常图

编图数据源于中国地质调查局发展研究中心下发的本省1∶20万化探数据库。

5. 地球化学组合异常图

编图数据源于中国地质调查局发展研究中心下发的本省1∶20万化探数据库。

6. 地球化学综合异常图

编图数据源于中国地质调查局发展研究中心下发的本省1∶20万化探数据库,并结合本省矿产地分布以及地质构造、成矿区带的划分等基础资料。

7. 地球化学推断地质构造图

编图数据源于中国地质调查局发展研究中心下发的本省1∶20万化探数据库,依据元素因子分析结果及元素分区编制。

8. 地球化学找矿预测图

编图数据源于中国地质调查局发展研究中心下发的本省1∶20万化探数据库,依据预测矿种综合异常的分类、评序、评价结果,结合大地构造相图、成矿区(带)界线以及异常查证、矿产分布特征进行编制。

(二)预测工作区图件

编制预测工作区图件的数据源于搜集到的1∶5万水系沉积物测量数据,没有搜集到的工作区或1∶5万化探数据没有覆盖完全的部分,以1∶20万化探数据为准。

(三)典型矿床图件

主要应用1∶5万水系沉积物测量数据,结合更大比例尺的矿区土壤、岩石测量资料。

二、编图比例尺及投影坐标

(一)省级图件

省级图件编图比例尺为1∶50万,采用北京54坐标系和高程基准,投影方式为兰伯特等角割圆锥投影,第一标准纬度42°00′00″、第二标准纬度46°00′00″、中央子午线经度126°30′00″、投影原点纬度40°40′00″。

(二)预测工作区图件

预测工作区图件编图比例尺为1∶5万,采用北京54坐标系和高程基准,投影方式为高斯-克吕格投影,依标准6度分带,投影分带序号21或22,投影分带的中央经线的经度为123°00′00″或129°00′00″。

(三)典型矿床图件

典型矿床图件编图比例尺为1∶1万～1∶2万或1∶2.5万～1∶5万,采用北京54坐标系和高程基准,投影方式为高斯-克吕格投影,依标准6度分带,投影分带序号21或22,投影分带的中央经线的经度为123°00′00″或129°00′00″。

三、数据分级及异常划分原则

(一)元素地球化学图

数据分级依据《化探资料应用技术要求》,采用累计频率方法将数据划分19级,初始分级累频间隔为:0.5、1.2、2、3、4.5、8、15、25、40、60、75、85、92、95.5、97、98、98.8、99.5、100。

分级原则为背景段分为5级,约占60%;一般异常分为4级,占15%～20%;低背景区分为5级,占15%～20%;低值异常和高值异常分别为1～2级,约占1.2%。

(二)元素地球化学异常图

异常按浓度分带划分3级,外带为85%累频值,中带取92%累频值,内带取98%累频值。分级色阶选取橙红、红色、深红。

(三)元素组合异常图

主成矿元素分外、中、内带,以面文件表示,伴生元素只取外带曲线,以不同颜色表达。

(四)元素综合异常图

采用多元素空间叠合或累乘、累加原则编制综合异常图。以封闭曲线划分综合异常边界,标注类别。主成矿元素和伴生元素分别以面文件和线文件表示。

(五)典型矿床异常剖析图

依据单元素地球化学异常图的划分原则。

四、编图依据

地球化学图的编制主要依据两方面:技术要求和数据模型。具体如下。
(1)《化探资料应用技术要求》,中国地质调查局发展研究中心,2009年12月。
(2)《全国矿产资源潜力评价数据模型 化探分册》(V3.10),全国矿产资源潜力评价综合信息组。
(3)《全国矿产资源潜力评价数据模型 编图说明书提纲分册》(V3.10),全国矿产资源潜力评价综合信息组。
(4)《全国矿产资源潜力评价数据模型 地理信息分册》(V3.10),全国矿产资源潜力评价综合信息组。
(5)《全国矿产资源潜力评价数据模型 空间坐标系统及其参数规定分册》(V3.10),全国矿产资源潜力评价综合信息组。
(6)《全国矿产资源潜力评价数据模型 数据项下属词规定分册》(V3.10),全国矿产资源潜力评价综合信息组。
(7)《全国矿产资源潜力评价数据模型 通用代码规定分册》(V3.10),全国矿产资源潜力评价综合信息组。
(8)《全国矿产资源潜力评价数据模型 统一图例规定分册》(V3.10),全国矿产资源潜力评价综合信息组。
(9)《全国矿产资源潜力评价数据模型 统一图式规定分册》(V3.10),全国矿产资源潜力评价综合信息组。
(10)《全国矿产资源潜力评价数据模型 元数据规定分册》(V3.10),全国矿产资源潜力评价综合信息组。
(11)《区域地质图图例》(GB 958—99)。

(12)《GEOMAG》(V3.10),数据模型软件。
(13)《地球化学普查规范(1∶5万)》(DZ/T 0011—1991),中华人民共和国地质矿产部,1992年。
(14)《区域地球化学勘查规范》(DZ/T 0167—2006),中华人民共和国国土资源部,2006年。
(15)《岩石地球化学测量技术规程》(DZ/T 0248—2006),中华人民共和国国土资源部,2006年。
(16)《土壤地球化学测量规范》(DZ/T 0145—1994),中华人民共和国地质矿产部,1995年。
(17)《地球化学勘查术语》(GB/T 14496—1993),国家技术监督局,1993年。

第二节 数据处理与解释方法

吉林省地质调查院对吉林省1∶20万区域化探扫面资料进行了重新评估。评估内容包括不同景观采样介质的选择、采样方法技术的重新厘定;样品元素测试设备、测试手段、质量监控以及计算机技术的引进和应用等方面,并在评估过程中增加了以往缺少的图幅。

分析结果认为,有些元素、不同图幅之间1∶20万水系沉积物测量数据,存在比较明显的系统误差。因此,本次工作对1∶20万化探数据进行了必要的调平处理,即不同元素选择不同的数据段,直接乘以校正系数,以达到原始数据的线性化,使图幅之间的数据平滑过渡。由于区域地球化学数据受地理景观、采样介质和分析手段的影响,不可避免地会产生一些系统误差,尤其是区域性化探数据更为明显。因此,在编图之前要对各元素数据进行处理,同时,再经过其他一系列的处理手段,使原始数据图示化,以便更有效地突出化探异常,为地质找矿服务。

一、数据评估与校正

1. 遵照中国地质调查局的要求,2008年吉林省地质调查院项目组在沈阳大区参加了数据处理工作会议。参与调平的元素(氧化物)有Ag、Pb、W、Hg、U、Th、Sn、V、Ti、Al_2O_3。

2. 统一含量单位。不同的测试方法检出的数据含量不同,按照《化探资料应用技术要求》,结合本省实际情况统一更改。即Au、Ag、Cd、Hg、Sb、Bi含量单位为$\times 10^{-9}$,CaO、MgO、Al_2O_3、K_2O、Na_2O、SiO_2含量单位为%,其他元素的含量单位为$\times 10^{-6}$。

二、空间坐标转换

针对搜集到的化探数据,检验数据有无样品点坐标,坐标形式是否符合规定要求。本次工作选择的投影参数为北京54坐标系,投影方式:1∶20万数据采用等角割圆锥法;1∶5万数据采用高斯-克吕格投影。

三、数据网格化

采用的是2km×2km网格距,搜索半径5km,距离为幂的指数加权法,使处理的数据能够在选定的坐标系中处理成图。

四、数据分布检验

本次工作主要针对本省 1∶20 万化探数据,制作数据分布直方图和基本参数来确定数据分布是近似正态分布还是近似对数正态分布。对大于标准差 3 倍的特高数据,在统计计算时应考虑剔除。

基本参数

算术平均值计算公式:$X = \dfrac{1}{n}\sum\limits_{i=1}^{n} X_i$

标准差计算公式:$S = \sqrt{\dfrac{\sum\limits_{i=1}^{n}(X_i - X)^2}{n}}$

变异系数计算公式:$Cv = \dfrac{S}{X} \times 100\%$

偏度计算公式:$g_1 = \dfrac{n}{(n-1)(n-2)}\sum\limits_{i=1}^{n}\left(\dfrac{X_i - X}{S}\right)^3$

峰度计算公式:$g_2 = \dfrac{n(n-1)}{(n-1)(n-2)(n-3)}\sum\limits_{i=1}^{n}\left(\dfrac{X_i - X}{S}\right)^4 - \dfrac{3(n-1)^2}{(n-2)(n-3)}$

特征值统计是以划分的地质子区为单元,分别统计极值、平均值、标准差、变化系数,极值截取累频 0.001% 和 99.999% 数据位的数据。

五、因子分析

因子分析是很好的降维方法,对于认识不同指标间的相互组合关系和样品的差异性有较大帮助。本次工作采用本省 39 种元素(氧化物)的 1∶20 万数据,利用因子载荷矩阵,以旋转因子为基础,选择因子贡献大于 1 的因子绘制因子载荷等值线图。每个因子代表某一特定地质成因的元素组合,结合地质背景、地质条件可以进行一定程度的解译。

六、R 型聚类分析

通过 GeoExpl 软件数据处理系统,实现元素在空间域上组合分类。吉林省应用 1∶20 万水系沉积物测量数据,对全省的 39 种元素(包括氧化物)进行了相关矩阵 R 型聚类分析。以相关系数下限 $R \geqslant 0.5$ 标准对元素分组。分组结果显示为以 Au、Ag、Cu、Pb、Zn 为代表的贵金属、有色金属组合;Fe_2O_3、Ni、Cr、Ti 为代表的铁族元素组合;Li、Nb、Zr、Be 为代表的稀有、稀土元素组合;SiO_2、Na_2O、K_2O 为代表的酸碱性氧化物组合;Al_2O_3、MgO、CaO 为代表的造岩氧化物组合。Hg、P、F 作为气成元素分布在不同的元素组合中。见图 3-2-1。

七、异常下限的确定

根据不同的地球化学景观分区以及元素在成矿区带的分布分配规律,吉林省共划分了 8 个地球化

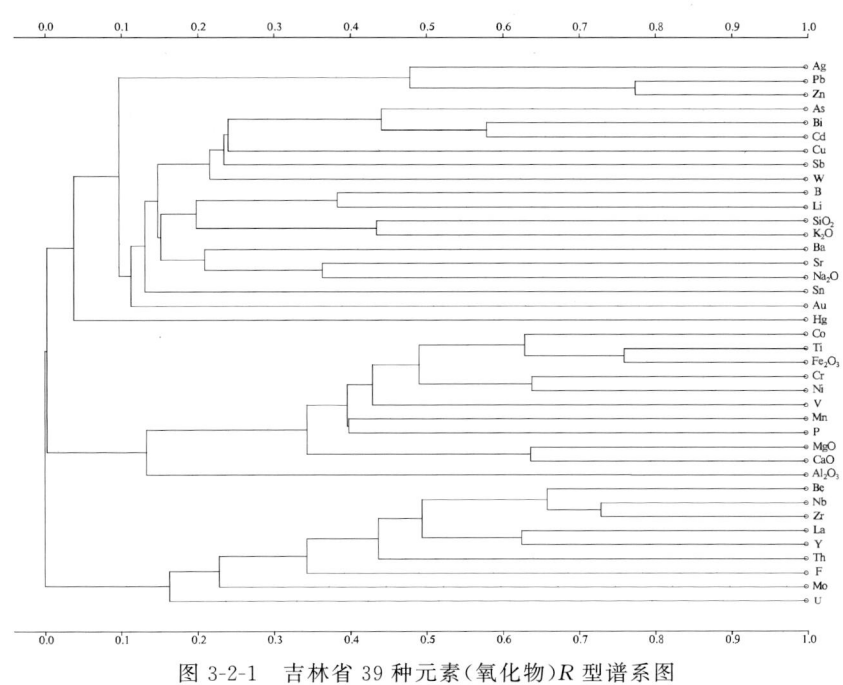

图 3-2-1　吉林省 39 种元素（氧化物）R 型谱系图

学子区，即大黑山条垒子区、辽源-舒兰子区、地台陆核子区、敦化地体、延边地体、台内裂谷子区、长白山火山岩区、和龙地体。

分别截取每个子区内的 1∶20 万化探数据库中各元素的原始数据，并计算出每个子区内各元素的平均值，选择地台陆核子区为基准，将地台陆核子区各元素平均值分别除以其余 7 个子区内的相对应各元素平均值，再把相除得到的 7 个子区系数乘以本子区内截取的数据（处理后的），最后集合 3 个地质子区所有数据，通过 GeoExpl 数据处理软件，选择 85% 的累频值为元素的异常下限。

第三节　编图方法技术

吉林省以 1∶20 万水系沉积物测量数据制作了全省基础图件和成果图件；以 1∶20 万、1∶5 万水系沉积物测量数据制作了预测工作区的基础图件和成果图件；以 1∶5 万水系沉积物测量数据，结合大比例尺的土壤、岩石测量资料以及收集到的典型矿床研究报告，制作典型矿床相关图件。现分别阐述如下。

一、省级地球化学图件制作

（一）吉林省地球化学工作程度图

（1）资料来源。吉林省地球化学工作程度图是以 1∶20 万和 1∶5 万水系沉积物测量工作程度为主体，结合 1∶20 万和 1∶5 万水系沉积物异常查证工作程度。

（2）成图比例尺、坐标系、投影方式、中央经线。成图比例尺为 1∶50 万，采用北京 54 坐标系，投影方式为兰伯特等角割圆锥投影，第一标准纬度 42°00′00″、第二标准纬度 46°00′00″、中央子午线经度

126°30′00″,投影原点纬度40°40′00″。

(3)编图方法。将1∶20万水系沉积物测量工作区,按工作图幅及工作任务为一个单元,选择浅绿色颜色充填;1∶5万水系沉积物测量工作范围,用粗实线表示,内置细斜线;异常查证工作范围用细实线表示,1∶20万异常查证区内置红色短虚线,1∶5万异常查证区同内置黑色短虚线,同时标注工作年度及工作比例尺。

(4)编图要素。①1∶25万地理底图图层。②1∶20万水系沉积物测量图层。③1∶5万水系沉积物测量图层。④工作程度标注点图层。

(5)按标准图示完善图名、图例、比例尺、编图说明、责任表等内容。

(6)按数据模型结构规范图层。

(7)编图软件。基于GeoExpl,MapGIS6.7软件成图。

(二)吉林省地球化学景观图

(1)资料来源。地球化学景观图资料来源于2007年全国Ⅱ级地理景观分区图,东北地区地理景观分区图以及吉林省"景观地球化学特征"研究成果,包括地质、地理、地貌、水文、气象、土壤、植被等各方面。

(2)成图比例尺、坐标系、投影方式、中央经线。成图比例尺为1∶50万,采用北京54坐标系,投影方式为兰伯特等角割圆锥投影,第一标准纬度42°00′00″、第二标准纬度46°00′00″、中央子午线经度126°30′00″,投影原点纬度40°40′00″。

(3)编图方法。地球化学景观图是根据地质、地理、地貌、水文、气象、土壤、植被等各方面的综合资料,在吉林省"景观地球化学特征"研究成果的基础上,并结合2004年的东北地区地理景观分区以及2007年全国Ⅱ级地理景观分区,并以本省1∶25万地理地形图为底图,对全省的地球化学景观做了进一步详细划分。共划分了3个景观亚区,即吉林省东部中低山森林沼泽景观亚区;吉林省中部丘陵、中低山森林景观亚区;吉林省西部台地、平原森林草原景观亚区。在此基础上又分11个景观小区,其中,安图-延吉中低山森林景观小区,辽源-吉林丘陵、低山森林景观小区和通化市中低山森林景观小区是适宜开展水系沉积物测量的小区。其余小区为本省特殊景观小区。图面以不同区色代表不同的景观背景,并在每一景观内用汉字标明景观区类型。

(4)编图要素。①1∶25万地理底图图层。②地球化学景观分区图层。③景观分区标注点图层。

(5)按标准图示完善图名、图例、比例尺、编图说明、责任表等内容。

(6)按数据模型结构规范图层。

(7)编图软件。基于GeoExpl,MapGIS6.7软件成图。

(三)吉林省单元素地球化学图

(1)资料来源。编制图件所依据的资料为中国地质调查局发展研究中心提供的吉林省1∶20万化探数据库中的元素数据,数据质量优良,可靠。

(2)成图比例尺、坐标系、投影方式、中央经线。成图比例尺为1∶50万,采用北京54坐标系,投影方式为兰伯特等角割圆锥投影,第一标准纬度42°00′00″、第二标准纬度46°00′00″、中央子午线经度126°30′00″,投影原点纬度40°40′00″。

(3)编图方法。①数据处理。比较研究本省1∶20万化探数据,对系统误差明显的元素进行图幅之间的数据调平。采用2km×2km网格距,5km搜索半径,指数距离倒数加权法进行网格化处理。②编图流程。以网格化数据为基准,采用累计频率方法对数据进行19级分级,即:0.5、1.2、2、3、4.5、8、15、25、40、60、75、85、92、95.5、97、98、98.8、99.5、100,并生成等值线和等值区,然后按照网格数据的分布特征进行调整,使分级段上的网格数据总体上呈正态或近似正态分布,选择色区颜色由冷到暖,同时统计出数据极值、平均值、标准离差、变异系数等特征值。

(4)编图要素。①1∶25万地理底图图层。②地球化学等值区图层。③地球化学等值线图层。④特征值表。

(5)按标准图示完善图名、图例、比例尺、编图说明、责任表等内容。

(6)按数据模型结构规范图层。

(7)编图软件。基于GeoExpl,MapGIS6.7软件成图。

(四)吉林省单元素地球化学异常图

(1)资料来源。编制图件所依据的资料为中国地质调查局发展研究中心提供的吉林省1∶20万化探数据库中的元素数据,数据质量优良,可靠。

(2)成图比例尺、坐标系、投影方式、中央经线。成图比例尺为1∶50万,采用北京54坐标系,投影方式为兰伯特等角割圆锥投影,第一标准纬度42°00′00″、第二标准纬度46°00′00″、中央子午线经度126°30′00″、投影原点纬度40°40′00″。

(3)编图方法。由不同地球化学景观,吉林省划分8个地球化学子区,即大黑山条垒子区、辽源-舒兰子区、地台陆核子区、敦化地体、延边地体、台内裂谷子区、长白山火山岩区、和龙地体。

分别截取每个子区内的1∶20万化探数据库中各元素数据(处理后的),并计算出每个子区内各元素的平均值,选择地台陆核子区为基准,将地台陆核子区各元素平均值除以其余7个子区内的各元素平均值,再把相除得到的7个子区系数乘以本子区内截取的数据,最后集合8个地质子区所有数据,选择85%累频值为异常下限。再以92%、98%频数值将异常划分为弱、中、强3级浓度分带,即外带、中带、内带,并分别用橙红、红色、深红表示。

吉林省利用衬值异常同样制作了一套地球化学异常图。该衬值异常图将在异常解释与评价当中被应用。

(4)编图要素。①1∶25万地理底图图层。②简化地质图层。③地球化学元素异常等值区图层。④地球化学元素异常等值线图层。

(5)按标准图示完善图名、图例、比例尺、编图说明、责任表等内容。

(6)按数据模型结构规范图层。

(7)编图软件。基于GeoExpl,MapGIS6.7软件成图。

(五)吉林省地球化学组合异常图

(1)资料来源。编制图件所依据的资料为中国地质调查局发展研究中心提供的吉林省1∶20万化探数据库中的元素数据,数据质量优良,可靠。

(2)成图比例尺、坐标系、投影方式、中央经线。成图比例尺为1∶50万,采用北京54坐标系,投影方式为兰伯特等角割圆锥投影,第一标准纬度42°00′00″、第二标准纬度46°00′00″、中央子午线经度126°30′00″、投影原点纬度40°40′00″。

(3)编图方法。①主要根据典型矿床的矿化类型以及地质构造特征与元素组合的关系等综合因素确定元素组合,见第一章第二节。按照《化探资料应用技术要求》,组合元素以3~5个为宜。这样一来,异常图面上围绕主成矿元素的伴生指示元素,有的则不存在,这是组合异常图所不可避免的。②主成矿元素异常以面文件表示,按85%、92%、98%累频值划分3带,以橙、红、深红表示,并进行异常编号。③伴生元素异常以线文件表示,取92%累频值,围绕主成矿元素异常展示,不同元素以不同颜色区分。④在没有主成矿元素异常的区域,伴生元素异常曲线将要剔除,以示清洁图面。

(4)编图要素。①1∶25万地理底图图层。②简化地质矿产图层。③主成矿元素异常等值区图层。④伴生元素异常边界线图层。⑤主成矿元素异常编号标注点。

(5)按标准图示完善图名、图例、比例尺、编图说明、责任表等内容。

(6)编图软件。基于GeoExpl,MapGIS6.7软件成图。

(六)吉林省地球化学综合异常图

(1)资料来源。编制图件所依据的资料为中国地质调查局发展研究中心提供的吉林省1∶20万化探数据库中的元素数据,数据质量优良,可靠。

(2)成图比例尺、坐标系、投影方式、中央子午线经度。成图比例尺为1∶50万,采用北京54坐标系,投影方式为兰伯特等角割圆锥投影,第一标准纬度42°00′00″,第二标准纬度46°00′00″,中央子午线经度126°30′00″,投影原点纬度40°40′00″。

(3)编图方法。①根据要预测的矿种,即金、铜、铅、锌、钨、锑、稀土、银、镍、钼、铬、硼、萤石,共制作13张综合异常图。②采用元素组合异常空间逻辑叠加的方法制作元素综合异常图。其圈定的异常面积以主成矿元素的外带为主,同时参考伴生元素的分布特征最后确定。主成矿元素和伴生元素分别以面文件和线文件表示。③将主成矿元素在综合异常中进行标注,间以"—"连接。元素排序以预测的矿种及单元素异常和综合异常的吻合程度确定。吻合越好,排序越靠前。④根据综合异常规模、强度、预测的矿种,结合综合异常与典型矿床的响应程度,对结合综合异常级别进行划分,赋甲、乙、丙3级,并在图面上标示。⑤对综合异常进行编号。按照从左至右、从上到下的顺序。⑥添加地质构造、矿产地以及成矿区带划分等图层。

(4)编图要素。①1∶25万地理底图图层。②简化地质矿产图层。③成矿区带图层。④主成矿元素异常线、面图层。⑤伴生元素异常边界线图层。⑥综合异常预测矿种、编号标注图层。

(5)按标准图示完善图名、图例、比例尺、编图说明、责任表等内容。

(6)按数据模型结构规范图层。

(7)编图软件。基于GeoExpl,MapGIS6.7软件成图。

(七)吉林省地球化学推断解译地质构造图

(1)资料来源。应用1∶20万化探数据,对39种元素(氧化物)进行因子分析处理,根据因子分析展示的元素地球化学意义,结合元素地球化学图异常图、元素组合异常图所反映出的主成矿元素、伴生元素及造岩元素的异常分布特征,经综合解译后编制而成。主要包括两方面:地质体、断裂构造。

(2)成图比例尺、坐标系、投影方式、中央子午线经度。成图比例尺为1∶50万,采用北京54坐标系,投影方式为兰伯特等角割圆锥投影,第一标准纬度42°00′00″,第二标准纬度46°00′00″,中央子午线经度126°30′00″,投影原点纬度40°40′00″。

(3)编图方法。应用GeoExpl软件系统将39种元素的1∶20万化探数据进行标准化处理,制作R型相关系数矩阵,确定矩阵的特征根与特征向量,从而得到因子载荷矩阵,通过对因子载荷矩阵的方差极大旋转,最终形成旋转因子矩阵,选择因子贡献大于1的因子,在MapGIS6.7软件系统中绘制因子载荷等值线图,形成面图层和线图层。

吉林省共制作了8个因子组合,每一个因子都代表了一组特定的元素组合,并结合本省的基础地质背景进行一定的解译。

F_1因子组成:Fe_2O_3(0.896)、Ti(0.814)、Co(0.804)、Ni(0.707)、Cr(0.662)、V(0.617)、Mn(0.485)。代表了富含铁族元素组合的基性岩体分布区。

F_2因子组成:Nb(0.900)、Zr(0.796)、Y(0.769)、Be(0.756)、La(0.741)、Th(0.519)。主要反映的

是本省中东部地区富含稀有金属、稀土元素的碱性花岗岩类侵入岩体;其次在地台区的长白山,碱性火山岩表现明显。而最南部的古马岭一带,有部分酸性火山岩体存在。

F_3因子组成:B(0.795)、Li(0.715)[Ca(-0.395)、Na_2O(-0.602)、Sr(-0.616)]。主要反映中酸性岩浆岩亲石元素富集组分,以吉林省地槽区大黑山条垒一带以及地台区的中南部表现明显。

F_8因子组成:Sn(0.634)、Bi(0.312)、As(0.290)。主要反映的是吉林省中酸性火山岩以及酸性岩浆活动。

F_{10}因子组成:SiO_2(0.463)、Ba(0.217)。该因子为造岩元素组合,反映吉林省碎屑沉积岩集中区。

F_4因子组成:Pb(0.880)、Zn(0.861)、Ag(0.721)、Cd(0.537)、Sb(0.376);

F_6因子组成 Bi(0.717)、Au(0.655)、As(0.582)、W(0.529)、Cu(0.502)。

上述两组因子代表了吉林省主要金属元素成矿系列,在吉林省重要成矿区带上都有明显的异常展示,结合F_{11}因子组成 Hg(0.686)所表现的汞气晕异常,可以用于推断断裂构造。

此外F_4因子、F_6因子所代表的地质体主要为两个方面:一是反映成矿元素的来源,主要是燕山期、印支期的花岗岩类侵入体;二是反映有利于成矿元素迁移、富集的地质体,即主要是碎屑岩类、碳酸盐岩类。

根据以上F_1、F_2、F_3、F_{10}因子等分等值线图所代表的元素组合特征,共推断了16个地质体。圈定的范围以因子分析图所显示的特征元素边界为准,以面文件表示,并分别加以不同颜色区分,同时按照由左→右、上→下的顺序进行编号。

根据F_1因子所代表的铁族元素组合分布态势和F_4因子、F_6因子所代表的主要金属元素异常呈串珠状以及F_{11}因子所显示出的 Hg 元素的高贡献进行断裂构造的推断。其中,红色实线表示与已知断裂基本吻合的断裂;而红色虚线代表未经地质、物探实测证实的断裂。编号按照由左→右、上→下的顺序进行。

(4)编图要素。①1:25万地理底图图层。②简化地质矿产图层。③成矿区带图层。④推断地质体。⑤推断构造线。

(5)按标准图示完善图名、图例、比例尺、编图说明、责任表等内容。

(6)按数据模型结构规范图层。

(7)编图软件。基于 GeoExpl,MapGIS6.7 软件成图。

(八)吉林省地球化学找矿预测图

(1)资料来源。吉林省地球化学找矿预测图是根据元素综合异常的分类、评序、评价结果,结合吉林省地质矿产分布特征、异常查证以及典型矿床找矿模型等评价要素,分矿种进行编制。

(2)成图比例尺、坐标系、投影方式、中央子午线经度。成图比例尺为1:50万,采用北京54坐标系,投影方式为兰伯特等角割圆锥投影,第一标准纬度42°00′00″、第二标准纬度46°00′00″、中央子午线经度126°30′00″、投影原点纬度40°40′00″。

(3)编图方法。根据元素组合异常的分布特征,综合异常的分类评价,结合典型矿床、矿(化)点与主成矿元素异常空间响应关系,在充分研究吉林省Ⅳ、Ⅴ级成矿区(带)的划分以及地球化学推断地质构造成果的基础上,进一步圈定预测矿种的地球化学找矿预测区。本省按预测矿种共制作金、铜、铅、锌、钨、锑、稀土共7张地球化学找矿预测图。

依据《化探资料应用技术要求》中找矿预测区的划分原则,结合本省以往预测区的划分条件,确定A、B、C三级划分标准。

A级:找矿预测区或附近有金典型矿床或相关的矿产响应,并建立地球化学找矿模型,通过对比分析,确认预测区内存在一个以上甲、乙级综合异常,组合异常复杂,成矿地质条件突出,有希望找到或新增储量达到大型以上规模的矿床(矿田);或者预测资源量总和超出已知储量巨大的预测区;或者主成矿元素异常显示预测区内具有找到新矿种的巨大潜力,而且异常查证证实新矿种有望找到中型以上规模的矿床。

B级:找矿预测区或附近有多处矿点分布,综合异常以乙级为主,组合异常复杂,成矿地质条件较好,有望找到中型或大型以上规模的矿床;或者根据地球化学定量预测模型计算的资源总量巨大,有希望找到中型或大型以上规模的矿床。

C级:综合异常以乙级或丙级为主,组合异常简单,成矿地质条件有利或一般,未进行异常查证或查证后未取得重要突破,但推测有望找到工业矿体或小型以上矿床;有甲、乙级综合异常存在,但工作程度已经很高,深、边部找矿还具有一定潜力,但重大突破可能性较小。

在地球化学找矿预测区内,与典型矿床模型相似地段,或通过三级异常查证发现有利找矿线索的地段,或具有明确找矿目标的中大比例尺甲、乙类异常分布区,即可划分出预测靶区。

(4)编图要素。①1∶25万地理底图图层。②简化地质矿产图层。③成矿带图层。④找矿预测区(靶区)图层。

(5)表达方法。①图名:如吉林省金矿地球化学找矿预测图。②地理地质矿产底图以简化要素图的方式表示。③找矿预测区用红色线(透明区)表达,综合异常用不同面色表示,标注预测矿种组合元素(如Au-Cu、Pb、Zn、Ag)及综合异常编号(如Z-1)。④标注预测区编号。⑤预测区编号、预测矿种类型、预测级别以及预测区名称在图面的右上角列表表达。⑥靶区在找矿预测图的图面中以浅红色方形区表达,编号如Au-1-1。

(6)按标准图示完善图名、图例、比例尺、编图说明、责任表等内容。

(7)按数据模型结构规范图层。

(8)编图软件。基于GeoExpl、MapGIS6.7软件成图。

二、预测工作区地球化学图件的制作

(一)预测工作区元素地球化学图

(1)资料来源。资料来源于收集到的1∶5万水系沉积物测量数据或中国地质调查局发展研究中心提供的吉林省1∶20万化探数据库中的元素数据。数据质量优良,可靠。

(2)成图采用比例尺、坐标系、投影方式、中央经线。成图比例尺1∶5万;采用北京54坐标系;投影方式为高斯-克吕格投影,依标准6度分带,投影带序号21或22,投影分带的中央经线的经度126°00′00″或129°00′00″。

(3)编图方法。以1∶5万水系沉积物测量数据为基础数据源,依据《化探资料应用技术要求》中单元素地球化学图的制作方法进行编制,同时按数据模型挂接属性。

如果没有1∶5万数据,就在GeoExpl软件中截取元素在预测工作区内的1∶20万化探数据进行重新编制,同时按数据模型挂接属性。

编制的元素以预测工作区中主要的预测矿种元素为主。

(4)编图软件。基于GeoExpl、MapGIS6.7软件成图。

(二)预测工作区元素地球化学异常图

(1)资料来源。资料来源于收集到的1∶5万水系沉积物测量数据或中国地质调查局发展研究中心提供的吉林省1∶20万化探数据库中的元素数据。数据质量优良,可靠。

(2)成图采用比例尺、坐标系、投影方式、中央经线。成图比例尺 1:5 万,采用北京 54 坐标系;投影方式为高斯-克吕格投影,依标准 6 度分带,投影带序号 21 或 22,投影分带的中央经线的经度 126°00′00″或 129°00′00″。

(3)编图方法。以 1:5 万水系沉积物测量数据为基础数据源,依据《化探资料应用技术要求》中单元素地球化学异常图的制作方法进行编制,同时按数据模型挂接属性。

如果没有 1:5 万化探数据,就在 GeoExpl 软件中截取处理过的元素在预测工作区内的 1:20 万化探数据进行重新编制,同时按数据模型挂接属性。

编制的元素以预测工作区中主要的成矿元素以及主要的共伴生元素为主。

(4)编图软件。基于 GeoExpl、MapGIS6.7 软件成图。

(三)预测工作区地球化学组合异常图

(1)资料来源。资料来源于收集到的 1:5 万水系沉积物测量数据或中国地质调查局发展研究中心提供的吉林省 1:20 万化探数据库中的元素数据。数据质量优良,可靠。

(2)成图采用比例尺、坐标系、投影方式、中央经线。成图比例尺 1:5 万,采用北京 54 坐标系;投影方式为高斯-克吕格投影,依标准 6 度分带,投影带序号 21 或 22,投影分带的中央经线的经度 126°00′00″或 129°00′00″。

(3)编图方法。根据预测工作区主要的成矿元素以及主要的共伴生元素的分布分配规律,按照高温、中温、低温元素进行组合。依据《化探资料应用技术要求》中多元素组合异常图的制作方法制图。表达方式与省级元素组合异常图相同。

(4)编图软件。基于 GeoExpl、MapGIS6.7 软件成图。

(四)预测工作区地球化学综合异常图

(1)资料来源。编图依据的基础数据来源于收集到的 1:5 万水系沉积物测量数据或中国地质调查局发展研究中心提供的吉林省 1:20 万化探数据库中的元素数据。数据质量优良,可靠。

(2)成图采用比例尺、坐标系、投影方式、中央经线。成图比例尺 1:5 万,采用北京 54 坐标系;投影方式为高斯-克吕格投影,依标准 6 度分带,投影带序号 21 或 22,投影分带的中央经线的经度 126°00′00″或 129°00′00″。

(3)编图方法。在预测工作区组合异常图的基础上,以预测工作区内主要预测矿种元素为主体,根据元素的空间逻辑叠加关系,将空间叠合较好的部分采用人工方法圈定。表达方式与省级元素综合异常图相同。

(4)编图软件。基于 GeoExpl、MapGIS6.7 软件成图。

(五)预测工作区地球化学找矿预测图

(1)资料来源。根据工作区内元素综合异常的分类、评序、评价结果,结合地质背景、矿产的分布特征、异常查证以及与典型矿床的空间关系等评价要素,分矿种进行编制。

(2)成图采用比例尺、坐标系、投影方式、中央经线。成图比例尺 1:5 万,采用北京 54 坐标系;投影方式为高斯-克吕格投影,依标准 6 度分带,投影带序号 21 或 22,投影分带的中央经线的经度 126°00′00″或 129°00′00″。

(3)编图方法。根据综合异常的分类评价,结合成矿地质背景,主成矿元素异常与典型矿床、矿(化)点的空间响应关系,在充分研究本省 Ⅳ、Ⅴ 级成矿区(带)划分成果的基础上,进一步圈定找矿预测区。

依据《化探资料应用技术要求》，工作区内的找矿预测图同样按 A、B、C 三级划分标准。

第四节 质量评述

一、基础数据质量评述

吉林省 1∶20 万水系沉积物测量工作，主要由吉林省地质矿产勘查开发局第五地质调查所完成；样品测试由局实验测试中心承担。从野外采样点设计、定位、编录以及样品加工与测试，均按照《区域地球化学勘查规范》实施。测试设备优良，元素测试精度（灵敏度、精密度、准确度）达到预测要求，同时建立了 1∶20 万化探数据库。

遵照中国地质调查局下发的《区域化探资料质量评估要求》，2008 年，吉林省地质调查院对吉林省 1∶20 万化探资料进行了重新评估。评估结果如下：

(1) 吉林省不存在 75% 以上元素获得 1 分的图幅，即资料质量没有 Ⅰ 类。

(2) 全部元素中获得 1 分和 2 分总数＞75% 的图幅只有延吉市幅，为 Ⅱ 类。

(3) 全部元素中获得 2 分总数＞50% 的图幅有桦树林子幅、明月镇幅、漫江幅、长白幅、靖宇县幅、舒兰县幅、海龙县幅、浑江市幅、桓仁幅、集安幅，为 Ⅲ 类。

(4) 本次参评图幅共 30 幅，余下的 19 幅均是获得 3 分＞50% 的质量状态，为 Ⅳ 类。

总之，吉林省区域化探扫面工作从始至终执行"若干规定"或之前所有规定，是在统一的样品粒级（-60 目）和统一的采样地理景观条件（内地沿海）指导下展开的。通过本次评估，认为吉林省区域化探资料，采样方法正确，元素分析测试质量稳定，数据可靠。而且在本省主要的成矿区（带）上，成矿元素 Au、Ag、Cu、Pb、Zn、Ni、W、Sn、Mo、Sb、Co 等存在明显的变化规律，可以较好地指导找矿。

1∶5 万水系沉积物测量工作多以独立的项目形式运作，承担的单位较多，工作质量符合《区域地球化学勘查规范》要求，数据质量均为合格以上。

二、编图质量

本次编制的全省基础图件和综合类图件应用的基础数据即为 1∶20 万的水系沉积物测量数据。1∶5 万化探数据主要用于预测工作区和典型矿床的图件编制。

在编制图件之前，严格按照《化探资料应用技术要求》，应用 GeoExpl 软件系统，对数据进行了调平校正和网格化处理，保证了图幅之间数据的平滑过渡以及正确的投影成图。应用 MapGIS 成图软件，按标准图示规范成图。最后在 GeoMag 软件系统中建立属性库。同时大量参阅了以往的工作报告和图件，汲取有益成分。图件编制经过 3 级质检控制，即制图人员自检、课题组人员互检、项目负责抽检，并做好记录表，保证图件的完整性及质量要求。

第四章 地质矿产及区域地球化学特征

第一节 地质矿产概况

一、区域地质及成矿特征

吉林省大地构造位置处于华北古陆块(龙岗地块)和西伯利亚古陆块(佳木斯-兴凯地块)及其陆缘增生构造带内。由于多次裂解、碰撞、拼贴、增生构造作用,以及岩浆活动、火山作用、沉积作用、变形变质作用异常强烈,形成若干稳定地球化学块体和地球物理异常区,相对应出现若干大型—巨型成矿区(带),它们共同控制着吉林省重要的贵金属、有色金属、黑色金属、能源、非金属和水气等不同矿产的成矿、矿床规模和分布。

地质构造背景演化过程较为复杂,经历了太古宙陆块形成阶段、古元古代陆内裂谷(坳陷)阶段、新元古代—古生代古亚洲构造域多幕陆缘造山阶段、中新生代滨太平洋构造域阶段等地质演化过程。

(一)太古宙陆核形成阶段

吉南地区位于华北板块的东北部(龙岗地块)中,地质演化始于太古宙,近年来研究发现原龙岗地块是由多个陆块在新太古代末拼贴而成,包括夹皮沟地块、白山地块、清原地块(柳河)、板石沟地块、和龙地块等。这些地块普遍形成于新太古代并最终于新太古代末期拼合在一起。

其表壳岩都为一套基性火山-硅铁质建造,以含铁、金为特征;变质深成侵入体以石英闪长质片麻岩-英云闪长质片麻岩-奥长花岗质片麻岩、变质二长花岗岩为主。成矿以铁、金、铜为主,代表性矿床有夹皮沟金矿、老牛沟铁矿、板石沟铁矿、和龙鸡南铁矿、官地铁矿、金城洞金矿等。

(二)古元古代陆内裂谷(坳陷)演化阶段

新太古代末期的构造拼合作用使得吉南地区形成统一的龙岗复合陆块,在古元古代早期以赤柏松岩体群侵位为标志,开始裂解形成裂谷,并伴有铜、镍矿化,形成赤柏松铜镍矿床。裂谷主体即为所谓的"辽吉裂谷带",裂谷早期沉积物为一套蒸发岩-基性火山岩建造,以含铁、硼为特征,代表性矿床有集安高台沟硼矿床、清河铁矿点;裂谷中期沉积物为一套硬砂岩、钙质硬砂岩夹基性火山岩、碳酸盐岩建造,以含铅锌为特点,代表性矿床为正岔铅锌矿;上部为一套高铝复理石建造,以含金为特点,代表性矿床为活龙盖金矿;古元古代中期裂谷闭合,伴有辽吉花岗岩侵入,完成了区域地壳的二次克拉通化。

古元古代晚期已形成的克拉通地壳发生坳陷,形成坳陷盆地,其早期沉积物为一套石英砂岩建造;

中期为一套富镁碳酸盐岩建造,以含镁、金、铅锌为特点,代表性矿床有荒沟山铅锌矿、南岔金矿、遥林滑石矿、花山镁矿等;上部为一套页岩-石英砂岩建造,富含金、铁,代表性矿床有大横路铜钴矿床、大栗子铁矿床;古元古代末期盆地闭合,有巨斑状花岗岩侵入。

古元古代早期在延边松江地区沉积了一套变粒岩、浅粒岩、石英岩、大理岩组合,以往工作一般将之与吉南地区集安岩群、老岭岩群对比,因多数地质体被新生代火山岩覆盖,出露极不连续,研究程度极低。

(三)新元古代—晚古生代古亚洲构造域多幕陆缘造山阶段

新元古代—古生代吉南地区构造环境为稳定的克拉通盆地环境,其沉积物为典型的盖层沉积,其中,新元古代地层下部为一套河流红色复陆屑碎屑建造;中部为一套单陆屑碎屑建造夹页岩建造,以含金、铁为特点,代表性矿床有板庙子(白山)金矿、青沟子铁矿;上部为一套台地碳酸盐岩-藻礁碳酸盐岩-礁后盆地黑色页岩建造组合。早古生代地层下部为一套红色页岩建造,红色页岩夹浅海碳酸盐岩建造,以含磷、石膏为特征,代表性矿床有东热石膏矿、水洞磷矿等;上部为台地碳酸盐岩建造,大多可作为水泥灰岩利用。晚古生代地层早期为含煤单陆屑建造,构成了浑江煤田的主体,晚期为一套河流相红色多陆屑建造。

在吉黑造山带上晚前寒武纪末期至早寒武世,吉中地区处于华北板块稳定大陆边缘的中亚-蒙古洋扩张中脊形成阶段,早寒武世在九台的机房沟、四平的下二台一带具有拉张过渡壳特征,主要形成了一套大洋底基性火山喷发,夹有碎屑岩、少量碳酸盐岩和含铁、锰沉积,构成一套完整的火山沉积旋回。

延边的海沟地区、万宝地区的粉砂岩及板岩和龙白石洞地区的大理岩均见有具刺凝源类或波罗的刺球藻等化石,敦化地区的塔东岩群一般认为也可与黑龙江的张广才岭群对比,时代为新元古代晚期。塔东岩群以 Fe、V、Ti、P 成矿为主,代表性矿床为塔东铁矿。加里东期侵入岩以 Cu、Ni、Pt、Pd 成矿作用为主,代表性矿床有仁和洞铜镍矿。

中晚石炭世—早二叠世地层主要为一套碳酸盐岩建造,中二叠世地层为一套海相陆源碎屑岩夹火山岩建造,晚二叠世—早三叠世地层为陆相磨拉石建造。海西运动早期形成两条花岗岩带:一条为和龙百里坪-敦化六棵松二叠纪花岗岩带,为一套钙碱性—碱性花岗岩组合;另一条为延吉依兰-敦化官地二叠纪花岗岩带,同样为一套钙碱性系列花岗岩。同时,可见有超铁镁岩侵入,见有 Cr 矿化,代表性矿床有龙井彩秀洞铬铁矿点。晚海西期在所谓的槽台边界构造带内形成一条东起龙井江域经和龙长仁、海沟直至桦甸色洛河的几千米至十几千米宽的构造岩片堆叠带,带内堆叠了不同时代不同性质的构造岩片,以富含 Au 为特点。

古亚洲多幕造山运动结束于三叠纪,其侵入岩标志为长仁-獐项镁铁—超镁铁质岩体群,在区域上构造了长仁-漂河川-红旗岭镁铁质—超镁铁质岩浆岩带,以 Cu、Ni 成矿作用为主,代表性矿床有长仁铜镍矿。而同期沉积作用的标志为白水滩拉斑盆地陆相含煤碎屑岩建造。

(四)中新生代滨太平洋构造域演化阶段

晚三叠世以来,吉林省进入滨太平洋构造域的演化阶段,受太平洋板块向欧亚板块的俯冲作用的影响,在吉南地区浑江小河口、抚松小营子等地形成断陷含煤盆地,同时,在长白地区发育有长白组火山岩,在通化龙头村等地见有石英闪长岩-花岗闪长岩-二长花岗岩侵入;早侏罗世的构造活动基本延续晚三叠世的活动特征,其中,主要沉积物为一套陆相含煤建造,代表性盆地有临江的义和盆地、辉南杉松岗盆地等,但火山岩不发育。侵入岩为一套石英闪长岩-花岗闪长岩-二长花岗岩-白云母花岗岩组合;中侏罗世—早白垩世受太平洋板块斜俯作用的影响,区内形成一系列北东向走滑拉分盆地,沉积一系列火山-陆源碎屑岩,其中,中侏罗世为一套红色细碎屑岩,晚侏罗世为一套钙碱性火山岩,早白垩世为一套钙碱性—偏碱性火山岩夹陆源碎屑岩,局部夹煤(如石人盆地),与火山岩相伴出现有一套岩石地球化学相当的侵入岩,局部地段有碱性花岗岩侵入。

晚三叠世早期,在吉黑造山带上,沿两江构造而形成安图两江-汪清天桥岭幔源侵入岩带,主要出露在安图两江、三岔、青林子、亮兵、汪清天桥岭等地,大致沿两江断裂带的北段呈小岩株状出露,岩性为一套碱性辉长岩、角闪正长岩、石英正长岩、碱长花岗岩组合。以 Fe、V、Ti、P 成矿作用为主,代表性矿床有三岔铁矿点、南土城子铁矿点。晚三叠世中晚期形成钙碱性岩系侵位,构成了和龙三合-珲春-东宁老黑山晚三叠世花岗岩带,岩性为闪长岩-石英闪长岩-花岗闪长岩-二长花岗岩组合。以 Au、Cu、W 成矿作用为主,代表性矿床有小西南岔金铜矿、杨金沟钨矿。与此同时,伴生有大量火山喷发,形成一系列火山盆地,代表性盆地有天宝山盆地,天桥岭盆地等。两者共同构成了滨西太平洋的晚三叠世岩浆弧,与之相关的次火山岩具有多金属成矿作用,代表性矿床有天宝山多金属矿。早—中侏罗世基本上继承了晚三叠世岩浆弧的特点,但火山作用不明显,未见有火山岩及沉积岩层,而钙碱性侵入岩较发育,但有两条侵入岩带:一条为和龙崇善-汪清春阳早侏罗世花岗岩带,岩性为闪长岩-石英闪长岩-花岗闪长岩-二长花岗岩-碱长花岗岩组合;另一条为大蒲柴河中侏罗世花岗岩带,岩性为花岗闪长岩-似斑状花岗岩闪长岩-二云母花岗组合。晚侏罗世岩浆作用以火山喷发为主,形成一套钙碱性火山岩系(屯田营组),侵入岩仅在火山盆地周边局部发育,具有次火山岩的特点。及至早白垩世随着欧亚板块的向外增生,受太平洋板块俯冲的远距离效应的影响,地壳明显处于拉分作用的状态,具有向裂谷系方向演化的特点,形成一系列断陷盆地,沉积了一系列陆相含煤建造(长财组),偏碱性火山岩建造(泉水村组)及含油建造(大拉子组),同时伴生有碱性花岗岩侵入(和龙仙景台岩体)。晚白垩世盆地的裂谷性质已趋成熟,其中,罗子沟等盆地发现有覆盖在大拉子组之上的一套安山玄武岩-流纹岩组合,具有双峰式火山岩的特点;而龙井组可能代表了该时期的类磨拉石建造。

晚侏罗世—白垩纪是吉黑造山带的一个重要成矿期,成矿以金铜为主,矿产地众多,代表性的有五凤金矿、刺猬沟金矿、九三沟金矿等。

新生代以来火山作用加剧,火山喷发物为大陆拉斑玄武岩-碱性玄武岩-粗面岩-碱流岩组合。新生代地质体主要分布在长白山地区,为一套裂谷型大陆拉斑玄武岩-碱性玄武岩-碱流岩组合,以及少量河湖相砂砾岩夹硅藻土,另外在敦密构造带见有少量古近纪辉长岩侵入,同位素年龄为 32Ma 左右。

总结吉林省成矿地质特征,与矿化有关的蚀变主要有矽卡岩化、碳酸盐化、硅化、黄铁矿化、透闪石化、滑石化、钾化、绢云母化、绿泥石化等。

二、区域矿产概况

吉林省矿产资源十分丰富,有能源、黑色金属、有色金属及贵金属、稀土金属、化工原料、建筑材料以及非金属矿产等 70 多种。其中,以金、镍、钼、硅灰石、硅藻土最具优势。下面根据预测矿种分别简介如下。

(一)煤炭

吉林省主要聚煤盆地分布在中部、东部和南部,盆地形成于巨型古隆起的次级断陷内或巨型沉降带边缘部位。由于地史上聚煤盆地的形成和聚煤作用的发生是古气候、古植物、古地理、古构造诸多因素综合作用结果,吉林省煤盆地均为中小型。该省聚煤盆地总面积约 $3.8 \times 10^4 \text{km}^2$,其中,生产矿区 1260km^2,占聚煤盆地总面积的 41.1%。从整体看,该省尚有大面积预测区未做勘查工作。全省共有不同级别的预测区 97 个,预测煤炭资源量 $48 \times 10^8 \text{t}$。

(二) 铁矿

吉林省铁矿成因类型分为沉积变质型、沉积型、接触交代-热液型、风化淋积型4种。沉积变质铁矿包括板石沟式、老牛沟式、集安式、塔东式、大栗子式，是全省最重要的铁矿类型。有矿床、矿点近200处，其中80%的产地分布在北部，其余的20%分布于吉南台块。沉积铁矿成矿时代为新元古代青白口纪和震旦纪，古生代寒武纪、石炭纪。多数为矿点，工业矿床均为小型。工业矿床称临江式和浑江式，分别产于青白口系和震旦系。接触交代-热液型铁矿全省有矿床、矿点220多处，其中，仅有10处小型工业矿床。吉林省规模型铁矿主要分布在夹皮沟-和龙，四方山-板石沟的新太古代裂陷槽中及古元古代老岭群大栗子组分布区。

(三) 铜矿

吉林省铜矿，包括伴生矿产共计70处。至2009年底，累计探明资源储量799 025.58t。其中，90%为伴生矿，此外尚有15.9×10^4t是难以利用的储量。单一矿产储量所剩无几，铜矿资源十分短缺。近几年虽然有一些发现，如天合兴铜矿、大横路铜矿等，但大都属于贫矿。

吉林省铜矿主要成因类型有4种：与基性—超基性岩有关的铜-镍硫化物矿、与中—酸性岩浆岩有关的热液铜矿、火山-沉积型块状硫化物铜矿和变质热液型铜矿。与基性—超基性岩有关的铜-镍硫化物矿床受大断裂控制明显。如山门矿田、红旗岭矿田、漂河川矿田、长仁-樟项矿田、赤柏松矿田等。与中—酸性岩浆岩有关的热液铜矿（包括斑岩型、矽卡岩型、热液充填型）与海西晚期、印支期、燕山期岩浆岩有关，其中与成矿作用关系最为密切的岩体多为中、小型浅成、超浅成侵入体或次火山岩体，如通化的二密铜矿、小西南岔铜矿等。火山-沉积块状硫化物铜矿形成于晚古生代海相火山-沉积环境。产于类复理石建造的砂岩、灰岩、泥灰岩夹海底火山喷发的中性凝灰岩、熔岩中。矿体呈似层状，如汪清红太平铜矿。变质热液型铜矿多数和金伴生，作为金矿的伴生矿产。少数以铜为主的矿床，产于太古宙变质岩系中，受断裂控制明显。如桦甸头道岔铜矿。吉林省铜矿主要分布于磐石的红旗岭-漂河川地区、延边的长仁—樟项、红太平、复兴地区，通化的二密、吉南的集安-长白地区等。

(四) 铅锌矿

吉林省铅矿区共计33处，锌矿区共计30处，以铅、锌为主的矿床主要有11处。截至2009年底，共累计探明资源储量Pb 426 929.86t，Zn 1 152 418.57t。其中，天宝山铅锌矿占累计探明储量的50%以上。天宝山矿经多年开采其可采储量已难以维持矿山的正常运行，矿山人员大部分西迁到山门银矿。铅锌除天宝山为一大型矿床外，其余都为中小型，又以小型为最多。近几年虽有些新的发现（浑江和集安等地），但多数为矿点或小型矿床，没有大突破。

铅锌多为共生矿，同时伴生有铜、金、硫等。吉林省以铅、锌为主的矿床成因类型有岩浆期后热液型（包括矽卡岩型）、海相火山-沉积型、碳酸盐岩型3种。岩浆期后热液型（包括矽卡岩型）铅锌矿与海西晚期、印支期、燕山期中—酸性岩浆岩，特别是次火山岩关系密切。火山-沉积型块状硫化物铅锌矿，与硫铁矿伴生。成矿时代为早古生代。矿床产于呼兰群中，以石缝组、头道沟组为主，成矿物质来自火山喷发。代表矿床有伊通放牛沟多金属硫铁矿、永吉头道沟多金属硫铁矿等。碳酸盐岩型铅锌矿产于集安群和老岭群中。成矿物质来自碳酸盐岩围岩。矿体受断裂构造控制明显。代表矿床有荒沟山铅锌矿、正岔铅锌矿等。所以吉林省的铅、锌主要分布于吉中和吉南地区。

（五）金矿

金矿是本省最具优势的矿种,经统计单一岩金矿和以金为主的共生矿区共计87处,矿点几百处;砂金矿区35处。大型矿床有夹皮沟金矿、二道甸子金矿、海沟金矿,小西南岔铜金矿等4处;中型矿床有刺猬沟金矿、板庙子金矿、三道岔金矿、香炉碗子金矿、南岔金矿、荒沟山金矿、西岔金矿7处,小型矿床20处。截至2009年底,吉林省金矿(岩金)累计探明资源储量333 489.22kg,砂金41 082.00kg。

已知金矿主要分布在吉林地区二道甸子至夹皮沟一带,延边地区五凤至刺猬沟一带和通化南及集安地区,近年来在浑江荒沟山至南岔一带有新的发现,目前已经过详查的南岔金矿、荒沟山金矿均达中型以上,该区资源潜力较大,将成为吉林省又一重要的黄金基地。

吉林省金矿成因类型有4种,即变质热液型、火山-次火山热液型、侵入岩浆热液型、沉积型。变质热液型金矿包括古绿岩型金矿、变质火山岩型金矿、碎屑岩-碳酸盐岩型金矿。古绿岩金矿是吉林省最重要的金矿类型,分布于吉南台块北缘,总体构成近东西向的成矿带,代表矿床如夹皮沟金矿、金城洞金矿等。变质火山岩型金矿含矿层位有中元古代晚期色洛河群和石炭系鹿圈屯组。前者代表矿床有海沟金矿,后者代表矿床有头道川金矿。碎屑岩-碳酸盐岩中的金矿产于集安群、老岭群中。代表矿床有南岔金矿、荒沟山金矿、辽源湾月金矿、桦甸二道甸子金矿等。火山-次火山热液型金矿产于中生代火山-次火山岩中。受火山构造控制明显。矿床一般为浅成—超浅成。代表矿床如刺猬沟金矿、香炉碗子金矿等。侵入岩浆热液型金矿产于海西晚期、燕山期侵入岩中及其接触带。多与铜、铅、锌等有色金属伴生。可分为斑岩型、矽卡岩型热液充填型、破碎带蚀变岩型。代表矿床如集安西岔金银矿。沉积型金矿又可分为古砾岩型金矿和现代砂金矿。古砾岩型金矿产于珲春、春化、桦甸第三纪砾岩中,同时近年在白山板石庙岭一带长城系底部砾岩中发展的金矿有可能成为大型金矿。现代砂金矿以珲春河、古洞河、苇沙河流域为主要产地。吉林省金矿矿点多,成因复杂,主要成矿带有夹皮沟成矿带、老岭成矿带等,资源潜力巨大。

（六）银矿

吉林省银矿,包括伴生矿产,共计38处。代表矿床有四平山门银矿(大型)、永吉八台岭金银矿、西林河银矿和百里坪银矿等。其中,百里坪可能成为吉林省第二个"山门"。截至2009年底,共累计探明资源储量2 768.21t。

吉林省单一银矿主要分布在大黑山条垒南、北两端(南有山门、北有八台岭)和和龙地体中的花岗绿岩区。伴生银矿比较广泛,在各类型金矿和铅锌矿中都有分布,如兰家金矿、九三沟金矿、爱国铅锌矿等。

（七）钼矿

钼矿是本省的优势矿种,以斑岩型成因为主,控矿构造主要是燕山期的花岗岩类侵入体以及断裂交会处。矿石矿物主要有辉钼矿、黄铁矿、黄铜矿以及少量方铅矿、闪锌矿;脉石矿物为长石、石英、云母。围岩蚀变有钾长石化、石英-绢云母化、黄铁矿化、辉钼矿化、高岭土化、沸石化等,蚀变分带明显。

本省钼矿集中分布于吉林省中部地槽区,最著名是吉林永吉大黑山钼矿,为特大型,查明储量1 497 329t。中大型的有季德屯钼矿、福安堡钼矿、大石河钼矿、刘生店子钼矿等。

矽卡岩成因的钼矿为伴生型(与铜伴生),品位低,储量少。

目前,钼矿有16处生产区。截至2009年底,累计探明资源储量1 989 467.70t。

(八)镍矿

吉林省镍矿主要是岩浆熔离-贯入成因,伴生矿种为铜矿。控矿岩体为含镍的基性—超基性侵入岩体,压扭性断裂为成矿提供储矿空间。矿物组合主要有磁黄铁矿、镍黄铁矿、黄铜矿、紫硫镍矿和黄铁矿,其次是砷镍矿、红砷镍矿、磁铁矿、方铅矿、墨铜矿、砷镍矿、辉钼矿和钛铁矿等。围岩蚀变有滑石化、次闪石化、黑云母化、皂石化、蛇纹石化、绢云母化等。这些典型的蚀变与成矿关系密切,是重要的找矿标志。

本省镍矿多分布于地槽区,基性—超基性侵入岩体受深大断裂控制。代表矿床有红旗岭铜镍矿、赤柏松铜镍矿、漂河川铜镍矿、长仁铜镍矿。

目前,采矿区有23处,截至2009年底,累计探明资源储量375 016.00t。

(九)硫铁矿

本省硫铁矿有独立硫铁矿床和伴生硫铁矿,以黄铁矿为主要载体矿物。独立硫铁矿床成矿类型有岩浆热液型和湖相沉积型,成矿期以海西早期和燕山晚期为主。矿床受地层、构造、岩浆活动控制明显,青磐岩化、硅化、矽卡岩化、黄铁矿化、绿泥石化等围岩蚀变强烈。

代表矿床有伊通县放牛沟多金属硫铁矿床、永吉县头道沟硫铁矿床(岩浆热液型);桦甸市西台子硫铁矿床、临江市荒沟山硫铁矿床(湖相沉积型)。截至2009年底,共累计探明资源储量$1\ 776.5\times10^4$t。

伴生成因硫铁矿主要赋存在钼矿、铜镍矿、铅锌矿以及金矿中,如永吉大黑山钼矿、磐石红旗岭铜镍矿、通化赤柏松铜镍矿、白山荒沟山铅锌矿、闹枝金矿等岩浆热液活动是成矿的主要因素。截至2009年底,共累计探明矿石储量$4\ 146.3\times10^4$t。

(十)铬铁矿、硼矿、萤石

此3种矿产分布有限,规模均为小型。代表矿床分别为小绥河铬铁矿、高台沟硼矿、牛头山萤石矿。其中,铬铁矿主要产于超基性岩体中,矿物组合有铬尖晶石、赤铁矿、褐铁矿、磁铁矿、黄铁矿、针镍矿、硫钴矿和六方硫钴矿以及脉石矿物绿泥石、白云石等。区内围岩蚀变主要有铬铁矿化、滑石化、碳酸盐化、硅化、褐铁矿化、绿泥石化、黄铁矿化。累计探明资源储量为31 000t。

硼矿主要产于古元古界集安群中,受构造凹陷控制,为高温热液交代成因。主要的矿石矿物有硼镁石、硼镁铁矿、橄榄石、蛇纹石、菱镁石、磁铁矿等。围岩蚀变有蛇纹石化、磁铁矿化、混合岩化。矿石类型为硼镁石-蛇纹石型、硼镁石-磁铁矿-蛇纹石型。可采矿区15处,累计探明资源储量46.878×10^4t。

萤石矿产于中生代火山岩建造中,受构造裂隙控制,是岩浆热液的产物。矿物组成主要为萤石和石英以及少量方解石,硅化与成矿关系密切,是找矿的重要标志。矿石类型有石英-萤石型,纯萤石脉型较少。截至2009年底,可采矿区6处,累计探明资源储量28.65×10^4t。

第二节 地球化学地理景观特征

一、区域地形地貌特征

吉林省位于中国东北地区的中部,地处日本海西侧,南北分别与辽宁省和黑龙江省毗邻,东南与朝鲜隔江相望,东端与俄罗斯的南部滨海接壤。经纬度为 E121°38′—E131°19′,N40°52′—N46°18′。呈西北-东南向延伸,东南部呈较宽的狭长形。总面积 18.74×10^4 km^2,东南部山区面积约 12.36×10^4 km^2。其地势整体东南高而西北低,起伏变化较大,有中山、低山、丘陵、台地、平原等多种地貌类型。山地面积占全省总面积的 36%,平原占 30%,台地占 28.2%,丘陵占 5.8%。全省地貌主要受亚洲东部新华夏系构造第二隆起带和第二沉降带控制。以中部大黑山为界,分为东部长白山区和西部松辽平原区两大地貌单元。

东部长白山区又分为长白中、低山区和长白低山、丘陵区。前者主要分布有长白山、张广才岭及其以东的广大区域,总面积 7.1×10^4 km^2。海拔多在 1000m 以上,最高点为长白山上的白云峰,海拔 2691m。该区森林茂密,植被发育,有大面积的原始森林分布,著名的长白山天池被授予"国家级自然保护区"。而低山、丘陵区分布有龙岗和大黑山山脉,多为丘陵盆地占据,总面积 4.1×10^4 km^2。海拔 400m~1000m 之间,多在 500m 以下。

西部松辽平原区为中部台地平原区和西部冲积平原区。中部台地平原区主要指大黑山前台地平原,面积 2.8×10^4 km^2,海拔在 200m~250m 之间,为吉林省主要粮食生产地。

西部冲积平原区包括白城、松原以西,双辽以北的广大区域,面积 4.7×10^4 km^2,海拔一般在 110m~160m 之间。该平原区地势平缓,有大量的沼泽、盐碱地分布,草原广袤,为吉林省重要的牧业基地。

二、气候特征

吉林省属于温湿润-半干旱大陆性季风气候,春季季风较大,气候干燥;夏季温暖多雨,时节促断;秋季晴冷,早晚温差较大;冬季漫长,寒冷多变,具有明显的四季之分。全省大部分地区年平均气温在 3~5℃,最冷在 1 月,平均气温 −18℃,最热在 7 月,平均气温 20℃ 左右。吉林省的集安一带,年平均温度在 6.5℃,温凉宜人,素有"小江南"之称。全省全年无霜期 120~150d,年平均降雨量一般在 550~1000mm 之间,以长白山天池和老岭以南地区雨量最为充沛,可达到 1100mm 以上。降雪期从 10 月到次年的 4 月,积雪深厚,尤其是山地,厚度达 400~500mm。

三、区域水系分布规律

吉林省有名称的河流 2000 多条,分属五大水系,即松花江水系、图们江水系、鸭绿江水系、辽河水系及绥芬河水系,河网 190m/km^2。以东南部山区河流众多,而且水量丰富,常年有水。松花江水系流域面积全省最大,约占全省面积的 70%,并与鸭绿江水系、图们江水系一起发源于长白山,呈辐射状分布;辽河水系和绥芬河水系总体流向为北西向。五大水系纵横交错成网,水量充沛,流经吉林省东南部山区,为化探测量提供了十分有利的场所。

四、地球化学景观分区

吉林省全域面积为 18.74×10^4 km^2,分东部山区和西部平原地区,面积分别约为 12.36×10^4 km^2、6.38×10^4 km^2。本次在全国 II 级景观区划分的基础上,结合以往吉林省地球化学景观研究报告,对原成果资料中的地球化学景观区划分做了简化并修正。

本次工作将吉林省地球化学景观由东至西依次划分为 3 个景观亚区,即东部中低山森林沼泽景观亚区,中部丘陵、中低山森林景观亚区,西部台地、平原森林草原景观亚区。每个亚区中又分成若干个景观小区,见表 4-2-1 和图 4-2-1。

表 4-2-1　吉林省地球化学景观分区对应表

区域景观区	全国Ⅱ级景观分区	东北景观分区	吉林景观分区		景观小区性质
			亚区	小区	
森林沼泽区	张广才岭-长白山森林沼泽景观区	张广才岭-长白山森林沼泽景观亚区	吉林省东部中低山森林沼泽景观亚区（Ⅰ）	敦化-珲春中低山森林沼泽景观小区（Ⅰ₁）	特殊景观区
				安图-延吉中低山森林景观小区（Ⅰ₂）	适宜开展水系沉积物测量
	玄武岩覆盖森林沼泽			长白山火山岩覆盖中低山森林沼泽景观小区（Ⅰ₃）	特殊景观区
内地沿海山区	吉林省中部	吉林省中部亚区	吉林省中部丘陵、中低山森林景观亚区（Ⅱ）	长春-四平台地、丘陵疏林景观小区（Ⅱ₁）	特殊景观区
				辽源-吉林丘陵、低山森林景观小区（Ⅱ₂）	适宜开展水系沉积物测量
				通化市中低山森林景观小区（Ⅱ₃）	
冲积平原区	松辽平原区	松辽平原区亚区	吉林省西部台地、平原森林草原景观亚区（Ⅲ）	怀德-农安台地森林草原景观小区（Ⅲ₁）	特殊景观区
				松原平原森林草原景观小区（Ⅲ₂）	
				乾安平原盐渍化草原景观小区（Ⅲ₃）	
				白城台地、丘陵草原景观小区（Ⅲ₄）	
				长岭平原沙漠化草原景观小区（Ⅲ₅）	

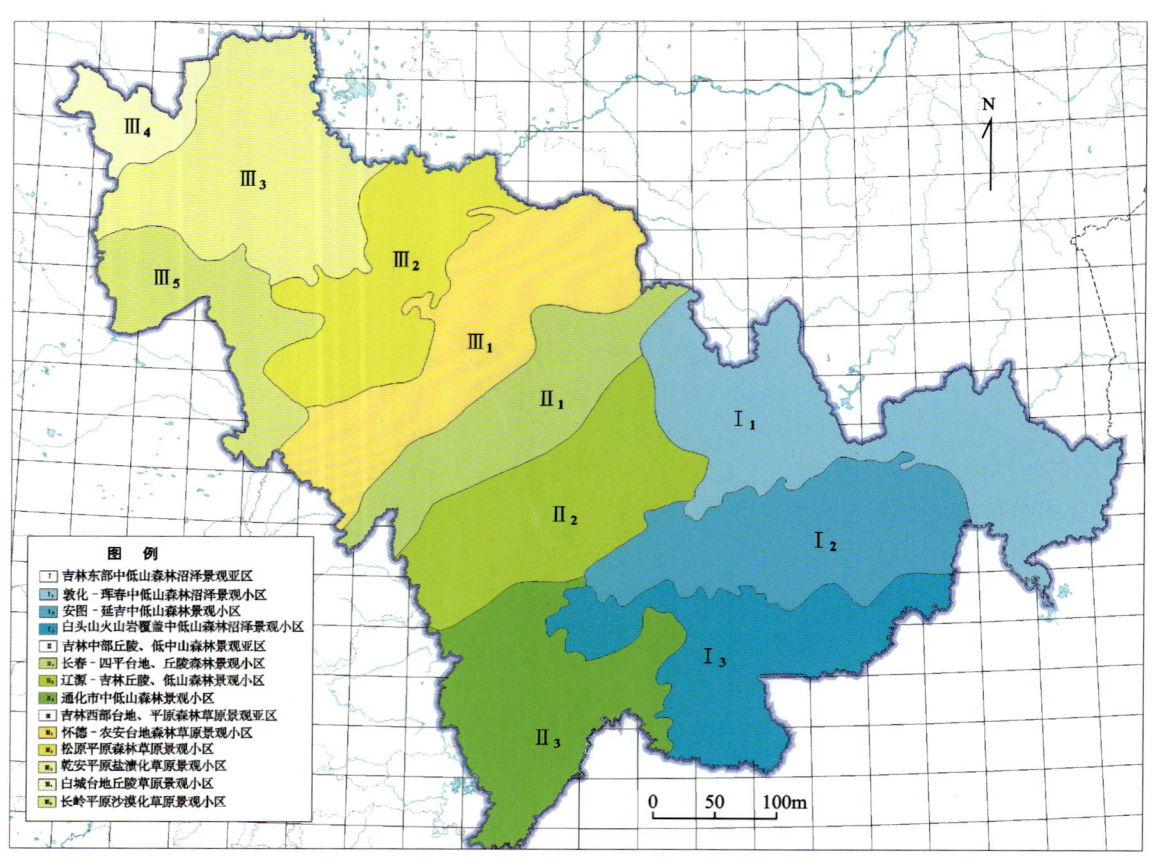

图 4-2-1　吉林省地球化学景观分区图

由吉林省地形地貌特征可知，Ⅰ级、Ⅱ级景观亚区包括整个中东部地区，具有地势起伏变化较大，海拔相对较高，森林茂密，水系发育的重要特征，此外，特殊景观区亦较突出，如新生代长白山碱性火山岩分布区，基性火山岩分布区以及沼泽景观区。这类特殊景观区是本省基础地质勘查的薄弱区域，亦是矿产勘查的盲区，应是进一步工作的重点。

中东部地区矿产十分丰富，Au、Ag、Cu、Pb、Zn、Mo、Fe、Cr、Sb、B、CaF_2 等均有较好的远景储量。因此，该地区是吉林省贵金属和有色金属以及非金属矿产的主要产地，也是吉林省开展矿产资源勘查及研究的主要区域。

吉林西部台地、平原草原森林景观亚区海拔较低，地势总体平缓，河流稀少，物草丰腴。目前，已全面开展了土壤化探采样工作以及相关的农业地质调查，是吉林省煤炭、石油的主要产地。

第三节　区域地球化学特征

一、元素分布及浓集特征

经过对全省1：20万水系沉积物测量数据的系统研究以及依据地球化学块体的元素专属性特征，生成吉林省中东部地区地球化学元素分区，见图4-3-1。

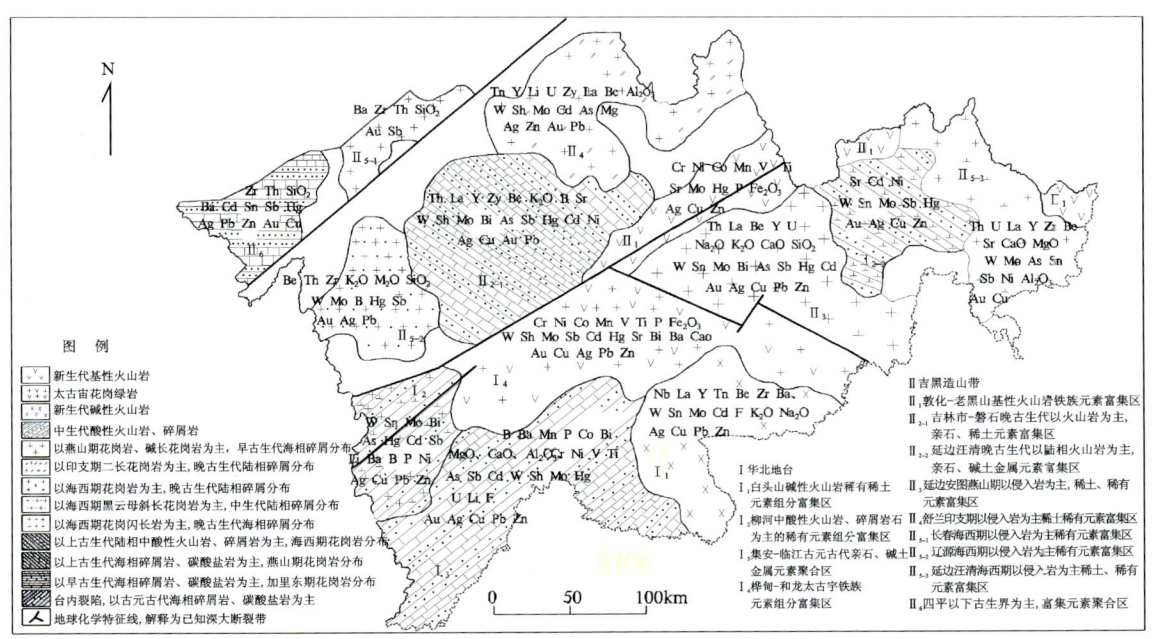

图4-3-1　吉林省东部地区地球化学元素分区图

图4-3-1中，以3种颜色分别代表内生作用铁族元素组合特征富集区，内生作用稀有、稀土元素组合特征富集区，外生与内生作用元素组合特征富集区。

铁族元素组合富集区的地质背景是本省新生代基性火山岩、太古宙花岗绿岩体地质体的主要分布区，主要表现的元素（氧化物）组合是 Cr、Ni、Co、Mn、V、Ti、Fe_2O_3、P、Hg、Sr、W、Sn、Mo、Au、Ag、Cu、Pb、Zn 等，呈现高背景区（元素富集场），尤以太古宙花岗绿岩地质体表现突出。主要成矿元素为 Au、Ag、Cu、Pb、Zn 等，矿产如夹皮沟金矿田、西林河银矿、长仁铜镍矿，是吉林省金、铜成矿的主要矿源层位。

内生作用稀有、稀土元素组合特征富集区，主要表现的是 Th、U、La、Be、Li、Nb、Y、Zr、Sr、Na_2O、K_2O、MgO、CaO、Al_2O_3、Sb、F、B、As、Ba、W、Sn、Mo、Au、Ag、Cu、Pb、Zn 等元素（氧化物）的高背景区。主要的成矿元素为 Au、Cu、Pb、Zn、W、Sn、Mo，尤以 Au、Cu、Pb、Zn、W 表现强烈态势。地质背景为新生代碱性火山岩、中生代中酸性火山岩、火山碎屑岩以及以海西期、印支期、燕山期为主的花岗岩类侵入岩体。

外生与内生作用元素组合特征富集区，以地槽区分布良好；台区主要集中在集安-老岭成矿带。表现的是 Sr、Cd、P、B、Th、U、La、Be、Zr、Hg、W、Sn、Mo、Au、Cu、Pb、Zn、Ag 等的元素富集场，主要的成矿元素为 Au、Ag、Cu、Pb、Zn。矿产如山门银矿、荒沟山金矿、郭家岭铅锌矿等。地质背景为古元古代、古生代的海相碎屑岩、碳酸盐岩以及晚古生代的中酸性火山岩、火山碎屑岩，同时有海西期、燕山期的侵入岩体分布。

根据吉林省中东部地区地球化学景观划分以及主要成矿区带的分布规律，划分 8 个地质子区。应用 1：20 万化探数据分别计算了 39 种元素（氧化物）算术平均值，通过与全省元素算术平均值和地壳克拉克值对比，可以进一步量化吉林省 39 种地球化学元素（氧化物）区域性的分布趋势和浓集特征，见图 4-3-2，表 4-3-1～表 4-3-3。

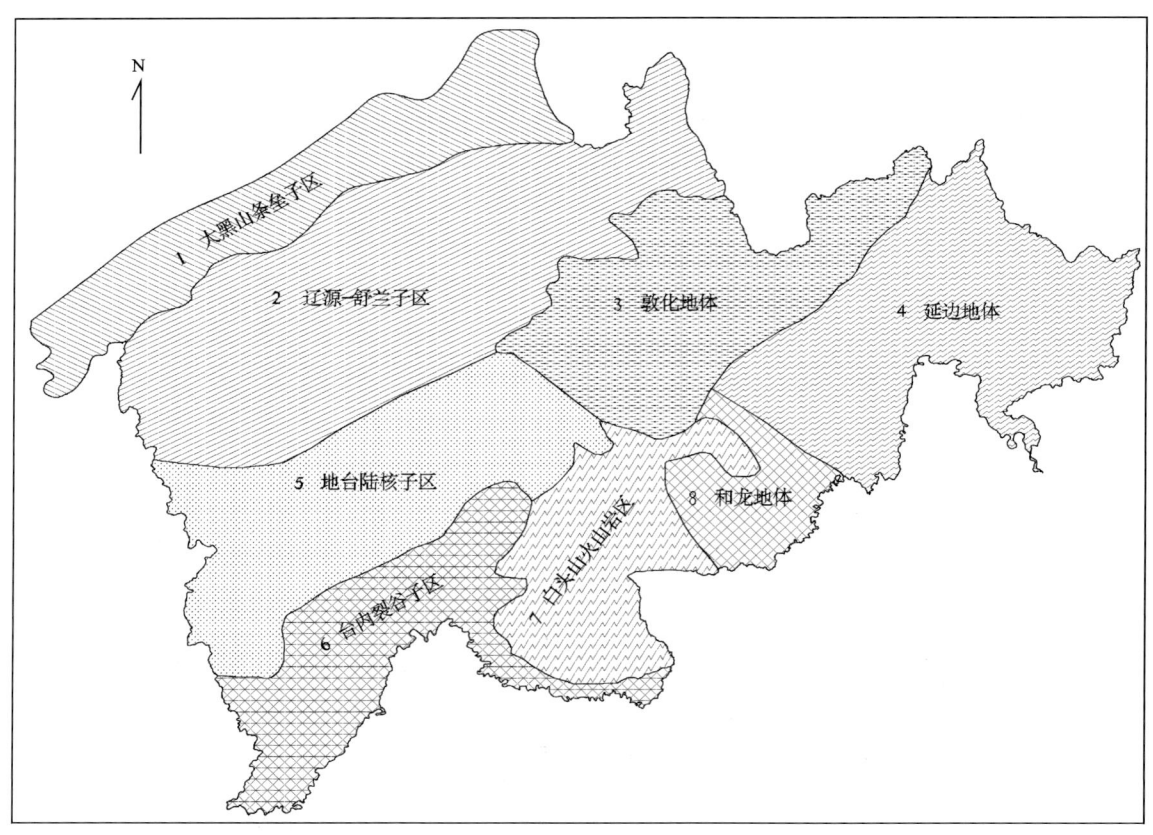

图 4-3-2 吉林省地质子区分布示意图

表 4-3-1 中列出的数值是吉林省 39 种元素（氧化物）在中东部地区的总体分布态势及在 8 个地质子区当中的平均分布特征。按照元素平均含量从高到低排序为：SiO_2—Al_2O_3—F_2O_3—K_2O—MgO—CaO—NaO—Ti—P—Mn—Ba—F—Zr—Sr—V—Zn—Sn—U—W—Mo—Sb—Bi—Cd—Ag—Hg—Au。表现出造岩元素→微量元素→成矿系列元素的总体变化趋势。而个别位置上元素的不同，是后期叠生改造作用的结果。说明吉林省 39 种元素（氧化物）在区域上的分布分配符合元素在空间上的变化规律，这对研究本省元素在各种地质体中的迁移富集贫化规律有重要意义。

表 4-3-1　吉林省 8 个地质子区的元素(氧化物)平均值与全省元素平均值(省均值)对比表

元素	省均值	1子区	2子区	3子区	4子区	5子区	6子区	7子区	8子区
Ag	123.22	111.64	125.35	122.79	120.15	125.69	126.99	124.09	140.18
As	9.21	8.77	10.75	9.99	9.07	8.37	10.47	6.83	4.51
Au	1.80	1.56	1.58	1.32	2.09	2.84	1.95	1.17	1.85
B	32.10	35.75	34.52	25.75	19.67	37.37	50.11	27.98	17.28
Ba	559.40	580.69	559.13	542.35	481.27	588.32	618.59	559.54	586.46
Be	2.44	2.51	2.45	2.57	2.17	2.09	2.06	3.36	2.93
Bi	310.00	330.00	320.00	280.00	320.00	300.00	370.00	250.00	250.00
Cd	127.20	115.03	120.01	117.93	112.29	122.62	194.97	133.59	165.14
Co	13.20	10.57	11.25	14.60	13.38	15.75	14.35	14.80	12.50
Cr	71.22	56.23	58.53	80.14	70.29	91.72	81.13	70.01	75.27
Cu	19.95	17.28	18.12	21.00	19.18	24.28	22.90	18.60	18.68
F	458.79	411.89	437.16	435.86	381.84	486.88	582.33	529.91	539.20
Hg	49.86	32.85	46.74	53.56	35.05	51.32	55.37	38.55	37.70
La	44.16	40.83	40.15	42.24	40.14	42.29	48.28	60.75	61.32
Li	30.71	30.37	30.73	32.21	27.34	31.99	36.34	28.70	25.18
Mn	899.12	711.07	826.11	925.34	891.90	977.42	1072.20	1000.18	946.00
Mo	1.12	0.86	1.05	1.16	1.03	0.96	1.13	1.83	1.55
Nb	19.78	17.32	16.98	18.36	14.31	17.59	18.28	43.95	29.15
Ni	25.46	19.90	20.81	29.90	22.30	33.10	28.63	28.63	26.90
P	972.42	704.95	877.86	1 171.87	853.66	1 038.34	1 226.00	1 062.71	1 157.00
Pb	21.62	21.27	21.97	21.62	19.40	20.36	25.98	21.45	22.28
Sb	470	450	530	510	470	420	520	410	250
Sn	3.60	2.86	3.06	2.87	3.29	2.90	3.12	3.33	2.91
Sr	214.92	190.68	199.71	233.50	254.30	227.06	173.17	172.60	328.90
Th	10.32	10.89	10.53	10.39	9.97	9.88	9.44	11.29	10.80
Ti	5 081.4	4 413.78	4 677.32	5 452.08	4 736.32	5 372.48	5 500.60	6 483.40	4 689.4
U	2.33	2.64	2.23	3.06	2.58	1.99	2.35	2.54	3.01
V	95.30	85.22	93.00	106.62	105.63	104.21	103.88	112.52	116.32
W	1.71	1.90	1.81	1.61	1.70	1.30	1.87	1.90	1.54
Y	26.02	26.52	26.03	24.20	25.27	24.05	25.01	31.78	30.33
Zn	81.19	61.41	73.59	88.74	76.52	81.51	92.80	106.30	99.33
Zr	303.33	339.01	318.98	252.49	266.02	287.79	240.31	428.36	339.70
Al_2O_3	14.31	14.10	14.06	14.08	15.02	13.94	14.48	14.67	14.65
CaO	1.93	1.42	1.65	1.92	2.55	2.06	2.21	1.56	2.50

续表 4-3-1

元素	省均值	1子区	2子区	3子区	4子区	5子区	6子区	7子区	8子区
Fe_2O_3	5.43	4.31	4.67	5.82	5.55	5.87	5.99	6.79	5.87
K_2O	2.44	2.63	2.45	2.22	2.22	2.31	2.66	2.74	2.45
Na_2O	1.57	1.84	1.29	1.89	2.30	2.10	1.47	2.05	2.31
MgO	2.01	1.31	2.07	1.52	1.92	1.70	2.13	1.27	1.68
SiO_2	60.23	65.24	62.35	56.61	59.96	59.29	57.88	58.33	56.94

注:省均值 Au、Ag、Cd、Hg、Sb、Bi 含量单位 $\times 10^{-9}$，其他元素(氧化物)含量单位 $\times 10^{-6}$。

从整体上看，主要成矿元素 Au、Cu、Zn、Sb、Mo、Ni、Cr 在 8 个子区内的均值比地壳克拉克值要低。Au 能够在本省重要的成矿带上富集成矿，说明 Au 的富集能力超强，而且另一方面也表明在本省重要的成矿带上，断裂构造非常发育，岩浆活动极其频繁，使得 Au 元素在后期叠加地球化学场中变异、分散的程度更强烈。

Cu、Zn、Sb 在 8 个子区内的分布呈低背景状态，而且其富集能力较 Au 弱。因此，Cu、Sb 在本省重要的成矿带上富集成矿的能力处于弱势，成矿规模偏小。

Mo、Ni、Cr 作为高温元素在本省 8 个子区内亦处于较低背景状态，由于成矿地球化学专属性，决定了 Mo 在燕山期的花岗斑岩体中强烈富集；Ni、Cr 在深源侵位的基性—超基性岩体中富集沉淀。所以，低背景的 Mo、Ni、Cr 在成矿条件具备的局部区域是呈富集趋势的。

Ag、Pb、W、F、B 及稀土元素均值高于地壳克拉克值，显示较强的高背景晕状态，这对成矿非常有利。

特别需要说明的是，7 子区为长白山(白头山)火山岩覆盖层，属特殊景观区，Nb、La、Y、Be、Th、Zr、Ba、W、Sn、Mo、F、Na_2O、K_2O、Au、Cu、Pb、Zn 等元素(氧化物)均呈高异常状态分布，是否具备矿化富集特征需进一步研究。

表 4-3-2 中，8 个地质子区元素均值与地壳克拉克值比值和表 4-3-3 中的元素比值具有共性，即比值大于 1 的元素有 Ag、As、B、Zr、Sn、Be、Pb、Th、W、Li、U、Ba、La、Y、Nb、F，如果按属性分类，Ba、Zr、Be、Th、W、Li、U、Ba、La、Nb、Y 均为亲石元素，与侵入的酸碱性花岗岩浆关系密切。在 2 地质子区、3 地质子区、4 地质子区广泛分布。

表 4-3-2　吉林省 8 个地质子区元素平均值与地壳克拉克值比值一览表

元素	地壳克拉克值	1子区/克拉克值	2子区/克拉克值	3子区/克拉克值	4子区/克拉克值	5子区/克拉克值	6子区/克拉克值	7子区/克拉克值	8子区/克拉克值
Ag	75.00	1.49	1.67	1.64	1.60	1.68	1.69	1.65	1.87
As	2.20	3.99	4.88	4.54	4.12	3.80	4.76	3.10	2.05
Au	3.50	0.45	0.45	0.38	0.60	0.81	0.56	0.34	0.53
B	8.00	4.47	4.31	3.22	2.46	4.67	6.26	3.50	2.16
Ba	390.00	1.49	1.43	1.39	1.23	1.51	1.59	1.43	1.50
Be	1.30	1.93	1.89	1.97	1.67	1.61	1.58	2.58	2.25
Bi	430.00	0.77	0.74	0.65	0.74	0.70	0.86	0.58	0.58
Cd	150.00	0.77	0.80	0.79	0.75	0.82	1.30	0.89	1.10
Co	25.00	0.42	0.45	0.58	0.54	0.63	0.57	0.59	0.50
Cr	110.00	0.51	0.53	0.73	0.64	0.83	0.74	0.64	0.68

续表 4-3-2

元素	地壳克拉克值	1子区/克拉克值	2子区/克拉克值	3子区/克拉克值	4子区/克拉克值	5子区/克拉克值	6子区/克拉克值	7子区/克拉克值	8子区/克拉克值
Cu	63.00	0.27	0.29	0.33	0.30	0.39	0.36	0.30	0.30
F	450.00	0.92	0.97	0.97	0.85	1.08	1.29	1.18	1.20
Hg	89.00	0.37	0.53	0.60	0.39	0.58	0.62	0.43	0.42
La	39.00	1.05	1.03	1.08	1.03	1.08	1.24	1.56	1.57
Li	21.00	1.45	1.46	1.53	1.30	1.52	1.73	1.37	1.20
Mn	1 300.00	0.55	0.64	0.71	0.69	0.75	0.82	0.77	0.73
Mo	1.30	0.66	0.81	0.90	0.79	0.74	0.87	1.41	1.19
Nb	19.00	0.91	0.89	0.97	0.75	0.93	0.96	2.31	1.53
Ni	90.00	0.22	0.23	0.33	0.25	0.37	0.32	0.32	0.30
P	1 200.00	0.59	0.73	0.98	0.71	0.87	1.02	0.89	0.96
Pb	12.00	1.77	1.83	1.80	1.62	1.70	2.17	1.79	1.86
Sb	620.00	0.73	0.85	0.82	0.76	0.68	0.84	0.66	0.40
Sn	1.70	1.68	1.80	1.69	1.93	1.70	1.84	1.96	1.71
Sr	480.00	0.40	0.42	0.49	0.53	0.47	0.36	0.36	0.69
Th	5.80	1.88	1.82	1.79	1.72	1.70	1.63	1.95	1.86
Ti	6 400.00	0.69	0.73	0.85	0.74	0.84	0.86	1.01	0.73
U	1.70	1.55	1.31	1.80	1.52	1.17	1.38	1.50	1.77
V	140.00	0.61	0.66	0.76	0.75	0.74	0.74	0.80	0.83
W	1.10	1.73	1.64	1.47	1.55	1.18	1.70	1.73	1.40
Y	24.00	1.11	1.08	1.01	1.05	1.00	1.04	1.32	1.26
Zn	94.00	0.65	0.78	0.94	0.81	0.87	0.99	1.13	1.06
Zr	130.00	2.61	2.45	1.94	2.05	2.21	1.85	3.30	2.61

注：地壳克拉克值为黎彤(1981)测算值。Au、Ag、Cd、Hg、Sb、Bi 含量单位$\times 10^{-9}$，其他元素含量$\times 10^{-6}$。

Ag、As、Sn、Pb 为亲硫元素，是热液型硫化物成矿的反映。查看异常图，As、Sn、Pb 在 2 地质子区、3 地质子区、4 地质子区亦有较好的展现。尤其是 As(4.19)、B(4.01)，显示出较强的富集态势，而 As 为重矿化剂元素，来自于深源构造，对寻找深部矿体具有较强的指示作用。B、F 属气成元素，具有较强的挥发性，是酸性岩浆活动的产物。As、B、F 的强富集反映出岩浆活动、构造活动的发育，对重金属元素的分异、运移、沉淀均具有重要作用。同时也反映出吉林省东部山区后生地球化学改造作用的强烈，对吉林省成岩、成矿作用影响巨大。这一点与 Au 元素富集成矿所表现出来的地球化学意义相吻合。

从区域上进一步研究表 4-3-3 中的比值可知，吉林省的主要成矿元素 Au、Ag、Cu、Pb、Zn、Mo、Ni 相对于省均值，在 4 地质子区、5 地质子区、6 地质子区、7 地质子区、8 地质子区的富集系数都大于 1 或接近 1，说明 Au、Ag、Cu、Pb、Zn、Mo、Ni 在这 5 个地质区域内处于较强的富集状态，即主要在本省地台区为高背景值区，是重点找矿区域。区域成矿预测证明，4 地质子区、5 地质子区、6 地质子区、7 地质子区、8 地质子区是吉林省贵金属、有色金属的主要富集区域，有名的大型矿床、中型矿床都聚集于此。

在 2 地质子区，Ag、Pb 富集系数都为 1.02，Au、Cu、Zn、Ni 的富集系数都接近 1，也显示出较好的富集趋势，值得重视。

W、Sb 的富集态势总体显示较弱,只在 1 地质子区、2 地质子区,6 地质子区和 7 地质子区表现出一定富集趋势。表明在表生介质中元素富集成矿的能力呈弱势,这与本省 W、Sb 矿产的分布特点相吻合。

稀土元素除 Nb 以外,Y、La、Zr、Th、Li 在 1 地质子区、2 地质子区和 7 地质子区、8 地质子区的富集系数都大于 1 或接近 1,显示一定的富集状态,是稀土矿预测的重要区域。

Hg 是典型的低温元素,作为前缘指示元素一方面可用于评价矿床剥蚀程度,另一方面是预测深部盲矿的重要标志。表 4-3-3 中,富集系数大于 1 的子区有 3 地质子区、5 地质子区、6 地质子区,显示 Hg 在本省主要的成矿区(带),对 Au、Ag、Cu、Pb、Zn 可起到重要作用。

F、B 作为重要的矿化剂元素,在 6 地质子区、7 地质子区、8 地质子区中有较明显的富集态势,表明 F、B 在岩浆热液运移过程中,除自身具备富集成矿的可能,此外,对 Au、Ag、Cu、Pb、Zn、Mo、Ni 等主成矿元素的迁移、富集、沉淀起到非常重要的作用。

表 4-3-3　吉林省 8 个地质子区元素(氧化物)平均值与全省元素平均值比值一览表

元素	省均值/克拉克值	1 子区/省均值	2 子区/省均值	3 子区/省均值	4 子区/省均值	5 子区/省均值	6 子区/省均值	7 子区/省均值	8 子区/省均值
Ag	1.64	0.91	1.02	1.00	0.98	1.02	1.03	1.01	1.14
As	4.19	0.95	1.17	1.08	0.98	0.91	1.14	0.74	0.49
Au	0.51	0.87	0.88	0.73	1.16	1.57	1.08	0.65	1.03
B	4.01	1.11	1.08	0.80	0.61	1.16	1.56	0.87	0.54
Ba	1.43	1.04	1.00	0.97	0.86	1.05	1.11	1.00	1.05
Be	1.88	1.03	1.01	1.05	0.89	0.86	0.84	1.38	1.20
Bi	0.72	1.07	1.03	0.90	1.03	0.97	1.20	0.80	0.81
Cd	0.85	0.90	0.94	0.93	0.88	0.96	1.53	1.05	1.30
Co	0.53	0.80	0.85	1.11	1.01	1.19	1.09	1.12	0.95
Cr	0.65	0.79	0.82	1.13	0.99	1.29	1.14	0.98	1.06
Cu	0.32	0.87	0.91	1.05	0.96	1.22	1.15	0.93	0.94
F	1.02	0.90	0.95	0.95	0.83	1.06	1.27	1.16	1.18
Hg	0.56	0.66	0.94	1.07	0.70	1.03	1.11	0.77	0.76
La	1.13	0.92	0.91	0.96	0.91	0.96	1.09	1.38	1.39
Li	1.46	0.99	1.00	1.05	0.89	1.04	1.18	0.93	0.82
Mn	0.69	0.79	0.92	1.03	0.99	1.09	1.19	1.11	1.05
Mo	0.86	0.77	0.94	1.04	0.92	0.86	1.01	1.64	1.39
Nb	1.04	0.88	0.86	0.93	0.72	0.89	0.92	2.22	1.47
Ni	0.28	0.78	0.82	1.17	0.88	1.30	1.12	1.12	1.06
P	0.81	0.72	0.90	1.21	0.88	1.07	1.26	1.09	1.19
Pb	1.80	0.98	1.02	1.00	0.90	0.94	1.20	0.99	1.03
Sb	0.76	0.96	1.12	1.09	0.99	0.89	1.10	0.86	0.53
Sn	2.12	0.80	0.85	0.80	0.91	0.81	0.87	0.92	0.81
Sr	0.45	0.89	0.93	1.09	1.18	1.06	0.81	0.80	1.53
Th	1.78	1.06	1.02	1.01	0.97	0.96	0.91	1.09	1.05

续表 4-3-3

元素	省均值/克拉克值	1子区/省均值	2子区/省均值	3子区/省均值	4子区/省均值	5子区/省均值	6子区/省均值	7子区/省均值	8子区/省均值
Ti	0.79	0.87	0.92	1.07	0.93	1.06	1.08	1.28	0.92
U	1.37	1.14	0.96	1.31	1.11	0.86	1.01	1.09	1.29
V	0.68	0.89	0.98	1.12	1.11	1.09	1.09	1.18	1.22
W	1.55	1.11	1.06	0.94	1.00	0.76	1.09	1.11	0.90
Y	1.08	1.02	1.00	0.93	0.97	0.92	0.96	1.22	1.17
Zn	0.86	0.76	0.91	1.09	0.94	1.00	1.14	1.31	1.22
Zr	2.33	1.12	1.05	0.83	0.88	0.95	0.79	1.41	1.12
Al_2O_3		0.99	0.98	0.98	1.05	0.97	1.01	1.03	1.02
CaO		0.74	0.86	1.00	1.32	1.07	1.15	0.81	1.30
Fe_2O_3		0.79	0.86	1.07	1.02	1.08	1.10	1.25	1.08
K_2O		1.08	1.00	0.91	0.91	0.95	1.09	1.13	1.01
Na_2O		1.18	0.82	1.21	1.46	1.34	0.94	1.31	1.47
MaO		0.65	1.03	0.76	0.96	0.85	1.06	0.63	0.84
SiO_2		1.08	1.04	0.94	1.00	0.98	0.96	0.97	0.95

1988年—1992年,吉林省地质矿产勘查开发局应用1:20万水系沉积物测量数据,对本省地台区和地槽区中各单元地质中元素分布特征进行了研究,见表4-3-4～表4-3-6。

表4-3-4 吉林省地台区地质单元主要成矿元素均值一览表

地质单位	Au	Cu	Pb	Zn	Sn	Sb
白垩系	1.12	18.23	23.32	74.28	4.07	414.0
侏罗系	1.16	20.01	23.32	82.78	4.44	427.0
三叠系	1.10	21.93	23.32	76.89	3.93	538.0
石炭系—二叠系	1.23	22.48	25.00	71.79	3.49	550.0
寒武系—奥陶系	1.39	26.26	23.18	86.84	4.73	593.0
震旦系	1.28	21.90	22.35	81.71	4.52	559.0
青白口系	1.23	19.64	22.33	80.31	4.61	527.0
老岭群花山组、临江组、大栗子组	1.88	25.41	22.82	91.58	4.82	562.0
老岭群达台山组、珍珠门组	2.02	24.16	21.29	80.80	5.30	534.0
集安群新开河大东岔组	1.18	24.10	23.98	85.79	4.90	431.0
集安群清河组	1.43	27.92	26.98	90.94	4.13	442.0
夹皮沟群	2.24	30.66	22.13	91.17	2.10	334.6
龙岗群	1.22	23.80	17.13	83.14	4.50	356.0
燕山期花岗闪长岩	4.53	31.87	25.70	95.83	3.34	467.0
燕山期花岗岩	1.16	16.61	26.40	90.28	4.86	382.0

续表 4-3-4

地质单位	Au	Cu	Pb	Zn	Sn	Sb
海西期花岗岩	1.04	20.48	26.91	79.14	4.29	365.0
海西期花岗闪长岩	0.83	17.20	22.20	62.97	4.39	299.0
阜平-五台期花岗岩	1.24	19.83	21.70	84.54	4.70	——

注：表中数据源于金丕兴等(1992)，其中，Au、Ag、Sb 含量单位为 $\times 10^{-9}$，其他元素含量单位为 $\times 10^{-6}$。

表 4-3-5　吉林省敦密断裂以东地槽区地质单元主要成矿元素均值一览表

地质单位	Au	Cu	Pb	Zn	Ag	Sn	Sb
白垩系	1.19	18.70	20.84	67.47	102.52	2.98	449.53
侏罗系	1.69	20.25	19.87	76.11	118.51	3.46	493.21
三叠系	1.19	14.30	20.21	86.82	127.07	2.98	642.95
二叠系	1.61	19.51	17.67	77.64	118.41	3.17	639.03
寒武系—奥陶系	1.80	20.57	20.52	79.91	107.49	2.90	613.55
燕山期侵入岩	1.05	17.91	22.92	81.86	122.58	3.20	432.53
海西期花岗闪长岩	1.26	17.48	17.55	78.58	113.71	3.42	360.61
海西期花岗岩	1.20	16.11	19.17	79.80	112.49	2.47	446.74
加里东期花岗岩	1.07	16.83	21.52	86.52	104.58	3.16	347.43

注：Au、Ag、Sb 含量单位为 $\times 10^{-9}$，其他元素含量单位为 $\times 10^{-6}$。

表 4-3-6　吉林省敦密断裂以西地槽区地质单元主要成矿元素均值一览表

地质单位	Au	Cu	Pb	Zn	Ag	Sn	Sb
白垩系	1.38	18.06	20.63	51.90	93.25	3.51	505.94
侏罗系	1.25	20.28	20.36	62.71	103.66	3.94	476.18
二叠系	1.41	19.23	21.45	57.84	99.58	3.04	825.17
石炭系	1.45	19.72	23.19	66.42	105.56	3.68	1 036.47
奥陶-志留系	1.50	17.69	20.88	58.87	106.69	3.48	455.76
寒武-奥陶系	1.24	29.07	24.66	80.13	117.86	5.66	640.0
燕山期花岗闪长岩	1.57	17.69	20.72	62.93	104.39	3.65	499.58
海西期花岗闪长岩	1.44	17.14	21.71	62.06	97.39	3.83	458.09
海西期花岗岩	1.41	15.66	22.84	62.02	101.99	3.80	442.11
加里东期花岗岩	1.28	15.87	21.81	55.31	92.81	3.13	431.10

注：Au、Ag、Sb 含量单位为 $\times 10^{-9}$，其他元素含量单位为 $\times 10^{-6}$。

总体上看，吉林省 Au、Cu 的平均含量水平比地壳克拉克值（Au 3.5×10^{-9}；Cu 63×10^{-6}）要低约 3 倍，这表明无论是在原岩、土壤还是在表生水系介质中，吉林省的 Au、Cu 都处于较低的背景晕状态，这对成矿是不利的。而 Pb 的质量分数则比地壳克拉克值（Pb 12×10^{-6}）高出近 2 倍，显示出较大的聚集优势。

从本省区域地质单元上看，台区的老岭群花山组、临江组、大栗子组地层，老岭群达台山组、珍珠门组地层,夹皮沟组地层以及燕山期花岗闪长岩,Au相对含量较高。而Cu在中生界侏罗系、三叠系;古生界石炭系—二叠系、寒武系—奥陶系以及太古宙龙岗群、夹皮沟群、集安群、老岭群中呈相对较高的背景状态。侵入岩体中燕山期花岗闪长岩和海西期花岗岩,Cu含量相对较高。这些地质体是本省Au、Cu的主要矿源层,也是本省Au、Cu成矿的主要层位。这一结论与Au、Cu在8个地质子区中的分布分配特征相吻合。

总之,深入研究元素的分布分配规律,对认识元素的富集、分散以及找矿预测意义重大。

二、区域地球化学场特征

现代地球化学理论表明,区域地球化学元素的分布分配规律表征了同生地球化学场和叠生地球化学场特征。吉林省地质矿产勘查开发局将吉林省同生地球化学场定义为3个方面,即以铁族元素为代表的同生地球化学场;以稀有、稀土元素为代表的同生地球化学场;以亲石、碱土金属元素为代表的同生地球化学场。并依据元素的空间套合程度,结合岩浆活动的成岩、成矿性质,对叠生地球化学场进行研究和评价。见图4-3-3。

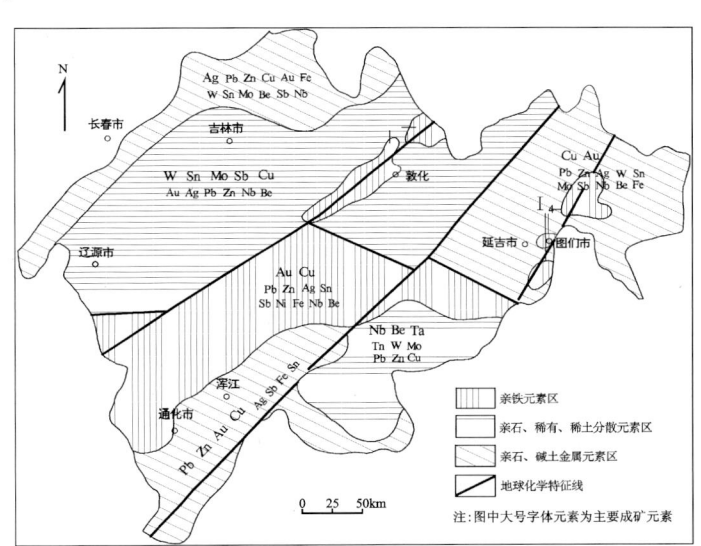

图4-3-3 吉林省中东部地区同生地球化学场分布图

本次工作应用GeoExpl和MapGIS软件系统,对吉林省39种元素(氧化物)进行了因子分析。依据筛选的7个主要因子的元素组合特征进一步阐述吉林省地球化学场意义。

F_1因子组成:Fe_2O_3(0.896)、Ti(0.814)、Co(0.804)、Ni(0.707)、Cr(0.662)、V(0.617)、Mn(0.485)。代表了富含铁族元素同生球化学场,包括花岗绿岩地质体和基性火山岩、陆相中基性火山岩主要分布区。同时还反映出了吉林省的主要深大断裂构造,验证了本省以往对地台区与坳槽区的地质构造界限。见图4-3-4。

形成于深大断裂上的花岗绿岩地球化学场,表征了本省最重要的金、铜成矿带。该成矿带以太古宙表壳岩为基底,区域变质强烈,成岩成矿作用复杂,为成矿带中金、铜矿床的形成提供了丰富的成矿物质来源以及热动力。

F_2因子组成:Nb(0.900)、Zr(0.796)、Y(0.769)、Be(0.756)、La(0.741)、Th(0.519)。表征的是吉林省又一重要的同生地球化学场——稀有、稀土元素同生地球化学场,主要反映出富含稀有、稀土元素的花岗岩类侵入体以及碱性火山岩、中酸性火山岩分布区域,以地槽区为主。其分布特征与实际地质情况相吻合。见图4-3-5。

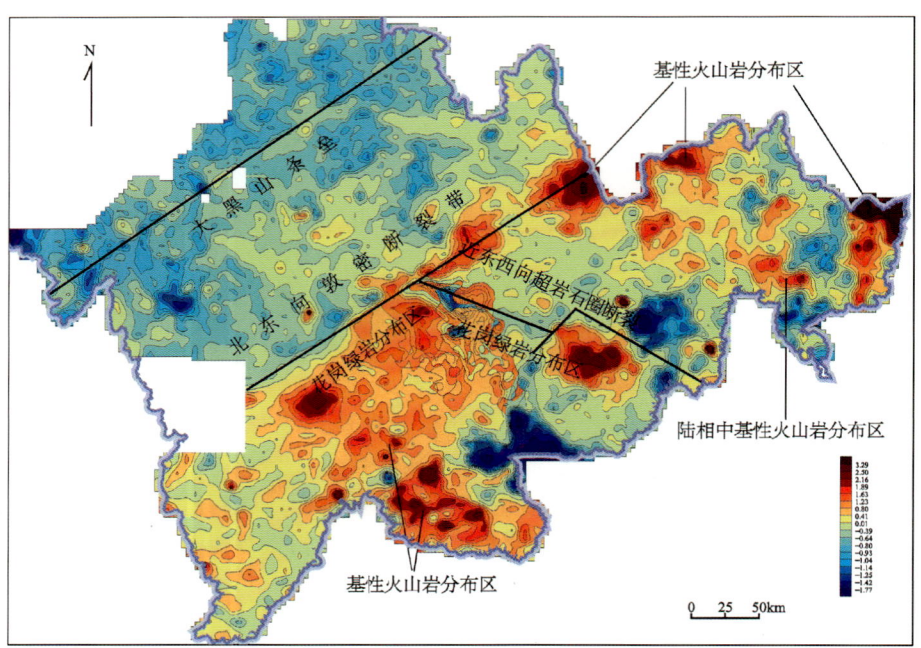

图 4-3-4　F_1 因子得分图

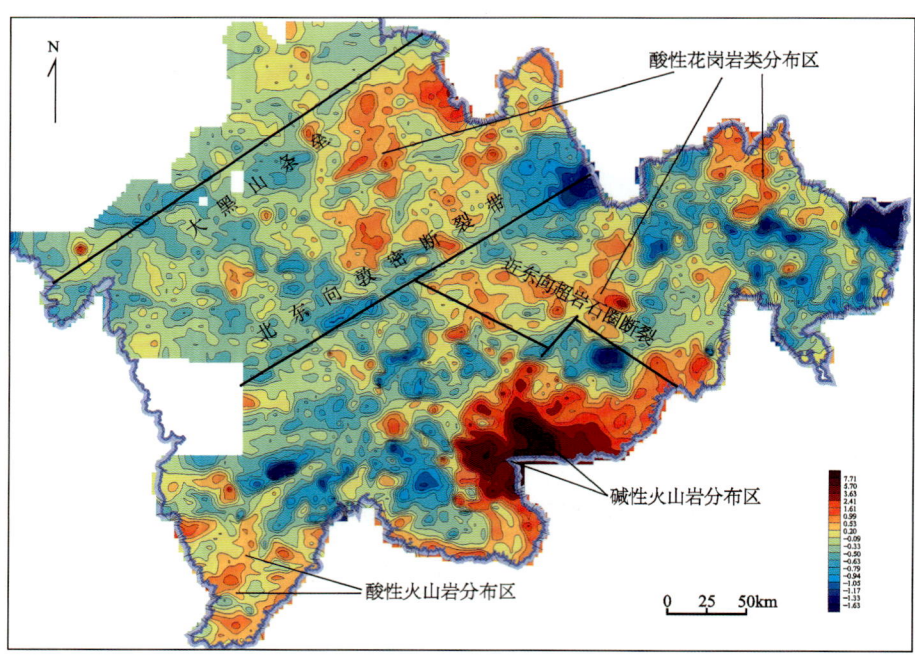

图 4-3-5　F_2 因子得分图

F_3 因子组成：B(0.795)、Li(0.715)[Ca(-0.395)、Na_2O(-0.602)、Sr(-0.616)]。该因子反映的是中酸性岩浆岩亲石元素及海相沉积富集组分，突出显示了花岗岩类侵入体（对比地质图为海西期）及富集 B、Bi 元素海相沉积碎屑岩和碳酸盐岩建造。前者主要分布在吉林省地槽区的大黑山条垒构造区域和刺猬沟-闹枝-小西南岔金、铜成矿带上；后者主要分布在南部的通化、白山地区。另外，F_{10} 因子组成：SiO_2(0.463)、Ba(0.217)为造岩元素组合，表现为酸性岩浆岩侵入和碎屑岩沉积地段，在地台区与地槽区都有分布。F_3 因子和 F_{10} 因子所代表的元素组合特征均是本省亲石、碱土金属元素同生地球化学场的体现，并突出了沉积成岩成矿作用的主要特点。

叠生地球化学场是岩浆成岩成矿过程中对同生地球化学场叠加改造的结果，表现为复杂元素组分的空间套合。叠加改造对元素在区域场中的迁移、富集起重要作用。

F_4因子组成：Pb（0.880）、Zn（0.861）、Ag（0.721）、Cd（0.537）、Sb（0.376）。F_6因子组成：Bi（0.717）、Au（0.655）、As（0.582）、W（0.529）、Cu（0.502）。见图4-3-6。图中列出了各矿种典型矿床，在典型矿床分布位置F_4、F_6因子有较高的得分，指示元素的空间叠加。

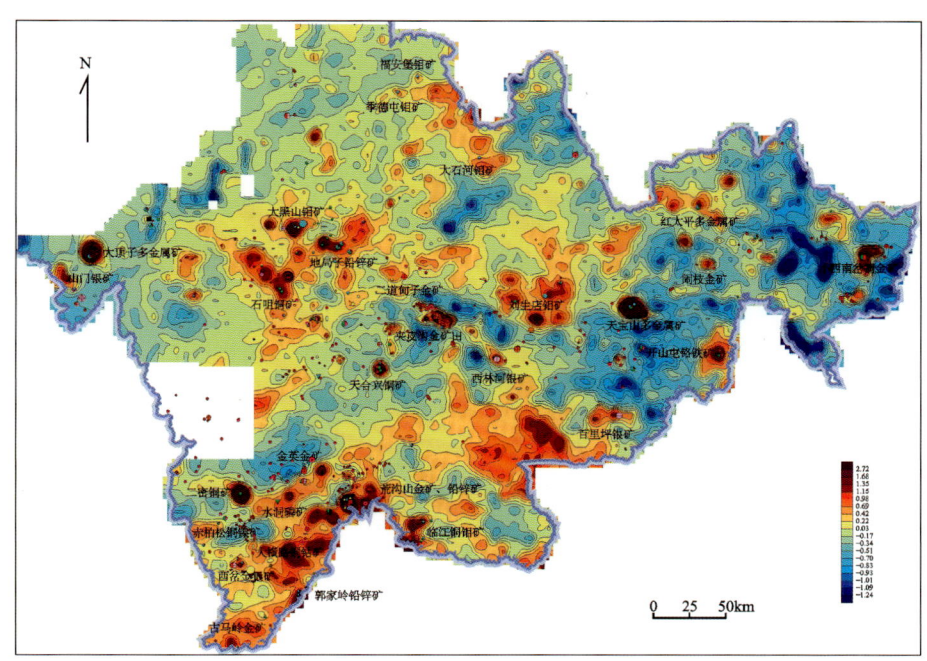

图4-3-6　F_4因子得分图

这套矿化系列的因子分析显示，主要成矿元素Au、Ag、Cu、Pb、Zn、W在同生地球化学场中都有较显著的分布，地质背景显示，从太古宙花岗绿岩地体到台内裂陷的古元古代海相碎屑岩-碳酸盐岩建造，再到古生代的海相、陆相碎屑岩-碳酸盐岩建造，以至于中生代的中酸性火山岩-碎屑岩建造，Au、Ag、Cu、Pb、Zn、W具有较高的因子得分。作为岩浆构造活动的主要组分，从晋宁期、海西期、印支期到燕山期的花岗岩类侵入体，不但对本省同生地球化学场的形成起了重要作用，而且多期次的侵入活动对本省同生地球化学场的地球化学改造作用尤为突出。因子分析告诉我们，晋宁期、海西期、印支期、燕山期的侵入体与太古宙、元古宙、古生代的古老地质体都呈现依附、重叠甚至压盖现象。典型矿床地球化学研究也表明，元素的迁移、富集、成矿绝不是简单的一个地质时期，一次地质-地球化学作用能完成的，而是多期次、复杂的地质-地球化学作用的结果。在众多元素叠加过程当中，构造的发育、频繁的岩浆活动，增强了元素在区域场的运移能力，使复杂组分在构造复杂地段大规模聚集，形成复杂组分含量富集区。因此，同生地球化学场构成了元素成矿的基础矿源层，而叠生地球化学场中，元素组分的空间叠加使主要成矿物质得到进一步迁移和富集。

以上根据因子分析划分的地球化学元素同生地球化学场与本省中东部山区的地球化学元素分区是相对应的，主要表现在相似的元素组合以及相同的地质背景、地质条件。

区域地球化学场特征研究还有一个重要的方面，那就是区域地球化学场中元素的亏损，在元素的正常分布状态下，由元素亏损造成元素负异常的产生，亦为元素组分的贫乏。伴随着叠生地球化学作用改造，元素的富集与亏损在区域地球化学场中相对而生，称为共轭异常，并且沿着构造断裂带方向展布。比如Au元素，分析其地球化学图，处于槽台分界线辉发河-古洞河近东西向深大断裂上的金成洞—木兰屯两侧，台区Au元素异常呈条带状东西向展布；而地槽区呈现对称的Au元素负异常。在岩石圈断裂和一般壳断裂上,也是负异常的分布场所。因此,根据元素负异常进行找矿评价以及由其轴向延伸方向来推测断裂构造将成为可能。

成岩、成矿地球化学作用和多期次的岩浆侵入活动决定了元素的分布分配规律。即 Au、Cu、Ni 主要富集在太古宙的花岗绿岩地体和中生代的中酸性火山岩-碎屑岩建造区域。古元古代海相碎屑岩-碳酸盐岩建造与古生代的海相、陆相碎屑岩-碳酸盐岩建造则富集了 Pb、Zn、Ag、Au、Cu、Mo。统计表明,本省的大型矿床、中型矿床、小型矿床以及矿点、矿化点多数都集中在主成矿元素富集的地球化学场中。表 4-3-7 对吉林省主要地球化学场的地质、地球化学特征进行了总体描述。

表 4-3-7　吉林省主要地球化学场的地质、地球化学特征一览表

地球化学分区		同生地球化学场	叠生地球化学场	主要地质特征	主成矿元素及典型矿床
I_1	II_1 大黑山条垒	北东向条带状展布,亲石、稀有、稀土元素同生地球化学场与亲石、碱土金属同生地球化学场	元素叠生富集区,表现为主要成矿元素叠加,周围是元素贫乏区场	出露古生界,海西期和燕山期花岗岩类侵入体大面积分布,北东向压性断裂和北西向张性断裂交会处是成矿有利地段	Ag、Au、Pb、Zn、Ni。分布山门银金矿、镍矿,放牛沟多金属矿床,兰家金矿
	II_2 吉林优地槽褶皱带	亲石、稀有、稀土元素同生地球化学场	元素叠生富集区,以 Au、Cu 为主。有大面积的元素贫乏区出现	发育上古生界以及海西晚期和燕山早期酸性花岗岩体	Cu、Ni、Mo、Sb、Au、Ag。分布石咀子铜矿、大黑山钼矿、锅盔顶子铜矿、官马金矿、驿马锑矿、红旗岭铜镍矿、民主屯金银矿
	II_3 敦化隆起	亲石、稀有、稀土元素同生地球化学场。沿辉发河分布的是铁族元素同生地球化学场	元素叠生富集区,规模较大	发育上古生界以及海西晚期和燕山早期酸性花岗岩体	Mo、Cu、Sb、Au、W。无典型矿床产生
	II_4 延边优地槽褶皱带	亲石、碱土金属元素同生地球化学场。局部为铁族元素和亲石、稀有、稀土元素同生地球化学场	元素叠生富集区,沿槽台边界出现元素含量贫乏区	发育上古生界、中生界以及海西晚期中酸性花岗岩体	Au、Cu、Pb、Zn、Mo。分布天宝山多金属矿、红太平多金属矿、闹枝金矿,刺猬沟金矿,小西南岔铜金矿、刘生店钼矿

续表 4-3-7

地球化学分区		同生地球化学场	叠生地球化学场	主要地质特征	主成矿元素及典型矿床
I$_2$	II$_5$	辽东台隆	铁族元素同生地球化学场	元素叠生富集区，规模巨大。沿槽台边界出现元素含量贫乏区	太古宙绿岩建造，矿床处于断裂交会处，地层片理化、混合岩化强烈，燕山期和加里东晚期侵入体均有出露	Au、Cu、Pb、Zn。分布夹皮沟金矿田、金城洞金矿、长仁铜镍矿、百里坪银矿、二密小型铜矿床
	II$_6$		亲石、碱土金属元素同生地球化学场	元素叠生富集区，规模巨大。伴有元素含量贫乏区	发育元古宇集安群、老岭群变质岩层	Pb、Zn、Au、Ag、Cu、Sb、B。分布荒沟山铅锌矿、金矿，矿洞子铅锌矿，南岔金矿，正岔铅锌矿，临江锑矿，高台沟硼矿
	II$_7$		亲石、碱土金属元素同生地球化学场	元素叠生富集区，规模巨大	包括长白山（白头山）新生代碱性火山岩分布区以及香炉碗子-赤柏松中生代酸性火山岩、碎屑岩分布区	Au、Ni、Cu。分布香炉碗子金矿、赤柏松铜镍矿

第五章　地球化学综合研究成果

第一节　单元素地球化学图与异常图

吉林省主要成矿元素及伴生元素在不同地质条件下的分布分配状态,是研究成矿元素迁移富集乃至亏损的重要依据。元素异常强度、规模、分带特征可直接用于成矿地质体的评价。

需要说明的是,由于有的区域水系欠发育(如兰家到上河湾),并且缺少土壤测量数据,使得该区域异常分布较差,但其衬值异常却存在一定的反映。我们将对照元素的衬值异常图,对异常分布特征进行对比研究。

下面以矿种组为单元,结合成矿区(带),分别阐述主要成矿元素的地球化学异常特征。

一、金、银元素异常特征

在山门-兰家Ⅳ级成矿带中,可圈出 7 个 Au 异常(6 号、7 号、8 号、14 号、15 号、16 号、33 号),3 个 Ag 异常(1 号、4 号、9 号)。其中,33 号 Au 异常具有三级分带,内带规模较小,以中带为主,面积达 192.42km^2,形态近椭圆状。与山门金银矿积极响应,是优良的矿致异常。Ag 没有异常响应。

喇嘛甸镇的 15 号 Au 异常具二级分带,强度较弱,面积 195km^2;6 号、7 号、8 号、16 号 Au 异常只具有外带,均呈不规则状态。异常区内没有矿产分布,应一步检查评价。

大顶子多金属矿所在区域,有 14 号 Au 异常和 9 号异常 Ag 异常积极支撑,具有分带清晰,浓集中心明显的基本特征,强度为 111×10^{-9}、4452×10^{-9},面积 312.72km^2、179km^2,显示较大的异常规模,是大顶子多金属矿的重要找矿指示元素。

4 号 Ag 异常落位在八台岭金银矿的下游水系,具有较好的异常分带,是否为矿致异常,有待进一步查证。1 号 Ag 异常形状不规则,规模较小,有分带性,面积约 70km^2,没有矿产响应。地质背景为一套中—酸性的火山-沉积岩建造,可类比山门银矿对此处银矿进行寻找。

那丹伯-山河-红旗岭-福安堡Ⅳ级成矿带中,Au 异常集中分布在中南部,其中,以磐石头道沟的 17 号异常、倒木河的 26 号异常、漂河川的 24 号异常以及椅山的 23 号异常表现优良。具备清晰的内、中、外带,异常强度高,规模较大,异常面积分别为 328.22km^2、415.7km^2、419.12km^2、475.8km^2,形态似椭圆状,轴向北西或北东。

31 号、40 号落位于椅山的南侧,呈二级分带,外带规模较大,异常面积分别为 196.81km^2 和 478.5km^2。其余的异常只具有外带,规模较小,强度低,呈"卫星"异常围绕椅山—胡米分布。这种外带异常集中分布现象在异常评价时应予以重视。

福安堡区域的 Au 异常分带差,规模较小,强度弱,应加强该区域 Au 异常查证工作。

Ag 异常共圈出 6 处（2 号、3 号、6 号、7 号、13 号、14 号）。其中，7 号 Ag 异常落位在大黑山—地局子一带，呈带状近东西向分布，规模大，面积 1071km^2，分带清晰，浓集中心明显。异常内有 Au、Ag、Cu、Pb、Zn、Mo 等矿产分布，是主要找矿区。其余 Ag 异常均呈二级分带，形状不规则，异常轴向北东或北西，面积分别为 288km^2、690km^2、96km^2、176km^2。以上这些异常与分布的矿产积极响应，矿致性质明显，是重要的找矿指示元素。

分布在大蒲柴河-百草沟-九三沟-小西南岔成矿带的 25 号、29 号、20 号、18 号、19 号 Au 异常均具有清晰的三级分带和明显的浓集中心，强度高、规模大，多以条带状分布，轴向东西向或北东向。其中，小西南岔的 19 号异常具备 3 个高强度浓集中心，以春化镇的浓集中心为主体，通过外带北侧连接杜荒岭，南侧连接农坪，构成一个区域性的规模巨大的异常带。其巨量的异常贡献是形成大型矿床的必要条件。

该成矿带由西至东分布闹枝金矿、刺猬沟金矿、小西南岔铜金矿以及杜荒岭金矿等典型矿床，表明该成矿带中的 Au 是优质的矿致异常。值得注意的是，分布在大蒲柴河大石头镇的 25 号异常，三级分带明显，规模较大，面积为 398km^2，其异常内和外围没有矿产分布，应作为重点异常进一步查证。

该成矿带共圈出 7 处 Ag 异常（5 号、8 号、10 号、11 号、12 号、15 号、16 号）。其中，15 号、16 号异常具有清晰的三级分带和显著的浓集中心，前者呈带状，规模较大，近东西向展布，面积约为 1070km^2，与分布的官瞎子沟铜矿、刘生店子钼矿成矿系统积极响应，具有显著的矿致特征。后者为等轴状，面积 418km^2，浓集中心处为天宝山多金属矿，是天宝山多金属成矿岩浆系统重要的伴生指示元素。

5 号、8 号、10 号、11 号、12 号 Ag 异常以二级分带为主，面积分别为 566km^2、97km^2、71km^2、89km^2、93km^2。其中，5 号异常具有 4 个浓集中心，呈条带状北西向分布。8 号、10 号、11 号、12 号异常规模较小，近等轴状分布。以上异常均对分布的矿产有较强烈的支撑作用，是找矿的有利地段。

山城镇-夹皮沟-金城洞成矿带的 39 号、47 号、51 号 Au 异常分带清晰，浓集中心明显且规模较大，面积为 2446km^2、1475km^2、336km^2，近东西向带状分布，空间上分别与夹皮沟金矿（田）、金城河金矿、香炉碗子金矿积极响应，是主要的成矿异常。

41 号、47 号 Au 异常具二级分带，面积分别为 159km^2、118km^2，北东向展布，有多处金矿点响应，具矿致特征。

该成矿区带共圈出 10 处 Ag 异常（17 号、18 号、19 号、20 号、21 号、22 号、23 号、24 号、25 号、27 号）。以 19 号、24 号、27 号异常反应最好，具有清晰三级分带和显著浓集中心，面积分别为 287km^2、193km^2、559km^2，条带状分布，异常轴向北东或东西，受构造控制明显。其他异常以二级分带为主，规模不大，亦明显地受构造控制。

结合矿产分布，21 号和 27 号 Ag 异常分别与西林河银矿、百里坪银矿积极响应，是优质的矿致异常。而 17 号、18 号、19 号、23 号 Ag 异常与分布的金矿、铜矿响应强烈，矿致性质明显，是寻找金矿重要的指示标志。

分布在荒沟山—南岔的 55 号 Au 异常，二密—金厂镇的 57 号 Au 异常以及正岔—复兴屯的 60 号 Au 异常表现优良，具有明显的浓集中心和清晰的三级分带，异常强度高。异常呈带状分布，轴向北东或北西向。面积分别为 779km^2、686km^2、500km^2。分别与对应的南岔金矿、金厂金矿、西岔金银矿密切相关，是优良的矿致异常，对区域找矿预测以及典型矿床的评价起到重要作用。

49 号、50 号、58 号异常分布在该组异常区带的东部，以中带为主，形状不规则，异常轴向多为东西向展布，空间上与分布的矿产关系比较疏远，矿化性不明朗，需进一步工作。

Ag 异常有 6 处（26 号、28 号、29 号、30 号、31 号、32 号）。其中，28 号异常分带清晰，具有较大的浓集中心，呈等轴状分布，面积 146km^2，支撑二密铜矿。29 号 Ag 异常沿鸭绿江断裂北东向带状展布，面积为 1188km^2。其中，29-3 异常浓集中心较大，支撑荒沟山金矿、铅锌矿，是重要的找矿异常。

26 号 Ag 异常近椭圆状东西向展布，具二级分带，面积 66km^2，异常内分布有花山淘金沟金银矿等，显示优良的矿致性质，对扩大找矿十分有利。

30号、31号、32号异常分布在六道沟-长白成矿带上,为二级分带,以30号异常浓集中心最大,形状不规则,面积分别为415km²、602km²、158km²,有金矿、铜(钼)矿分布,对寻找金矿、铜矿有重要指示意义。

二、铜、铅、锌元素异常特征

具有三级分带和明显浓集中心的Cu异常是5号、7号、9号、11号、12号、15号、16号、17号、18号、23号、27号、28号,呈近等轴状或不规则面状分布,浓集中心规模较大,面积分别为1058km²、253km²、110km²、196km²、120km²、200km²、229km²、145km²、3287km²、65km²、262km²、256km²。这些异常与小西南岔铜金矿、锅盔顶子铜矿、山门银金矿、闹枝金矿、梨树大顶子多金属矿、敦化官瞎沟铜钼矿、龙井天宝山多金属矿、红旗岭铜镍矿、夹皮沟金矿田、天合兴铜矿、白山金英金矿、二密铜矿对等紧密响应,是优质的矿致异常。需要说明的是,5号Cu异常分为5-1号、5-2号两部分,前者背景为中基性的火山岩建造以及海西期的花岗闪长岩,是由小西南岔铜金矿引起的成矿异常。而后者背景为新生代玄武岩覆盖层,Cu异常由高背景的地层引起,不具矿致性质,在异常评价时应注意区分。

塔东南侧的4号Cu异常呈中带分布,面积为1007km²,形成区域性地球化学省。该异常落位在新生代基性火山岩(玄武岩)上,是本省的特殊景观区,异常由玄武岩地层中铜的高背景引起,是否形成矿化富集,需要进一步工作。

漂河川的13号Cu异常以外带为主,中带较小,形状不规则,没有矿产响应。

分布在九三沟的10号和大石头镇的6号Cu异常,以外带为主,中带不明显,面积分别为159km²、104km²,形状不规则,具北西向延伸的趋势。其中,10号Cu异常对刺猬沟金矿积极支持,是优质的矿致异常。

分布在金城洞的19号Cu异常、石朋沟东南侧的20号Cu异常、香炉碗子的24号Cu异常以及安口镇的21号Cu异常,具有较大规模的中带,面积分别为425km²、898km²、359km²、764km²,形态呈条带状,沿断裂带北东及近东西向展布。其中,19号和24号Cu异常与分布的金矿积极响应,具矿致特征。

分布在抚松花园口镇的22号异常,万良的25号异常,松树镇的26号异常,荒沟山西侧的30号异常、33号异常以及古马岭的34号异常,均以外带为主,或具备较小规模的中带,形状椭圆及不规则,轴向延伸北东及北西,面积分别为73km²、162km²、168km²、131km²、37km²、129km²。这些Cu异常分布在矿致系统的外围,矿化性质不明显。

Pb地球化学异常图显示,分布在山门成矿带的7号异常,天宝山成矿带的19号异常,大安成矿带的34号异常,荒沟山-南岔成矿带的35号、39-1号异常异常及六道沟成矿带的36号异常,都具有清晰的三级分带,浓集中心明显,异常强度高,形态椭圆或不规则状,异常规模大,面积分别为306km²、461km²、737km²、240km²、871km²、292km²。其中,39-1号异常,具有3个浓集中心,沿鸭绿江断裂北东向分布,构成规模巨大的异常带,反映矿洞子以及郭家岭铅锌矿的成矿岩浆系统。

具备较好二级分带和一定规模的Pb异常有地局子的8号异常、椅山的11号异常、红旗岭的17号异常、天宝山北侧的12号异常、夹皮沟的23号异常、海沟的22号异常、万宝的19号异常、金城洞南侧的28号异常、石朋沟的24号异常、扶松大营的31号异常、泉阳镇的27号异常、浑江南的32号异常、赤柏松的38号异常、正岔的42号异常。这些异常形状多为不规则状,规模较大,面积分别为107km²、508km²、293km²、520km²、430km²、225km²、624km²、279km²、246km²、312km²、148km²、126km²、209km²、264km²。其中,19号异常,35号异常,31号异常,42号异常,分别与天宝山铅锌多金属矿、荒沟山铅锌矿、大营铅锌矿以及正岔铅锌矿都积极响应,是优质的矿致异常,对预测铅锌矿意义较大。而其他Pb异常与分布的金、铜矿产空间上吻合完整,亦是良好的矿致异常,对金、铜找矿评价可以起到重要的指示作用。

以外带为主的 Pb 异常，分布虽然零散，但有的仍存在一定矿化迹象，评价时仍值得重视。

Pb 的地球化学图显示，在有金、铜、铅典型矿床分布的地方，其异常亏损表现强烈，显示 Pb 元素在金、铜、铅成矿过程中处于富集状态，利于找矿评价。

Zn 地球化学异常显示，分布在梨树大顶子的 9 号异常、山门的 11 号异常、漂河川的 10 号异常、万宝的 12 号异常、新华村的 3 号异常、红太平的 5 号异常、天宝山的 14 号异常、金城洞的 20 号异常、二密的 24 号异常、天宝山的 25 号异常、六道沟的 26 号异常、正岔的 28 号异常、矿洞子的 27 号异常，这些 Zn 元素异常与 Pb 在空间上叠合程度较高，规模相当，是密切共生的。尤其在铅锌典型矿床分布的天宝山、荒沟山、正岔和矿洞子，Zn 元素异常浓集中心明显，分带清晰，异常强度高，规模较大，形态与 Pb 异常相似，是优质的成矿异常。

值得重点说明的是 21 号 Zn 异常，规模巨大，浓集中心显著，背景是长白山（白头山）新生代碱性火山岩盖层，为岩浆活动形成的成岩异常，不具矿致性。

三、钨、钼元素异常特征

W、Mo 异常在地槽区的分布态势强于台区，针对各类典型矿床，W、Mo 元素异常都有一定程度的展示。因此，W、Mo 异常是找矿评价的重要标志。

山门-兰家Ⅳ级成矿带的 W 异常（1 号、4 号、15 号、18 号）不甚发育，近椭圆形态，面积分别为 $88km^2$、$74km^2$、$41km^2$、$34km^2$，对矿产不支持。指示该成矿带的岩浆热液活动是以中-低温阶段为主，应注意深部盲矿的寻找。

那丹伯-山河Ⅳ级成矿带共圈出 5 个 W 异常（2 号、3 号、9 号、13 号、21 号），呈现出清晰的二级或三级分带，浓集中心明显，强度较高（峰值 $19×10^{-6}$），形状有椭圆状、带状、不规则状，异常规模六，面积分别为 $653km^2$、$1466km^2$、$558km^2$、$1702km^2$、$204km^2$。空间上 3 号 W 异常对季德屯钼矿、福安堡钼矿积极支持；13 号 W 异常是大黑山钼矿的重要伴生指示元素，显示出较好的找矿前景。

漂河川的 16 号异常呈二级分带，面积 $96km^2$，分布在漂河川岩浆系统的边缘。

5 号、6 号、7 号、8 号、19 号、22 号 W 异常以外带为主或具有较小规模的中带，呈椭圆状或不规则形态。面积分别为 $43km^2$、$341km^2$、$66km^2$、$65km^2$、$207km^2$、$112km^2$。其中，分布在椅山的 19 号、22 号 W 异常可为金矿评价预测提供帮助。5 号~8 号异常围绕福安堡钼矿岩浆系统分布，反映成矿系统外围异常分布态势。

大蒲柴河-百草沟-九三-小西南岔成矿带圈出 13 个 W 异常（10 号、11 号、12 号、14 号、17 号、20 号、23 号、24 号、25 号、26 号、29 号、30 号、31 号）。

23 号 W 异常分布在珲春小西南岔，具有清晰的浓度分带和浓集中心，异常强度高，条带状分布，异常轴向北北东，面积为 $876km^2$，是小西南岔铜金矿、杨金沟钨矿的具体反映。

分布在杜荒岭北侧的 10 号、11 号异常，红太平的 12 号异常，闹枝的 14 号、17 号异常，敦化官瞎沟的 24 号异常，五凤的 26 号异常，金谷山的 30 号异常，都具有不同程度的分级特征，其中，12 号、14 号、17 号、24 号、30 号异常以中带为主，只 14 号、30 号异常出现较小规模的内带，强度较高。异常呈椭圆状或不规则状分布，面积分别为 $80km^2$、$112km^2$、$485km^2$、$188km^2$、$108km^2$、$91km^2$、$172km^2$、$322km^2$。这些异常与分布的金矿、铜矿、铅锌矿存在一定的响应关系，显示明显的矿致特征。

20 号、25 号、31 号异常落位在敦化的江源镇、珲春和龙井的三合镇，没有矿产响应。

夹皮沟-金城洞成矿带分布的 W 异常是 28 号、32 号、33 号。其中，分布在夹皮沟的 28 号异常具有清晰的三级分带，浓集中心明显，异常强度高，条带状展布，近东西向延伸，面积为 $177km^2$。该异常与夹皮沟金矿田积极响应，是优质的矿致异常，对评价金矿有重要意义。

32号、33号W异常分布在金城洞的东南部,以外带为主,面积分别为173km^{2}和73km^2。前者性质不明朗,后者对百里坪银矿支撑,是矿致异常。

金厂-抚松-荒沟山-六道沟-长白成矿带可圈出9处W异常。分布在白山石人沟的34号异常、临江的36号异常、通化二密的37号异常、白山荒沟山的38号异常、白山六道沟的39号异常、通化金厂镇的41号异常以及集安古马岭的42号异常,都具有清晰的二级或三级分带,异常强度较高,椭圆状及带状分布,轴向延伸以北东向为主,面积分别为2297km^2、407km^2、215km^2、256km^2、271km^2、178km^2、391km^2。这些异常与分布的矿产在空间上紧密相连,显示与成矿的相关性。其中,34号异常的巨量表现是石人沟钼矿以及长白山(白头山)碱性火山岩高背景含量区覆盖叠加引起的。

分布在大营的35号异常和分布在南岔的40号异常以外带为主,面积分别为123km^{2}和66km^2,具有矿化痕迹。

对比W元素衬值异常,分布在石人沟的W元素衬值异常圈出有3处,排除了因长白山(白头山)碱性火山岩高背景含量区覆盖叠加引起的钨大面积异常现象。因此,较之原值异常分布更利于W异常的解释评价。

钼矿与酸性花岗岩体关系紧密,典型矿床较多。应用1:20万化探数据圈出的Mo异常有26处。其中,2号、8号、9号、19号、22号异常具有较清晰的三级分带和明显的浓集中心,面积分别为605km^2、1089km^2、2593km^2、6415km^2、175km^2,多为不规则形态,带状分布,异常轴向以东西向展布为主。8号、9号、22号异常与钼矿的分布积极响应,矿致性质明显。2号异常分布在大石河钼矿北部的下游水系,为外围找矿指明方向。19号异常规模大,落位在新生代碱性火山岩分布区,与岩体边界吻合,异常主要由碱性火山岩体引起,非矿致异常。需要说明的是,在19号异常的东北侧分布有百里坪银矿以及和龙石人沟钼矿点、上大洞金矿点。因此,该区域的Mo异常应与Ag、Au、Mo矿化有关。

具有二级分带的Mo异常有15处。1号、7号异常规模较小,面积为53km^{2}和71km^2,近等轴状,分别对福安堡钼矿、大黑山钼矿强力支撑,是优质的矿致异常。14号异常有2个浓集带,不规则状,面积750km^2,有天宝山北山钼矿响应,亦为显著的矿致异常。其余异常多与金矿、铜矿、铅锌矿关系密切,是重要的伴生指示元素。

4号、5号、6号、16号、26号异常分带差,只具有外带。规模较小,以等轴状为主。这些弱异常分布零散,没有矿产响应,找矿指示作用不明显。

地球化学图显示,在钼矿产分布的外围区域,Mo仍以较高的背景状态分布,这为评价Mo的找矿远景提供了较好的地球化学信息。

四、锑元素异常特征

锑矿在本省的研究程度较低,多以小型规模存在。其代表为石咀驿马锑矿,临江青沟子锑矿。

山门-兰家Ⅳ级成矿带共圈出4个Sb异常,以分布在山门成矿带的11号、13号异常最好,具有清晰的分带现象,浓集中心明显,强度较高,形态不规则,异常轴向北北东,规模较大,面积分别为329km^{2}和215km^2。落位在山门银金矿的北侧,其中,13号异常与大顶子铅锌多金属矿积极响应,成为评价矿体的重要前缘指示元素。

2号、4号异常分别落位在兰家与放牛沟,只具外带,形状不规则,面积分别为219km^{2}和237km^2。这种低值异常的分布特征表明,兰家金矿与放牛沟多金属矿致系统应是以中-低温热液活动为主的,应注意深部盲矿的寻找。

头道-官马Ⅴ级成矿带中,以磐石石咀为中心,东西向延伸形成面积为5414km^{2}的Sb元素地球化学省。驿马矿区Sb异常有清晰的三级分带,浓集中心明显,强度高,规模大,内带异常面积达660km^2,这些区域性的化探异常包含了石咀铜矿,官马金矿,驿马锑矿,窝瓜地铜矿以及多处矿点,显示锑异常与成矿的密切关系。Sb 的这种巨量表现，一方面表明该区为形成锑矿提供了丰富的物质来源，另一方面也表明锑是寻找其他矿产的重要前缘指示元素。同时显示主要成矿元素应以中—低温阶段为主。

分布在红太平的 3 号、杜荒岭的 5 号、万宝的 18 号、天宝山的 15 号以及金谷山的 17 号 Sb 异常具有清晰的浓度分带和明显浓集中心，异常强度高，不规则形态，异常轴向东西或北西，面积分别为 1 370km^2、218km^2、959km^2、379km^2、725km^2。其中，18 号 Sb 异常对细林河锑矿及矿山屯、西北岔锑矿点积极支持，表明 18 号异常是优质的矿致异常，可为预测该处外围锑矿提供重要信息。红太平的 3 号 Sb 异常具有 3 个浓集中心，对红太平多金属矿的评价起到重要作用。

1 号、8 号、9 号、12 号、14 号 Sb 异常呈二级分带，中带规模较小，近椭圆或条带状，具东西向展布趋势，面积分别为 45km^2、306km^2、97km^2、51km^2、67km^2。

7 号 Sb 异常只有外带，北东向延伸，面积 153km^2，没有矿产响应。

由矿产分布可知，3 号、5 号、8 号、14 号、15 号异常与分布的金矿、铜铅锌多金属矿关系密切，是评价成矿岩浆系统的重要指示元素。

金谷山西侧的 19 号异常和 20 号异常以中带为主，Sb 极大值达到 1.22×10^{-6}，椭圆状，中等规模，面积分别为 99km^2 和 164km^2。

21 号异常没有封闭，只具外带，面积为 107km^2，没有锑矿响应。

负异常在万宝和金谷山处展现出较强烈的亏损现象，作为成矿的重要指示元素，Sb 负异常的分布特征亦有利于此处主要的成矿元素 Au、Sb 的富集与评价。

金厂-抚松-荒沟山-六道沟-长白成矿带可圈出 9 个 Sb 异常。其中，分布在大营的 22 号、浑江北的 23 号、荒沟山-南岔的 24 号、二密的 25 号、冰湖沟的 26 号、六道沟的 28 号以及长白的 29 号 Sb 异常，主要以二级分带为主，只 24 号异常具备较小规模的内带。异常形态椭圆状或带状，北东向、北西向延伸。面积分别为 160km^2、99km^2、1549km^2、104km^2、98km^2、237km^2、559km^2。

21 号、27 号异常只具外带，不规则状，面积分别为 315km^2 和 75km^2，没有相应的矿产响应。

结合矿产分布可知，25 号、24 号、28 号 Sb 异常与已知的典型矿床积极响应，具备矿致特征，对区内金矿、铅锌矿的找矿评价起到重要作用。尤其是 24 号 Sb 异常，对青沟子锑矿强烈支撑，是评价青沟子锑矿的主要指示元素。

Sb 地球化学图显示，在 24 号 Sb 异常西侧有较大的负异常出现，指示 Sb 元素在空间上较大的离散程度和较强的富集能力。

五、稀土元素地球化学异常特征

吉林省稀土矿主要有安图东清独居石砂矿，分布在西北岔区域，元素有 La、Y、Th、Zr、Be。

东清独居石砂矿北侧圈出 1 处 La 异常（6 号），具中带分级，东西向展布，面积 140km^2。对东清独居石砂矿不支持，可为外围找矿预测提供依据。

磐石地局子和白山矿洞子各有 1 处分带较好的 La 元素异常（3 号、19 号），异常延伸方向受断裂构造控制。面积分别为 624km^2 和 1262km^2。

Y 在西北岔圈出 1 处异常（14 号），以外带为主，中带较小，椭圆状，面积为 51km^2。

此外，分布在福安堡、柳树河子、马鹿沟以及杜荒岭北侧的 Y 元素异常，具有清晰的浓度分带，中带规模较大，呈带状分布，构成区域性异常分带。

Th 元素在西北岔圈出 1 处异常（15 号），具中带分级，东西向展布，不规则形态，规模较大，面积 447km^2。

Th 元素在福安堡、柳树河子以及新华村有优良的异常表现，具清晰的三级分带，浓集中心明显，异常强度高，呈带状分布，规模大，2 号、4 号异常面积分别为 2205km^2 和 976km^2。

Zr 元素在西北岔没有异常显示,在福安堡、上营的西侧分布 1 处以外带为主的 Zr 元素异常(5 号),条带状分布,有 5 处中带,规模大,面积达 2072km^2。

分布在新华村东侧的 10 号异常具有较好的分带现象,不规则形态,北北西向延伸的趋势,规模较大,中带面积为 121km^2,总面积达 275km^2。

其他如 Be 在西北岔圈出 1 处规模较大的异常,面积为 859km^2,北东向条带状分布。

总结上述稀土元素异常分布特征可知,本省的稀土元素异常主要分布在地槽区的福安堡、柳树河子以及新华村区域,是寻找稀土矿的有利地段。

安图东清的独居石砂矿分布区域,La、Y、Th、Zr 元素异常都有一定的展示,其外围仍存在寻找独居石稀土矿的可能。

长白山新生代碱性火山岩分布区属本省稀有、稀土元素同生地球化学场,La、Y、Th、Zr、Be、Nb 等稀土元素均以清晰的三级分带状态存在,是预测评价稀有、稀土矿的有利地段。

六、镍元素地球化学异常特征

1:20 万 Ni 异常主要分布在东部山区,异常分布特征与因子分析显示的铁族元素分布区吻合。主要的矿产是岩浆熔离-贯入型铜镍硫化物矿床。

山门区域可圈出 1 处 Ni 异常,面积 34km^2,具备三级分带,浓集中心较小,异常轴向北西,山门镍矿分布其中,显示 Ni 异常的矿致性。

那丹伯-山河-红旗岭-上营异常区带圈出有 6 处 Ni 异常分布(4 号、5 号、15 号、16 号、17 号、18 号)。其中,18 号 Ni 异常具有清晰的三级分带以及明显的浓集中心,近等轴状,面积 147km^2,面金属量 NAP 值为 2012。异常浓集中心分布有大型红旗岭铜镍矿床,表明 18 号 Ni 异常是优质的矿致异常。

5 号 Ni 异常亦具有三级分带和明显的浓集中心,近等轴状分布,面积 89km^2。该异常落位在超基性岩体上,推测是成岩过程中引起的异常,值得重视。

4 号、15 号、16 号、17 号异常以二级分带为主,规模较小,形状不规则,没有相应矿产响应,找矿指示作用不明显。

大蒲柴河-百草沟-天宝山-春化异常区带共圈出 12 处 Ni 异常(1 号、2 号、3 号、6 号、7 号、8 号、9 号、10 号、11 号、12 号、13 号、14 号)。其中,1 号、2 号、6 号、8 号、11 号、12 号、14 号 Ni 异常具有较显著的分带现象和浓集中心,带状分布,北东向延伸的趋势。以 2 号、12 号浓集中心最大,向北没有封闭。3 号、7 号、9 号、10 号、13 号 Ni 异常以二级分带为主,异常规模相对较小,不规则形态。

以上规模较大的异常均与分布的新生代玄武岩体有关,目前还没有发现相应矿产,是否为矿致异常,对寻找镍矿是否有指示意义,需结合其他方法综合评定。规模相对较小的异常应与中生代陆相的中性—基性火山沉积岩有关,是高背景的成岩异常。

柳河-夹皮沟-海沟异常区带 Ni 异常圈出 11 处(19 号、20 号、21 号、22 号、23 号、24 号、25 号、26 号、27 号、28 号、29 号)。主要反映太古宙绿岩地体的出露部位,属于铁族元素富集区域。其中,19 号、20 号、21 号、23 号具有三级分带和浓集中心,沿近东西向的深大断裂带状分布,规模较大。整个异常内有铁矿、金矿、铜镍矿以及铬铁矿分布,说明异常带内的 Ni 异常应与成矿系统存在密切的关系。因此,该异常区带内的 Ni 异常对铁、金等矿产有找矿指示作用。

下面重点解译一下 23 号异常。

该异常落位在异常区(带)东部的开山屯,具有清晰的异常分带和明显的浓集中心,等轴状分布,面积为 122km^2。该异常与开山屯铬铁矿以及金谷山金矿积极响应,具有矿致性质,是该成矿岩浆系统找矿预测的重要指示元素。

金厂-抚松-集安异常区带共圈出 8 处 Ni 异常(30 号、31 号、32 号、33 号、34 号、35 号、36 号、37

号)。其中,31号、32号、35号Ni异常具有清晰的三级分带和明显的浓集中心,规模较大,呈带状分布,主要反映的是新生代基性火山岩分布区;33号、34号、36号异常以二级分带为主,规模较小,呈不规则状,成因亦与此有关。新生代基性火山岩盖层下为元古宙台内裂陷海相碎屑岩、碳酸盐岩沉积,应是找矿预测的重点。

37号Ni异常呈不规则状北西向分布,为二级分带,面积170km²。对赤柏松Cu-Ni矿强力支撑,矿致性质明显。

针对以上异常区(带),地球化学图显示,在长仁、赤柏松铜镍矿分布区有明显的异常"共轭"现象,而红旗岭和漂河川铜镍矿分布区,Ni异常亏损现象不显著。

七、铬元素地球化学异常特征

铬铁矿在本省分布稀少,规模小,品位低,找矿前景不理想。应用1:20万化探数据可圈出Cr元素异常50处。有较好三级分带和浓集中心的18处,分别是1号、2号、5号、8号、11号、15号、16号、17号、18号、20号、21号、23号、28号、33号、34号、42号、49号、50号异常。其中,5号、11号、17号异常的地质背景是新生代玄武岩盖层,显示超背景晕的成岩异常,对找铬没有意义。20号、28号、33号异常规模相对较大,呈带状分布,地质背景是太古宙超变质花岗绿岩分布区,异常范围吻合于花岗绿岩地质体,属于铁族元素的Cr元素展示超背景晕状态下的次生富集,并没有发生成矿作用。

8号异常呈不规则状,面积200km²,存在2个浓集中心。该异常与头道沟硫铁矿积极响应,具有矿致性。地质背景为燕山早期的超基性岩体,显示专属性特征,是寻找铬铁矿的主要异常标志。

18号异常落位在四平山门一带,面积44km²,等轴状。该异常与分布的海西晚期基性—超基性岩体有关,其东南侧有山门镍矿响应。因此,该异常对寻找镍矿有一定指示作用。

23号异常呈近椭圆状,面积65km²,空间上与红旗岭1号、2号、3号、9号基性—超基性含矿(镍矿)岩体积极响应,具有矿质性质,是寻找镍矿的重要伴生指示元素。

34号异常呈近等轴状分布,面积108km²,极大值为$1112×10^{-6}$,是地壳克拉克值的10倍,面金属量NAP值为976,与开山屯铬铁矿积极响应,矿致性质比较显著。显示出在开山屯铬铁矿的成矿岩浆系统内,铬铁成矿区以及铬铁矿体与以超基性岩体为背景的地球化学场中的水系异常结构完全对等,是成矿作用的结果。遗憾的是该异常发出的找矿"信号"在异常规模和异常强度上都是有限的,对寻找大矿不利。

其余异常面积相对较小,椭圆状或不规则形状,没有相应的矿产响应,成因不明,是否具有找矿意义有待进一步解释。

具有二级分带的异常有32个。其中,24号、44号异常与分布的硫铁矿点有关(西台子硫铁矿、荒沟山硫铁矿),存在一定找矿指示意义。

46号异常分布在赤柏松一带,近椭圆状,面积约70km²,与分布的赤柏松铜镍矿积极响应,具矿致性,是评价镍矿的重要伴生指示元素。

48号异常呈长条状,面积49km²,与大横路铜钴矿积极响应,具矿致性。

其余二级分带异常面积较小,与分布的金矿、铜矿、铅锌矿、铁矿有响应关系,可成为评价找矿的有益指示元素。

对比铬的地球化学图,在有望找到铬铁矿的区域,Cr元素异常具有明显的亏损,表明Cr在这些区域富集能力较强,有利成矿。

八、硼元素地球化学异常特征

1∶20万B元素异常共圈出28处,主要分布在台区以及地槽区的敦化、延吉一带。其中,26号异常具有清晰的三级分带和明显的浓集中心,近椭圆状,面积为152km²,沿集安成矿带呈东西向分布。其异常强度为$167×10^{-6}$,体量较大,是地壳克拉克值的20多倍,显示极强的富集成矿能力,高台沟硼矿即落位其中,表明26号异常的矿致性。

24号浓集客体落位于高台沟硼矿的西北侧,浓集中心明显,不规则状,面积为140km²,其异常结构和落位的地球化学场与26号异常客体极其相似,显示良好的找矿远景。

23号异常客体分布在通化—白山的广大区域,展示的面积大于800km²,在北东向的成矿系统中,异常浓集中心与金矿、铅锌矿、锑矿、铁矿存在紧密的空间联系,表明在集安和老岭岩群构成的碳酸盐岩地球化学场中,由于高温岩浆热液活动而产生的接触交代成矿作用,使B广泛富集,这与因子分析显示的B具有较高的因子载荷相吻合。因此,尽管在该成矿区域还未发现硼矿化,但其广域的异常分布可为找矿评价提供重要地球化学场信息。

21号异常分布在通化与白山之间,呈北东向带状分布。其中,21-2-2号浓集中心落位在马当镇,面积240km²,浓集中心内有四方山等多处铁矿分布,显示B元素异常的矿致特征。

2号、3号、4号、5号、13号、16号、17号、18号、20号、21-1号异常亦具有较好的三级分带和浓集中心现象,以带状分布为主。这些异常应与新元古代和早古生代的中酸性火山碎屑岩建造以及海西期的花岗岩有关,反映较强烈的岩浆活动痕迹。

其余异常主要是二级分带,异常规模不大,分布比较零散,集中在吉中地区。这些异常由晚古生代的火山碎屑岩引起,属于成岩异常,主要反映了区域地质背景特征。

地球化学图显示,对应B富集水平较高的区域,B的低背景区或负异常并不显著,而是以较高背景状态分布。

九、氟元素地球化学异常特征

F元素富集矿化的标准客体是萤石矿。由1∶20万化探数据圈出的F异常有19处,主要分布在地槽区吉林复向斜的北缘的上营—大石河(1号、2号、3号)和罗子沟一带(4号、5号)以及沿北东向敦密断裂、近东西向深大断裂分布的F元素异常(7号、8号、9号、10号、11号、12号、13号、14号、16号)。

分布在台区的F异常集中在集安-老岭成矿带(17号、18号、19号)和长白山(白头山)碱性火山岩分布区(15号)。

在萤石矿分布区域(九台牛头山、明城南梨树沟、永吉金家屯)没有F异常反映。

1号~5号F异常的发育与大面积的印支期、燕山期花岗岩体侵入有密切关系,显示深源特征,而分布的沉积变质建造富含Ca^{2+},有进一步寻找萤石矿的可能。

沿深大断裂分布的F异常呈带状或条带状,展布方向与成矿构造带一致,指示与成岩、成矿关系紧密的构造体系。此外,作为重要的矿化剂元素,其大面积的发育对矿化具有重要意义。因此,该区域分布的F异常主要反映了成矿地质背景和条件。

15号异常呈广域分布,面积大于2000多km²,富集水平高,直接反映的是新生代碱性火山岩分布区域,是岩浆强烈活动的产物。

17号、18号、19号异常在集安-老岭成矿岩浆系统中呈带状分布,指示伴随着强烈的岩浆热液活动,F和B元素呈现超高背景晕,这对F和B的进一步富集及评价与岩浆热液成因有关的矿产具有重要意义。

总之,应用F异常预测萤石矿的寻找应以地槽区构造裂隙发育和花岗岩类侵入体分布区域为主。台区的F异常一方面指示与构造有关的成矿地球化学环境,另一方面为有色金属矿化起到重要的辅助作用。

第二节 典型矿床地球化学特征及找矿模式

吉林省共预测了13个矿种,选择了56个典型矿床进行研究。其中,针对金矿和银矿、铜矿和钼矿、镍矿以及多金属矿而出现的重复典型矿床,采用合并方式综合研究。具体见表5-2-1。

表 5-2-1 吉林省预测矿种和典型矿床对应一览表

矿种	矿床成因类型	典型矿床
金矿	火山岩型	头道川金矿、倒木河金矿、二道甸子金矿、香炉碗子金矿、五凤金矿、闹枝金矿、刺猬沟金矿
	层控内生型	兰家金矿、金英金矿、弯月金矿、荒沟山金矿、南岔金矿、西岔金矿、下活龙金矿
	侵入岩型	海沟金矿、小西南岔金铜矿、杨金沟金矿
	复合内生型	夹皮沟金矿、六匹叶金矿
	沉积型砂矿	黄松甸子砂金矿
铜矿	斑岩型	二密铜矿、天合兴铜矿
	沉积变质型	大横路铜钴矿
	层控内生型	临江六道沟铜钼矿
	岩浆熔离-贯入型	红旗岭铜镍矿、漂河川铜镍矿、长仁铜镍矿、赤柏松铜镍矿
	火山沉积型	红太平铜多金属矿、石咀铜矿
铅锌矿	岩浆岩型	放牛沟多金属硫铁矿
	层控内生型	大营铅锌矿、荒沟山铅锌矿、正岔铅锌矿、郭家岭铅锌矿
	复合内生型	天宝山多金属矿
银矿	热液充填型	四平山门银矿、白山刘家堡子-狼洞沟金银矿
	火山岩型	汪清红太平多金属矿床
	岩浆热液型	和龙百里坪银矿、抚松西林河银矿
	岩浆热液改造型	集安西岔金银矿
	火山热液型	磐石民主屯银矿
	构造蚀变岩型	永吉八台岭金银矿
镍矿	岩浆熔离-贯入型	红旗岭铜镍矿、漂河川铜镍矿、长仁铜镍矿、赤柏松铜镍矿
	沉积变质型	杉松岗铜钴矿
钼矿	斑岩型	季德屯钼矿、大黑山钼矿、天宝山多金属矿、天合兴铜钼矿、刘生店钼矿、大石河钼矿
	矽卡岩型	临江六道沟铜钼矿
钨矿	侵入岩型	杨金沟钨矿
锑矿	侵入岩型	青沟子锑矿

续表 5-2-1

矿种	矿床成因类型	典型矿床
稀土矿	风化沉积型	东青独居石砂矿
铬铁矿	侵入岩浆型	永吉县小绥河铬铁矿床
硼矿	沉积变质型	集安市高台沟硼矿床
萤石	热液充填交代型	永吉县金家屯萤石矿、磐石南梨树萤石矿床
萤石	火山热液型	九台县牛头山萤石矿

一、金矿

(一)火山岩型

1. 二道甸子金矿

1) 矿床地质特征

该矿床位于南华纪—中三叠世天山-兴蒙-吉黑造山带(Ⅰ),包尔汉图-温都尔庙弧盆系(Ⅱ),下二台-呼兰-伊泉陆缘岩浆弧(Ⅲ),磐桦上叠裂陷盆地(Ⅳ)内。

地层分布为寒武纪-奥陶纪变质岩系,岩性以黑云母片麻岩、黑云母片岩、长石角闪石角岩夹薄层石英角页岩以及碳质云英角页岩与长石角闪石角页岩互层。其中,碳质云英角页岩与长石角闪石角页岩互层为含矿层位。

岩浆岩主要为燕山期黑云母花岗岩,围绕矿区东、南、西三面侵入石炭纪、寒武纪-奥陶系,对成矿起到重要作用。

北西向冲断层为主要控矿构造,控制含金石英脉呈首尾相叠的雁行排列。北西向冲断层为主要控矿构造,控制含金石英脉长 3000m。

矿物组合有毒砂、黄铁矿、闪锌矿、方铅矿、黄铜矿、自然金及石英、云母等。与金矿化关系密切的围岩蚀变主要有绢云母化和黄铁矿化。

2) 矿床地球化学异常特征

应用区域 1:20 万化探数据可圈出具有清晰三级分带和明显的浓集中心的 Au 异常,强度达到 256×10^{-9},面积 $342km^2$,带状分布,轴向北东向延伸。与 Au 同心套合的是 As、Sb,套合规模较大。Ni、Cr、Co、W、Bi、Mo 构成 Au 的外带结构,Ag、Cu、Pb、Zn 异常表现零散,呈分散矿化特征。其中,Au 是成矿元素;Pb、Cu、Ag 具近矿指示效果;As、Sb 是前缘指示元素,尾部元素有 W、Bi、Mo、Ni、Cr、Co。

土壤异常特征元素组合为 Au-Ag-As-Sb,组合异常规模大,浓集中心明显,主要元素异常下限 Au 为 1.5×10^{-9},Ag 为 0.173×10^{-6}。Au 以硫化物形式赋存在石英脉中。

通过矿区外围土壤测量可知,Au、Ag、As、Sb 含量均较高,为地壳平均值的几倍至几十倍,预测有寻找金矿、锑矿的可能。

矿床岩石异常特征,见图 5-2-1(注:图中元素含量单位 $\times 10^{-6}$)。

由图 5-2-1 可知,从坑口至深处,在 150~300m 之间金的含量处于最富集的水平,最高为 70g/t,最低接近 7g/t,含矿系数 25%~79%,是主要的开采地段。相应的 Pb、Zn、Ag 亦具有较好的异常显示,Cu 表现平淡。对应的主要岩性为石英脉,多以金矿脉形式存在,二者形态相似,脉体比较规则。从 300m 往后是云母石英角页岩和长石角闪石角页岩互层,为含矿围岩。其中,多金属硫化物分布稀少,且不均

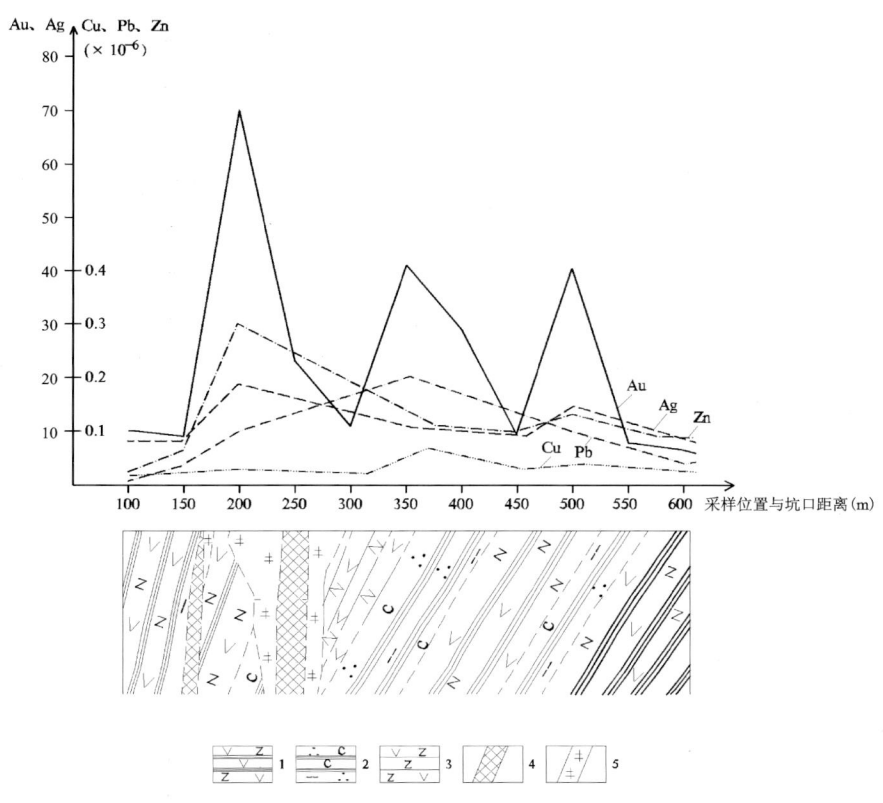

图 5-2-1 二道甸子金矿岩石地球化学异常剖面图
1.长石角闪角页岩;2.含碳云英角页岩;3.斜长角闪岩;4.矿体;5.石英脉及细石英岩

匀,石英脉体变成乳白色,矿体呈尖灭趋势。相应的金含量逐渐降低,达到高背景含量。比较二坑道和六坑道含金石英脉中金含量变化,500~600m 金含量高,变化连续。600m 以后金还呈较高含量态势,显示金矿体有往深处扩大的趋势,而 Pb、Zn、Ag、Cu 含量有逐渐递减的趋势。石英脉是区内主要的找矿标志。

3)矿床硫同位素特征

吉林有色地勘局研究所 1978—1991 年分析结果表明,矿床 $\delta^{34}S$ 变化范围 $-8.3‰ \sim -1.2‰$,极差 $7.1‰$,均值 $-4.5‰$。而围岩中的 $\delta^{34}S$ 变化范围为 $-12.0‰ \sim -3.2‰$;产于岩浆岩中的辉锑矿 $\delta^{34}S$ 为 $-6.50‰ \sim -7.6‰$,三者十分相近。分析认为矿石中硫主要来围岩地层。矿床铅同位素特征与之吻合。

4)矿床地质-地球化学找矿模型

总结如下:

(1)寒武纪-奥陶纪变质岩系的碳质云英角页岩与长石角闪石角页岩互层为含矿层位。北西向冲断层为主要控矿构造,石英脉型金矿受此控制。燕山期的岩浆热液活动提供了热源。

(2)Au 异常为矿致异常,强度高,规模大,指示作用明显。与 Au 套合较好的元素有 Ni、Cr、Co、As、Sb,构成 Au 的外带,规模较大。W、Bi、Mo 以较小规模构成 Au 的内带,Ag、Pb、Cu 异常表现零散。

(3)土壤异常特征组合为(Au)-Cu-Pb-Zn-Mo-Bi-As,岩石异常特征组合为 Au-Ag-Zn-Cu-Pb。分带特征:以 Au-Ag-Zn 组合为中心,两侧为 Cu-Pb。

(4)因子分析显示,二道甸子金矿所在区域为早古生代变沉积岩分布区,Au、Ag、Cu、Zn、Pb、W、Bi 因子得分高。

(5)矿床硫、铅同位素特征表明,成矿物质主要来自地层而非岩浆岩。

矿床地球化学异常模式,见图 5-2-2。

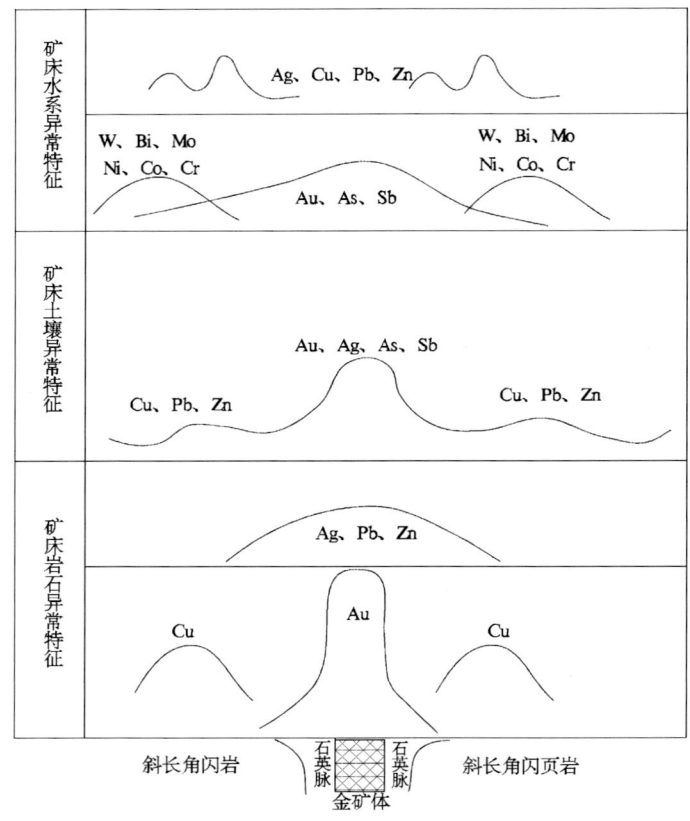

图 5-2-2 二道甸子金矿异常模式图

2. 香炉碗子金矿

1）矿床地质特征

矿区位于胶辽吉叠加岩浆弧（Ⅱ），吉南-辽东火山-盆地群（Ⅲ）柳河-二密火山-盆地区。北东向柳河断裂与北西向水道-香炉碗子西山断裂交叉部位。

出露地层主要是龙岗群杨家店组，岩性有石榴石、黑云斜长片麻岩，角闪斜长片麻岩，黑云变粒岩及斜长角闪岩，原岩为一套超基性—中基性火山喷发岩，是香炉碗子金矿主要矿源层。

岩浆岩主要形成于太古宙、海西期和燕山期。其中，太古宙石英闪长质-英云闪长质-花岗质片麻岩和脉状变辉绿岩，是矿床赋矿围岩之一。而燕山期流纹质火山喷出岩和斜长花岗岩侵入体主要形成浅成—超浅成的次火山隐爆角砾岩体、霏细岩脉。

矿区以东西向和北东向断裂为主，其次为近南北向和北西向断裂。烟囱桥子-龙头东西向脆-韧性剪切带横贯矿区，是区内最主要的控岩控矿构造。而产于北东向断裂带与之交会处的隐爆角砾岩体是主要的容矿构造。

矿物组合主要为自然金、金银矿、黄铁矿、方铅矿、闪锌矿、毒砂、辉锑矿、黄铜矿等。

围岩蚀变主要有黄铁矿化、硅化、绢云母化、绿泥石化、碳酸盐化等。以黄铁绢英岩化带为中心的矿化最强烈，两侧的弱黄铁绢英岩化带、绢云母化带矿化蚀变弱。

2）矿床地球化学异常特征

应用1:20万化探数据在矿床所在区域可圈出具有清晰分带和明显浓集中心的 Au 异常。异常强度达 220×10^{-9}，面积为 $55km^2$，呈椭圆状分布。主要的伴生元素 Cu、Pb、Zn、Ag、As、Hg 空间上与 Au 套合紧密，高温组合异常 Mo-Sn 较弱，分布在金成矿系统的边缘。见图 5-2-3。

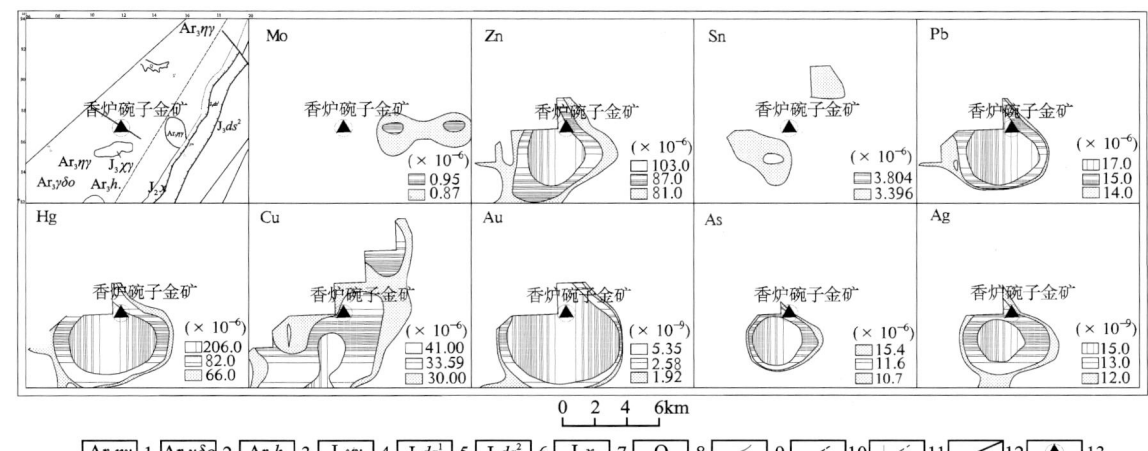

图 5-2-3 香炉碗子金矿主要元素剖析图

1.新太古代变二长花岗岩;2.新太古代变英云闪长岩;3.新太古代红透山岩组斜长角闪岩;4.晚侏罗世香炉碗子次火山岩;5.侏罗系柳河群大少滩组上段粉砂岩夹页岩;6.侏罗系柳河群大少滩组下段砾岩、砂岩夹火山碎屑岩;7.中侏罗统小东沟组粉砂岩夹砾岩;8.第四纪沉积物;9.地质界线;10.遥感解译断裂;11.重力推断断裂;12.实测性质不明断裂;13.香炉碗子金矿

Au 组合异常与综合异常表现为复杂元素组分富集场,具向心-离心结构,具备良好的成矿地质背景和条件,与矿产积极响应,是优质的矿致异常和找矿靶区。

矿床土壤化探异常特征元素组合为 Au、Cu、Pb、Zn、Ag、Ni、Co、Cr、Sn。其中,Au、Cu、Pb、Zn、Ag 是近矿指示元素,尾部元素为 Ni、Co、Cr、Sn。基本特征见表 5-2-2。

表 5-2-2 香炉碗子金矿床土壤微量元素基本特征 （单位:$\times 10^{-6}$）

元素	Cu	Pb	Ag	Ni	Cr	Co	Sn
背景值	15	20	<0.1	35	50	25	3
异常下限	20	35	>0.1	65	80	45	5

具体分布特征为:Ni、Co、Cr、Cu 在基性—超基性岩上覆土壤中含量较高,并且 Ni>Cr>Co>Cu。而酸性的流纹岩(流纹斑岩)上覆土壤中 Au、Ag、Cu、Pb、Zn 含量很高,变化较大,其中,Au 的值域在 $5\times 10^{-9} \sim 2000\times 10^{-9}$ 之间,圈定的 Au 异常分带清晰,浓集中心明显,表明区内的超浅成酸性火山岩是主要的成矿岩体。

矿床岩石化探异常特征:在超基性岩中 Ni、Co、Cr 含量高,异常明显。在基性岩中 Ni、Co、Cr、Cu 稍高,局部地段出现 Ag 的低缓异常。太古宙各类岩石中 Ni、Co、Cr、Cu、Ag 含量不高,异常强度较低。而燕山晚期侵入体中 Au、Cu、Pb、Zn、Ag 处于高背景状态,有富集的趋势,显示与成矿的紧密关系。

图 5-2-3 显示,强黄铁绢英岩化破碎带是主要的赋矿空间,黄铁绢英岩化角砾凝灰岩是含矿围岩。矿体上方 Au、Ag 异常强度高,异常连续,为正消长关系。而由地表往下 Au、Ag 异常变化幅度趋于狭窄,矿体变陡。从 Au、Ag 异常幅度较窄,曲线跳跃强烈推测,矿体具有脉状特征。见图 5-2-4。

3)稀土元素特征

比较矿床和矿石围岩的稀土总量变化为 $\Sigma REE\ 45.19\times 10^{-6} \sim 183.30\times 10^{-6}$,LREE/HREE 及 $\Sigma Ce/\Sigma Y$ 分别为 8.51~9.74 和 3.69~4.46,显示轻重稀土分异明显,具有右倾的轻稀土富集特点。而金矿石与霏细岩脉、次火山隐爆角砾岩之间的配分曲线非常相近,且 LREE/HREE、$\Sigma Ce/\Sigma Y$、Sm/Nd、La/Sm、$(La/Yb)_N$ 及 $(Ce/Yb)_N$ 比值接近,这些特征均显示出矿区内霏细岩脉及次火山隐爆角砾岩体与成矿关系密切,提供了成矿物质来源。

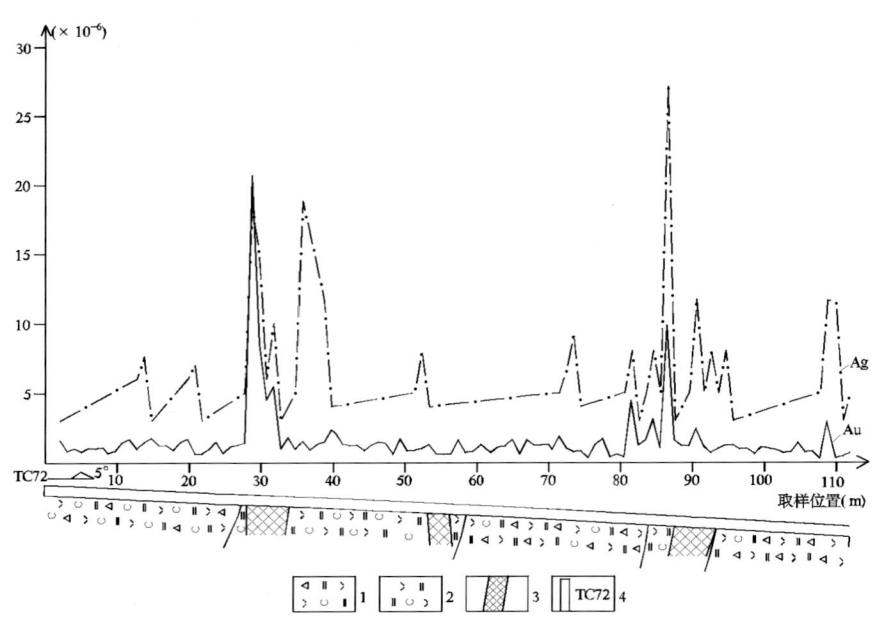

图 5-2-4 香炉碗子金矿地表岩石地球化学异常剖面图

1.黄铁绢英岩化含角砾凝灰岩；2.强黄铁绢英岩化碎裂岩；3.矿体；4.探槽及编号

4）铅同位素组成特征

矿石 $^{206}Pb/^{204}Pb$ 为 15.825～16.332；$^{207}Pb/^{204}Pb$ 为 14.891～15.443；$^{208}Pb/^{204}Pb$ 为 36.013～37.500，其数值变化范围较小，组成均一，表明铅来源单一。将样品投影到铅同位素组成图解上，大多数点落在上地幔与下地壳之间，说明铅具深源性。

5）矿床地质-地球化学找矿模型

根据以上内容建立矿床地质-地球化学找矿模型，见表 5-2-3。

表 5-2-3 香炉碗子金矿床地球化学找矿模型

内容		矿床特征描述
地质特征	类型	火山岩型
	地层	出露的地层主要是龙岗群杨家店组变质岩系，可为 Au 成矿提供矿物质来源
	构造	烟囱桥子-龙头东西向脆-韧性剪切带横贯矿区，是区内最主要的控岩控矿构造。而产于北东向断裂带与之交会处的隐爆角砾岩体是主要的容矿构造。香炉碗子矿床即赋存其中
	岩浆岩	太古宙石英闪长质-英云闪长质-花岗质片麻岩和脉状变辉绿岩，是赋矿围岩之一。而由燕山期流纹质火山喷出岩和斜长花岗岩形成的次火山隐爆角砾岩筒是主要的赋矿岩体
	矿物组合	矿物组合为自然金、金银矿、黄铁矿、方铅矿、闪锌矿、毒砂、辉锑矿、黄铜矿及脉石矿物石英、绢云母、方解石、水云母等
	围岩蚀变	主要有黄铁矿化、硅化、绢云母化、绿泥石化、碳酸盐化等。以黄铁绢英岩化带为中心的矿化最强烈，两侧的弱黄铁绢英岩化带、绢云母化带矿化蚀变弱
	深度	控制深度为349m
	控矿因素	控矿因素主要是岩浆岩和构造。烟囱桥子-龙头东西向脆-韧性剪切带是区内最主要的控岩控矿构造。矿床赋存于受剪切带控制的中生代裂隙式爆发隐爆角砾岩筒中
	成矿模式	太古宙超基性—中基性火山岩浆提供初始矿源层。太古宙末期韧性剪切带的形成使金高度聚集，进入燕山期，区域构造活动强烈，在剪切带形成有利于岩浆热液活动的高渗透带，随着岩浆上侵到近地表处产生爆炸，产生次火山隐爆角砾岩体。最后岩浆冷却并释放大量含有矿化剂和矿化物质的挥发组分，与地下水构成含矿热液，在构造有利部位成矿
	时空分布	矿体呈似脉状、网脉状、板状等，走向 75°～105°，倾向北，倾角 68°～85°

续表 5-2-3

内容			矿床特征描述
地球化学特征	原生晕异常	元素组合	岩石异常特征组合为 Au-Ag-Cu-Zn-Pb 及 Cr-Ni-Co
		组分分带	以黄铁绢英岩化为中心，Au-Ag 组合异常强度高。两侧弱黄铁绢英岩化带、绢云母化带矿化中，Au、Ag 含量渐低，Zn-Cu-Pb 组合为主
		微量元素分布	在基性、超基性岩中 Ni、Co、Cr 含量高，太古宙各类岩石中 Ni、Co、Cr、Cu、Ag 异常强度较低。而燕山晚期侵入体中 Au、Cu、Pb、Zn、Ag 处于高背景状态，有富集的趋势，显示与成矿的紧密关系
		同位素特征	矿石铅大多数投点落在上地幔与下地壳之间，说明铅具深源性，即成矿与岩浆有关
		稀土元素特征	矿床和矿石围岩的稀土元素特征表明，矿区内霏细岩脉及次火山隐爆角砾岩体与成矿关系密切，为成矿提供了物质来源
	次生晕异常	水系异常特征	矿床所在区域金异常具有清晰三级分带和明显的浓集中心，异常强度达 220×10^{-9}，面积为 $55km^2$，呈椭圆状分布。剖析图显示，主要伴生元素 Cu、Pb、Zn、Ag 空间上与之套合紧密，As、Hg 异常较弱
		土壤异常特征	元素组合为 Au-Ag-Cu-Pb-Zn-Sn 和 Ni-Co-Cr。酸性岩上覆土壤中 Au、Cu、Pb、Zn、Ag 含量高，圈定的异常完整，分带清晰，具备明显的浓集中心，表明区内的超浅成酸性火山岩是主要的成矿岩体
		剥蚀程度	属于中等剥蚀
		找矿指示元素	有 Au、Ag、Cu、Pb、Zn、Ni、Cr、Co。其中，Au、Ag、Cu、Pb、Zn 是近矿指示元素，尾部元素有 Ni、Cr、Co

3. 五凤金矿

1）矿床地质特征

矿床位于晚三叠世—新生代东北叠加造山-裂谷系（Ⅰ）、小兴安岭-张广才岭叠加岩浆弧（Ⅱ）、太平岭-英额岭火山盆地区（Ⅲ）、罗子沟-延吉火山盆地群（Ⅳ），延吉盆地北缘。

矿区出露上三叠统托盘沟组安山质火山岩，分上中下三部分，矿床即赋存在中、上部安山岩、安山质角砾凝灰岩和集块岩中。

矿区分布的侵入岩体较少，仅在矿区东北部五星山地段见到呈岩株状产出的粗粒碱长花岗岩，与火山岩侵入接触带形成有强烈的蚀变。

矿区受北东向卧龙-八道断裂与北西向朝阳川断裂控制，形成了五凤晚三叠世火山岩盆地，矿床即位于该火山岩盆地西部破火山口中。北东向辐射状断裂和北西向环状断裂控制了矿体。

主要矿物有黄铁矿、黄铜矿、黝铜矿、闪锌矿、方铅矿及脉石矿物石英、方解石等。

热液蚀变主要是硅化、黄铁矿化、绿泥石化、黄铜矿化、钠长石化等，为找矿的重要标志。

2）矿床地球化学异常特征

1∶5 万化探异常显示，在矿床所在区域可圈出具有清晰分带和明显浓集中心的 Au 异常，峰值 1179×10^{-9}，面积为 $83.5km^2$，带状分布，轴向北东。主要伴生元素 Cu、Pb、Zn、As、Sb、Hg、Ag 与 Au 空间套合较好。Au 组合异常及综合异常表现为较复杂元素组分富集区，与五凤金矿积极响应，具有良好的成矿条件和找矿前景，是扩大找矿的重要靶区。见图 5-2-5。

矿床岩石化探异常特征：安山质角砾岩、集块岩、角闪安山岩等，含 Au 丰度为 $12.2\times10^{-9}\sim205.8\times10^{-9}$，平均 87.52×10^{-9}。矿脉中几乎所有的亲硫元素都出现，但主要的元素组合为 Au-Ag-As-Sb-Bi-Hg-Mo。其中，Au 与 Ag 表现出较大的相关性。

矿体主要以石英脉形式赋存在安山岩及安山质角砾熔岩中。矿体上方 Au、Ag、As 异常显著增高，Sb、Bi 亦有较好的异常反应，而且富集系数较大，显示成矿与火山活动的紧密性。空间上，Au、Ag、As

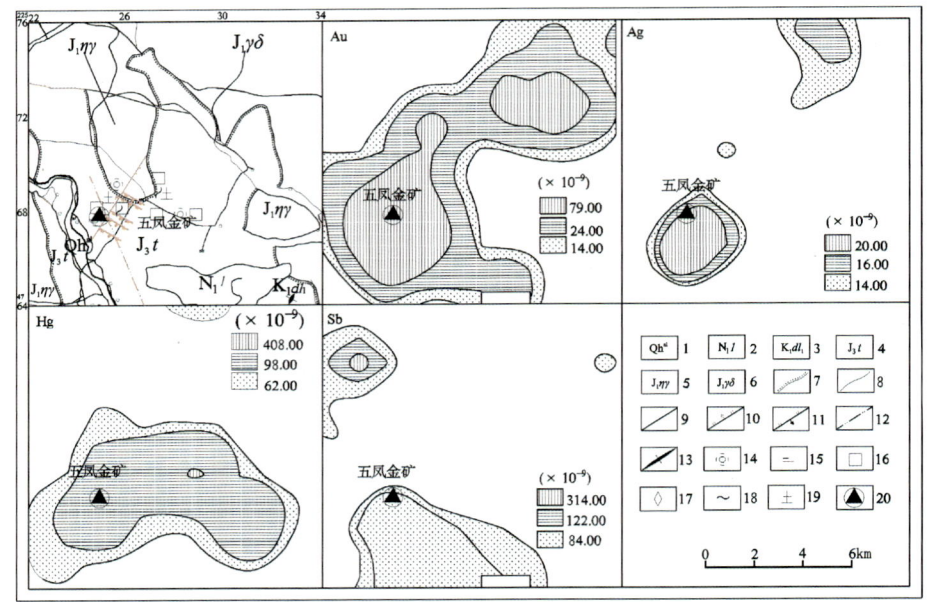

图 5-2-5　龙井五凤金矿主要元素剖析图

1.全新世松散冲洪积物；2.新近纪中新世安山质凝灰岩、安山岩；3.早白垩世大砬子组砾石、矿岩、粉矿岩夹泥岩、页岩、油气岩；4.晚侏罗世屯田营组安山岩、集块岩、安山质凝灰岩；5.早侏罗世二长花岗岩；6.早侏罗世花岗闪长岩；7.角度不整合界线；8.地质界线；9.实测性质不明断层；10.实测正断层；11.实测逆断层；12.遥感解译断裂；13.背斜；14.硅化；15.绢云母化；16.黄铁矿化；17.碳酸盐化；18.绿泥石化；19.高岭土化；20.五凤金矿床

曲线呈尖窄形态连续分布，这是含金石英脉呈网状断续分布的结果，表明脉体分布的复杂性。在次火山岩中除 Au、Ag、As 外，Hg、Mo 呈现正异常显示后期的断裂构造和岩浆侵入与成矿有关系。Cu、Pb、Co、Ni 整体处于贫化态势，成矿的指示意义小。而矿区中玉髓状石英脉、方解石石英脉是主要的含金载体，后者品位高，矿体长，厚度大，是主要的开采对象。见图 5-2-6。

3）矿石硫同位素特征

矿石中黄铁矿 $\delta^{34}S$ 变化范围为 0‰～3.1‰，极差 3.1‰，均值 1.2‰，接近陨石值，显然矿石硫来自上地幔。

4）氢氧同位素特征

五凤矿床 δD 变化范围为 $-98‰\sim-87‰$，平均值为 $-91‰$；$\delta^{18}OH_2O$ 变化为 $-6.68‰\sim-3.18‰$，平均值为 $-4.93‰$。表明成矿流体为岩浆水和大气降水的混合。成矿流体以大气降水为主。

5）碳氧同位素特征

五凤矿床 $\delta^{18}O_{SMOW}$ 变化范围 0.8‰～4.5‰，$\delta^{18}O_{SMOW}$ 平均值 3.1‰；$\delta^{13}C_{PBD}$ 变化范围 $-9.4‰\sim-6.9‰$，$\delta^{13}C_{PBD}$ 平均值 $-8.0‰$。碳同位素组成与 Taylor 等（1967）的"初生碳"值（$\delta^{13}C=-5‰\sim-8‰$）接近或一致，表明为深源岩浆成因碳；而这些矿床的氧同位素组成则受到大气降水的强烈交换。

6）锶同位素组成

五凤矿床次火山岩 $^{87}Sr/^{86}Sr$ 初始值为 0.7019，位于大洋拉斑玄武岩初始锶的范围内（0.702～0.706），表明该区与金成矿有关的中生代火山-次火山岩浆来源于地幔源区。

7）矿床地质-地球化学找矿模型

总结以上规律，建立矿床地质-地球化学找矿模型。

（1）矿体呈脉状受破火山口构造的辐射状断裂和环状断裂控制，北东向辐射状断裂和北西向环状断裂则控制了矿体；受三叠系托盘沟组中上部安山岩、安山质角砾凝灰岩和集块岩层位控制。

（2）Au 异常分带清晰，浓集中心明显，强度高，规模大。Au、Cu、Pb、Zn、As、Sb、Hg、Ag 空间套合较好，构成复杂组分异常场，是扩大找矿的重要靶区。

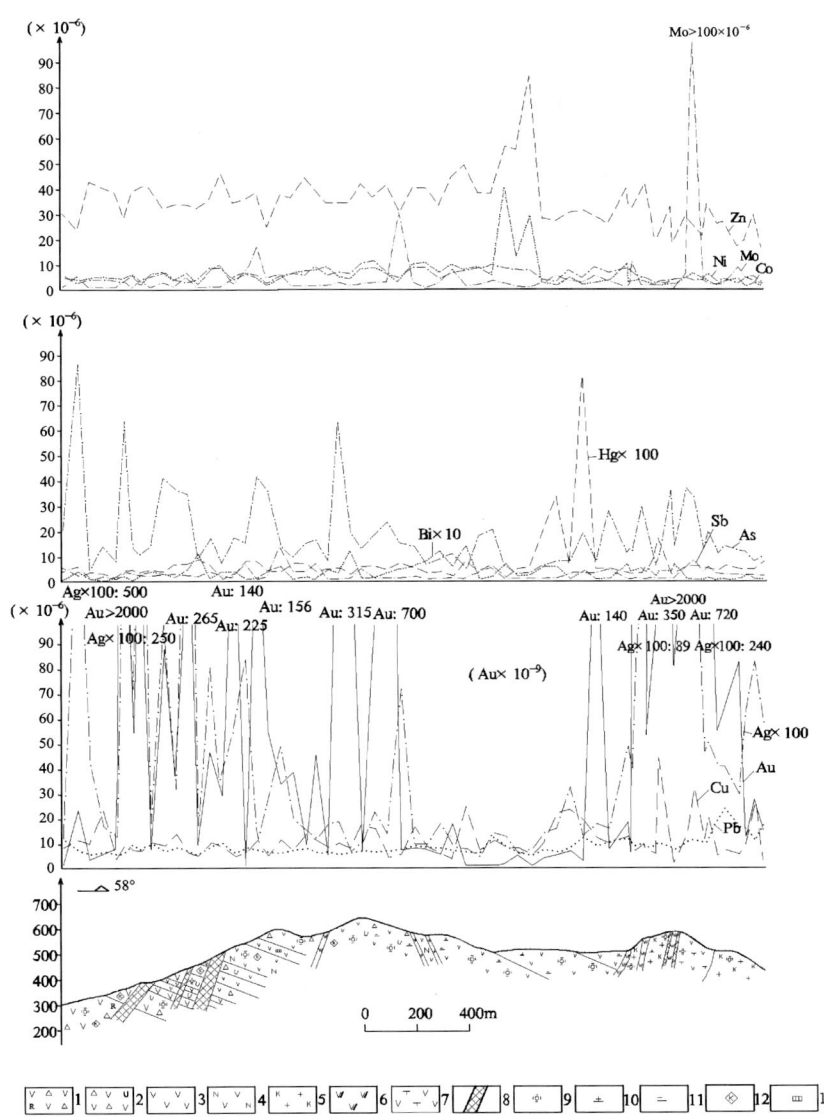

图 5-2-6 五凤金矿区地表岩石地球化学异常剖面图
1.安山质熔岩角砾集块岩;2.安山质角砾熔岩;3.安山岩;4.斜长安山岩;5.钾长花岗岩;
6.次安山岩;7.次粗面安山岩;8.金矿体及矿化蚀变带;9.硅化;10.高岭土化;
11.绢云母化;12.冰长石化;13.黄铁矿化;

（3）岩石异常特征组合为 Au-Ag-As-Sb-Bi-Hg-Mo。组分分带以 Au-Ag-As 组合为矿化中心，异常外带分布 Sb-Bi-Hg-Mo 组合异常。

（4）矿石硫同位素及矿床氢氧同位素、碳氧同位素、火山岩锶同位素特征表明，与金成矿有关的中生代火山-次火山岩浆来源于地幔源区。

（5）因子分析显示，五凤金矿处在晚古生代陆相火山碎屑岩分布区。Au、Cu、As、Bi、W 元素因子得分高。属于浅—中等剥蚀。

矿床地球化学异常模式见图 5-2-7。

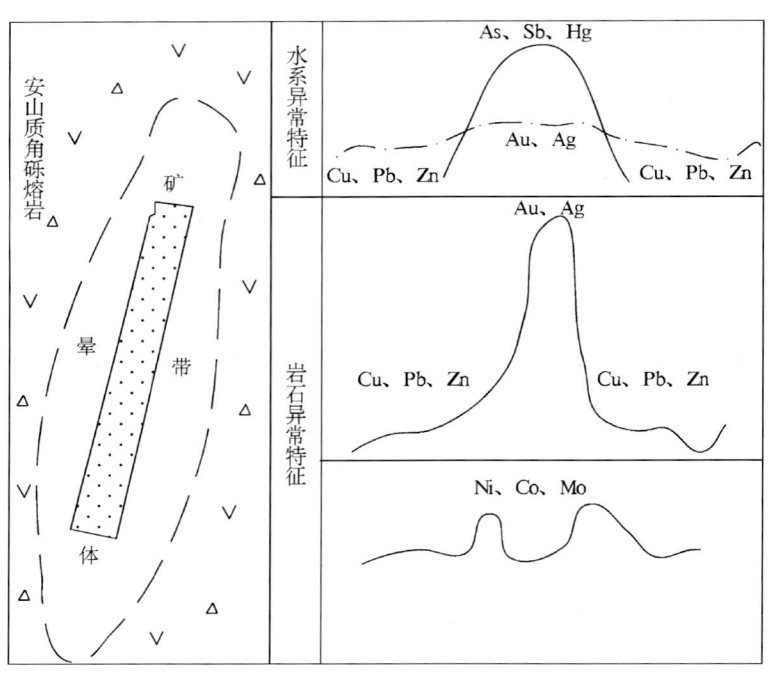

图 5-2-7 五凤金矿地球化学异常模式图

4. 闹枝金矿

1）矿床地质特征

矿床位于晚三叠世—新生代东北叠加造山-裂谷系（Ⅰ）、小兴安岭-张广才岭叠加岩浆弧（Ⅱ）、太平岭-英额岭火山盆地区（Ⅲ）、罗子沟-延吉火山盆地群（Ⅳ），近东西向百草沟-金仓断裂带之南部隆起区内。

区内出露地层包括下古生界青龙村群上部层位的一套浅变质的海相沉积陆源碎屑岩、碳酸盐岩海底喷发的火山岩；中生界中、上侏罗统屯田营组和金沟岭组陆相火山喷出岩；下白垩统大砬子组内陆盆地沉积岩。其中，与成矿有关的地层主要为侏罗系屯田营组火山岩建造，岩性有安山质含角砾凝灰熔岩、安山岩、角闪安山岩、辉石安山岩、安山质熔凝灰岩、英安质角砾熔凝灰岩等。实践证明，中生代中、晚侏罗世火山喷出岩和次火山岩 Au 丰度值较高，Au 含量 $0.128\times10^{-6}\sim0.0004\times10^{-6}$，平均为 0.013×10^{-6}，Au 的标准离差为 $3.10\sim26.46$，变化较大，而且火山岩含水量平均为 2.67×10^{-2}，最高可达 7×10^{-2}，并与矿床有着密切的时空关系。

在闹枝地区，燕山期强烈的岩浆活动显示了多期次的火山作用与岩浆侵入活动交替进行的特点，并与金及多金属成矿关系密切，即为成矿提供了丰富的矿源和热源。同位素特征表明岩浆具有幔源特点，主要表现为玄武岩浆喷溢。

矿区内北西向断裂构造发育，区内的次火山岩及主矿体的展布受向北西撒开、向南东收敛的压扭性帚状构造控制，是主要的成矿期构造。而成矿后构造以水平剪切断裂构造为主，以继承成矿前和成矿期构造为特征，对矿体破坏性较小。

矿物组合有黄铁矿、黄铜矿、方铅矿、闪锌矿、黝铜矿、斑铜矿、蓝铜矿、磁铁矿、钛铁矿、白铁矿、自然金、自然银、银金矿、自然铜及石英、绢云母、方解石、斜长石、钾长石、黑云母等。

矿区围岩蚀变具多次叠加性质，分带不明显。含金破碎蚀变带（矿体就位）以硅化、绢云母化、碳酸盐化、高岭土化、黄铁矿化为主。近矿围岩蚀变为硅化，绢云母化、黄铁矿化等，多以交代蚀变为主。外围发生了广泛的青磐岩化，即绿泥石化、绿帘石化、钠长石化、黄铁矿化等，也是接触交代的产物。此外在围岩接触带尚发现有砂卡岩化。

2)矿床地球化学异常特征

矿床 Au 异常具有清晰的三级分带和明显浓集中心,异常强度高,达到 $798×10^{-9}$,面积为 $221km^2$,带状分布,北西向延伸。与 Au 空间套合紧密的元素有 Cu、Pb、Zn、As、Sb、Hg、Ag、W、Sn、Bi、Mo,其中,Cu、Pb、Zn、Ag 与 Au 同心套合,As、Sb、Hg、W、Sn、Bi、Mo 分布在 Au 的边缘,构成离心-向心结构的复杂组分异常地球化学场,指示多期成矿热液叠加活动。Au 甲级综合异常具备优良的成矿地质条件,对金矿积极支撑,为优质的成矿异常,是区内扩大找矿的重要场所。见图 5-2-8。

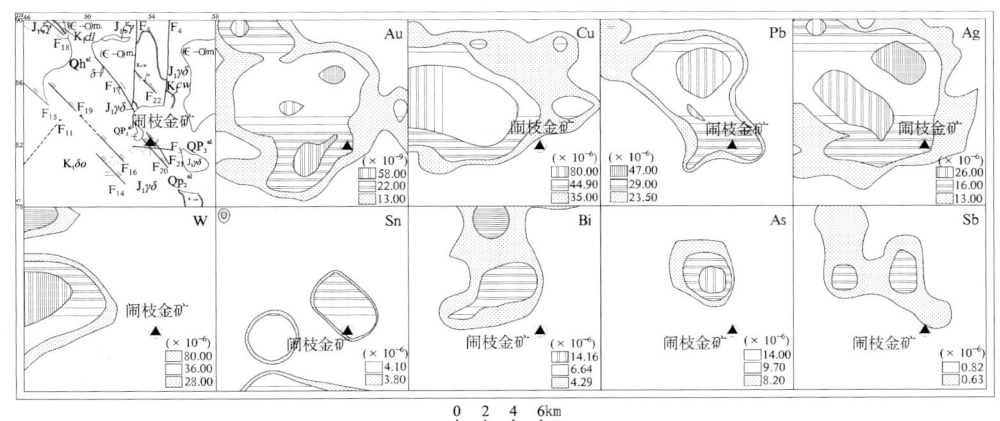

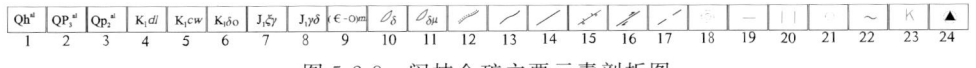

图 5-2-8　闹枝金矿主要元素剖析图

1.全新统Ⅰ级阶地冲洪积砂砾石、松散砂砾等;2.更新统Ⅱ级阶地冲洪积砂砾石、亚砂士;3.更新统Ⅲ级阶地冲洪积砂砾石、亚砂士;4.下白垩统延吉群大拉子组灰黄色砾岩、砂岩;5.下白垩统刺猬沟组安山质凝灰角砾岩、安山岩等;6.早白垩世石英闪长岩;7.早侏罗世碱长花岗岩;8.早侏罗世花岗闪长岩;9.寒武系—奥陶系五道沟岩群马滴达群组变质砂岩、变质粉砂岩;10.闪长岩脉;11.闪长玢岩脉;12.角度不整合界线;13.地质界线;14.实测性质不明断层;15.逆掩断层;16.平移断层;17.推断性质不明断层;18.硅化;19.绢云母化;20.黄铁矿化;21.绿帘石化;22.绿泥石化;23.钾长石化;24.闹枝金矿床

土壤异常显示,Au、Cu、Pb、Zn、Mo 空间上与成矿关系密切,矿致性质明显,是主要的找矿指示元素。其异常下限值分别为 Cu 0.004%、Pb 0.004%、Zn 0.02%、Mo 0.02%,说明 Cu、Pb、Zn、Mo 在土壤中处于较强的富集状态。

矿区内各类岩石微量金分析结果表明次安山岩含金最高,为 $0.017×10^{-6}$,其次为石英闪长岩。品位变化范围为 0.10g/t~74.5g/t。主要伴生元素 Cu、Pb、Zn 与 Au 为正消长关系。

矿区岩石异常特征由图 5-2-9 显示,矿体处于硅化蚀变带中,其上部 Au、Ag、Cu、Pb、Zn 异常反映强烈,矿体头晕异常为 As、Sb、Hg,是重要的找矿标志;矿体尾晕异常以 Bi、Mo 为主;Sn、Cr、Ni、Co 异常反映平缓,不具找矿指示意义。由此推测的元素水平分带为 (Sn)→Bi→Cu→Zn→Mo→Pb→Au→Ag→As→Sb→Hg;垂向分带为 Hg→Sb→As→Ag→Au→Pb→Mo→Zn→Cu→Bi→Sn→Cr→Ni→Co。垂向分带显示矿体剥蚀程度不高,具有一定的隐伏性。

矿区探槽蚀变带中主要成矿指示元素变化规律,见图 5-2-10。从图中可知,Au、Cu、Pb、Ag 在强硅化带异常强度很高,连续性好,金具有较强的富集,多构成工业矿体,其次为绢英岩化带。但实践证明,蚀变带中是否构成工业矿体与其中硫化物含量的多少密切相关。高岭土化带和青磐岩化带异常显示较低,富集程度弱。因此,硅化和绢云母化蚀变带是重要的找矿标志。

3)稀土元素特征

稀土元素含量有一定的变化范围,LREE/HREE 和 $(La/Yb)_N$ 比值大且数值相近,平均值分别为火山岩 9.26 和 11.12,次火山岩 11.01 和 15.87,近矿蚀变岩 10.63 和 13.69,矿石 7.29 和 8.11。铕负异常较弱,δEu 平均值为 0.66~0.785。相似的稀土元素配分特征反映它们可能具有相似的演化历程,显示金矿与火山岩系的同源性。

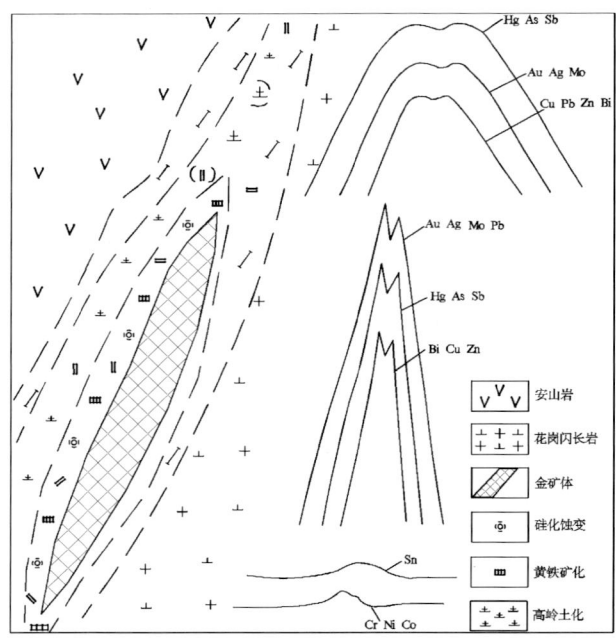

图 5-2-9 闹枝金矿岩石地球化学异常模式图

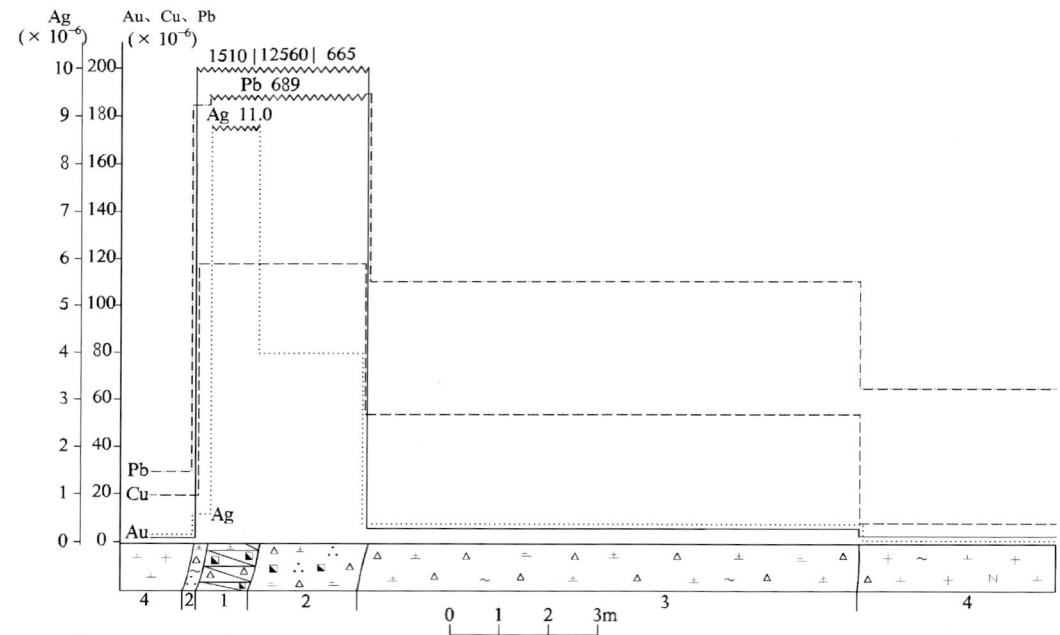

图 5-2-10 闹枝金矿探槽内蚀变分带及元素含量变化图
1.强硅化带；2.绢英岩化带；3.绢云母高岭土化带；4.青磐岩化带

4) 锶同位素特征

闹枝金矿区 $^{87}Sr/^{86}Sr$ 为 0.703 42（吉林省地质矿产勘查开发局第六地质调查所，1986），与 Faure 统计得到的洋岛玄武岩的 $^{87}Sr/^{86}Sr$ 比值（平均值为 0.703 86）一致，据此认为该区的火山岩系可能来源于上地幔或深部地壳。

5) 硫同位素特征

由吉林省地质矿产勘查开发局第六地质调查所测定的 $\delta^{34}S$ 为 1.5‰~2.8‰，其差值小于 4.3‰，反映硫源是单一的，且具有幔源特点。

6）铅同位素特征

矿床矿石铅具有单阶段演化历史的年轻正常铅特征，而且与刺猬沟金矿相比，除了矿石铅同位素 $^{208}Pb/^{204}Pb$ 和 $^{207}Pb/^{204}Pb$ 值均相近。另外矿石与火山岩稀土模式一致，说明成矿物质来自火山岩。

7）矿床地质-地球化学找矿模型

根据以上内容建立矿床地质-地球化学找矿模型。见表5-2-4。

表5-2-4 闹枝金矿床地质-地球化学找矿模型

内容			矿床特征描述
地质特征	类型		火山岩型
	地层		侏罗系屯田营组火山岩建造是主要的含矿围岩
	构造		闹枝矿区位于东西向构造带和南北向构造带的交会处
	岩浆岩		燕山期岩浆活动显示了多期次的火山作用与岩浆侵入活动交替进行的特点，并与金的多金属成矿关系密切
	矿物组合		主要为黄铁矿、黄铜矿、方铅矿、闪锌矿、黝铜矿、斑铜矿、蓝铜矿、磁铁矿、钛铁矿、白铁矿、自然金、自然银、银金矿、自然铜及石英、绢云母、方解石、斜长石、钾长石、黑云母等
	围岩蚀变		与成矿密切的围岩蚀变为硅化、绢云母化、碳酸盐化、高岭土化、黄铁矿化
	深度		控制深度为560m
	控矿因素		侏罗系屯田营组火山岩建造是赋矿层位。闹枝火山机构主要受北西向线性构造控制。这些北西向线性构造与其他方向的线性构造的复合部位为成矿提供了良好的控矿和储矿构造，继之而来的火山热液活动，形成了含金蚀变破碎带型金矿体；燕山期强烈的火山岩-浆热液活动则提供了矿质和热水来源
	成矿模式		中生代火山岩活动强烈，伴随岩浆结晶分异，汽-水热液将分散金从熔体中淬取出来，聚集在与其平衡的汽水热液相中，此时构造作用发生，两相分离，H_2S 大量解离与金离子及其他金属阳离子结合成溶解度较大的络离子团，向古地表迁移。距古地表1000m的构造空间时，压力、温度陡降，挥发分大量逸出，K、Na、Fe离子被带入围岩，形成了绢云母化、硅化和黄铁矿化围岩蚀变，同时络合物解体，金开始沉淀成矿
	时空分布		矿体呈脉状，总体倾向南西200°～235°，倾角50°～60°，南东侧伏，侧伏角50°～65°
地球化学特征	原生晕异常	元素组合	特征元素组合为 Au-Cu-Pb-Zn-Ag-As-Sb-Hg-Bi-Mo
		组分分带	水平分带为(Sn)→Bi→Cu→Zn→Mo→Pb→Au→Ag→As→Sb→Hg；垂向水平分带为 Hg→Sb→As→Ag→Au→Pb→Mo→Zn→Cu→Bi→Sn→Cr→Ni→Co
		微量元素分布	矿区内各类岩石微量金分析结果表明次安山岩含金最高，为 $0.017×10^{-6}$，其次是石英闪长岩。主要的伴生元素 Cu、Pb、Zn 与 Au 为正消长关系
		稀土元素特征	稀土元素特征显示金矿与火山岩系的同源性
		同位素特征	锶、硫、铅同位素特征表明，与金成矿有关的中生代火山-次火山岩浆来源于地幔源区，属于玄武岩浆喷溢产物
	次生晕异常	水系异常特征	矿床所在区域的金异常具有清晰的三级分带和明显的浓集中心，异常强度高，达到 $798×10^{-9}$，面积为 $221km^2$。异常呈带状分布，具有北西向延伸的趋势。金组合异常组分复杂，有 Cu、Pb、Zn、As、Sb、Hg、Ag、W、Sn、Bi、Mo 与 Au 空间上紧密套合，构成复杂元素组分富集的叠生地球化学场。Au甲级综合异常具备优良的成矿地质条件，分布的矿产积极响应，为优质的矿致异常。是区内扩大找矿的重要靶区
		土壤异常特征	土壤异常组合是 Au-Cu-Pb-Zn-Mo，空间上与矿化关系密切，多为矿致异常。其异常下限值分别为 Cu 0.004%、Pb 0.004%、Zn 0.02%、Mo 0.02%，显示主要的伴生元素 Cu、Pb、Zn、Mo 在土壤中处于富集状态
		因子分析	闹枝金矿处在陆相火山碎屑岩分布区。Au、Cu、As、Bi、W 元素因子得分高
		剥蚀程度	属于浅—中等剥蚀
		找矿指示元素	有 Au、Ag、Cu、Pb、Zn、As、Sb、Hg、W、Sn、Bi、Mo。其中，Au、Ag、Cu、Pb、Zn 是近矿指示元素，As、Sb、Hg 为远程指示元素，尾部元素有 W、Sn、Bi、Mo

5. 刺猬沟金矿

1）矿床地质特征

矿区位于晚三叠世—中生代小兴安岭-张广才岭叠加岩浆弧(Ⅱ)、太平岭-英额岭火山-盆地区(Ⅲ)罗子沟-延吉火山盆地群(Ⅳ)内。

矿床产于中侏罗统屯田营组火山岩中，岩性为安山质集块岩、角砾凝灰熔岩夹安山岩。

燕山期花岗闪长岩小侵入体在矿区东部二叠系中有出露，距矿区约4km，推测在矿区深部存在隐伏岩体。矿区内有闪长岩、辉石闪长岩、花岗斑岩和次安山岩脉，均受近东西向与北西向、北东向构造交会部位控制。在空间上和时间上与成矿有较密切的关系。

矿床受百草沟-苍林东西向断裂、新和屯-西大坡北东向断裂和大柳河-海山北西向断裂交会形成的火山盆地控制，矿体赋存于叠加在火山口附近的北北东向断裂构造中。围绕矿区四周即为安山质角砾岩和集块岩，并成环带状分布。

矿物组合主要是黄铁矿、辉银矿、银金矿，其次为闪锌矿、方铅矿、黝铜矿、针碲金矿、碲银矿、自然银、自然金、辉铜矿，及脉石矿物方解石、石英、白云母、钾长石、重晶石、钠长石等。

硅化、碳酸盐化是主要的矿化蚀变类型，并常常叠加于钾质黏土化带上，形成复式含金脉体。

2）矿床地球化学异常特征

1∶5万化探异常显示，在矿床所在区域可圈出具有清晰分带和明显浓集中心的Au异常，异常强度$798×10^{-9}$，面积221km^2，呈带状分布，北西向延伸的趋势。与Au在空间上紧密套合的元素有Cu、Pb、Zn、Ag、As、Sb、Hg、Ag、W、Sn、Bi、Mo，构成无序特征明显的离心-向心复杂元素组分富集区。异常场围岩蚀变强烈，具有多阶段、复杂的成矿特征。Au甲级综合异常以富含Au元素的古生代五道沟变质岩群和中生代的中基性火山岩为地质背景，具备优良的成矿地质条件，是找矿重要靶区。见图5-2-11。

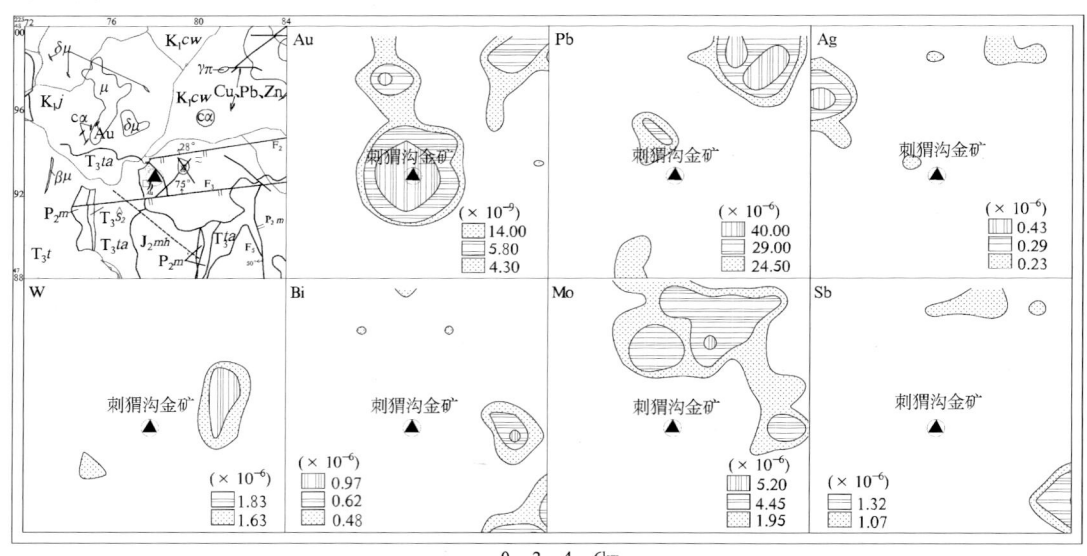

图5-2-11 刺猬沟金矿主要元素剖析图

1.全新世砂砾石堆积；2.下白垩统金岭组闪长纷岩、安山岩等；3.下白垩统刺猬沟组安山质凝灰角砾岩、安山岩；4.中侏罗统满河组安山质火山角砾岩、凝灰岩；5.上三叠统柯岛群滩前组细砂岩，夹泥灰岩；6.上三叠统山谷旗组粗砂岩夹粉砂岩；7.上三叠统托盘沟组流纹岩、安山岩等；8.中二叠统庙岭组深灰色细砂岩、粉砂岩夹灰色灰岩；9.花岗斑岩脉；10.闪长纷岩脉；11.次安山岩脉；12.辉绿纷岩脉；13.金矿脉；14.铜、铅、锌矿脉；15.角度不整合界线；16.地质界线；17.实测性质不明断层；18.实测逆断层；19.推断性质不明断层；20.硅化；21.绢云母化；22.黄铁矿化；23.绿帘石化；24.绿泥石化；25.高岭土化；26.刺猬沟金矿土壤异常特征显示,前缘元素为 Hg、Sb,中部元素为 W、Ti、Cu、Bi、As 等,下部元素为 Cr、Ni、Mo、Pb、Be、Ag、Au 等。

岩石异常特征显示,金矿体与蚀变带上方 Au、Ag 异常明显,强度高,二者呈正消长关系。金矿体主要以方解石-石英脉的形式存在,矿体即为脉体。矿化蚀变带呈带状分布于脉体两侧,受构造控制明显。蚀变带与脉体界线清楚,蚀变程度近脉体强,远离脉体变弱。与成矿关系密切的有硅化、碳酸盐化和绢云母化。

安山质角砾熔岩是主要的含矿围岩,Au 最大值达到 0.55×10^{-6},可为 Au 的富集成矿提供必要的物质来源。见图 5-2-12。

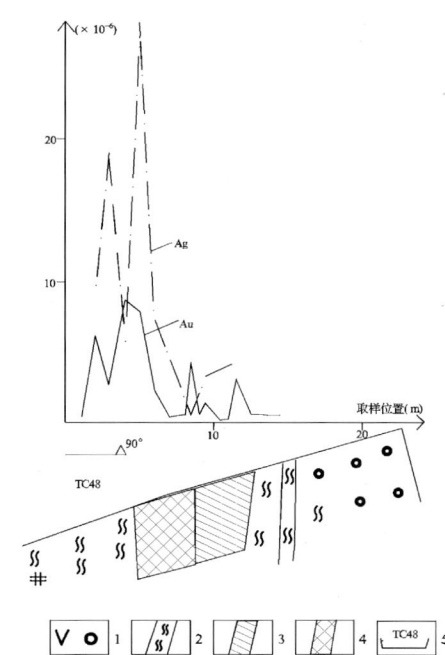

图 5-2-12　刺猬沟金矿床 6 号勘探线地表岩石地球化学异常剖面图
1.安山质角砾熔岩;2.蚀变带;3.方解石-石英脉;4.矿体;5.探槽及编号

同样,由表 5-2-5 可看出,高于维氏值的元素有 Au、Ag、As、Sb,其平均含量分别为维氏值的 30 倍、7 倍、1.3 倍、9 倍。而 Cu、B 在蚀变安山岩中的平均含量高于维氏值较多,Mo 则低于维氏值。表明在安山质火山岩中,主要成矿元素 Au、Ag、Cu 处于富集状态,并且围岩蚀变对 Au、Ag、Cu 的富集成矿起到重要的作用。见表 5-2-5。

表 5-2-5　刺猬沟金矿床中性岩微量元素一览表($\times10^{-6}$)

岩石	Au	Ag	Cu	Pb	Zn	As	Sb	Mo	B
安山质熔岩 1	0.032	0.25	34	8	78	2.01	0.79	0.25	5
安山质熔岩 2	0.038	0.62	21	6	72	5.75	0.79	0.72	22
角闪安山质熔岩	0.033	0.59	29	3	68	1.23	1.13	0.5	14
蚀变安山岩	0.019	0.50	49	3	67	3.47	7.29	0.25	68
蚀变角闪安山质熔岩	0.039	0.50	44	17	50	0.81	0.41	0.50	5
安山质熔岩 3	0.55	0.51	30	8	65	5.27	0.50	0.25	5
中性岩(维氏值)	0.004	0.07	35	13	72	2.40	0.20	0.90	13

总之,安山质火山岩、方解石-石英脉以及蚀变带是重要的找矿标志。Ag 与 Au 具有较强的共消长关系,是寻找火山岩型金矿的重要指示元素。

3）稀土元素特征

含金石英脉中ΣREE 为 $0.18\times10^{-6}\sim0.23\times10^{-6}$,平均 0.21×10^{-6},具有低含量特点,且分馏很弱。REE 模式曲线大致平行,反映具有同源演化关系。Sm/Nd 比值 $0.11\sim0.25$,反映矿液具有明显的深源和浅源混合特点。

4）硫同位素特征

变化范围$-3.4\times10^{-3}\sim0.043\times10^{-3}$,极差 3.44×10^{-3},总体特征变化范围小,偏负值区集中,具有较明显塔式效应,说明硫同位素具有深成特点。

5）铅同位素特征

刺猬沟金矿方铅矿同位素组成为:$^{206}Pb/^{204}Pb=18.29\sim18.39$、$^{207}Pb/^{204}Pb=15.41\sim15.56$、$^{208}Pb/^{204}Pb=37.84\sim38.09$,在铅的构造图中,位于地幔演化线附近,反映铅的深源性,说明该矿床属于广义岩浆热液矿床。

6）氢氧同位素与碳同位素特征同样说明,与成矿关系密切的火山岩与侵入岩有同源性,均为深部幔源岩浆的产物。

7）矿床地质-地球化学找矿模型

根据以上内容,建立矿床地质-地球化学找矿模型,见表 5-2-6。

表 5-2-6　刺猬沟金矿床地质-地球化学找矿模型

内容		矿床特征描述
地质特征	类型	火山岩型
	地层	矿床产于中侏罗统屯田营组火山岩建造中
	构造	受百草沟-苍林东西向断裂、新和屯-西大坡北东向断裂和大柳河-海山北西向断裂构造控制
	岩浆岩	主要为燕山期岩浆活动。矿区内有闪长岩、辉长岩、花岗斑岩和次安山岩脉,均受近东西向与北西向、北东向构造交会部位控制。在空间上和时间上与成矿有较密切的关系
	矿物组合	主要是黄铁矿、辉银矿、银金矿,其次为闪锌矿、方铅矿及脉石矿物方解石、石英等
	围岩蚀变	主要矿化蚀变是硅化、碳酸盐化
	深度	控制深度为 750m
	控矿因素	区域上受近东西向百草沟-苍林断裂和北东向亲合屯-西大坡断裂及北西向大柳树河-海山断裂交会处形成的火山盆地控制;矿体赋存在中侏罗统屯田营组钙碱性安山质岩-次火山侵入杂岩及火山口相和断陷部位,主要含矿岩石为安山质角砾凝灰熔岩和次火山岩;矿体受叠加在火山口附近的北北东向断裂构造控制
	成矿模式	库拉板块→太平洋板块向欧亚板块俯冲引起的陆缘活动带内初始矿源岩部分熔融钙碱性安山质岩浆和幔源含金热流体的产生→屯田营期火山/次火山侵入杂岩的上侵就位→区域性断裂构造的多次发生和叠加→幔源含金流体上涌和与表生环流水体系的汇聚混合→热液蚀变作用的发生→金的富集沉淀定位
	时空分布	矿体呈脉状、扁豆状,走向由 10°逐渐变为 35°,倾向东或西,倾角 80°～85°
地球化学特征	原生晕异常 元素组合	特征元素组合为 Au-Cu-Ag-As-Sb-B
	组分分带	以 Au-Ag-Cu 组合为矿化中心,空间叠加 As-Sb-B 组合异常
	稀土元素特征	含金石英脉中稀土元素特征反映矿液具有明显的深源和浅源混合特点
	同位素特征	矿石硫、铅同位素特征表明,成矿物质主要来源于深源区

续表 5-2-6

内容		矿床特征描述
地球化学特征	次生晕异常	
	水系异常特征	矿床所在区域金异常具有清晰的分带和明显浓集中心,异常强度达到 $798×10^{-9}$。面积达 $221km^2$,呈带状分布,具有北西向延伸的趋势。与 Au 空间套合紧密的元素有 Cu、Pb、Zn、Ag、As、Sb、Hg、Ag、W、Sn、Bi、Mo,构成复杂元素组分富集的叠生地球化学场,同时表明该区域金成矿的多阶段性、复杂性。Au 的甲级综合异常以富含 Au 元素的古生代五道沟变质岩群和中生代中基性火山岩为地质背景,是找矿的重要靶区
	土壤异常特征	土壤异常显示,前缘元素为 Hg、Sb,中部元素为 W、Ti、Cu、Bi、As,下部元素为 Cr、Ni、Mo、Pb、Be、Ag、Au。显示较浅的剥蚀程度
	因子分析	刺猬沟金矿处在陆相火山碎屑岩分布区。Au、Cu、As、Bi、W 元素因子得分较高
	剥蚀程度	属于浅—中等剥蚀
	找矿指示元素	有 Au、Ag、Cu、Pb、Zn、As、Sb、Hg、Ag、W、Sn、Bi、Mo。其中,Au、Ag、Cu、Pb、Zn 是近矿指示元素,As、Sb、Hg 为远程指示元素,尾部元素有 W、Sn、Bi、Mo

(二)层控内生型

1. 兰家金矿

1)矿床地质特征

矿区位于晚三叠世—新生代华北叠加造山-裂谷系(Ⅰ)、小兴安岭-张广才岭叠加岩浆弧(Ⅱ)、张广才岭-哈达岭火山-盆地区(Ⅲ)、大黑山条垒火山盆地群(Ⅳ)内。

主要赋矿层位是范家屯组一段,岩性为火山岩碎屑岩,即凝灰岩、安山岩。矿床内褶皱构造、断裂构造均较发育。褶皱构造发育在范家屯组中,有兰家倒转向斜、兰家向形。断裂构造有北西向、北西西向、北北东向,分布规模较小。海西期的石英闪长岩与成矿关系密切。

主要矿物组合为磁铁矿、黄铁矿、赤铁矿、磁黄铁矿、方铅矿、闪锌矿、毒砂、黄铜矿、辉铋矿、辰砂、白钨矿、自然金、透灰石(钙铁辉石-透灰石系列)、石榴石(钙铝榴石-铁铝榴石系列)、阳起石(阳起石、透闪石系列)、黑柱石、绿帘石。

兰家金矿的 19 号、20 号金矿体为矽卡岩型;矽卡岩成矿期后,岩浆热液沿构造裂隙侵入,产生充填交代作用,形成构造蚀变岩型 1 号金矿体。因此,围岩蚀变类型如下。

矽卡岩型金矿:围岩蚀变主要有绿帘石化、钠长石化、赤铁矿化、水云母化、硅化、电气石化、沸石-萤石化、碳酸盐化。其中,赤铁矿化、硅化与成矿关系密切。

蚀变岩型金矿:围岩蚀变强烈,种类较多,主要有阳起石化、硅化、绢云母化、电气石化、矽卡岩化、绿泥石化、碳酸盐化、钾长石化等蚀变作用。

2)矿床地球化学异常特征

矿床所在处可圈出具有清晰分带和明显浓集中心的 Au 异常。异常强度 $5×10^{-9}$,面积为 $6.2km^2$。与 Au 空间套合紧密的元素为 As、Sb、Hg、Ag,前锋区表现出低温的元素组合,指示较低的剥蚀程度和简单元素组分富集的异常场。Au 综合异常具备良好的成矿条件,对兰家金矿积极支持,是优良的找矿场所。

矿床岩石异常特征:以石英闪长岩、板岩为背景样品,选择 Au、Ag、Cu、Pb、Zn、Sn、Mo、Bi、As、Sb、Hg 为指示元素进行研究。详见表 5-2-7,表中显示,Au、Ag、Cu、Pb、Zn、As、Sb、Hg 均具有较高的异常强度,尤以 Au 最突出。

表 5-2-7 兰家金矿岩石异常下限及浓度分带

元素	异常下限	外带	中带	内带
Au	12.00	12～36	36～108	＞108
Ag	0.40	0.4～1.2	1.2～3.6	＞3.6
Cu	55.00	55～165	165～495	＞495
Pb	31.00	31～93	93～279	＞279
Zn	270.00	270～810	810～2430	＞2430
Sn	3.60	3.6～10.8	10.8～32.4	＞32.4
Mo	2.00	2～6	6～18	＞18
Bi	1.50	1.5～4.5	4.5～13.5	＞13.5
As	160.00	160～480	480～1440	＞1440
Sb	23.00	23～69	69～207	＞207
Hg	132.00	132～396	396～1188	＞1188

（注：元素单位 Au 为 $\times 10^{-9}$，其他为 $\times 10^{-6}$）

选择 20 号、1 号金矿体做原生晕点群分析，由图 5-2-13 可知，20 号矿体中，选择 $R=0.1$，有两种元素组合，即 Au、Bi、Ag、Pb、Mo、Zn 和 As、Sb、Hg、Cu、Sn。前者代表成矿元素系列，在高—中温条件下富集；后者为低温组合，是找矿重要远程指示元素。由于两种元素组合关系疏远，因此 20 号矿体埋藏较深，这使水系沉积物中成矿元素的含量偏低。

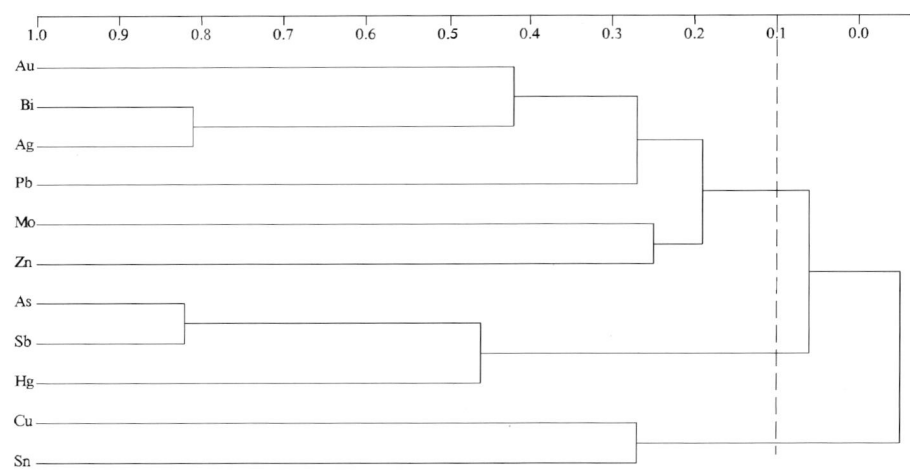

图 5-2-13 兰家 20 号金矿原生晕 R 型谱系

1 号矿体，选择 $R=0.35$ 可显示相关性较强的两种元素组合：Au、Bi、Ag、Cu、Sn、Mo、Pb 及 As、Zn、Sb、Hg。同样表现出高、中、低温富集的特点。见图 5-2-14。

20 号、1 号矿体的元素组合具有相似性，指示后期的叠加成矿作用是很强烈的。值得注意的是，1 号矿体中 Cu 与 Au 的相关性较 20 号矿体强，这是该区不同期次的成矿热液活动的结果。因此，在 1 号矿体存在的矿段，除注意寻找 Au 矿外，亦应注重深部矽卡岩型 Cu 矿的寻找。

20 号金矿体赋存在矽卡岩带中，矿体上方 Au 异常强度高，达到 1500×10^{-9}，Ag、Bi、Zn 与 Au 呈正消长关系，是寻找金矿的重要指示元素。石英闪长岩体的侵入为成矿提供重要的物源与热源，成为主要的控矿岩体。角岩系指示高温热液接触环境。见图 5-2-15。

1993 年，吉林省地质矿产勘查开发局第一地质调查所对兰家矿区实施钻孔工程，以 20 号矿体的钻

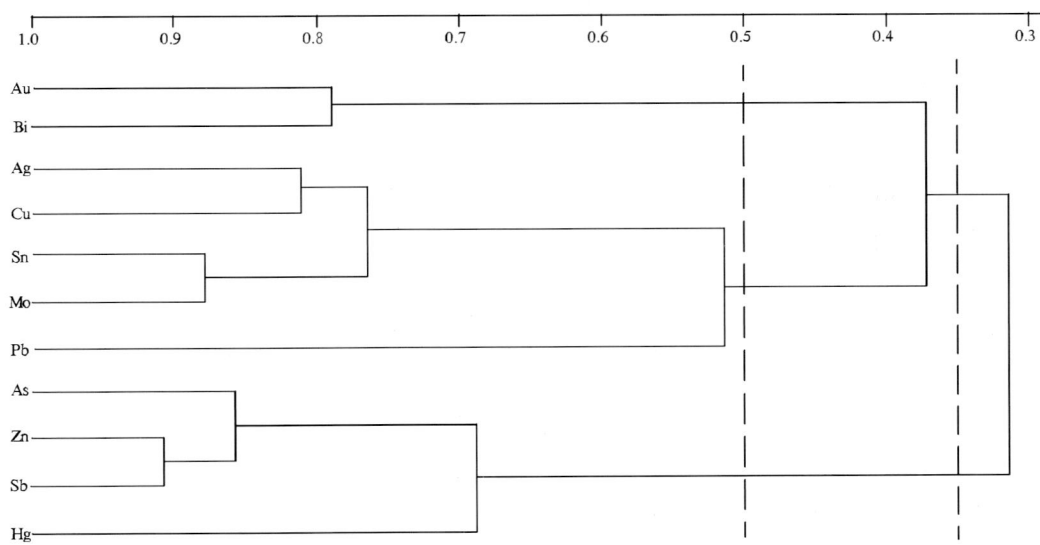

图 5-2-14　兰家 1 号金矿原生晕 R 型谱系图

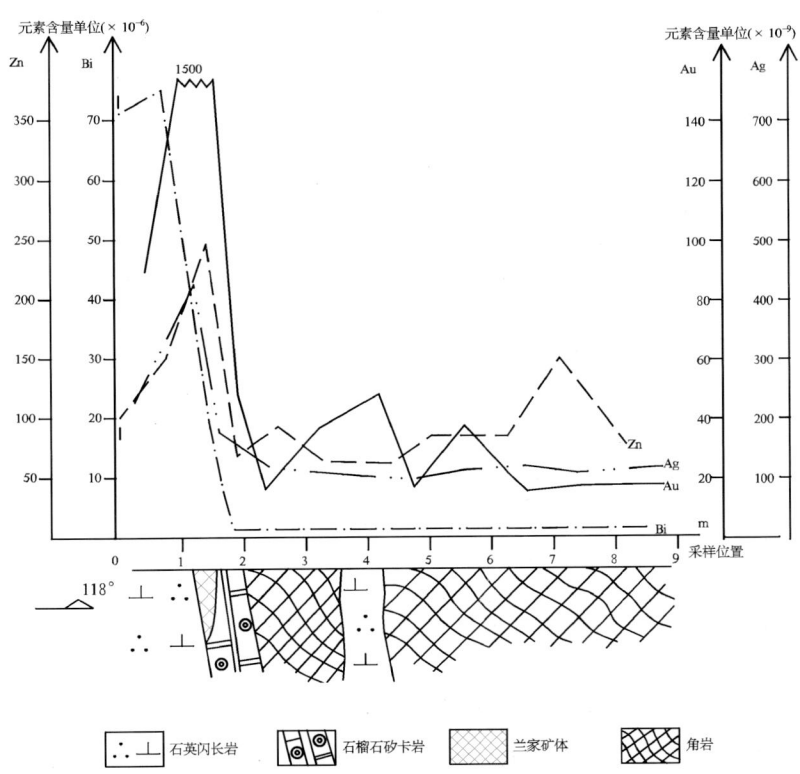

图 5-2-15　兰家金矿 12 号勘探线（20 号矿体）岩石地球化学异常剖面图

孔取样为例，绘制了矿体垂向原生晕异常剖面图。图 5-2-16 中显示，20 号金矿体显示的元素异常有 Au、Bi、Ag、Pb、Mo、Zn、As、Sb、Hg、Cu、Sn，空间套合紧密。其中，Au、Bi、Ag、Pb、As、Sb、Sn、Cu 异常规模较大，呈条带状分布，并具有明显的分带性。即由上往下垂向分带为 As→Sb→Ag→Au→Bi→Sn→Pb→Cu→Zn→Mo。其中，低温元素组合的发育说明 20 号金矿体的剥蚀程度较浅。而异常表现最好的是 Au、Bi、Ag，均具有很强的内带，强度分别为 108×10^{-9}、3.6×10^{-6}、13.5×10^{-6}。20 号金矿体即赋存于 Au、Bi、Ag 内带异常的紧密套合中。Cu 异常向下内带变宽，分布在矿体的中下部，钻探显示有铜矿体出现，而且厚度大，品位较高，是寻找铜矿的有利地段。见图 5-2-16。

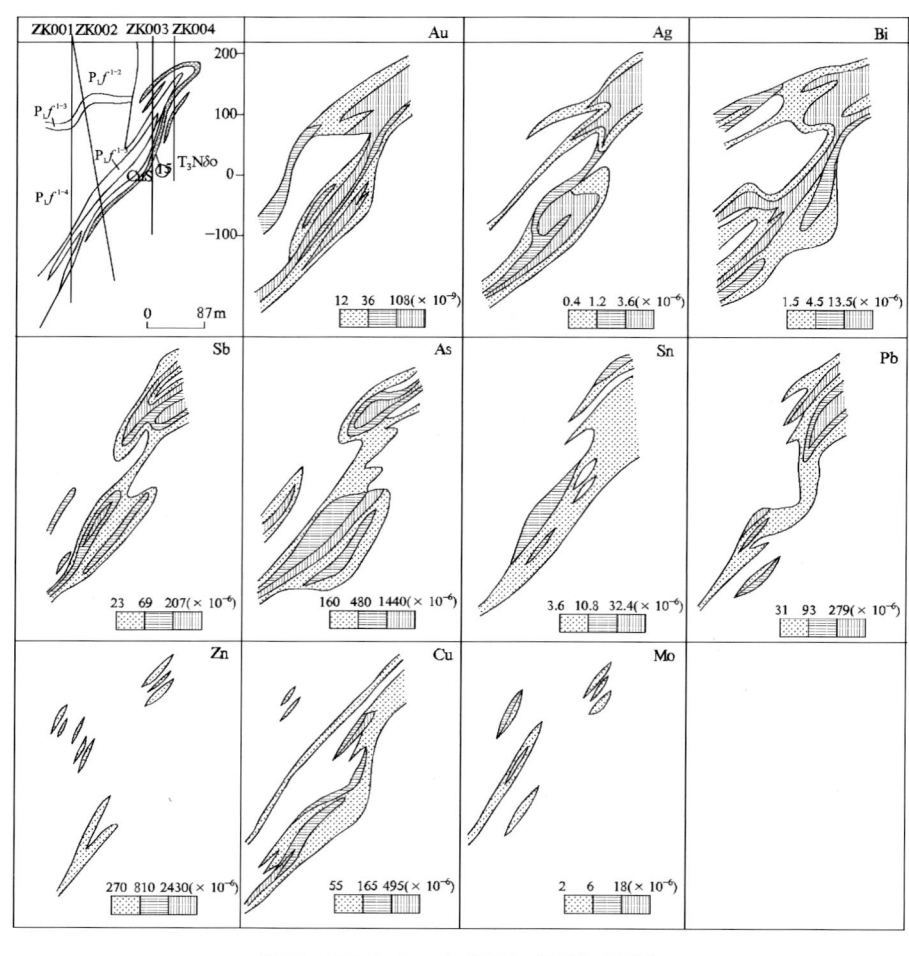

图 5-2-16　兰家 20 号金矿体岩石地球化学异常剖面图(据钟长林,1999)
1.范家屯组一段 2 层;2.范家屯组一段 3 层;3.范家屯组一段 4 层;4.石英闪长岩;5.含铜硫铁矿;6.金矿体

3)稀土元素特征

石英闪长岩以及 20 号、1 号金矿体中样品的科勒尔曲线分布均为轻稀土富集,重稀土亏损,表现出分馏作用一致性,即成因上的同源性。同时呈脉状分布的硫铁矿体,其科勒尔曲线与金矿体存在明显的差异性,说明成矿作用具有多期的特征。

4)硫同位素特征

矿床内硫同位素样品分析结果表现为 $\delta^{34}S$ 值变化范围较窄,为 $-3.91‰\sim3.37‰$,极差 7.28‰,具有塔式分布规律,靠近陨石硫的标准值($\delta^{34}S=0‰$),反映出金矿床的幔源特征。另外不同矿物的测定结果存在一定的差异,黄铁矿、磁黄铁矿 $\delta^{34}S$ 平均值为 2.50‰,方铅矿 -3.90‰,反映了成矿作用的多期性。

5)矿床地质-地球化学找矿模型

矿床地质-地球化学特征如下。

(1)1 号金矿体赋存在该层变质粉砂岩、杂砂岩、泥质粉砂质板岩、斑点板岩中。20 号、19 号金矿体赋存于该层大理岩(灰岩)中。石英闪长岩控矿。北北东向褶皱控矿,矽卡岩型金矿体、铁矿体、含铜硫铁矿体均赋存在该构造中。北西向、北西西向断裂构造控矿。

(2)Au 异常为矿致异常,强度不高,规模较小。Au、Ag、Cu、Pb、Zn、Sn、Mo、Bi、As、Sb、Hg 形成简

单元素组分富集的叠生地球化学场。其中，Au、Ag、Cu、Pb、Zn是近矿指示元素，As、Sb、Hg为远程指示元素，尾部元素有Sn、Mo、Bi。

(3) 岩石异常特征元素组合为Au-Ag-Cu-Pb-Zn，主要伴生元素组合为Sn-Mo-Bi-As-Sb-Hg。

(4) 分带性以Au-Ag组合为中心，两侧为Pb-Zn-Cu组合分布，空间叠加Sn-Mo-Bi-As-Sb组合异常，显示成矿的复杂性、连续性。

(5) 矿石硫同位素特征反映了成矿作用的多期性。

(6) 因子分析显示，矿床所在区域是酸性花岗岩侵入体分布区。SiO_2、K_2O、B、Li因子得分高。属于浅—中等剥蚀。

矿床异常模式详见图5-2-17。

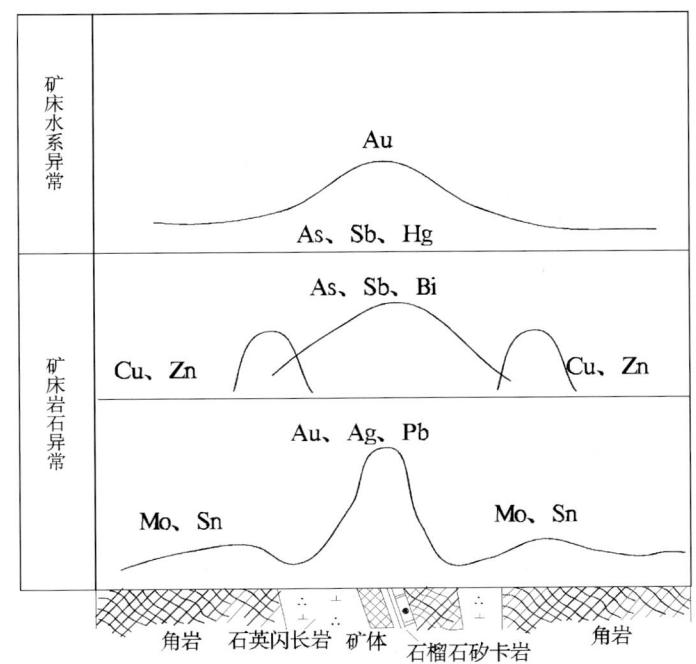

图5-2-17　兰家金矿床地球化学异常模式图

2. 荒沟山金矿床

1) 矿床地质特征

矿床位于前南华纪华北东部陆块(Ⅱ)、胶辽吉元古宙裂谷带(Ⅲ)老岭坳陷盆地(Ⅳ)内。

主要分布古元古界老岭群珍珠门组和花山组。其中，珍珠门组白云石大理岩是主要的含矿层位。在花山组片岩中有零星分布。

区内出露的侵入岩体为印支期花岗岩体，脉岩主要有闪长岩、闪长玢岩、石英闪长玢岩，二者为成矿物质的迁移富集提供了物源、热源。

控矿、容矿构造主要有北东向的褶皱构造及北东向韧性、韧脆性断裂构造。呈"S"形展布。珍珠门组和花山组的构造接触带即为此种特征。

主要矿物组合为自然金、银金矿、自然砷、自然铜、黄铁矿、毒砂、白铁矿、闪锌矿、方铅矿、辉锑矿、黄铜矿等。与成矿关系密切的围岩蚀变有毒砂化、绢云母化及碳酸盐化、黄铜矿化。

2) 矿床地球化学特征

矿床Au异常分带清晰，浓集中心明显，强度较高(313×10^{-9})。呈北东向带状分布。Au、Ag、Cu、Pb、Zn、As、Hg空间套合紧密，构成同心结构，W、Mo浓集中心与Au不吻合，形成的是离心-向心结构的复杂组分富集区,是金成矿的主要异常区。见图 5-2-18。

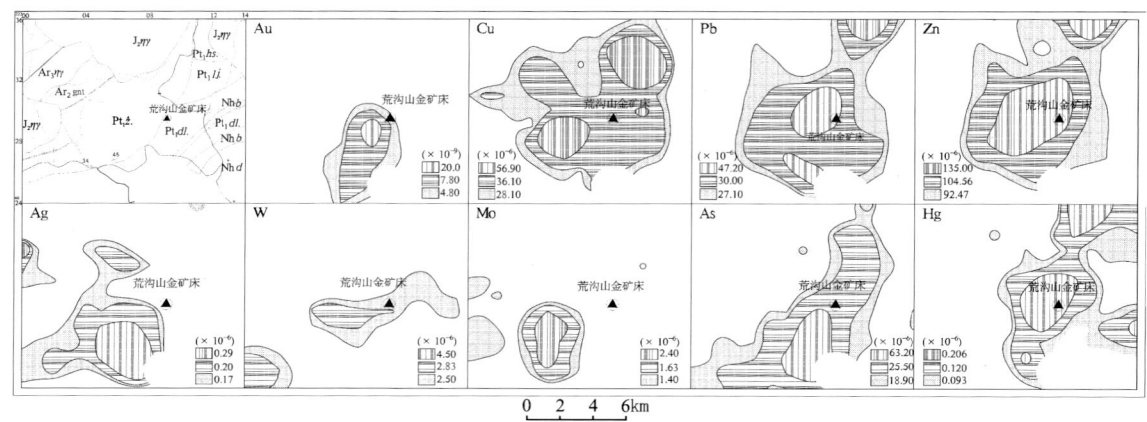

图 5-2-18 荒沟山金矿主要元素剖析图

1.南华系细河群钓鱼台组石英砂岩、含海绿石石英砂岩、含赤铁矿石英岩;2.南华系细河群白房子组杂色含云母粉砂岩、粉砂质页岩夹长石石英砂 3.中侏罗世中粒二长花岗岩;4.古元古界老岭岩群大栗子岩组千枚岩夹大理岩;5.古元古界老岭岩群临江岩组二云片岩夹长石英岩;6.古元古界老岭岩群花山岩组云母片岩夹大理岩;7.古元古界老岭岩群珍珠门岩组厚层大理岩;8.新太古代变二长花岗岩;9.中太古代英云闪长质片麻岩;10.地质界线;11.韧性剪切带;12.实测逆断层;13.实测性质不明断层;14.背斜;15.岩层产状;16.褐铁矿化;17.荒沟山金矿床

矿床土壤异常特征详见表 5-2-8。

表 5-2-8 荒沟山矿区元素次生晕异常特征表

元素	背景值	标准离差	变异系数	异常下限	峰值	土壤克值	浓集系数
Au	1.62	2.29	1.41	6.35	320	1.20	1.35
Ag	0.10	0.63	6.3	0.22	1.50	0.10	1.00
Sb	1.26	2.19	1.74	46.0	23.1		
As	20.9	1.78	1.35	55.8	488	5.00	418
Hg	0.21	0.37	1.77	1.07	4.90	0.01	21.0
Pb	13.8	1.38	0.12	23.5	300	10.0	1.38
Cu	12.3	1.35	0.11	20.0	500	20.0	0.62
Zn	60.0			90.0	500	50.0	1.20

注:元素单位 Au 为 $\times 10^{-9}$,其他为 $\times 10^{-6}$,土壤克值为维氏克值(1962)。

由表 5-2-8 可知,主要成矿元素 Au、Pb、Zn 的浓集系数均大于 1,Ag 等于 1,显示较强的富集能力,异常规模亦较大,利于成矿。而 Cu 的浓集系数为 0.62,成晕能力较弱,显示的异常规模亦较小,表明此处 Cu 难以富集成矿。而 As、Hg 的浓集系数较大,表现的异常规模显著,是寻找深部金(银)矿、铅锌矿的重要远程指示元素。

图 5-2-19 指示矿床的土壤异常特征。由图可知,矿区南大坡矿致异常规模和强度均较大,代表元素组合为 Pb-Zn-Cu-Bi-Mo-Sn,显示中—高温矿化特征;而杉松岗元素组合中,矿上指示元素 Hg、Sb、As 具有较强的异常态势,反映深部具有金矿体的可能性较大。以上元素组合表征了不同的成矿系列,构成北西向展布的异常分带(轴向 Hg→As→Sb→Ag→Au→Pb→Cu→Zn→Sn→Mo→Bi)。成矿地质背景

指示,金矿系统多分布在"S"形断裂靠近大理岩一侧,而 Pb、Zn、Cu 以分布在片岩或脉岩中为特点。

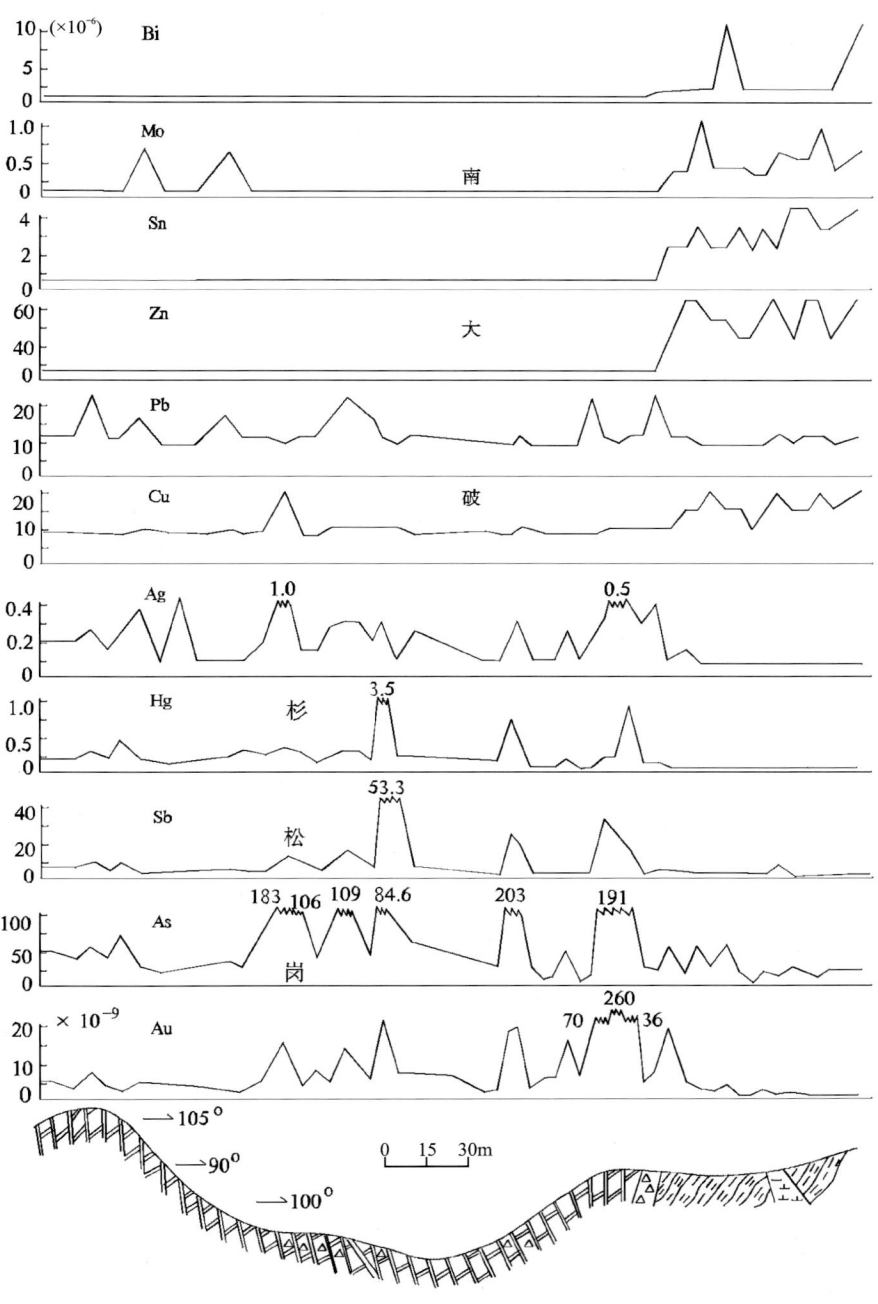

图 5-2-19　荒山沟金矿床 7 号勘探线土壤地球化学异常剖面图
1. 白云石大理岩;2. 硅化白云石大理岩;3. 褐铁矿化白云石大理岩;4. 碎裂化白云石大理岩;
5. 二云片岩;6. 闪长岩脉;7. 破碎带;8. 含量曲线;9. 采样点及编号

矿床岩石异常特征显示两种元素组合,即 Au、Ag、As、Sb、Hg 和 Cu、Pb、Zn、Bi 等多金属元素。由上至下垂向分带 As→Sb→Au→Ag→Hg→Pb→Cu→Zn→Bi,可见,矿上元素为 As、Sb,偏上元素为 Hg,成矿元素 Au,近矿元素为 Ag、Cu、Pb、Zn,尾部元素为 Bi、(Sn、Mo),同时说明矿床处于较浅的剥蚀程度。值得注意的是,Hg异常晕排序在靠近尾部区,说明深部有断裂的延伸,对深部找矿预测有利。见图5-2-20。

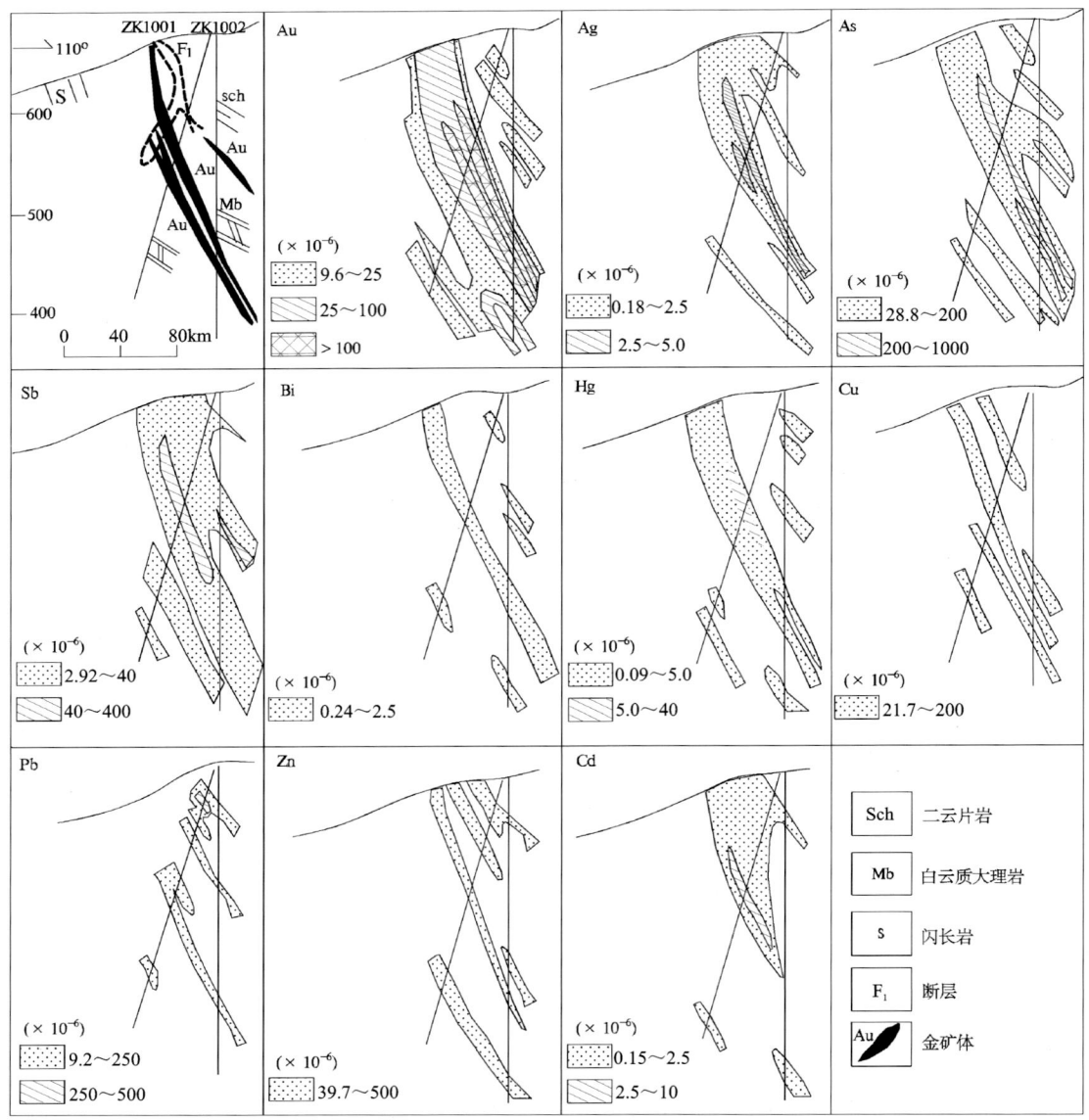

图5-2-20 荒山沟金矿岩石异常剖面图

珍珠门组大理岩中常量元素平均含量分别为 $SiO_2:6.76×10^{-2}$、$Al_2O_3:1.02×10^{-2}$、$MgO:19.92×10^{-2}$、$CaO:27.91×10^{-2}$、$CO_2:43.08×10^{-2}$、$MnO:0.03×10^{-2}$。以贫 SiO_2、Al_2O_3 和高 MgO、CaO 为特征。CaO/MgO 一般为1.40,反映其原岩应属白云岩-钙质白云岩系列。B/Ga 大于4.5,反映正常浅海相沉积特点。脉岩中以 MgO、TiO_2、FeO、P_2O_5 偏高,其他元素偏低为特点。

3)硫同位素特征

矿区地层中,硫同位素 $\delta^{34}S$ 数值区间为7.3‰~31.8‰,极差为24.5‰,具重硫特点,反映半封闭浅海岩相古地理环境。

4)矿床地质-地球化学找矿模型

根据以上内容建立矿床地质-地球化学找矿模型,见表5-2-9。

表 5-2-9　荒沟山金矿床地质-地球化学找矿模型

内容		特征描述
地质特征	类型	层控内生型
	地层	主要分布有古元古界老岭群珍珠门组和花山组。其中,珍珠门组大理岩是主要的含矿层位
	构造	控矿、容矿构造主要有北东向的褶皱构造及北东向韧性、韧脆性断裂构造,呈"S"形展布
	岩浆岩	区内出露的侵入岩体为印支期花岗岩体,脉岩主要有闪长岩、闪长玢岩、石英闪长玢岩,二者为成矿物质的迁移富集提供了热源
	矿物组合	矿物组合为自然金、银金矿、自然砷、自然铜、黄铁矿、毒砂、白铁矿、闪锌矿、方铅矿、辉锑矿、黄铜矿及石英、白云石、方解石、绢云母
	围岩蚀变	围岩蚀变以硅化、黄铁矿化、褐铁矿化为主,其次有毒砂化、绢云母化及碳酸盐化、黄铜矿化、辉锑矿化、方铅矿化、闪锌矿化等。其中,毒砂化、绢云母化及碳酸盐化、黄铜矿化与金成矿关系密切
	深度	控制深度为 300m
	控矿因素	珍珠门组白云石大理岩顶部的碎裂化、构造角砾岩化、硅化白云石大理岩赋矿层位;区域内的印支期花岗质岩浆活动及后期脉岩侵入为成矿物质的迁移富集提供了热源;花山组片岩与珍珠门组大理岩构造接触带为区域内的导矿和容矿构造
	成矿模式	在 1800Ma 以前形成 Au 丰度偏高的矿源层,经过吕梁期的区域变质改造形成低温含金石英脉。进入燕山期,由于岩浆活动造成深部热液环流对流,萃取围岩中特别是"矿源层"中的成矿物质,并在适当空间充填交代成矿。成矿后由于断裂构造的复活或叠加,使矿体遭受破碎,形成角砾状或构造碎裂化矿石
	时空分布	矿体呈柱状、脉状、透镜状。走向北北东,倾向南东或北西,倾角 60°～80°
地球化学特征	原生晕异常 元素组合	一组是 Au、Ag、As、Sb、Hg 组合,在靠近"S"形断裂大理岩一侧富集强烈;另一组是 Cu、Pb、Zn、Sn、Mo 等多金属元素,多在片岩或脉岩中发育
	原生晕异常 组分分带	横向分带表现为矿体上方为主要成矿元素及伴生元素为高峰异常,其构成内带,而在矿体两侧形成低缓异常,构成外带;轴向分带为 Hg→As→Sb→Ag→Au→Cu→Pb→Zn→Sn→Mo,矿上元素为 Hg,偏上元素为 As、Sb 等,近矿元素为 Ag,尾部元素为 Sn、Mo
	原生晕异常 常量元素特征	以贫 SiO_2、Al_2O_3 和高 MgO、CaO 为特征。CaO/MgO 一般为 1.40,反映其原岩应属白云岩-钙质白云岩系列
	原生晕异常 硫同位素特征	矿区地层中硫具重硫特点,反映海相的成矿环境
	次生晕异常 水系异常特征	矿床所在区域元素异常多具有清晰三级分带和明显浓集中心。Au 元素异常强度达到 $313×10^{-9}$,异常整体沿北东向呈带状分布。与金空间套合紧密的元素有 Cu、Pb、Zn、Ag、As、Sb、Hg、W、Sn、Mo。形成复杂元素组分富集的叠生地球化学场,是金成矿的主要异常区。金甲级综合异常具备优良的成矿地质条件和进一步找矿前景,空间上与分布的金矿产积极响应,是优质的矿致异常,可为扩大区内找矿规模提供重要的依据
	次生晕异常 土壤异常特征	特征元素组合为 Au、Ag、As、Sb、Hg 和 Pb、Zn、Cu。其中,Au、Pb、Zn 的浓集系数均大于 1,显示较强的富集能力,异常规模亦较大,利于成矿。而 Cu 的浓集系数为 0.62,成晕能力弱,显示的异常规模较小,表明此处 Cu 难以富集成矿。而 As、Hg 的浓集系数较大,表明有隐伏矿可能
	次生晕异常 因子分析	因子分析显示,矿床所在区域为海相碎屑、碳酸盐岩分布区。Pb、Zn、Ag、Au、Cu、As、Sb、W、Bi 元素因子得分高
	次生晕异常 剥蚀程度	属于浅等剥蚀
	次生晕异常 找矿指示元素	有 Au、Cu、Pb、Zn、Ag、As、Sb、Hg、W、Sn、Mo。其中,Au、Cu、Pb、Zn、Ag 是近矿指示元素,As、Sb、Hg 为远程指示元素,尾部元素有 W、Sn、Mo

3. 集安西岔金矿

1）矿床地质特征

矿区位于华北东部陆块（Ⅱ）、胶辽吉古元古代裂谷带（Ⅲ）、集安裂谷盆地（Ⅳ）内。辽吉裂谷中段北部边缘，北东—北北东向花甸子-头道-通化断裂带横切"背斜"中段的交会处。

出露地层为集安群荒岔沟组中段、上段。岩性以石墨大理岩夹斜长角闪岩以及石墨透辉变粒岩、石墨黑云变粒岩、黑云斜长片麻岩、斜长角闪岩为主。西岔金银矿、金厂沟金矿分布于中、上段变粒岩层中，位于"背斜"的南西翼。

印支期及燕山期中酸性岩类的侵入活动强烈，西侧有复兴屯闪长岩，北部有斑状花岗岩，南东侧有斜长花岗斑岩，北东侧有花岗斑岩。脉岩十分发育，有钠长斑岩，闪长玢岩，安山岩脉等。这些主要热事件与金成矿关系密切，它不仅进一步活化了地层中 Au 等物质，本身也为成矿提供了部分含矿热液。

主要的构造有褶皱和断裂。断裂构造以北东向、北北东向为主，南北向断裂是北东向断裂构造的次一级断裂，为主要的容矿、控矿构造。

矿物组合主要为黄铁矿、毒砂、方铅矿。少量为自然金、自然银黝铜矿、辉银矿、黄铜矿、闪锌矿、深红银矿以及脉石矿物石英、方解石、重晶石、绢云母、绿泥石。

与成矿关系密切的矿化蚀变是毒砂化、黄铁矿化、硅化。控矿层位荒岔沟组变粒岩中的硅化、碳酸盐化、黄铁矿化、毒砂化、黄铜矿化等蚀变是重要的找矿标志。

2）矿床地球化学异常特征

矿床 1∶5 万 Au 异常具有清晰的三级分带和显著浓集中心。峰值为 193×10^{-9}，面积 90km²，形态不规则状，轴向延伸北东。与 Au 空间上紧密套合的元素有 Ag、Cu、Pb、Zn、As、Ag、W、Mn、Bi。其中，W、Mo、Bi 构成 Au 的内带，Ag、Cu、Pb、Zn、As 则主要构成 Au 的中带、外带。显示出在中—高温的成矿地球化学环境中，形成复杂元素组分富集的叠生地球化学场。该异常场矿化蚀变强烈，利于 Au 的迁移、富集。见图 5-2-21。

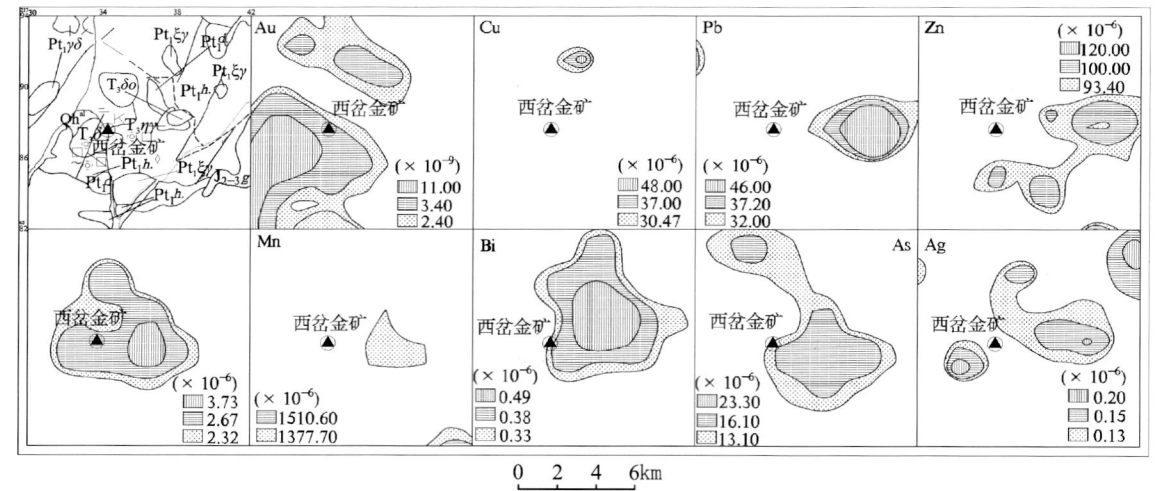

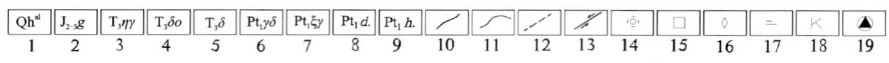

图 5-2-21 西岔金矿主要元素剖析图

1.全新世松散砂砾石堆积；2.中侏罗统果松组安山质火山碎屑岩、安山岩；3.晚三叠世二长花岗岩；4.晚三叠世石英闪长岩；5.晚三叠世闪长岩；6.古元古代花岗闪长岩；7.古元古代正长花岗岩 8.大东岔岩组黑云变粒岩夹石榴斜长片麻岩；9.荒岔沟岩组变粒岩-斜长角闪岩夹大理岩；10.角度不整合界线；11.地质界线；12.推测断层；13.平移断层；14.硅化；15.黄铁矿化；16.碳酸盐化；17.绢云母化；18.钾长石化；19.西岔金矿在土壤地球化学异常中，Au、As 以 $0.02×10^{-6}$、$10×10^{-6}$ 为异常下限，圈定的异常多数是由已知矿（化）体引起。

在矿床荒岔沟组变粒岩中，Au 平均丰度为 $3.888×10^{-9}$，高于其他几种岩石的 Au 丰度（$0.6×10^{-9}$~$2.13×10^{-9}$）。此外，与 Au 关系密切的指示元素 As、Sb、Bi、Hg 在该层中也高。岩石化探异常，同样是 Au 异常为直接找矿标志，As 异常为重要指示标志。

3）硫同位素特征

西岔金矿床硫同位素组成与区域变质岩中硫同位素组成相似。西岔金矿床 $\delta^{34}S$ 值变化范围 1.9‰~7.4‰，离差 5.5‰，地层 $\delta^{34}S$ 值与矿床基本一致，都以富重硫为特点。因为地层为变粒岩，原岩为中酸性火山岩，其硫同位素组成呈现深源硫特点。表明地层与矿床硫来源相似，可能为地层硫与岩浆硫混合高度均一化结果。

4）氧、碳同位素特征

以金厂沟金矿为代表，测得金厂沟金矿中方解石、石英与矿液平衡水的 $\delta^{18}OH_2O$ 值为 5.3‰~6.4‰，属岩浆水（5‰~10‰）范围。矿石中方解石 $\delta^{13}C$ 值为 -6.1‰，与本区在硬岩（-1.9‰~-3.1‰）中比较接近，推测矿液中碳可能来源于地层。以上特征表明成矿与岩浆岩、地层均存在密切关系。

5）矿床地质-地球化学找矿模型

根据以上内容，建立矿床地质-地球化学找矿模型，见表 5-2-10。

表 5-2-10　西岔金矿床地质-地球化学找矿模型

内容		特征描述
地质特征	类型	层控内生型
	地层	集安群荒岔沟组石墨大理岩夹斜长角闪岩以及石墨透辉变粒岩、石墨黑云变粒岩、黑云斜长片麻岩、斜长角闪岩为金的主要赋矿层位
	构造	南北向断裂是北东向断裂构造的次一级断裂，为主要的容矿、控矿构造
	岩浆岩	印支期及燕山期中酸性岩类的侵入活动，与金成矿关系密切
	矿物组合	矿物组合有黄铁矿、毒砂化、方铅矿、石英、方解石、重晶石、绢云母、绿泥石
	围岩蚀变	与成矿关系密切的蚀变是毒砂化、黄铁矿化、硅化
	深度	控制深度为 600 米
	控矿因素	荒岔沟组变粒岩层为赋矿层位；印支期及燕山期中酸性岩类的侵入岩；横切"背斜"北北东向主干断裂略向东突出的弧形地段控制矿区。主干断裂在该地段的次级分支断裂和平行断裂以及南北向断裂或主干断裂本身是容矿构造
	成矿模式	元古宇荒岔沟组含微量金初始矿源层形成。集安运动使荒岔沟组地层变质变形，Au 等元素被活化初步富集，构成变质后的矿源层。印支—燕山多期次运动进一步活化地层中的造矿元素，形成以含金氯络合物为主的矿液，在热动力驱赶下，矿液向低压的有利构造空间运移，充填交代，在弱碱性介质条件下，金沉淀富集成矿，形成层控破碎带蚀变岩型金矿
	时空分布	矿体呈扁豆状、脉状分支复合，倾向南东 127°，倾角 60°~75°
地球化学特征	原生晕异常	元素组合	原生晕以 Au 异常最突出，其次为 As
		组分分带	分带不明显
		微量元素特征	荒岔沟组变粒岩中 Au 平均丰度为 $3.888×10^{-9}$。高于其他几种岩石的 Au 丰度（$0.6×10^{-9}$~$2.13×10^{-9}$）。此外，与 Au 关系密切的指示元素 As、Sb、Bi、Hg 在该层中也高
		同位素特征	矿床铅、氧、碳同位素特征表明，成矿物质主要来源于地层，与深层岩浆也存在一定关系

续表 5-2-10

内容		特征描述
地球化学特征	次生晕异常	
	水系异常特征	矿床所在区域 Au 元素异常具有清晰三级分带和明显浓集中心。异常强度达到 193×10^{-9}，面积为 $90km^2$。形态不规则，轴向北东向延伸。与 Au 空间上紧密套合的元素有 Cu、Pb、Zn、As、Ag、W、Mn、Bi，形成复杂元素组分富集的叠生地球化学场。Au 甲级综合异常显示出较好的成矿条件和找矿前景，是重要的化探找矿依据
	土壤异常特征	在土壤地球化学异常中，Au、As 以 0.02×10^{-6}、10×10^{-6} 为异常下限，圈定的异常多数是由已知矿（化）体引起
	因子分析	因子分析显示，矿床所在区域为海相碎屑、碳酸岩分布区。Au、Ag、Pb、Zn、Cu、As、Sb、W、Bi 元素因子得分高
	剥蚀程度	属于浅—中等剥蚀
	找矿指示元素	有 Au、Ag、Cu、Pb、Zn、As、Sb、Hg、Mo、Bi、Sn。其中，Au、Cu、Pb、Zn、Ag 是近矿指示元素，As、Sb、Hg 为远程指示元素，尾部元素有 Mo、Bi、Sn

（三）侵入岩浆型

1. 海沟金矿

1）矿床地质特征

海沟矿床位于晚三叠世—新生代东北叠加造山-裂谷系（Ⅰ）、小兴安岭-张广才岭叠加岩浆弧（Ⅱ）、太平岭-英额岭火山-盆地区（Ⅲ）、敦化-密山走滑-伸展复合地堑（Ⅳ）内，二道松花江断裂带金银别-四岔子近东西向韧-脆性剪切带东端与两江-春阳北东向断裂带交会处。

矿区出露地层主要为中元古界色洛河群红光屯组和木兰屯组。其中，色洛河群红光屯组斜长角闪片麻岩、斜长角闪岩及斜长变粒岩是 Au 的主要矿源层。

矿区中部分布的燕山早期二长花岗岩为主要成矿围岩，脉岩以闪长玢岩最发育，二者经过矿化蚀变后，Au 的浓集系数很高，含量可增高 37.59 倍，而在闪长玢岩中 Au 丰度值为 129.85×10^{-9}，高于维氏值 28.9 倍。因此，岩浆热液活动为 Au 的富集提供必要的热能。

与成矿有关的构造是北北东向或北东向断裂带，沿断裂裂隙充填交代大量含金石英脉。

矿物组合主要为自然金、方铅矿、黄铜矿及石英、方解石，少量为绢云母、绿泥石等。

成矿期蚀变主要为硅化-绢云母化-绿泥石化-黄铁矿化，具线性特征。其中，近矿蚀变以硅化-绢云母化为主；远矿蚀变为绿泥石化-黄铁矿化。

2）矿床地球化学异常特征

矿床 Au 异常具有的清晰三级分带和明显浓集中心，强度达到 41×10^{-9}，面积为 $28km^2$，近椭圆形状，异常轴向有呈北西向延伸的趋势。与 Au 空间套合紧密的元素有 Ag、Cu、Pb、Zn、As、Sb、Hg、W、Bi、Mo。其中，Pb 与 Au 呈同心套合状，构成向心结构，Ag、Zn、Mo 局部伴生在 Au 的中带、外带，而 As、Sb、Hg 主要构成 Au 的外带，形成离心结构的叠生地球化学异常场，并在中—低温的地球化学环境中富集成矿，同时也显示出区内成矿具有隐伏特征。Au 综合异常具备优良的成矿地质条件，是找矿的重要靶区。见图 5-2-22。

矿床土壤异常显示的指示元素为 Ag、Cu、Pb、Zn、As、Sb、Hg、W、Bi、Mo、B，主要分布在矿体上方，形成宽度不等、强度各异的异常。其中，Au 峰值最大，为 160×10^{-9}，按最大衬值排序为 Au^{45}-$Pb^{3.4}$-$Bi^{2.7}$-$Mo^{1.4}$-$Ag^{1.3}$-$As^{1.2}$-$Sb^{1.1}$。近矿指示元素 Ag、Cu、Pb、Zn，由于 As、Sb、Hg、W、Bi、Mo、B 重叠于矿体上方，指示矿致系统中岩浆活动十分强烈。Ni-Co-Cr-V 组合主要在中基性的上方或其附近，构成矿区铁族元素同生地球化学场，不利于金的成矿。见图 5-2-23。

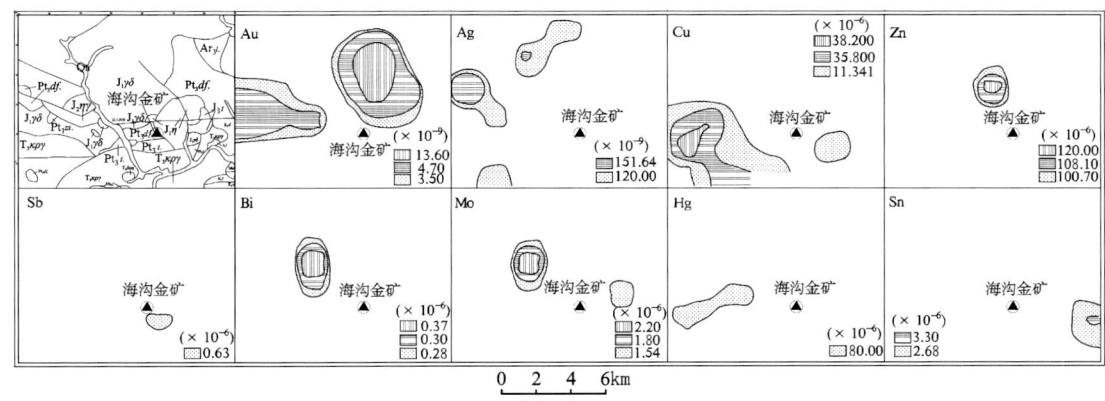

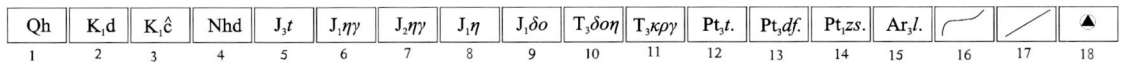

图 5-2-22 海沟金矿主要元素剖析图

1.第四纪全新世洪积物;2.下白垩统砂砾岩;3.下白垩统长财组砂砾岩夹煤层;4.南华系细河群石英砂岩;
5.晚侏罗世安山岩;6.中侏罗世二长花岗岩;7.中侏罗世二长花岗岩;8.早侏罗世二长岩;9.早侏罗世花岗
闪长岩;10.早侏罗世石英闪长岩;11.晚三叠世碱长花岗岩;12.新元古代变质砂岩夹大理岩;13.新元古代
变质流纹岩夹片岩;14.古元古代黑云变粒岩与角闪变粒岩;15.新太古代黑云角闪变粒岩夹斜长角闪岩;
16.地质界线;17.实测逆断层;18.海沟金矿

色洛河群红光屯组中各岩性微量元素含量较高,Au、Ag、Cu、Pb、Zn、As、Bi、Sb、Hg 平均值分别为 18.89×10^{-9}、1.35×10^{-6}、40.5×10^{-6}、27.5×10^{-6}、88.13×10^{-6}、35.85×10^{-6}、0.50×10^{-6}、3.92×10^{-6}、12.13×10^{-6}。与维氏值相比,Au、Ag、As、Bi、Sb 都富集 4 倍以上,为 Au 的富集成矿提供重要的物质来源。

矿床岩石异常指示元素为 Au、Ag、Mo、Hg、Bi、As、Pb。元素在矿体及其两侧的蚀变带中均显示正异常,而 Sb 在矿体上方没有异常显示,只在矿体两侧蚀变带中形成宽大低缓的异常带。这是金成矿过程中元素活化、迁移的结果。统计岩石中金最大衬度值可大 7763,其他元素在 5~322 之间。若排序则为 Au^{7763}-Hg^{322}-Mo^{127}-Bi^{47}-Ag^{37}-Pb^{19}-As^8-Sb^5。

总之,在硅化蚀变带中,金的异常规模最大,达到 50 余米,与硅化蚀变带的宽度相当,其余元素在 10m~50m 之间。见图 5-2-24。

3)硫同位素特征

海沟金矿床硫同位素具有以下特点:矿石硫同位素组成变化范围为 −23.2‰~−0.5‰,平均 −7.8‰;二长花岗和闪长玢岩 $\delta^{34}S$ 值变化范围为 −10.1‰~0.5‰,平均 4.1‰,表明矿石与围岩硫均以富集 ^{32}S 为特征。方铅矿和黄铁矿的 $\delta^{34}S$ 差别不大,具有硫源单一,并且经历了相同的地质演化特征。

4)铅同位素特征

矿床铅同位素组成变化范围为 $^{206}Pb/^{204}Pb$ 为 15.095 1~18.346,平均值 16.944,$^{207}Pb/^{204}Pb$ 为 15.126 7~15.615,平均 15.452 5,$^{208}Pb/^{204}Pb$ 为 36.328 2~38.404,平均值 37.151 2,具备造山带环境中铅同位素特点。

5)矿床地质-地球化学找矿模型

根据上述内容建立矿床地质-地球化学找矿模型,见表 5-2-11。

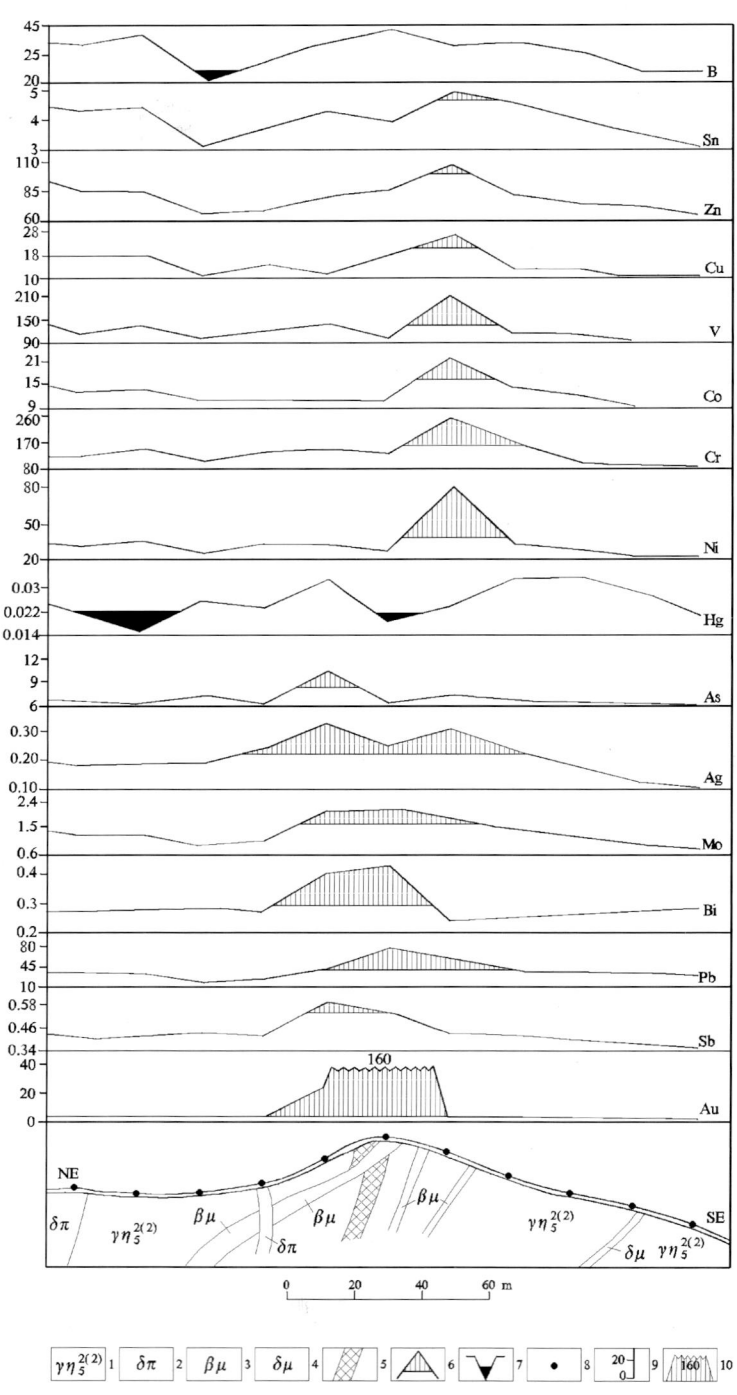

图 5-2-23 海沟金矿床土壤地球化学剖面图

1.燕山早期二长花岗岩；2.正长闪长斑岩；3.煌绿岩；4.闪长玢岩；5.金矿体；6.元素异常曲线；7.负异常；8 取样位置；9.元素含量（单位：Au 为 $\times 10^{-9}$，其他元素为 $\times 10^{-6}$）；10.元素异常峰值

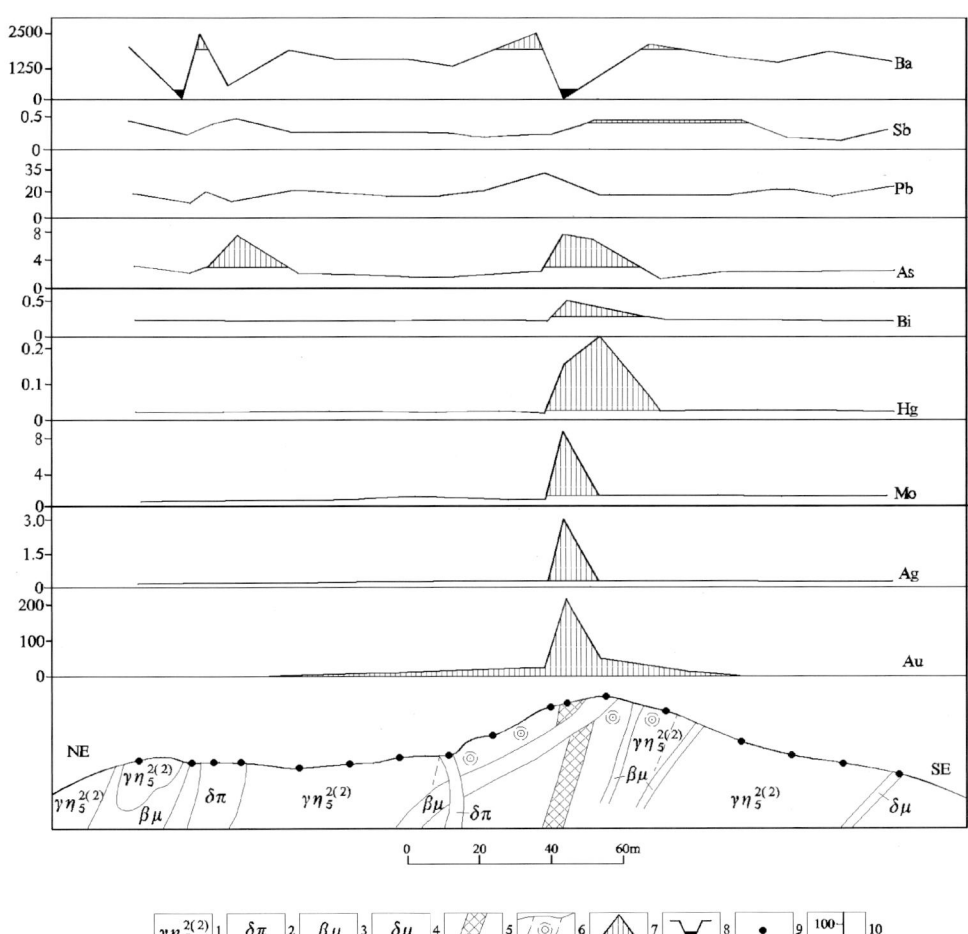

图 5-2-24　海沟金矿床地表岩石地球化学剖面图

1.燕山早期二长花岗岩；2.正长闪长斑岩；3.煌绿岩；4.闪长玢岩；5.金矿体；6.硅化蚀变带及其范围；
7.元素异常曲线；8.负异常；9.取样位置；10.元素含量（单位：Au 为 $\times 10^{-9}$，其他元素 $\times 10^{-6}$）

表 5-2-11　海沟金矿床地质-地球化学找矿模型

	内容	特征描述
地质特征	类型	侵入岩浆型
	地层	矿区出露地层主要为中元古界色洛河群红光屯组和木兰屯组。其中,色洛河群红光屯组斜长角闪片麻岩、斜长角闪岩及斜长变粒岩是 Au 的主要矿源层
	构造	与成矿有关的构造是北北东向或北东向断裂带,沿断裂裂隙充填交代大量含金石英脉
	岩浆岩	矿区中部分布的燕山早期二长花岗岩为主要成矿围岩,脉岩以闪长玢岩最发育,二者经蚀变后,浓集系数很高,金含量可增高37.59倍,而在闪长玢岩中金丰度值为 129.85×10^{-9},高于维氏值的28.9倍
	矿物组合	矿物组合主要为自然金、方铅矿、黄铜矿及石英、方解石,少量为绢云母、绿泥石等
	围岩蚀变	成矿期经历硅化—绢云母化—绿泥石化—黄铁矿化阶段
	深度	控制深度为 2910m
	控矿因素	中元古界色洛河群红光组斜长角闪岩、二云片岩、黑色板岩夹大理岩；燕山期二长花岗岩、闪长玢岩成群成带。槽台边界超岩石圈断裂与北东向深断裂交会处控制岩浆侵入,北东向断裂、裂隙带属压扭性断裂发育地段,该地段与岩体周边内外接触带是控矿有利部位

续表 5-2-11

内容		特征描述
地质特征	成矿模式	燕山早期花岗闪长岩浆沿海沟复式背斜上侵,在结晶分异过程中分泌出初生岩浆水与部分大气降水的混合,形成"再平衡岩浆水",并携带了大量的矿质和矿化剂;在变热而环流的地下水作用下浸滤出围岩中大量的金、银等成矿物质而形成富含矿质的热流体,随着花岗闪长岩的结晶固化和频繁的构造作用,在岩体顶部形成一组北东向构造糜棱岩带和片理化带,继而追踪该岩带又形成了张扭性的构造裂隙带,此时变热而环流的地下水与"再平衡岩浆水"混合,形成含矿热流体,并富集于张扭性构造裂隙带中,形成含金石英脉群,构成大型海沟金矿床
	时空分布	矿体呈脉状,走向 30°～50°,倾向 300°～330°,倾角 40°～85°;Ⅳ号矿带走向 20°,倾向 110°,倾角 40°
地球化学特征	原生晕异常 元素组合	特征元素组合为 Au-Ag-Mo-Hg-Bi-As-Pb-Sb-Ba
	组分分带	以 Au-Ag 组合为异常中心,叠加 Mo-Hg-Bi-As-Pb 组合异常,两侧为 Sb-Ba 宽大低缓异常。排序为 Au^{7763}-Hg^{322}-Mo^{127}-Bi^{47}-Ag^{37}-Pb^{19}-As^{8}-Sb^{5}
	微量元素特征	Au、Ag、Cu、Pb、Zn、Mo、Sb、As、Bi、Cd 在斜长花岗岩和花岗闪长岩中处于高背景状态,Ba 在花岗闪长岩和闪长岩中含量高
	同位素特征	矿床铅、硫同位素特征表明,成矿物质来源于深层岩浆和地层
	次生晕异常 水系异常特征	矿床 Au 元素异常具有清晰三级分带和明显浓集中心,峰值 41×10^{-9},面积为 $28km^2$,近椭圆形状,异常轴向有呈北西向延伸的趋势。与 Au 空间套合紧密的元素有 Ag、Cu、Pb、Zn、As、Sb、Hg、W、Bi、Mo。其中,Pb 与 Au 呈同心套合状,Ag、Zn、Mo 局部伴生在 Au 的中带、外带,而 As、Sb、Hg 主要构成 Au 的外带,构成向心-离心结构,形成复杂组分叠生异常场,并在中—低温的地球化学环境中富集成矿,同时也显示出区内成矿具有隐伏特征。Au 综合异常具备优良的成矿地质条件,是找矿的重要靶区
	土壤异常特征	特征元素组合为 Au-Ag-Pb-As-Sb-Bi-Mo。以 Au-Ag 组合为异常中心,套合 Pb-As-Sb-Bi-Mo 组合异常,按最大衬值排序为 Au^{45}-$Pb^{3.4}$-$Bi^{2.7}$-$Mo^{1.4}$-$Ag^{1.3}$-$As^{1.2}$-$Sb^{1.1}$
	因子分析	矿床所在区域为陆源碎屑分布区,Au、Cu、As、W、Bi 元素因子得分高
	剥蚀程度	属于浅等剥蚀
	找矿指示元素	有 Au、Ag、Cu、Pb、Zn、As、Sb、Hg、Mo、Bi、Sn。其中,Au、Cu、Pb、Zn、Ag 是近矿指示元素,As、Sb、Hg 为远程指示元素,尾部元素有 Mo、Bi、Sn

2. 杨金沟金矿床

1)矿床地质特征

矿区位于晚三叠世—新生代东北叠加造山-裂谷系(Ⅰ)、小兴安岭-张广才岭叠加岩浆弧(Ⅱ)、太平岭-英额岭火山-盆地区(Ⅲ)、罗子沟-延吉火山-盆地群(Ⅳ)构造单元内。

出露的地层主要为下古生界五道沟群,岩性以板岩、变质砂岩及片岩为主,是主要的含矿层位。与成矿关系密切的侵入岩主要是海西晚期的闪长岩、石英闪长岩、黑云母斜长花岗岩,燕山期次之。杨金沟向斜褶皱横贯全区,以矿区中部最显著,由向斜褶皱派生的北北东向或北东向断裂是成矿期主要的控矿构造;而五道沟群地层与燕山期黑云母斜长花岗岩体的接触部位,是主要的容矿构造。

主要矿物组合有自然金、银金矿、磁铁矿、钛铁矿、辉钼矿、黄铁矿、黄铜矿、黝铜矿等。矿化围岩蚀变为黄铁矿化、毒砂化、硅化、绢云母化。

2)矿床地球化学异常特征

应用 1∶5 万化探数据在矿床所在区域圈出具有较明显二级分带的 Au 异常,峰值达到 166×10^{-6},面积 $16km^2$,不规则形态,北东向延伸趋势。空间上与 Au 套合紧密的元素有 Cu、Ag、W、Bi、Mo、As、

Sb、Hg,其中,W、Bi、Mo 分布在 Au 的内带,Cu、Ag 在 Au 的中带,As、Sb、Hg 主要伴生在 Au 的外带,构成较复杂元素组分区。Au 的甲级综合异常具备良好的成矿地质背景和条件,对杨金沟金矿积极支持,是进一步找矿的重要靶区。见图 5-2-25。

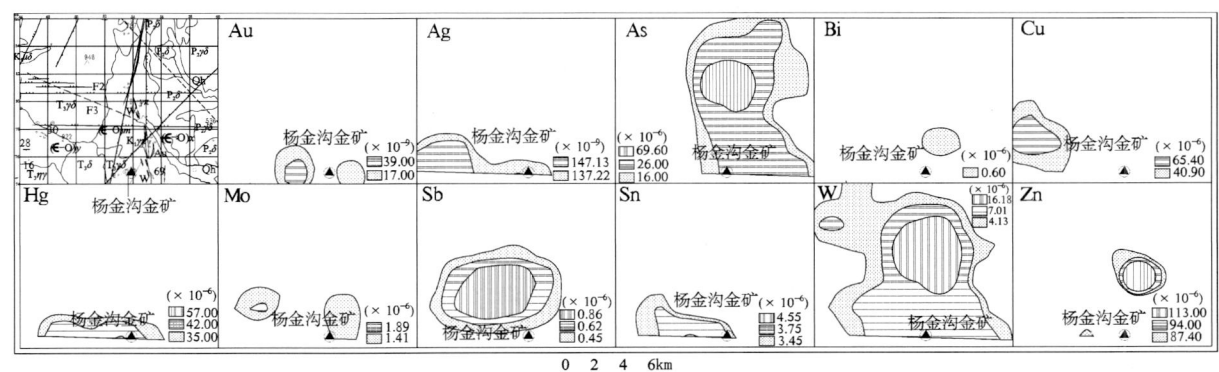

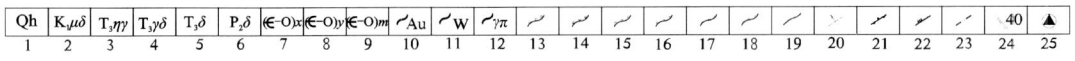

图 5-2-25 杨金沟金矿主要元素剖析图

1.第四系全新统Ⅰ级阶地及河漫滩冲洪积物;2.早白垩世闪长斑岩;3.晚三叠世二长花岗岩;4.晚三叠世花岗闪长岩;5.晚三叠世闪长岩;6.中二叠世闪长岩;7.寒武系—奥陶系五道沟群香房子岩组二云片岩与石英片岩互层夹碎屑砂岩;8.寒武系—奥陶系五道沟杨金沟岩组片岩夹大理岩及变质砂岩;9.寒武系—奥陶系五道沟群马滴达岩组变质砂岩夹变质安山岩;10.金矿体;11.钨矿体;12.花岗岩脉;13.黄铁矿化;14.褐铁矿化;15.硅化;16.绿帘石化;17.绿泥石化;18.绢云母化;19.地质界线;20.实测逆断层;21.实测正断层;22.压性断层;23.遥感解译断层;24.片理产状;25.珲春杨金沟屯金矿

土壤特征元素组合可分为两组:成矿元素组合 Au-Cu-Pb-Zn-Ag;主要伴生指示元素组合 Mo-As-Sb。其中,W、Sn、Bi 在矿化中心异常较弱,而 As、Hg 却有明显的异常显示,对应的壤中 Hg 气量亦较高,表明扬金沟金矿在成矿空间上具有深层剥蚀以及多期矿液叠加的特征。主要成矿元素 Au 的峰值出现在二云石英片岩中,Ag 异常整体呈弱势,在破碎蚀变带上 Au、Ag、As、Hg,包括 Hg 气量异常都有一定的异常反应。由于腐殖层较厚,使土壤酸度增加,易形成多金属元素在表生带的迁移,从而造成 Au 的局部机械搬运富集。

图 5-2-26 中显示矿体主要赋存在二云石英片岩中,矿体上方土壤中 Au、As、Hg 有明显异常显示。主要成矿元素 Au 的峰值出现在二云石英片岩中,Ag 异常整体呈弱势,与分析灵敏度低有关。在破碎蚀变带上,Au、Ag、As、Hg 都有一定的异常反映。这种异常模式表明,二云石英片岩是金矿的主要成矿围岩,可为成矿提供必要的成矿物质。As、Hg 是寻找金矿最重要的前缘指示元素,同时显示构造对成矿的控制作用。破碎蚀变带是区内找矿的重要标志之一。

原生晕显示的主要指示元素为 Au、Ag、Pb、Zn、As、Hg、W、Bi、Mo。二云石英片岩中 Au 的丰度值达到克拉克值的 4 倍;直接反映在土壤介质中,同样呈较高的质量分数。在细粒花岗闪长岩和花岗斑岩中含量分别为 3.35×10^{-9}、4.85×10^{-9}(单承恒等,2004),接近克拉克值;而其他岩石中 Au 的丰度值都不及克拉克值或低于克拉克值的 10%~30%。说明矿床中 Au 的来源很可能与二云石英片岩和黑云母斜长花岗岩(花岗斑岩)有关。这与土壤化探异常表现的地球化学意义吻合。

土壤组合异常和原生晕组合异常在空间套合紧密处可推测矿体的存在位置。

3)稀土元素特征

黑云母斜长花岗岩与矿区内所出露的各种岩脉,如斜长花岗斑岩、矿化蚀变岩,及北东向、北西向石英脉和闪长玢岩脉等关系密切。从稀土元素含量、曲线形态、参数特征等方面看,都具有相似性和一致性。因此,这些脉岩是黑云母斜长花岗岩派生的,而且形成矿床的成矿热液是来自岩浆期后热液。

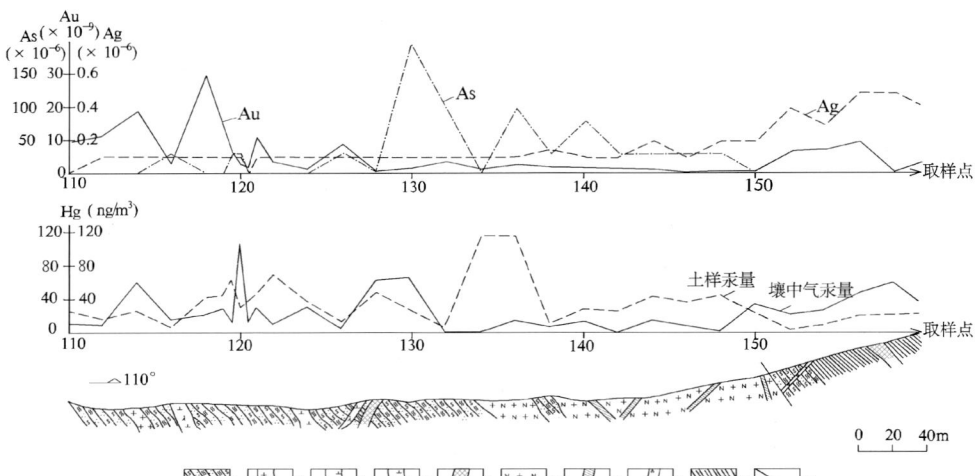

图 5-2-26 杨金沟矿床土壤地球化学异常剖面图(据柳树德等,1985)
1.二云石英片岩;2.花岗斑岩;3.闪长玢岩;4.闪长岩;5.矿体;6.斜长花岗岩;
7.石英脉;8.破碎带;9.黑云片岩;10.推测断层

4)硫同位素特征

矿床 $\delta^{34}S$ 的变化范围为 $-3‰\sim5.74‰$;平均值为 $-0.62‰$,离差 $9.04‰$,接近陨石硫位素组成。在 $\delta^{34}S$ 集中区,变化范围为 $-3‰\sim1‰$,显示出塔式效应。具有原生混合岩浆硫的特征,说明矿床中的硫主要是岩浆热液形成的。

5)矿床地质-地球化学找矿模型

矿床地质、地球化学特征如下。

(1)矿床受五道沟-大城断褶带的杨金沟向斜内的北北东向构造或北东向构造控制;产出于五道沟群地层与燕山期黑云母斜长花岗岩体的接触部位。与金矿关系密切的蚀变为黄铁矿化、毒砂化、硅化、绢云母化。

(2)矿床 Au 异常分带清晰,浓集中心明显。强度较高,规模大,呈现不规则形态,具有北东向延伸趋势。空间上与 Au 套合紧密的元素有 Cu、Ag、W、Bi、Mo、As、Sb、Hg,其中,Au、Cu、Ag 是近矿指示元素,As、Sb、Hg 为远程指示元素,尾部元素有 Mo、Bi、Sn。

(3)土壤特征元素组合为成矿元素组合 Au-Cu-Pb-Zn-Ag;主要伴生指示元素组合 Mo-As-Sb。主要成矿元素 Au 的峰值出现在二云石英片岩中,Ag 异常整体呈弱势,在破碎蚀变带上 Au、Ag、As、Hg,包括 Hg 气量异常都有一定的异常反映。

(4)二云石英片岩中的金的丰度值达到克拉克值的 4 倍;在细粒花岗闪长岩和花岗斑岩中含量分别为 3.35×10^{-9}、4.85×10^{-9}(单承恒等,2004),接近克拉克值;其他岩石都不及克拉克值或低至克拉克值的 $10\%\sim30\%$。

(5)分带性,以 Au-Ag 组合为中心,空间叠加 As、Hg、W、Bi、Mo 异常,两侧为 Pb、Zn 低缓异常。

(6)矿床硫同位素特征表明,成矿物质主要来源于深层岩浆。

(7)稀土元素特征表明,形成矿床的热液来自岩浆,而成矿热液是岩浆期后热液活动。

(8)矿床所在区域为中酸性花岗岩类分布区。Au、Cu、As、W、Bi 元素因子得分高。

矿床地球化学异常模式见图 5-2-27。

3. 小西南岔金铜矿床

1)矿床地质特征

矿区位于晚三叠世—新生代东北叠加造山-裂谷系(Ⅰ)、小兴安岭-张广才岭叠加岩浆弧(Ⅱ)、太平

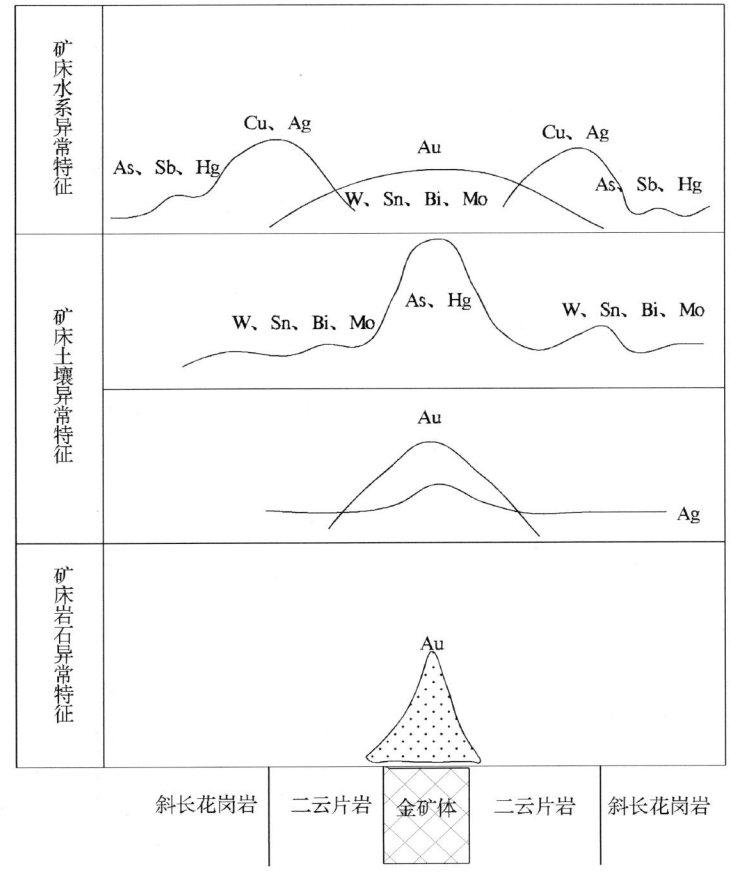

图 5-2-27 杨金沟金矿地球化学异常模式图

岭-英额岭火山-盆地区(Ⅲ)、罗子沟-延吉火山-盆地群(Ⅳ)构造单元内。

出露地层主要是下古生界青龙村群变质岩,二叠系及侏罗系。其中,二叠系和侏罗系中的一套中酸性火山岩夹正常沉积碎屑岩类是主要的含矿围岩。与成矿关系密切的侵入岩体是海西期花岗闪长岩、闪长岩,及燕山早期的石英闪长岩、小西南岔花岗斑岩体等。

主要的容矿构造是轴向近南北的五道沟向斜,小西南岔金铜矿即位于向斜的西翼。主要的控矿构造是北北东向断裂、北西向断裂,而发育较差的南北向断裂只控制一些矿点。

矿物组合主要有黄铜矿、斑铜矿、黄铁矿、磁黄铁矿、自然金、银金矿及石英、方解石等。

硅化、绢云母是近矿最发育的围岩蚀变类型,分布在容矿断裂带中;碳酸盐化是成矿期的主要蚀变。因此,这些矿化蚀变均是重要的找矿标志。

2) 矿床地球化学异常特征

矿床所在区域圈出具有清晰三级分带和多处明显浓集中心的 Au、Cu 异常。异常强度高,峰值分别为 505×10^{-9}、741×10^{-6}。异常规模较大,面积 $99km^2$ 和 $417km^2$,呈带状分布,轴向北东向及北西向延伸。与 Au、Cu 空间套合紧密的元素为 Pb、Zn、Ag、As、Sb、Hg、W、Bi、Mo。其中,Ag、W、As、Hg 与 Au 呈同心套合状,构成 Au 的核部带,Cu、Sb、Bi、Mo 以较大的异常规模围绕 Au 分布。Au、Cu 浓集中心不吻合,指示 Au、Cu 形成于不同的成矿阶段。总之,该复杂组分含量富集的叠生地球化学场经历了高、中、低温多阶段、复杂的过程。Au 的甲、乙级综合异常具备良好的成矿地质条件,对小西南岔金铜矿积极支撑,是进一步找矿的重要靶区。

土壤化探异常显示的特征元素组合为 Au-Cu-Ag-As-Sb-W,其空间叠合程度高,异常连续性好,与物探的正磁异常吻合。

根据小西南岔北山土壤测量数据,制作了 Cu、Au 元素土壤异常图。见图 5-2-28。

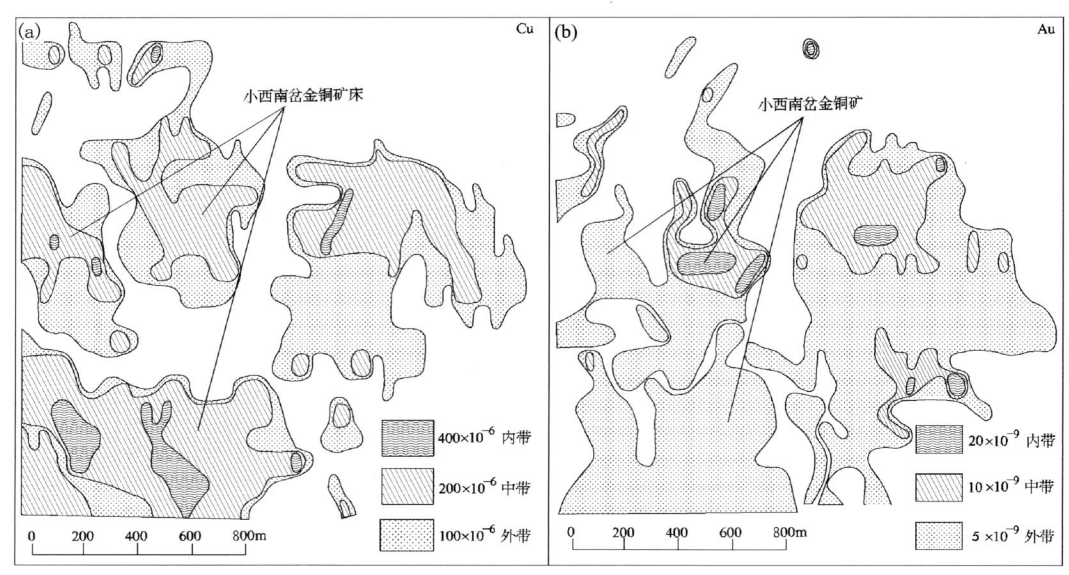

图 5-2-28　小西南岔铜金矿 1:1 万 Cu、Au 土壤异常图(Cu 含量单位×10^{-6},Au 含量单位×10^{-9})

图中显示,1:1 万 Cu、Au 异常分带清晰,浓集中心明显,异常规模较大。与小西南岔金铜矿积极响应的 Au 异常有 3 个浓集中心,面积为 $0.41km^2$。异常整体南北向延伸,与破碎带方向相同,而浓集中心则显示近北西向或北东向,表明北西向或北东向的断裂构造是主要的控矿构造。而与小西南岔金铜矿床积极响应的 Cu 异常浓集中心亦较好,面积为 $1.15km^2$。轴向延伸近南北向,与 Au 异常延伸方向接近,具备良好的套合。Au、Cu 异常的叠合位置可指示矿体存在。

矿床原生异常显示较好的有 Au、Cu、Ag、Hg、Pb、Sb。其中,Au 含量 $0.1×10^{-6}$~$1×10^{-6}$,Cu 含量 $500×10^{-6}$~$1000×10^{-6}$,矿石品位 Au 平均 $4.0×10^{-6}$,最高 $10×10^{-6}$,Cu 最高 0.53%。当 Au、Cu 呈高异常分布,且其边部出现 Hg、Pb、Sb 异常时,Au-Cu-Hg-Pb-Sb 组合异常是直接找矿标志。

燕山早期中性次火山岩和青龙村群变质岩的 Au 含量高于岩石 Au 平均含量值 4~5 倍。对矿体、闪长玢岩、燕山期和海西期侵入岩进行 Au、Ni、Co 的 Q 型相关分析,可知其相关系数分别为 0.49、0.67、-0.26、-0.31。因此,认为金矿来源应与中酸性火山岩(闪长玢岩)关系密切,而 Cu、Au 等主要成矿物质以及闪长玢岩都是来自深部上地幔的玄武岩浆。

3)硫同位素特征

矿石 $\delta^{34}S$ 为 3.3‰~4.8‰,均值为 4.1‰,变异系数极低(0.095),是单一硫源,具有上地幔和深成均一化特点。花岗闪长岩 $\delta^{34}S$ 为 4.5‰,特点与矿石硫相同。

4)锶同位素特征

矿区花岗闪长岩和闪长玢岩的 $^{87}Sr/^{86}Sr$ 比值分别为 0.704 825 和 0.705 036,略大于大西洋岛屿的玄武岩平均的 $^{87}Sr/^{86}Sr$ 初始值 0.703 7±0.001,大于混染的新西兰安山岩的 $^{87}Sr/^{86}Sr$ 初始值 0.705 5,可认为这些岩石是同源于玄武岩熔浆经结晶分离作用和受不同程度壳层混染的产物。

5)矿床地质-地球化学找矿模型

根据上述特征,建立矿床地质-地球化学找矿模型。见表 5-2-12。

表 5-2-12　小西南岔金铜矿床地质-地球化学找矿模型

内容			特征描述
地质特征	类型		侵入岩浆型
	地层		二叠系和侏罗系中的一套中酸性火山岩夹正常沉积碎屑岩类是主要的含矿围岩
	构造		主要的容矿构造是轴向近南北的五道沟向斜,小西南岔金铜矿即位于向斜的西翼。主要的控矿构造是北北东向断裂、北西向断裂,而发育较差的南北向断裂只控制一些矿点
	岩浆岩		与成矿关系密切的是海西期的花岗闪长岩、闪长岩及燕山早期的石英闪长岩、小西南岔花岗斑岩体等
	矿物组合		矿物组合主要有黄铜矿、斑铜矿、黄铁矿、磁黄铁矿、自然金、银金矿及石英、方解石等
	围岩蚀变		与成矿关系密切的蚀变为黄铁矿化、硅化、绢云母化及碳酸盐化等
	深度		控制深度为339m
	控矿因素		矿床受区域性断裂交切构造控制。在两组构造交切部位发育有燕山早期火山-深成杂岩体。小西南岔矿床形成主要与燕山早期火山-深成杂岩晚期中酸性次火山岩有关,尤其是中基性次火山岩与成矿关系密切
	成矿模式		进入中生代受环太平洋活动带影响,沿近东西向和北东向深大断裂带喷发、侵入大量的中基性—酸性火山岩及花岗岩类,同时也从地壳深处随岩浆上侵带来了大量 Au、Cu 等有用元素,并经历了从高温到低温过程,在中温、低压、强还原性和碱性热水溶液形成易溶的稳定的络合物,并迁移、富集,当溶液内碱性向酸性演化接近中性环境时,开始电离,络合物解体,Cu 和其他金属硫化物及二氧化硅开始沉淀成矿,热液活动到晚期,随着大量金属硫化物析出,热液碱性浓度相对增高,而出现碳酸盐化
	时空分布		矿体呈脉状,倾向南西或北东,倾角 $60°\sim 85°$
地球化学特征	原生晕异常	元素组合	特征元素组合为 Au-Cu-Ag-Hg-Pb-Sb
		组分分带	以 Au-Cu-Ag 组合为异常中心,两侧为 Hg-Pb-Sb 低缓异常
		微量元素特征	燕山早期中性次火山岩和青龙村群变质岩的 Au 含量高于岩石 Au 平均含量 4～5 倍。对矿体、闪长玢岩、燕山期和海西期侵入岩进行 Au、Ni、Co 的 Q 型相关分析,可知其相关系数分别为 0.49、0.67、-0.26、-0.31。因此,认为金矿来源应与中酸性火山岩(闪长玢岩)关系密切,而 Cu、Au 主要成矿物质及闪长玢岩都是来自深部上地幔的玄武岩浆
		同位素特征	硫、锶同位素特征表明,成矿物质源于深部岩浆,与花岗闪长岩和闪长玢岩关系密切
	次生晕异常	水系异常特征	矿床所在区域元素异常具有清晰分带和明显浓集中心。Au 异常强度达到 505×10^{-9},面积为 $99km^2$,呈带状分布,异常轴向为北西向。与 Au 空间套合紧密的元素为 Cu、Pb、Zn、Ag、As、Sb、Hg、W、Bi、Mo。其中,Ag、W、As、Hg 与 Au 呈同心套合状,构成 Au 的中带,Cu、Sb、Bi、Mo 以较大的异常规模围绕 Au 存在,具有复杂组分富集特征
		土壤异常特征	特征元素组合为 Au-Cu-Ag-As-Sb-W,其空间叠合程度高,异常连续性好,与物探的正磁异常吻合。土壤异常图显示 Au、Cu 异常具有清晰的三级分带和明显的浓集中心,异常轴向北西向或北东向,与控矿构造方向一致。而浓集中心部位即为矿床
		因子分析	矿床所在区域为中酸性花岗岩类分布区。Au、Cu、As、W、Bi 元素因子得分高
		剥蚀程度	属于中等剥蚀
		找矿指示元素	有 Au、Cu、Pb、Zn、Ag、As、Sb、Hg、W、Bi、Mo。其中,Au、Cu、Pb、Zn、Ag 是近矿指示元素,As、Sb、Hg 为远程指示元素,尾部元素有 W、Bi、Mo

(四)复合内生型

1. 夹皮沟金矿

1)矿床地质特征

矿床位于前南华纪华北东部陆块(Ⅱ)、龙岗-陈台沟-沂水前新太古代陆块(Ⅲ)、夹皮沟新太古代地块(Ⅳ)内。处于辉发河-古洞河深大断裂向北突出弧形顶部。

矿区主要出露花岗绿岩带,其西南侧分布有古太古代高级深变质地体,北部及东南部零星出露有元古宇色洛河群和中侏罗统。矿床赋存于夹皮沟绿岩带之中,即三道沟群中的镁铁质火山岩夹超镁铁质岩中,经变质变成斜长角闪岩、黑云变粒岩等。金矿床主要赋存在阜平期的褶皱构造轴部、陡翼或倾没端,而由褶皱构造派生出的北西向韧性剪切带是主要的控矿构造。

区内岩浆活动频繁,从阜平期、中条期到海西期及燕山期,都为金的迁移、富集提供了丰富的热源和物源,尤其在燕山期及海西期,广布与金矿关系密切的脉岩,主要表现为含金石英脉赋存于岩脉裂隙之中。

矿物组合有黄铁矿、黄铜矿、蓝铜矿、方铅矿、磁黄铁矿、闪锌矿、磁铁矿、白钨矿、自然金、银金矿,以及石英、绿泥石、孔雀石等。

近矿围岩热液蚀变较窄,矿体内侧较强烈的蚀变为1~2m,最大亦不超过数米。主要有绿泥石化、绢云母化、黄铁矿化、硅化、方解石化、铁白云石化等。其中,前三种与金矿化关系密切,而且蚀变带规模与构造裂隙的发育程度有关,蚀变矿物类型又受围岩岩性控制。

2)矿床地球化学异常特征

矿床Au异常具有清晰的异常分带和明显的浓集中心,异常规模较大,强度达到546×10^{-9},面积为$228km^2$,NAP值为16 652,呈北西向带状分布。轴向沿近东西向的深大断裂延伸。空间上与Au套合紧密的元素有Cu、Pb、Zn、Ag、As、Sb、Hg、Ag、W、Sn、Bi、Mo、Ni、Cr。其中,As、Sb、Hg、Ni、Cr同心套合在Au的内带,Cu、Pb、Zn、Ag构成Au的中带,W、Sn、Bi、Mo明显构成Au的中带、外带,Cu、W、Bi以较大的异常规模分布。显示出在以Ni、Cr等铁族元素为基础的同生地球化学场中,经过后期复杂的叠加改造作用,构成极复杂元素组分富集的叠加地球化学场,利于Au的迁移、富集,是区内进一步找矿的重要异常区段。

二道沟金矿位于夹皮沟金成矿带上,其土壤测量结果,特征元素组合为Au-Cu-Pb-Zn-Ag-Hg。其中,Au土壤异常显示的异常规模为长2km,宽100~600m,北西向断续分布,西北段含量明显增高,东南段相对较低。最大值56.7×10^{-9},均值为14.5×10^{-9},具有清晰三级分带和明显浓集中心。Ag土壤异常分布态势与Au具有较高的吻合度,异常连续性好,规模为长2km,宽300~500m,矿化规模取决于构造发育程度和含矿热液的活动能量。

由东南向北西,异常强度逐渐增大,并形成明显的浓集中心,最大值460×10^{-9},均值为171×10^{-9}。Hg异常亦具有明显浓集中心,延伸方向与Au、Ag一致,且空间套合紧密,并与成矿破碎带吻合,表明深部可能存在盲矿体。实践证明Au、Ag、Hg土壤异常的叠合处发现两条矿化蚀变带和金矿体。见表5-2-13,图5-2-29。

三道岔金矿亦是夹皮沟成矿带上具有代表性的矿床,其土壤异常显示特征元素组合为Au-Ag-Cu-Pb-Mn-Mo-Ba-Hg-As-F。其中,矿体上覆土壤中Au、Ag、Cu、Pb、Hg、As、F都有较高的异常反应,而且在矿体附近的破碎蚀变带上,异常再现性明显,幅度较宽,尤其是Hg气晕异常有更为明显的指示效应,这与二道沟金矿土壤异常特征十分吻合。

表 5-2-13　二道沟金矿区各元素土壤异常特征

参数	Au	Ag	Cu	Pb	Zn	Sb	Hg	Bi	W
异常均值	14.5	171	40.2	45.8	115	1.2	880	0.23	4.4
异常面积	0.21	0.6	0.5	0.21	0.24	0.19	0.42	0.18	0.59
背景值	2.4	69	32	12.1	45	0.81	27	0.2	2.7
NAP 值	1.3	1.5	0.6	0.8	0.6	0.28	13.7	0.2	0.96

注：Au、Ag、Hg 的单位为 $\times 10^{-9}$，其他为 $\times 10^{-6}$。

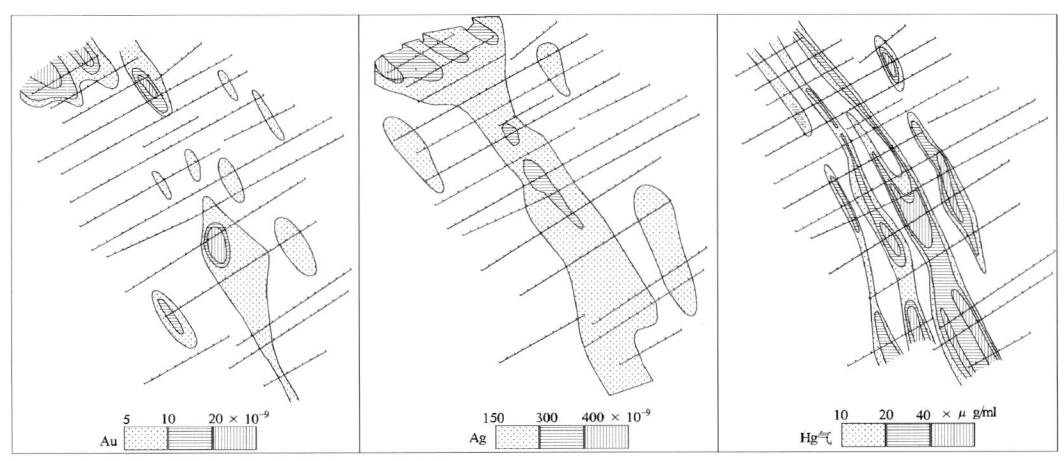

图 5-2-29　夹皮沟金矿带二道沟金矿区 1∶1 万 Au、Ag、Hg 气土壤异常图

二道沟金矿原生异常特征为，Au 异常集中在二道沟矿区东侧的蚀变带中，含量一般在 $42\times10^{-9}\sim253\times10^{-9}$ 之间，最高为 3610×10^{-9}，可直接寻找露头矿。Cu、Pb、Zn、Ag、As、Sb、Hg、W、Mo 亦是东侧高于西侧。Ag/Au 比值为 3.6，Pb×Ag×Hg/Au×Cu 为 0.6，该元素组合及比值与夹皮沟金矿带前缘异常特征相似，且更接近于夹皮沟浅隐伏矿的元素分布特征。

三道岔金矿床原生异常形态在水平方向上与矿体的分布形态相似，Cu-Pb-Ag-Mo-Bi 组合异常的浓集中心即为金矿体的分布位置。其中，Cu、Pb 异常范围大于矿体，但小于破碎蚀变带，一般情况下 Cu、Pb、Zn 异常的扩散距离为 10～15m，Ag 为 5～8m，更靠近矿体，矿床中 Pb 异常在垂向上的下降幅度相对较大，往往出现在矿体上方。依据线性分带指数列出矿床的垂向分带序列：F-Pb-Cu-Ag-Au-Co-Ni-Mo-Bi-As-Hg，该序列中前缘晕 As、Hg 出现在下部，说明三道岔金矿具有多阶段的成矿特征，并有隐伏矿的可能。

3）硫同位素特征

矿石 δS^{34} 的变化范围 $-2.7‰\sim11.9‰$，其中，80% 以上样品的 δS^{34} 集中在 $3‰\sim6.4‰$ 之间，平均 5.7‰，重化现象明显，具混合源特征，表明成矿的多元性。

4）铅同位素组成特征

铅同位素变化较大，$^{206}Pb/^{204}Pb$ 为 15.31～18.13，$^{207}Pb/^{204}Pb$ 为 15.22～16.22，$^{208}Pb/^{204}Pb$ 为 36.64～40.99，属于正常铅，指示夹皮沟金矿经过了长期沉积变质改造作用。

5）矿床地质-地球化学找矿模型

矿床地质、地球化学特征如下：

(1) 矿体赋存于大陆边缘裂谷中的绿岩带下部层位，该层含 Au 丰度较高，为矿源层。深大断裂、韧性剪切带控制了矿田的展布，褶皱构造轴部、陡翼或倾没端是矿体主要存在位置。各期的中酸性岩体发育，与金矿关系密切。晚期岩体及脉岩含 Au 丰度较高。

(2)矿床 Au 异常具有分带清晰、浓集中心明显的特征,规模较大,强度高。呈带状分布,北西向延伸。与 Au 套合紧密的元素有 Cu、Pb、Zn、Ag、As、Sb、Hg、Ag、W、Sn、Bi、Mo,构成极复杂元素组分富集场。其中,Au、Ag、Cu、Pb 是近矿指示元素,As、Sb、Hg 为远程指示元素,尾部元素有 W、Bi、Cr、Ni、Co、Mn。

(3)土壤特征元素组合 Au-Cu-Pb-Zn-Ag-Hg-(As),其中,Hg-(As)组合异常发育是该区深部找矿的标志。

(4)岩石异常特征元素组合为 Au-Cu-Pb-Zn-Ag-As-Sb-Hg-W-Mo。

(5)分带特征,以 Au-Ag 异常为中心,空间叠加 As-Sb-Hg 组合异常,Cu-Pb-Zn 组合构成 Au 异常的中带,W-Mo 构成 Au 的外带。

(6)二道沟矿区蚀变带中,Au 含量一般在 $42\times10^{-9}\sim253\times10^{-9}$ 之间,最高为 3610×10^{-9},可直接寻找露头矿。Ag/Au 比值为 3.6,$Pb\times Ag\times Hg/Au\times Cu$ 为 0.6,接近于夹皮沟浅隐伏矿的元素分布特征。

(7)矿床铅、硫同位素特征表明,夹皮沟成矿带经历了多次复杂的构造活动,成矿物质来源有多样性。矿床所在区域为基性火山岩(花岗绿岩)分布区,铁族元素因子得分高。

矿床异常模式详见图 5-2-30。

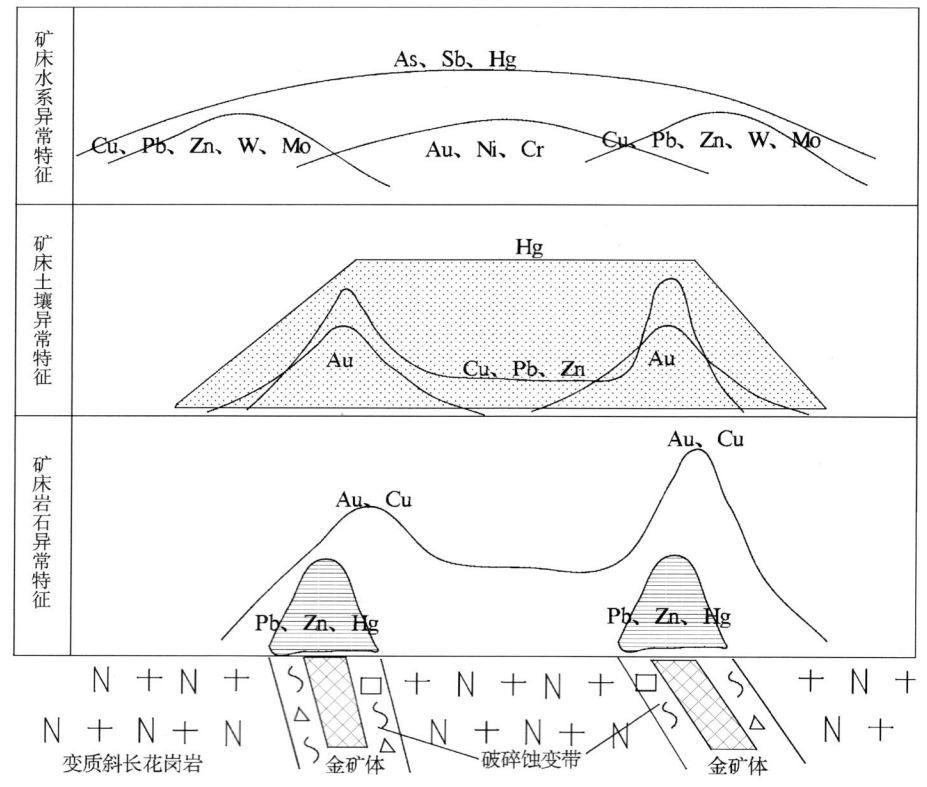

图 5-2-30 夹皮沟金矿床地球化学异常模式图

2. 六匹叶金矿

1)矿床地质特征

矿区位于华北东部陆块(Ⅱ)、龙岗-陈台沟-沂水前新太古代陆核(Ⅲ)、夹皮沟新太古代陆块(Ⅳ)南部,该区是一个经历了多期构造活动及热事件的太古宙高级变质岩区。

区域出露的地层主要为太古宙上壳岩,局部见早白垩世火山碎屑岩和第四纪玄武岩等。上壳岩性主要有变粒岩类、含榴斜长角闪岩、黑云角闪磁铁石英岩、变粒岩类、暗色麻粒岩等。显生宙盖层零星出露，仅在迎风沟一带见有小面积的早白垩世酸性熔结凝灰岩和砂砾岩。

出露的岩浆岩以花岗质岩石为主，常见奥长花岗岩类、二长花岗岩类、斜长片麻岩及黑云二长片麻岩等，具有较强的变质演化痕迹。而且历经多次岩浆侵入和变质作用已演化为灰色片麻岩（TTG），其次为中生代的二长花岗岩和太古宙的辉长岩类。经微量元素分析，这些侵入岩类金、铅、银含量是维氏值数倍至几十倍，为 Au、Pb、Ag 矿体的形成提供丰富的矿质来源。并且 Au、Pb、Ag 矿体的产出位置与上述岩体、岩脉存在很大相关性。这些侵入岩类经过构造变质产生糜棱岩化而演变成各种糜棱岩。这种糜棱岩分布在韧-脆性剪切带和脆性断裂内，往往是矿体的主要围岩。

矿区构造的主体是北西向韧-脆性剪切构造带，该剪切带是夹皮沟金矿田北西向控矿构造的南东延长部分，是主要的控矿构造。

矿物组合主要是黄铁矿，其次是闪锌矿、方铅矿、褐铁矿、赤铁矿、黄铜矿、自然金及石英、绿泥石、长石类、绢云母等。

矿体围岩蚀变沿北西向韧-脆性剪切带呈内、中、外带状分布。内带主要以硅化、黄铁绢英岩化、多金属矿化为主，伴有绿泥石化、绿帘石化、碳酸盐化，多呈线状蚀变特征。而中带则表现为面状蚀变逐渐增强，且以绢云母化、硅化为主，其次是碳酸盐化、黄铁矿化和绿帘石化等。离矿体稍远的外带则以面状蚀变为主，常见较弱的绢云母化、硅化、绿泥石化、钾化，有时可见高岭土化。总之，矿体围岩蚀变以中温热液蚀变为主，其蚀变叠加现象，是深部含矿热水溶液多次沿构造带上升、不断与围岩进行水岩反应的结果。

2）矿床地球化学异常特征

矿床 Au 异常只具有外带，条带状，面积 $34km^2$，强度不高，只有 21×10^{-9}，这可能是空间剥蚀带来的结果。衬值异常表现较好，Au 具有清晰的三级分带和明显的浓集中心。异常呈北西向带状分布，严格受构造控制。与 Au 空间套合较紧密的元素有 Ag、Pb、Zn、Cu、As、Sb、Hg、Sn、Mo、Ni、Cr。其中，Ag 构成 Au 的内带，为矿化中心，Pb、Zn、Cu 分布在 Au 的中带、外带，As、Sb、Hg、Sn、Mo、Ni、Cr 主要置于 Au 的外带，形成复杂元素组分富集场，是有望找矿靶区。

Au、Ag 元素土壤异常强度很高，套合紧密，在异常浓集中心的见矿几率非常高（如：在西南侧的土壤异常群中分布 3 条金矿体，西北侧分布 1 条金矿体）。因此，Au、Ag 元素的土壤异常就是区内优质的直接找矿标志。

由图 5-2-31 可知，Au、Ag 土壤异常均为北西向延伸，集中在矿区的西南侧。Au、Ag 异常呈雁行排列，条带状分布。空间上略有偏移，并非完全重合，显示成矿的复杂程度。Au、Ag 土壤异常的带状分布结构反映了北西向的控矿断裂构造，这与矿区北西向韧-脆性剪切构造带的控矿构造格局吻合。

矿区岩石异常特征见图 5-2-32。金矿体上方 Au、Ag 呈正消长关系，异常幅度远大于矿体规模。其中，Au 最大值为 3000×10^{-9}，Ag 达到 24.45×10^{-6}，是找矿主要的指示元素。矿体位置矿化蚀变带强烈，为重要的找矿标志，而矿化蚀变带两侧的花岗质碎裂岩石是金矿主要的含矿围岩，使花岗岩石破碎的韧-脆性剪切带是主要的控矿构造。这与 Au、Ag 土壤地球化学异常特征相同。

矿区岩石含量平均值见表 5-2-14。表中花岗质碎粒碎粉岩、蚀变岩及石英脉 Au、Ag 含量最高，指示花岗碎粒碎粉岩、蚀变岩、石英脉是 Au 主要的含矿围岩。

3）稀土元素特征

五道溜河序列岩石（碎裂花岗质岩石、辉绿岩、辉石闪长岩）与矿区金矿石稀土元素含量都很低（$\Sigma REE<100\times10^{-6}$），同属轻稀土富集，重稀土亏损型；$\delta Eu$ 均显示为负异常（δEu 矿石 0.60～0.90，δEu 岩石 0.56～0.74），表明多期次岩浆侵入和区域变质对成矿起到重要作用。

4）硫同位素特征

硫同位素变化范围较小，$\delta^{34}S$ 为 2.6‰～5.2‰，说明矿石硫同位素组成比较均一，应属同岩浆源或酸性侵入岩范围。

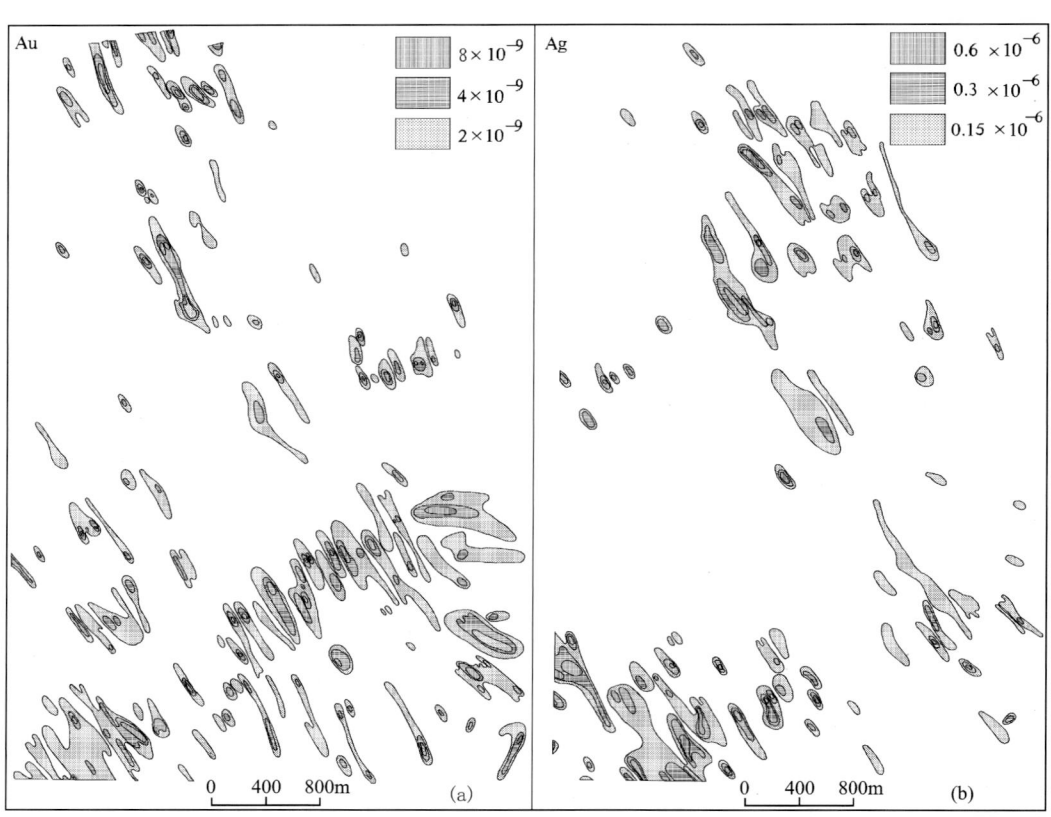

图 5-2-31　桦甸六匹叶金矿床 1∶1 万土壤 Au(a)、Ag(b)异常图

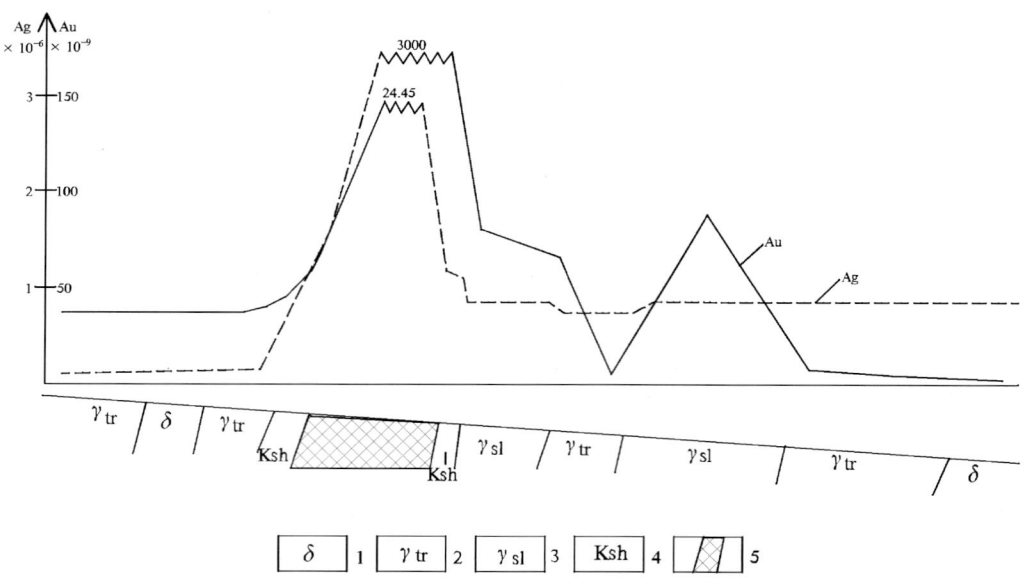

图 5-2-32　六匹叶金矿床岩石地球化学异常剖面图

1.细粒闪长岩；2.花岗质碎裂、碎斑岩；3.花岗质碎粒碎粉岩；4.金矿化蚀变带；5.金矿体

表 5-2-14　六匹叶金矿床各岩石含量平均值一览表

元素/岩石	花岗质碎斑岩	花岗质碎粒碎粉岩	蚀变岩	石英脉岩	硅化石英岩	闪长质碎斑岩	斜长角闪岩
Au($\times 10^{-9}$)	9.53	74.94	76.14	184.5	5.82	4.08	12.54
Ag($\times 10^{-6}$)	0.74	0.85	1.17	3.96	0.33	0.74	0.29

注：表中数据引自松权衡，2010。

5）矿床地质-地球化学找矿模型

矿床地质-地球化学特征如下：

(1)矿区内韧-脆性剪切带是区内重要构造控矿因素；岩性控矿主要是成矿元素含量较高的碎裂状花岗质岩石及辉绿岩、辉石闪长岩脉等，晚期石英硫化物脉是载金脉体。

(2)矿床 Au 衬值异常呈三级分带，带状分布。Au、Ag、Pb、Zn、Cu、As、Sb、Hg、Sn、Mo 构成复杂元素组分富集场。其中，Au、Ag、Pn、Zn、Cu 是近矿指示元素，As、Sb、Hg 为远程指示元素，尾部元素有 W、Bi、Cr、Ni。

(3)Au、Ag 土壤异常浓集中心明显、强度高、套合好。呈北西向雁行排列，条带状分布。异常受北西向断裂构造控制，吻合于北西向韧-脆性剪切构造带。

(4)Au、Ag 岩石异常为正消长关系，空间紧密叠加，其组合异常中心即为矿体分布位置。

(5)矿区稀土元素及硫同位素特征表明成矿物质来源于五道溜河序列花岗岩。

(6)矿床所在区域为基性火山岩(花岗绿岩)原生同生地球化学场，铁族元素因子得分高。

矿床地球化学异常模式见图 5-2-33。

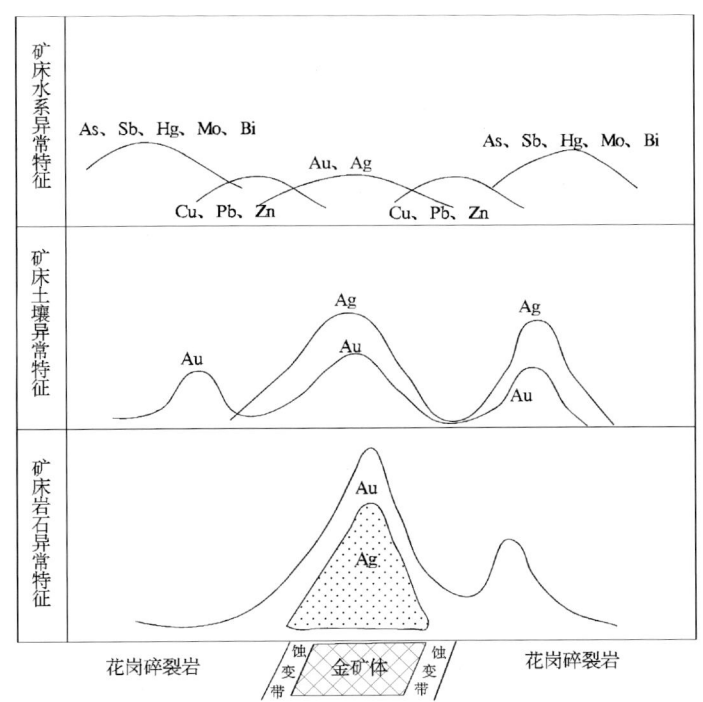

图 5-2-33　六匹叶金矿床地球化学异常模式图

(五)沉积型砂矿

沉积型砂矿以黄松甸子砂金矿为代表。

1)矿床地质特征

矿区位于晚三叠世—新生代东北叠加造山-裂谷系(Ⅰ)、小兴安岭-张广才岭叠加岩浆弧(Ⅱ)、太平岭-英额岭火山-盆地区(Ⅲ)、罗子沟-延吉火山-盆地群(Ⅳ)构造单元内。

矿区出露的地层有二叠系亮子川组,古近系珲春组、土门子组,新近系船底山组。其中,古近系土门子组下段的砾岩、各粒级砂岩是主要含 Au 层位。厚度 1.0~2.25m,局部达工业品位。古地理景观显示,矿区土门子组底部扇的中轴线位于矿区的中部,即北土门—草坪一带,方向由西向东,厚度由 24m 变为 8m,砾石砾径最大由 1m 变为 0.3m 左右,砾石含量由 78.44% 降至 63.36%,砾石磨圆度从西向东由次棱角状变为次圆状,砾石成分变化不大,均以浅变质岩、花岗岩、火山岩为主。从 Au 的含量高这一特点代表着高能搬运砾石堆积,对 Au 的搬运、分选、富集影响较大,Au 含量由西向东有所降低。土门子组的沉积基底形态为珲春组细碎屑岩系形成的向东、向北倾斜、舒缓波状的宽缓的古斜坡。

矿区出露侵入岩不多,仅在矿区西部的老头沟矿段见有海西晚期闪长岩和花岗岩,呈岩基产出,构成土门子组沉积基底。构造方面仅见一些对砾岩型金矿起破坏作用的小断层,规模不大,以北东向、北西向为主。因此,该类型金矿的控矿因素是区域上中酸性岩类及赋存于其中的热液脉状金矿化体;土门子组巨粒质中粗砾岩、中细砾岩相及珲春组细碎屑岩系形成的向东、向北倾斜、舒缓波状的宽缓的古地理斜坡。

矿物组合自然金、钛铁矿、磁铁矿、磁黄铁矿、黄铁矿、赤铁矿、褐铁矿、锆石及长石、石英、绢云母、角闪石、黑云母、绿帘石、绿泥石、石榴石、辉石、磷灰石、榍石。重砂矿物组合为钛铁矿、锆石、角闪石、石榴石、榍石等。

2)矿床地球化学异常特征

矿床 1:5 万 Au 异常具清晰的三级分带及明显的浓集中心,强度 $300×10^{-9}$,是直接找矿标志。与 Au 空间套合紧密的元素为 Cu、Pb、Zn、Ag、As、Sb、Hg、W、Bi、Mo,构成复杂元素组分富集的叠生地球化学场,是重要的找矿靶区。见图 5-2-34。

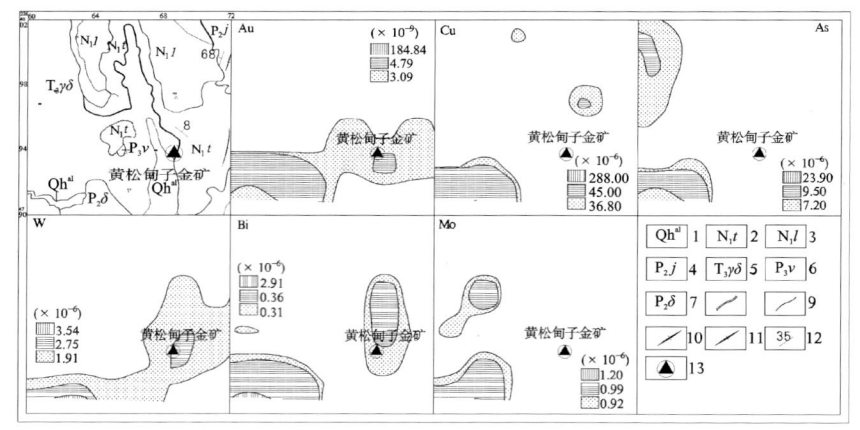

图 5-2-34 黄松甸子砂金矿主要元素剖析图

1.全新世松散砂砾石堆积;2.新近系中新统土门岭组;3.新近纪地中新世老爷岭玄武岩;4.中二叠统解放村组;5.中生代晚三叠世花岗闪长岩;6 中生代晚二叠世辉长岩;7.中生代中二叠世闪长岩;8.角度不整合界线;9.地质界线;10.背斜;11.向斜;12.地层产状;13.黄松甸子砂金矿

矿床岩石异常特征详见图 5-2-35。

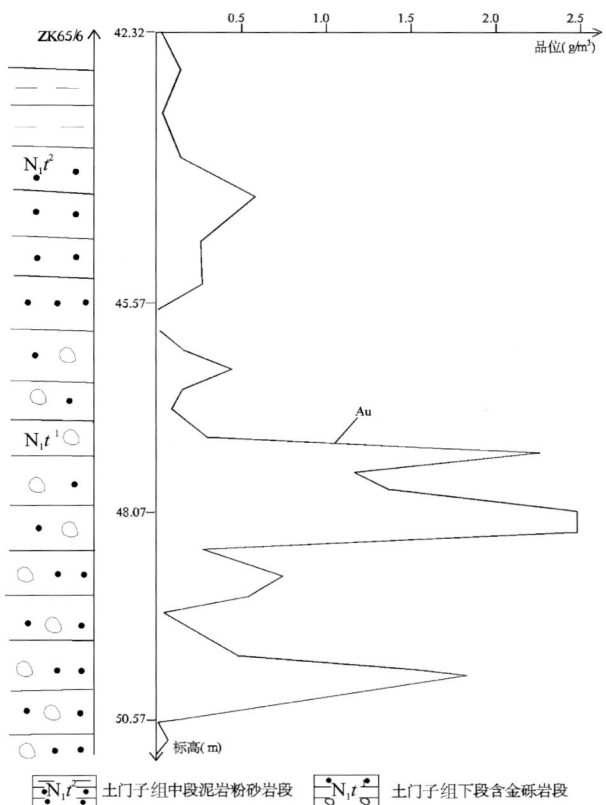

图 5-2-35 黄松甸子砂金矿床钻孔岩石地球化学异常剖面图

图中显示，古近系土门子组下段砾岩 Au 异常强度高，幅度较宽，是主要的含金层位。在 48m 和 50m 深处出现两个高含量峰值，为砂金的主要富集区。而其间存在一个低值部位，说明含金砾岩在湖泊相的沉积环境中具有不连续的沉积现象，也就是说矿区的扇上蛇曲河流相是不稳定的，有强弱间歇现象。只有高能量的河流搬运期间才能加深对含金地质体的剥蚀，加快对含金破碎体的搬运、分选及富集。因此，对矿区岩相古地理的深入研究十分重要。

矿区砂金主要富集于谷底基岩低洼处的斜坡上，靠近源区品位较高。主要的伴生矿物为黄铁矿、磁铁矿等。矿区位于五凤-刺猬沟-小西南岔金铜成矿带上，其小西南岔等典型矿床的剥蚀亦是砂金的来源之一，矿石为含金砂砾岩、砾岩、巨砾岩。Au 主要呈不均匀状态分布在砾石的填隙物和胶结物中，与砂、泥填隙物呈胶结关系，少数与石英连生。矿区砂金重砂异常与分布的 Au、Cu 等化探异常高度吻合。因此，矿区化探异常亦可从某种程度上反映砂金的分布特征。

3）重砂异常特征

自然金重砂异常规模大，异常连续，矿物含量分级高，与化探 Au 异常叠合好。

4）矿床地质-地球化学找矿模型

矿床地质、地球化学特征如下：

(1)控矿因素主要是区域上中性—中酸性岩类及赋存于其中的热液脉状金矿化体；土门子组巨粒质中粗砾岩、中细砾岩相及珲春组细碎屑岩系形成的向东、向北倾斜、舒缓波状的宽缓的古地理斜坡。

(2)矿床 Au 异常浓集中心明显，强度高。是直接找矿标志。Au、Cu、Pb、Zn、Ag、As、Sb、Hg、W、Bi、Mo 构成复杂元素组分富集场，是区内重要的找矿靶区。

(3)自然金重砂异常规模大，连续，矿物含量分级高。

(4)矿区谷底基岩低洼处的斜坡上，砂金品位较高。金主要呈不均匀状态分布在砾石的填隙物和胶结物中，与砂、泥填隙物呈胶结关系，少数与石英连生。

(5)以自然金为主,主要的伴生矿物为黄铁矿、磁铁矿等。

矿床所在区域为陆相火山岩及中性—中酸性花岗岩类分布区,Au、Cu因子得分高。

(7)找矿标志为自然金、钛铁矿、磁铁矿、磁黄铁矿、黄铁矿及土门子组巨粒质中粗砾岩、中细砾岩出露区;珲春组细碎屑岩系形成的向东、向北倾斜、舒缓波状的宽缓的古斜坡构造区。

矿床地球化学异常模式见图5-2-36。

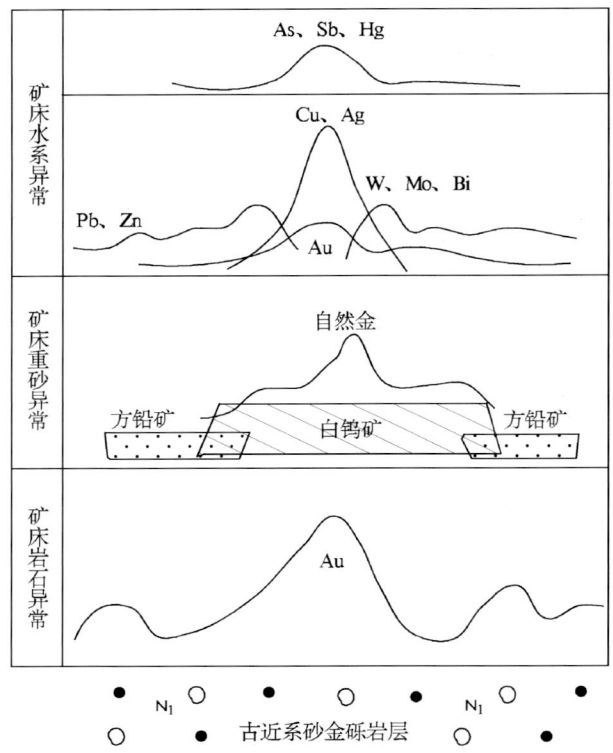

图5-2-36 黄松甸子砂金矿床地球化学异常模式图

二、铜矿、镍矿

(一)斑岩型

斑岩型铜矿、镍矿以二密铜矿为代表,包括天合兴铜矿、六道江铜矿。

1)矿床地质特征

二密铜矿位于晚三叠世—新生代构造单元华北叠加造山-裂谷系(Ⅰ)、胶辽吉叠加岩浆弧(Ⅱ)、吉南-辽东火山-盆地区(Ⅲ)、柳河-二密火山-盆地区(Ⅳ),三源浦中生代火山沉积盆地内。

矿区主要出露上侏罗统果松组、鹰咀砬子组、林子头组、下桦皮甸子组。其中,林子头组的安山岩、安山质角砾岩、凝灰岩是主要的含矿层位。

侵入岩主要是燕山期石英闪长岩和花岗斑岩。脉岩有细晶岩、闪长玢岩、橄榄辉长玢岩等。其中,燕山期的石英闪长岩和花岗斑岩侵入体是主要的控矿岩体。

控矿构造较复杂:①与松顶山序列内外接触带、各个单元间接触带大致平行或斜交的北西、东西、北北东向断裂控制早期矿体;②花岗斑岩内外接触带北西向张性、张扭性、扭性裂隙群控制晚期矿体分布;③于东区生产中段至地表−60m中段及井北210~300m中段发育的环形破碎带控制浸染状富矿体。

成矿后断裂主要有北西向、北东向、南北向。其中,北西向断裂主要分布在四方顶子区和南区。北东向断裂见于四道阳岔、四方顶子区,切断北西向断裂,以剪性为主。南北向断裂见于四方顶子南区,小横道河子及东区外围,属扭性。东西向断裂见于主矿区西部。

矿物组合有黄铜矿、磁黄铁矿、白铁矿、毒砂和闪锌矿,次为黄铁矿、辉钼矿、方铅矿,及石英、方解石,其次为绢云母、高岭土、绿泥石等。表生矿物褐铁矿、孔雀石、蓝铜矿等。

矿区围岩蚀变有面状和线状两种蚀变类型:面状蚀变主要发育在松顶山复式岩体和周围火山岩地层中。主要有黄铁矿化、黄铜矿化、绿泥石化、绿帘石化、电气石化、镜铁矿化、褐铁矿化、碳酸盐化、高岭土化、绢云母化、硅化等。而线状蚀变主要发育在矿体上下盘近矿围岩中,蚀变矿物种类明显受围岩岩性控制,在石英闪长岩及花岗斑岩中,在矿体两侧发育有黄铜矿化、黄铁矿化、磁黄铁矿化、绢云母化、高岭土化、硅化、绿泥石化、绿帘石化等;在安山岩中矿体两侧以硅化、绿泥石化为主,其次为绢云母化、高岭土化。

2)矿床地球化学异常特征

矿床Cu异常具有清晰三级分带和明显浓集中心,峰值738×10^{-6},面积为$58km^2$,形状不规则,异常轴向北西。与Cu空间套合紧密的元素为Au、Pb、Zn、Ag、Au、As、Sb、Hg、W、Sn、Bi、Mo,呈同心套合结构,构成复杂元素组分富集的叠生地球化学场,表征了二密铜矿岩浆系统叠加改造作用的强烈,利于Cu的迁移、富集、成矿。

衬值异常亦有较好的反映,特征元素组合为Cu-Au-Ag-Pb-Zn;W-Sn-Mo-Bi-Sb-Hg。土壤中,Cu、Pb、Zn、Ag、Au呈现较高的异常强度,为正消长关系。

二密铜矿以石英闪长岩(花岗斑岩)为中心,水平环状蚀变分带以及元素的水平分带十分清晰:石英闪长岩(花岗斑岩)体→电气石化+绢云母化带→高岭土化带→硅化带→绿泥石化带。由内往外元素的水平分带为W、Sn、Mo、Bi、(Cu)→Cu、(Au)→Au、Pb、Zn、Ag→As、Sb、Hg。同时伴有黄铁矿化→黄铜矿化→磁黄铁矿化+闪锌矿化→毒砂矿化蚀变的发生。矿床以燕山期的花岗斑岩为地质背景,Cu、Ag、Pb、Zn岩石异常空间套合完整,值域高,异常连续。除Cu以外,Ag、Pb、Zn多以跳跃幅度大,幅值较窄为特征,这与矿体多以脉状存在、规模窄小并成群、成带出现的特点相吻合。说明本区控矿的构造裂隙十分发育,而且后期的热液叠加改造作用比较强烈。见图5-2-37(元素单位含量$\times10^{-6}$)。

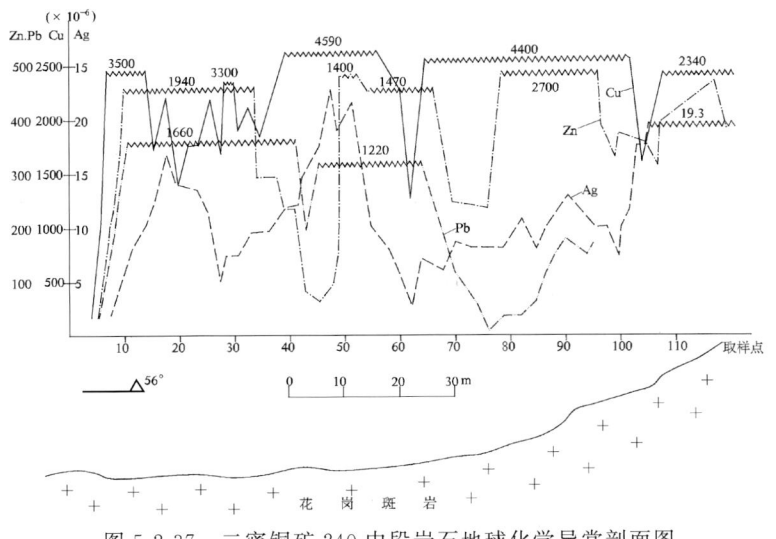

图5-2-37　二密铜矿240中段岩石地球化学异常剖面图

矿区各岩石化学元素含量分布见表5-2-15。由表5-2-15可知,花岗斑岩体Cu含量最高,其次为闪长岩,这进一步证明花岗侵入岩体对成矿的控制作用。

表 5-2-15　矿区主要岩石中的化学元素含量特征表

岩性	Cu	Pb	Zn	Ag	Sn	As	Bi	Mo	W	Ga	B
矿区闪长岩	270	15	37	0.95	6	0	0	10.6	0	3.5	10
西部闪长岩	60	26	60	0.10	5	0	0	0	0	11	5.5
中部闪长岩	58	11.4	42.6	0.28	19.1	0	0	0	0	0	71
花岗斑岩	500	15	50	100	16	0	0	25	0	0	0
混杂岩	110	10	75	1.04	1.5	0	0	1	4.3	3	2.8
角岩	151	7.6	55	0.68	9.05	18.4	2.1	0.26	0	1.1	3
安山质凝灰岩	23	7	30	0	6	0	0	0	0	4	27
紫色凝灰岩	116	13	47.5	0.37	21.7	0	0	0	0	4	6
凝灰质角砾岩	16	10	30	0	0	0	0	0	0	3	14
砂页岩	40	0	30	0	6	0	0	0	0	3	8
远离接触带安山岩	24	92	30	0	6	0	0	1	0	4	40.5
近接触带安山岩	151	10.5	68	0.33	170	170	0	0	0	0.3	10

根据以上特征,确定二密式铜矿床的矿头晕为 As、Sb、Hg,矿中晕为 Cu、Pb、Zn、(Au),矿尾晕为 W、Sn、Bi、Mo。同时根据元素衬值、相似度系数以及衬度异常量分别列出元素组合。

3)硫同位素特征

石英闪长岩和花岗斑岩中硫化物组成 $\delta^{34}S$ 值均为正值。变化范围 2.1‰~6.3‰,都以富重硫为特征,体现深源硫特点。矿体硫化物硫同位素 $\delta^{34}S$ 变化于 2.2‰~5.7‰之间,与围岩基本一致,更与花岗斑岩接近,说明矿脉成矿热液主要与花岗斑岩有直接成因联系。

4)矿床地质-地球化学找矿模型

总结以上内容建立矿床地质-地球化学找矿模型见表 5-2-16。

表 5-2-16　二密铜矿床地质-地球化学找矿模型

内容		特征描述
地质特征	类型	斑岩型
	地层	与成矿关系密切的是林子头组的安山岩、安山质角砾岩、凝灰岩,是主要的成矿围岩。二密铜矿位于其中
	构造	北西向、东西向、北北东向断裂控制早期矿体,花岗斑岩内外接触带北西向张性、张扭性、扭性裂隙控制晚期矿体分布
	岩浆岩	主要是石英闪长岩和花岗斑岩,岩体规模较小,呈岩株状,属浅成—超浅成侵入体,是主要含矿岩体
	矿物组合	包括黄铜矿、磁黄铁矿、白铁矿、毒砂和闪锌矿组合,次为黄铁矿、辉钼矿、方铅矿、磁铁矿组合,脉石矿物有石英、方解石
	围岩蚀变	主要有黄铁矿化、黄铜矿化、绿泥石化、绿帘石化、电气石化、镜铁矿化、褐铁矿化、碳酸盐化、高岭土化、绢云母化、硅化等
	深度	控制矿体的最大垂直延深为 500m
	控矿因素	石英闪长岩接触带附近东西向、北东向以及外接触带安山岩中北西向陡倾斜断裂控制与石英闪长岩有关的矿脉;花岗斑岩与石英闪长岩接触带中发育的呈北西向缓倾斜的斑岩体,控制着与花岗斑岩有关的矿体;花岗斑岩内环形破碎体构造,控制着与斑岩有关的块状富矿。燕山晚期石英闪长岩、花岗斑岩的侵入为成矿提供了物质和热源条件

续表 5-2-16

内容		特征描述
地质特征	成矿模式	约在 89Ma 形成二密中生代火山岩盆地，在 56～79Ma，石英闪长岩侵入，含矿溶液沿接触带或外接触带东西向、北东向和北北西向产生的断裂充填形成脉状铜矿。石英闪长岩侵入后，花岗斑岩侵入于石英闪长岩中，由于斑岩上侵，在外接触带石英闪长岩中形成许多绕斑岩体的张裂，在区域应力场作用下，迁就、追踪原张裂，形成以张扭为主，伴压扭、扭性的缓倾斜裂隙群，为成矿提供有利空间，而花岗斑岩派生出的含矿热液沿这些构造裂隙充填交代形成细脉、细脉浸染、浸染型的矿脉群
	时空分布	矿床形成于燕山期。石英闪长岩株为 56～79Ma，属燕山晚期。矿体呈椭圆状、柱状、扁豆状分布，总体构成一个向南东突出，并向东倾斜的弧形矿带
地球化学特征	原生晕异常	
	元素组合	Cu-Au-Pb-Zn-Ag-As-Sb-Hg-W-Sn-Mo-Bi
	组分分带	内→外元素水平分带为 W、Sn、Mo、Bi、(Cu)→Cu、(Au)→Au、Pb、Zn、Ag→As、Sb、Hg
	微量元素	主要成矿元素 Cu、Pb、Zn、Ag 在石英闪长岩及花岗斑岩体中异常强度很高
	硫同位素	石英闪长岩变化范围 2.3‰～6.3‰；花岗斑岩变化范围 2.1‰～5.3‰，富重硫和深源特点。矿体硫同与之相近，表明成矿与石英闪长岩、花岗斑岩关系密切
	次生晕异常特征	Cu 异常三级分带清晰，浓集中心明显，强度高，规模大，形状不规则，轴向北西。Cu 组合异常构成复杂元素组分富集的叠生地球化学场，与矿产积极响应，为矿致异常。土壤中，Cu、Pb、Zn、Ag 呈现较高的异常强度，为正消长关系
	因子分析	因子分析显示，二密处于中酸性的火山岩沉积区，Cu、Au 具有较高的得分
	剥蚀程度	剥蚀较浅，赋剥蚀系数 $F=0.1\sim0.2$。矿尾/矿头比值较低
	衬值元素组合	Cu-Au-Ag-Pb-Zn-W-Sn-Mo-Bi-Sb-Hg

（二）矽卡岩型矿床

矽卡岩型矿床以临江六道沟铜钼矿为例。

1. 矿床地质特征

矿床位于华北叠加造山-裂谷系（Ⅰ）、胶辽吉叠加岩浆弧（Ⅱ）、吉南-辽东火山盆地区（Ⅲ）、长白火山-盆地群（Ⅳ）大地构造单元内。

矿区主要地层为中元古界老岭群珍珠门组。其上部为角岩夹大理岩及角岩与片岩类夹大理岩；下部为厚层白云石大理岩。报告资料显示，老岭群地层含 Cu 21.31×10^{-6}，Pb 22.85×10^{-6}，Zn 95.72×10^{-6}，Mo 0.37×10^{-6}，Ag 134.79×10^{-6}，Au 1.49×10^{-6}，显示为良好的矿源层位。铜山铜矿即赋存于珍珠门组中的角岩夹薄层大理岩与厚层白云质大理岩接触部位。角岩起阻挡层作用，封闭条件好，对矽卡岩化及矿化最为有利。

元古宙边部断陷控制的古生代盆地寒武系—奥陶系层位，亦是本区很有利的铜矿赋矿层位。奥陶系层位冶里组含铜 $3.25\times10^{-6}\sim3.5\times10^{-6}$。寒武系平均含铜 $18.9\times10^{-6}\sim46.0\times10^{-6}$。其中，徐庄组、毛庄组最高分别为 41.7×10^{-6}、46.0×10^{-6}。毛庄组底部泥质灰岩中就含有沉积型薄层铜矿，本区该层位铜矿分布普遍，但规模小，目前仅在奥陶系冶里组层位中发现了浑江六道江铜矿。总的看来，寒武系—奥陶系不仅是铅锌矿源层，也是铜矿源层。

矿区落位于中生代鸭绿江构造岩浆岩带中。区内燕山期岩浆喷发-侵入活动十分频繁。表现出由中性—中酸性—酸性分异演化的完整序列。火山岩化学性质应属钙碱系列，具有较强的造山带火山岩特征，指示强烈的火山构造活动。其岩石化学成分以及指数特征见表 5-2-17。

表 5-2-17　浑江地区中生代火山岩岩石化学特征表

岩性	化学特征					
	SiO_2(%)	K_2O(%)	δ	τ	K_2O+Na_2O(%)	Fe_2O_3/FeO
安山岩	57.73	2.96	3.61	17.03	7.29	1.46
流纹岩	73.68	3.94	1.47	59.76	7.04	0.96

注：δ．里特曼指数；τ．戈蒂里指数。

侵入岩主要为闪长岩、石英闪长岩、花岗闪长岩、闪长玢岩、英安斑岩、花岗斑岩等。它们侵入同期火山岩及老岭群地层中。其中，呈岩株状侵入的石英闪长岩、花岗闪长岩与 Cu-Mo 成矿关系密切。闪长玢岩、英安玢岩、花岗斑岩等或为岩枝，或为脉岩。与该区火山岩为同源岩浆演化产物，构成火山-侵入杂岩系列。

成矿区位于鸭绿江断裂带北东侧，头道沟-长白镇近东西向断裂北端，中生代烟筒沟火山岩断陷盆地东南部边缘。区域东西向及北东向的断裂构造控制该区中生代岩浆活动，其中，产生的一系列环状、辐射状断裂及次火山岩体为成矿创造了良好的条件，亦是主要控矿构造。

矿物组合主要为黄铜矿、辉钼矿、斑铜矿、闪锌矿，其次为方铅矿、闪锌矿、磁铁矿、黄铁矿、硫砷铜矿、黝铜矿、镜铁矿及脉石矿物。

围岩蚀变主要有青磐岩化、硅化、绢云母化、黄铁矿化、矽卡岩化、钾化等。其中，矽卡岩化、钾化与矿化关系最为密切。即矽卡岩型蚀变以铜矿为主，钾化斑岩型矿化蚀变以钼矿为主。

一般情况下，内接触带发育透辉石化、钾长石化、钠长石化、硅化、绢云母化，正接触带从以石榴石矽卡岩为主过渡到以透辉石矽卡岩为主，矿物颗粒由粗变细，外接触带绿帘石化较为发育。矿化分带：内接触带为铜钼矿化，局部形成钼矿工业矿体；正接触带及外接触带以铜矿化为主，外接触带见铅锌矿化。

2）矿床地球化学异常特征

因子分析及地球化学图显示，矿床所在区域 Au、Cu、Pb、Zn、Ag、Mo、W、Sn、Bi、As、Sb、Fe 族元素因子得分高，处于高背景状态。

1∶20 万化探异常显示，矿床所在区域 Cu、Mo 异常均有较清晰的三级分带和明显的浓集中心。异常强度较高，分别为 $178×10^{-6}$、$17×10^{-6}$，异常呈带状分布，沿东西向或北东向展布。

与 Cu、Mo 异常套合紧密的元素（氧化物）有 Au、Pb、Zn、Ag、W、Bi、Sn、As、Sb、Hg、Cd、F、Co、Ni、CaO、Al_2O_3、SiO_2、Fe_2O_3 等。其中，Au、Zn、Ag、Bi、Sn、Cd、CaO、Al_2O_3、Fe_2O_3 与 Cu、Mo 异常同心套合，As、Sb、Hg、Pb、F、Co、Ni 分布在 Cu、Mo 的中、外带，形成较复杂元素富集场。主要元素 Cu、Mo、Au、Pb、Zn、Ag 等异常与矿床积极响应，矿致性质明显。

1∶5 万化探异常再现性较好。其中，Cu、Mo 亦可圈出具有清晰三级分带和明显浓集中心的矿致异常，异常规模较大，面积分别为 $97km^2$、$169km^2$，不规则状，具有北东向延伸的趋势。铜山铜钼矿落位其浓集中心的东北侧异常圈内，属于水系上游地段。见图 5-2-38。

从 NAP 值上看，Cu、Mo 的 NAP 值分别为 5 140.03、375.46，在主要元素（Cu、Mo、Au、Pb、Zn、Ag）中最大，是异常区内的主要成矿元素，并且以 Cu 为主，Mo 为伴生。

元素组合异常中，As、Sb 异常规模较小且与 Cu、Mo 异常局部伴生；W、Bi、Sn 则以较大异常规模分布，W+Bi(Sn)/As+Sb 远大于 1，表明该异常集中区内的 Cu-Mo 矿剥蚀程度较深。

吉林省地质调查院于 2003—2005 年对临江-长白地区铜（钼）、铅锌矿进行了普查工作。对 1∶5 万水系沉积物异常进行了 $65km^2$ 的 1∶2 万土壤测量。根据土壤测量数据制作元素异常图、组合异常图、综合异常图。其中，冰湖沟、八道沟、不大远地区铜土壤异常反应明显，异常分布具有相似性。如八道沟土壤异常显示的特征元素组合为 Cu-Au-Ag-Pb-Zn-Mo-W-As-Sb。以铜异常为中心的水平分带为 As-Sb-Au-Ag-Pb-Zn-Cu-Mo-W。低温元素组合 As-Sb 与 Cu 异常套合紧密，Mo-W 组合异常则主要分布在 Cu

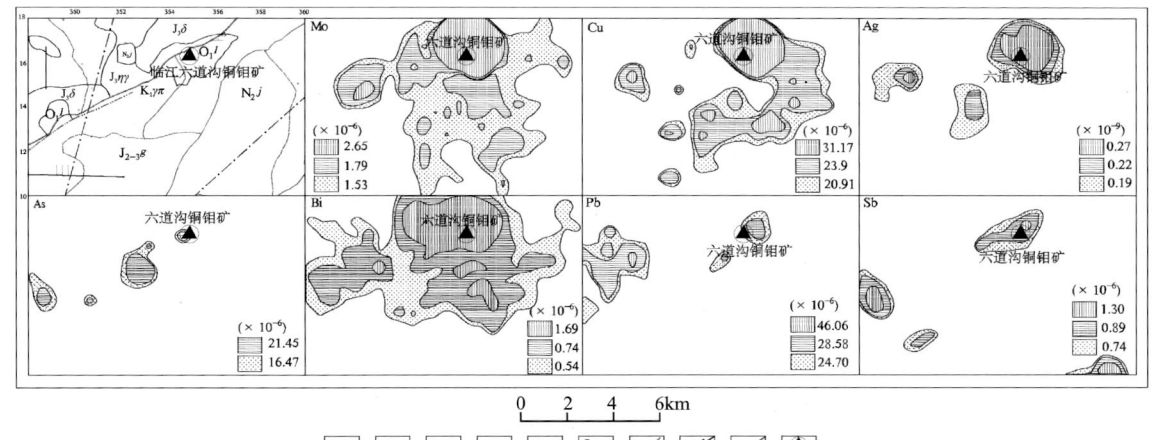

图 5-2-38　临江六道沟铜钼矿主要元素异常剖析图

1.下奥陶统亮甲山组砾屑灰岩含燧石结核灰岩；2.中生代早白垩纪世花岗斑岩；3.中生代早白垩世中粒二长花岗岩；4.中生代晚侏罗世中细粒闪长岩；5.新生界新近系上新统军舰山组橄榄玄武岩、玄武岩；6.中侏罗统果松组玄武安山岩、安山岩；7.地质界线；8.实测逆断层；9.实测断层；10.临江市六道沟铜钼矿

异常中心的外带，显示矿床外围有寻找隐伏矿的可能。

本区处于临江-长白金、铅锌多金属成矿带，出露有老岭群和古生界。根据铜山铜矿报告资料，老岭群地层含 Cu 21.31×10^{-6}，Pb 22.85×10^{-6}，Zn 95.72×10^{-6}，Mo 0.37×10^{-6}，Ag 134.79×10^{-6}，Au 1.49×10^{-6}，是较好的矿源层。

图 5-2-39 是矿区 Cu 岩石异常的分布特征。从中可知铜山铜钼矿即赋存于角岩夹薄层大理岩与厚层白云质大理岩接触部位以及矽卡岩带。Cu 岩石异常与 Cu-Mo 矿体积极响应，而且展布方向一致，均为近东西向，严格受近东西向断裂构造控制。角岩起阻挡层作用，封闭条件好，是较好的控矿层位之一。

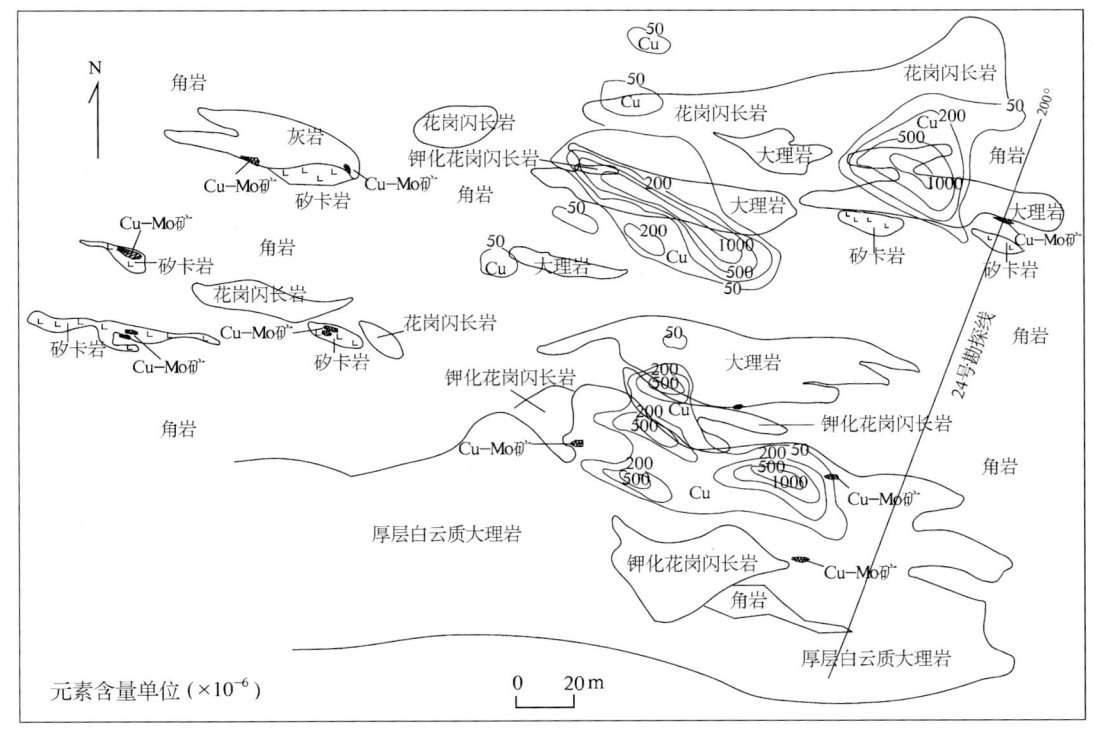

图 5-2-39　六道江铜钼矿床 Cu 岩石异常分布图（欧阳祯等，1961）

矿区外围八道沟地区与六道沟铜钼矿区的成矿地质条件相近,特征元素组合均为Cu-(Mo)-Pb-Zn-Au。其钻孔原生晕显示,在灰岩及条带状灰岩中Cu、Au、As、Sb都有较好的异常分布,并且变化连续,尤其在破碎蚀变带中,Cu、Au、As、Sb异常强度较高,对成矿有利。从剖面垂向上看Au、As、Sb主要集中在浅部地段,接近地表;而Cu分布在异常集中区的较深部位;Pb、Zn异常呈低缓态势均匀分布。显示的垂向分带为As-Sb-Au-Pb-Zn-Cu,这种垂向分带表明在矿区外围深部有寻找矽卡岩型铜(钼)矿的可能。

3) 硫同位素

矿石中硫化物的 $\delta^{34}S$ 值,脉状黄铜矿为11.7‰,浸染状黄铜矿为6.1‰,浸染状辉铜矿为5.3‰～5.5‰。可以认为硫来源于地壳深部或上地幔。结合实际地质特征推测矿床成矿物质主要来源于含矿层位的大理岩和燕山期花岗岩类岩浆。

4) 矿床地质-地球化学找矿模型

矿床地质、地球化学标志如下。①区域上东西向断裂构造及北东向断裂构造发育,控制着该区中生代岩浆活动;燕山期花岗闪长岩体与老岭群珍珠门组大理岩接触带的矽卡岩带是主要的矿体产出部位。同位素显示,矿床成矿物质具有深源特征。②石英闪长玢岩中发育的钾化斑岩型铜钼矿化及蚀变,矽卡岩化等蚀变均为良好找矿标志。③水系介质中与Cu、Mo、Au、Pb、Zn、Ag、W、Bi、Sn、CaO、Al_2O_3、Fe_2O_3、As、Sb、Hg、Cd、F叠合紧密。在异常地球化学场中CaO、Al_2O_3、Fe_2O_3处于带入状态,而Na_2O、K_2O、SiO_2则被相对带出(异常亏损)。说明Cu、Mo是在不同的成矿阶段富集的。④Cu、Mo、Ag、Bi、Pb、Zn、Au、As、Sb等元素组合是本矿床的重要找矿指示元素。其中,As、Sb、Au是前缘指示元素,Cu、Mo、Ag、Pb、Zn是成矿指示元素,W、Mo是尾部元素。⑤成矿地球化学环境主要是高—中温,矿床中等剥蚀。

矿床地球化学异常模式见图5-2-40。

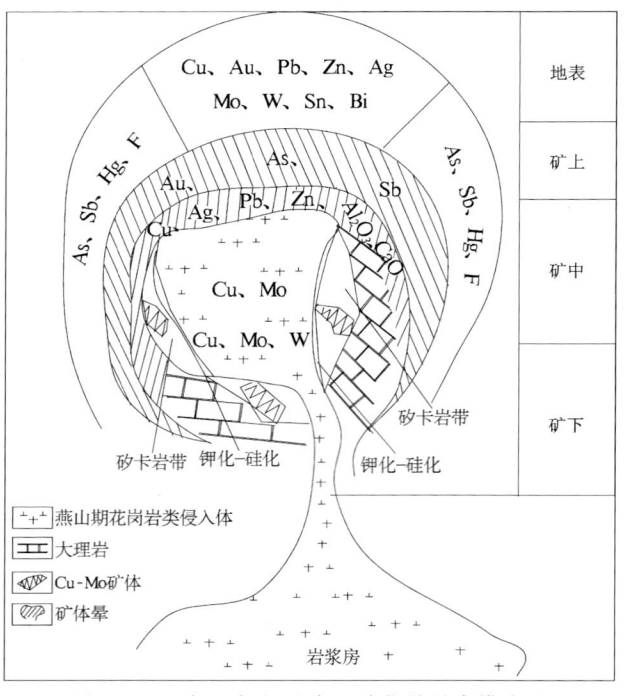

图5-2-40　铜山铜钼矿床地球化学异常模式图

(三)岩浆熔离型铜镍矿

1. 红旗岭铜镍矿

1)矿床地质特征

矿床位于天山-兴蒙-吉黑造山带(Ⅰ)、包尔汉图-温都尔庙弧盆系(Ⅱ)、下二台-呼兰-伊泉陆缘岩浆弧(Ⅲ)、盘桦上叠裂陷盆地(Ⅳ)内。

出露地层主要为太古宙地体和志留系—泥盆系海相砂页岩和泥灰岩等(变质成呼兰群片岩及大理岩)。前者位于辉发河超岩石圈断裂南东侧,属华北陆块区;后者位于北西侧,属吉黑造山带。

矿区内岩浆活动频繁,出露的岩浆岩种类繁多,主要有吕梁期—加里东期、海西早期、海西晚期、燕山期花岗岩侵入体。与铜镍硫化物矿床有成因联系的主要是海西早期和海西晚期的镁铁—超镁铁质岩体。该期是红旗岭铜镍矿床的主要成矿期,有两次侵位活动。第一次侵位是以 1 号岩体为代表的含矿辉长岩-辉石岩-橄榄岩-橄辉岩相,矿体主要赋存在底部的橄辉岩中,为就地熔离作用成矿;第二次侵位是以 7 号岩体为代表的斜方辉石岩相,整个岩体含矿,为"满罐式"深熔-贯入作用成矿。

辉发河超岩石圈断裂是含镍基性—超基性侵入岩体的导岩(矿)构造,与之有成因联系的北西向次一级压扭性断裂为储岩(矿)构造。

矿物组合主要有磁黄铁矿、镍黄铁矿、黄铜矿、紫硫镍矿和黄铁矿,其次是砷镍矿、红砷镍矿、磁铁矿、方铅矿、墨铜矿、辉钼矿和钛铁矿等。

围岩蚀变有滑石化、次闪石化、黑云母化、皂石化、蛇纹石化、绢云母化等。这些典型的蚀变与成矿关系密切,是重要的找矿标志。

2)矿床地球化学异常特征

矿床 Cu、Ni 异常均具有清晰的三级分带和明显的浓集中心,强度分别为 195×10^{-6} 和 526×10^{-6},面积分别为 $98km^2$ 和 $112km^2$,显示较大的异常规模,北东向延伸的趋势。与 Cu、Ni 空间密切套合的元素为 Mo、Bi、Au、Co、Cr、Sb、Hg、Ag,构成较复杂元素组分富集的叠生场,是成矿的主要场所,见图 5-2-41。

土壤异常特征显示,Cu、Ni、Co 的富集层位主要在土壤的 B 层,呈正消长关系。异常位移一般为几米到十几米,主要受地形影响。Cu、Ni、Co 在橄榄岩上覆土壤中平均含量最高,分别为 Cu $200\times10^{-6}\sim300\times10^{-6}$,Ni $1500\times10^{-6}\sim2000\times10^{-6}$,Co $100\times10^{-6}\sim200\times10^{-6}$;显示的水平分带为 Ni-Cu-Co。辉岩次之,而在辉长岩与片麻岩类中,Cu、Ni、Co 并没有太大区别,表明控矿岩体基性程度的增加与深度变质作用对 Cu、Ni 成矿起到重要作用。见图 5-2-42(元素含量单位 $\times10^{-6}$)。

地电化学测量显示,矿体亦分布在橄榄岩相中,其上覆土壤是 Cu、Ni、Co、Cr、Pt、Sr 峰值集中区,层间破碎带与成矿关系密切。根据 Cu、Ni、Co、Cr、Pt、Sr 次生异常的示踪痕迹,可直接寻找隐伏铜镍矿体。见图 5-2-43。

矿床 1 号、7 号岩体 MgO 较高,Ca、Na、K、Al 质量分数偏低。m/f 比值,1 号岩体为 $4.1\sim4.6$,7 号岩体为 $3.6\sim4.7$;而 Ni/Cu 比值,1 号岩体为 $4.6\sim5$,7 号岩体为 $3.3\sim5.2$,说明含矿岩体基性程度较高,并且 Ni/Cu 比值一般随着岩体基性程度的增加而增加,这与土壤异常特征吻合。

探槽原生晕取样表明,Cu 在橄榄岩相中处于较强的富集状态,为铜镍主要赋矿岩体。层间裂隙中石英脉发育。以 1 号、2 号岩体为例,见表 5-2-18。

因子分析结果,1 号岩体中 Co(0.993)、Ni(0.987)、Cu(0.977)、Zn(0.989)、Pb(0.613)、S(0.993)、Se(0.901)、Ta(0.995)、U(0.891)等微量元素处于高载荷状态,表明 Ni 具有亲铜、亲铁、亲石性,显示该岩体的主成矿作用有深源熔融或正常岩浆作用特征(董耀松等,2004)。

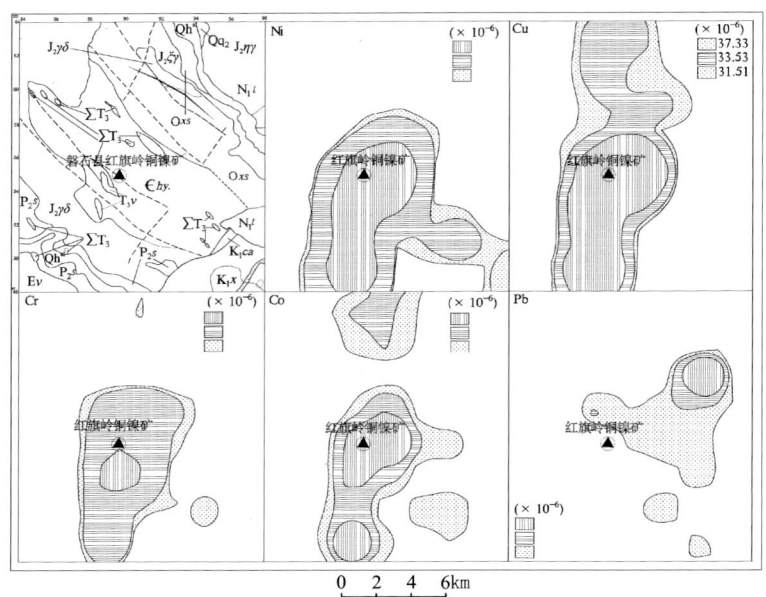

图 5-2-41　红旗岭铜镍矿主要元素剖析图

1.第四系全新统Ⅰ级阶地堆积冲洪积物；2.第四系更新统Ⅱ级阶地堆积冲洪积物；3.新近系土门子组砾岩、砂岩夹硅藻土；4.新生代古近纪新世辉长岩；5.下白垩统小南沟组砾岩；6.下白垩统长财组砂砾岩夹煤层；7.中侏罗世二长花岗岩；8.中侏罗世花岗闪长岩；9.中侏罗世正长花岗岩；10.中侏罗世碱长花岗岩；11.晚二叠世辉长岩；12.晚三叠世橄榄岩；13.中二叠统寿山组砂岩夹灰岩；14.古生界奥陶系小三个顶子岩组大理岩夹变粒岩；5.古生界寒武系黄莺屯岩组变粒岩与大理岩互层夹斜长角闪岩；16.地质界线；17.不整合界线；18.推测断层；19.背斜；20.红旗岭铜镍矿床

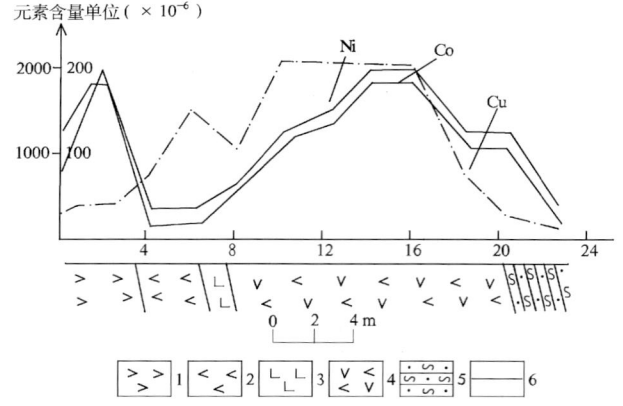

图 5-2-42　红旗岭铜镍矿床土壤地球化学异常剖面图

1.辉岩；2.角闪岩；3.煌斑岩；4.角闪橄榄岩；
5.角闪斜长片麻岩；6.元素含量异常曲线

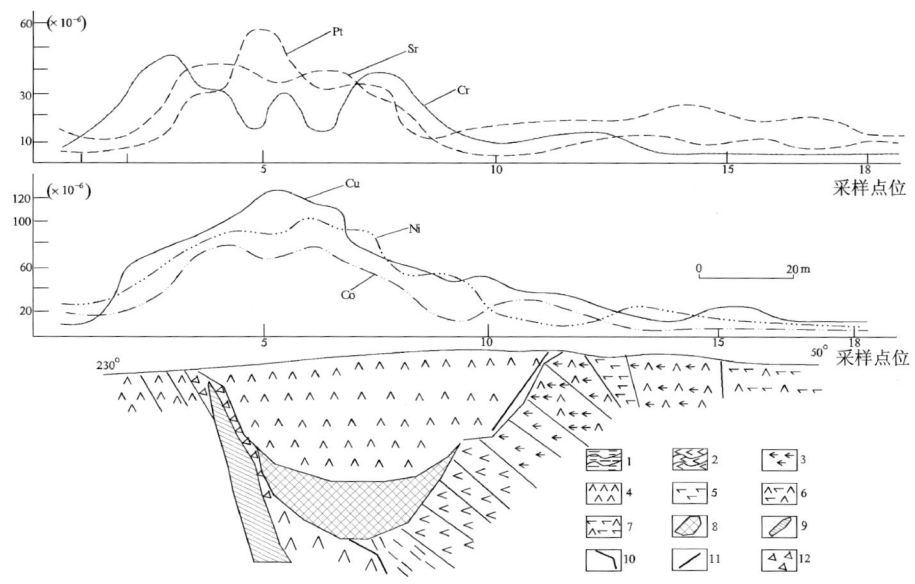

图 5-2-43 红旗岭铜镍矿床 35 号勘探线地电化学异常剖面图
1.云母片麻岩;2.角闪片岩;3.古铜辉岩;4.橄榄岩;5.橄榄辉岩;6.蚀变辉岩;7.辉橄岩;
8.工业矿体;9.上悬透镜状矿体;10.推断矿体;11.逆斜断层;12.破碎带

表 5-2-18 红旗岭铜镍矿区原生晕样品铜含量变化表

岩体/岩相	橄榄岩相	辉岩相	辉长岩相
1 号岩体	0.02%～0.04%	0.01%～0.02%	0.01%
2 号岩体	0.01%～0.03%	0.006%～0.02%	0.002%～0.02%

3) 稀土元素特征

矿区 1 号岩体稀土元素总量 $w(REE)$ 为 $(7.72\sim44.68)\times10^{-6}$，平均值为 25.87×10^{-6}，$w(Ce)/w(Y)$ 值为 $(1.25\sim3.84)\times10^{-6}$，平均值为 1.69×10^{-6}，与上地幔稀土元素总量相近。而由 $w(La)/w(b)$、$w(La)/w(Sm)$ 及 $w(Gd)/w(Yb)$ 比值看，1 号岩体具有明显的轻、重稀土分馏现象。表明 1 号岩体的幔源性及重稀土亏损、轻稀土富集的地球化学特征;结合样品的含矿性认为，轻稀土元素富集程度越高越有利于成矿。而稀土曲线的右倾现象,反映其成因是地幔部分熔融作用的结果。

4) 硫同位素特征

红旗岭矿区含矿岩体的硫同位素组成变化于 $-2.80‰\sim2.13‰$ 之间,极差 $4.93‰$,均值 $0.56‰$（郜爱华,2005）,$^{32}S/^{34}S$ 值为 $22.22\sim22.42$,变化范围小,接近于陨石硫比值（22.22）,表明本区矿床中的硫主要为地幔来源。因此,推测矿床含镍岩体组分源于上地幔,矿床应为深断裂型岩浆矿床。

5) 矿床地质-地球化学找矿模型

矿床地质、地球化学特征如下。

①沿北东向深大断裂侵入的海西期幔源镁铁—超镁铁质岩浆构成同生地球化学场,经过熔离、贯入的成矿地质-地球化学作用,在后期叠加的地球化学改造场中,主要成矿元素 Ni、Cu 进一步富集成矿。②主要找矿指示元素为 Ni、Cu、Co、Bi(Pt),其异常浓集中心与矿结完全对等。As、Hg、Mo 异常分布在 Ni、Cu 的外带,为异常前锋区。在成矿系统内,Na_2O、K_2O、Al_2O_3 被带出,而 MgO 被带入,显示中性的成矿地球化学条件,利于 Ni、Cu、Co 的沉淀富集。③Ni、Cu、Co 在土壤和岩石介质中异常再现性好,呈向心结构。其异常叠加处为矿体分布位置。④矿石中 Ni/Cu 比值较高（>3）,矿浆以 Ni 成矿为主,Cu 是主要的伴生成矿组分。m/f 比值介于 $2\sim6$ 之间（1 号岩体为 $4.1\sim4.6$,7 号岩体为 $3.6\sim4.7$）,说明

Ni成矿对Mg有较大要求,但低于Cr,即Ni主要在基性岩体中成矿。⑤滑石化、蛇纹石化、绢云母化等围岩蚀变强烈,表明含矿热液在偏酸性介质中易迁移,在偏碱性的溶液中易沉淀富集。这与Ni、Cu、Co的离子电位势所反映的地球化学意义相近。

矿床异常模式,见图5-2-44。

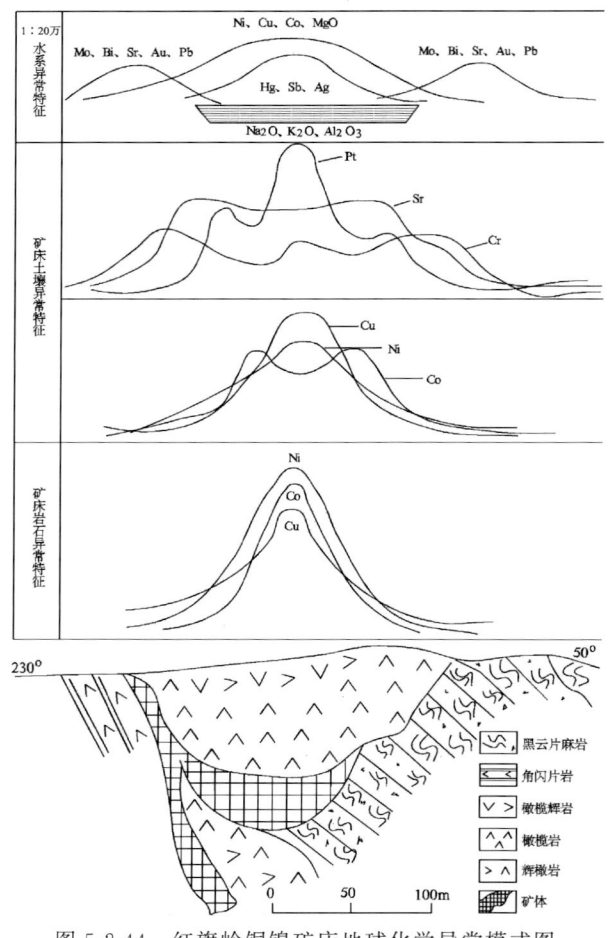

图5-2-44 红旗岭铜镍矿床地球化学异常模式图

2. 赤柏松铜镍矿床

1) 矿床地质特征

矿床位于前南华纪华北东部陆块(Ⅱ)、龙岗-陈台沟-沂水前新太古代陆核(Ⅲ)、板石新太古代地块(Ⅳ)内的二密-英额布中生代火山-岩浆盆地的南侧。

区内地层主要以太古宙地体表壳岩为主,主要岩性为黑云斜长片麻岩、斜长角闪岩夹浅粒岩、透闪石岩及麻粒岩,变质程度较深。

与成矿关系密切的侵入体主要为分布于三棵榆树、赤柏-金斗穹状背形核部的元古宙基性岩、超基性岩,呈岩墙(脉)状南北或北东向侵入到太古宙地体中,已知含矿岩体均属这一期。赋矿岩体类型主要有辉绿辉长岩-橄榄苏长辉长岩-二辉橄榄岩细粒苏长岩,含矿辉长玢岩型,为多次侵入复合岩体,具深源液态分离及良好的就地分异。铜镍硫化物矿体赋存于二辉橄榄岩相的底部。

燕山期中酸性脉岩广泛分布,主要有钠长斑岩、花岗斑岩、闪长玢岩等,空间上与基性岩相伴,产状相似,切割基性岩体,反映了控岩构造的继承性。

本溪-二道江断裂是出现在区内的超岩石圈断裂,它控制区域上基性岩浆活动。北东或北北东向次一级断裂构造在本区十分发育,分布在穹状背形的核部,是本区主要控岩、控矿构造。

矿物组合主要有磁黄铁矿、镍黄铁矿、黄铜矿,其次为黄铁矿、紫硫镍铁矿、辉镍矿等。

2)矿床地球化学异常特征

矿床Ni、Cu异常分带清晰,浓集中心明显,强度达到$65×10^{-6}$,面积$37km^2$,呈带状北东向分布。Ni、Cu异常对赤柏松铜镍矿积极支撑,是成矿异常。与Ni、Cu空间组合关系密切的元素为Co、Mn、W、Sn、Mo。其中,Ni、Co、Cu呈同心套合,Mn、W、Sn、Mo则主要伴生在Ni、Cu成矿岩浆系统的外带。显示为在以Co、Mn为主要组分的同生地球化学场中,主成矿元素Cu、Ni在Co、Mn、W、Sn、Mo等元素的叠加作用下,形成复杂元素组分富集场并富集成矿,见图5-2-45。

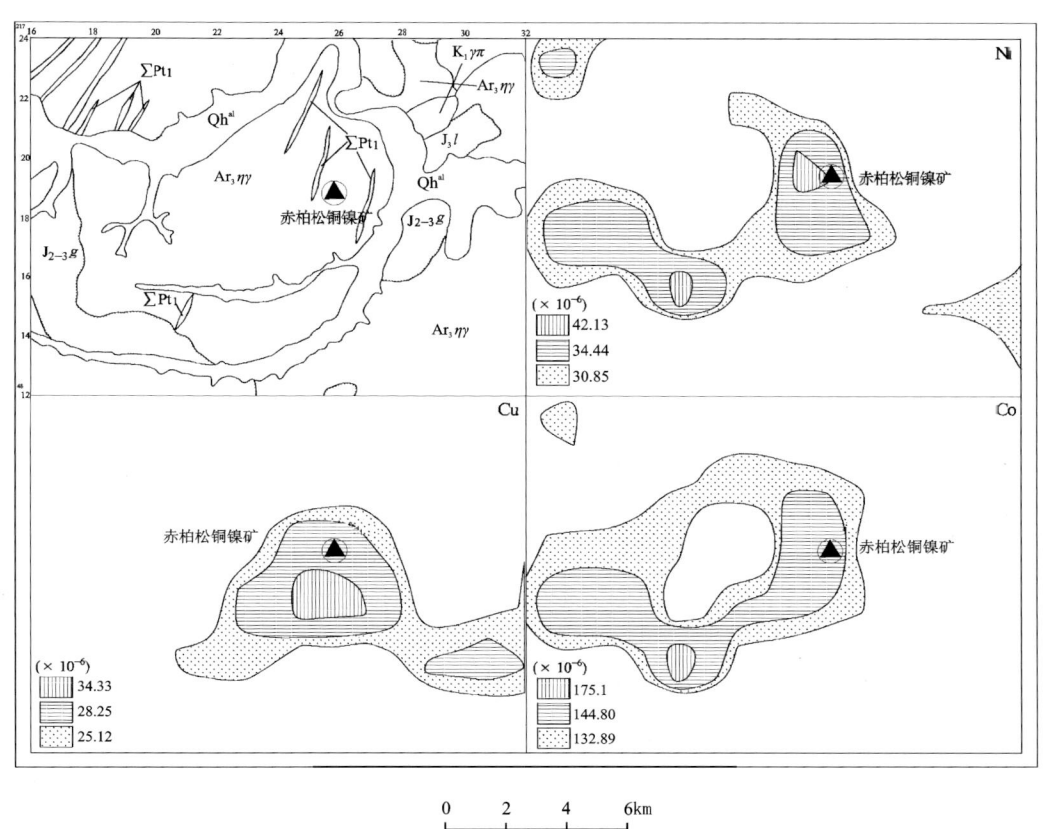

图5-2-45 赤柏松铜镍矿主要元素剖析图

1.第四系全新统Ⅰ级阶地及河漫滩堆积;2.上侏罗统林子头组砂岩、火山碎屑岩、安山岩;3.中侏罗统果松组安山质火山碎屑岩、安山岩;4.新太古代变二长花岗岩;5.吉南—辽东段花岗斑岩;6.吉南—辽东段辉长岩、二辉橄榄岩;7.地质界线;8.角度不整合界线;9.通化县赤柏松铜镍矿床

矿区1:1万土壤测量结果表明,矿体上置土壤中Ni、Cu、Cr、Co的异常分布明显高于水系中的异常值。但是在矿体外围,往往出现相反的情况。如:Cu元素在水系中的丰度值比土壤中高29%,Ni高5%,Cr高8%,Co高39%。这表明主要成矿元素在土壤中的淋失量是比较大的。同时也反映出矿床所在区域,地势较陡,水系发育,土壤层相对薄弱的地质背景。

区内赤柏松岩体多属正常系列基性岩,$m/f=0.48\sim3.97$,其岩体基性程度比红旗岭的含矿岩体低。如赤柏松1号岩体MgO质量分数较低,而FeO相对较高;红旗岭1号岩体与之正相反。

在岩体的各侵入岩相中Cu、Ni、Co含量变化是随侵入岩相由早至晚逐渐增加,充分显示了各侵入岩相为同源不同期次侵入的产物。而Ga、Ag、Be在各侵入岩相中的含量基本不变;Ba在斜长石含量多的岩相（辉绿岩、辉长玢岩）中含量高（钟长林，2005）。见表 5-2-19。

表 5-2-19 赤柏松 1 号岩体各岩相中微量元素质量分数表

岩相	Ba	Ga	Cu	Ni	Co	V	Ti	Cr	Mn	Ag	Sr	Be	Zr	Sc
1	0.03	0.001	0.004	0.003	0.006	0.02	0.3	0.04	0.05	0.001	0.04	0.001	0.003	0.00
2	0.004	0.001	0.049	0.030	0.018	0.010	0.008	0.08	0.10	0.001	0.01	0.001	0.001	0.005
3	0.004	0.001	0.050	0.083	0.027	0.010	0.050	0.12	0.07	0.001	—	—	—	0.003
4	0.004	0.001	0.090	0.096	0.030	0.016	0.070	0.73	0.05		0.01	0.001	0.001	0.003
5	0.005	0.001	0.060	0.100	0.040		0.100	0.07			0.01			0.003
6	0.020	0.001	0.006	0.008	0.006	0.020	0.450	0.03	0.05	—	0.02	0.001	0.002	0.004

（引自钟长林等，2005，其中，1.辉长辉绿岩；2.中色橄榄辉长苏长岩；3.混熔岩；4、5.暗色橄榄辉长苏长岩；6.细粒辉长苏长岩）

矿石中有益元素主要是 Ni、Cu，伴生有益元素为 Co、Se、Te、Pt、Pd、Au、Ag、S；有害组分 Pb、Zn、As、Bi 的含量均较低。含量变化见表 5-2-20。

表 5-2-20 矿石有益组分含量一览表

含量/组分	Ni	Cu	Co	Ag	S
平均	0.57×10^{-2}	0.33×10^{-2}	0.016×10^{-2}	$1 \times 10^{-6} \sim 5 \times 10^{-6}$	3.96×10^{-2}
最高	9.95×10^{-2}	5.31×10^{-2}	0.1×10^{-2}	38×10^{-6}	22.47×10^{-2}

Ni/Cu 比值在熔离型矿石中一般为 1.52～1.81；贯入型的角砾状矿石为 8.39，块状矿石的比值高达 40.37，说明角砾状及块状矿石是 Ni、Cu 的主要赋矿载体。当 Ni/Cu 出现负增长，证明此时已进入热液阶段，黄铜矿出现单矿物脉。

地表横向上 Ni 含量变化不大，Cu 则有一定变化。即 TC3→TC2→TC1→TC8，Ni 0.30%→0.35%→0.54%→0.41%；Cu 0.14%→0.16%→0.42%→0.54%。

由地表至深部，Cu、Ni、Cr、Ti、Mg、Fe 逐渐增高，Si、Mo、Ca、K、Ca 逐渐降低。ZK1 钻孔纵向剖面 Ni、Cu、Co 含量变化规律。图中显示铜镍矿体主要赋存在含长二辉橄榄岩中，异常强度高，连续性好。而斜长角闪质混合岩、斜长片麻质混合岩中，Ni、Cu 含量呈起伏较大的尖窄曲线变化，呈强烈的分散状态，见图 5-2-46。

矿区外围基性—超基性岩体破碎带中，Ni、Cu 异常较好，有时伴有 Cr 异常，Co 异常则较弱。说明矿床外围基性—超基性岩体在构造应力场中仍存在一定运移通道和赋矿空间，找矿前景较好。

3）硫同位素特征

矿区 $\delta^{34}S$ 为 $-1.3‰\sim0.9‰$，离差系数 $0.76‰$；$^{32}S/^{34}S$ 比值在 22.185～22.249 之间，与陨石的 $^{32}S/^{34}S$ 值（22.22）接近，指示硫源于上地幔。此外，硫同位素塔式效应明显，各种矿石类型硫同位素一致说明分馏作用微弱，这也是岩浆熔离矿床特点。

4）氧同位素特征

矿区不同岩相中斜长石的 $\delta^{18}O$ 值大多介于 $6.1‰\sim7.1‰$ 之间，与球粒陨石的 $\delta^{18}O$ 值（$5.3‰\sim6.3‰$）非常接近，更接近于正常玄武岩的 $\delta^{18}O$ 值（$5.5‰\sim7.4‰$），可见矿区各岩相中的斜长石组分均来自于上地幔玄武岩浆体系（傅德彬，1994）。

5）矿床地质-地球化学找矿模型

根据矿床的地质、地球化学特征，建立矿床地质-地球化学找矿模型。

矿床地球化学异常模式见图 5-2-47。

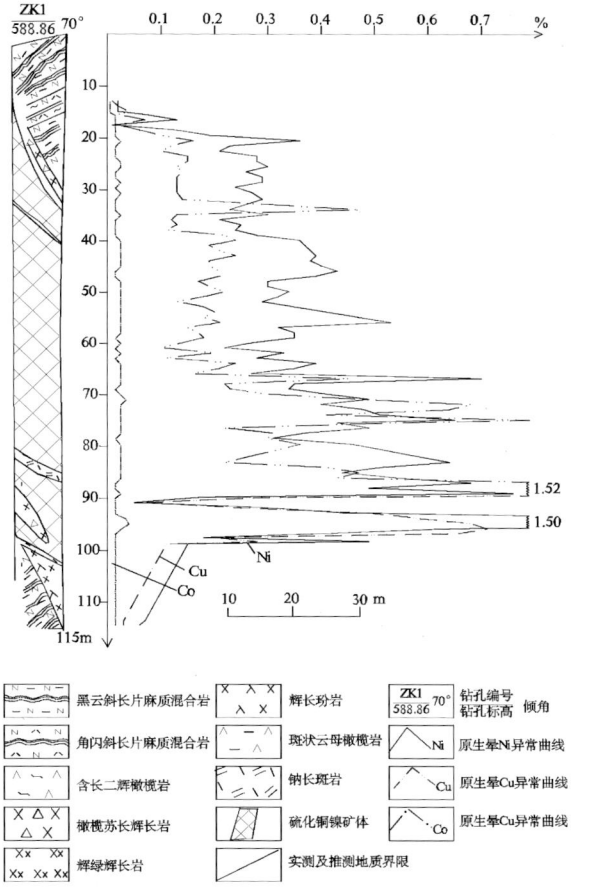

图 5-2-46 赤柏松铜镍矿床 1 号钻孔岩石地球化学异常剖面图

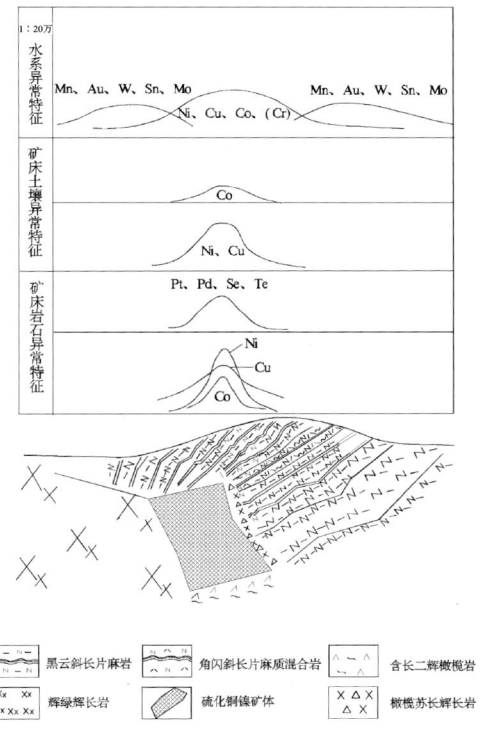

图 5-2-47 赤柏松铜镍矿地球化学异常模式

特征如下：①呈南北或北东向侵入的元古宙基性、超基性岩是主要控矿岩体，为多次侵入的复合岩体。赋矿岩石类型以辉绿辉长岩-橄榄苏长辉长-二辉橄榄岩细粒苏长岩为主，其次为辉长玢岩型。②本溪-二道江深大断裂在区域上控制基性岩浆活动。三棵榆树、赤柏-金斗穹状背形核部控矿，北东或北北东向次一级断裂对进一步赋矿有利。③水系介质中主要指示元素 Ni、Cu、Co 分带性好，Cr 没有异常反应，表明赤柏松成矿岩体基性程度不高。Mn、W、Mo、Sn 呈分散状态分布在矿体外围，构成地球化学异常场离心结构。可作为成矿岩浆系统的前缘指示元素；Mn 是尾部指示元素。④矿床 m/f 及 Ni/Cu 比值均较高，指示含矿岩体的基性程度亦高。⑤土壤-岩石异常地球化学场内，围绕成矿岩浆系统能量中心（基性岩-超基性岩）分布的元素是 Ni、Cu、Co，呈同心结构。这种同心结构的异常地球化学场通过水系异常特征表征了基性岩-超基性岩建造的含矿性。⑥同位素研究表明，成矿物质具有深源性，岩浆熔离特征明显。

（四）沉积变质型铜钴矿床

1. 大横路铜钴矿床

该矿床是沉积变质型铜矿床的典型代表，其基本特征如下。

1) 矿床地质特征

矿床位于前南华纪华北东部陆块（Ⅱ）、胶辽吉元古代裂谷带（Ⅲ）老岭坳陷盆地内。

区域内出露的地层由老至新为太古宇、古元古界老岭群及震旦系。其中，老岭群花山组为本区的赋矿层位，总体呈北东方向展布，为 3 个岩性段，以浅变质的千枚岩为主，含有绢云母，地层中常夹有石英岩、大理岩透镜体。

矿区南部和北部有印支期和燕山期花岗岩及似斑状黑云母花岗岩分布，并有少量的花岗斑岩脉和辉绿玢岩脉等，与成矿不密切。

Cu-Co 矿体主要赋存在三道阳岔-三岔河复式背斜的北西翼，是主要容矿构造。而发育的北东向断裂控制矿液运移，尤其是发生在断裂内的破碎带和片理化构造，都伴随有强烈的矿化作用。

另外，变质作用是本区一次重要的矿化期次，常具金属硫化物及次生孔雀石化沿千枚理面分布，又可见到沿千枚理分布的硅质条带与千枚理产状一致，且作同步褶曲。这种硅质条带显然为变质分异作用的产物。

矿物组合为黄铁矿、磁黄铁矿、黄铜矿、方铅矿、闪锌矿、硫镍钴矿、辉铜矿、毒砂、银金矿、自然金、白铅矿、孔雀石、褐铁矿及绢云母、黑云母、白云母、石英等。Co 主要以独立矿物硫镍矿出现，其次赋存于孔雀石、褐铁矿中。

与成矿关系密切的围岩蚀变主要是硅化、绢云母化，同样受花山组地层及北东向褶皱控制。

2) 矿床地球化学异常特征

应用 1∶5 万化探数据圈出的矿床 Cu 元素异常具备二级分带，异常强度 59×10^{-6}，接近地壳均值，是本省均值的 3 倍，呈椭圆状，面积 $0.7km^2$，与大横路铜钴矿积极响应。在矿床北侧分布有两处具有二级分带的 Cu 异常，面积分别为 $6km^2$ 和 $12km^2$。而在矿床的东北部有一处规模较大的 Cu 异常，面积为 $249km^2$，强度为 212×10^{-6}。这种分布格局反映出矿区水系介质中 Cu 异常分布规模较小，富集能力比东北部弱。应注重此处深部及外围找矿。

围绕大横路铜钴矿床分布的伴生元素有 Au、Ag、Pb、Zn、As、W、Ni、Cr。其中，与 Cu 同心套合的是 Ag、Pb、Zn、W、Co、Ni、Cr，而 Au、As 与 Cu 呈局部套合状，推测的异常水平分带由内至外为 Co→(Fe) Cu→Ni、Cr、Cu（松权衡等，2002 年），构成复杂元素组分富集的叠生地球化学场，利于 Cu 进一步富集成矿。

土壤异常特征元素组合为 Cu-Co-Ag-Pb-Zn。异常总体呈北东向展布，铜钴矿床位于异常中，有明显水平分带,即由东北向西南呈现为 Cu、Co→Ag、Pb、Zn。主要成矿元素 $Cu>500×10^{-6}$,$Co>100×10^{-6}$,其异常叠合往往是矿体分布位置。

图 5-2-48 显示不同的土壤测量剖面 Cu、Co 分布规律,从中可知 Cu、Co 异常主要分布在矿区的北侧,这与土壤中元素的水平分带相吻合。在矿体上方 Cu、Co 次生晕异常反应明显,而且从 16 号测线到 26 号测线,异常轴向沿北东向有变窄的趋势,表明矿区的西北部是主要找矿地段。见图 5-2-48。

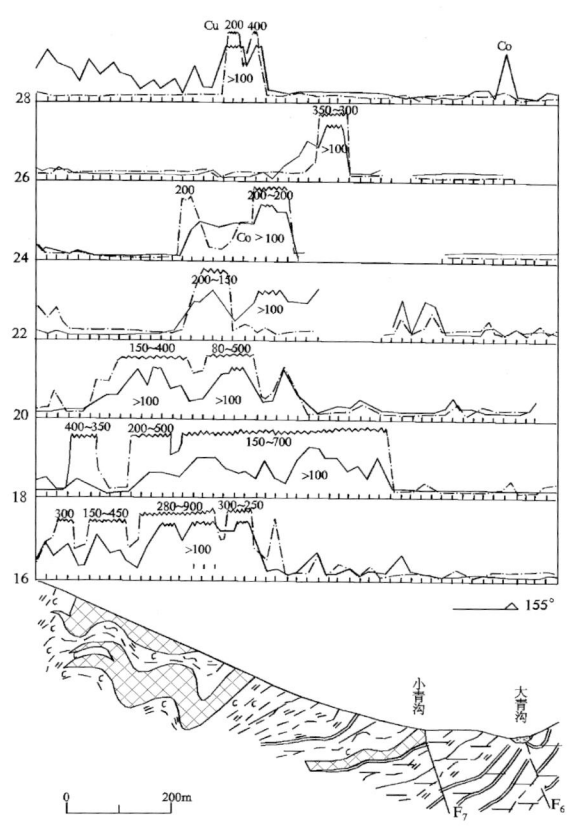

图 5-2-48 大横路铜钴矿土壤异常剖面图

1.第四系冲积砂砾石;2.铜钴矿体及编号;3.实测/推测断层及编号;4.绢云千枚岩;5.绿泥绢云千枚岩;6.石英千枚岩;7.含碳绢云千枚岩;8.石英岩;
9.Cu 异常曲线($1mm=10×10^{-6}$);10.Co 异常曲线($1mm=1×10^{-6}$)

资料显示,矿床岩石中 Cu、Co、Ni、V 呈明显的正相关性,Ti 的均值为 0.31%,最高值为 1.09%。在矿体正上方形成 Cu、Co 异常,异常宽度 450m,与矿体规模对应。

矿区黄铜矿化以细粒浸染状分布为主,极少呈无根的细脉状,说明在成矿过程中变质热液活动较弱,由此产生的叠加富集改造作用有限。另一方面,Cu、Co、Ni、V、Ti 等元素组分代表了原岩沉积物的地球化学组成,说明矿床中 Cu、Co 与碎屑、黏土质岩等沉积物是同源的。正是这种同源性使碳质、黏土质对 Cu、Co 等微量元素产生巨大的吸附效应,为 Cu、Co 在花山组含碳质绢云千枚岩中富集成矿起到重要作用。

花山组含矿岩系化学成分较稳定,SiO_2 一般在 $48.33×10^{-2}$~$62.43×10^{-2}$ 之间,Al_2O_3 一般在 $18.32×10^{-2}$~$21.59×10^{-2}$ 之间,反映出原岩为高铝黏土岩。此外岩系以 Fe^{2+} 和 K_2O 高为特征,FeO 一般为 $2.0×10^{-2}$,K_2O 一般在 $5.00×10^{-2}$~$7.00×10^{-2}$ 之间,最高达 $9.0×10^{-2}$,远远高于海相黏土质沉积岩中的含量(K_2O:$3.07×10^{-2}$),并且 $MgO>CaO$。由此,花山组原岩属于黏土质为主的正常沉积岩,沉积

环境是较强的还原环境,并且有高钾的陆源补给区(松权衡等,2000)。

3)稀土元素特征

矿区碳质绢云千枚岩稀土总量为 $161.39\times10^{-6}\sim249.09\times10^{-6}$,轻重稀土分馏明显,$\Sigma Ce/\Sigma Y$ 在 3.0~5.12 之间,δEu 与 δCe 为负异常,δEu 为 0.61~0.73,δCe 为 0.68~0.76。而含矿石英脉具有相同的特点,表明物质成分来自于碳质绢云千枚岩、薄层石英岩。

4)硫同位素特征

矿化石英脉和绢云千枚岩中硫同位素组成较稳定,$\delta^{34}S$ 变化介于 $5.13\times10^{-3}\sim10.12\times10^{-3}$ 之间,极差 4.607×10^{-3} 且均为正值,具有塔式特征,反映了成矿硫质来源的单一性,与岩浆硫特征相去甚远。

5)矿床地球化学找矿模型

根据上述地质、地球化学特征,建立矿床地质-地球化学找矿预测模型,见表5-2-21。

表 5-2-21 大横路铜钴矿床地质-地球化学找矿模型

内容		特征描述
地质特征	类型	沉积变质型
	地层	老岭群花山组地层为本区的赋矿层位,总体呈北东方向展布。岩性主要为绢云千枚岩,与石英岩互层。矿体主要就位在含碳绢云千枚岩中
	构造	Cu、Co 矿体主要赋存在三道阳岔-三岔河复式背斜的北西翼,是主要的容矿构造。而北东向断裂最发育,是主要的控矿构造
	岩浆岩	印支期和燕山期的花岗岩类侵入体与成矿不密切
	矿物组合	有黄铁矿、磁黄铁矿、黄铜矿、方铅矿、闪锌矿、硫镍钴矿、辉铜矿、毒砂、银金矿、自然金、白铅矿、孔雀石、褐铁矿及绢云母、黑云母、白云母、石英等。Co 主要以独立硫镍矿出现,其次于孔雀石、褐铁矿中
	围岩蚀变	硅化、绢云母化与成矿关系密切,同样受花山组地层及北东向褶皱控制
	深度	控制深度 1000m
	控矿因素	地层控矿:矿体严格受富含碳质的千枚岩层位的控制;褶皱控矿:复式向斜容矿;断裂控矿:区内以北东向断裂与成矿关系最为密切,尤其是下盘岩层发生强烈破碎和片理化,伴有强烈的矿化作用。变质作用也是控矿因素之一
	成矿模式	太古宙地体经长期风化剥蚀,陆源碎屑及大量 Cu、Co 组分被搬运到裂谷海盆,被有机物质吸附,形成初始矿源层。后在辽吉裂谷抬升回返过程中,含矿地层发生褶皱和断裂,为热液环流提供了构造空间。同时伴随区域变质作用,Cu、Co 及其伴生组分发生活化变质,热液从围岩和初始矿源层中萃取 Cu、Co 及其伴生组分形成含矿热液。并在有利的构造空间沉淀或叠加到初始矿源层之上,使 Cu、Co 进一步富集成矿
	时空分布	矿体呈层状、似层状、分支状或分支复合状。与地层同步褶皱,向南西倾伏,倾伏角 17°~22°,沿走向呈舒缓波状
地球化学特征	原生晕异常	元素组合	特征元素组合 Cu-Co-Ni-V-Ti
		组分分带	以 Cu-Co 组合异常为中心,空间叠加 Ni-V-Ti 伴生元素组合异常,呈正消长关系
		造岩元素特征	花山组含矿岩系化学成分较稳定,Fe^{2+} 和 K_2O 含量高于海相沉积,其原岩为高铝黏土岩为主的正常沉积岩,为还原环境
		稀土元素特征	矿区碳质绢云千枚岩中稀土元素特征与含矿石英脉具有相同的特点。表明物质成分来自于碳质绢云千枚岩、薄层石英岩
		同位素特征	矿化石英脉和绢云千枚岩中硫同位素组成较稳定,塔式效应明显,反映成矿物质来源单一性

续表 5-2-21

内容		特征描述
地球化学特征	次生晕异常	
	水系异常特征	矿床所在区域元素异常分带性一般,以二级居多;浓集中心不甚明显。异常规模偏小。Cu 元素异常强度达到 59×10^{-6},接近地壳均值,是省均值的近 3 倍,椭圆形态,面积 $0.7km^2$。矿区东北部 Cu 异常表现好。与 Cu 套合紧密的元素是 Ag、Pb、Zn、W、Ag、Pb、Zn、W、Co、Ni、Cr,形成复杂元素组分富集场。Cu 综合异常是扩大找矿的有望靶区
	土壤异常特征	元素组合为 Cu-Co-Ag-Pb-Zn,由北向南呈现为 Cu、Co→Ag、Pb、Zn 的水平分带现象。测量剖面图显示,Cu、Co 异常主要分布在矿区的北侧,表明此处是主要的找矿地段
	因子分析	因子分析显示,矿床所在区域为台内裂陷陆源碎屑岩沉积区,同时又有基性火山岩分布特点。Cu、Pb、Zn、Au、Co、Ti、Ni、V 元素因子得分高
	剥蚀程度	属于浅—中等剥蚀
	找矿指示元素	有 Cu、Pb、Zn、Au、Co、W、Sb、As、Ti、Ni、V,其中,Cu、Pb、Zn、Au、Co 是近矿指示元素,Sb、As 为远程指示元素,尾部元素有 Ti、Ni、V、W

(五)海相火山岩型

1. 石咀子铜矿床

1)矿床地质特征

矿床位于南华纪—中三叠世天山-兴安-吉黑造山带(Ⅰ)、包尔汉图-温都尔庙弧盆系(Ⅱ)、下二台-呼兰-伊泉陆缘岩浆弧(Ⅲ)、磐华上叠裂陷盆地(Ⅳ)内的明城-石咀向斜东翼。

出露的地层主要为上石炭统石咀子组,岩性为大理岩、板岩、变质砂岩、千枚岩夹喷气岩。石咀子组地层形成于海底裂陷槽环境,沿着海底断裂有喷气作用发生,并生成了喷气岩,夹有碳酸盐岩及碎屑岩,呈薄层状产出。该组地层是主要的含矿层位,尤以喷气岩与成矿关系密切。

侵入岩以燕山早期的花岗岩为主,分为扇车山岩体和石咀岩体。前者以二长花岗岩、花岗闪长岩及少量钾长花岗岩、花岗岩、花岗斑岩为主。后者主要为石英闪长岩,局部见有闪长岩,正长斑岩小侵入体。后者被前者侵入。石咀子铜矿床即产于石咀子组喷气岩与石咀岩体(包括扇车山岩体)的内、外接触带上。

矿区处于明城-石咀子向斜的东翼,矿体严格受石咀子组层位和喷气岩类岩性控制,呈似层状产出,与围岩呈整合接触。晚期石英脉型矿化在矿层中具有穿层现象。

矿物有黄铜矿、斑铜矿、辉铜矿、白钨矿、辉钼矿及石英、方解石、绢云母等脉石矿物。

矿区围岩蚀变有矽卡岩化、硅化、绢云母化、绿泥石化、碳酸盐化和萤石化,一般不强烈,只是在含铜石英脉两侧有较强的硅化,但范围很窄,显示对成矿作用有限。

2)矿床地球化学异常特征

矿床 Cu 异常具有清晰的三级分带和明显的浓集中心,强度为 92×10^{-6},近椭圆状,具有北西或北东向延伸的趋势伸。与 Cu 空间套合紧密的元素有 Pb、Ag、Au、As、Sb、Hg、W、Sn、Bi、Mo,构成较复杂组分含量富集的叠生地球化学场,是 Cu 富集成矿的主要场所。Cu 综合异常具有优良的成矿条件和进一步找矿前景,对石咀子铜矿积极支持,是扩大找矿的重要靶区。见图 5-2-49。

土壤异常特征由图 5-2-50 可知,铜矿体主要赋存在石咀子组条带状大理岩中,其上覆土壤中 Cu、As、Ag 异常强度显著,峰值分别达到 2000×10^{-6}、100×10^{-6}、2×10^{-6},是土壤克拉克值的 100 倍、20 倍和 20 倍,是主要的找矿指示元素。而 Pb、Zn、Mo、Bi 呈现低缓异常,形成以 Cu 为中心向两侧依次为 As→Ag→Pb→Zn→Mo→Bi 的水平分带,显示石咀铜矿较低的剥蚀程度。

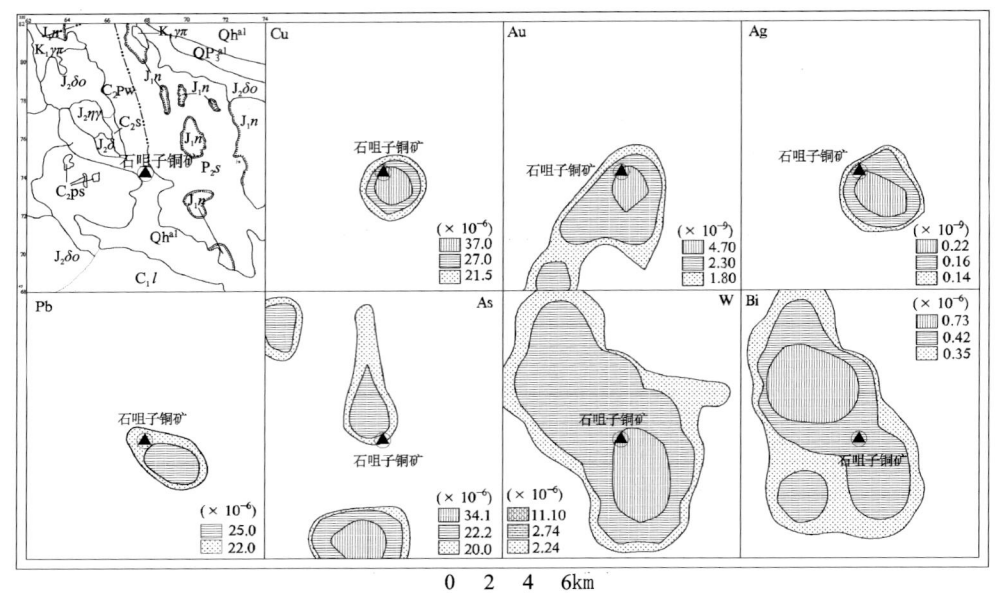

图 5-2-49 石咀子铜矿主要元素剖析图

1.第四系全新统冲洪积物;2.第四系中更新统Ⅱ级阶地冲洪积物;3.早白垩世花岗斑岩;4.中侏罗世花岗闪长岩;5.中侏罗世石英二长岩;6.中侏罗世正长花岗岩;7.中生界下侏罗世南槟山组流纹岩、安山岩凝灰角砾岩;8.二叠系寿山沟组砂岩夹灰岩;9.上石炭统窝瓜地组火山熔岩;10.上石炭统石咀子组砂岩;11.下石炭统鹿圈屯组砂岩夹灰岩;12.地质界线;13.遥感解译断层;14.角度不整合界线;15.石咀子铜矿床

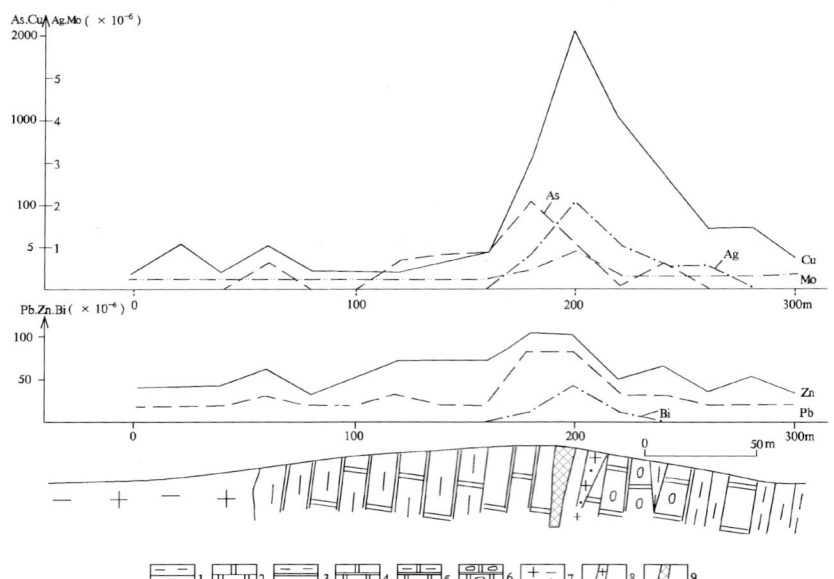

图 5-2-50 石咀子铜矿床土壤地球化学异常剖面图

1.下二叠统寿山沟组板岩;2.下二叠统寿山沟组大理岩;3.上石炭统石咀子组板岩;4.上石炭统石咀子组大理岩;5.上石炭统石咀子组条带状大理岩;6.上石炭统石咀子组燧石结核大理岩;7.黑云母花岗岩;8.花岗岩脉;9.矿体

原生晕异常显示的特征元素组合为 Cu-Au-Ag-As-Sb-Mo。图 5-2-51 中展示的是 Cu、Mo 在燕山期的花岗斑岩中具有较高的异常含量，表明燕山期构造岩浆活动为成矿提供丰富的成矿物源与热源动力。

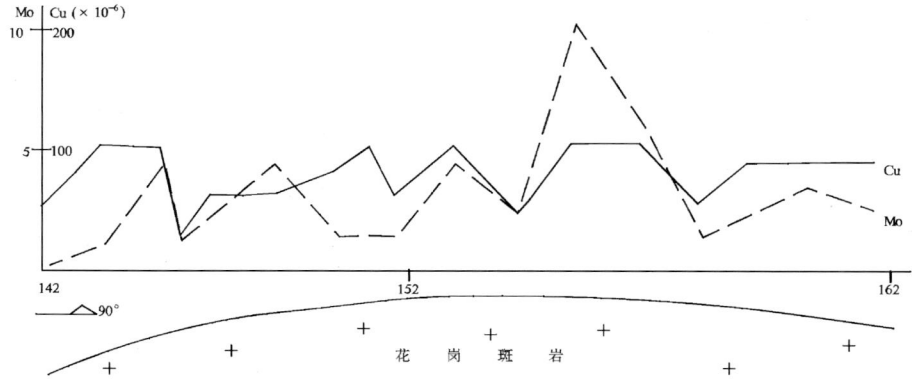

图 5-2-51　磐石市石咀子铜矿 TC1 探槽岩石地球化学异常剖面图

成矿元素在石咀子组主要岩石类型中的含量与克值相比，相近的元素为 Au、Ag、Zn，偏高的元素为 Pb、As、Sb，偏低的元素为 Cu。喷气岩主要岩石类型的 Au、Ag、Cu、Pb、Zn、As、Sb 等元素含量明显高于石咀子组中其他主要类型岩石的成矿元素含量，可作为反映喷气沉积物的标志元素，且 Au、Cu、Ag、As 之间相关性密切。

3）稀土元素特征

喷气岩的 $\Sigma REE=23.24\times 10^{-6}\sim 45.89\times 10^{-6}$，明显高于结晶灰岩，大理岩、叶腊石片岩（$\Sigma REE$：$3.321\times 10^{-6}\sim 3.34\times 10^{-6}$），但低于绢云母片岩，千枚岩 ΣREE：$114.31\times 10^{-6}\sim 184.88\times 10^{-6}$，为亏损型。显示喷气岩来源于深部，具幔源特征。

4）硫同位素特征

矿石 $\delta^{34}S$ 变化范围 $-3.2‰\sim 2.23‰$，极差 $5.43‰$，平均值 $-1.126‰$；围岩 $\delta^{34}S$ 变化范围 $-7.638‰\sim 0.095‰$，极差 $7.733‰$；平均值 $-3.16‰$。说明硫具有多源特点，但以幔源硫为主。

5）碳同位素特征

矿床中方解石 $\delta^{13}C 1.155‰$，在普通海相碳酸盐 $\delta^{13}C 5‰\sim 2‰$，表明碳来自海相碳酸盐。

6）矿床地质-地球化学找矿模型

根据上述地质、地球化学特征，建立矿床地质-地球化学找矿预测模型，见表 5-2-22。

表 5-2-22　石咀子铜矿床地质-地球化学找矿预测模型

内容		特征描述
地质特征	类型	火山岩型
	地层	出露的地层主要为上石炭统石咀子组，岩性为大理岩、板岩、变质砂岩、千枚岩夹喷气岩。石咀子铜矿床的形成与喷气岩紧密相关
	构造	矿区处于明城-石咀子向斜的东翼，矿体严格受石咀子组层位和喷气岩类岩性控制，呈似层状产出，与围岩呈整合接触
	岩浆岩	与成矿关系密切的主要为石咀岩体，包括扇车山岩体
	矿物组合	主要有黄铜矿、斑铜矿、辉铜矿、白钨矿、辉钼矿及石英、方解石、绢云母、绿泥石、石榴石、黑云母等
	围岩蚀变	主要有矽卡岩化、硅化、绢云母化、绿泥石化、碳酸盐化和萤石化。这些蚀变对成矿作用有限
	深度	控制深度 1000m

续表 5-2-22

内容		特征描述
地质特征	控矿因素	控矿地层主要为石咀子组的大理岩、板岩、变质砂岩、千枚岩夹喷气岩;控矿构造主要为明城-石咀子向斜
	成矿模式	矿床产于上石炭统石咀子组喷气岩中,严格受层位与岩性控制。矿石呈条带状,层纹状,与层理产状一致,表明层状与条带状矿石为沉积形成。沉积矿石经历了变形变质作用,致使局部矿层与岩层发生同步褶曲。在后期含矿热液强烈作用下,原矿层两侧围岩发生矽卡岩化,有些矽卡岩呈层状。矿体与矽卡岩一起具有明显的层控性,呈似层状产出。在矽卡岩化阶段伴有金属矿化,形成矽卡岩型铜矿石,它与条带状矿石相伴矿体中,最晚一期石英硫化物矿脉明显切穿条带状沉积型和矽卡岩型矿石。因此,铜矿体总体上仍呈层状、似层状
	时空分布	矿体呈似层状、扁豆状,走向近南北,倾向近270°,倾角约80°
地球化学特征	原生晕异常 元素组合	特征元素组合为 Cu-Au-Ag-As-Sb-Mo
	组分分带	以 Cu 异常为中心,空间叠加 Au-Ag-As-Sb-Mo 组合。水平分带 Cu→Au→Ag→As→Sb→Mo
	微量元素特征	Au、Ag、Cu、Pb、Zn、As、Sb 等微量元素含量在海相喷气岩中明显偏高,在其他类型岩石中的含量值与地壳克拉克值相比,大多相近,只以 Cu 元素稍低。反映喷气沉积物的地球化学找矿标志。
	稀土元素特征	稀土元素特征显示,含矿围岩来源于深部,具幔源特征
	同位素特征	矿床硫、碳同位素特征表明,成矿物质具有多源特点
	次生晕异常 水系异常特征	矿床所在区域 Cu 元素异常具有清晰的三级分带和明显的浓集中心,异常强度为 92×10^{-6},异常形态近椭圆状,呈北西向或北东向延伸的趋势。空间上与 Cu 套合紧密的元素有 Pb、Ag、Au、As、Sb、Hg、W、Sn、Bi、Mo,形成具有离心-向心结构的复杂组分含量富集的叠生地球化学场。Cu 的甲、乙综合异常具有优良的成矿条件和进一步找矿前景,是扩大找矿的重要靶区
	土壤异常特征	特征元素组合为 Cu(Au)-As-Ag-Pb-Zn-Mo-Bi。以 Cu(Au) 为中心向两侧水平分带为 Cu(Au)→As→Ag→Pb→Zn→Mo→Bi
	因子分析	因子分析显示,矿床所在区域为海相碎屑岩、碳酸盐岩沉积区。Au、Cu、Pb、Zn、Ag、As、Sb、W、Bi 因子得分高
	剥蚀程度	属于浅等剥蚀
	找矿指示元素	有 Cu、Pb、Ag、Au、As、Sb、Hg、W、Sn、Bi、Mo,其中,Cu、Pb、Zn、Au 是近矿指示元素,Sb、As、Hg 为远程指示元素,尾部元素有 W、Sn、Bi、Mo

2. 红太平铜多金属矿床

1) 矿床地质特征

矿床位于天山-兴蒙-吉黑造山带(Ⅰ)、小兴安岭-张广才岭弧盆系(Ⅱ)、放牛沟-里水-五道沟陆缘岩浆弧(Ⅲ)、汪清-珲春上叠裂陷盆地(Ⅳ)北部。

区内出露有二叠系庙岭组、柯岛组。二叠系庙岭组的火山碎屑岩-碳酸盐岩建造,岩石组合为碎屑岩(砂岩、粉砂岩夹泥质灰岩)及安山质凝灰岩夹少量安山岩、安山质凝灰熔岩。是红太平铜多金属矿床主要的矿源层及含矿地层。

区内岩浆活动频繁,从古生代至中生代均强烈。主要有闪长玢岩、细晶岩、霏细岩、煌斑岩脉等。岩浆多期次、多阶段的活动为成矿提供了热源,带来了丰富的成矿物质。

矿区断裂构造发育且复杂。矿区内缓倾斜短轴向斜是主要的容矿构造;而近东西向断裂和层间断裂与成矿关系密切。近南北的成矿后断裂构造对矿体有明显的破坏作用。

矿物组合为闪锌矿、黄铜矿、斑铜矿、方黄铜矿（磁黄铁矿）、方铅矿及绿泥石、绢云母、白云母、石英、石榴石、绿帘石、方解石等。

矿体围岩及近矿围岩均具有不同程度的蚀变，主要有硅化、矽卡岩化、碳酸盐化、绿帘石化、绿泥石化等。尤其是绿帘石化和绿泥石化特别普遍，应该是与火山活动有关的区域性变质产物。

2）矿床地球化学异常特征

1∶5万化探异常显示（见图5-2-52），矿床所在区域可圈出具有清晰三级分带和明显浓集中心的Cu异常，强度$101×10^{-6}$，面积$21.29km^2$，NAP值36.11。形状不规则，主要为北西向延伸。对红太平多金属矿床积极支撑。Pb、Zn、Ag异常亦具有清晰的三级分带和明显的浓集中心，强度均较低，峰值分别为$59×10^{-6}$、$276×10^{-6}$、$571×10^{-6}$，面积为$11.25km^2$、$16.76km^2$、$46.71km^2$，NAP值分别为89.71、1190.84、74.12。形态均呈不规则状，北西向或近东西向延伸的趋势。

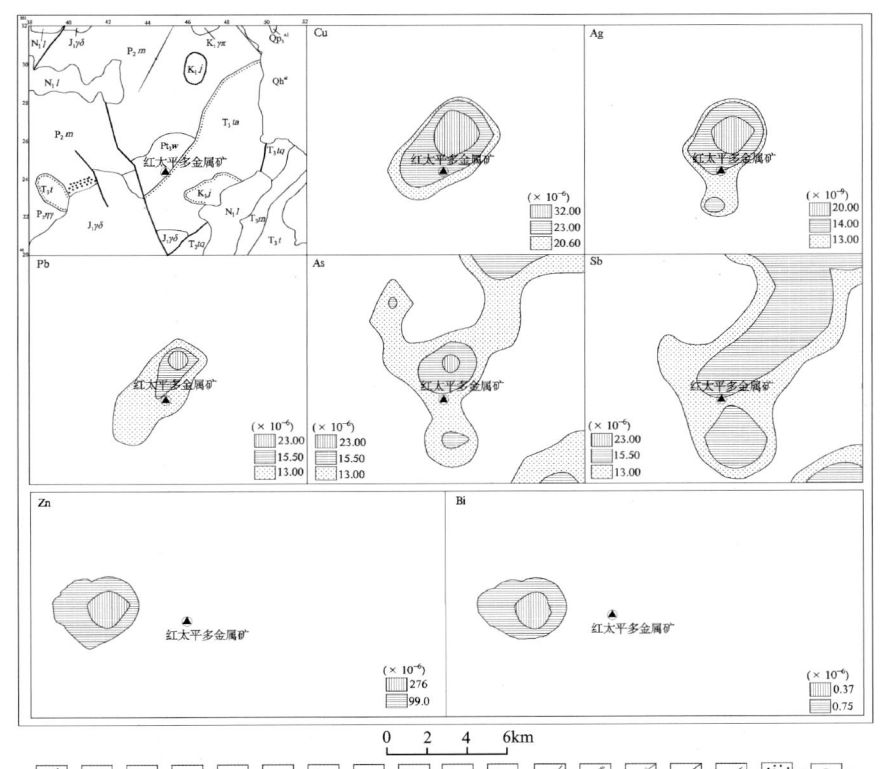

图5-2-52 红太平铜多金属矿床主要元素剖析图

1.第四系全新统Ⅰ级阶地及河漫滩冲洪积物；2.第四系全新统Ⅱ级阶地堆积冲洪积物；3.新生代新近纪中新世老爷岭组玄武岩；4.白垩纪早白垩世金沟岭组安山岩夹安山质火山碎屑岩；5.中生代早白垩世花岗斑岩；6.中生代早侏罗世花岗闪长岩；7.上三叠统马鹿沟组砂岩；8.上三叠统天桥组流纹岩；9.中二叠统庙岭组细砂岩与粉砂岩互层夹灰岩；10.中二叠世二长花岗岩；11.黑龙江岩群万宝岩组片岩夹大理岩；12.地质界线；13.不整合界线；14.实测逆断层；15.实测性质不明断层；16.背斜；17.角化岩；18.红太平多金属矿床

空间上，Pb异常与红太平多金属矿有一定偏移，显示响应程度相对不高，这是含矿热液运移过程中Pb的地球化学活性较Cu、Zn强，容易迁移的结果。从叠加程度上看，Cu、Pb、Zn、Ag、Au、As、Sb、W、Sn、Bi、Mo异常在空间上藕合是非常紧密的，对成矿均不同程度作出贡献，形成具有向心-离心结构的复杂叠生地球化学异常场。其中，Ag、W、Sn、Bi、Mo以较大的异常规模分布，同时显示出Cu、Pb的迁移、富集主要是在中、高温的成矿地球化学环境中。Cu、Pb、Zn、Ag的综合异常具有优良的成矿地质背景和条件，且与分布的矿产积极响应，是扩大铜铅锌多金属及伴生银找矿的重要靶区。

红太平多金属成矿岩浆系统在表生介质中的高、中、低温元素组合异常的空间紧密叠加，反映了岩浆活动的多期性以及容矿构造的继承性。作为主要成矿组分的 Cu、Pb、Zn 在这种不同级次的岩浆和热液交代系统的演化过程中得以充分富集,而同源的主要伴生元素 Ag 在次生的地球化学场内与 Cu、Pb、Zn 一样被带入并产生矿化(预计远景资源量为 100.31t)。而随着能量系统的转换(加里东期→燕山期),元素的空间叠加强烈,造成 Cu、Pb、Zn、Au、As、Sb、W、Sn、Bi、Mo 均呈较强的富集状态存在。对应的载体矿物闪锌矿、黄铜矿、斑铜矿、方铅矿呈现高级别矿化,次一级的矿化聚集矿物为银黝铜矿、毒砂、黄铁矿、辉锑矿等。

矿区土壤异常没有搜集到相应资料。

原生晕异常特征显示矿体主要赋存在庙岭组上段凝灰岩、安山质凝灰岩中。主成矿元素平均含量,Cu 88×10^{-6},Pb 49×10^{-6},Zn 111×10^{-6},分别是世界沉积岩平均含量(Cu 23×10^{-6},Pb 12×10^{-6},Zn 47×10^{-6})的 3.8 倍、4.0 倍、2.4 倍。可见该区地层为含 Cu、Pb、Zn 的高值层位,见表 5-2-23。

表 5-2-23 红太平矿区内不同层位 Cu、Pb、Zn 含量的平均值(据钟世伟等,2005)

层位	样品数（个）	平均值($\times10^{-6}$)			浓集系数			备注
		Cu	Pb	Zn	Cu	Pb	Zn	
上交互层(含矿层)	259	167.8	29.8	311.3	7.3	7.5	6.6	用世界沉积岩平均值除之得到浓集系数
上砂板岩层	125	65.2	55.2	135.8	2.8	4.6	2.9	
下交互层(含矿层)	24	541.7	781.8	1 065.8	23.6	65.2	22.7	
下岩段杂色层	69	121.8	22.6	117.5	5.3	1.9	2.5	

根据矿区各钻孔中原生晕样品分析资料绘制了 Cu、Pb 原生晕纵剖面等值线图。从图 5-2-53 中可看出矿区 ZK2202 钻孔纵向 Cu、Pb 原生晕异常表现突出,从地表 0m 到地下 250m,Cu、Pb 原生晕异常连续分布,并有浓集中心出现,表明西侧深处有存在隐伏矿体的可能。ZK1801 钻孔 Cu、Pb 原生晕异常亦较好,浓集中心即为矿体赋存部位。从 ZK1401 到 ZK102 钻孔,矿体连续,厚度加大,而 Cu、Pb 异常变窄,矿体逐渐上升至地表。这是由于从 ZK2202 钻孔到 ZK102 钻孔,含矿层位凝灰岩、安山质凝灰岩亦逐渐变窄的缘故。

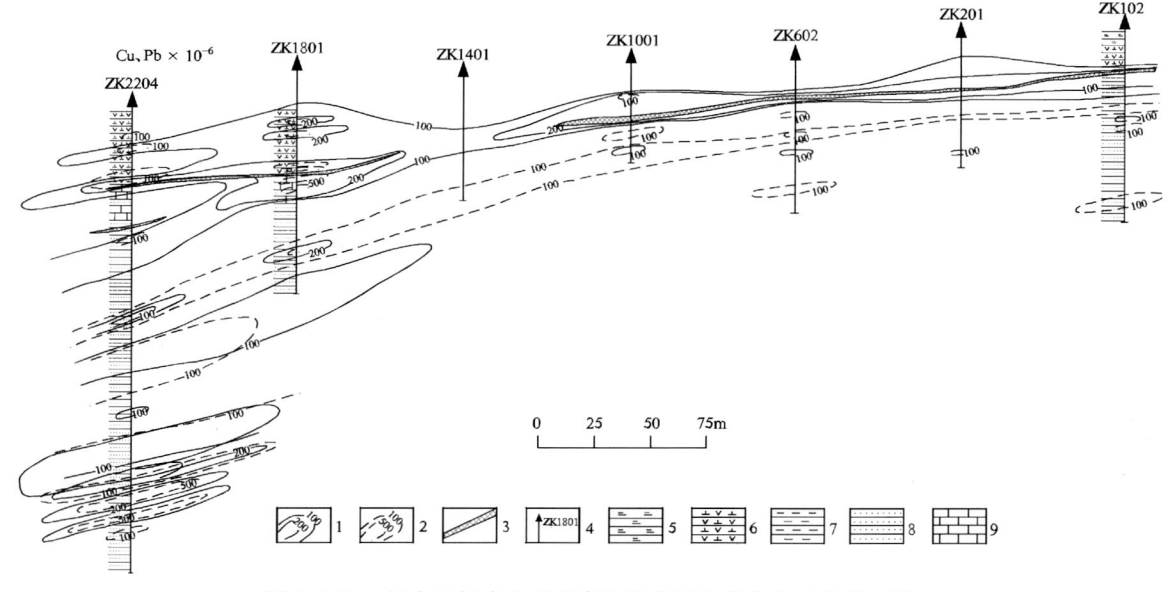

图 5-2-53 红太平铜多金属矿床钻孔岩石地球化学异常剖面图
1.Cu 异常;2.Pb 异常;3.矿体;4.钻孔及编号;5.绿泥绢云片岩;6.安山质凝灰岩、安山岩;
7.碳泥质粉砂岩;8.砂岩;9.泥质灰岩

3）硫同位素组成

矿石矿物的 $\delta^{34}S$ 变化范围 $-7.6‰ \sim 1.6‰$，平均值 $-2.8‰$，极差 $9.2‰$。$^{32}S/^{34}S$ 为 $22.386 \sim 22.183$，平均值为 22.279。具有近陨石硫的特点，表明 Cu、Pb、Zn、Ag、Fe、S、As 等来自下地壳或上地幔，与早二叠世中酸性火山活动有成因联系。

4）矿床地质-地球化学找矿模型

矿床的地质、地球化学特征如下。

矿床地球化学异常模式见图 5-2-54。

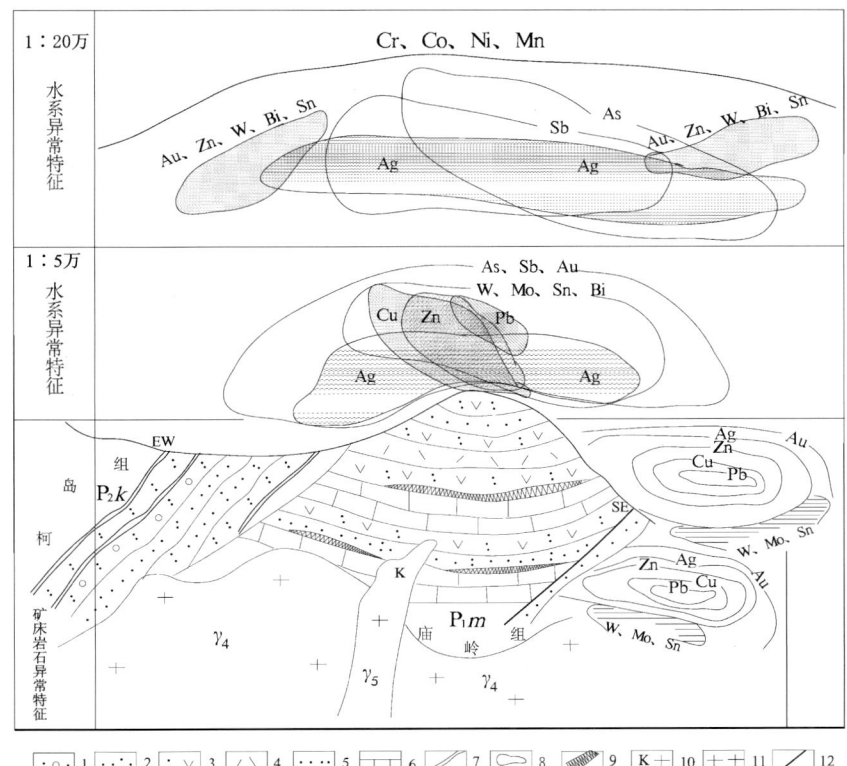

图 5-2-54　红太平多金属矿床地球化学异常模式图

1.凝灰质砾岩；2.凝灰质砂岩；3.安山质凝灰岩；4.流纹岩；5 砂岩；6.泥灰岩；7.板岩；
8.异常曲线；9.多金属矿体；10.花岗岩；11.钾长花岗岩；12.断层

总结矿床主要特征如下：①二叠系庙岭组的火山碎屑岩-碳酸盐岩建造是主要含矿围岩，成矿元素 Cu、Pb、Zn 平均含量在庙岭组地层中含量高，处于富集状态。岩浆活动为成矿提供了热源和物源，东西向构造活动直接控矿。②铁族元素同生地球化学场经过后期 Cu、Pb、Zn、Ag、Au、W、Mo、Ei、Sn、As、Sb 复杂的地球化学改造，在形成的复杂元素叠生地球化学场中富集成矿。③成矿元素 Cu、Pb、Zn、Ag 为正消长关系，其浓集中心吻合部位即为矿体位置。④Cu、Pb、Zn、Ag、Au、W、Mo、Bi、Sn、As、Sb 空间套合紧密。其中，Cu、Pb、Zn、Ag 是成矿指示元素，As、Sb、Au 是前缘指示元素，W、Mo、Bi、Sn 是矿体的尾部指示元素。⑤特征元素组合为 Cu-Pb-Zn-Ag。分带特征为矿区西侧纵向 Cu、Pb(Zn)原生晕异常表现突出，从 400～100m，Cu、Pb(Zn)原生晕异常分布连续，并有浓集中心出现。向东 Cu、Pb(Zn)原生晕异常变窄，表明西侧深处有存在隐伏矿体的可能。⑥成矿经历了高—中—低温复杂过程，中等剥蚀程度。⑦矿床硫同位素特征表明成矿物质具有深源特征。

三、铅锌矿

(一) 岩浆岩型

1. 放牛沟多金属硫铁矿床

1) 矿床地质特征

矿床位于华北陆台北缘地槽区一侧,哈尔滨-长春断裂带和伊通-伊兰断裂带之间,大黑山隆起带的中心部位。

矿区主要出露的是上奥陶统石缝组和下志留统桃山组的浅变质中、酸性火山岩及沉积岩,岩性有变质砂岩、结晶灰岩、酸性熔岩等。白垩系、古近系和新近系只有零星出露。其中,上奥陶统石缝组是主要的赋矿层位。

与成矿关系密切的侵入岩体是加里东晚期的中细粒白岗质花岗岩及花岗斑岩、花岗闪长岩、斜长花岗岩等(后庙岭花岗岩体)。该岩体受后期断裂作用影响,在构造部位常形成片麻状花岗岩、花岗质碎裂岩、糜棱岩和千枚岩,可作为重要的找矿标志。

区内存在一系列使石缝组和桃山组地层强烈褶皱、逆冲的近东西向复式褶皱和挤压破碎带,为主要的容矿构造。而东西向、北西向及北东向的压扭性断裂是主要的控矿构造。

矿物组合以黄铁矿、磁铁矿、方铅矿、闪锌矿为主,磁黄铁矿、黄铜矿、辉铋矿、辉钼矿、白钨矿、毒砂、硬锰矿、软锰矿等少量出现。脉石矿物有石榴石、透辉石、透闪石、方解石等。

围岩蚀变主要有青磐岩化、绿泥石化、绿帘石化、黝帘石化、硅化、绢云母化、萤石化、闪石化、黄铁矿化等。显示的分带性为在岩体接触带附近石榴石-透辉石或透闪石矽卡岩及碳酸盐化发育,并伴有黄铁矿化,大理岩中的纹层状黄铁矿大多形成以绿泥石化为主要蚀变。

2) 矿床地球化学异常特征

在矿床所在区域圈出具有清晰二级分带的 Pb 异常,强度较低,峰值 33×10^{-6}。异常形态不规则,轴向北西。

Zn 异常具有清晰的三级分带和明显的浓集中心,强度达到 98×10^{-6},北西向、北东向延伸的趋势。Pb、Zn 异常空间套合程度较高。Cu 异常亦有清晰的三级分带和明显的浓集中心,强度达到 65×10^{-6},轴向北西。

与 Pb、Zn 空间套合紧密的元素有 Cu、Au、Ag、W、Bi、Mo,边缘为 Cr、Ni、V,有同心状套合,有离心状套合,构成组分复杂、无序特征明显的地球化学元素富集区,显示铅(锌)成矿的复杂性、多期性。Pb、Zn 综合异常具备良好的成矿地质条件和找矿前景,空间上与放牛沟多金属矿积极响应,是进一步找矿的重要靶区,见图 5-2-55。

矿床土壤异常特征见表 5-2-24。表中显示 Pb、Zn 的浓集克拉克值大于 1,在该区域土壤中处于富集状态,但 Pb、Zn、Cu 的变异系数不大,说明离散程度较小,反映 Pb、Zn、Cu 分布均匀,对成矿不利。Cu、Au 的浓集克拉克值小于 1,但 Au 的变异系数相对较大,有富集成矿的可能。这种分布规律亦是富含成矿物质层位的反映,与 1∶5 万水系沉积物中元素的分布状态吻合。

放牛沟矿区在横穿矿体的土壤测量剖面中,矿体上方 Pb、Zn 显示较高异常强度,Cu 异常变化相对较小,显示的峰值分别为 350×10^{-6}、1000×10^{-6}、50×10^{-6}。其组合异常呈东西向的带状分布,异常宽度大于矿体和原生晕宽度。研究表明,6 米宽的矿体,土壤异常扩散宽度达 $50\sim60m$,反映土壤异常是矿体进一步分散成晕的结果,是具有矿致性质的次生异常。

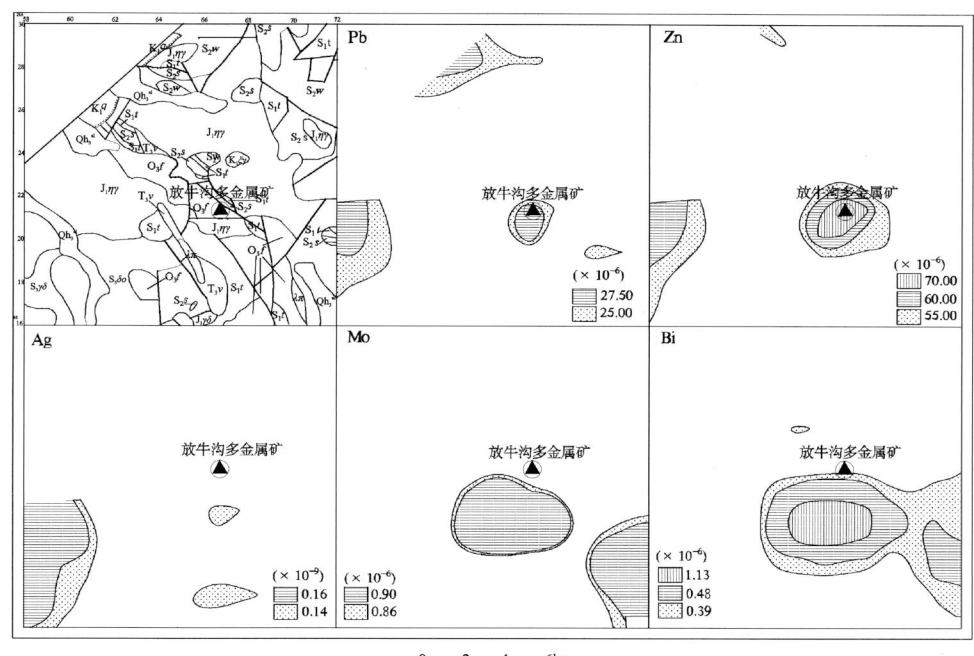

图 5-2-55 放牛沟多金属矿主要元素剖析图

1.第四系全新统现代堆积;2.下白垩统泉头组砂岩、泥岩、砂砾岩;3.中侏罗世石英二长岩;4.早侏罗世花岗闪长岩;5.早侏罗世二长花岗岩;6.晚三叠世辉长岩;7.晚志留世片麻状花岗闪长岩;8.晚志留世片麻状石英闪长岩;9.古生界志留系弯月组变质火山岩夹大理岩;10.古生界志留系石缝组板岩;11.古生界志留系桃山组板岩;12.古生界奥陶系放牛沟组火山岩变质中酸性火山碎屑岩夹大理岩 13.流纹斑岩;14.花岗细晶岩;15.地质界线;16.不整合界线;17.实测性质不明断层;18.伊通县放牛沟多金属矿床

表 5-2-24　放牛沟地区 1∶5 万土壤测量分析结果

元素	均值	标准离差	异常下限	变异系数	土壤克拉克值	浓集克拉克值
Cu	12.7	3.20	19.1	0.25	20	0.64
Pb	15.3	3.60	22.5	0.24	10	1.53
Zn	55.1	12.0	79.1	0.22	50	1.10
Au	3.50	1.68	6.9	0.53	10	0.35

注:Au 含量单位为 $\times 10^{-9}$,Cu、Pb、Zn 含量单位为 $\times 10^{-6}$。

Co、Ni 成背景状态分布,对铅锌找矿没有指示意义。因此,Pb-Zn-Cu 组合异常模式在找矿预测中有重要指示作用,见图 5-2-56(图中元素含量单位为 $\times 10^{-6}$)。

岩石中微量元素研究显示,Zn、Pb 等主要成矿元素在矿区石缝组、桃山组地层以及安山岩、流纹岩、大理岩中的平均含量均分别小于地壳克拉克值和世界同类型岩石平均值,可见元素处于分散状态,说明该区不存在富含主要成矿元素的矿源层或岩石类型。而花岗岩中,Zn 86×10^{-6},Pb 91×10^{-6},Cu 50×10^{-6},高出标准花岗岩克拉克值的 1~4 倍,处于明显的富集状态,指示花岗岩浆的侵入活动是成矿物质的主要来源。

矿床岩石异常特征见图 5-2-57。从图中可看出,Pb、Zn、Cu、Mo、Mn、Ni、Co 异常高值区呈"∧"字形,两侧呈一定的低缓态势,而且 Pb、Zn、Cu 的异常强度远比 Mo、Ni、Co 大。表明由含矿围岩向矿体,成矿元素迁移、富集活动十分强烈，可以 Pb、Zn、Cu 异常浓集中心指示矿体赋存位置，直接进行矿体的圈定。由图中异常宽窄程度推测的横向分带为 Zn→Mn→Cu→Pb→M→Co→Ni。图中表明，与成矿关系密切的元素有 Pb、Zn、Cu、Ag、Au、Mo，空间上形成同心套合结构，呈近东西向带状分布。

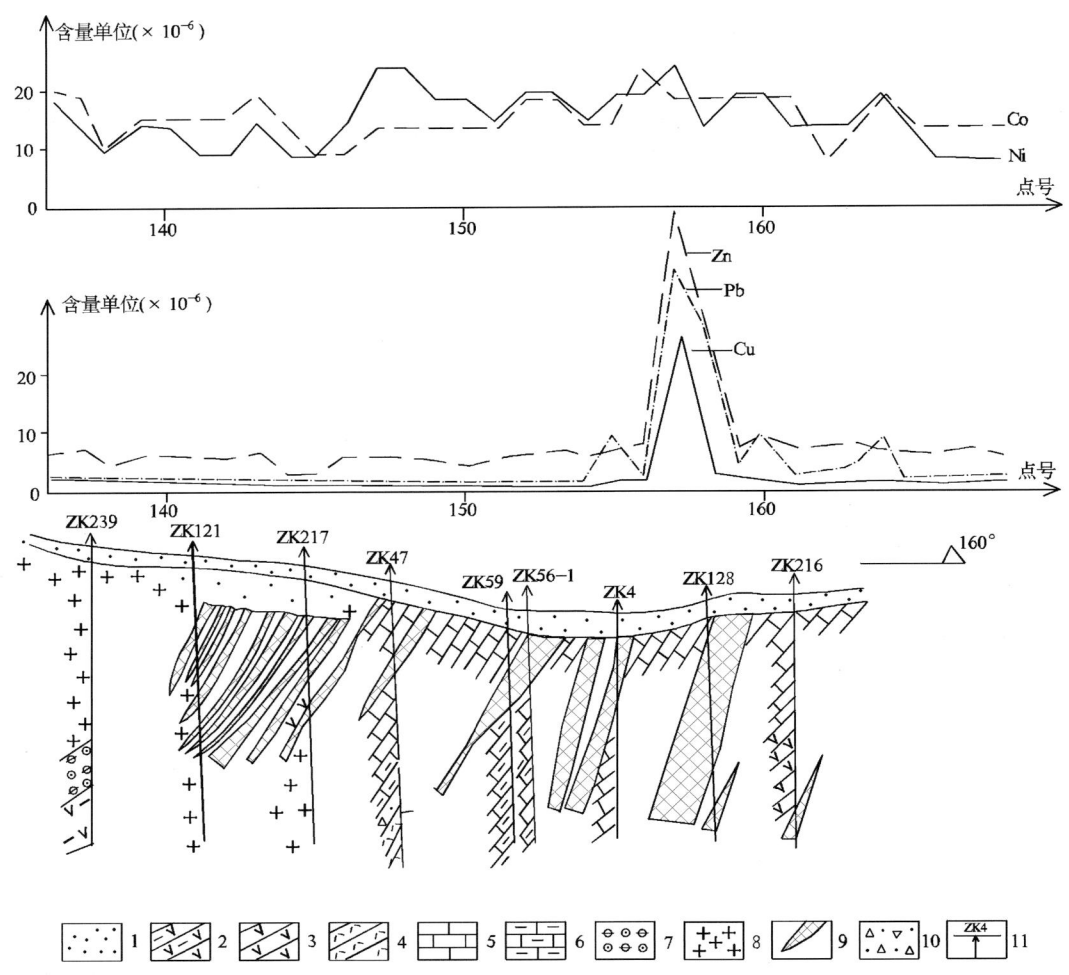

图 5-2-56　放牛沟多金属硫铁矿床 1∶1 万土壤化探异常图
1.堆积物；2.硅化绿帘石化安山岩；3.片理化安山岩；4.片理化流纹岩；5.大理岩；6.条带状大理岩；
7.绿帘石石榴石大理岩；8.花岗岩；9.矿体；10.硅化破碎带；11.钻孔及编号

据吉林省地质科学研究所的研究结果，由原生晕异常规模的大小进行异常的纵向分带，分带结果为 Zn→Mn→Pb→Ag→Cu→Mo→Ni→Co。其中，Mo、Ni、Co 作为矿体的尾部指示元素以较小的异常规模置于浓集中心，而且相比 Pb、Zn、Cu 有对称现象。

同样矿床原生晕轴向分带明显，即根据钻孔不同深度原生样，计算各元素线金属量在元素总量中所占据的位置而进行轴向分带，分带结果由异常中心向外依次为 Zn→Mn→Pb→Ag→Cu→Co→Mo→Ni。主成矿元素位于异常中心，亲铁元素主要靠近围岩。

原生晕的分带性可以说明三点：①成矿具有高温的富集态势；②矿体存在一定的剥蚀，但程度不是很深；③成矿元素由深部向地表成晕、成矿过程中以垂向运移为主，矿体分布连续，基本没有发生侧伏，形成的矿体较陡。由于矿床属于火山沉积型，受深部复杂多样的构造控制明显，使得矿床在深部成矿规模较大。从区域性水系异常亦知，高温组合 W-Bi-Mo 显示较小的异常规模，这也说明矿床隐伏深度较大，应注重深部找矿。

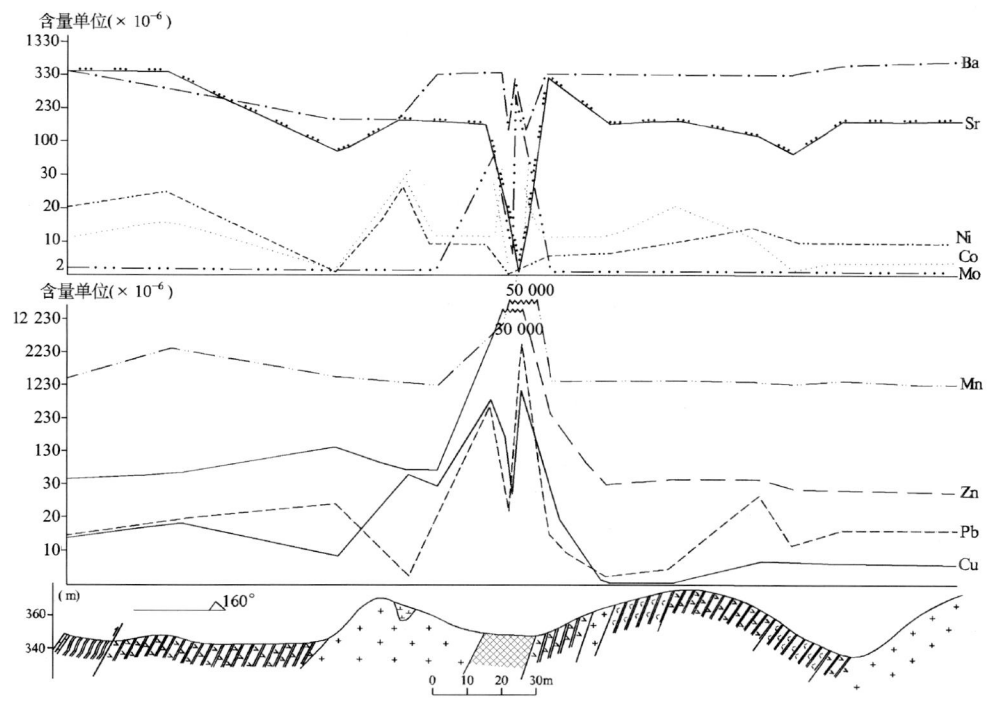

图 5-2-57　放牛沟多金属硫铁矿床岩石地球化学异常图

1.白岗花岗岩；2.变安山岩；3.蚀变流纹岩；4.矿体；5.大理岩；6.闪长岩；7.板岩；8.断层；
9.Cu异常；10.Pb异常；11.Zn异常；12.Mn 始异常；13.Co异常；14.Ni异常；15.Mo异常；
16.Ba异常；17.Sr异常

总之，矿床的有益组分是 Pb、Zn、Cu，重要的伴生元素有 Ag、Au、Mo、Co、Mn、Ni、(Fe)。这些都成为重要的找矿指示元素。

3）铅同位素特征

放牛沟矿床铅同位素组成 $^{206}Pb/^{204}Pb$ 为 17.38～18.32；$^{207}Pb/^{204}Pb$ 为 15.38～15.64；而 $^{207}Pb/^{204}Pb$ 比较低（15.38～15.60），反映物质主要来源于深部的上地幔。从矿石铅、花岗岩的全岩铅及花岗岩中钾长石铅均呈线性分布分析，成矿物质来源与深部的花岗岩活动关系密切。

4）硫同位素特征

放牛沟矿床硫化物 $\delta^{34}S$ 均值为 5.08‰(0.3‰～6.7‰)，分布范围窄，极差小，无负值，塔式效应明显，这些特征与花岗岩及矽卡岩内黄铁矿基本相同。对比拉伊与大本所提出的热液多金属矿床成矿溶液总硫同位素组成特征的第 3 种类型（$\delta^{34}S$ 为 5‰～15‰，成矿溶液中的硫应为深源硫与海相地层硫的混合硫源），可以认为该矿床成矿硫主要来自深部岩浆，部分来自地层。

5）氧同位素特征

花岗岩副矿物磁铁矿的 $\delta^{18}O$ 平均值为 6.47‰(5.14‰～8.14‰)，与岩浆水的氧同位素特征(5.5‰～8.5‰)接近，基本属于岩浆水，表明成矿与深部岩浆源有关。

6）矿床地质-地球化学找矿模型

根据上述描述建立矿床地质-地球化学找矿模型，见表 5-2-25。

表 5-2-25 放牛沟多金属硫铁矿床地质-地球化学找矿模型

内容		特征描述
地质特征	类型	岩浆岩型
	地层	上奥陶统石缝组的浅变质中酸性火山岩-碳酸盐岩-碎屑岩建造是主要的赋矿层位
	构造	近东西复式褶皱和挤压破碎带，为主要的容矿构造。而东西向、北西向及北东向的压扭性断裂是主要的控矿构造
	岩浆岩	与成矿关系密切的侵入岩体是加里东晚期的中细粒白岗质花岗岩及花岗斑岩、花岗闪长岩、斜长花岗岩。其中的动力变质岩是重要的找矿标志
	矿物组合	矿物组合有黄铁矿、磁铁矿、方铅矿、闪锌矿及石榴石、透辉石、透闪石、方解石、石英等
	围岩蚀变	蚀变主要有青磐岩化、绿泥石化、硅化、绢云母化、黄铁矿化等
	深度	控制深度 358m
	控矿因素	地层控矿：上奥陶统石缝组的浅变质中酸性火山岩-碳酸盐岩-碎屑岩建造。岩浆控矿：加里东晚期的花岗岩类侵入体提供物源、热源。构造控矿：近东西复式褶皱和挤压破碎带。
	成矿模式	加里东期后庙岭花岗岩浆活动带来了大量成矿物质，在岩浆上侵同时同化早古生代火山-沉积岩系中成矿物质。这些成矿物质在含矿热液作用下，于构造应力薄弱、易交代的含钙质、杂质较多的大理岩特别是条带大理岩、片理化安山岩及安山质凝灰岩中形成矽卡岩，成矿物质发生沉淀作用，形成充填交代矿体
	时空分布	矿体呈脉状、透镜状、似层状，走向 70°～100°，倾向南，倾角 35°～70°
地球化学特征	元素组合	特征组合 Pb-Zn-Cu-Ag-Au-Mo
	组分分带	以 Pb-Zn-Cu 组合异常为中心，在矿体上方形成高强度异常。横向分带：Zn→Mn→Cu→Pb→Mo→Co→Ni；纵向分带：Zn→Mn→Pb→Ag→Cu→Mo→Ni→Co；轴向分带，即由异常中心向外为 Zn→Mn→Pb→Ag→Cu→Co→Mo→Ni
	微量元素特征	Zn、Pb 等主要成矿元素在矿区石缝组、桃山组地层以及安山岩、流纹岩、大理岩中的平均含量均分别小于地壳克拉克值和世界同类型岩石平均值，元素处于分散状态。而花岗岩原生晕分析结果，Zn 86×10^{-6}，Pb 91×10^{-6}，Cu 50×10^{-6}，高出标准花岗岩克拉克值 1～4 倍，处于明显的富集状态，表明成矿物质主要来源于花岗岩侵入体
	同位素特征	矿床铅、硫、氧同位素特征表明，成矿物质来源于深部，与花岗岩浆活动关系密切
	水系异常特征	矿床所在区域可圈出具有比较清晰二级分带的 Pb 异常，峰值 33×10^{-6}。而 Zn 异常具有清晰的三级分带和明显的浓集中心，峰值 98×10^{-6}，北西向及北东向延伸。与 Pb、Zn 空间套合紧密的元素有 Cu、Au、Ag、W、Bi、Mo。其组合异常形成较复杂元素组分富集异常场，指示成矿的复杂性。Pb、Zn 综合异常具备良好的成矿地质条件和找矿前景，对放牛沟多金属硫铁矿积极支持，是进一步找矿的重要靶区
	土壤异常特征	矿体上覆土壤中 Cu-Pb-Zn 组合异常强度高，异常幅度大于矿体。Co-Ni 组合异常低缓。特征组合 Cu-Pb-Zn 是找矿预测的主要指标
	因子分析	矿床处于中酸性火山岩分布区，花岗岩有很好展示，B、Li、SiO_2、K_2O、Ba 因子得分高
	剥蚀程度	属于浅-中等剥蚀
	找矿指示元素	找矿指示元素有 Pb、Zn、Cu、Au、Ag、W、Bi、Mo。其中，Pb、Zn、Cu 是近矿指示元素，Au、Ag 为远程指示元素，尾部元素有 W、Bi、Mo

(二)层控内生型

1. 大营铅锌矿床

1)矿床地质特征

矿床位于华北叠加造山-裂谷系(Ⅰ)、胶辽吉叠加岩浆弧(Ⅱ)、吉南-辽东火山盆地区(Ⅲ)、抚松-集安火山-盆地群(Ⅳ)。

主要的含矿层位是寒武系徐庄组的石英黑云母角岩,绿帘阳起硅质角岩、变质粉砂岩与泥质板岩互层夹大理岩。张夏组的灰白色厚层大理岩以及崮山组的角页岩夹透镜状薄层大理岩和石榴石矽卡岩只具有铅锌矿化。

与成矿密切的侵入岩是燕山早期的钾长花岗岩、二长花岗岩及花岗斑岩,脉岩体也起到一定作用。活化矿源层中 Pb、Zn 等成矿物质迁移于北东向主断裂控制带,并于层间断裂构造空间富集成矿。北西向断裂具多期活动特点,对矿体起到破坏作用。

矿物组合为闪锌矿、方铅矿、黄铁矿、黄铜矿及石英、方解石、绿帘石、石榴石。

蚀变有角砾岩化、矽卡岩化、硅化、碳酸盐化等。

2)矿床地球化学特征

在矿床所在区域可圈出具有清晰三级分带和明显浓集中心的 Pb、Zn 异常,峰值分别为 61×10^{-6} 和 129×10^{-6}。Pb 异常呈带状分布,异常轴向呈北西向延伸的趋势,而 Zn 异常呈不规则状分布,异常轴向呈北东向延伸的趋势。空间上二者叠合程度较高。

与 Pb、Zn 套合紧密的元素有 Zn、Au、Cu、Ag、As、Sb、Bi、Mo,形成复杂元素组分富集的地球化学异常场。有大营铅锌矿产积极响应,是重要的找矿靶区。见图 5-2-58。

矿床土壤化探异常没有资料佐证。

矿床原生晕异常特征见图 5-2-59。图中显示,矿体赋存在条带状灰岩与角页岩接触带上,矿体上方 Cu、Pb、Zn 异常强度明显增高,异常幅宽大于矿体。由异常中心向外水平分带为 Cu→Zn→Pb。显示 Pb 的地球化学活性比 Cu、Zn 强。通过矿体被断裂切割而具有不同产状可知,次一级断裂对控矿作用明显。

4)硫同位素特征

大营矿床矿石 $\delta^{34}S$ 值除一件方铅矿为负值($-1.7‰$)外,其余均为正值,变化于 $0.9‰\sim4.8‰$ 之间,平均值为 $3.14‰$,以富重硫为特征,与花岗岩中黄铁矿 $\delta^{34}S$ 值($3.5‰$)一致,表明矿床硫以岩浆硫为特征。

5)铅同位素特征

矿区铅同位素比值稳定,变化小,为单阶段稳定增长的正常铅,主要来自寒武系地层。μ 值,大营矿床为 $8.45\sim8.63$,平均 8.58,表明寒武纪地层中铅来自周围古陆上的内生矿床低 μ 值系统源区铅。

6)氧、碳同位素组成特征

以大营铅锌矿床矿化矽卡岩矿石中石英为例,计算所得平衡水 $\delta O^{18}H_2O$ 值为 $8.101‰\sim14.03‰$,表明成矿热液水由岩浆水($5‰\sim10‰$)与相当变质水的地下水二者的混合。

矿床碳同位素组成以较大的负值为特征,显示了生物有机碳特点,反映成矿作用碳来源于地层生物碳。

7)矿床氢同位素组成特征

δD 值为 $-87.99‰\sim116.002‰$,与大气降水矿床(如辽宁青城子等)有很大差别,也不同于岩浆水矿床(如秘鲁卡银-铅-锌细脉状矿床)。所以,本区矿床矿液水可能具多源性。

总之,大营矿床成矿物质来源具有多源特征。

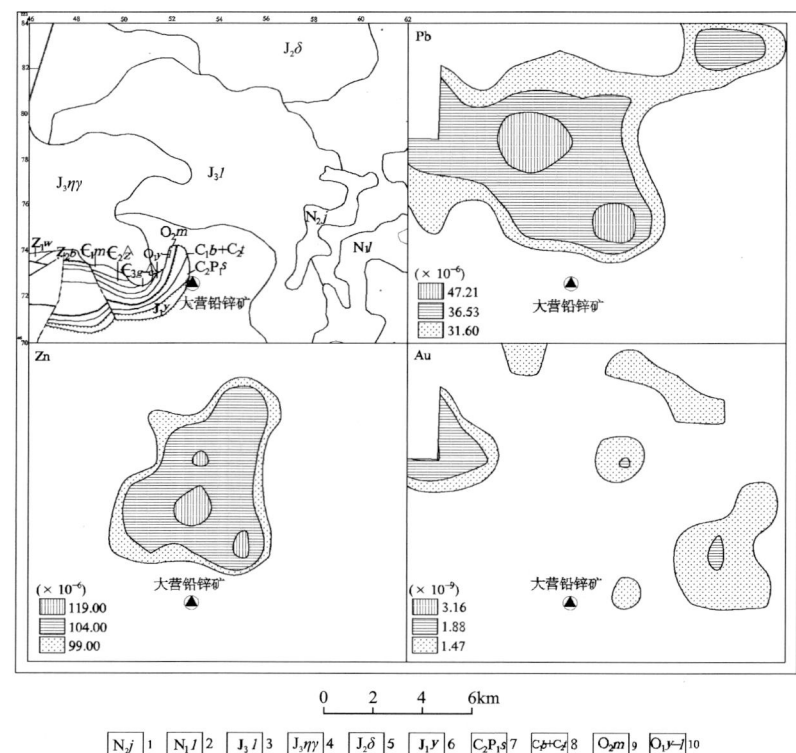

图 5-2-58 大营铅锌矿主要元素剖析图

1.上新世玄武岩;2.中新世玄武岩;3.中生代晚侏罗世流纹质火山碎屑岩;4.中生代晚侏罗世二长花岗岩;5.中生代中侏罗世闪长岩;6.下侏罗统砂砾岩;7.上石炭统砂岩夹煤;8.石炭系页岩夹灰岩;9.中奥陶统白云质灰岩夹灰岩;10.下奥陶统灰岩夹页岩;11.上寒武统薄层灰岩夹鲕岩、粉砂岩-鲕岩夹灰岩;12.中寒武统灰岩夹页岩;13.下寒武统粉砂岩-页岩;14.中震旦统灰岩夹硅质岩;15.下震旦统灰岩;16.地质界线;17.不整合界线;18.遥感推断断层;19.大营铅锌矿床

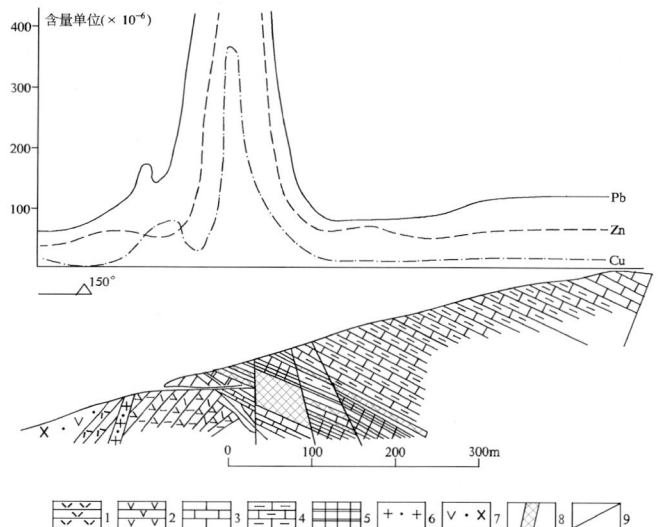

图 5-2-59 大营铅锌矿岩石地球化学异常剖面图

1.流纹岩;2.流纹质岩屑晶屑凝灰熔岩;3.灰岩;4.条带状灰岩;5.角页岩;6.石英斑岩;7.安山玢岩;8.矿体;9.断层

8）矿床的地质-地球化学找矿模型

根据上述描述建立矿床地质-地球化学找矿模型。见表 5-2-26。

表 5-2-26　大营铅锌矿床地球化学找矿模型

内容		特征描述
地质特征	类型	层控内生型
	地层	主要的含矿层位是寒武系徐庄组、张夏组以及崮山组，岩性以大理岩为主
	构造	北东向的深大断裂是主要的控矿构造，北西向的次一级断裂是主要的容矿构造
	岩浆岩	与成矿密切的是燕山早期的花岗岩类侵入岩及脉岩体。提供热源、物源
	矿物组合	矿物组合为闪锌矿、方铅矿、黄铁矿、黄铜矿及石英、方解石、绿帘石、石榴石、透闪石等
	围岩蚀变	蚀变类型为角砾岩化、矽卡岩化、硅化、碳酸盐化等
	深度	控制深度 445m
	控矿因素	寒武系大理岩，燕山期花岗岩类岩体及脉岩，北东向主断裂控制矿带展布，次级平行主断裂的层间断裂为容矿断裂
	成矿模式	寒武系中含有层状同生沉积形成的浸染状方铅矿、闪锌矿，构成 Pb、Zn 丰度高的矿源层。在燕山期岩浆侵入频繁且强烈作用下，萃取了寒武纪地层内的成矿物质，并进一步迁移、富集，最后在断裂中有利部位形成矿床
	时空分布	矿体呈似层状、透镜状、扁豆状。倾向南东，倾角 20°～50°
地球化学特征	原生晕异常　元素组合	特征元素组合 Cu-Zn-Pb。
	组分分带	由异常中心向外水平分带为 Cu→Zn→Pb。显示 Zn、Pb 地球化学活性比 Cu 强
	同位素特征	矿床硫、铅同位素特征表明，成矿物质来源于深岩浆及含矿地层。
	次生晕异常　水系异常特征	矿床 Pb、Zn 异常具有清晰三级分带和明显浓集中心，异常强度分别为 $61×10^{-6}$ 和 $129×10^{-6}$。Pb 异常呈带状分布，轴向呈北西向延伸的趋势，而 Zn 异常呈不规则状分布，异常轴向北东向延伸。空间上与 Pb、Zn 套合紧密的元素有 Au、Cu、Ag、As、Sb、Bi、Mo，构成复杂元素组分富集的地球化学异常场。Pb、Zn 综合异常具备良好的成矿条件和找矿前景，对大营铅锌矿积极支持，为矿异常，是找矿的重要靶区
	因子分析	矿床所在区域为海相碎屑岩、碳酸盐岩分布区。Pb、Zn、Cu、Ag、Au、As、Sb、Bi、W 等元素因子得分高
	剥蚀程度	属于中等剥蚀
	找矿指示元素	有 Pb、Zn、Cu、Au、Ag、As、Sb、Bi、Mo，其中，Pb、Zn、Cu、Au、Ag 是近矿指示元素，As、Sb 为远程指示元素，尾部元素有 Bi、Mo

2. 荒沟山铅锌矿床

1）矿床地质特征

含矿地层主要老岭群珍珠门组白云质大理岩。与成矿密切的侵入岩体为印支期花岗岩体。控矿、容矿构造主要是北东向的褶破构造及北东向韧性、韧脆性断裂构造。

矿物组合以黄铁矿、闪锌矿和方铅矿为主，其次为磁铁矿、磁黄铁矿、黄铜矿和黝铜矿。脉石矿物有石英、白云石和方解石等。这与荒沟山金矿有差别。

围岩蚀变主要有碳酸盐化、硅化、黄铁矿化、滑石化、透闪石化、蛇纹石化等。其中以黄铁矿化、硅化及围岩的褪色化与矿化的关系比较密切，一般出现在近矿体几米以内的大理岩中。此外区域性的蚀变主要为滑石化和透闪石化。

2) 矿床的地球化学异常特征

1:5万化探异常显示,在矿床所在区域圈出的 Pb、Zn 元素异常均具有清晰的三级分带和明显的浓集中心,异常强度高,分别为 342×10^{-6} 和 1013×10^{-6},呈不规则形态,北东向延伸。

空间上与 Pb、Zn 套合紧密的元素有 Au、Ag、As、Hg、W、Sn、Mo。其组合异常表现为复杂元素组分富集的叠生地球化学场特征以及以中—低温阶段为主的成矿地球化学环境,利于 Pb、Zn 的迁移、富集。Pb、Zn 甲、乙综合异常具备优良的成矿条件和找矿前景。空间上与分布的荒沟山铅锌矿积极响应,为矿致异常,是进一步找矿的重要靶区。

土壤化探异常展布方向 NE,多分布在"S"形断裂靠近大理岩的一侧,主要的找矿指示元素为 Pb、Zn、Cu、Ag、Au、As、Sb、Hg。与荒沟山金矿比较,无论在元素组合特征,找矿指示元素以及成矿温度等方面,均表现出很大程度的一致性。即 As、Sb、Hg 的高值域与 Pb、Zn、Cu、Ag、Au 的曲线变化是相近的,这也表明荒沟山铅锌矿的成矿温度亦应以中—低温为主。

地表原生晕显示出两组组合:一组是 Pb、Zn、Cu、Sn、Mo 等多金属元素,多在片岩或脉岩中发育,另一组是 Au、Ag、As、Sb、Hg 组合,在靠近"S"形断裂大理岩一侧为强烈富集。原生晕横向分带表现为矿体上方为高峰异常,其构成内带,而在矿体两侧形成低缓异常,构成外带。轴向分带是 Hg→As→Sb→Ag→Au→Cu→Pb→Zn→Sn→Mo,矿上元素为 Hg,偏上元素为 As、Sb 等,近矿元素为 Ag、Au、Cu,尾部元素 Sn、Mo。

具体可参看荒沟山金矿一节。

矿床围岩大理岩中 Pb、Zn 的平均含量分别为 88×10^{-6}、730×10^{-6},是世界碳酸盐岩平均含量的 9.7 倍、36.5 倍,表明高背景晕的大理岩是 Pb、Zn 的主要含矿层位。矿床中有益伴生元素有 Ag、Sb、As、Ag、Cd 等。

3) 硫同位素特征

矿床不同类型岩石和矿石中的各种硫化物硫同位素 $\delta^{34}S$ 值在 2.6‰~18.9‰ 之间,多为大于 10‰ 的正值,具重硫特征,与海相沉积的 $\delta^{34}S$ 值相吻合。

4) 铅同位素特征

铅锌矿体内方铅矿样品的铅同位素测定表明(陈尔臻,2001),方铅矿的铅同位素组成非常均一,$^{206}Pb/^{204}Pb$ 为 15.390~15.608,$^{207}Pb/^{204}Pb$ 为 15.203~15.321,$^{208}Pb/^{204}Pb$ 为 34.721~34.961,$^{208}Pb/^{207}Pb$ 为 0.012~1.022,φ 值为 0.7833~0.8070。其模式年龄为 1800~1890Ma。根据 1800Ma 的模式年龄,求得矿物形成体系的 $^{238}U/^{204}Pb$(μ 值)为 9.38,$^{232}Th/^{204}Pb$(μk 值)为 35.03,进而求得 Th/U 值为 3.71,表明矿石铅是沉积期加入的。

5) 氧、碳同位素

矿床中矿物和岩石样品的氧、碳同位素亦表明,含矿白云石大理岩与矿脉中白云石的 $\delta^{18}O$ 值、$\delta^{13}C$ 值与海相沉积的相吻合,完全有别于火成岩体。

6) 矿床地质-地球化学找矿模型

矿床地球化学异常模式见图 5-2-60。

具体特征如下:①老岭群珍珠门组白云质大理岩以及印支期花岗岩体,北东向的韧性、韧脆性断裂构造控矿。②Pb、Zn、Au、Ag、As、Hg、W、Sn、Mo 异常构成复杂聚集体,是主要找矿远景区③土壤、岩石异常反映两种矿化组合,Pb-Zn-Cu-Sn-Mo 和 Au-Ag-As-Sb-Hg,分带特征为矿上元素为 Hg,偏上元素为 As、Sb 等,近矿元素为 Ag、Au、Cu,尾部元素 Sn、Mo。④同位素特征指示海相沉积的成矿地球环境。

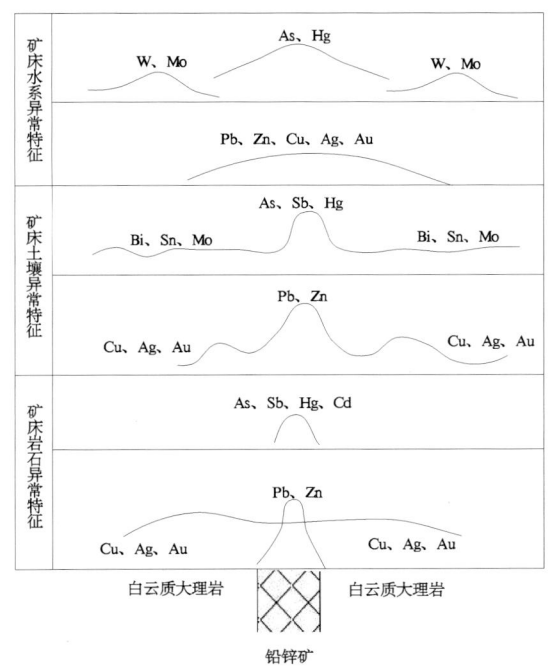

图 5-2-60　荒沟山铅锌矿床地球化学异常模式图

(三)复合内生型

1. 天宝山多金属矿床

1）矿床地质特征

矿床位于晚三叠世—新生代东北叠加造山-裂谷系（Ⅰ）、小兴安岭-张广才岭叠加岩浆弧（Ⅱ）、太平岭-英额岭火山-盆地区（Ⅲ）、罗子沟-延吉火山-盆地群（Ⅳ）。

区内出露地层主要有下古生界青龙村群黑云斜长片麻岩、斜长角闪岩；石炭系（天宝山岩群）亮晶灰岩、板岩；二叠系中酸性火山岩及碎屑岩夹板岩、灰岩等。多金属矿床（东风矿床、立山矿床、新兴矿床）即产于石炭系与二叠系中酸性火山岩中。

矿区岩浆活动较频繁，有加里东期片麻状花岗岩、海西期花岗闪长岩类，印支期斑状二长花岗岩、燕山期斑岩类，后两者与成矿关系密切。即印支期、燕山期花岗岩类侵入体与天宝山群的接触带是多金属矿床的有利就位处。

断裂构造有北西向、东西向、南北向，其中，东西向与南北向断裂为张性或张扭性，而北西向断裂则为压扭性或压性。这几组断裂构造控制了岩浆岩、角砾岩筒、爆破角砾岩群及矿化体的分布，尤其是断裂的交会处是形成矿床的有利部位。

矿物组合在不同的矿床中有一定差别。立山矿床矿石矿物主要为闪锌矿、黄铜矿、方铅矿、磁黄铁矿、黄铁矿等。东风矿床矿石矿物主要为磁黄铁矿、闪锌矿、黄铁矿、磁铁矿、方铅矿、白铁矿和毒砂。新兴矿床闪锌矿、方铅矿为主，次为黄铜矿、黄铁矿、砷黝铜矿、自然铋和银矿物复硫化物、自然金等。

蚀变具有分带现象。如爆破角砾岩筒内蚀变强，筒边蚀变弱，围岩蚀变更弱，筒内以次生石英岩化为主、边部为青磐岩化，围岩常有较明显的黄铁矿化。

2）矿床地球化学异常特征

矿床 Pb、Zn、Ag 异常分带清晰，浓集中心明显，强度分别为 1455×10^{-6}、9852×10^{-6}、$25\,619\times10^{-9}$，规模较大，近椭圆形状，呈北西向延伸的趋势。见图 5-2-61。

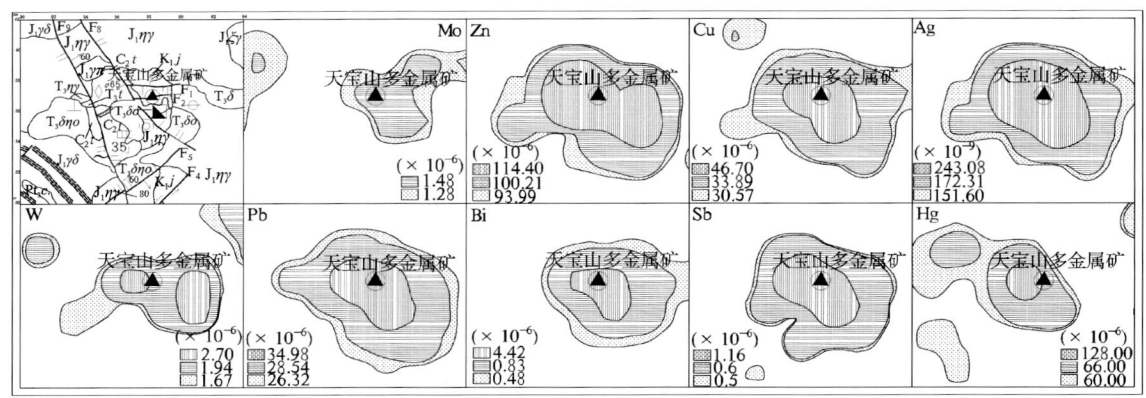

图 5-2-61 天宝山多金属矿床主要元素剖析图

1.早白垩世金沟岭组安山岩；2.早侏罗世碱长花岗岩；3.早侏罗世二长花岗岩；4.早侏罗世花岗闪长岩；5.上石炭统天宝山组灰岩；6.晚三叠世二长花岗岩；7.晚三叠世石英二长闪长岩；8.晚三叠世石英闪长岩；9.晚三叠世闪长岩；10.晚三叠世托盘沟组流纹岩夹流纹质火山碎屑岩；11.晚元古代长仁大理岩；12.地质界线；13.韧性剪切带；14.实测压性断层；15.实测平移断层；16.角度不整合界线；17.爆破角砾岩筒；18.矽卡岩化；19.黄铁矿化；19.硅化；20.碳酸岩化；21.黄铁矿化；22.绢云母化；23.绿泥石化；24.高岭土化；25.绿帘石化；26.天宝山多金属矿床

地球化学场中，Pb、Zn、Ag、Mo、Cu、Au、As、Sb、Hg、Sn、Bi 组分空间套合紧密，呈向心-离心结构，显示出在高—中—低温多阶段的成矿地球化学环境中，Pb、Zn、Ag 经受了伴生元素 Cu、Au、As、Sb、Hg、Sn、Bi 的强烈叠加改造作用，构成复杂元素组分富集场，并迁移、富集成矿。

矿床土壤异常特征元素组合为 Pb-Zn-Ag 和 Cd-Cu-Mo-Hg，异常空间叠合程度高。浓集中心处可指示矿体的存在。

矿床岩石异常特征，见图 5-2-62。图中显示，矿体上方 Cu、Pb、Zn、Ag、Cd 有较好的异常反应，成矿元素富集的趋势明显，异常水平分带为 Cu→Pb→Zn→Cd→Ag。根据其特征元素异常在空间上套合程度高，规模大，浓度分带明显等特征，可直接指示有铅锌矿体的存在。因此，岩石异常浓集中心是重要的找矿目标。尤其矿体上方 Ag、Cd 具有很高的含量，Cd 达到 150×10^{-6}，表明成矿热液进行了多次的叠加改造作用，对成矿十分有利。说明 Ag、Cd 在岩石找矿中有重要意义。

钻孔岩石分析结果表明，Cu、Pb、Zn 在纵向上含量变化很大，在 71～99m，120～123m 以及 235～252m 之间 Pb、Zn 处于高含量区，Cu 只在 250～252m 之间出现高值，达到 2.22%。250m 之前 Cu 处于低值状态，值域在 0.01%～0.06%。由此推测矿床原生晕纵向分带为 Pb→Zn→Cu→(Mo)。

3）硫同位素特征

矿区 δ^{34}S 变化于 −7.1‰～3.5‰ 之间，平均值为 −1.24‰，极差为 10.6‰，标准离差 2.03‰，同位素组成变化较大，说明硫化物成因较为复杂。由方铅矿、闪锌矿、黄铜矿、磁黄铁矿和毒砂的 δ^{34}S 值，可知矿区几个主要铜铅锌矿床硫同位素组成有一定变化规律，即方铅矿、黄铜矿的 δ^{34}S，从东风矿床→立山选厂后山→立山矿床→新兴矿床逐渐变小。而矿物的硫同位素极差和标准离差，方铅矿相差不大，东风矿床中闪锌矿明显偏大，其他矿床无大差别。

总之，矿区 δ^{34}S 具有陨石硫特征，与外围蚀变火山岩中的 δ^{34}S 相差很小，特别是东风矿床几乎完全一样，新兴矿床和立山矿床与其相差大些，介于板岩或角岩和蚀变火山岩之间，指示成矿物质来源的多源性、复杂性。

4）铅同位素特征

矿区火成岩和天宝山岩块中岩石铅同位素值均很稳定，极差 $R<0.5$，变化率 $V<1.2$，标准偏差 $S<$

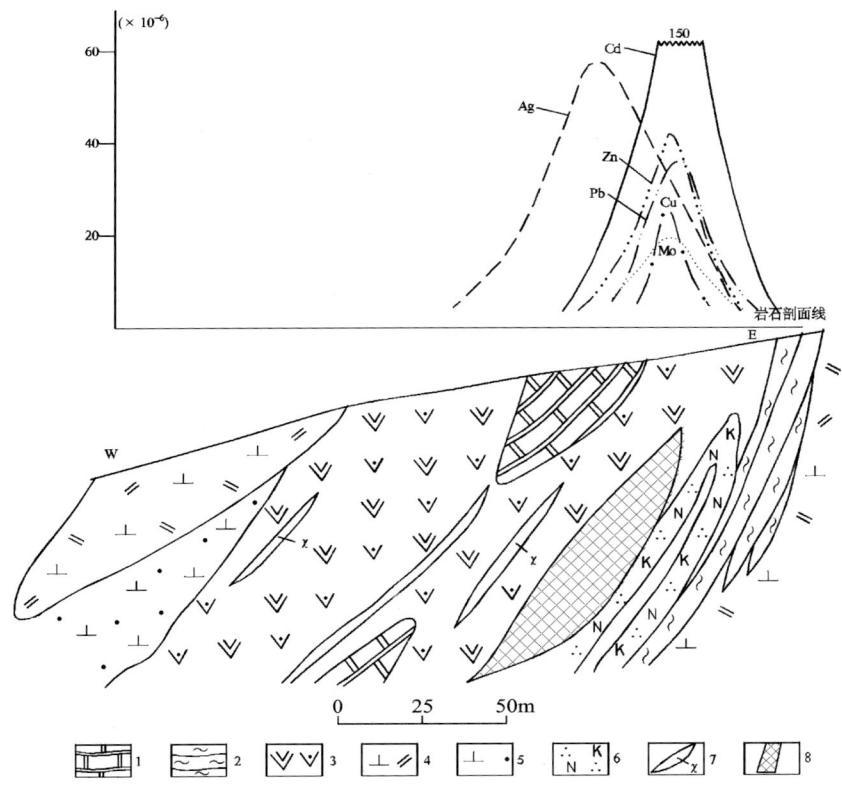

图 5-2-62 天宝山多金属矿床岩石地球化学剖面图
1.大理岩;2.绿泥化岩;3.矽卡岩;4.石英二长闪长岩;5.石英闪长岩;
6.长英岩;7.煌斑岩;8.矿体

0.25,μ 值 $9.05\sim9.11$,均属正常铅。

新兴矿床、立山矿床和二道沟矿床矿石铅同位素组成变化较大,极差 $1.27\sim1.96$,钒为 $3.30\times10^{-2}\sim5.12\times10^{-2}$,硫达 $0.51\sim0.80$,μ 为 $8.1\sim9.6$,显然属于异常铅。更有意义的是它们的矿石铅投影区相互重叠,而且天宝山岩石铅同位素投影区位于这一重叠区的中心部位,说明它们间存在着成因联系。

东风矿床矿石铅同位素值均投影于其他矿床矿石铅样品分布区的最上端,且变化小,极差 $R<0.3$,变化率 $V<1.5$,标准偏差 $S<0.2$,μ 值 $9.27\sim9.66$,属正常铅。因此,东风矿床与新兴、立山矿床在成因上是不同的,说明天宝山多金属矿是多种成因形成的矿床。

5)矿床地质-地球化学找矿模型

根据上述描述,建立矿床地质-地球化学找矿模型,见表 5-2-27。

表 5-2-27 天宝山多金属矿床地球化学找矿模型

内容		特征描述
地质特征	类型	复合内生型
	地层	多金属矿床(东风矿床、立山矿床、新兴矿床)产于石炭系与二叠系中酸性火山岩中
	构造	东西向、南北向的张性或张扭性断裂以及北西向的压扭性或压性断裂是区内主要的控岩、控矿构造。尤其是断裂的交会处是形成矿床的有利部位
	岩浆岩	印支期、燕山期的花岗岩类侵入体与成矿关系密切。即其与天宝山群地层的接触带亦是多金属矿床的有利就位处
	矿物组合	矿田内不同矿床矿物组合存在一定差异,但主要以闪锌矿、黄铜矿、方铅矿、磁黄铁矿、黄铁矿为主。脉石矿物少见

续表 5-2-27

内容		特征描述
地质特征	围岩蚀变	爆破角砾岩筒内以次生石英岩化为主,边部为青磐岩化,围岩常有较明显的黄铁矿化
	深度	控制深度 900m
	控矿因素	地层控矿:石炭系与二叠纪中酸性火山岩。岩浆岩控矿:印支期、燕山期的花岗岩类侵入体与成矿关系密切。构造控矿:东西向、南北向、北西向断裂是控矿构造。其交会处是形成矿床的有利部位
	成矿模式	早二叠世中酸性火山岩喷发,在靠近地表浅部与大气降水相遇,形成火山岩浆混合热液。进入海底时由于温度、压力下降及其他物理化学条件改变,使 Cu、Pb、Zn 等重金属元素沉淀下来,形成块状硫化物矿床,如东风矿床。海西期—印支期头道花岗闪长岩,英安斑岩等上侵到石炭系天宝山组结晶灰岩、砂板岩和二叠系红叶桥组灰岩、砂板岩及中酸性火山岩中,在接触带形成矽卡岩型矿床。深部富含挥发分及 H_2O 的气热液流体上升富集于靠近地表处,由于上覆盖层急剧降压,使之发生隐爆形成角砾岩筒,后又发生多次热液活动形成矿体
	时空分布	矿体呈透镜状、板状、脉状、巢状、层状、似层状、筒状。立山矿床矿带上部向北西倾伏,向下转向西倾伏,倾伏角 30°～50°。东风矿床走向 290°～345°,倾向南西,倾角 30°～55°。新兴矿床筒向 290°方向倾伏,倾伏角 53°
地球化学特征	原生晕异常 元素组合	特征元素组合 Cu-Pb-Zn-Ag-Mo-Cd。
	原生晕异常 组分分带	以 Pb-Zn 组合异常为中心,水平分带为 Cu→Pb→Zn→Cd→Ag→Mo;纵向分带为 Pb→Zn→Cu→(Mo)
	原生晕异常 同位素特征	矿床硫、铅同位素特征表明,成矿物质主要来自地层
	次生晕异常 水系异常特征	矿床 Cu、Pb、Zn 异常分带清晰,浓集中心明显。强度很高,规模大,近椭圆形状,北西向延伸。Pb、Zn、Cu、Ag、Au、As、Sb、Hg、Sn、Bi、Mo 空间套合紧密,构成复杂元素组分富集场,是进一步找矿的重要靶区
	次生晕异常 土壤异常特征	特征元素组合为 Pb-Zn-Ag-Mo-Cd-Mn-Cu-Hg,异常空间叠合程度高的部位,可指示铅锌矿体存在
	次生晕异常 因子分析	因子分析显示,矿床所在区域为酸性花岗岩类分布区。Pb、Zn、Ag、Cu、Cd、Sb 元素因子得分高
	次生晕异常 剥蚀程度	属于浅—中等剥蚀
	次生晕异常 找矿指示元素	有 Pb、Zn、Cu、Ag、Au、Cd、As、Sb、Hg、Sn、Bi、Mo。其中,Pb、Zn、Cu、Ag、Au、Cd 是近矿指示元素,As、Sb、Hg 为远程指示元素,尾部元素有 Sn、Bi、Mo

四、钨矿

吉林省钨矿成因只有侵入岩浆型一种,以杨金沟钨矿为代表。

1)矿床地质特征

杨金沟矿区位于东北叠加造山-裂谷系(Ⅰ)、小兴安岭-张广才岭叠加岩浆弧(Ⅱ)、太平岭-英额岭火山盆地区(Ⅲ)、罗子沟-延吉火山-盆地群(Ⅳ)。

矿体以含白钨矿石英脉-石英细脉带形式产于五道沟群的斜长角闪片岩、斜长角闪岩、钙质云母片岩、黑云母石英片岩中。海西期闪长岩、燕山期花岗斑岩与成矿关系密切。北西向、南北向的断裂构造是主要的控矿构造,其交会处是有利的赋矿空间。

矿石矿物主要为白钨矿,其次为黑钨矿、毒砂、黄铁矿、磁黄铁矿、黄铜矿、硫铜锑矿、辉钼矿等。脉石矿物有石英、黑云母、斜长石、钠长石、磷灰石、绿泥石、方解石等。

围岩蚀变主要有硅化、钠长石化、黑云母化、磷灰石化以及透辉石化、透闪石化、方柱石化、绿帘石化、绿泥石化、绢云母化、碳酸盐化。其中，与矿化关系密切的主要是硅化、钠长石化、黑云母化、磷灰石化。这些矿化蚀变矿物经常伴随热液蚀变出现，呈脉状、细脉状产出，与白钨矿伴生或被白钨矿交代，是寻找钨矿的重要标志。

2）矿床地球化学异常特征

W 矿异常具有清晰三级分带和明显浓集中心。强度为 71×10^{-6}，面积 $111km^2$，形状不规则，轴向近南北向。与 W 空间套合紧密的元素有 Au、Cu、As、Bi、Mo、Sn，其中，Mo、Sn 构成钨的内带，Au、Cu、As、Bi 构成钨的中带、外带，Au、Cu、Mo 以较大异常规模存在，形成复杂元素组分富集场，有杨金沟钨矿积极响应，是扩大找矿规模的重要依据。

矿床土壤特征元素组合为 Au-Cu-Pb-Zn-Ag-Mo-As-Sb，低温元素充填前锋区，而主要成矿元素 W 显示较弱异常，这表明钨矿床剥蚀较浅，具隐伏状态。

原生晕特征元素组合为 W-Au-Ag-Pb-Zn-As-Hg-Bi-Mo。主成矿元素 W 在二云石英片岩中处于较强的富集状态。

根据 1989 年吉林有色地勘局研究所测试结果，下古生界五道沟群斜长角闪片岩、斜长角闪岩、钙质云母片岩、云母石英片岩中 W 平均含量 10.31×10^{-6}，是地壳平均值的 9 倍，这套岩系是含白钨矿石英脉有利层位，同时也是为白钨矿提供钙质来源的主要岩层。

矿区所有岩浆岩的 W 含量均比较高，花岗闪长岩的 W 平均含量为 6.908×10^{-6}，云英岩化花岗岩 W 平均含量最高，为 12.39×10^{-6}，为成矿母岩。其他脉岩的 W 含量也相对高于同类岩石。

3）稀土元素特征

矿区岩石轻稀土大于重稀土，稀土分配模式图中，曲线都是从左向右倾斜，基性岩石斜率相对平缓，闪长玢岩居中，花岗斑岩较陡，说明岩浆在深部明显有分异演化现象。

4）矿床地质-地球化学找矿模型

根据矿床地质、地球化学特征，建立矿床地质-地球化学找矿模型，见表 5-2-28。

表 5-2-28 杨金沟钨矿床地球化学找矿模型

内容		特征描述
地质特征	类型	侵入岩浆型
	地层	矿床产于五道沟群中
	构造	北西向、南北向的断裂构造是主要的控矿构造，其交会处是有利的赋矿空间
	岩浆岩	海西期闪长岩、燕山期花岗斑岩与成矿关系密切
	矿物组合	矿物组合有白钨矿、黑钨矿、毒砂、黄铁矿、黄铜矿及钠长石、石英、黑云母、磷灰石、方解石等
	围岩蚀变	矿化蚀变主要有硅化、钠长石化、黑云母化、磷灰石化等
	深度	控制深度 431m
	控矿因素	地层控矿：五道沟群。岩浆岩控矿：海西期闪长岩、燕山期花岗斑岩与成矿关系密切。构造控矿：北西向、南北向的断裂
	成矿模式	下古生界优地槽海相基性-中酸性火山岩-碎屑岩夹碳酸盐岩沉积建造为矿源层；燕山期含矿母岩中的挥发份沿断裂扩散，使五道沟群斜长角闪片岩、斜长角闪岩、云母石英片岩代换出钨元素；同时中酸性岩浆经过钾、钠交代作用发生云英岩化、阳起石化、硅化等，在碱性条件下，钨可以呈 H_2WO_3、$Na_2(WO_4)^{2-}$、$(WO_4)^{2-}$ 形式搬运迁移，与斜长角闪片岩、斜长角闪岩在钠长石化过程中，代换出的 Ca^{2+} 反应析出白钨矿，即含钨石英脉沿裂隙交代沉积而形成白钨矿石英脉带。因此，该矿床属于岩浆热液改造矿床
	时空分布	矿体呈脉状、复脉状，走向 $350°\sim10°$，倾向 NE，倾角 $50°\sim70°$

续表 5-2-28

内容			特征描述
地球化学特征	原生晕异常	元素组合	特征元素组合 W-Au-Ag-Pb-Zn-As-Hg-Bi-Mo
		组分分带	以 W 异常为中心,空间叠加 Bi-Mo 组合,Au-Ag-Pb-Zn-As-Hg 组合分布在中带、外带
		稀土元素特征	稀土元素特征显示,岩浆在深部分异演化明显,表明矿床在成矿过程中经过热液改造
	次生晕异常	水系异常特征	矿床 W 异常分带清晰,浓集中心明显,强度高,规模大。形状不规则,近南北向延伸。与 W 空间套合紧密的元素有 Au、Cu、As、Bi、Mo、Sn,构成离心-向心结构的较复杂元素组分富集场,是扩大找矿规模的重要依据
		土壤异常特征	特征组合为 Au-Cu-Pb-Zn-Ag-Mo-As-Sb,主成矿元素 W 异常较弱,矿体具隐伏特征
		因子分析	矿床分布在中酸性花岗岩类区,Au、Cu、As、W、Bi 元素因子得分较高
		剥蚀程度	属于浅等剥蚀
		找矿指示元素	为 W、Au、Cu、Ag、Bi、Mo、As、Sb、Hg。其中,W、Bi、Mo 是近矿元素,Au、Cu、Ag、As、Sb、Hg 为远程指示元素

五、锑矿

该矿种以青沟子锑矿为代表,为侵入岩浆成因。

1) 矿床地质特征

矿床位于前南华纪华北东部陆块（Ⅱ）胶辽吉元古代裂谷带（Ⅲ）老岭坳陷盆地内。

区域内出露的地层主要为古元古界老岭群珍珠门组、临江组和大栗子组。其中,分布矿区的临江组地层是一套海相泥质碎屑岩建造,变质较浅。其下部为二云片岩夹薄层石英岩,上部为石英岩（标志层）夹薄层绢云片岩,Sb 呈高背景,是锑矿主要矿质来源及含矿层位。

矿区侵入岩较少,主要为燕山早期的草山似斑状黑云母花岗岩岩体及少量中性脉岩（闪长岩、闪长玢岩、辉绿岩、煌斑岩）。

矿体主要受北东、北北东、北西、近南北和近东西向断裂构造控制。其中,北东向深大断裂是导矿构造,发生在青沟子背斜核部的次级构造为储矿构造,尤其在背斜顶部成矿较好,易形成工业矿体。

矿物组合主要有辉锑矿、黄铁矿、磁黄铁矿、毒砂、磁铁矿及石英、绢云母、绿泥石、黑云母、方解石、电气石和石墨等。

围岩蚀变主要为硅化、绢云母化、碳酸盐化、绿泥石化、黄铁矿化、毒砂化和辉锑矿化。矿体上盘蚀变比下盘强,蚀变范围一般上盘宽十几米,下盘几米。蚀变强烈处裂隙、微裂隙发育。硅化与锑矿相伴出现,硅化较强的部位矿化好;硅化弱、矿化差;无硅化基本无矿。

2) 矿床地球化学异常特征

矿床 Sb 异常分带清晰,浓集中心明显,强度为 66×10^{-6},是直接找矿标志。与 Sb 空间套合紧密的元素有 Au、Cu、Pb、Zn、Ag、As、Hg。其中,Cu、Pb、Zn、As、Hg 构成 Sb 的内带,中带、外带由 Au、Ag、Cu、Pb、Zn 构成,形成复杂元素组分富集的叠生地球化学场,是成矿的主要场所。Sb 综合异常具备优良的成矿条件及找矿前景,有青沟子锑矿积极响应,是重要的找矿靶区。

在片岩和石英岩中,微量元素 Ag、Pb、Zn 质量分数高于地壳丰度值;Bi 质量分数与地壳丰度值相近;Au、Cu、Sn、As、Hg 质量分数低于地壳丰度值。在辉绿岩中,Ag、Zn 质量分数高于地壳丰度值;其他元素质量分数接近地壳丰度值或低于地壳丰度值;在闪长玢岩和钠长斑岩中,Ag、Zn 质量分数高于地壳丰度值,Pb 与地壳丰度值相近,其他元素含量低。这些岩石几乎没有硅化、绢云母化、碳酸盐化等蚀变。

矿床土壤异常特征元素组合为 Sb-As-Hg 和 Au-Ag-Cu-Pn-Zn,呈较高异常状态。

矿床岩石异常特征,见图 5-2-63。图中显示矿体主要赋存在石英绢云母片岩中,层间破碎带对成矿十分有利。矿脉体上方 Sb、Au、As、Hg 原生晕异常强度高,幅度变化大,显示连续性,为正消长关系。其中,$Sb>150\,000\times10^{-6}$,$Au>10\,000\times10^{-9}$。As 处于 Sb 异常中心,Au、Hg 峰值出现在矿体的西北侧。Ag、Bi 异常整体呈低缓的态势,Bi 异常在矿体的东南侧有增高的趋势。以上特征表明矿床的剥蚀程度较低,矿体处于隐伏状态,层间破碎带是重要找矿标志。推测的水平分带为 Sb→As→Au→Hg→Ag→Bi。

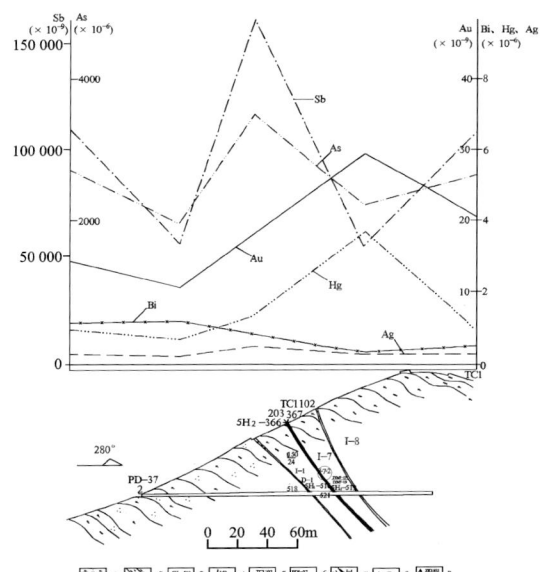

图 5-2-63 青沟子锑矿地表岩石异常剖面图
1.石英绢云片岩;2.断层破碎带;3.采样位置及编号;4.产状(上为倾向、下为倾角);
5.探槽位置及编号;6.坑道位置及编号;7.矿脉带及编号;8.矿体及编号;9.钻孔(上为编号,下为标高)

矿区钻探资料显示,Sb、Au、As、Hg 异常在石英绢云母片岩中呈较高强度的连续变化,尤其是 As 强度更高,变化更明显。表明层间破碎带非常发育,利于成矿。Ag、Bi 只在近地表的地球化学环境中有一定的异常反应,在其他地段趋于背景状态,这是含矿热液由高温到低温元素分带的结果,与地表原生晕异常特征吻合。推测的垂向分带为 As→Sb→Hg→Ag→Bi→Au。值得注意的是深部 As 异常仍然很高,表明此处亦存在较密集的构造裂隙,而且绢云母片岩一直延伸。因此,应注重深部盲矿的寻找。

3)硫同位素特征

辉锑矿样品 $\delta^{34}S$ 变化范围较小,在 2.10‰～5.18‰ 之间,极差 3.08‰,平均值 3.94‰,接近陨石硫。说明辉锑矿沉淀时的物理化学条件比较稳定,硫源均一化程度较高,锑成矿与岩浆热液活动有关。

4)氢、氧同位素特征

矿区石英的 $\delta^{18}OH_2O$ 为 7.49‰～8.05‰,平均 7.74‰。石英包体水的 δD 在 −84.3‰～−121.0‰ 之间,平均 −98.5‰。对 δD 和 $\delta^{18}OH_2O$ 值投影,有 2 个样品落入正常岩浆水区域,1 个样落入正常岩浆水区域附近的天水区域中,说明该矿床成矿溶液主要来自岩浆热液,并有大气降水的混染。

5)矿床地质-地球化学找矿模型

矿床地质、地球化学特征如下。①石英绢云片岩是主要的含矿层位;燕山期早期的花岗岩类侵入体为成矿提供充足的热源;北东向深大断裂是导矿构造,发生在青沟子背斜核部的次级构造为储矿构造。②矿床 Sb 异常分带清晰,浓集中心明显。强度很高,是直接找矿标志。Sb、Au、Cu、Pb、Zn、Ag、As、Hg

形成复杂元素组分富集的叠生地球化学异常场,是成矿的主要场所。其中,Sb、Cu 是近矿元素,As、Hg 为远程指示元素。尾部元素为 Au、Bi。③岩石特征元素组合为 Sb-As-Au-Hg-Ag-Bi。Sb 在石英绢云母片岩中的含量值是地壳克拉克值的几十万倍,为高度富集。Ag、Pb、Zn、Au、Cu、Sn、As、Hg、Bi 在片岩、石英岩及脉岩中都接近地壳克拉克值。④水平分带为 Sb→As→Au→Hg→Ag→Bi;垂向分带为 As→Sb→Hg→Ag→Bi→Au。⑤矿区硫及氢、氧同位素特征显示,成矿溶液主要来自岩浆热液。⑥因子分析显示,矿床所在区域为海相碎屑、碳酸盐岩分布区。Pb、Zn、Ag、Au、Cu、As、Sb、W、Bi 元素因子得分高。元素因子得分高。属于浅等剥蚀。

青沟子锑矿床地球化学异常模式见图 5-2-64。

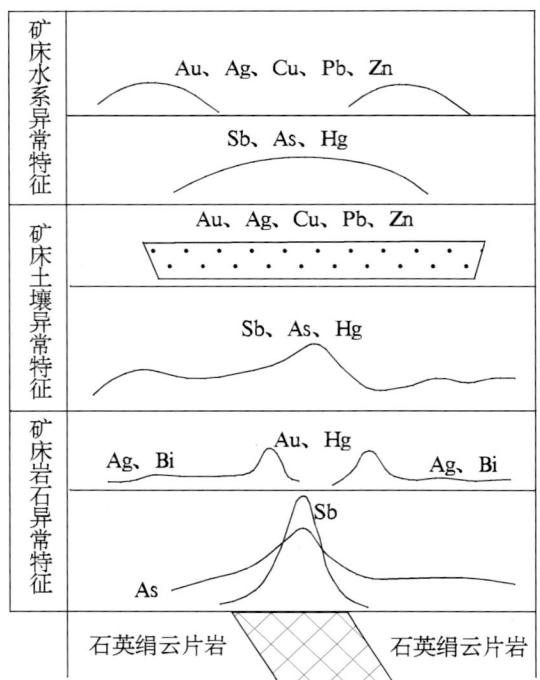

图 5-2-64 青沟子锑矿床地球化学异常模式图

六、稀土矿

本省稀土矿以安图东青独居石砂矿为代表,为风化沉积成因。

1)矿床地质特征

矿床位于天山-兴蒙-吉黑造山带(Ⅰ)、包尔汉图-温都尔庙弧盆系(Ⅱ)、清河-西保安-江域岩浆弧(Ⅲ)。

地层主要为志留系—泥盆系片岩片麻岩及二叠系浅海相碎屑沉积岩和火山碎屑岩。

区域侵入岩分布面积最大的是燕山中期钾长花岗岩及二长花岗岩,其次为海西晚期黑云母花岗岩、黑云母斜长花岗岩及花岗闪长岩。东清岩体主要为中粗粒似斑状黑云母花岗岩及二长花岗岩。脉岩主要是花岗伟晶岩,其中的副矿物铁铝石榴石、独居石含量很高,最高含量分别为 9982g/m³ 和 103g/m³,对成矿十分有利。

断裂构造主要是沿混合花岗岩与黑云斜长花岗岩接触面展布的压性断裂带,为原生矿的形成起到重要作用。

矿区相对高度为 100～300m,属低山浅切割区。因东清、西清沟南侧多为抗风化能力强的混合花岗岩类岩石,故地势较高,坡度较陡。北侧以黑云斜长花岗岩为主,易受风化剥蚀,地势较为低缓。这种地势使东清、西清沟河及其支流成为狭窄弯曲的河流谷地和两侧侵蚀剥蚀的低山地形,是控矿的主要构造体。

矿物组合主要为独居石、磷钇矿、铁铝石榴石、锆石、磷灰石及造岩矿物透辉石、角闪石、绿帘石、榍石等。

蚀变类型有钠长石化、云英岩化、白云母化等。这些蚀变均形成于独居石后,对独居石的富集不起主要作用,可作为找矿标志。

2) 矿床地球化学异常特征

独居石又称磷铈镧矿,主要的化学成分为 La、Y、Zr、Th,是直接找矿标志。而 Nb 是主要的稀有伴生元素。矿床 La、Y、Zr、Th 异常具有清晰的三级分带和明显的浓集中心,异常强度较高,是地壳丰度值(黎彤,1981)数倍。受构造控制,异常北东向或北西向延伸,La、Y、Zr、Th、Nb 在空间上呈紧密套合状态,形成离心-向心结构的较复杂元素组分富集场。La、Y、Zr、Th、Nb 综合异常具有良好的成矿地质条件和找矿前景,是重要的找矿靶区。

土壤异常表现为黑云母斜长花岗岩上覆的残坡积物及附近河谷坡积物或洪积物中独居石等有益副矿物含量高,最高可达 $3389g/m^3$,可直接圈定矿体。

矿区黑云母斜长花岗岩属铝过饱和类型,SiO_2、Na_2O、K_2O 含量高,Fe、Mg、Ca、TiO_2 较低。岩石中主要的有用矿物是独居石、磷钇矿及石榴石,在不同岩石中含量变化较大,见图 5-2-65。图中显示,独居石主要赋存在黑云母斜长花岗岩中,其次为花岗伟晶岩脉和细晶岩脉。独居石与铁铝石榴石、铁铝尖晶石依存关系不明显,与锆石、磷灰石呈负消长,见图 5-2-66。图中显示,独居石与磷钇矿具有较好的正相关性,共生关系紧密,在冲积砂矿及残坡积砂矿中均具有较高的含量。而且在资源量估算时,独居石与磷钇矿可以一并估算。

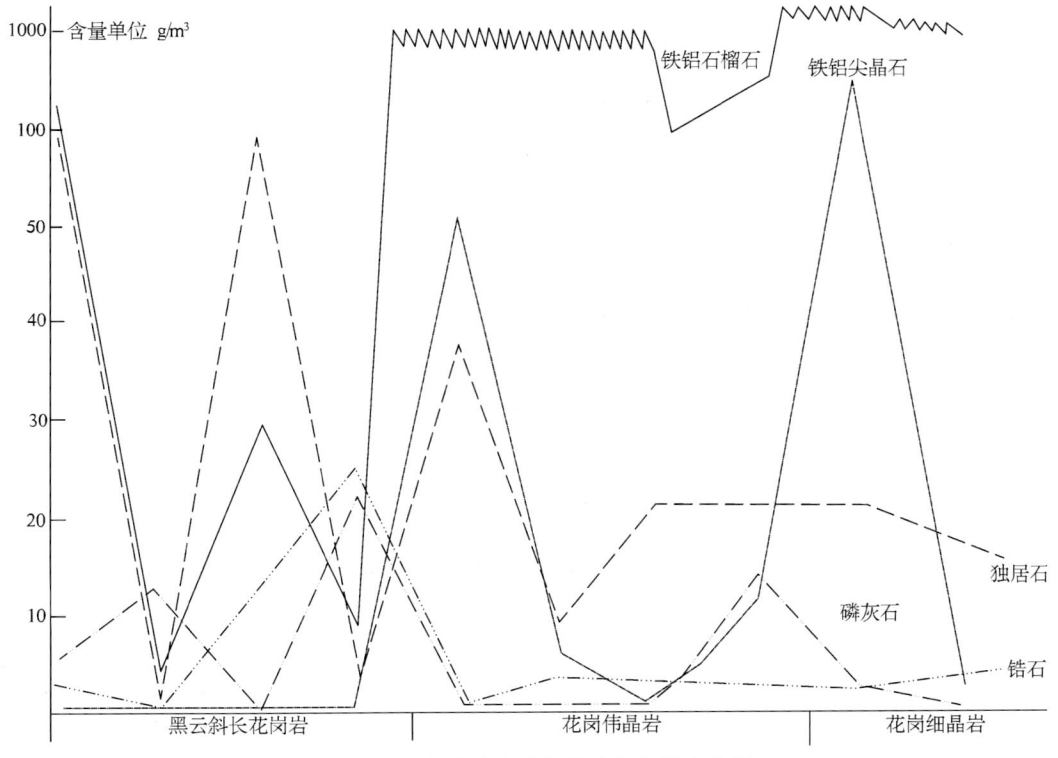

图 5-2-65 独居石砂矿主要矿物含量变化图

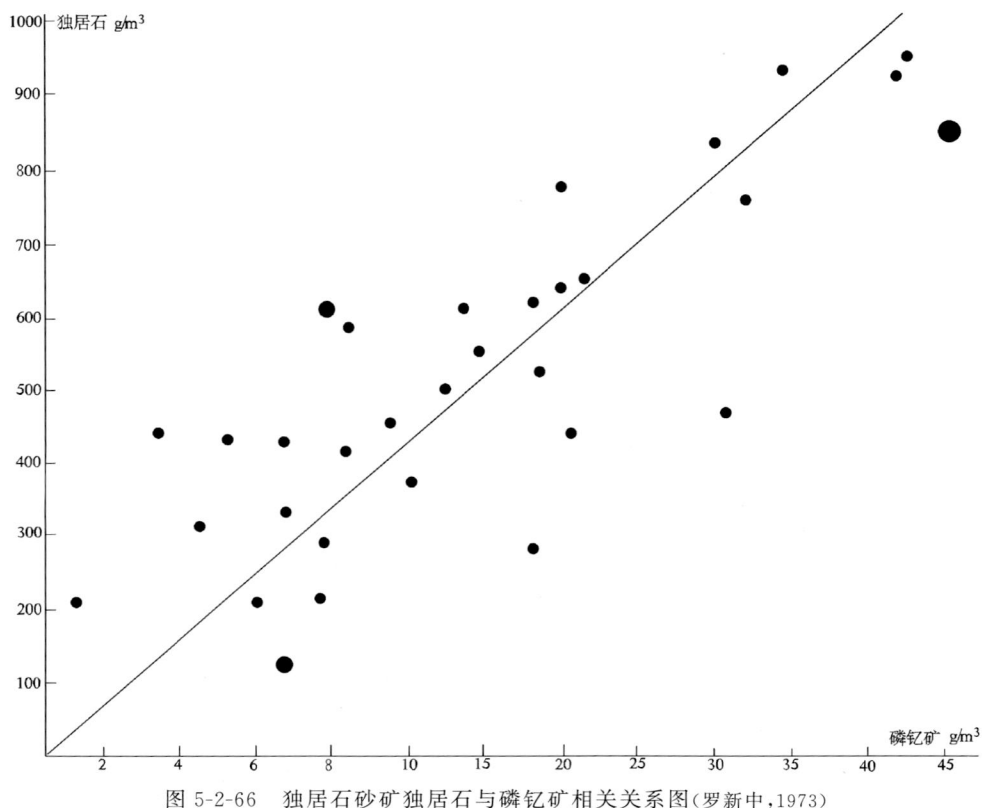

图 5-2-66　独居石砂矿独居石与磷钇矿相关关系图(罗新中,1973)

从水系上游到下游,含矿岩体厚度没有明显变化,但矿物含量无论横向还是纵向都有逐渐变贫的趋势。

独居石单矿物化学分析结果表明,La、Y、Zr、Th、Nb 的氧化物含量,分别为 13%、1.7%、0.15%、6.11%、0.08%,以 La 最高,Zr、Nb 较低(罗新中,1973)。

重砂异常明显的矿物主要有独居石、磷钇矿,组合异常与化探异常吻合程度高。但从人工重砂和自然重砂分析可知,黑云母斜长花岗岩中独居石含量很不均匀,一般情况下独居石含量于其边缘相高,而磷钇矿、石榴石在其过渡相中含量较高,说明其边缘相中花岗伟晶岩对成矿有较大作用。

3) 矿床地质-地球化学找矿模型

根据上述描述,建立矿床地质-地球化学找矿预测模型,见表 5-2-29。

表 5-2-29　东青独居石砂矿床地球化学找矿预测模型

	内容	特征描述
地质特征	类型	风化沉积型
	地层	主要为志留系—泥盆系一套浅海相碎屑沉积岩和火山碎屑岩
	构造	主要的断裂构造为沿混合花岗岩与黑云斜长花岗岩接触面展布的压性断裂带,是原生矿的主要控矿构造
	岩浆岩	海西晚期黑云母斜长花岗岩及后期的花岗伟晶岩脉,带来成矿物质
	地貌特征	矿区属低山浅切割区。东清、西清沟南侧坡度较陡,北侧地势较为低缓
	矿物组合	矿物组合主要为独居石、磷钇矿、铁铝榴石、锆石、磷灰石
	蚀变类型	有钠长石化、云英岩化、白云母化等,是找矿标志
	深度	控制深度 56m

续表 5-2-29

内容		特征描述
地质特征	控矿因素	海西晚期黑云母斜长花岗岩及后期的花岗伟晶岩脉,带来成矿物质,控制了稀土矿的成矿物质来源。东清、西清沟河及其支流所塑造的狭窄弯曲的河流谷地及两侧的侵蚀剥蚀低山地形是控矿的主要构造
	成矿模式	海西晚期侵入岩浆活动形成了东清富含稀土元素的东清黑云母斜长花岗岩体,构成了区域稀土矿床成矿的母岩。在表生条件作用下逐步风化,富含稀土元素的重矿物独居石、磷钇矿等被剥蚀带入河流富集形成沉积砂矿,部分原地形成残坡积砂矿
	时空分布	矿体呈条带状,总体走向近南北
地球化学特征	原生晕异常 元素组合	特征元素组合为 La-Y-Zr-Th
	原生晕异常 组分分带	从上游到下游,横向、纵向分带为独居石→磷钇矿→铁铝榴石→锆石→磷灰石
	原生晕异常 常量元素特征	SiO_2、Na_2O、K_2O 含量高,而 Fe、Mg、Ca、TiO_2 较低
	次生晕异常 水系异常特征	La、Y、Zr、Th 的化探异常在区域上均可形成具有三级分带现象和明显浓集中心的异常。异常强度较高,主要元素 La 峰值达到 78×10^{-6},是地壳克值的 2 倍(黎彤,1981),异常延伸受北东、北西的断裂构造控制,是直接找矿标志。与 La 空间套合紧密的元素为 Y、Zr、Th、Nb,形成较复杂元素组分富集的叠生地球化学场。综合异常具有良好的成矿地质条件和找矿前景,是重要的找矿靶区
	次生晕异常 土壤异常特征	黑云母斜长花岗岩上覆土壤及附近河谷中独居石等有益矿物含量高
	次生晕异常 重砂异常	重砂异常以独居石、磷钇矿为主,伟晶岩中独居石含量高
	次生晕异常 剥蚀程度	属于浅等剥蚀
	次生晕异常 因子分析	因子分析显示,矿床所在区域为中酸性花岗岩类分布区。La、Y、Zr、Nb、Be、Th 等稀有、稀土元素因子得分高
	次生晕异常 找矿标志	找矿标志为 La、Y 化探异常;重砂独居石-磷钇矿-铁铝榴石矿物组合;蚀变钠长石化、云英岩化、白云母化标志;坡积层和残坡积层

七、银矿

(一)热液充填型

1. 山门银矿

1)矿床地质特征

矿床位于天山-兴蒙造山带-大顶子-石头口门上叠裂陷盆地。属于山门-乐山银、金、铜、铁、铅、锌、镍Ⅳ级成矿区(带)。

矿区出露的地层主要为下古生界寒武系—奥陶系西保安组、中奥陶统黄莺屯组以及上奥陶统石缝组,为一套变质的海相火山-沉积岩建造。岩性主要为角闪变粒岩、黑云变粒岩、片岩以及变质砂岩、粉砂岩、流纹岩、英安岩。其中,石缝组的海相中酸性火山岩、碎屑岩、灰岩是主要的含矿围岩。

矿床所在区域断裂构造发育,分布北东向超壳断裂,即伊通-依兰深断裂,在超壳断裂的两侧发育次一级平行的韧-脆性剪切变形构造,构成北北东向断裂构造体系。其中,北北东向韧-脆性剪切带是主要的控岩、控矿构造。后期的北西向断裂构造截断了北北东向的含矿断裂,有一定破坏作用。

矿区岩浆活动频繁,从加里东期到燕山期均有侵入,海西期侵入岩以出露基性-超基性小岩株为主。

与成矿关系密切的是印支-燕山中期的中酸性侵入岩体。这些侵入岩体亦受北北东向断裂构造控制。

主要金属矿物有黄铁矿、闪锌矿、方铅矿、黄铜矿、辉锑矿。含银矿物有银黝铜矿、辉银矿、深红银矿、脆银矿、银金矿、自然银和自然金等。银主要以含银的独立矿物存在。脉石矿物主要有石英、方解石、绢云母等。氧化矿物有褐铁矿、孔雀石、蓝铜矿、螺状硫银矿等。矿石中主要有用元素除 Ag、Au 外，还有 Cd、Pb、Zn、Te、Mo、Bi。

围岩蚀变有硅化、黄铁绢云母化、赤铁矿化、黄铁矿化、碳酸盐化，强弱受构造、岩性、矿化强度及岩石破碎程度控制，具多期、多阶段特点，分带现象。其中，硅化、黄铁绢云母化矿化对 Ag、Au 的富集起到重要作用。而且蚀变越强烈，矿化越好，如黄铁绢云母化带中的黄铁矿分析结果，Ag 含量达 22×10^{-6}、0.2×10^{-6}。因此，矿区围岩蚀变是重要的找矿标志。

2）矿床地球化学异常特征

矿床所在区域的 Ag 异常具有较好的二级分带，峰值 190.3×10^{-9}，面积 $8.69\mathrm{km}^2$，呈近东西向条带状分布。与 Ag 套合紧密的元素主要有 Au、Cu、Zn、As、Sb、Hg、Na_2O、K_2O、SiO_2。其中，Au、Ag 套合较完整，Cu、Zn、As、Sb、Hg 主要分布在 Ag 的外带，构成同心-离心结构；Na_2O、K_2O、SiO_2 在成矿系统内属于带入组分。以上元素组合形成复杂元素组分富集的叠生地球化学异常场，对山门银金矿积极支持，是 Ag、Au 成矿的主要场所，见图 5-2-67。

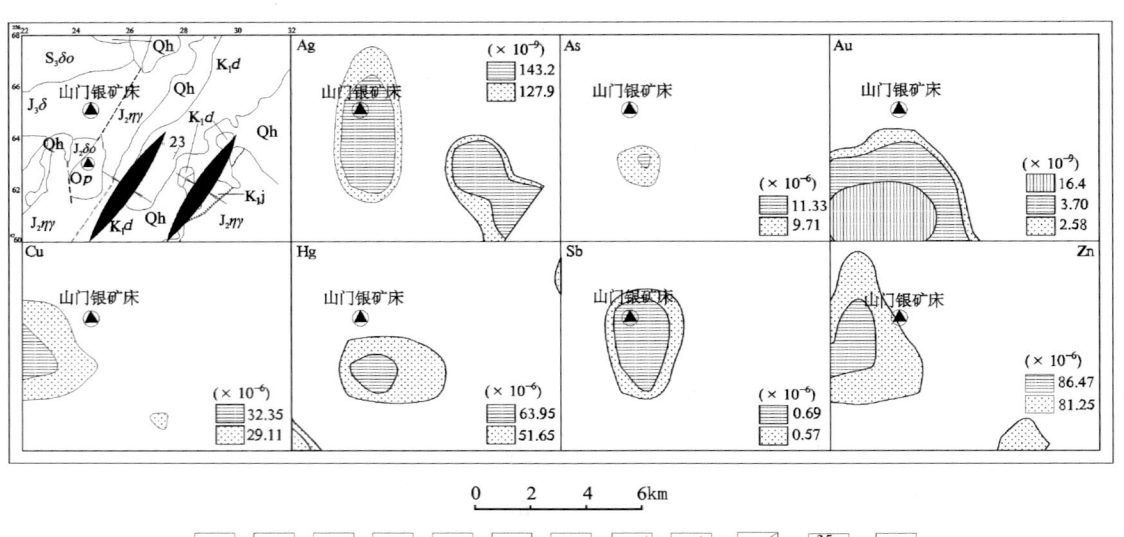

图 5-2-67 四平山门银金矿主要元素剖析图

1.第四系全新统冲洪积物；2.下白垩统登楼库组砂岩；3.中生代晚侏罗世闪长岩；4.中生代中侏罗世二长花岗岩；5.中生代中侏罗世石英闪长岩；6.古生代晚志留世石英闪长岩；7.中生代早白垩世家屯组安山岩；8.实测地质界线；9.角度不整合界线；10.推测断层；11.岩层产状；12.山门银矿床

矿床 1∶1 万土壤异常特征元素组合为 Ag-Au-Cu-Pb-Zn。按异常下限 Ag（0.2×10^{-6}）、Au（0.016×10^{-6}）、Cu（3.09×10^{-6}）、Pb（30.5×10^{-6}）、Zn（78.5×10^{-6}）圈定的异常可知，在卧龙-龙王矿段是元素异常集中区，Ag、Au、Cu 异常空间套合较好，具包含结构。其中，Ag 异常面积较大，呈北东向展布（长 3000m，宽 500～800m），具有很好的连续性，表明矿体的延伸良好。Ag 异常的浓度分带明显，浓集中心即为矿体分布位置，峰值达到 0.89×10^{-6}，平均 0.46×10^{-6}。Au 异常呈串珠状亦沿北东向分布，浓度分带亦十分明显，浓集中心处黄铁矿化、硅化、碳酸盐化等矿化蚀变强烈。分带特征表现为由南至北 Pb、Zn 含量减弱，而 Ag、Au 含量有增高的趋势。见图 5-2-68。

矿床岩石化探异常显示的特征元素组合为 Ag-Au-Cu-Pb-Zn-As-Sb-Hg。表 5-2-30 显示的是远离矿体的黄莺屯组中各种岩石元素的变化规律。

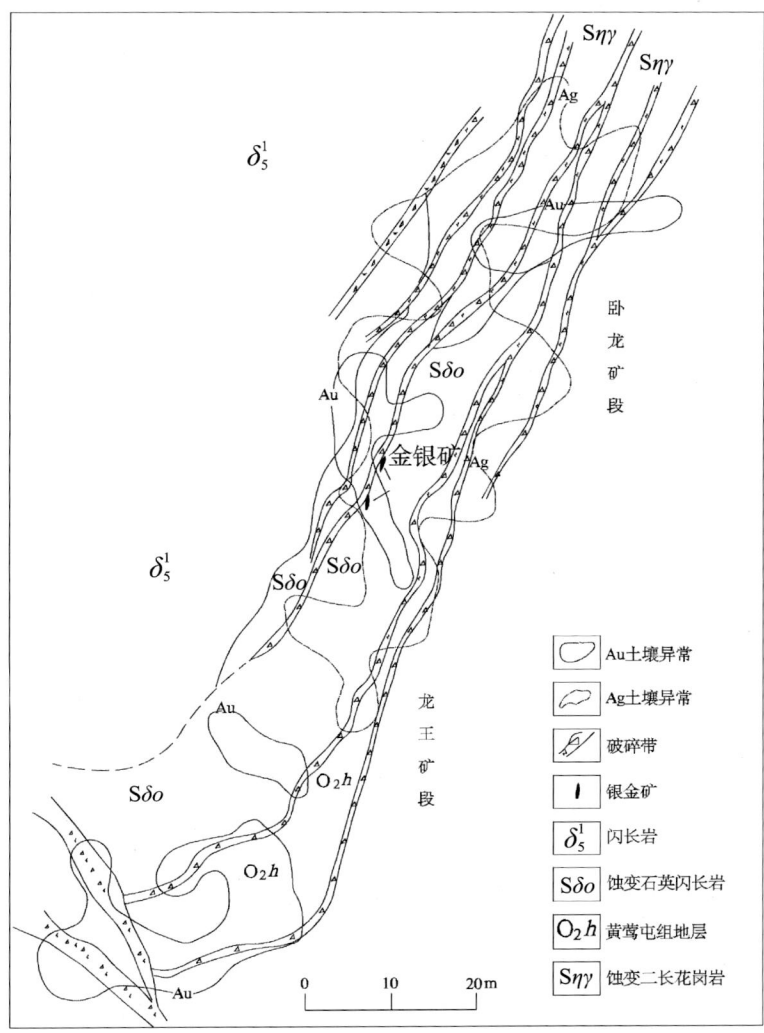

图 5-2-68 山门金银矿床 Au、Ag 土壤异常分布图

表 5-2-30 矿区主要岩石微量元素一览表

元素/岩石	大理岩		泥质粉砂岩		流纹岩		石英闪长岩		二长花岗岩		煌斑岩		闪长玢岩		辉长岩		糜棱岩		地壳克拉克值
	χ	κ	χ	κ	χ	κ	χ	κ	χ	κ	χ	κ	χ	κ	χ	κ	χ	κ	κ
Au	3.45	0.99	3.97	1.13	6.50	1.86	2.20	0.63	1.22	0.35	2.09	0.60	4.46	1.27	0.82	0.23	2.52	0.72	3.50
Ag	0.72	9.00	1.17	14.63	0.27	3.38	0.33	4.13	0.23	2.88	0.18	2.25	0.17	2.13	0.20	2.50	0.21	2.63	0.08
Cu	17.5	2.08	17.5	2.80	14.0	2.20	14.8	2.30	12.5	2.00	14.3	2.30	16.0	2.50	19.0	3.00	14.7	2.30	6.30
Pb	10.2	0.85	12.1	1.00	13.6	1.10	19.0	1.60	10.8	0.90	15.6	1.30	15.0	1.30	7.80	0.70	16.0	1.30	12.0
Zn	23.9	0.25	35.0	0.40	58.0	0.60	61.5	0.70	37.1	0.40	42.6	0.50	58.9	0.60	65.0	0.70	52.8	0.60	94.0
As	35.8	16.27	40.7	18.5	7.68	3.49	4.05	1.84	2.49	1.13	5.54	2.52	7.80	3.55	6.70	3.05	3.44	1.56	2.20
Sb	3.80	6.33	4.19	6.98	1.59	2.65	2.16	3.60	2.49	4.15	1.15	1.92	0.63	1.05	3.24	5.40	0.55	0.92	0.60
Bi	0.18	45.0	0.36	90.0	0.13	32.5	0.14	35.0	0.14	35.0	0.12	30.0	0.18	45.0	0.15	37.5	0.40	100	0.004
Hg	0.08	0.83	0.12	1.28	0.08	0.84	0.05	0.66	0.02	0.20	0.06	0.61	0.06	0.69	0.03	0.32	0.07	0.74	0.09

续表 5-2-30

元素/岩石	大理岩		泥质粉砂岩		流纹岩		石英闪长岩		二长花岗岩		煌斑岩		闪长玢岩		辉长岩		糜棱岩		地壳克拉克值
	χ	κ	χ	κ	χ	κ	χ	κ	χ	κ	χ	κ	χ	κ	χ	κ	χ	κ	κ
Co	10.8	0.43	15.0	0.60	15.0	0.60	13.7	0.55	11.0	0.44	13.0	0.55	16.4	0.66	21.6	0.86	12.5	0.50	25.0
Ni	13.8	0.16	20.0	0.20	12.2	0.10	20.6	0.20	9.20	0.10	26.1	0.30	24.5	0.30	33.3	0.40	13.7	0.20	89.0
Mn	1.30	0.10	1.70	0.13	1.30	0.10	1.40	0.11	0.83	0.06	0.98	0.08	1.20	0.09	0.67	0.05	1.50	0.12	13.0

注：χ 为元素含量平均值，Au 的含量单位为 $\times 10^{-9}$，其他 $\times 10^{-6}$，κ 为浓集克拉克值。

由表中可知，Au 只在泥质粉砂岩、流纹岩中有一定的富集，在其余岩石中均低于地壳克拉克值，说明 Au 主要以分散状态存在。而 Ag 在各种岩石中含量都较高，浓集克拉克值大于 1 的几倍～十几倍，处于强富集状态，表明黄莺屯组是矿区矿化富集最为有利围岩。

从卧龙矿段 35 号勘探线岩石地球化学异常剖面图可知，Ag、Au、Cu、Pb、Zn、As、Sb、Hg 指示元素在矿体上方均具有清晰的异常分布，而且异常强度较高。Ag、Au、Zn 异常幅度是矿体的 3～4 倍，As、Sb、Hg 是矿体的近 5 倍，Cu、Pb 异常幅度相对较窄，大致是矿体的 2～3 倍。见图 5-2-69。

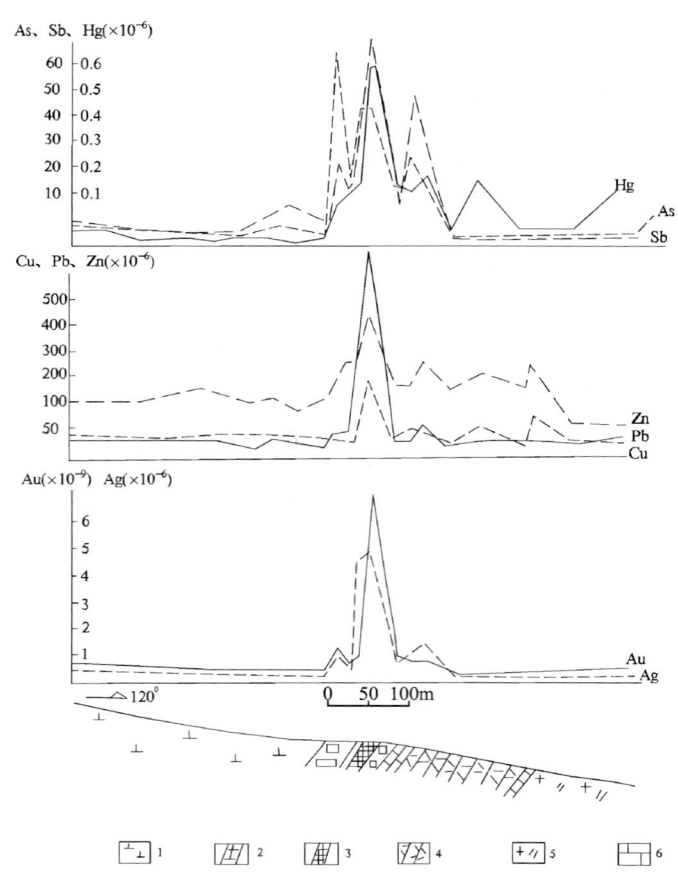

图 5-2-69　山门金银矿床 35 号勘探线岩石异常曲线图
1.石英闪长岩；2.破碎带；3.矿体；4.变流纹岩；5.二长花岗岩；6.大理岩

9 号勘探线元素岩石异常显示，主要成矿元素 Ag、Au 异常具有清晰的浓度分带和明显的浓集中心，异常展布方向与矿体产状基本一致，形态完整，连续性好，分布范围及延伸较大，异常包围矿体。主要伴生指示元素 Pb、Hg 内带亦较发育，而 As、Sb、Zn 以中、外带为主。空间上 Cu、Pb、Zn、As、Sb、Hg

与 Ag、Au 套合完好,形成复杂元素组分富集的叠生地球化学场。研究表明,垂向 100m 标高以上 Au/Ag、Pb/Ag、Zn/Ag 值较小,而 100m 标高以下正相反,指示 Ag 主要富集在 100m 标高以上的地段,Au、Pb、Zn 在深部更富集,显示 Ag、Au、Pb、Zn 在成矿过程中的分异特征(白荣杰,1992)。同时,Pb、Zn、As、Sb、Hg 异常的发育表明 Ag 成矿主要在中—低温的地球化学环境中。见图 5-2-70。

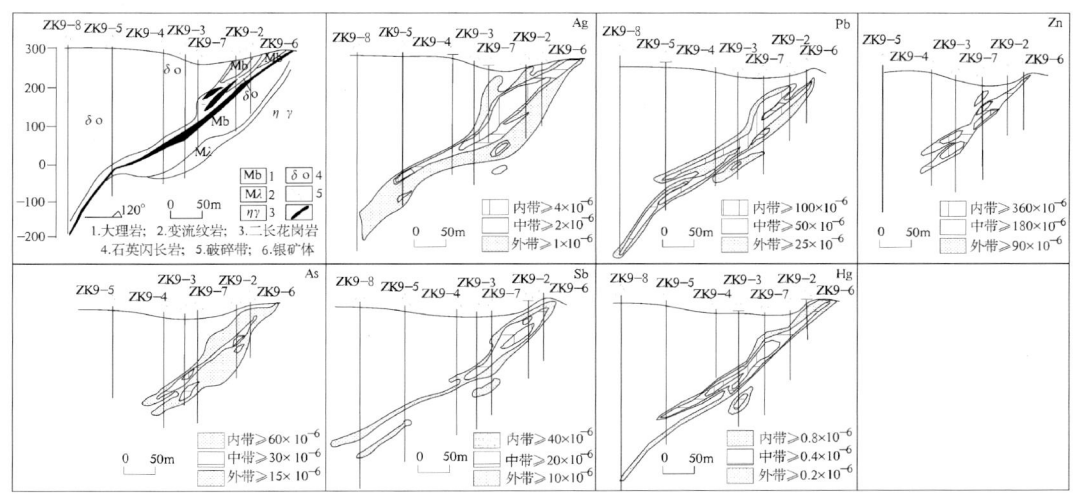

图 5-2-70　山门金银矿床 9 号勘探线岩石异常剖析图

由以上图示推测矿体元素横向分带,由矿体中心向外围为 Zn→Pb→Au→Ag→Cu→Hg→Sb→As;垂直分带为 Sb→As→Hg→Ag→Au→Pb→Cu→Zn→(Hg)。后者与应用格里戈良线金属量分带指数法得出的矿体元素轴向分带为 Sb→As→Hg→Cu→Ag→(Hg)→Pb→Zn→Au(高始河 1992 年)吻合。

根据矿体的分带性可知,矿床前缘指示元素为 Sb、As、Hg,近矿指示元素为 Ag、Cu、(Au),尾部指示元素为 Au、Pb、Zn、(Hg)。矿体呈隐伏状态,剥蚀较浅,含矿岩体延伸较深,显示较大的成矿规模。尾部指示元素中再次出现 Hg 异常,说明矿体深部断裂构造仍然发育,对寻找深部盲矿体提供可能。

研究表明,矿石中 Ag 主要以独立矿物存在,在金银系列矿物和银的硫化物中 Ag 占 73.5%。而在黄铁矿、闪锌矿、方铅矿中的分散 Ag 则以包裹体或类质同象形式存在。Au 以自然金、银金矿、金银矿等独立矿物以及金属硫化物中的包裹体形式存在。Au 在硫化物中的总量(68.88%)远大于独立矿物中 Au 的总量(36.8%),在黄铁矿中含量最高(35.52%)。

Ag、Au 是矿床主要成矿元素,因二者在地球化学性质上的差异使其在矿床富集成矿过程中具有不同的赋存状态上。由矿物的生成顺序可知黄铁矿和金略早于银独立矿物而沉淀。

总之,矿床硫化物矿物是寻找山门式银矿的重要指标。

3)矿床稀土元素特征

矿石和围岩均富含轻稀土元素,重稀土元素相对亏损。矿石的稀土元素标准化曲线与矿区岩浆岩的十分相似,具岩浆初始状态或连续演化,表明成矿物质应来自同源岩浆。

4)铅同位素特征

矿石铅同位素组成十分稳定。$^{206}Pb/^{204}Pb$ 为 0.75%;$^{207}Pb/^{204}Pb$ 为 0.65%;$^{208}Pb/^{204}Pb$ 为 0.54%。铅源特征值 $\mu=8.44\sim 8.78$,均值 8.58,接近上地幔铅的组成,具深源性。

5)硫同位素特征

矿石中硫化物硫同位素组成塔式效应明显,$\delta^{34}S\Sigma$ 为 $-2.35‰\sim-2.9‰$ 属陨石硫值范围,说明部分硫地壳深部均一化程度较高的硫源。矿石中黄铁矿硫同位素与矿床上下盘的石英闪长岩、二长花岗岩中黄铁矿的硫同位素组成十分接近,表明矿石硫与岩浆岩关系更为密切。

6)矿床地质-地球化学找矿模型

矿床地球化学异常模式见图 5-2-71。

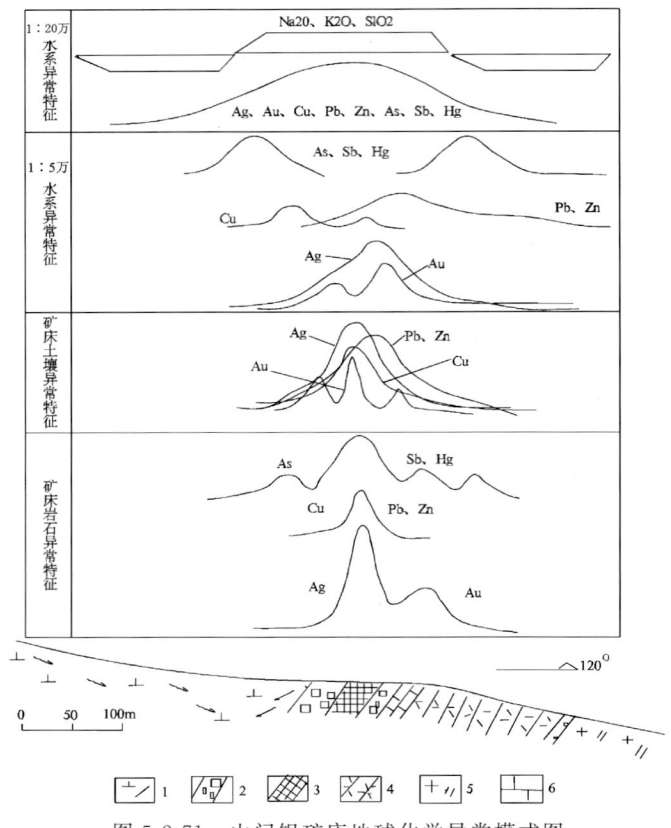

图 5-2-71　山门银矿床地球化学异常模式图
1.石英闪长岩；2.破碎带；3.矿体；4.变流纹岩；5.二长花岗岩；6.大理岩

总结矿床地质、地球化学特征如下。

①成矿系统为一套海相火山-沉积岩建造，印支-燕山期的中酸性侵入岩体以及北北东向断裂构造为成矿提供必要条件。②不同级次（岩石、土壤、水系）的异常地球化学场元素组分较复杂，构成离心-向心结构，异常韵律分带明显。Ag、Au、Cu、Zn 组合异常与矿体积极响应，Sb、As、Hg 置于矿体前锋区，W-Sn-Mo-Bi 高温元素组合异常呈弱势。③Na_2O、K_2O、SiO_2 在成矿系统属于带入组分，对应的绢云母化、硅化、碳酸盐化等围岩蚀变发育，代表碱性的成矿地球化学环境，指示含矿热液在酸性介质中迁移，在碱性介质中沉淀富集的地球化学机制。④主要成矿元素 Ag、Au，近矿指示元素 Cu、Zn，前缘指示元素 Sb、As、Hg，尾晕不发育。垂向分带特征 Sb→As→Hg→Ag→Au→Pb→Cu→Zn→（Hg）。⑤成矿岩浆系统显示中—低温特征，物质具有深源性，注意隐伏矿体的寻找。

（二）岩浆热液型

1. 和龙百里坪银矿床

1）矿床地质特征

矿床位于华北地台北缘东段和龙地块内，图们江大断裂西侧。自太古代以来经历了多期次的变质作用和复杂的构造活动，为成矿元素的迁移和富集创造了十分有利的条件。

区内岩浆活动频繁，侵入岩分布广泛，岩体多次侵位，形成时代有中元古代晋宁期、海西期及燕山早期。岩石类型从中性到酸性，以酸性为主。与成矿有关的主要是晋宁期花岗岩，该期花岗岩侵入规模大，呈岩基状大面积分布于二道江—百里坪一带，面积千余平方千米，为一复式岩体，以百里坪为中心，统称为百里坪岩体。该岩体岩性组合为斜长花岗岩、二长花岗岩、似斑状二长花岗岩，岩体中含有太古宇及老岭群的残留体。这些残留体的原岩为一套火山岩-沉积岩建造，岩性为基性—酸性火山岩-火山碎屑岩以及硅铁质沉积岩，经受了强烈的区域变质作用。其中，Au、Cu 元素呈较高背景晕，为成矿提供一定的物质来源。

断裂构造主要有近东西向、北西向、北东向。其中，近东西向的断裂构造及脆韧性剪切带是矿床所在区域重要的控矿构造；北西向、北东向是成矿后构造。

矿物组成主要有黄铁矿、方铅矿、闪锌矿、黄铜矿、辉钼矿、自然银、银金矿等。

围岩蚀变有硅化、绢云母化、绿泥石化及黄铁矿化、钾长石化、高岭土化等。其中，硅化、绢云母化、绿泥石化及黄铁矿化与矿化关系密切，而且蚀变越强烈含矿性越好。

2) 矿床地球化学异常特征

矿床所在区域 Ag、Au、Cu、Pb、Zn、Cd、W、Mo、Sn 等元素处于高背景状态，分布面积大；低背景区分布规模较小。由于元素的离差较大，使元素组分在区域上处于强烈的不均匀分布状态，叠加改造地球化学作用强烈，对元素的迁移、富集十分有利。

矿床 Ag 异常具有三级分带和明显浓集中心，面积 433km², 峰值为 509×10^{-9}, 呈带状分布，异常轴向近东西，与控矿构造方向一致。

与 Ag 异常存在空间套合关系的元素有 Au、Cu、Pb、Zn、W、Mo、Sn。其中，Pb、Zn、W、Mo 与 Ag 套合紧密，构成 Ag 的内带，Cu 以较小的异常规模分布在 Ag 的中带，Au、Sn 主要构成 Ag 的外带，呈分散特征。这种空间组合呈现同心-离心套合结构，形成的是复杂元素组分富集的叠生地球化学场。Ag 综合异常具有优良的成矿地质背景和条件，是成矿主要场所。见图 5-2-72。

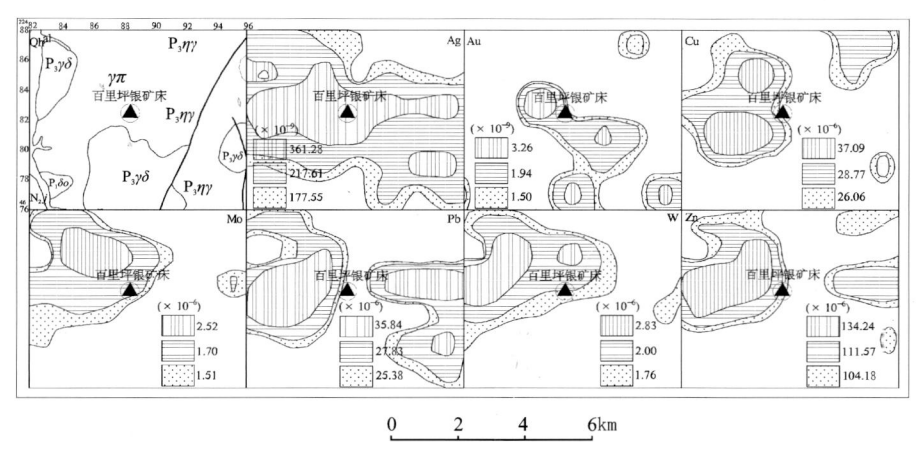

图 5-2-72　百里坪银矿主要元素剖析图

1.第四系全新统Ⅰ级阶地及河漫滩冲洪积物；2.古生代晚二叠世二长花岗岩；3.古生代晚二叠世花岗闪长岩；4.古生代早二叠世石英闪长岩；5.新近纪上新世军舰山组玄武岩；6.花岗斑岩；7.整合岩层界线；8.实测断层；9.和龙市百里坪银矿床

R 型聚类分析显示出（取 $R=0.15$, 见图 5-2-73）四种元素组合，即 Cu-Mo-Sn、N.-Co、Ag-Pb-Zn、Au。结合地质背景可知，Cu、Au 元素高背景区主要分布在燕山期中酸性花岗岩分布区及晋宁期花岗岩体的边缘。Mo、Sn、Ag、Pb、Zn 元素高背景则分布在晋宁期花岗岩体内。说明 Ag、Au、Cu、Pb、Zn、Mo 在成矿过程中关系密切，是找矿的重要指示元素。其中以 Ag 为主的 Ag-Pb-Zn 组合是寻找银矿的重要标志，以 Au 为主的 Au-Ag-Cu-Pb 组合是寻找金及多金属矿的主要标志。值得注意的是，上述元素组合中 Au 是独立存在的，显示很强的独立性。因此，在应用 Au 地球化学异常进行找矿预测时，需结合其他指示元素综合评价。

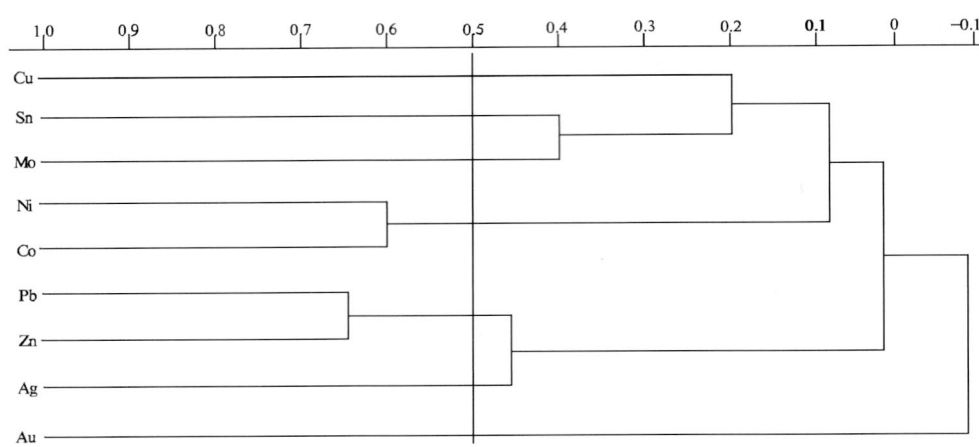

图 5-2-73 百里坪银矿床 R 型聚类分析图

百里坪银矿床及其外围 1∶1 万土壤测量结果显示(见表 5-2-31),在百里坪矿区异常反应较强烈的元素为 Ag、Au、Pb、Zn、Mo,衬值均大于 1,处于显著的富集状态。其中,Ag 的峰值为 2.0×10^{-6}。

表 5-2-31　百里坪银矿床 1∶1 万土壤测量元素异常特征表

矿体/矿化带	元素	异常下限	异常均值	异常峰值	衬值
百里坪东沟Ⅰ、Ⅱ号矿体	Ag	0.43	0.65	2.00	1.51
	Pb	25.00	40.07	250.00	1.60
	Zn	88.00	112.23	300.00	1.28
	Mo	3.00	6.26	60.00	2.88
王开沟Ⅱ号矿体	Ag	0.43	0.62	0.80	1.44
	Pb	25.00	33.18	120.00	1.33
	Zn	88.00	102.00	250.00	1.16
王开沟Ⅰ号矿体	Ag	0.43	0.66	1.50	1.53
王开沟Ⅲ号矿化(蚀变)带	Ag	0.43	0.66	5.00	1.53
	Au	3.00	24.31	220.00	8.10
	Zn	88.00	91.70	93.00	1.04
杨树沟 Ag 矿化带	Ag	0.43	0.60	2.50	1.40
	Pb	25.00	40.65	70.00	1.63
	Zn	88.00	102.00	150.00	1.16
	Mo	3.00	3.21	3.50	1.08

注:Au 含量单位 $\times10^{-9}$,其他元素 $\times10^{-6}$。

由图 5-2-74 可知,异常呈东西向展布,其组合异常中心即为矿体分布位置,可直接用于找矿预测。而在其外围王开沟及杨树沟矿区,Ag、Au、Pb、Zn、Mo 亦有显著的异常反应,Ag、Au 峰值分别为 10.2×10^{-6}、1.9×10^{-9},其高值叠合处分布 Au(Ag)矿体,而且异常变化幅度与矿体相当。矿体与破碎带紧密相邻,表明构造破碎带是找矿的重要场所。Cu 没有异常反映,应注意有隐伏矿存在的可能。异常特征见表 5-2-31,图 5-2-74。

钻孔原生晕异常特征显示,在晋宁期二长花岗岩中,Ag、Pb、Zn、Cu、Bi、Mo 异常表现较好,套合完整,而且硅化越强烈,元素含量变化曲线越大。如百里坪 ZK10301 钻孔,相对二长花岗岩,Ag 含量一般为 $(0.2\sim1.0)\times10^{-6}$,最高 5.0×10^{-6};在王开沟 ZK30301 钻孔中,相对银矿体,Ag 含量最高达 60.7×

10^{-6},而其下部是强硅化的二长花岗岩,Ag、Pb、Zn 含量亦相对较高。花岗斑岩和闪长玢岩脉中元素的含量变化不大,表明脉岩的形成应晚于 Ag 矿化期。见图 5-2-75。

图 5-2-74 百里坪王开沟矿区 Au、Ag 土壤异常剖面图

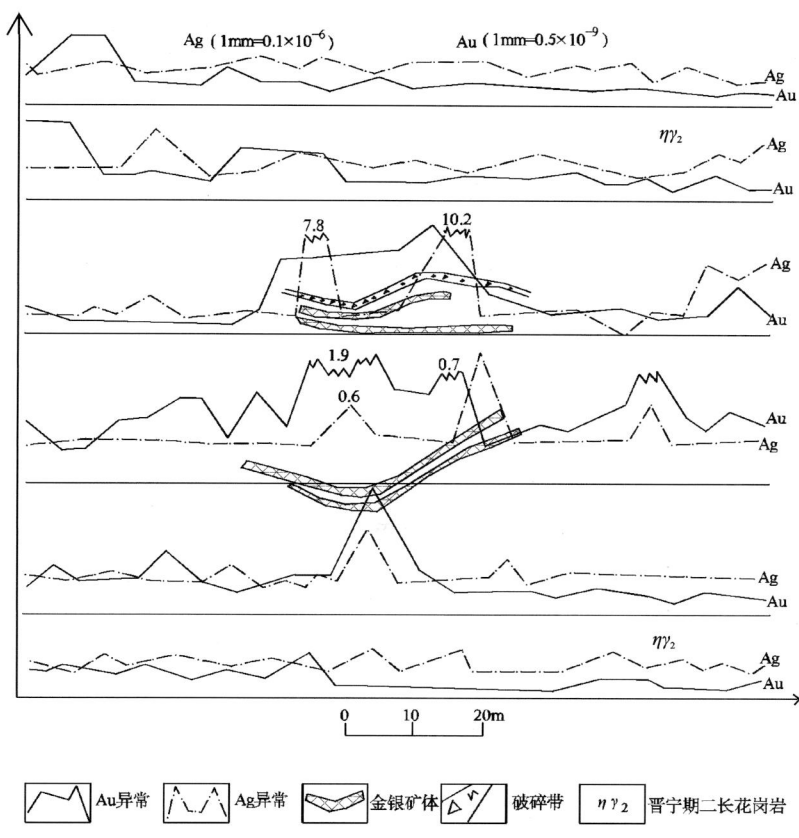

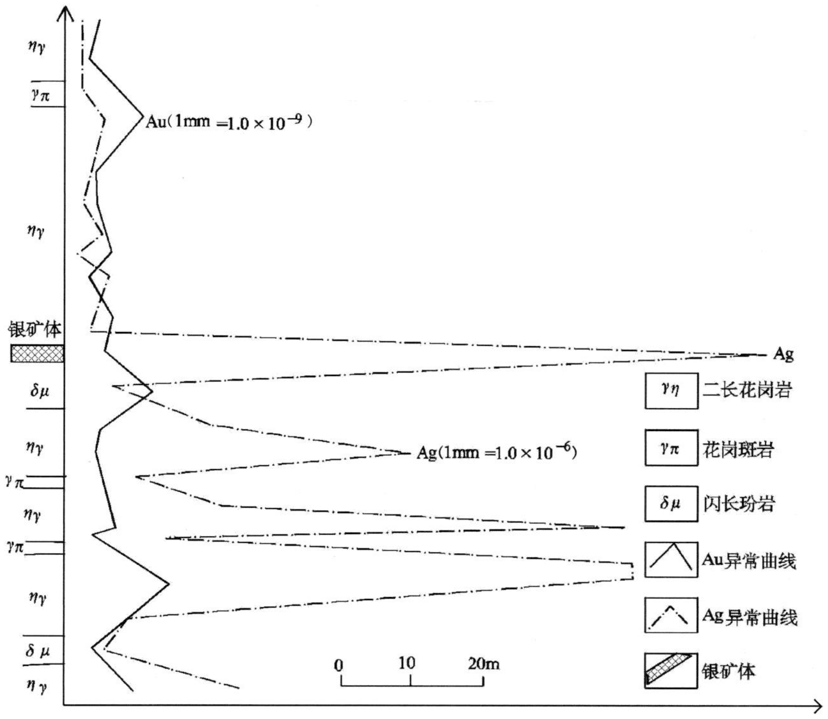

图 5-2-75 百里坪银矿王开沟矿区 ZK30301 岩石异常剖面图

百里坪东沟银矿体产于百里坪东沟矿化蚀变带内,严格受北东东向矿化蚀变带控制。矿体为石英脉型,呈脉状,可分为1号、2号、3号3个矿体,局部地段有分支复合现象。矿体沿走向和倾向上均呈舒缓波状,总体走向北东65°,显示出较大的矿床规模。详见表5-2-32。

表 5-2-32　百里坪东沟银矿体特征一览表

矿体编号	长度	水平厚度	真厚度	品位变化	平均品位
1号	540	2.46	2.18	64～1 024.45	250.4
2号	85	未封闭		51.1～300.4	117.8
3号	未封闭	1.10	1.10	210.8	210.8

人工重砂中见有银黝铜矿和银金矿,前者产于闪锌矿中,呈星点状,直径小于0.005mm。后者为不规则状,直径小于0.016mm。重砂矿物是重要找矿标志,可直接指示找矿。

3) 矿床地质-地球化学找矿模型

矿床地质、地球化学特征如下。①银矿体主要赋存在晋宁期的二长花岗岩中;古老的表壳岩为成矿提供初始矿源层;近东西向的断裂构造及脆韧性剪切带是矿床所在区域重要的控矿构造。②水系异常Au、Ag套合完好,叠加Cu、Pb、Zn、Mo、Bi、W,构成复杂元素组分富集的叠生地球化学场。③土壤、岩石异常再现性理想,Au、Ag、Cu、Pb、Zn、Mo组合异常中心即为矿体分布位置。④推测元素水平分带Ag(Au)→Pb→Zn→Cu→Bi→W→Mo。⑤成矿元素为Au、Ag,近矿指示元素Cu、Pb、Zn,尾部指示元素Mo、Bi、W。⑥矿化蚀变及构造破碎带是区内重要找矿标志。⑦矿床的成矿地球化学环境是中—低温。由于矿体剥蚀程度较深,使尾部元素异常出现在异常地球化学场的前锋区。

矿床地球化学异常模式,见图5-2-76。

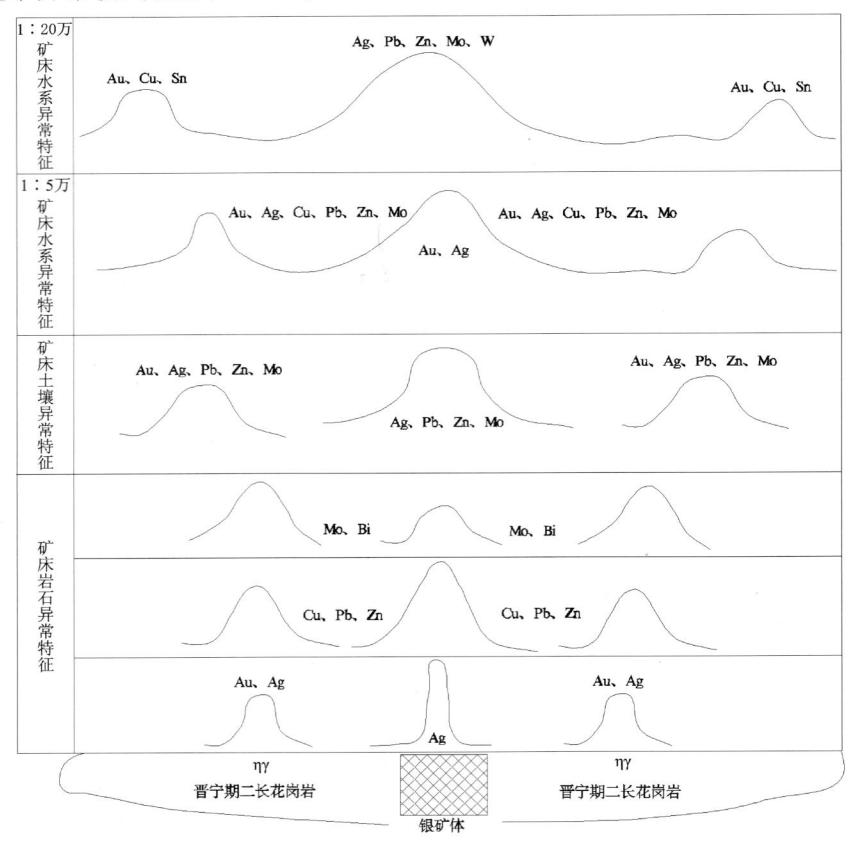

图 5-2-76　百里坪银矿床地球化学异常模式图

2. 抚松西林河银矿床

1) 矿床地质特征

矿区位于中朝准地台(Ⅰ)、辽东台隆(Ⅱ)、铁岭-靖宇台拱(Ⅲ)、龙岗断块(Ⅳ)北东端。

区域出露的地层主要有太古宙花岗绿岩地体,古元古界老岭群班房沟组和珍珠门组,中元古界色洛河群,新元古界青白口系钓鱼台组以及中生界火山岩建造,部分新生界沉积物。其中,太古界花岗绿岩地体与古元古界老岭群珍珠门组大理岩接触带是主要的控矿部位,矿体总体走向北北东,倾向北西或南东,倾角65°~85°。

矿区构造活动频繁,早期的韧性剪切带内糜棱岩化很发育,糜棱岩带由太古宙花岗质糜棱岩与元古宙糜棱岩化大理岩构成。银矿主要受在糜棱岩带内形成的北东向脆性断裂控制。北西向的压扭性断裂控制的是成矿带中的锑矿与940高地金矿。成矿期后形成的是东西向断裂,对控矿构造及矿体有破坏作用。

与西林河银矿关系密切的花岗岩类侵入体是分布在矿区东部及中部的五道溜河单元西林河侵入体。面积约1.2km^2,呈小岩株侵入,侵入时代为中侏罗世,岩性以钾长花岗岩为主。该侵入体是西林河银矿形成的主要热源。

矿物有辉银矿、黄铁矿、黄铜矿、方铅矿、闪锌矿、辉锑矿及石英、绢云母、方解石等。

围岩蚀变有硅化、绢云母化、辉银矿化、黄铁矿化、黄铜矿化、方铅矿化、闪锌矿化、辉锑矿化等。与银成矿关系密切的主要是硅化、辉银矿化、黄铁矿化、黄铜矿化。

2) 矿床地球化学及异常特征

因子分析显示,矿床所在区域Ag、Pb、Zn、Au、Cu、Sb、As、W、Bi因子得分高,与地球化学图显示的高累频值域相吻合,属于高背景晕的地球化学区域。

矿床Ag异常具有清晰三级分带和明显浓集中心,峰值为260.51×10^{-9},面积90.55km^2,北西向带状分布。与Ag空间套合紧密的元素有Au、Cu、Pb、Zn、Sb、As、Hg、Sb,形成向心-离心结构的复杂元素组分富集场。高温元素组合W-Mo-Sn-Bi异常反应较弱。见图5-2-77。在西林河银矿的东南侧亦分布Ag、Au、Cu、Pb、Zn、Sb、As、Hg异常,其组合异常应是西林河银矿外围有利的找矿靶区。

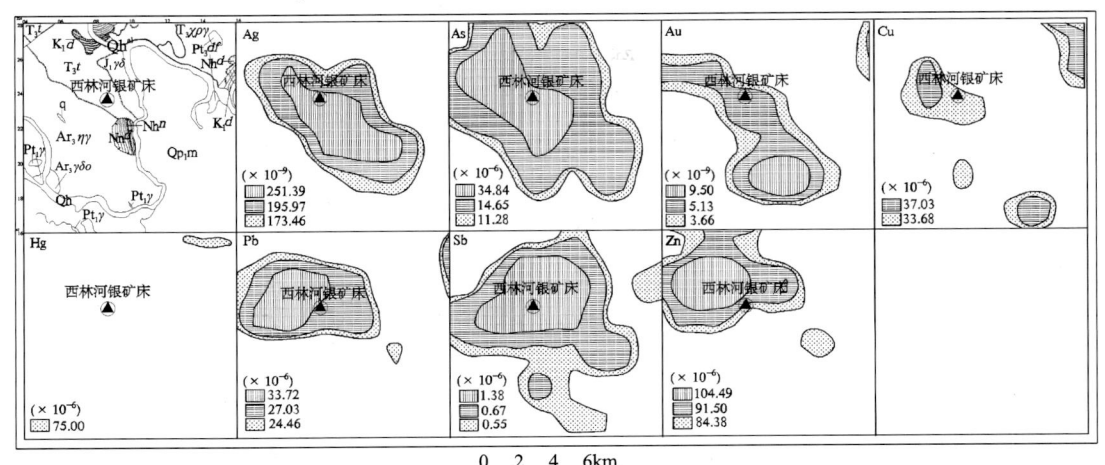

图5-2-77 西林河银矿主要元素剖析图

1.第四系全新统冲洪积物;2.第四纪更新世玄武岩;3.中生代晚三叠世流纹岩、流纹质角砾凝灰岩;4.白垩系大砬子组砾岩、砂岩;5.南华系南芬组页岩夹泥灰岩;6.南华系钓鱼台组石英砂岩;7.晚三叠世碱长花岗岩;8.晚古生代东方红组变质流纹岩;9.古元古代变质辉长岩、辉绿岩;10.新太古代变质二长花岗岩;11.新太古代英云闪长质片麻岩;12.石英岩脉;13.整合岩层界线;14.角度不整合界线;15.实测断层;16.西林河银矿床

1995—1997年吉林省地质矿产勘查局第四地质调查所在940高地和香水河一带进行了1∶1万土壤测量，发现了940高地火山岩型金矿和香水河金矿点，圈出7个金的土壤异常。1997年吉林省地质矿产勘查局通化地质勘查院第一地质区调队在该区发现了西林河银矿，并于1998年进行了详查工作。

940高地与香水河一带的Au土壤呈带状分布，异常规模较大，最长的控制长度达800m，控制宽度300m，呈北西向延伸，而西林河银（金）矿体呈北东向展布，显示出分别受北西和北东向断裂构造控制的特征，这吻合于实际地质情况。从共同点上看，940高地与香水河一带的Au与西林河的Ag均与五道溜河单元西林河侵入体关系密切，可认为是同一热液成矿期不同成矿阶段的产物。根据成矿系列理论，在940高地与香水河一带应注意寻找以Au为主的伴生Ag、Pb、Zn、Cu、Sb等多金属矿。因此，940高地与香水河一带Au土壤异常特征可指示西林河以Ag为主的Au、Pb、Zn、Cu等多金属矿床的寻找。在西林河银矿体北侧的矿石捡块中，Au的含量达到2.24×10^{-6}，而Ag最高可达到430×10^{-6}，并且地质背景与西林河银矿相近，说明矿床北部有进一步扩大找矿的可能。见图5-2-78。

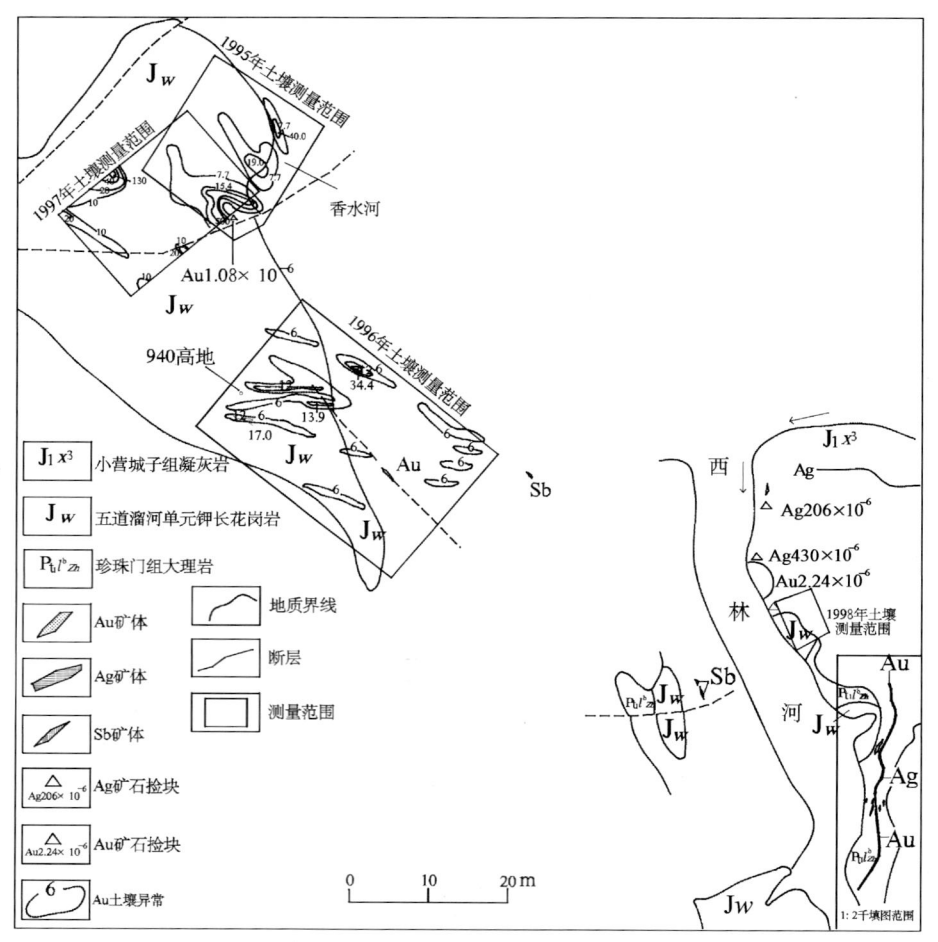

图5-2-78　西林河银矿区土壤异常图

西林河矿床的矿石化学成分见表5-2-33。由表中可知，矿床主要成矿元素为Ag，有益伴生元素为Au、Pb、Zn、Cu、Sb。含矿岩石呈酸性（$SiO_2>60\%$），属于花岗岩类，并具有富钾（$K_2O/Na_2O>10$）特征。

矿床岩石异常特征见图5-2-79。图中与Ag、Au等多金属成矿关系密切的岩株状西林河花岗岩体没有出现，而主要出露的是太古宙花岗质糜棱岩，说明从太古宙到燕山期的岩浆构造活动中，热液成矿具有复杂的多期性和继承性。但是，燕山期的热液成矿活动不是很强，使得西林河Ag（Au）成矿规模偏小。也说明银矿体赋存较深，对深部找矿有利。

表 5-2-33　西林河矿床矿石全分析结果表

样品编号	化学分析结果(%)								
	$Ag(\times 10^{-6})$	$Au(\times 10^{-6})$	Cu	Pb	Zn	Sb	SiO_2	LOS	CaO
1ZHC-2	268.0	0.21	0.46	0.51	0.52	0.32	67.35	2.72	6.71
样品编号	MgO	TiO_2	Fe_2O_3	P_2O_5	Al_2O_3	K_2O	SO_3	MnO	Na_2O	FeO
1ZHC-2	3.88	0.30	2.23	0.02	2.73	1.25	5.27	0.18	0.12	1.64

注：表中数据源自徐福忠等(2001)的《吉林省抚松县西林河银矿详查地质报告》。

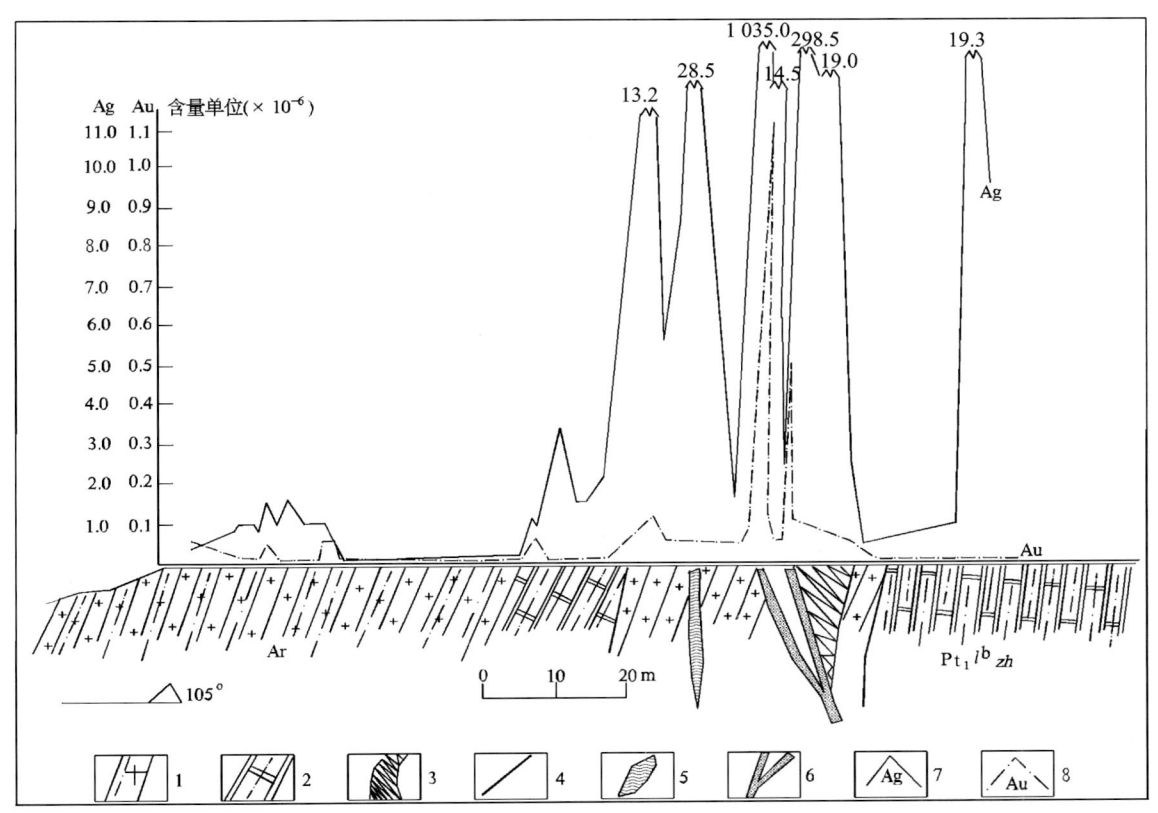

图 5-2-79　西林河银矿床 6 号勘探线岩石异常剖面图
1.太古宙花岗质糜棱岩；2.老岭群珍珠门组糜棱岩化大理岩；3.石英脉；4.实测断层；
5.银矿化体；6.银矿体；7.Ag 土壤异常；8.Au 土壤异常

3) 矿床地质-地球化学找矿模型

矿床地质、地球化学特征如下。①西林河 Ag、Au 等多金属矿床属于岩浆热液型，Ag、Au 从太古宙花岗岩中初始富集，到燕山期岩浆活动的主成矿期，具有成矿多期性和继承性。②花岗岩体与珍珠门大理岩接触带是主要赋矿部位，断裂构造和硅化、糜棱岩化对含矿热液的运移、富集成矿起到重要作用。③由岩石异常→土壤异常→水系异常，Ag、Au、(Cu、Pb、Zn)异常分带清晰，浓集中心明显，空间套合紧密，形成复杂元素组分富集的叠生地球化学场。其浓集中心套合部位可指示矿体的存在。④As、Sb、Hg 是找矿前缘指示元素，Au、Cu、Pb、Zn 是近矿指示元素，Ag、Au 是主要成矿元素。高温元素组合异常再现性较差。⑤推测异常水平分带为 Hg→As→Sb→Ag→Au→Pb→Zn→Cu。⑥成矿主要在中—低温的成矿地球化学环境中。

矿床地球化学异常模式见图 5-2-80。

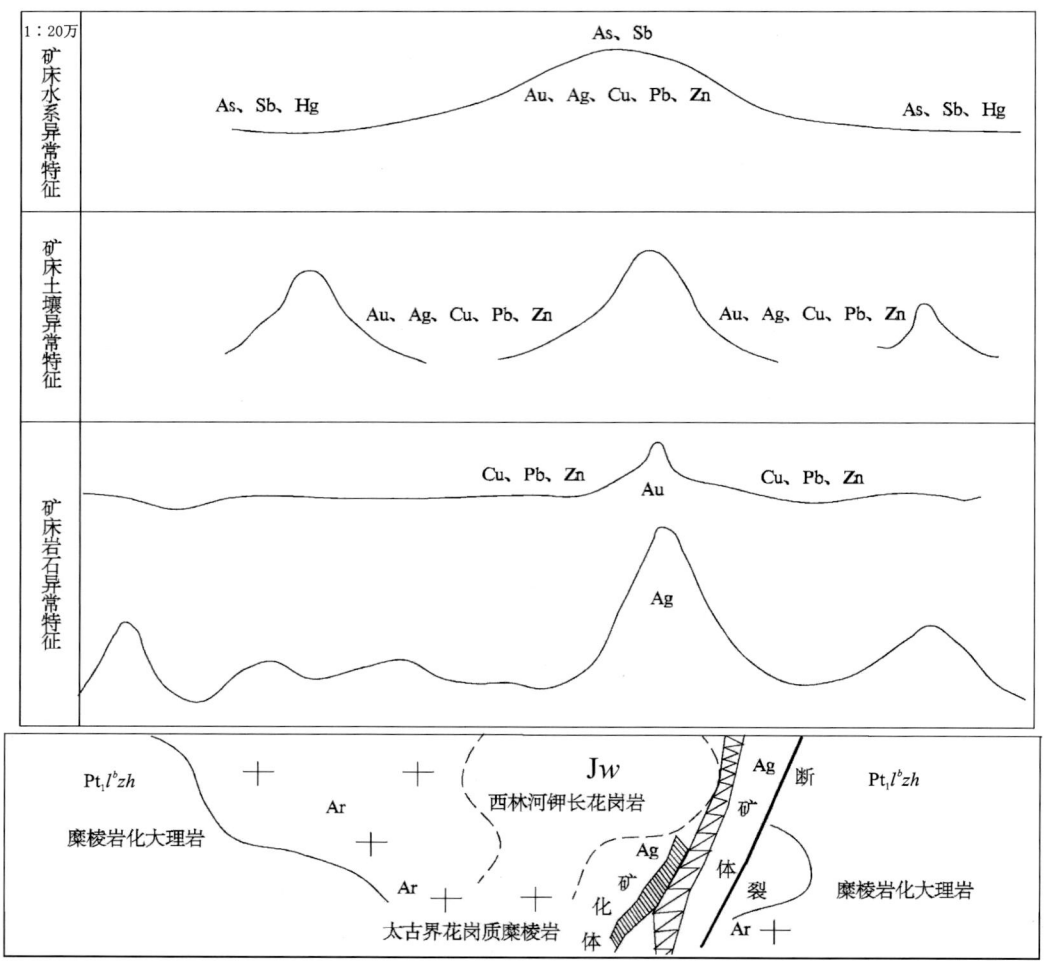

图 5-2-80　西林河银矿床地球化学异常模式图

（三）岩浆热液改造型

1. 集安西岔金银矿床

1）矿床地质特征

矿区位于华北东部陆块（Ⅱ）胶辽吉古元古裂谷带（Ⅲ）集安裂谷盆地（Ⅳ）内。辽吉裂谷中段北部边缘，北东—北北东向花甸子-头道-通化断裂带横切"背斜"中段的交会处。

出露地层为集安群荒岔沟组中段、上段。岩性以石墨大理岩夹斜长角闪岩以及石墨透辉变粒岩、石墨黑云变粒岩、黑云斜长片麻岩、斜长角闪岩为主。金厂沟金矿床分布于中、上段变粒岩层中。位于"背斜"南西翼。

印支期及燕山期中酸性岩类的侵入活动强烈，西侧有复兴屯闪长岩，北部有斑状花岗岩，南东侧有斜长花岗斑岩，北东侧有花岗斑岩。脉岩十分发育，有钠长斑岩，闪长玢岩，安山岩脉等。这些主要热事件与金银成矿关系密切，它不仅进一步活化了地层中 Au、Ag 等物质本身，也为成矿提供了部分含矿热液。

主要的构造有褶皱和断裂。断裂构造以北东、北北东向为主，南北向断裂是北东向断裂构造的次一级断裂，为主要的容矿、控矿构造。

矿物组合主要为黄铁矿、毒砂、方铅矿。少量为自然金、自然银、黝铜矿、辉银矿、黄铜矿、闪锌矿、深红银矿以及脉石矿物石英、方解石、重晶石、绢云母、绿泥石。

蚀变类型主要为硅化、碳酸盐化、毒砂化、黄铁矿化、绢云母化、重晶石化、绿泥石化。与成矿关系密切的蚀变是毒砂化、黄铁矿化、硅化。荒岔沟组变粒岩层硅化、碳酸盐化、黄铁矿化、毒砂化、黄铜矿化等蚀变是重要的找矿标志。

2）矿床地球化学及异常特征

矿床所在区域是台内裂陷谷元古界海相碎屑岩分布区，并产生较强烈的区域变质作用。因子分析显示，区内 Au、Cu、Pb、Zn、Ag、W、Mo、Sn、As、Sn、Hg、Ba、SiO_2 因子得分较高，元素处于高背景状态，地质背景是富含 Au、Cu、Pb、Zn、Ag 的变质岩建造同生地球化学场，经过后期中酸性岩浆活动为主的地球化学改造作用，主要成矿元素 Au、Cu、Pb、Zn、Ag 在形成的复杂叠加地球化学场中富集成矿。

矿床 Ag 没有异常反映。1∶20 万 Au 异常具有清晰三级分带和明显浓集中心，异常面积 $125km^2$，峰值 $111×10^{-9}$，不规则形态，对西岔银金矿积极响应，是矿致异常。Cu、Pb、Zn 与 Au 紧密套合，W、Sn、Bi、Mo、As、Sb、Hg 均分布在 Au 的中、外带。

矿床 1∶5 万 Au 异常再现性好，亦具有清晰的三级分带和显著浓集中心，强度达到 $93×10^{-9}$，面积为 $161km^2$。形态不规则状，轴向延伸北东。Ag 异常分布在西岔金矿的两侧，分带明显，异常强度为 $267×10^{-9}$ 规模较小，面积 $3.5km^2$，椭圆状，局部伴生在 Au 的外带。

与 Au 空间上紧密套合的元素有 Ag、Cu、Pb、Zn、W、Bi(Mo)、As(Sb)。其中，W、Bi 构成金的内带，Cu、Pb、Zn、Ag、As 则主要构成 Au 的中带、外带。形成复杂元素组分富集的叠生地球化学场，利于 Au(Ag) 的迁移、富集。见图 5-2-81。

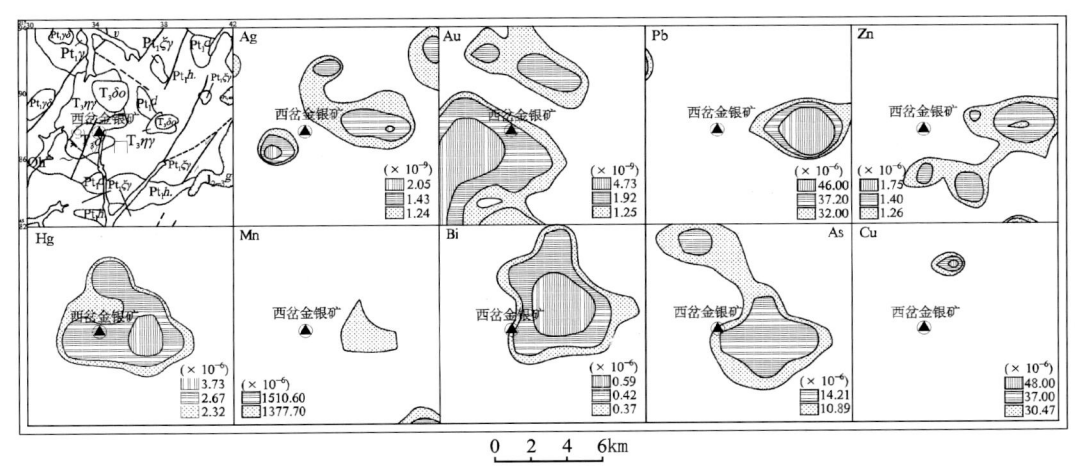

图 5-2-81　集安西岔金银矿床地球化学异常剖析图

1.全新统松散砂砾石堆积；2.中—上侏罗世果松组英安山质火山碎屑岩、安山岩、砾岩；3.晚三叠世中细粒二长花岗岩；4.晚三叠世石英闪长岩；5.晚三叠世闪长岩；6.古元古代花岗闪长岩；7.古元古代正长花岗岩；8.大东岔岩组黑云变粒岩夹石榴斜长片麻岩；9.荒岔沟岩组变粒岩-斜长角闪岩夹大理岩；10.蚂蚁河组黑云变粒岩-浅粒岩夹大理岩、斜长角闪岩；11.闪长斑岩脉；12.辉长岩脉；13.角度不整合界线；14.地质界线；15.实测性质不明断层/推测断层；16.平移断层；17.硅化；18.黄铁矿化；19.碳酸盐化；20.绢云母化；21.绿泥石化；22.西岔金银矿床

矿床土壤异常中，Au、As 以 $0.02×10^{-6}$、$10×10^{-6}$ 为异常下限，圈定的异常多数是由已知矿（化）体引起。

在矿床荒岔沟组变粒岩中，Au 丰度为 $3.888×10^{-9}$，高于其他岩石 Au 丰度（$0.6×10^{-9}$～$2.13×10^{-9}$）。此外，与 Au 关系密切的指示元素 As、Sb、Bi、Hg 在该层中含量也较高。

与成矿有关的岩浆岩属于钙碱性系列，是以富钾钠为特征的中酸性岩。矿区内各岩浆岩体的微量元素丰度值，见表 5-2-34。由此可见在岩浆热液活动过程中，Au 的迁移富集具有多期性和继承性，而且岩浆岩愈晚期 Au 的丰度值趋于高值。其中，Au 在斜长花岗斑岩中的丰度值最高，表明含矿热液应主要来源于燕山期的斜长花岗斑岩体。主要伴生成矿元素 Ag、Cu、Pb、Zn 具有在岩浆活动早期富集成矿的特点。

表 5-2-34 矿床岩浆岩微量元素丰度值统计表

岩浆岩	闪长岩	花岗斑岩	斜长花岗斑岩	钠长斑岩	闪长玢岩
Au($\times 10^{-6}$)	1.80	0.003	0.046	0.003	0.000 5
Ag($\times 10^{-6}$)	2.50		1.00		
Cu($\times 10^{-3}$)	4.70	0.03	0.01~0.04		
Pb($\times 10^{-3}$)	9.70	0.06	0.03~0.80		
Zn($\times 10^{-2}$)	1.10	0.003	≤0.01		
As($\times 10^{-4}$)	2.70				
Sb($\times 10^{-5}$)	3.80				
Bi($\times 10^{-5}$)	1.30				
Mo($\times 10^{-5}$)		0.30			

注：表中数据源自侯启满等，1984。

岩石化探异常中，Au、Ag、Cu、Pb、Zn 异常为直接找矿标志，As、Sb、Bi、Mo 异常则为重要指示元素。其钻孔异常特征见图 5-2-82。

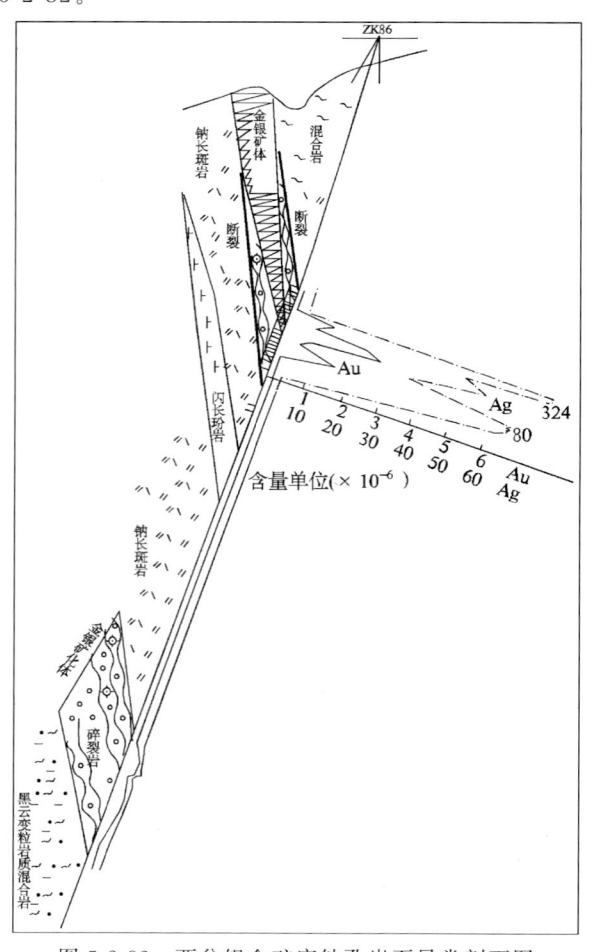

图 5-2-82 西岔银金矿床钻孔岩石异常剖面图

矿床主要矿化类型为金银矿,已发现工业矿体10条,其中,3号矿体是主矿体,Au、Ag伴生关系密切,相关系数为0.6(侯启满等,1984)。最高品位分别是40.77g/t、540.00g/t,平均品位分别为4.22g/t、32.35g/t。成矿围岩为混合岩化变粒岩,受构造作用呈碎裂状或角砾状,矿体(矿化体)展布受断裂以及构造破碎带控制。沿矿体倾向方向上,Au上富而下逐渐变贫,走向上Au在北东段较富,整体变化比较均匀。Ag的品位变化系数较大(132%;侯启满等,1984),没有规律。这在钻孔异常中可见一般。

3) 硫同位素特征

西岔银金矿床硫同位素组成与区域变质岩中硫同位素组成相似。矿床$\delta^{34}S$值变化范围1.9‰～−7.4‰,离差5.5‰,地层$\delta^{34}S$值与之基本一致,都以富重硫为特点。由于地层为变粒岩,原岩为中酸性火山岩,其硫同位素组成呈现深源硫特点。表明地层与矿床硫来源相似,可能为地层硫与岩浆硫的混合,高度均一化结果。

4) 氧、碳同位素特征

以金厂沟金矿为代表,测得金厂沟金矿中方解石、石英与矿液平衡水的$\delta O^{18}_{H_2O}$值为5.3‰～6.4‰,属岩浆水(5‰～10‰)范围。矿石中方解石δC^{13}值为−6.1‰,与本区硬岩(−3.1‰～−1.9‰)中比较接近,推测矿液中碳可能来源于地层。以上特征表明成矿与岩浆岩、地层均存在密切关系。

5) 矿床地质-地球化学找矿模型

矿床地质、地球化学特征如下:①成矿物质主要来源于元古宇集安群荒岔沟组的变粒岩地层。印支及燕山期中酸性岩类的侵入活动强烈,为成矿提供物源、热源。断裂及构造蚀变是成矿的重要因素。硅化、碳酸盐化等标志明显。②Au、Ag、Cu、Pb、Zn、W、Sn、Bi、Mo、As、Sb、Hg空间紧密套合,主成矿元素Au、Ag浓集强烈,与矿床积极响应,是成矿异常。其组合异常是找矿预测的重要地段。③元素富集成矿经历高—中—低温复杂的成矿过程。其中,Au、Ag、Cu、Pb、Zn是近矿指示元素,As、Sb、Hg主要分布在矿体岩石晕的外带,是找矿的前缘指示元素,W、Sn、Bi、Mo则构成岩石晕的内带、中带,形成矿体尾晕。④矿床水平分带,以矿体为中心,向外依次为Au、Ag、Zn、Pb、Cu、Mo、W、Bi、As。⑤矿体尾部晕较发育,表明矿体剥蚀较深。

矿床地球化学异常模式见图5-2-83。

(四) 火山热液型

1. 磐石民主屯银矿床

1) 矿床地质特征

矿床位于东北叠加造山-裂谷系(Ⅰ)、小兴安岭-张广才岭叠加岩浆弧(Ⅱ)、张广才岭-哈达岭火山-盆地区(Ⅲ)、大黑山条垒火山-盆地群(Ⅳ)内。

出露的地层主要有石炭系、二叠系、侏罗系和第四系。其中,下石炭统余富屯组海相火山-沉积岩建造为含矿层位。岩性为大理岩、细碧-角斑岩、板岩以及糜棱岩、千糜岩。其原岩属于海底火山喷发形成的细碧-角斑岩系,是成矿物质的主要来源。

主要的控矿构造为北东走向的韧性剪切带。剪切带内构造变质岩发育,同时具有脆性破碎特征,并发育许多裂隙。银矿体分布在千糜岩带与大理岩的接触部位与构造裂隙中。后期断裂构造对矿体有一定的破坏作用。

侵入岩以燕山期花岗岩类为主,其次为海西期中酸性岩体。岩浆热液活动为成矿提供了必要条件。

矿物组合为黄铁矿、黄铜矿、毒砂、闪锌矿、磁铁矿、辉锑银矿、锑银矿、自然银等。与成矿关系密切的围岩蚀变为硅化、毒砂化。

2) 矿床地球化学异常特征

矿床Ag异常具有清晰三级分带和明显浓集中心,面积221km²,呈带状分布,峰值达15.021×

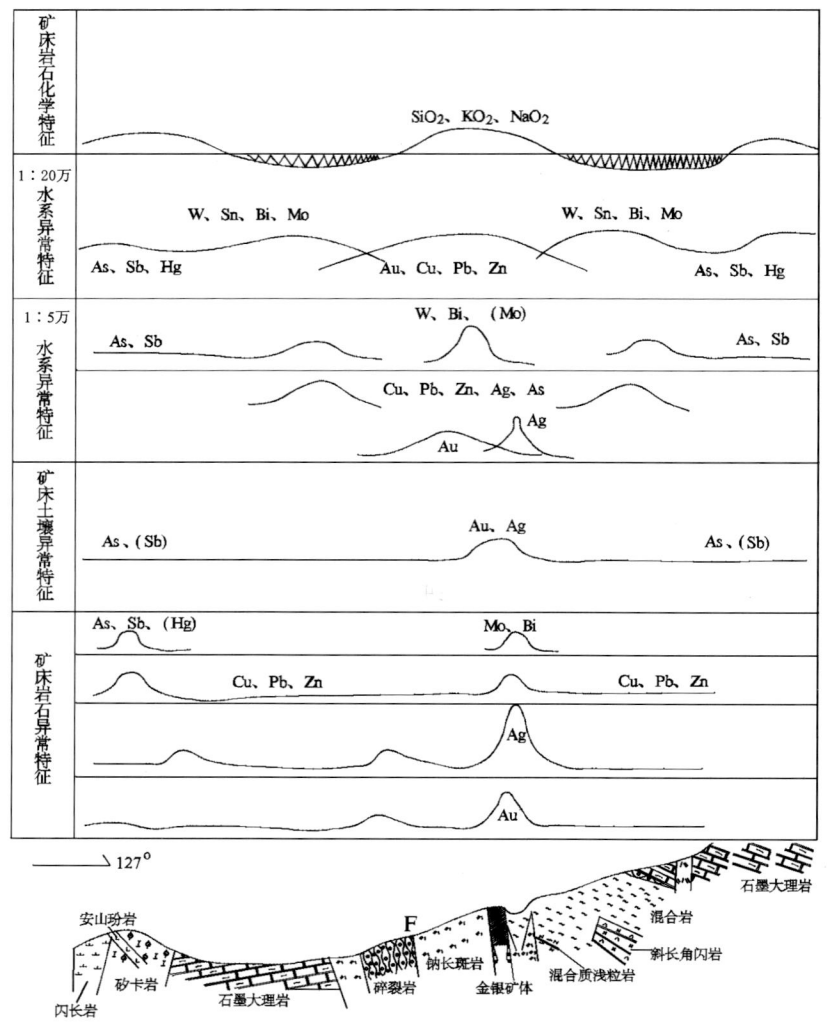

图 5-2-83 西岔金银矿床地球化学异常模式图

10^{-6}，NAP 值为 3871。该异常与西山民主屯银矿积极响应，是优良的矿致异常。

与 Ag 异常套合紧密的元素主要有 Au、Cu、Pb、As、Sb、Hg，呈向心-离心结构，形成复杂元素组分富集的叠生地球化学场，是找矿的主要场所。见图 5-2-84。

在矿区 1：1 万土壤测量中，Ht-1-1、Ht-1-2、Ht-1-3 异常是多元素组合异常，呈近椭圆状北东向展布。组合异常中 Ag、Au、Cu、Pb、Zn、As、Sb、Hg、W、Sn、Bi、Mo 均有较好的异常分布。其中，Ag、Au、Cu、Pb、Zn、As、Sb、Hg 异常再现性理想，空间套合完整，具有清晰的浓度分带及显著的浓集中心。异常轴向与矿体走向一致。异常浓集中心部位即为金银矿体的分布位置，详见图 5-2-85。各元素异常特征见表 5-2-35，表 5-2-36。

由表中可知，Ht-1 组合异常中，Au、Ag、As、Sb、Hg、Pb、W、Bi、Sn 的浓集克拉克值均大于 1，表明矿床所在区域该组元素处于很高的背景状态。尤其是 Ag、As、Sb 的浓集系数可达 $n\times10$ 倍的数量级，具有明显的富集趋势。同时显示出该矿床是在中—低温的地球化学环境中成矿。Cu、Zn、Mo 的浓集克拉克值小于 1，为低背景状态，对成矿不利。

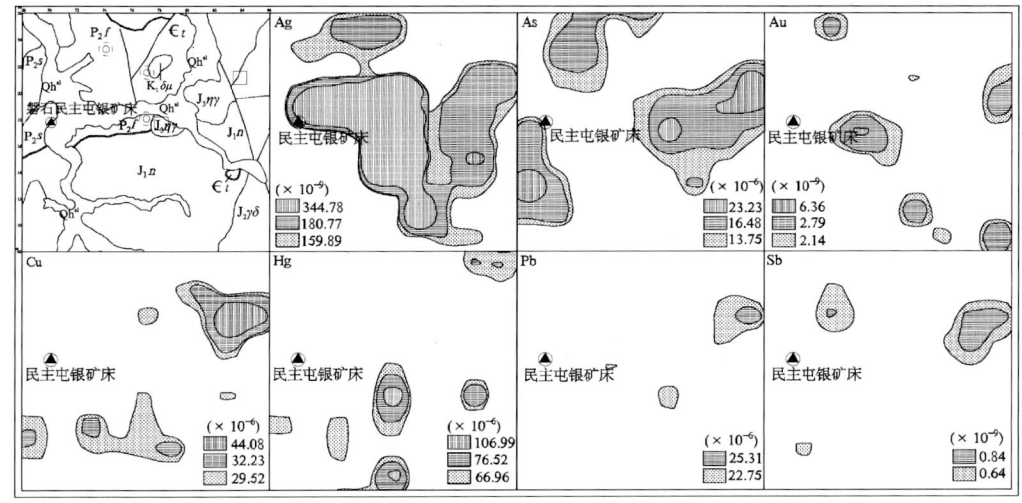

图 5-2-84 磐石民主屯金银矿主要元素剖析图

1.第四系全新统冲洪积物;2.中二叠统范家屯组砂砾岩;3.中二叠统寿山沟组砂岩;4.寒武纪头道岩组斜长阳起石岩、变质砂岩;5.早白垩世闪长玢岩;6.晚侏罗世二长花岗岩;7.中侏罗世花岗闪长岩;8.下侏罗统南楼山组安山岩;9.整合界线;10.不整合界线;11.实测断层;12.推测断裂;13.硅化;14.黄铁矿化;15.民主屯银矿

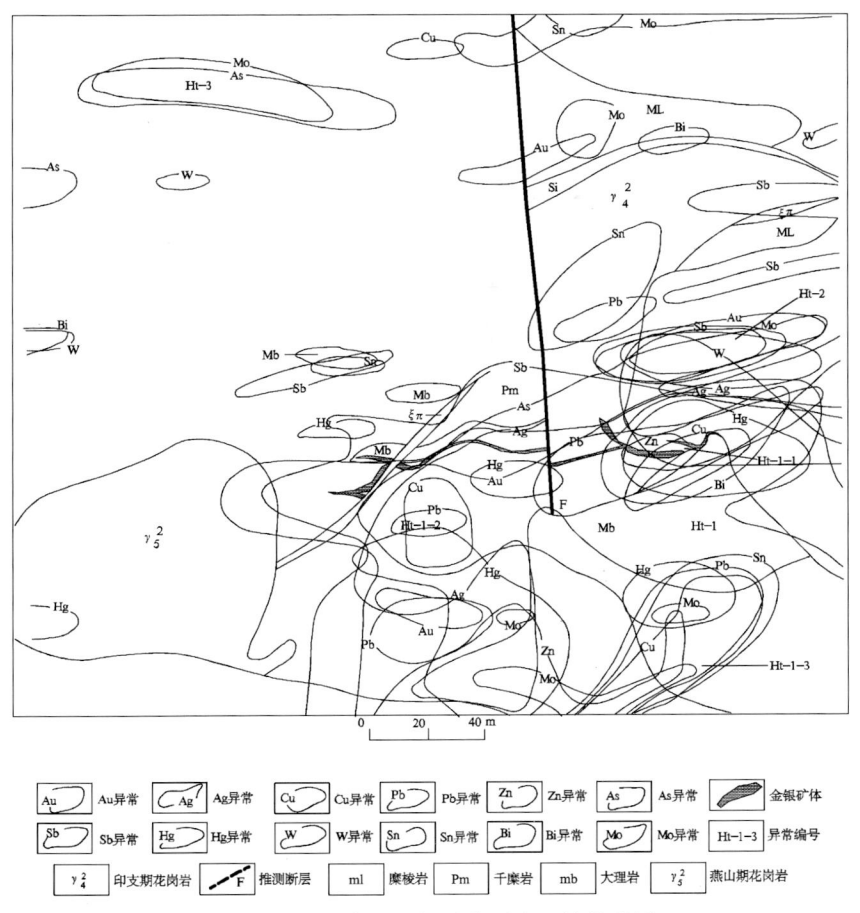

图 5-2-85 民主屯金银矿床元素土壤异常图

表 5-2-35　民主屯金银矿床土壤地球化学异常特征一览表

异常编号	异常特征									地质特征及矿体	矿化类型
	总面积（km²）	元素	单元素面积（km²）	下限	峰值	NAP值	衬度值	平均值	异常分带性		
Ht-1	0.268	Au	0.124 0	1.780	382.00	1.600	12.90	22.97	Ag→Sb→Au→As→Mo→Pb→Hg→W→Zn→Cu→Sn→Bi。Ag、Sb、Au、As套合好，Hg、Pb部分套合	异常位于大理岩、千糜岩、花岗岩接触部位。异常中心即为矿体	Ag矿化
		Ag	0.192 8	0.142	5.00	6.788	35.21	0.727			
		As	0.241 0	12.69	701.00	0.834	3.46	43.92			
		Sb	0.260 8	1.00	123.31	2.099	8.05	8.05			
		Hg	0.034 4	36.38	111.00	0.051	1.49	54.14			
		Pb	0.050 4	17.56	110.00	0.081	1.61	28.27			
		Cu	0.029 2	18.99	26.00	0.033	1.13	21.38			
		Zn	0.030 4	53.69	72.00	0.034	1.12	60.15			
		Sn	0.027 2	2.86	3.20	0.029	1.06	3.04			
		W	0.030 4	3.13	6.19	0.037	1.23	3.85			
		Bi	0.026 4	0.412	0.53	0.029	1.10	0.45			
		Mo	0.084 0	1.08	1.20	0.097	1.16	1.25			

注：Au、Hg 含量单位 $\times 10^{-9}$，其余元素为 $\times 10^{-6}$。

表 5-2-36　民主屯金银矿床元素土壤富集特征一览表

Au	Ag	As	Sb	Hg	Cu	Pb	Zn	W	Sn	Bi	Mo
22.97	0.727	43.92	8.05	54.14	21.38	28.27	60.15	3.85	3.04	0.45	1.25
4.90	0.07	1.80	0.20	80.00	55.00	12.50	70.00	1.50	2.00	0.17	1.49
4.69	10.39	24.4	40.25	0.68	0.39	2.26	0.86	2.57	1.52	2.65	0.84

注：Au、Hg 含量单位 $\times 10^{-9}$，其余元素为 $\times 10^{-6}$。根据杨振华等(1991)。

矿床岩石地球化学特征见表 5-2-37。表中显示 Ag、As、Sb 的质量分数较地壳克拉克值高数倍，而 Au 亦高出省均值较多，表明 Au、Ag、As、Sb 在本省岩石地球化学场中处于较强的富集态势。其他元素呈分散状态。这与元素土壤地球化学特征吻合。

表 5-2-37　民主屯金银矿床岩石地球化学特征一览表

元素	Au	Ag	As	Sb	Hg	Cu	Pb	Zn	W	Sn	Bi	Mo
背景值	2.17	0.20	25.56	3.27	34.78	13.67	14.35	46.54	9.21	2.13	0.34	1.14
标准离差	0.45	0.13	20.90	2.43	27.20	11.00	10.00	29.07	2.70	0.95	0.25	0.64
异常下限	3.07	0.46	67.36	8.13	89.18	35.67	34.35	104.68	14.62	4.03	0.84	2.42

注：Au、Hg 含量单位 $\times 10^{-9}$，其余元素为 $\times 10^{-6}$。

图 5-2-86 显示的是矿区 8 号勘探线地表岩石异常剖面图。由图可知，矿体上方 Au、Ag、As、Sb 异常反应强烈，叠合紧密，强度较高，异常宽度大于矿体，含矿大理岩中伴有酸性岩脉侵入。钻孔各元素岩石异常特征研究表明，在构造变质岩与构造破碎带之间，围绕矿体 Au、Ag、As、Sb、Hg、Pb 形成连续分

布的高值异常。Au、Ag、Hg、W 分带清晰,浓集中心明显,Ag 的峰值大于 10×10^{-6}(杨振华等,1991)。元素异常套合中心可指示矿体存在位置。

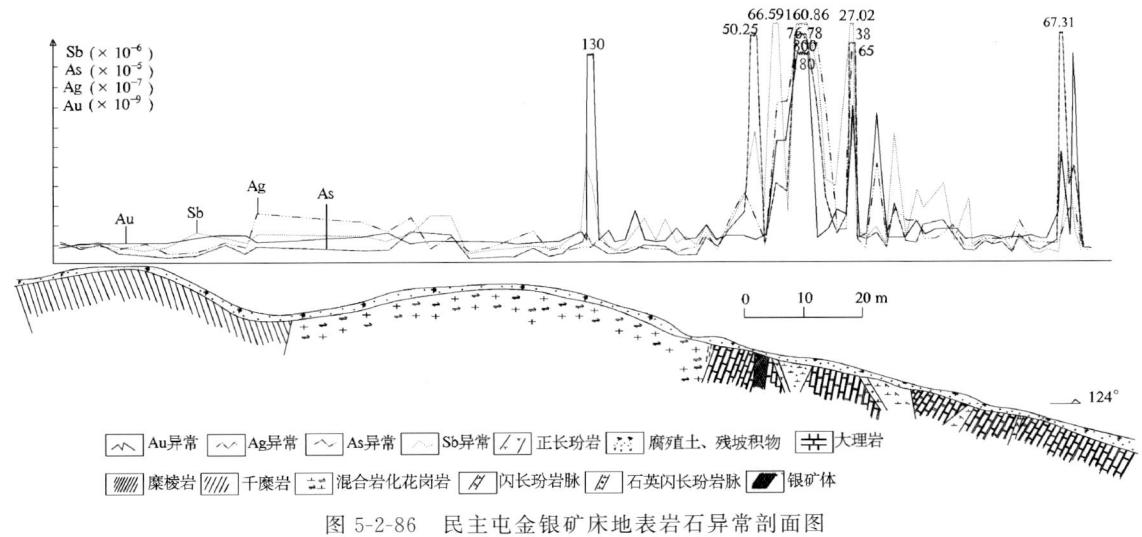

图 5-2-86 民主屯金银矿床地表岩石异常剖面图

3)矿床地质-地球化学找矿模型

矿床地质、地球化学特征如下。①以石炭系的海相火山-沉积岩建造(细碧-角斑岩系)为主要矿源层及控矿层位。糜棱岩化强烈,为成矿起到重要作用。韧脆性构造体系控矿。燕山期的花岗岩类热液活动为成矿提供条件。黄铁矿、黄铜矿等是主要载体矿物,硅化、毒砂化与成矿关系密切。②Au、Ag、As、Sb、Hg、W、Bi、Sn、Pb 空间套合紧密,形成复杂元素组分富集区。③土壤异常(NAP 值)水平分带为:内带 Ag、Sb、As、Au;中带 Mo、Pb、Hg、W、Zn、Cu;外带 Cu、Sn、Bi。与水系中的元素分布存在一定差异。④岩石异常特征显示,矿床前缘指示元素为 As、Sb、Hg,近矿指示元素 Au、Pb、Zn、Cu、Mo;成矿指示元素 Ag(Au)、尾部指示元素(Mo)、W、Sn、Bi。⑤成矿地球化学环境为中—低温,剥蚀程度较低。

矿床地球化学异常模式见图 5-2-87。

(五)构造蚀变岩型

1. 永吉八台岭金银矿床

1)矿床地质特征

矿区位于天山-兴蒙造山带(Ⅰ)塔东弧盆(Ⅱ),大黑山条垒的北东端。

区域出露的地层主要为古生界二叠系范家屯组、杨家沟组、马达屯组浅变质火山-沉积建造;中生代沉积砂砾岩及新生代沉积盖层。其中,八台岭金银矿床赋存于杨家沟组中部变安山岩中。而分布在杨家沟组底部的泥砂质板岩亦是主要的含矿围岩之一。

与成矿关系密切的侵入岩体主要为燕山期的石英闪长岩,分布矿区的北部、东部,呈岩株产出,以小西沟和胡家沟岩体面积最大,为 0.5~2.0km²,其接触带和岩体内部均有金银矿(化)体分布。矿区出露的闪长斑岩属成矿前脉岩,当硅化强烈时,在岩脉的局部可形成金银矿体。

主要的控矿构造是北东向、北北东向的层间断裂,具压扭性质,宽幅达 40~100m,以北西倾向为主。强烈的压扭性构造使杨家沟组地层内的岩石片理化和层间构造裂隙极其发育,起到导矿和容矿作用,产状与地层基本一致。矿(化)体周围矿化蚀变强烈,矿化蚀变受控矿断裂控制。成矿后构造主要表现为张性破碎带和角砾岩带,走向北东,倾向南东,对矿体破坏作用不大。

北西向断裂规模小但较发育,有的错断了矿体和含矿围岩,而且在与北东向断裂交会处往往形成金

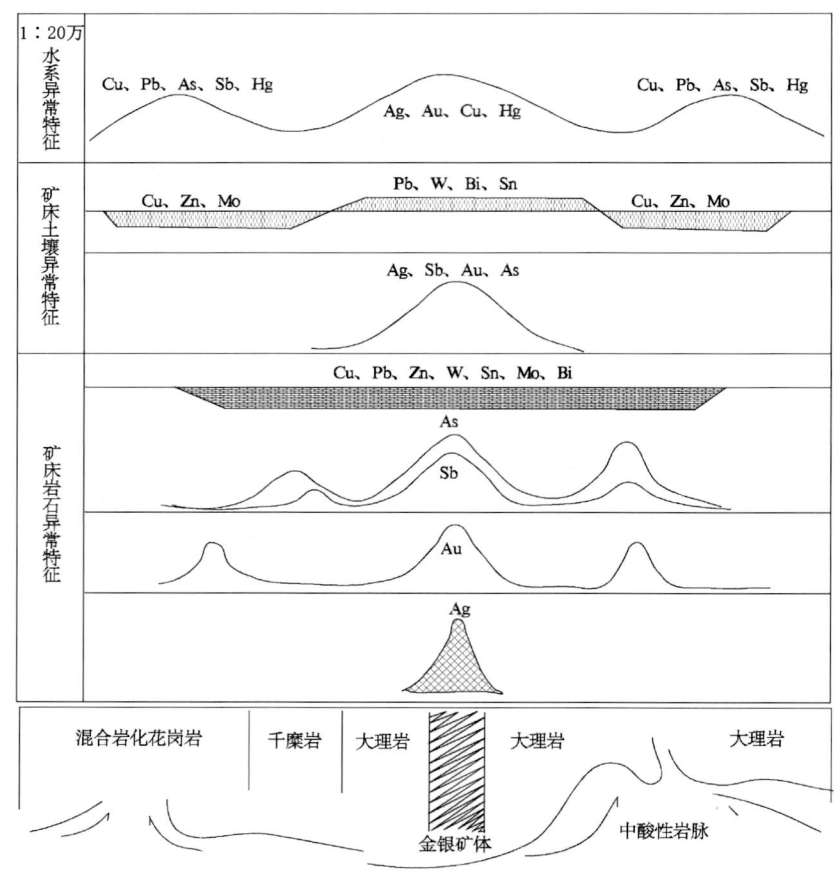

图 5-2-87 民主屯金银矿床地球化学异常模式图

银矿体。因此,北西向断裂对后期含矿热液的运移、分布亦起到重要作用。

矿物组合主要有自然金、银金矿、硫银矿、辉银矿、银黝铜矿,其次为黄铁矿、黄铜矿、毒砂、方铅矿、闪锌矿以及脉石矿物石英、长石、方解石、绢云母、绿泥石、绿帘石等。

硅化、绢云母化与成矿关系密切。矿化蚀变有金银矿化、黄铁矿化、黄铜矿化等。

2) 矿床地球化学异常特征

因子分析显示,矿床所在区域 Au、Ag、Cu、Pb、Zn、As、Sb、Hg、SiO_2 具有较高的因子得分,表明这些元素处于高背景状态。由岩石光谱资料统计可知,含矿围岩杨家沟组的变安山岩中,Au、Ag 的平均质量分数分别为 $10.2×10^{-9}$、$1.03×10^{-6}$,是地壳克拉克值的 2.5 倍、13 倍;As、Sb 浓集系数亦较高,说明杨家沟组可能为成矿提供了一定的成矿物质(张其义等,1993)。

见图 5-2-88 可知。矿床 Ag 异常具有清晰的三级分带及明显的浓集中心,异常强度为 $2612.37×10^{-9}$,面积为 $125km^2$,呈带状分布,具有北东向延伸的趋势,对八台岭金银矿床积极支持,是优良的矿致异常。与 Ag 存在套合关系的元素有 Au、Cu、Zn、As、Sb、Bi,主要显示在矿床的外围区域,呈离心结构,形成较复杂元素组分富集的叠生地球化学场,其组合异常可为扩大矿床的外围找矿提供依据。

矿床所在区域各地质体元素地球化学特征,见表 5-2-38。表中显示,区域内各种地质体主要微量元素的分布分配具有较大的不均匀性,并且这种不均匀性在矿区内由于主要元素的富集成矿而显得更为突出。

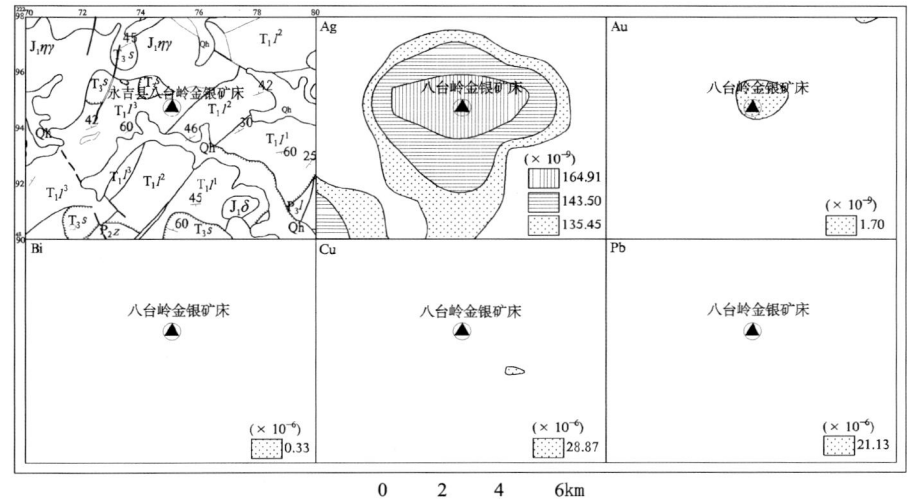

图 5-2-88　八台岭金银矿主要元素剖析图

1.第四系全新统冲洪积物；2.下三叠统芦家屯组上段粉砂岩；3.下三叠统芦家屯组中段砂岩、粉砂岩；4.下三叠统芦家屯组下段砾岩、砂砾岩；5.上二叠统林西组砂岩、粉砂岩；6.中二叠统哲斯组砂岩、粉砂岩；7.中生代早侏罗世二长花岗岩；8.中生代早侏罗世闪长岩；9.中生代晚三叠世四合屯组流纹岩；10.实测地质界线；11.实测角度不整合界线；12.推测断层；13.实测性质不明断层；14.岩层产状；15.八台岭金银矿床

表 5-2-38　八台岭地区地质体地球化学基本特征一览表

地质体	$P_1^1 f$		$P_2^1 y$		$P_2^2 m$		$T_1 l$		$\gamma_4^{3(2)}$		$\gamma_5^{1-(1)}$		γ_5^2	
元素/参数	X	Cv	X	Cv	X	Cv	X	Cv	X	Cv	X	Cv	X	Cv
Au	2.19	0.25	2.23	0.21	2.13	0.11	1.07	0.28	0.87	0.46	2.21	0.27	0.87	0.47
Ag	0.13	0.24	0.14	0.27	0.12	0.21	0.10	0.14	0.11	0.18	0.12	0.58	0.12	0.18
As	10.3	0.67	10.1	0.29	8.23	0.11	8.38	0.24	7.95	0.38	10.2	0.31	6.42	0.38
Sb	0.55	0.25	0.58	0.19	0.55	0.16	0.42	0.15	0.37	0.23	0.62	0.25	0.38	0.18
Hg	0.52	0.88	0.05	0.92	0.04	0.26	27.2	0.35	32.9	0.29	0.04	0.34	0.03	0.27
Bi	0.35	0.34	0.30	0.10	0.33	0.58	0.30	0.23	0.29	0.21	0.35	0.20	0.34	0.15
Pb	16.2	0.11	16.2	0.10	17.7	0.21	21.9	0.14	19.4	0.16	15.9	0.15	19.5	0.13
Cu	19.6	0.16	18.7	0.12	20.9	0.18	17.3	0.36	13.1	0.28	19.1	0.17	13.7	0.21
Zn	55.7	0.08	58.9	0.07	61.2	0.12	54.0	0.08	84.1	0.14	57.8	0.12	61.4	0.16
Ni	23.4	0.11	23.4	0.11	23.2	0.18	23.3	0.13	16.1	0.20	24.0	0.13	15.3	0.23
Ba	489	0.08	501	0.14	513	0.12	561	0.09	497	0.11	503	0.14	525	0.00

注：据张其义等(1993)，Au 的含量单位为 $\times 10^{-9}$，其余为 $\times 10^{-6}$。X 为算术均值，Cv 为变异系数，$P_1^1 f$ 为范家屯组，$P_2^1 y$ 为杨家沟组，$P_2^2 m$ 为马达屯组，$T_1 l$ 为芦家屯组，$\gamma_4^{3(2)}$ 为海西期侵入岩，$\gamma_5^{1-(1)}$ 为印支期侵入岩，γ_5^2 为燕山期侵入岩。

从元素的均值上看,Au、Ag 在杨家屯组地层中平均质量分数相对较高,分别是省均值(金丕兴等,1992)的 1.78 倍和 1.21 倍。侵入体中,Au 在印支期二长花岗岩中质量分数远高于燕山期的,而近矿指示元素 Pb、Zn 在控矿岩体中也有增高的趋势。Cu 则相对较低。前缘指示元素 As、Sb、Hg 在控矿岩体中趋于低值。

从变异系数上看,Ag 在印支期花岗岩体的 Cv 值最大,而 Au 在燕山期的侵入岩体中 Cv 值最大,Pb、Zn、Cu 等主要伴生元素变化不大。

以上特征说明,Au、Ag 在印支期、燕山期的岩浆活动中具有富集成矿的地球化学条件,并在热液成矿期局部富集于不同的成矿阶段和地质体,显示出 Au、Ag 在整个含矿热液的运移过程具有连续性以及强烈的继承性。主要伴生元素指示在主要成矿期亦处于富集状态,具有较强的找矿指示作用。

矿床土壤异常特征见图 5-2-89。图中显示,Ag1 异常分布在矿区的北东侧,为影壁山矿段,呈半圆形北东向展布,面积约 $0.5km^2$,峰值为 1.0×10^{-6},地质背景亦为石英闪长岩体,已发现三条北东向金银矿体,是优质的矿致土壤异常。

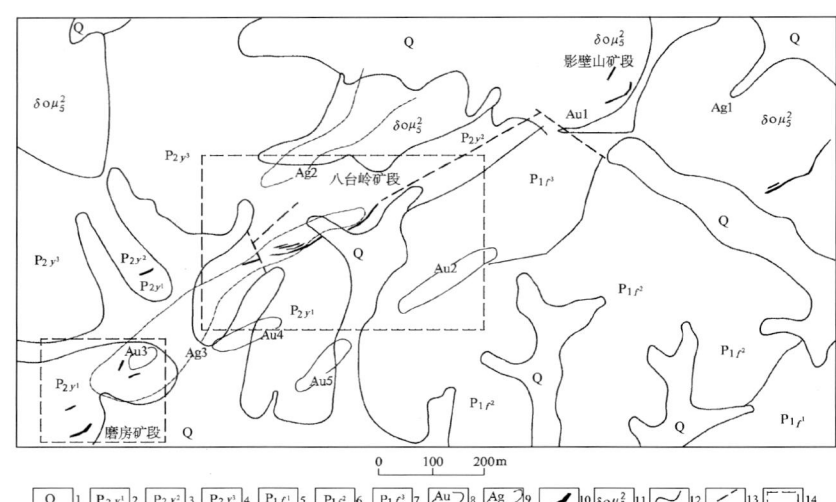

图 5-2-89　八台岭金银矿床土壤异常分布图(据张其义等,1993 修改)

1.第四系地层;2.杨家沟组下段泥质、砂质板岩;3.杨家沟组中段角闪安山岩;4.杨家沟组上段砂质、泥质板岩;5.范家屯组下段凝灰质砾岩夹大理岩;6.范家屯组中段细砂岩夹安山岩;7.范家屯组上段安山质凝灰角砾岩、凝灰岩;8.Au 异常;9.Ag 异常;10.金银矿体;11.燕山期石英闪长岩;12.地质界线;13.推测断层;14.矿段范围

Ag2 异常分布在八台岭矿段的北西侧,长条状北东向延伸,长为 1000m,宽 80~300m,规模较大,峰值为 0.80×10^{-6},地质背景主要是与成矿关系密切的石英闪长岩体,在异常内发现含矿转石,Au 的质量分数可达到 3.6×10^{-6},是金银找矿的重要地段。

Ag3 异常主要分布在八台岭矿段和磨房矿段,呈条带状北东向延伸,长为 1900m,宽 80~330m,规模较大,下限为 0.18×10^{-6},峰值为 0.60×10^{-6},与矿化蚀变带吻合。地质背景为泥质粉砂质板岩、安山岩,金银矿体即分布其中,是优质的矿致异常。

Au 共圈出 5 处异常,在矿区分布比较零散且异常规模较 Ag 异常小,一般长 400~600m,宽近 100m。异常整体仍沿北东向延伸。其中,Au1、Au3 分别与 Ag1、Ag3 套合,也是金银矿体分布集中的异常区。而 Au2、Au4、Au5 分布于八台岭矿段的东侧,与此处的激电异常积极响应,是进一步找矿的有利异常区段。

矿石有益组分为 Au、Ag、Pb、Zn、Cu、Cd、Sb、As。其中,Au、Ag 的平均质量分数分别为 5.85×10^{-6}、308.96×10^{-6},最高分别为 31.6×10^{-6}、1987.20×10^{-6};此外,Pb、Zn 的平均质量分数分别为

0.07%~2.59%和1.45%~2.84%。可见Au、Ag、Pb、Zn均有较强的富集能力。As是重要的矿化剂元素,具有深源性,矿石中As的高含量1.13%(张其义等,1993),说明矿区构造的发育程度以及岩浆活动的强烈。

矿体中Au、Ag、Pb、Zn一般呈正消长关系,但个别地段Au、Ag关系不密切,而且当Au含量高时,Ag、Pb、Zn反而含量较低,表明在热液成矿过程中Au具有一定的独立性。

矿区16号勘探线Au、Ag含量均高,由16号线到12号线Ag含量呈高值状态,Au降低,从16号线到28号线Au呈现高值,Ag相对降低。而由12号线和28号线向两侧,Au、Ag含量呈降低趋势,显示为矿体的两端。随着矿体的延伸,Au、Ag含量逐渐降低,对深部找矿不利。

3)矿床地质-地球化学找矿模型

总结矿床地质、地球化学特征如下。

矿床地球化学异常模式详见图5-2-90。

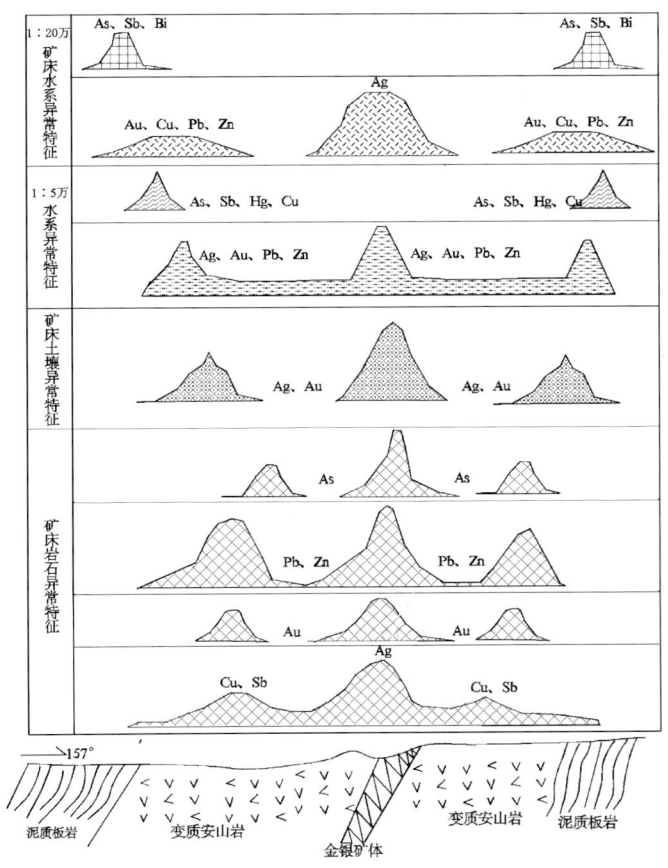

图5-2-90　八台岭金银矿床地球化学异常模式图

具体特征如下:①矿体主要赋矿在杨家沟组变质安山岩中,板岩、砂质板岩对控矿亦起到一定作用。②燕山期的石英闪长岩和北东向的断裂构造是主要的成矿要素。③矿床岩石、土壤、水系异常特征显示Au、Ag、Pb、Zn是主要的成矿元素,以正消长的富集特征为主,局部的负消长关系表明成矿的多期性和复杂性。④主要的伴生元素As、Sb、Hg、Cu、Bi多呈卫星异常分布于Au、Ag的外带,是重要的远程指示元素。⑤Au、Ag、Pb、Zn富集于中—低温的成矿地球化学环境。

八、钼矿

(一)斑岩型

1. 永吉大黑山钼矿床

1) 矿床地质特征

大黑山钼矿位于华北克拉通北缘松嫩地块内,具体为吉林海西褶皱带次一级构造-吉林复向斜的中段-北东向吉(林)磐(石)褶皱带与桦(甸)双(河镇)褶皱带交叉部位。

矿区出露的地层主要为头道沟组,分布两个岩性段:下部岩性段有斜长阳起石岩、斜长角闪岩、绿泥石片岩、变质砂岩等;上部岩性段有变质砂岩、碳质板岩、角岩等,夹有斜长阳起石岩及大理岩。

区内岩浆岩发育,主要有花岗闪长岩、花岗闪长斑岩、花岗斑岩、闪长岩、超基性岩脉等,与成矿相关岩体为花岗闪长斑岩,矿体主要赋存在花岗闪长岩及花岗闪长斑岩中。在矿区北侧花岗闪长斑岩与花岗闪长岩接触部位见隐爆角砾岩筒。其中,花岗闪长岩及花岗闪长斑岩应为大黑山复式岩体的一部分。前人认为大黑山钼矿体全部赋存在黑云母花岗闪长斑岩体中部(罗铭玖等1991),但实际工作中发现有工业价值的钼矿体大多以石英网脉形式赋存于围岩花岗闪长岩中,斑岩体矿化较弱。花岗闪长斑岩呈不规则状侵入到花岗闪长岩中,出露面积约 $0.6km^2$,北东向展布,钼矿化多呈薄膜状或稀疏浸染状,斑晶主要为斜长石及石英,斜长石斑晶呈长条状,约 $2cm \times 1cm$,多高岭土化,石英呈浑圆状,基质主要为石英、斜长石及黑云母。角砾岩中见稀疏浸染状黄铁矿、辉钼矿,含矿性较差。角砾成分有含矿的花岗闪长岩、花岗闪长斑岩、硅化很强的花岗闪长岩,胶结物为硅化很强的较破碎的花岗闪长岩及含矿石英脉,应为热液活动产物。

区域上北东向左行剪切断裂与东西向的撮落屯-大顶子断裂构造控制了燕山期花岗类岩体的侵入,北西向的茨芽岗-大黑山断裂构造控制了含矿斑岩体,其断裂交会处是成矿最有利部位。大黑山钼矿位于东西向断裂与北东向断裂相交部位。

矿石中金属矿物主要为黄铁矿、辉钼矿、黄铜矿。脉石矿物主要为石英、绢云母、高岭土、斜长石、黑云母、方解石等。辉钼矿在矿脉中的产出方式包括:浸染状或斑点状分布于脉石矿物中;呈菊花状排列;呈纯净辉钼矿薄膜沿矿脉两壁产出;与石英呈相间的条带分布;呈微细的辉钼矿脉充填于岩石的微裂隙中。黄铁矿多呈自形-半自形粒状结构,辉钼矿呈自形片状、菊花状结构。

矿石构造主要是细脉浸染状构造、网脉状构造、角砾状构造、块状构造,晶洞构造,晶簇构造等。矿体中间部位富矿地段以细脉状、网脉状构造为主,四周贫矿地段以稀疏浸染状构造为主。

由于构造-岩浆-热液成矿体系发展演化的多期多阶段性及热液蚀变、矿化的叠加,造成了空间分布广泛、重叠范围大的十分复杂的蚀变和矿化。且主要蚀变类型在空间上往往只有强度之别,而无质的差异。因此,划分的蚀变分带往往只是一种叠加的强度分带。大黑山钼矿区内岩石遭受了普遍的热液蚀变作用,主要有硅化、高岭土化、绢云母化,钾化、碳酸盐化不发育。且根据强弱可将围岩在水平方向上大致分为强、中、弱蚀变带。强带以硅化、高岭土化较强,绢云母化较弱;中等蚀变带以绢云母化为主,次为硅化、高岭石化;弱蚀变带三种蚀变发育程度差不多。蚀变与矿化关系密切,富矿体主要赋存在中等蚀变带中。

2) 地球化学异常特征

矿床 Mo 异常具有清晰的三级分带和明显的浓集中心,峰值达 13.33×10^{-6},面积为 $62km^2$,对大黑山钼矿积极支持,是优质的成矿异常。

与 Mo 空间套合紧密的伴生元素有 W、Cu、Ag、As、Bi、Pb、Zn。其中,W、Cu、Bi 浓集中心与 Mo 呈同心套合状，构成 Mo 的内带与中带；Ag、Pb、Zn、As 分布在 Mo 的中带、外带，而且 Ag、As 异常规模较大，形成复杂元素组分富集的叠生地球化学场。推测的异常分带为 Mo→W→Cu→Bi→Pb→Zn→Ag→As，详见图 5-2-91。

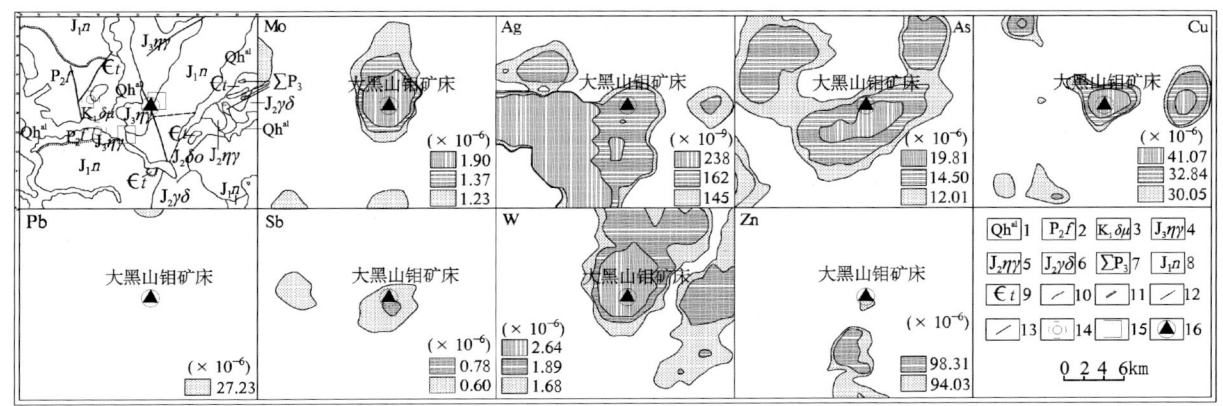

图 5-2-91 大黑山钼矿主要元素剖析图

1.第四系全新统冲洪积物；2.中二叠统范家屯组砂岩；3.早白垩世闪长玢岩；4.早白垩世二长花岗岩；5.中侏罗世二长花岗岩；6.中侏罗世花岗闪长岩；7.晚二叠世橄榄岩；8.下侏罗统南楼山组流纹岩；9.寒武系头道岩组斜长阳起石岩、变质砂岩；10.整合界线；11.不整合界线；12.推测断裂；13.实测断层；14.硅化；15.黄铁矿化；16.大黑山钼矿

Na_2O、K_2O、SiO_2、Al_2O_3、CaO 显示较弱的异常分布，以带入组分存在于异常地球化学场中，并左右了岩浆系统的酸碱平衡，为主要元素的迁移沉淀提供地球化学障。

综合异常具备优良的成矿地质背景和条件，是找矿有利场所。

找矿指示元素在区域土壤中呈正态分布状态，Mo、W、Sn、Sr、Cu、Pb、Zn、As、Ag 呈现较高的异常分布态势，表明这些元素在土壤中局部是相对富集的。其中，Mo、W 的离散程度最大，变异最明显，异常规模最显著，而且空间上套合完整，具备极强的富集成矿能力。其次为 Sn、Sr，反映了岩浆活动过程。而 Cu、Pb、Zn、Ag 异常规模较小，呈"卫星"异常分布在 Mo、W 的外带，指示多期次岩浆活动的叠加改造作用。见土壤异常图 5-2-92。由图推测的元素水平分带为 Mo→W→Sr→Sn→Cu→Pb→Zn→Ag。

岩石异常特征见图 5-2-93。由图可知，主成矿元素 Mo 在花岗斑岩体中异常反应最强烈，表明花岗斑岩体即是钼矿的赋矿岩体。其次为 W、Sn、Cu，亦有较好的异常显示，可作为寻找钼矿的重要伴生指示元素，Pb、Zn、Ag 呈分散晕分布在矿床的外围。在花岗斑岩侵入体与围岩的内外接触带中，绢英岩化、钾化、黄铁矿化、黄铜矿化、辉钼矿化等矿化围岩蚀变反应强烈，是找矿的重要指标。外侧围岩中是 Pb、Zn、Ag 异常分布区，可作为斑岩型钼矿的前缘指示元素。由元素岩石异常特征，推测的元素水平分带为 Mo→W→Sn→Cu→Pb→Zn→Ag。

总结以上元素的分布特征，从水系介质到土壤再到岩石，主成矿元素和主要伴生元素的水平分带具有一致性，也就是说在大黑山岩浆含矿溶液运移过程中，随着温度、压力由中心向外围递减，能量中心应以出现高温矿物组合为主（辉钼矿、黄铁矿、黄铜矿），周围分布中—低温的铜、铅、锌、银、砷等矿物（方铅矿、闪锌矿等），而对应的异常表现形式是以 Mo、W 为中心，外侧出现 Sn→Cu→Pb→Zn→Ag→As 的组合环形异常带。

3）稀土元素特征

稀土模式曲线呈平行状态，随侵入岩体侵入时代推移其曲线依次下移，均无铕异常，明显向重稀土一侧倾斜，属轻稀土富集型。这种特征对成矿十分有利。

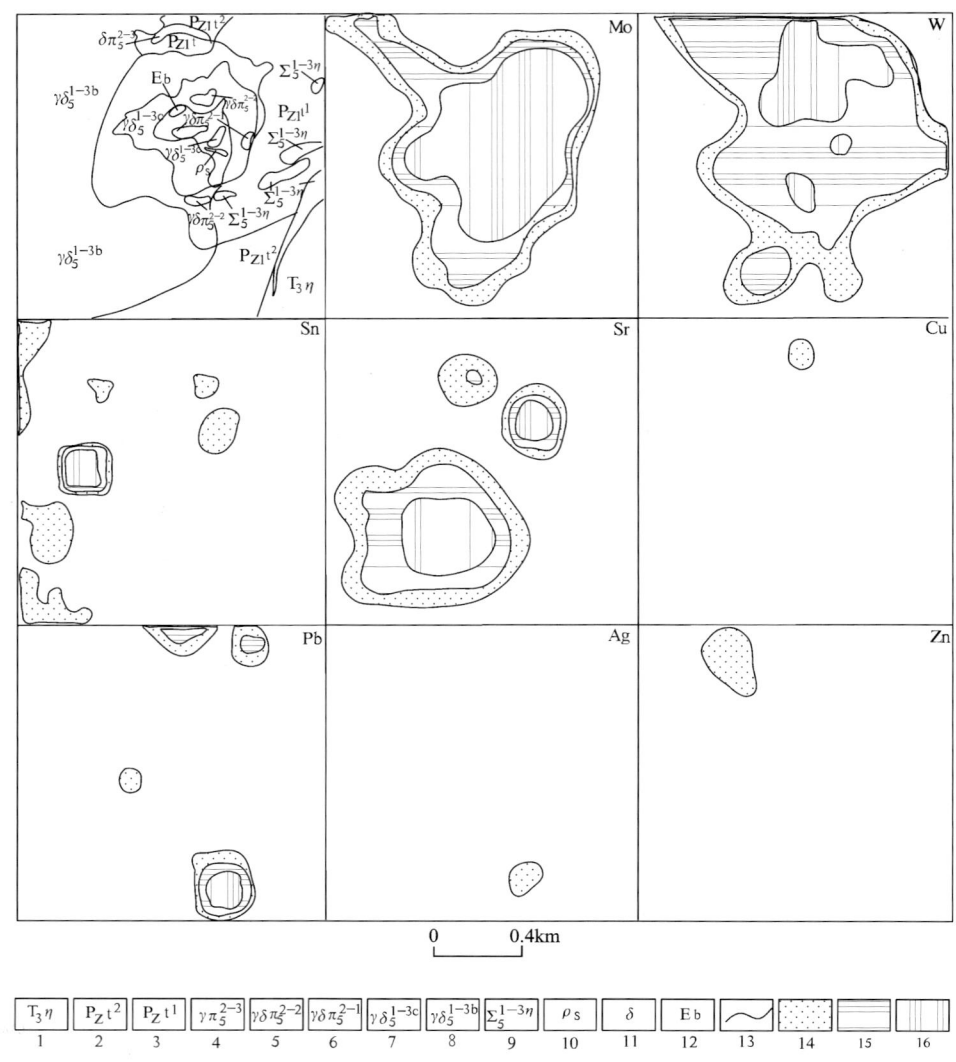

图 5-2-92 大黑山钼矿土壤异常剖面图

1.南楼山组;2.头道沟组上段;3.头道沟组下;4.花岗斑岩;5.霏细状花岗闪长斑岩;6.花岗闪长斑岩;7.不等粒黑云母花岗闪长斑岩;8.黑云母花岗闪长岩;9.超基性岩;10.似伟晶岩;11.闪长岩;12.隐爆角砾岩;13.地质界线;14.异常外带;15.异常中带;16.异常内带

4）硫同位素特征

大黑山钼矿石 $\delta^{34}S$ 为 1.0‰~2.5‰,平均 1.33‰,变化范围很窄,与陨石硫接近,说明在成岩过程没有引起硫同位素分馏,仍保持高温均一化特征,从而认为硫源为深部的岩浆分离体。该特征表明,成矿物质可能主要来源于幔源或下地壳。

5）矿床地质-地球化学找矿模型

矿床地质-地球化学特征如下。①主要的控矿岩体为燕山早期的花岗斑岩体,呈岩株产出,露头较小;东西和北西向断裂构造交汇处是成矿有利部位。②主要成矿元素为 Mo,主要的伴生指示元素有 W、Sn、Sr、Cu、Pb、Zn、As、Ag。其中,W、Sn、Sr、Cu 是近矿指示元素,Pb、Zn、As、Ag 为找矿的前缘指示元素。③Sr 是酸性花岗岩浆演化过程的重要指示剂。因此,矿床区域有较高的 Sr 异常分布,表明该处存在大面积的酸性花岗岩侵入,对成矿十分有利。④矿床从高温到低温围岩蚀变十分发育,分带明显,钾化、硅化为 Mo 的富集成矿起到重要作用。因此,围岩蚀变是区域上重要的找矿标志。⑤在成矿岩浆系统内,Na_2O、K_2O、SiO_2、Al_2O_3、CaO 作为带入组分充填在"成矿室"。这使离子电位较大的 Mo 在酸-

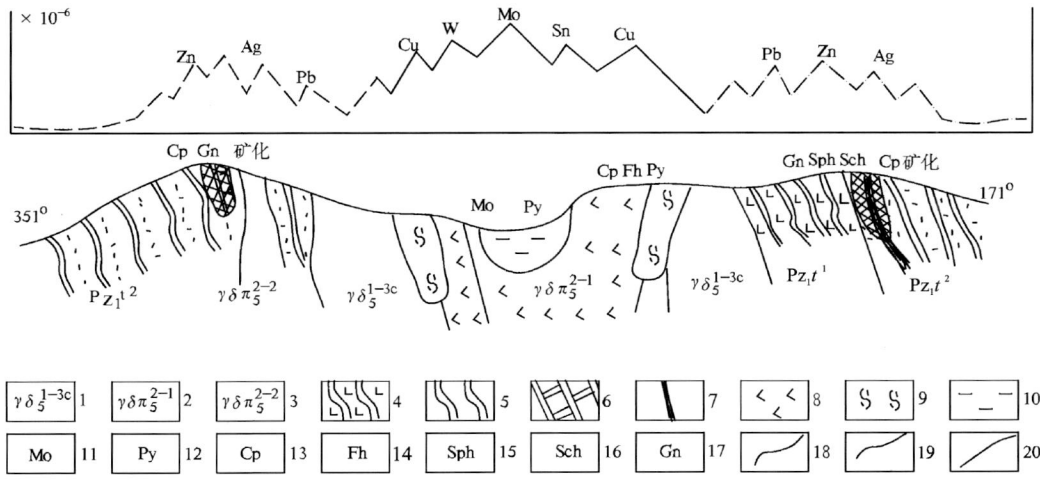

图 5-2-93 大黑山钼矿岩石异常剖面图(李世杰等,1982)

1. 不等粒花岗闪长岩;2. 花岗闪长斑岩;3. 霏细状花岗闪长斑岩;4. 头道沟组下段(Pz_1t^2)变质中基性火山岩;5、6. 头道沟组上段(Pz_1t^1)砂板岩、大理岩;7. 矽卡岩型矿化;8. 钾硅酸盐蚀变带;9. 绢英岩带;10. 黄铁绢英岩带;11. 辉钼矿;12. 黄铁矿;13. 黄铜矿;14. 黝铜矿;15. 闪锌矿;16. 白钨矿;17. 方铅矿;18. 地质界线;19. 矿体界线;20. 蚀变带界线

碱性溶液中处于迁移状态,在浅层的中性环境中沉淀富集。⑥矿床有一定埋深,处于低—中等剥蚀程度。

矿床地球化学异常模式见图 5-2-94。

2. 舒兰季德屯钼矿床

1) 矿床地质特征

矿床处于东北叠加造山-裂谷系(Ⅰ)、小兴安岭-张广才岭叠加岩浆弧(Ⅱ)、张广才岭-哈达岭火山-盆地区(Ⅲ)、南楼山-辽源火山-盆地群(Ⅳ)构造单元内。

地层只有零星出露的二叠系杨家沟组砂板岩,以残留体分布于侵入岩体中,主要在在矿区的东北部及西北部。

矿区出露大面积的花岗岩类、闪长岩类侵入体,主要为印支期的花岗闪长岩、二长花岗岩以及斜长花岗岩、石英闪长岩。海西期的斜长花岗岩和石英闪长岩以分布在矿区外围为主。其中,印支期二长花岗岩与石英闪长岩的接触带为矿体赋存部位。

控岩构造为北东向新安-额穆断裂、北西向的八道岭-上营断裂以及南蛮子沟-北二青顶子断裂。控矿构造为北西向的一组断裂构造,该构造使成矿围岩破碎,产生破碎带,含矿热液岩破碎带侵入形成矿化石英脉、石英网脉。尤其在断裂面附近极为发育,而远离构造面的矿化呈浸染状。此外,断层及岩体冷凝时产生许多构造裂隙,这些构造裂隙具有多期性,容积了大量的含矿石英脉、石英网脉。成矿后构造继承原断裂构造特征,对矿体没有破坏作用。

矿物组成有黄铁矿、辉钼矿、黄铜矿、磁铁矿、方铅矿、闪锌矿、磁黄铁矿等。

矿床所在区域围岩蚀变十分发育,主要由硅化、钾长石化、绢云母化、绿帘石化、云英岩化、高岭土化等。其中,硅化、钾长石化、绢云母化与成矿关系最为密切。

2) 矿床地球化学及异常特征

印支期二长花岗岩体,其氧化物平均含量为 SiO_2 73.32%、TiO_2 0.2%、Al_2O_3 13.52%、FeO 1.82%、Fe_2O_3 0.65%、MnO 0.05%、MgO 0.4%、CaO 1.38%、Na_2O 3.6%、K_2O 4.26%(于宏伟等,2008)。与中国花岗岩平均值相比,SiO_2、K_2O 明显偏高,具有富硅和偏碱性特征。

岩体中微量元素 Be、Ba、Sr、Ti、La、Yb 的含量略高于地壳酸性岩的丰度值,B、Co、Cr、Ni、Sn 的含

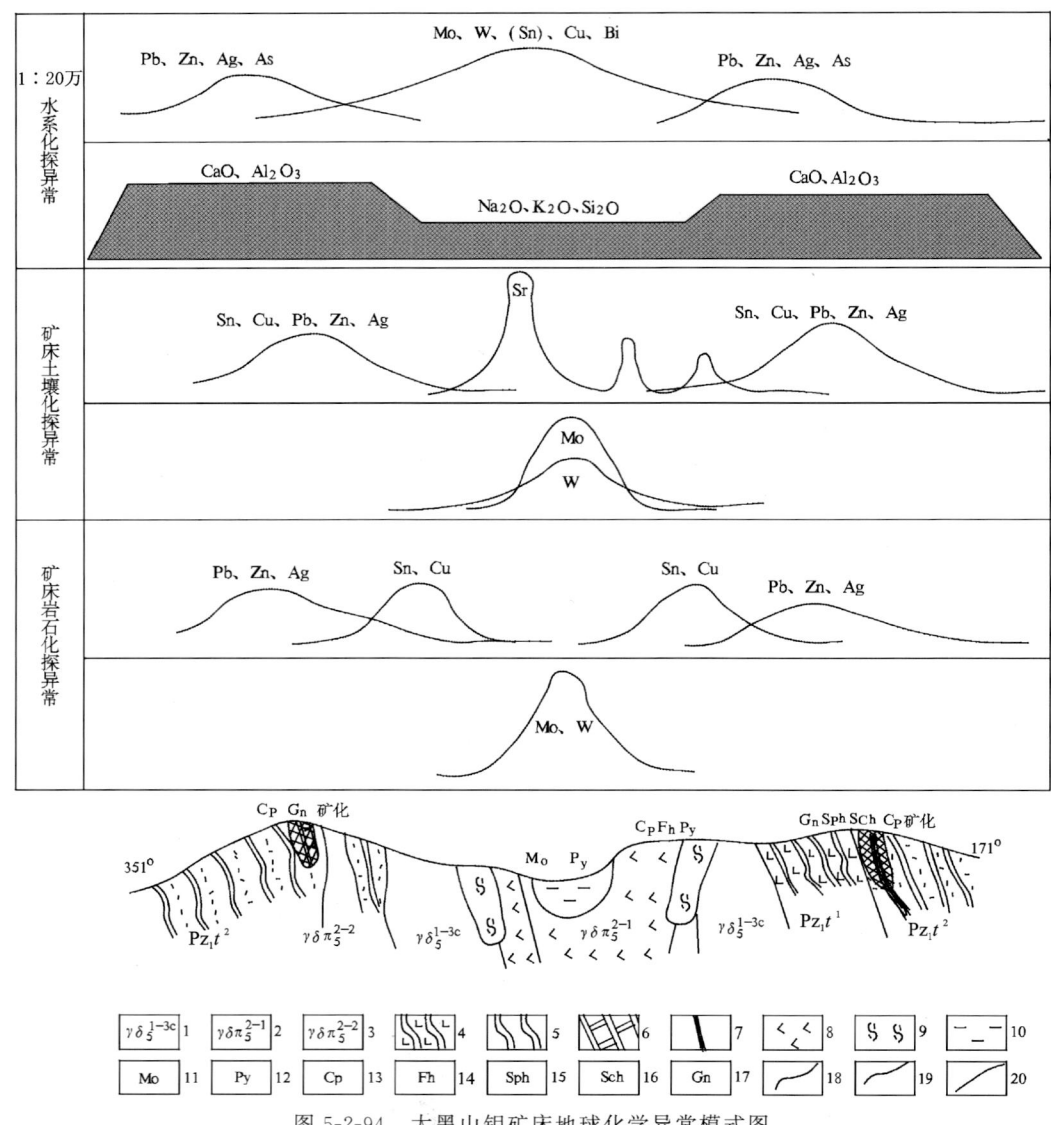

图 5-2-94　大黑山钼矿床地球化学异常模式图

1.不等粒花岗闪长岩;2.花岗闪长斑岩;3.霏细状花岗闪长斑岩;4.头道沟组下段(Pz_1t^2)变质中基性火山岩;5、6.头道沟组上段(Pz_1t^1)砂板岩、大理岩;7.矽卡岩型矿化;8.钾硅酸盐蚀变带;9.绢英岩带;10.黄铁绢英岩带;11.辉钼矿;12.黄铁矿;13.黄铜矿;14.黝铜矿;15.闪锌矿;16.白钨矿;17.方铅矿;18.地质界线;19.矿体界线;20.蚀变带界线

量略低于地壳酸性岩的丰度值,而 V、Y、Zr、Nb、Mo、Cu、Zn、Pb 含量则大致相等。

矿床 Mo 异常具有清晰三级分带和明显浓集中心,不规则形态,面积约为 65km²,北东向延伸。与 Mo 异常空间套合紧密的元素(氧化物)有 W、As、Au、Ag、Pb、Zn、Na_2O、K_2O。其中,W、As 与 Mo 呈同心套合状,Au、Ag、Pb、Zn、Na_2O、K_2O 的异常浓集中心与 Mo 异常偏离,主要分布在 Mo 异常的外带,呈向心-离心韵律结构,构成复杂元素组分富集场。见图 5-2-95。

1∶5 万水系沉积物异常中,Mo 元素的异常重现性好,分带清晰,浓集中心明显。

矿床 1∶1 万土壤异常亦有较好的显示,见图 5-2-96。由图可知,Mo 土壤异常呈带状分布,异常规模较大,强度较高,具有 2 个较明显的浓集中心,北西向延伸的趋势,钼矿体即分布在浓集中心内。研究表明,Mo 土壤异常值在 $10×10^{-6}$ 以上即可圈定成矿体。而异常圈内提供成矿条件的即是燕山期的二长花岗岩-石英闪长岩,为主要赋矿岩体。石英脉和萤石脉伴生分布,为找钼矿的依据。

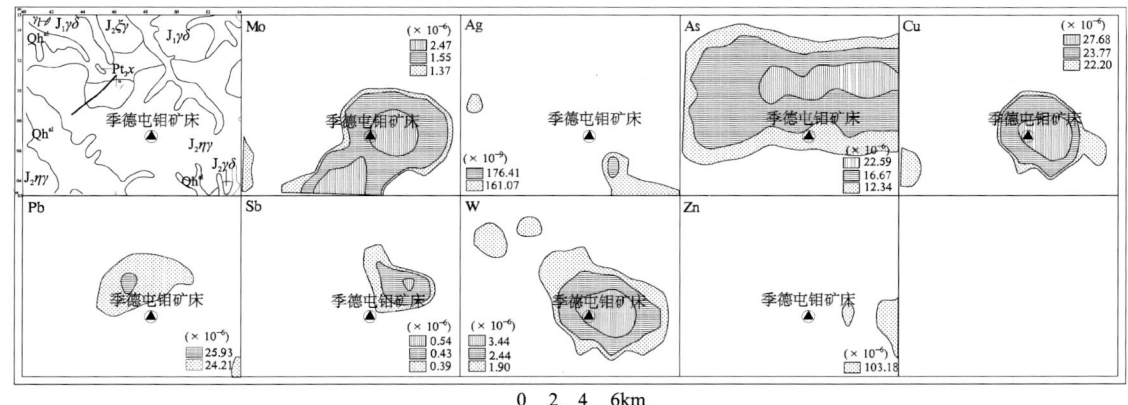

图 5-2-95　舒兰季德屯钼矿床主要元素异常剖析图

1.第四系全新统冲洪积物；2.新元古代新兴岩组变质砂岩；3.中侏罗世碱长花岗岩；4.中侏罗世二长花岗岩；5.中侏罗世碱长花岗岩；6.早侏罗世花岗闪长岩；7.整合界线；8.实测断层；9.岩层产状；10.季德屯钼矿床

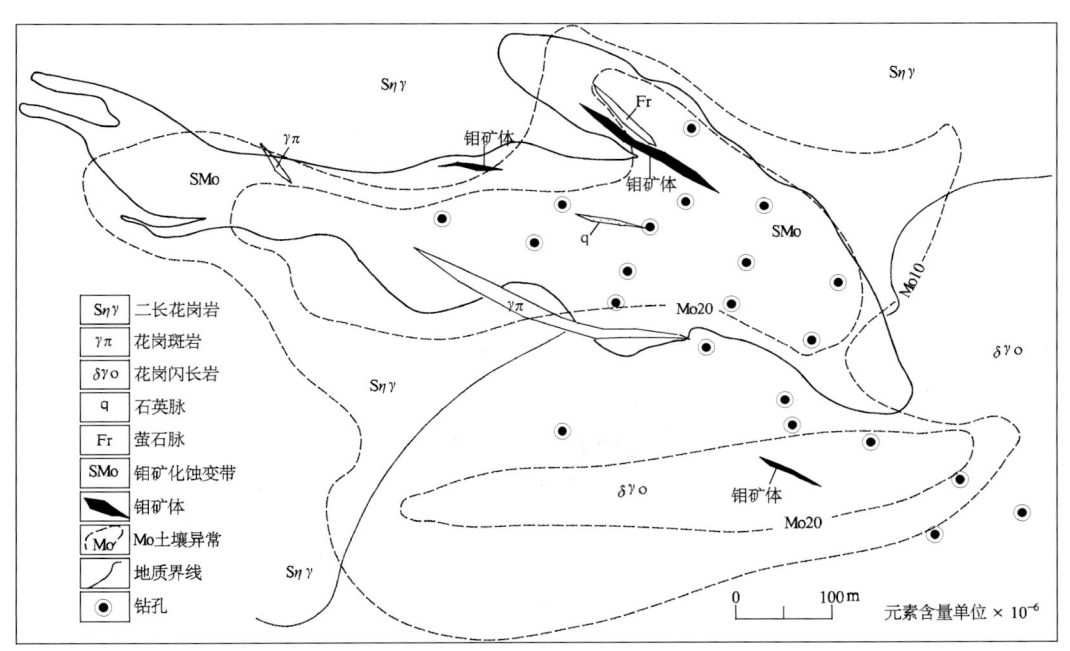

图 5-2-96　舒兰季德屯钼矿床 Mo 土壤异常图

矿床岩石异常特征由矿床 0 号勘探线 5 号钻孔表示。见图 5-3-97。

由图可知，钼矿体在蚀变二长花岗岩中赋存最厚，异常最连续，在工程钻孔中控制的深度最深达 473.7m。而在蚀变闪长岩中矿体呈断续分布，工程控制的深度最大为 153.9m，较二长花岗岩中的控制深度要少许多。在矿体分布的二长花岗岩及闪长岩中，硅化十分发育，表明硅化与成矿关系密切。可作为重要的找矿标志。

矿体剥蚀浅，主要的蚀变硅化、钾化在地表范围小，主矿体未能出露至地表，加之风化淋滤钼流失，造成贫化，所以地表矿不理想。

3）矿床地质-地球化学找矿模型

矿床地质地球化学特征如下。①钼矿体主要赋存在燕山期的二长花岗岩中，其次是闪长岩类。北

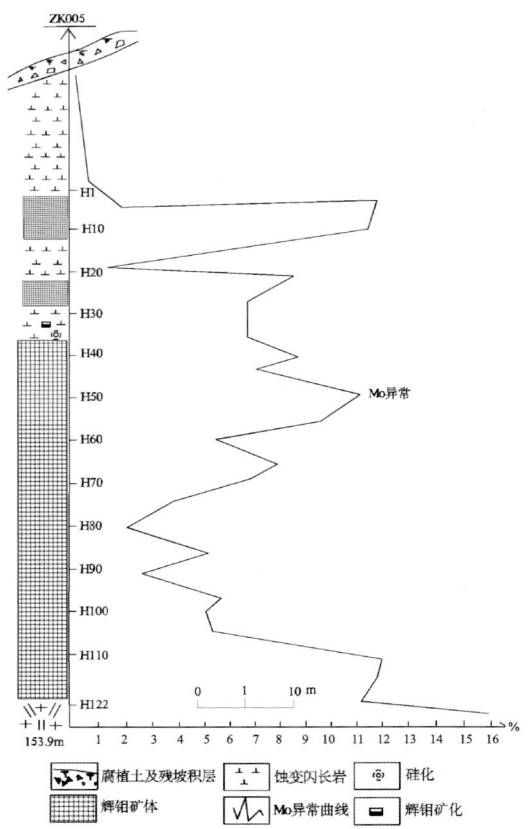

图 5-2-97 舒兰季德屯钼矿床 0 号勘探线 5 号钻孔 Mo 岩石异常图

东、北西向的断裂构造为成矿提供空间。②矿体上覆水系中 Mo、W、As 异常套合完整,分带清晰,浓集中心明显,异常呈带状分布。矿体外围以 Au、Ag、Pb、Zn、Na$_2$O、K$_2$O 异常为主,分带较差,多以卫星异常存在。③Mo 岩石异常呈面状连续分布,表明矿体规模较大。④Mo 土壤异常重现性好,浓集中心多为矿体赋存位置。⑤矿体呈隐伏状,剥蚀较浅。矿床地球化学异常模式,详见图 5-2-98。

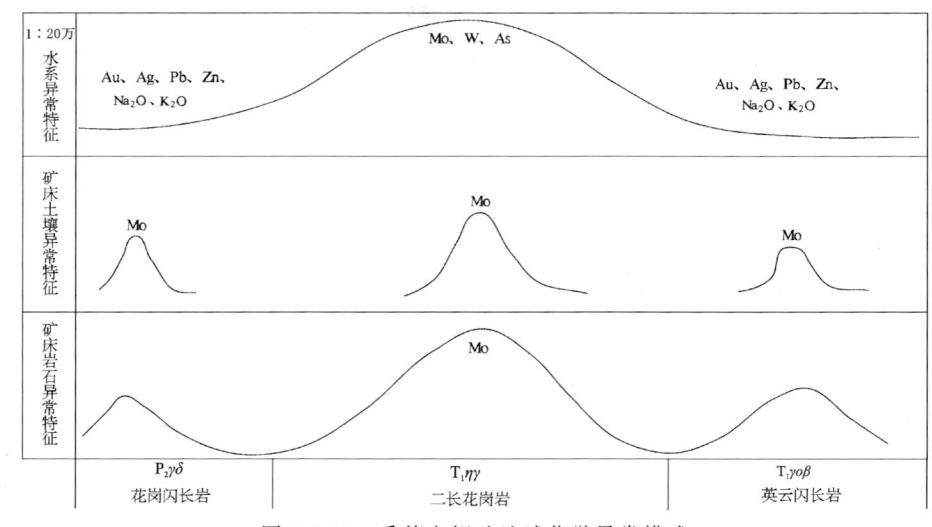

图 5-2-98 季德屯钼矿地球化学异常模式

3. 天宝山北山钼矿床

1) 矿床地质特征

矿床位于晚三叠世—新生代东北叠加造山-裂谷系（Ⅰ）、小兴安岭-张广才岭叠加岩浆弧（Ⅱ）、太平岭-英额岭火山-盆地区（Ⅲ）、老爷岭火山-盆地群（Ⅳ）。

矿床所在区域出露的地层主要有下古生界青龙村群黑云斜长片麻岩、斜长角闪岩；石炭系天宝山岩群亮晶灰岩、板岩；二叠系中酸性火山岩及碎屑岩夹板岩、灰岩等。天宝山多金属矿床（东风矿床、立山矿床、新兴矿床）即产于石炭系与二叠系中酸性火山岩中。

矿区岩浆活动十分频繁，主要花岗岩有印支期斑状二长花岗岩、燕山期斑岩类，与成矿关系密切。呈脉状或扁豆状的钼矿体即赋存于印支期、燕山期花岗岩类侵入体与天宝山群地层接触带的有利就位处。

断裂构造主要有东西向、北西向。其中，东西向断裂为张性或张扭性，生成最早，而北西向断裂则为压扭性或压性，生成晚于前者，具体为天宝山主沟断裂、南阳洞断裂、银洞财断裂以及九户洞断裂，是矿区主要的控岩控矿构造。东西向、北西向断裂交会处是形成矿床的有利部位。

矿床矿物组成主要为辉钼矿、闪锌矿、方铅矿、磁黄铁矿、黄铁矿、磁铁矿、毒砂以及透辉石、绿泥石、绿帘石、沸石、方解石等。

围岩蚀变主要有钾化、硅化、绿泥石化、绿帘石化、绢云母化、沸石化、碳酸盐化、高岭土化等。围岩蚀变呈线性分布，具有明显的规律性，即矿体内部硅化、钾长石化、绿泥石化十分强烈，外围为绢云母化、沸石化、碳酸盐化、高岭土化等。说明硅化、钾长石化、绿泥石化是主要的矿化蚀变，为重要的找矿标志。

2) 矿床地球化学及异常特征

矿床处于典型元素（Cu、Pb、Zn、Ag、Hg、Sn）、重矿化剂元素（As、Sb、Bi）、钨钼族（W、Mo）及放射性元素族（U、Tn、La）的区域性高背景带上。

矿床 Mo 异常呈二级分带，峰值 34×10^{-6}，面积较大，带状分布，具近东西向延伸的趋势。与 Mo 异常空间套合紧密的元素有 Cu、Ag、Pb、Zn、As、Sb、Hg、Sn、Bi，呈同心套合结构，形成复杂元素组分富集场，表征了叠加改造作用强烈的钼矿岩浆系统。见图 5-2-99。

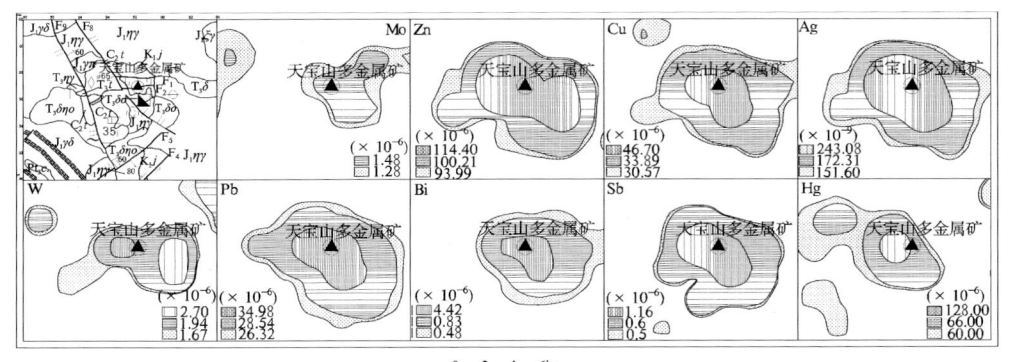

图 5-2-99 天宝山多金属矿床主要元素剖析图

1. 早白垩世金沟岭组安山岩；2. 早侏罗世碱长花岗岩；3. 早侏罗世二长花岗岩；4. 早侏罗世花岗闪长岩；5. 上石炭统天宝山组灰岩；6. 晚三叠世二长花岗岩；7. 晚三叠世石英二长闪长岩；8. 晚三叠世石英闪长岩；9. 晚三叠世闪长岩；10. 晚三叠世托盘沟组流纹岩夹流纹质火山碎屑岩；11. 新元古代万宝岩组变质砂岩夹大理岩；12. 地质界线；13. 韧性剪切带；14. 实测压性断层；15. 实测平移断层；16. 角度不整合界线；17. 爆破角砾岩；18. 砂卡岩化；19. 黄铁矿化；19. 硅化；20. 碳酸岩化；21. 黄铁矿化；22. 绢云母化；23. 绿泥石化；24. 高岭土化；25. 绿帘石化；26. 天宝山多金属矿床

根据 1∶1 万土壤测量结果,在矿床所在区域由西向东圈定了 4 个异常带,Cu、Pb、Zn、Ag、Mo、Bi、Sn 等主要元素异常重现性好,具有明显的分带性和浓集中心。空间套合紧密处构造破碎带发育,并有矿化显示,表明构造破碎带是区域重要的找矿标志。见图 5-2-100。

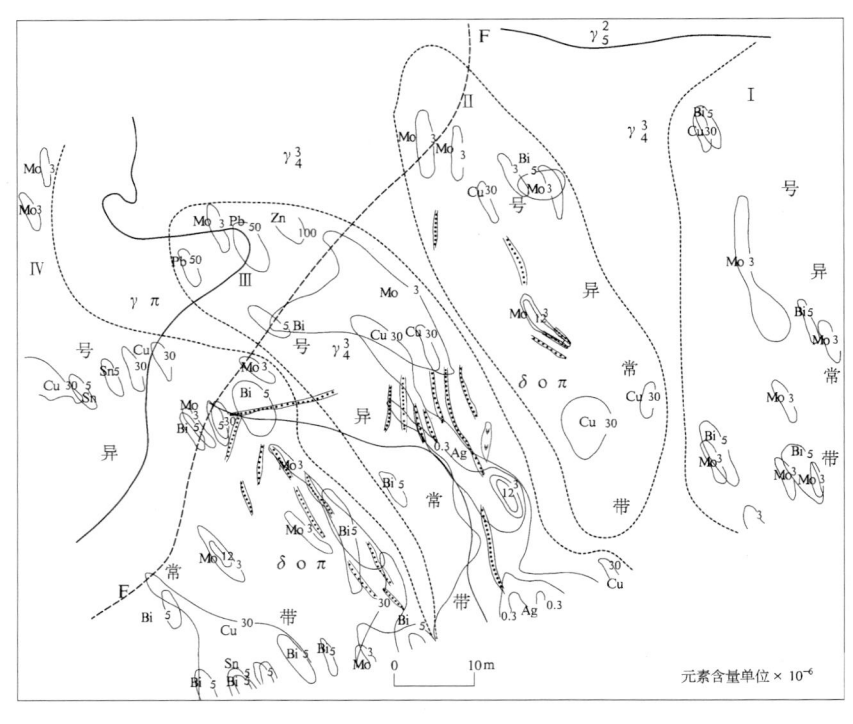

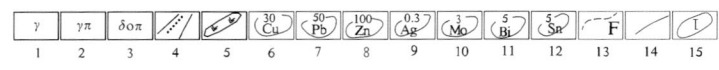

图 5-2-100　天宝山北山钼矿床土壤异常分布图

1.细粒花岗岩;2.花岗斑岩;3.石英闪长斑岩;4.破碎带;5.矽卡岩;6.Cu 异常;7.Pb 异常;
8.Ag 异常;9.Zn 异常;10.Mo 异常;11.Bi 异常;12.Sn 异常;13.推测断层;14.地质界线;
15.异常分带

表 5-2-39 展示了主要元素的基本特征,并进行异常评价。

表 5-2-39　天宝山东风北山钼矿区主要元素土壤异常特征表

异常下限	异常值	峰值	形态与规模	组合元素	评价	备注
$Mo=3\times10^{-6}$ $Cu=30\times10^{-6}$ $Ag=0.3\times10^{-6}$	$Mo=3\sim5\times10^{-6}$ $Cu=30\sim50\times10^{-6}$ $Bi=5\sim10\times10^{-6}$	$Mo=15\times10^{-6}$ $Cu=100\times10^{-6}$ $Bi=15\times10^{-6}$	以带状为主,Mo 异常规模较大,其他较小	Mo-Cu-Bi	异常由辉钼矿化引起	Ⅰ 号异常带
$Pb=50\times10^{-6}$ $Zn=100\times10^{-6}$ $Sn=5\times10^{-6}$ $Bi=5\times10^{-6}$	$Mo=3\times10^{-6}$ $Cu=30\times10^{-6}$ $Ag=0.3\times10^{-6}$ $Pb=50\times10^{-6}$ $Zn=100\times10^{-6}$ $Sn=5\times10^{-6}$ $Bi=5\times10^{-6}$	$Mo=7\times10^{-6}$	以带状为主,具一定异常规模。Mo、Pb 有时呈卫星异常分布	Mo-Cu-Pb-Zn-Ag-Sn-Bi	异常由辉钼矿化或多金属矿化引起	Ⅱ 号异常带

续表 5-2-39

异常下限	异常值	峰值	形态与规模	组合元素	评价	备注
$Mo=3\times10^{-6}$ $Cu=30\times10^{-6}$ $Ag=0.3\times10^{-6}$ $Pb=50\times10^{-6}$ $Zn=100\times10^{-6}$ $Sn=5\times10^{-6}$ $Bi=5\times10^{-6}$	$Mo=3\sim5\times10^{-6}$ $Cu=30\times10^{-6}$ $Zn=100\times10^{-6}$ $Bi=5\times10^{-6}$	$Mo=30\times10^{-6}$	Mo异常以带状为主，异常规模较大。其他元素异常多呈卫星异常分布，规模小	Mo-Cu-Zn-Bi	异常由含钼石英片理化带及含钼石英脉引起	Ⅲ号异常带
	$Mo=3\times10^{-6}$ $Bi=5\times10^{-6}$	$Mo=7\times10^{-6}$	Mo异常以带状为主，异常规模较大。其他元素异常多呈卫星异常分布，规模小	Mo-Bi	含钼矽卡岩化带引起	Ⅳ号异常带

矿床岩石异常特征见表 5-2-40、表 5-2-41。

表 5-2-40　矿区矿石中微量元素化学分析成果表

样号	Mo (%)	Cu (%)	Pb (%)	Zn (%)	Au (r/g)	Ag (r/g)	W (r/g)	Se (r/g)	Be (r/g)	Bi (r/g)	Sn (r/g)	As (r/g)
K-1	2.800	0.004	0.037	0.017	0.039	8.400	12.30	5.00	1.00	144.6	24.60	300.0
K-2	1.400	0.010	0.024	0.011	0.054	3.700	625.0	0.10	2.20	121.8	43.30	110.0
K-3	1.140	0.074	0.023	0.027	0.700	5.600	164.8	6.20	1.10	133.9	45.70	250.0
K-4	0.355	0.074	0.036	0.034	0.008	2.800	3.00	0.10	1.70	12.70	3.20	100.0

表 5-2-41　矿区岩石中主要微量元素质量分数表($\times10^{-6}$)

元素名称	岩石名称						
	碎斑状花岗岩	花岗闪长岩	斑状二长花岗岩	细粒花岗岩	石英闪长岩	火山岩	矽卡岩
Mo	0.50	3.75	4.83	2.58	4.17	6.31	88.64
W	1.30	0.65	0.92	0.44	0.89	1.62	80.83
Sn	1.75	2.73	1.54	1.89	1.91	4.81	76.37
Bi	0.85	4.64	0.73	0.66	1.99	3.38	1.41
Cu	10.35	34.61	20.69	48.34	31.20	46.88	80.99
Zn	23.45	36.65	40.40	50.69	57.40	76.93	44.85
Pb	10.80	19.95	16.06	17.9	17.90	15.26	23.37
Ag	0.11	0.12	0.10	0.16	0.16	0.11	0.14

表 5-2-40 显示，矿石中除 Se、Be 接近地壳克拉克值以外，其余元素含量均远远高于地壳克拉克值，表明这些有益元素处于强烈的富集状态。而表 5-2-41 表明，Mo（除碎斑状花岗岩外）、Bi 在所有中酸岩石中的质量分数均高于省均值，尤以斑状二长花岗岩和石英闪长岩中富集最显著。W、Sn 在中酸岩石

中的质量分数不高,规律性不强。Cu、Zn、Pb 在花岗闪长岩、斑状二长花岗岩和石英闪长岩中的质量分数亦处于较高状态,而火成岩和矽卡岩中各元素的质量分数均较高,认为是后期矿化结果。

以上规律说明,Mo 成矿与斑状二长花岗岩和石英闪长岩关系最密切,并且与 Bi 紧密共生。Cu、Zn、Pb 对 Mo 的富集成矿可以引起强烈的叠加改造作用,对成矿十分有利。而中酸性花岗岩类与火山岩的接触带是矽卡岩型多金属矿成矿的有利场所。因此,东风北山钼矿具有多期次多种成矿作用成矿的特点。

图 5-2-101 显示 Mo 岩石异常的分布特征。在圈定的 4 个异常带中,Ⅰ号异常带落位在矿区的东北侧,由数个断续的 Mo 异常构成,规模较小,Mo 最高含量 800r/g,一般 10～50r/g。

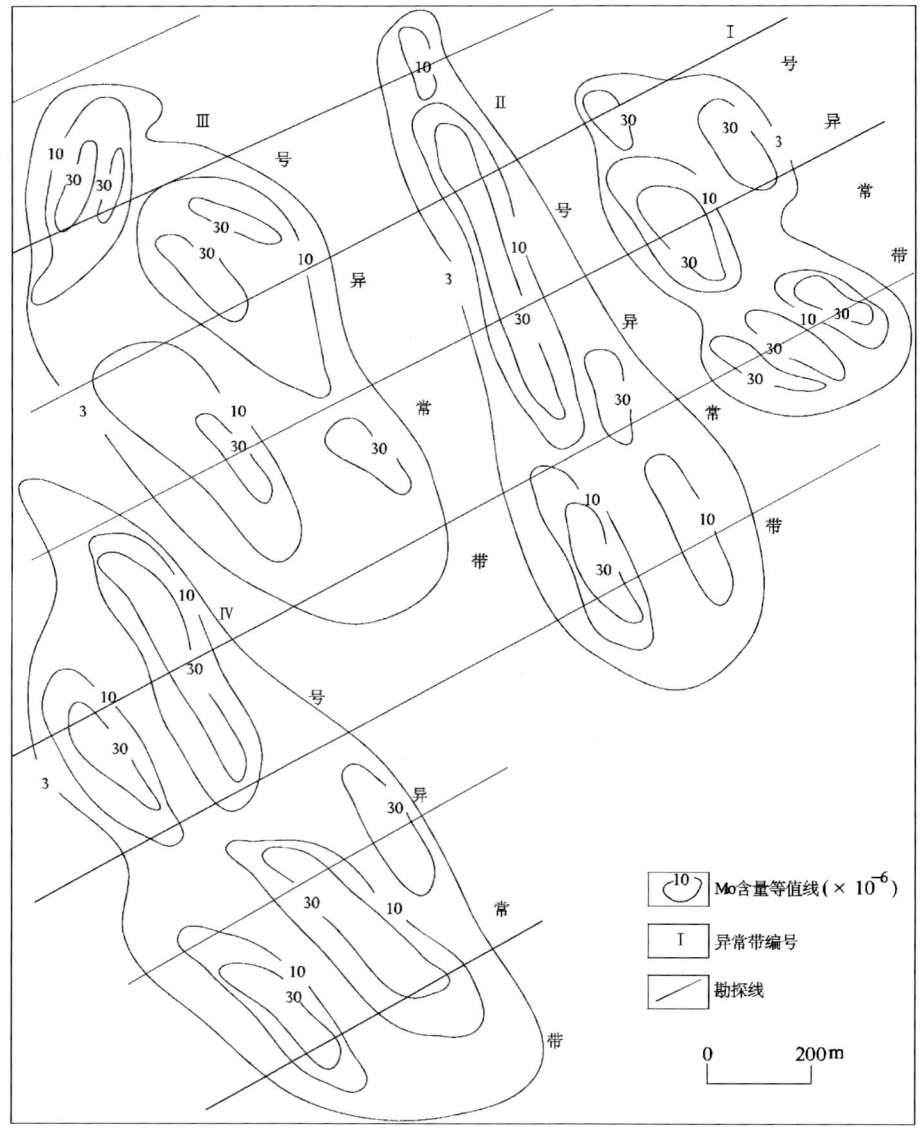

图 5-2-101 天宝山北山钼矿床 Mo 岩石异常分布图

Ⅱ号异常带位于中部,带长 900m,宽 100～200m,规模相对较大,呈带状分布,Mo 最高含量大于 1000r/g,一般 5r/g～50r/g。

Ⅲ号异常带位于测区北部斑状二长花岗岩中,由多个高含量的分散异常构成,带长 600m,宽 100～200m,呈椭圆状,Mo 最高含量 300r/g,一般 10r/g～50r/g,最低 3r/g。

Ⅳ号异常带位于测区西南部的石英闪长斑岩中,Mo 异常比较集中,规模较大,北西向带状分布,带长 800m,宽 60~200m,Mo 最高含量大于 1000r/g,一般 10~15r/g。

以上 4 个异常带基本反映了矿化含钼石英片理化带的空间展布规律,异常北西向分布的共同性指示北西向断裂裂隙构造控矿体系。而 3r/g 指示矿化远景边界,是钼的主要找矿区域。这与 Mo 的土壤异常分布特征十分吻合。

研究表明,Mo、W、Bi、Cu、Pb、Zn、Ag 呈正消长关系,峰值区分布在石英闪长岩与凝灰岩的接触带中,矽卡岩化对成矿起重要作用。其次在石英闪长岩体内钼矿体呈脉状分布,说明中酸性侵入岩体为成矿提供丰富的物质来源和热动力,并控制钼矿体的分布。W、Bi、Cu、Pb、Zn、Ag 是寻找钼矿的重要伴生指示元素,在形成的复杂叠加地球化学场中,有利于钼的富集成矿。垂直分带为 Ag→Pb→Sr→Sn→Mn→Zn→Cu→Mo(王玉祥等,1987)。

3)矿床硫同位素特征

矿床硫同位素 $\delta^{34}S$ 值变化范围为 $-1.1‰\sim2.8‰$,平均值为 $1.46‰$,接近陨石硫。具有变化范围小,塔式效应不明显的特点,与地幔硫($\delta^{34}S=0.63‰$)相比稍高,推测成矿物质应主要来自于上地幔。

4)矿床地质-地球化学找矿模型

矿床地质、地球化学特征如下。①印支期、燕山期花岗岩浆活动为成矿提供物源、热源。东西向、北西向断裂构造为成矿提供必要空间。Mo、W、Bi、Cu、Pb、Zn、Ag、Hg、Sb 高值区即分布在石英闪长岩与凝灰岩的接触带上,矿体呈脉状。②Mo、W、Bi 是矿床成矿主要指示元素,分带清晰,浓集中心套合完整。Cu、Pb、Zn、Ag 与 Mo 为正消长关系,是近矿指示元素。③Hg、Sb 为找矿远程指示元素,在矿体上方区域呈高值分布,说明矿床剥蚀程度不高。④Cu 浓集中心与 Mo 有偏离,峰值出现在石英闪长岩中,推测 Mo-Cu 成矿具有多期性。⑤土壤异常与岩石异常吻合,其异常浓集中心即可指示矿体存在的位置。⑥硅化、钾长石化、绿泥石化是主要的矿化蚀变,可成为重要的找矿标志。⑦同位素特征指示矿床有益组分主要来源于深源。

矿床地球化学异常模式见图 5-2-102。

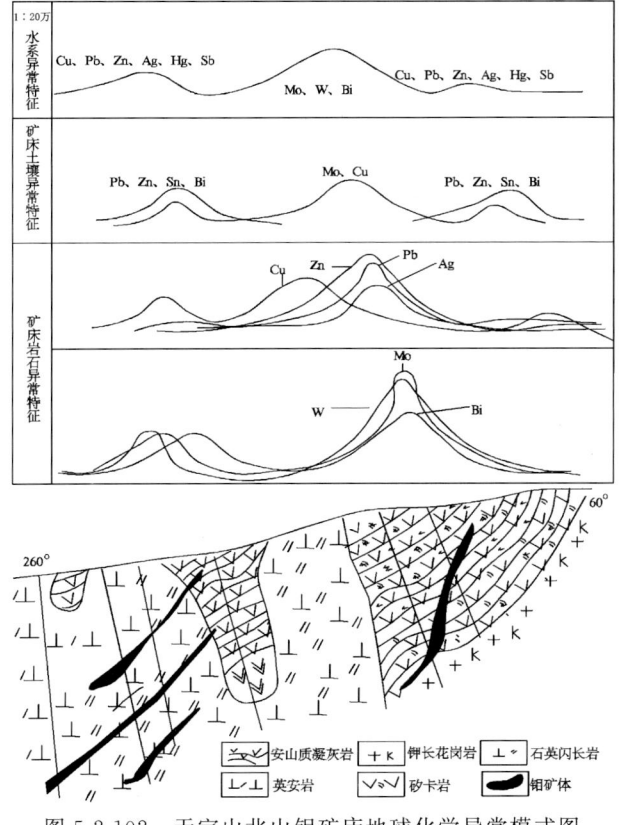

图 5-2-102 天宝山北山钼矿床地球化学异常模式图

5. 安图刘生店钼矿床

1) 矿床地质特征

矿床位于晚三叠世—新生代东北叠加造山-裂谷系（Ⅰ）小兴安岭-张广才岭叠加岩浆弧（Ⅱ）太平岭-英额岭火山-盆地区（Ⅲ）老爷岭火山-盆地群（Ⅳ）大地构造单元内。具体分布于延边钼成矿带十八道沟-天宝山钼多金属成矿带中部。

区域上出露的主要地层为寒武系万宝组变质火山岩、变质砂岩、板岩夹薄层大理岩，为一套中酸性火山岩-碎屑岩-碳酸盐岩建造，分布在侵入岩体的边部或残留在侵入体。

矿区内岩浆岩发育，出露面积占矿区总面积90%以上，主要为燕山期侵入的二长花岗岩和二长花岗斑岩。二长花岗岩体为迷魂阵岩体一部分，面积约13 km²；二长花岗斑岩体分布于816.7高地一带，呈岩株状产出，出露面积约6km²。主岩体为二长花岗斑岩，尚见斜长花岗岩和闪长岩脉状小侵入体，是同源岩浆演化过程中，经深部分异多期脉动式侵入而形成的复式岩体。与围岩燕山早期二长花岗岩呈侵入关系，属于燕山期产物。岩石呈灰白色、斑状结构、块状构造、斑晶由斜长石、钾长石、黑云母、石英所组成。蚀变、矿化特征：该岩体蚀变、矿化，主要分布于岩体的北部816.7高地一带，出露面积约4km²，在平面上呈椭园状北西向展布，在剖面上呈带状分布，垂深大于300m，在500m标高尚未封闭。

区域构造不发育，仅在矿区的北东部见一条北西向压扭性断裂构造。该构造为大榆树川火山冲断层的一部分，控制区内含矿斑岩体的分布。含矿二长花岗斑岩沿构造上侵就位后，因区域断裂活动引起斑岩内发生破裂，形成了网脉状裂隙系统。矿床高品位区段主要分布于北北西—北西西向裂隙以及北东—北东东向裂隙部位，是区内主要容矿构造，而且构造裂隙越发育成矿规模越大。矿物组成有辉钼矿、黄铁矿、黄铜矿及石英、绢云母、绿泥石、钾长石、方解石等。其中，石英、绢云母-硫化物组合构成钼矿主体。目前控制范围达4km²，金属钼储量约为$4×10^4 t$，达到中型规模。

矿区围岩蚀变很发育，多呈带状分布，蚀变范围可达几百米到几千米，具明显的水平和垂直分带。即自岩体中心向外可分为：①钾化带（钾长石化、黑云母化）；②石英-绢云母化带；③泥化带（高岭土、绢云母、绿泥石）；④青磐岩化带（绿帘石、绿泥石、绢云母、石英、黄铁矿）。钼矿体主要赋存于石英-绢云母化带中，显示高温的成矿地质环境。

石英—绢云母化带特征如下：该带位于矿区的中部，呈椭圆状北西方向展布，长轴长2,650m，短轴长1030m，厚度大于250m，主要由硅化、绢云母化、高岭土化、黄铁矿化及辉钼矿化所组成。该带蚀变程度不甚均衡，在平面上由内向外逐渐减弱，在垂向上由地表向深部逐渐增强，带内含钼石英细脉和辉钼矿细脉较发育，钼品位随含脉率变化而变化，地表钼品位一般为0.01%～0.03%，30m以下钼品位一般为0.03%～0.25%，最高品位达1.26%。总体上看矿化与蚀变强度成正相关关系，钼矿体就赋存于此带之中。

2) 矿床地球化学及异常特征

矿床所在区域属于中国斑岩型铜、钼矿床东部成矿域，延边斑岩型金、铜、钼成矿带的西缘。

地球化学图显示，Au、Cu、Mo、W、Bi在延边地体中的平均值分别为$2.09×10^{-9}$、$19.18×10^{-6}$、$1.03×10^{-6}$、$1.70×10^{-6}$、$317×10^{-6}$，均高于本省均值（$1.07×10^{-9}$、$18.10×10^{-6}$、$0.98×10^{-6}$、$1.50×10^{-6}$、$277.5×10^{-6}$；金丕兴等，1992），表明其处于较高背景分布状态。

图5-2-103表明，矿床Mo异常具有二级分带特征，异常浓集中心不显著，强度不高，峰值为$2.2×10^{-6}$，空间上呈带状分布，北东向延伸的趋势，控制面积为26.33km²。与Mo空间套合紧密的元素有W、Bi、Au、Cu、Ag、Pb、Zn、As、Sb、Hg。其中，W、Bi与Mo呈同心套合状，Au、Cu、Ag、As、Sb、Hg构成Mo的中带，Pb、Zn、As、Sb、Hg主要构成Mo的外带。形成离心-向心结构的复杂元素组分富集场，是找矿有利场所。

矿床1：1万土壤异常特征见图5-2-104。

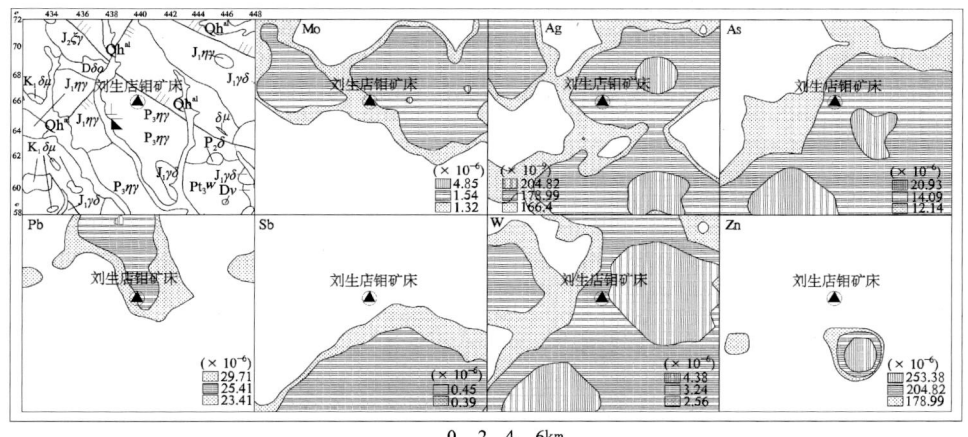

图 5-2-103　刘生店钼矿主要元素异常剖析图

1.第四系全新统冲积层；2.白垩纪石英闪长玢岩；3.中侏罗世正长花岗岩；4.中侏罗世中粒二长花岗岩；5.中生代中侏罗世花岗闪长岩；6.晚二叠世二长花岗岩；7.中二叠世闪长岩；8.泥盆纪石英闪长岩；9.泥盆纪辉长岩；10.晚元古代万宝组变质砂岩夹大理岩；11.闪长玢岩脉；12.地质界线；13.实测正断层；14.高岭石化；15.黄铁矿化；16.刘生店钼矿床

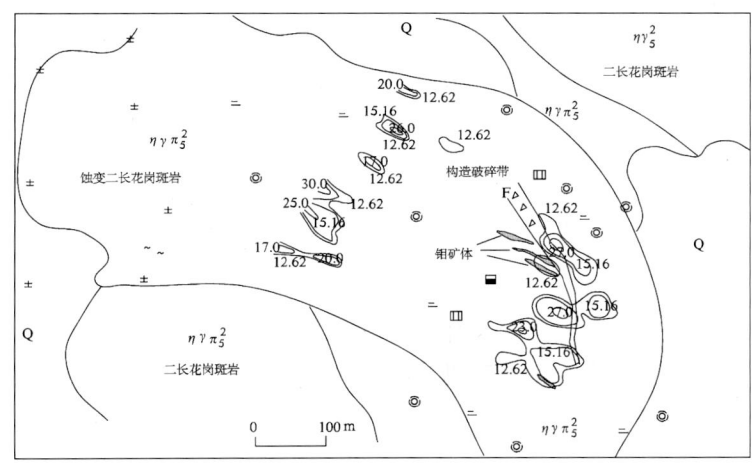

图 5-2-104　刘生店钼矿床土壤地球化学异常图

1.现代冲洪积砂、砾石；2.二长花岗岩；3.蚀变二长花岗斑岩；4.硅化；5.高岭土化；6.绢云母化；7.绿泥石化；8.黄铁矿化；9.辉钼矿化；10.构造破碎带；11.钼矿体；12.钼异常

图中显示，土壤地球化学场异常中，Mo 富集强烈，异常围绕矿体呈带状韵律分布，具有明显的浓集中心，对钼矿体积极支撑，往往土壤异常中即可以圈定矿体。

空间上，二长花岗斑岩体直接控制钼矿体，硅化、绢云母化、高岭土化等围岩蚀变非常发育，对 Mo 的富集成矿起到十分重要的作用。构造破碎带为矿液运移提供必要空间，成为与钼矿体关系密切的主要找矿标志之一。

该矿床为斑岩型成因，品位较低，矿体规模及厚度变化较大，如 I 号矿体，钼品位一般为 0.03%～0.25%，平均品位 0.075%，并且沿走向、倾向和垂向上均呈现出高低相间变化特征。矿体厚 8～89.41m，平均厚 28.82 米，厚度变化系数为 70%。

图 5-2-105 为 0 号勘探线 003 号钻孔含 Mo 岩石异常变化曲线。曲线幅度变化较大,显示构造脉状特征。而钼矿体的赋存载体(二长花岗岩)以及矿化蚀变特征与土壤异常特征吻合。

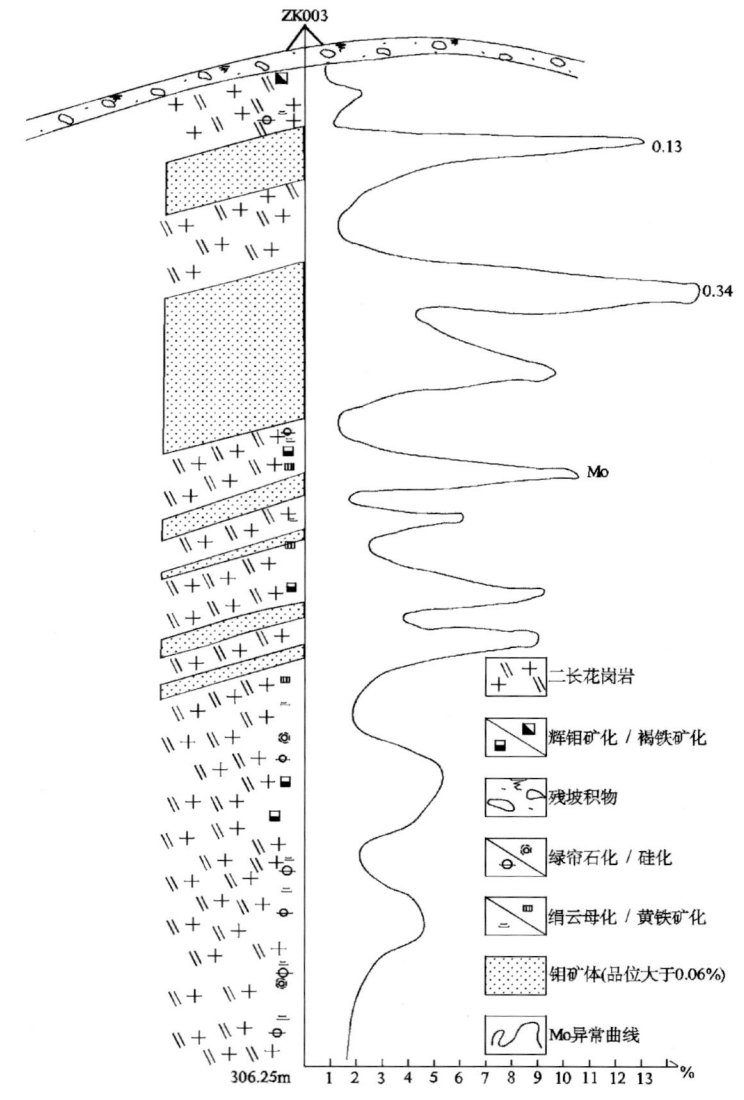

图 5-2-105　刘生店钼矿床 0 号勘探线 003 号钻孔含 Mo 岩石异常分布图

3) 矿床地质-地球化学找矿模型

总结矿床地质、地球化学特征如下。①矿体产于由燕山期花岗岩类侵入体(二长花岗斑岩体)构成的地质背景内,断裂构造和钾化、绢云母化等围岩蚀变是找矿的重要标志。②水系异常地球化学场中,异常组分复杂,分带明显,Mo、W、Bi 以同心结构与刘生店钼矿积极响应。Au(Cu)、Pb、Zn、Ag、As、Sb、Hg 围绕 Mo 形成"地球化学异常环"。③Mo 的土壤、岩石异常再现性理想,成矿地球化学条件表现一致性。④矿床形成于高温的成矿地球化学环境中,前锋区由 Mo、W、Bi 异常充填,指示矿床剥蚀程度较高。

矿床地球化学异常模式见图 5-2-106。

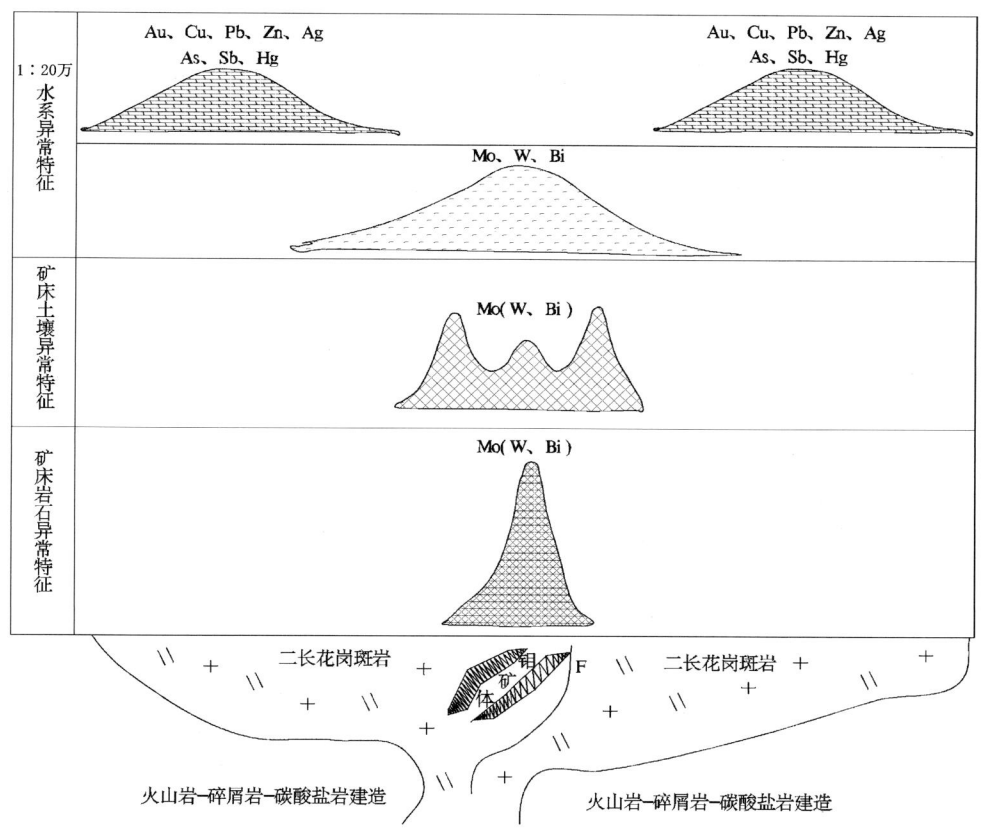

图 5-2-106　刘生店钼矿床地球化学异常模式图

6. 敦化大石河钼矿床

1）矿床地质特征

大石河钼矿床位于华北板块与佳木斯微板块之间,张广才岭微地块南缘,吉林-蛟河铜、锡、锑、钼等多金属北东向敦(化)-密(山)成矿带内。

矿区出露的地层主要有新元古界震旦系二合屯组砂岩、片岩夹板岩,是主要的含矿围岩。其中,片岩的片理十分发育,同时具有容矿作用。其次为第四纪残坡积堆积物。

矿床所在区域岩浆活动频繁,以海西晚期的斜长花岗岩、花岗闪长岩以及燕山早期的花岗岩、花岗斑岩为主。其中,燕山早期的花岗岩类侵入体与成矿关系密切。

分布在矿区呈北东向延伸的西北岔断裂构造是主要的控岩控矿构造,具有压扭性质,区内的侵入岩体及脉岩体均受此控制。主要的容矿构造为隐爆角砾岩筒,岩筒中的构造裂隙(劈理)十分发育,是含矿热液的重要运移通道,在裂隙发育的中心部位是高品位辉钼矿的赋存区段。成矿期后构造多以北西向分布,规模小,对成矿影响较弱。介绍如下:

成矿期构造:隐爆角砾岩筒,由于深部侵入岩体的上侵就位,岩浆挥发分的上升聚集并隐爆,使地层内发生破裂,形成了网脉状裂隙角砾岩筒,明显反映出岩石震裂特征。岩石中不仅发育有大量的片理而且见有较多的劈理,有利于含矿溶液运移和富集,由品位变化特征可知,高品位区段主要分布于裂隙较发育的中心部位,经过对钻孔中劈理的统计,中心部位每米可达4~5条,宽度变化较大,一般为10~20cm,因此隐爆角砾岩筒是区内主要容矿构造。

成矿期后构造:北西向断裂,发育于矿区北东部,为张性断裂,走向140°方向,产状近于直立,由于规模较小对矿体影响较弱。

矿区围岩蚀变发育,由内向外主要为石英-绢云母化带,高岭土-绿泥石化带。前者发育在二合屯组的片岩中,呈近椭圆状东西向展布,由硅化、绢云母化、黄铁矿化和辉钼矿化构成,是主要的矿化围岩蚀变,蚀变越强烈矿化越好。后者出现在矿体的外侧,矿化不明显。

主要矿物组成为黄铁矿、磁黄铁矿、辉钼矿、黄铜矿、方铅矿、闪锌矿等。

2)矿床地球化学及异常特征

因子分析显示,矿床所在区域 Mo、W、Sn、Bi、As、Hg、Cu、Au、SiO_2、Ba、K_2O、Na_2O 以及稀有、稀土元素因子得分高,为高背景地球化学分区。其中,SiO_2、Ba、K_2O、Na_2O 以及稀有、稀土元素的高背景状态表明区域上形成的是以酸碱性岩为主的叠生地球化学场。

矿床 Mo 异常具有清晰的三级分带和明显的浓集中心,面积 $318km^2$,峰值 $10.77×10^{-6}$,呈带状北东向展布。该异常对大石河钼矿积极支撑,是优质的矿致异常。与 Mo 空间套合较好的元素为 W、Bi、Sn、Cu、Pb、Zn、Ag、As、Sb。其中,W、Bi、Zn 构成 Mo 的内带,Cu、Pb、Zn、Ag 构成 Mo 的中带,As、Sb、Pb、Zn、Ag 构成 Mo 的外带,形成离心-向心结构的复杂元素富集场。见图 5-2-107。

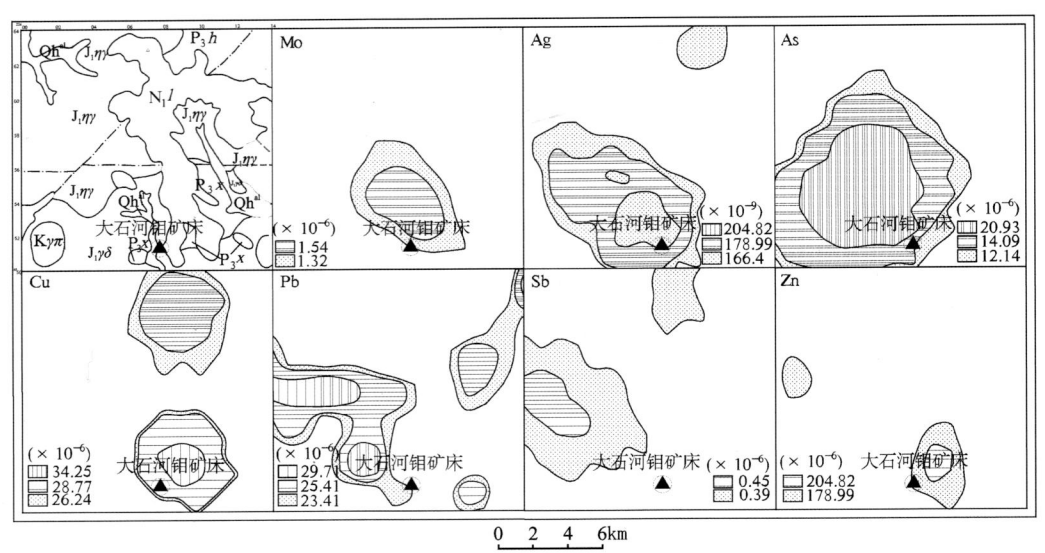

图 5-2-107 大石河钼矿主要元素异常剖析图

1.第四系全新统冲洪积物;2.上二叠统红山组灰岩夹凝灰质砂岩;3.上二叠统新兴组变质砂岩、石英片岩;4.早侏罗世二长花岗岩;5.早侏罗世中粒角闪石花岗闪长岩;6.新生代新近纪中新世老爷岭组玄武岩;7.整合岩层界线;8.实测断层;9.大石河钼矿床

在矿区Ⅰ号矿段进行了1:1万土壤测量,圈定的元素有 Mo、Cu、Au、Ag、Pb、Zn。其中,Mo 元素异常分带清晰,具备多处明显的浓集中心,下限定为 $3×10^{-6}$,异常强度高,峰值为 $41.4×10^{-6}$。异常面积为 $0.68km^2$,呈近东西向的椭圆状分布,南北长约 1000m,东西控制宽度约 1100m,东侧没有封闭。Cu、Au、Ag、Pb、Zn 异常值域较低,分布面积较小而且不连续。异常集中区地质背景为燕山期花岗岩类侵入体以及二合屯组围岩;海西期侵入体部位是 Mo 的负异常区。见图 5-2-108。

矿床含矿岩石化学全分析见表 5-2-42。

由表中可知,SiO_2、Al_2O_3、K_2O 等造岩元素质量分数较高,表明含矿岩石富酸碱性,矿床研究显示,矿床区域硅化较强,利于成矿。而 Fe_2O_3、FeO 的高质量分数与黄铁矿化有关,且在钼的热液成矿期,主要伴生的金属硫化物有黄铁矿、黄铜矿、磁黄铁矿,在实际找矿中,分布于地表的富硫化物是区内寻找辉钼矿的重要指示矿物。

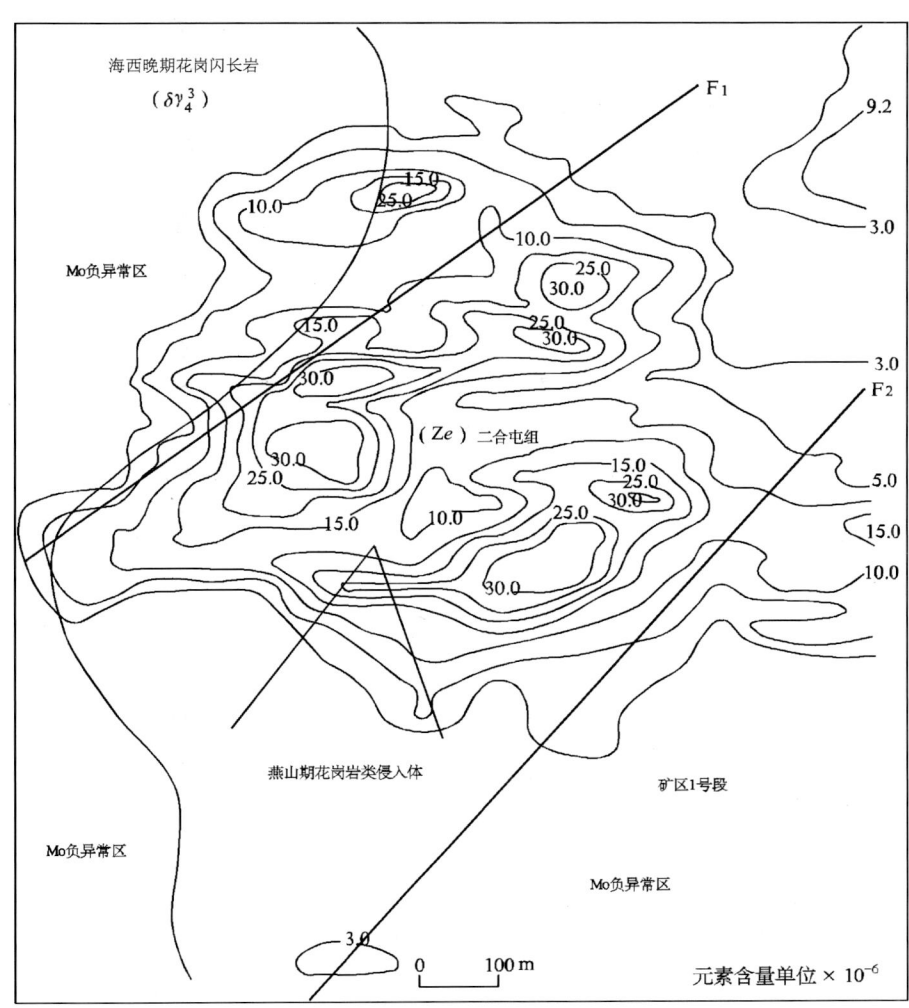

图 5-2-108　大石河钼矿 Mo 土壤异常分布图

表 5-2-42　矿床含矿岩石化学全分析一览表(%)

编号	SiO_2	CaO	MgO	K_2O	Na_2O	MnO	P_2O_5	TiO_2	Al_2O_3	Fe_2O_3	FeO	烧失量
TC201-1	90.53	0.10	0.22	1.06	0.09	0.013	0.07	0.078	3.82	1.09	1.63	0.67
TC201-2	95.63	0.22	0.08	0.27	0.12	0.012	0.12	0.032	1.30	0.47	1.23	0.14
TC1501	69.38	0.86	0.91	3.30	2.40	0.070	0.14	0.60	17.1	1.00	3.59	0.55
TC2301	69.60	0.83	0.92	3.40	2.20	0.076	0.16	0.60	16.2	1.28	3.26	0.85

注：表中数据源自殷长建等(2007),《吉林省敦化市大石河钼矿区Ⅰ号矿段勘探报告》。

通过化学分析、组合分析、选矿试验等多次分析结果表明,本区Ⅰ号矿段伴生元素有 Cu、Pb、Zn、Fe、S、Sb、Bi、As、C 等,其组分含量均较低,达不到综合利用的价值(殷长建等,2007)。

研究表明,钼矿体主要赋存在二合屯组的片岩以及燕山期的花岗侵入岩体中,矿体周围硅化、绢云母化非常强烈,矿体品位 Mo=0.03%～3.48%,平均达到 0.071%(殷长建等,2007)。矿体比较完整,受后期构造及岩脉的破坏程度较弱,这与土壤异常表征的地球化学意义吻合。

3)矿床地质-地球化学找矿模型

矿床地球化学异常模式见图 5-2-109。

总结矿床地质、地球化学特征如下。①二合屯组片岩以及燕山早期花岗岩类侵入体是区域上主要

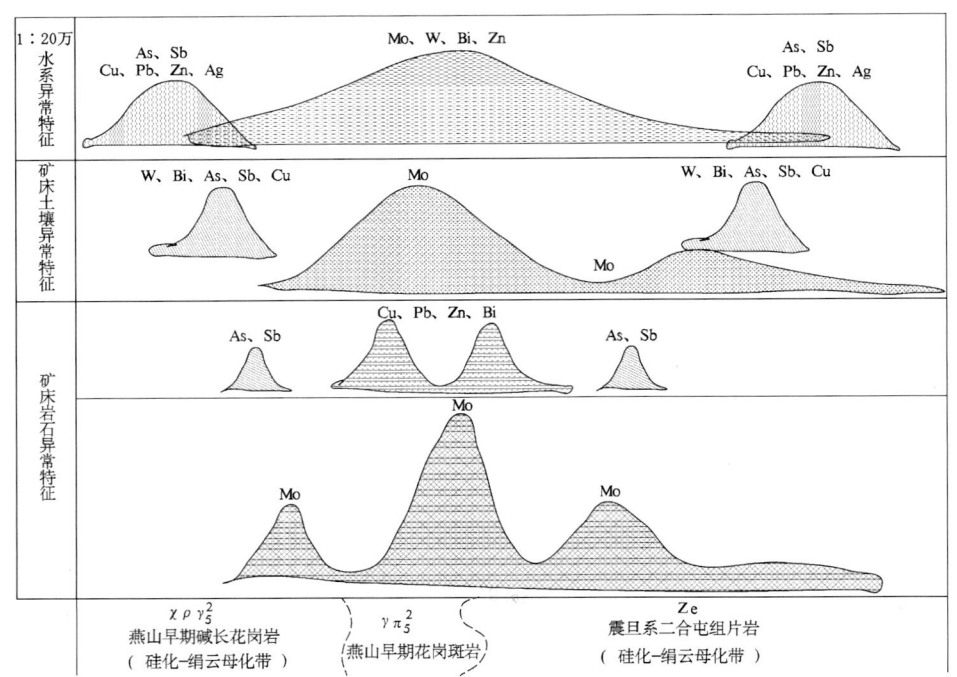

图 5-2-109　大石河钼矿床地球化学异常模式图

的控矿空间。②北东向的裂构造控制含矿热液的运移、分布。③水系、土壤、岩石异常特征显示，主要成矿元素为 Mo，主要伴生元素为 W、Sn、Bi、Cu、Pb、Zn，反映以燕山早期花岗类岩浆为能量核心的成矿系统中，Mo、W、Sn、Bi、Cu、Pb、Zn 呈现较强的富集态势，形成复杂元素组分富集的叠生地球化学场，是成矿主要场所。④前缘指示元素 As、Sb、Ag；近矿指示元素 Cu、Pb、Zn、Ag；尾部元素 W、Bi、Zn。⑤矿床成矿地球化学环境为中—高温，剥蚀程度中等。

九、铬铁矿

(一)侵入岩浆型

1. 永吉县小绥河铬铁矿床

1)矿床地质特征

小绥河铬铁矿床位于天山-兴蒙-吉黑造山带（Ⅰ1）、小兴安岭-张广才岭弧盆系（Ⅱ3）、小顶山-张广才岭-黄松裂陷槽（Ⅲ2）、双阳-永吉-蛟河上叠裂陷盆地（Ⅳ4）大地构造单元。

出露的地层有石炭系—泥盆系通气沟组，主要岩性为砂岩、粉砂岩；志留系—泥盆系二道沟群浅海相碎屑岩，呈带状分布，主要岩性为砂岩、灰岩、板岩等。

侵入岩主要为海西期的小绥河超基性岩体，其次为通气沟岩体，岩性以橄榄岩为主。岩体已全部蛇纹石化，原生造岩矿物及原岩结构构造已被破坏，仅按次生结构划分为粗粒叶蛇纹岩和致密状蛇纹岩。蛇纹岩是主要含矿围岩。中生代侵入的辉绿岩和石英钠长斑岩呈脉状侵入于岩体上盘围岩及岩体中，对先期侵入的超基性岩体起破坏作用。

矿区的控岩、控矿构造为北东向的"入"字形伊舒深大断裂。含矿超基性岩浆沿"入"字形构造侵入，受深大断裂影响在超基性岩体分叉、膨大部位产生许多控矿构造裂隙以及破碎带。这些构造裂隙为成矿提供重要的容矿空间。后期的断裂构造对矿体有破坏作用。

铬矿体多呈似脉状、雁行状、扁豆状产出,最长93m,厚度小于1m,矿体东富西贫,最高品位为35%,最低品位为6.18%,平均22.81%,主要赋存在标高110m以上的浅部。

矿物组合有铬尖晶石、赤铁矿、褐铁矿、磁铁矿、黄铁矿、针镍矿、硫钴矿和六方硫钴矿以及脉石矿物绿泥石、白云石等。

围岩蚀变主要有铬铁矿化、滑石化、碳酸盐化、硅化、褐铁矿化、绿泥石化、黄铁矿化。

2)矿床地球化学及异常特征

因子分析结合地质背景表明,矿床所在区域分布大面积的海西期侵入体,B、Li、Cr、Ni、MgO等元素组分具有较高的因子得分,显示高背景状态。

含矿围岩即蛇纹岩的化学成分见表5-2-43。由表可知,有益组分Cr_2O_3、MgO都具有较高的含量,而且镁/铁介于6~12之间,是形成铬铁矿的理想分布状态。

表5-2-43 矿床岩石化学成分一览表

元素含量(%)		SiO_2	Cr_2O_3	FeO	Fe_2O_3	Al_2O_3	CaO	MgO	K_2O	Na_2O	TiO_2	NiO_2	CO_2	P_2O_5	MnO	H_2O	镁/铁
小绥河Ⅰ号超基性岩	粗粒叶蛇纹岩	37.05	0.44	3.43	4.00	1.12	2.46	36.96	0.085	0.13	0.03	0.31	3.12	0.023	0.15	10.70	9.36
	致密蛇纹岩	39.36	0.33	5.21	1.73	0.68	2.07	35.68									9.47
通气沟Ⅷ号超基性岩	致密蛇纹岩	40.65	0.34	2.36	5.83	1.38	0.18	37.94	0.15	0.15	0.06			0.05	0.13	11.28	8.96

1∶20万化探异常表明,在矿床所在区域Cr没有异常反应,只分布在矿床的外围(1号、2号)。对小绥河铬铁矿缺乏支撑,直接的找矿指示作用有限。其中,1号异常有较好的二级分带,向东、向北没有封闭。2号异常分带差,近椭圆状,面积4.26km²。见图5-2-110。

与铬铁矿相关的Co、Mn、Fe_2O_3、MgO、Al_2O_3异常在矿床区域亦没有什么反应,这可能与海西期中酸性岩浆分布广泛,而基性—超基性岩体上表出露较小有关。而在矿床北侧的下游汇水区域Fe_2O_3、MgO、Al_2O_3异常却有完整套合现象,值得重视。

Ni异常与矿床积极响应,矿致性质明显,研究表明次生分散晕中Cr、Ni是具有正相关性的。因此,该Ni异常可成为铬铁矿的找矿指示元素。当铬尖晶石岩相中Ni、Al含量较高时,应注意铜镍矿的寻找。

矿床汇水区域东侧有1处铬尖晶石重砂异常,可直接指示找矿。

矿床钻孔岩石资料显示,小绥河1号超基性岩体中的铬铁矿体主要赋存在蛇纹石化后的粗粒叶蛇纹岩中,较致密蛇纹岩中的矿体规模大、品位高。

矿体中Cr_2O_3含量变化较大,如1号超基性岩体中Cr_2O_3含量为7%~35%。地球化学研究表明,含矿岩石中Cr与Al含量一般呈负消长关系,Cr与Mg则为正消长。矿石中Cr_2O_3/FeO多在1~3之间。比较Cr_2O_3/Fe_2O_3比值与Cr_2O_3/FeO比值,富矿体中Cr_2O_3/Fe_2O_3比值较Cr_2O_3/FeO更低。说明含矿热液相对还原,是在还原地球化学环境中迁移,在氧化地球化学环境中沉淀的富集机制。

铬尖晶石在矿床的外围水域中有较好的重砂异常反应,有的重砂异常分布在水系源头。

虽然铬尖晶石异常与小绥河铬铁矿在空间上未紧密套合,但至少表明在成矿区带上铬尖晶石在超铁镁质岩石中是处于富集状态的。

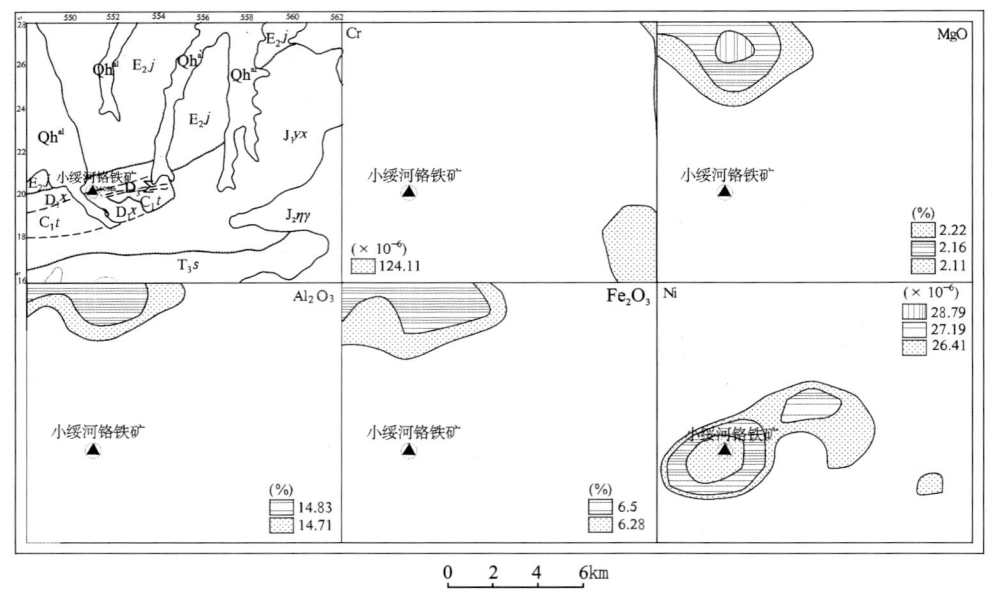

图 5-2-110　小绥河铬铁矿主要元素异常剖析图

1.第四系全新统冲洪积物；2.古近系吉舒组砂岩；3.下石炭统中砂岩与细砂岩；4.下泥盆统西别河组细砂岩；5.中侏罗统二长花岗岩；6.晚泥盆世橄榄岩；7.下侏罗统玉兴屯组砂岩；8.上三叠统四合屯组安山岩；9.地质界线；10.角度不整合；11.推测断层；12.小绥河铬铁矿床

3) 矿床地质-地球化学找矿模型

矿床地质、地球化学特征如下。矿床地球化学异常模式，见图 5-2-111。具体特征：

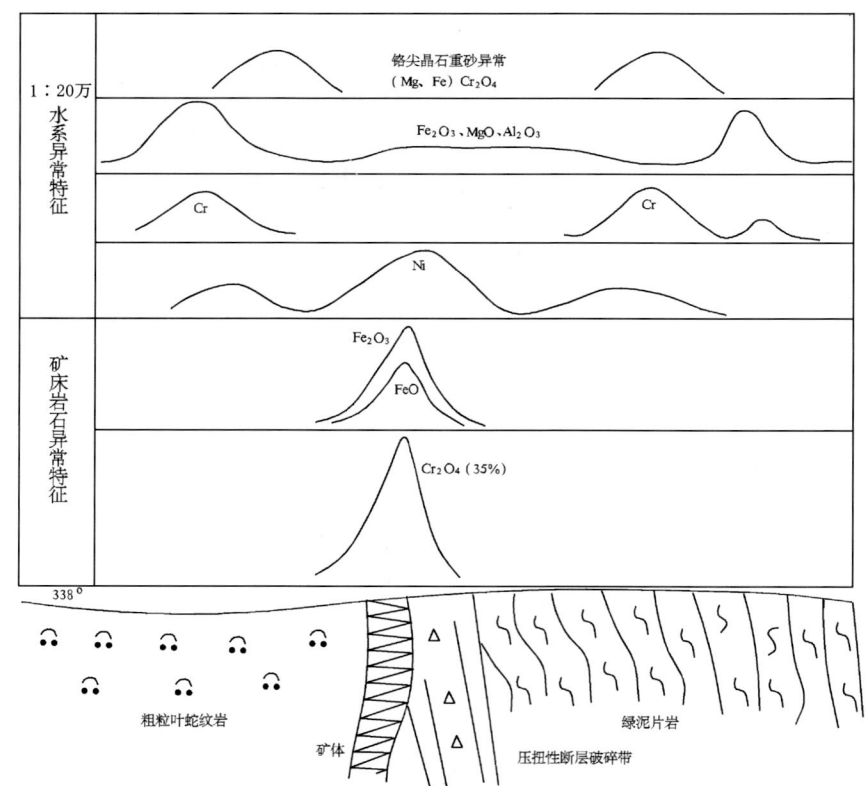

图 5-2-111　小绥河铬铁矿床地球化学异常模式图

①成矿具有深源性,矿体产于完全蛇纹石化的海西晚期超基性岩体中。断裂构造为成矿提供充分空间。②在深源岩浆构成的同生地球化学场中,含矿热液内的有益组分围绕能量"核心"(超基性岩体)由下至上迁移、富集,随着 Eh 值的变化,含矿热液在氧化还原界面(叠生地球化学场)沉淀、富集成矿。③有益组分 Cr、Fe_2O_3、MgO、Al_2O_3 主要分布在典型矿床的外围区域,Ni 异常与矿床积极响应。④主矿体赋存于1号超基性岩体中,有上富下贫的趋势。最高品位为35%,最低品位为6.18%。⑤矿石中MgO含量高、FeO含量较低,Cr/Fe 比值和 Cr/Mg 比值较高。⑥铬尖晶石类重砂矿物异常是找矿直接标志。

十、硼矿

(一)沉积变质型

1. 集安高台沟硼矿床

1)矿床地质特征

矿床位于吉南-辽东火山-盆地区,抚松-集安火山-盆地群大地构造单元内。

出露的地层主要是古元古界集安群,由顶部的大东岔组、中部的荒岔沟组和下部的蚂蚁河组构成。其中,蚂蚁河组为主要含矿层位,岩性以斜长角闪岩、黑云变粒岩以及白云质大理岩、含硼蛇纹岩、橄榄大理岩等为主,属于富镁的碳酸盐岩、硅酸盐岩建造,沉积变质改造成矿作用强烈。

容矿构造即为轴面为东西的复式向斜构造,地层向构造中心倾斜呈凹型,核部起伏不平。高台沟硼矿即赋存于此。

区内断裂构造十分发育,早期形成的仰冲断层将蚂蚁河组地层推覆到大东岔组之上,该逆断层倾向南东,倾角30°左右。其余断层多为平移断层。这些断裂构造为成矿后期形成的,对矿体有不同程度的破坏作用。

岩浆岩主要为元古宙花岗岩,顺层侵入,与地层之间产生强烈的接触交代作用,为硼镁矿的富集成矿提供热能。晚期还有少量的伟晶岩脉沿构造裂隙注入。中生代侵入的是闪长玢岩、安山岩等,这类规模较小的侵入体受断裂构造控制,亦呈脉状,沿北东或北西向分布。

矿体沿地层展布,多呈扁豆状,北西向最长延伸1055m,宽50~300m,厚度3~20m,倾角5°~25°。

主要的矿石矿物有硼镁石、硼镁铁矿、橄榄石、蛇纹石、菱镁矿、磁铁矿等。

矿石类型为硼镁石-蛇纹石型,硼镁石-磁铁矿-蛇纹石型。

主要的矿化围岩蚀变有蛇纹石化、磁铁矿化、混合岩化。

2)矿床地球化学及异常特征

矿区主要分布蚂蚁河组,其下部是大量的斜长角闪岩,为基性海底火山喷发产物,其中,伴有大量的电气石变粒岩存在,电气石以富含硼为主要特征。因此,在原始的火山沉积物中可形成高背景的含硼同生地球化学场。

因子分析结果表明,矿床所在区域 B、Li 因子得分高,其次为 MgO、Na_2O,亦显示主要成矿元素的高背景状态。

矿床所在区域硼元素异常(5号)分带清晰,浓集中心明显,峰值达到 125.15×10^{-6},面积为 $155 km^2$,近椭圆状,异常轴向东西。该异常与高台沟硼矿积极响应,是优良的矿致异常。高温组合元素(Mo、Sn、Bi、W)没有异常反应,As、Sb、Hg 异常主要围绕 B 呈环状分布,表明相对酸性的地球化学环境。见图 5-2-112。在矿区外围的江甸子镇和花甸子镇各有1处异常分布(3号、4号)。前者只具二级分带,峰值为 81.52×10^{-6},面积 $21km^2$,不规则形态。后者分带清晰,浓集中心明显,但浓集规模较小。峰值为 125.15×10^{-6},面积 $145km^2$,不规则形态。异常轴向近北东。此外,在热闹镇的北部亦有较好的硼异常分布(1号、2号),但分带不好,呈条带状分布。

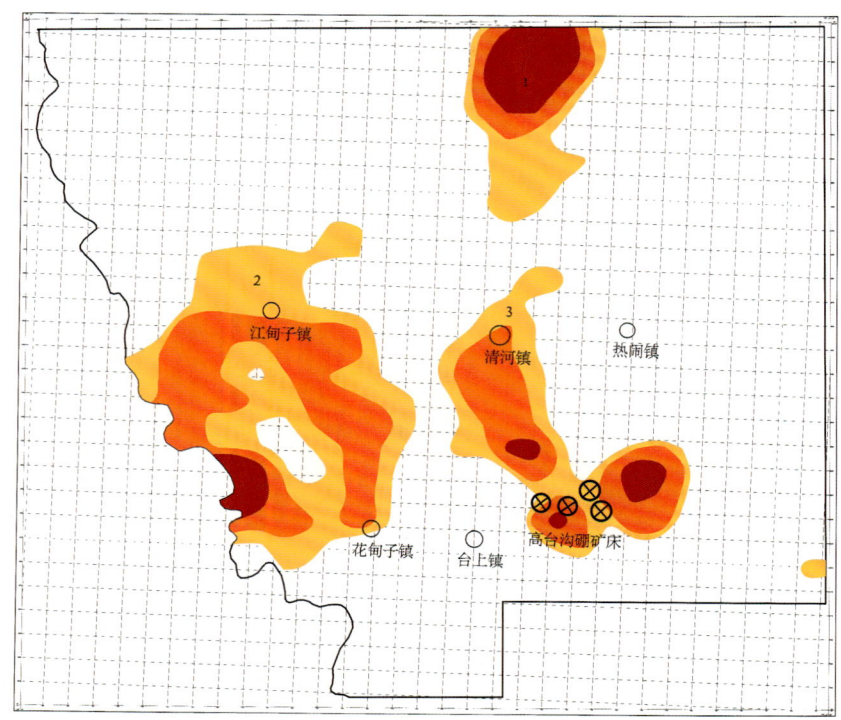

图 5-2-112　集安市高台沟地区 B 元素异常分布图

有益组分 MgO 亦有 3 处明显的异常分布(1号、2号、3号),且异常分带清晰,浓集中心明显,峰值为 14.2%,异常规模较大,面积为 $191km^2$,呈不规则带状分布,轴向以北西向为主。1号、2号、3号异常分别与硼元素的 1号、3号、5号异常套合完整。亦具有明显的矿致性质,是寻找硼矿的重要指示标志,见图 5-2-113。

与高台沟硼矿积极响应的有益组分还有 Na_2O,该组分异常分带较清晰,浓集中心较小,异常规模较大,由高台沟延至花甸子,内带加中带面积为 $157km^2$,峰值为 3.82%,近东西向呈带状分布。硼矿外围的江甸子、热闹镇,Na_2O 异常亦有较好的分布,与硼元素异常存在紧密的依存关系。由 Na_2O 异常的高级别推测区内硼的进一步富集可能需要一种较高盐度的成矿系统。这一点与低温元素异常的环状分布相对应。

Fe_2O_3 在硼矿所在区域异常反应很弱,表明高台沟硼矿相对贫铁,应属于"白矿"矿化。

分析以上异常的成矿地质背景均分布为古元古界的浅粒岩、变粒岩夹斜长角闪岩以及白云质大理岩、页岩夹石灰岩。发育北东向及北西向断裂。有海西期和燕山期花岗岩类侵入体。显示的成矿地质条件与高台沟硼矿十分接近。因此,这些异常分布区可成为预测的有利地段。

矿床钻孔资料显示,矿体的厚大部位往往为沉积盆地底部或者褶皱的转折部位(娄建军等,2005)。矿体 B_2O_3 含量变化较大,最高品位为 28.14%。

以往研究资料表明,含硼矿石的硫同位素($\delta^{34}S$‰),氧同位素($\delta^{18}O$‰),碳同位素($\delta^{13}C$‰)值域接近沉积岩系,进一步证明成矿物质来源于沉积建造。

3) 矿床地质-地球化学找矿模式

矿床地质、地球化学特征如下。①硼矿赋存于蚂蚁河组地层内,受轴面为东西向的复式凹陷构造控制,后期变质改造作用强烈,是具有层控性质的沉积变质改造型矿床。②封闭的成矿系统内,碱性介质

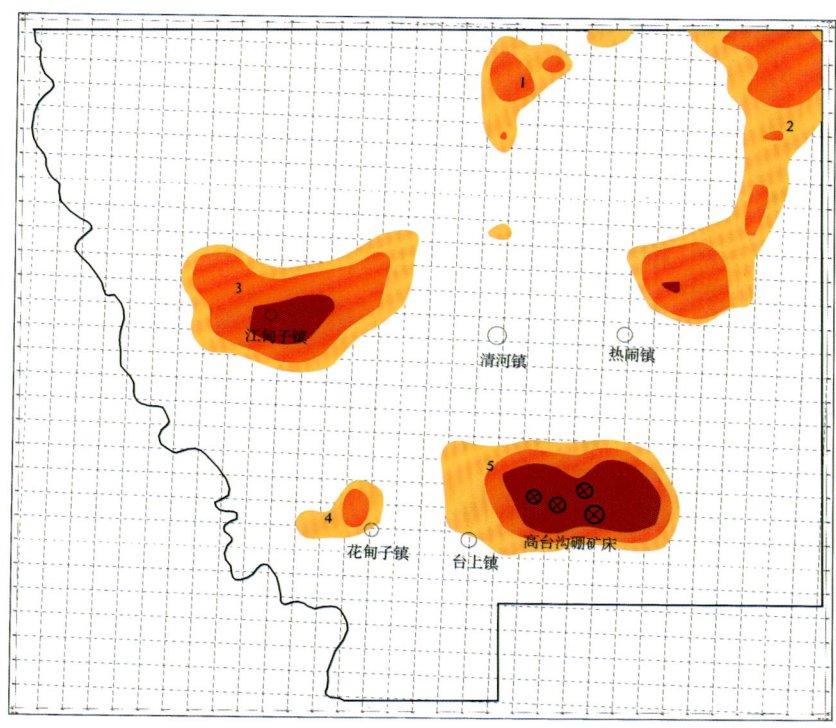

图 5-2-113 集安高台沟地区 MgO 异常分布图

条件下的含矿热液在运移过程中交代围岩中的 B,活性较强的 MgO、Na_2O 亦被带入,在温度、压力、pH 值、Eh 值的变化过程中,成矿组分在酸性(盐度)程度较高的地球化学环境中沉淀富集。③矿床蛇纹石化强烈,含硼蛇纹石化为重要找矿标志,标型矿物以硼镁石为主。④主要成矿组分 B、MgO、Na_2O 异常强度高,空间套合紧密,近东西向展布。对高台沟硼矿强烈支撑,矿致性质明显,是主要的找矿指示元素。⑤伴生元素 As、Sb、Hg 异常构成 B 的离心结构,进一步显示温酸性的成矿地球化学条件。Fe_2O_3 呈低级别的异常显示。

矿床地球化学异常模式见图 5-2-114。

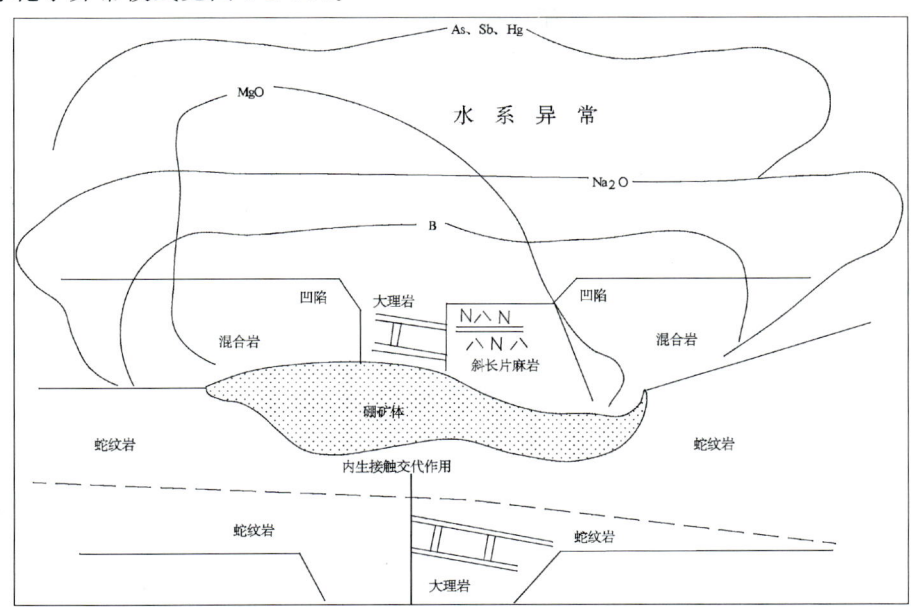

图 5-2-114 高台沟硼矿床地球化学异常模式图

十一、萤石

(一)热液充填交代型

1. 磐石南梨树萤石矿床

1) 矿床地质特征

矿床位于天山-兴安地槽褶皱区、吉黑褶皱系、吉林优地槽褶皱带、吉林复向斜、双阳-磐石褶皱束大地构造单元内。

出露的地层主要是下石炭统鹿圈屯组,分布在矿区北部与东部,总体呈北北西向展布,是一套海相火山碎屑岩夹碳酸盐建造。岩性为灰岩、变质砂岩、板岩、硅质岩、凝灰岩等,是萤石矿体的直接围岩。其次为下侏罗统南楼山组的流纹质凝灰岩和第四纪砂岩、砾岩。

区域性断裂为近东西向的梨树沟断裂。与成矿关系密切的断裂构造是梨树沟断裂内次一级的北西向断裂,该组断裂最为发育,属压扭性,是主要的控矿断裂,萤石矿体赋存于该断裂构造中。北东向断裂规模较小,是成矿后期的张扭性断裂,控制少量萤石矿体。这两组控矿构造具有继承性和多期活动性,其后期的活动对矿体有一定的破坏作用。

区内出露大面积的燕山早期石英正长斑岩及花岗斑岩脉。侵入鹿圈屯组和南楼山组中,为成矿提供热源与物源(含氟热液),是成矿母岩。

主要矿体产状基本一致,走向330°～340°,倾向北东,倾角60°～70°,长90～150m,平均厚度3.15m,倾斜延伸85～150m。

矿石组分主要为萤石、石英、少量方解石。矿石类型以石英-萤石型为主。其中,萤石占60%～80%,石英占20%～40%。

围岩蚀变主要是硅化、碳酸盐化。其中,硅化与成矿关系密切,一般情况下,萤石矿化强烈的地方,硅化亦较强。

2) 矿床地球化学及异常特征

因子分析显示,矿床所在区域分布大量的花岗岩类侵入体,稀土元素、稀有元素、F、K_2O、Na_2O因子得分高,处于高背景状态。

矿床F异常具三级分带,浓集中心较小,峰值$593×10^{-6}$,面积12.7km^2,不规则状,北西向展布。该异常与南梨树沟萤石矿积极响应,矿致性质明显,是主要找矿指示元素。

SiO_2有1处异常分布在矿床区域。该异常不规则状,面积为45km^2,浓集中心与矿床不套合,主要以外带为主。石英与萤石关系紧密,为负消长,石英与萤石形成主要的萤矿石类型。因此,SiO_2异常强弱虽然对萤石矿品级影响较大,但却是寻找萤石矿重要标志。

Y、Zn在矿床所在区域亦有异常分布,面积分别为116km^2、18km^2。异常分带清晰,具有较强的浓集。Y、Zn异常的分布可指示酸碱性岩浆活动的强烈,可作为寻找萤石矿的重要伴生指示元素。而且稀土元素Y可以进入萤石晶格置换Ca^{2+}形成硬度更高的萤石。

CaO、Pb异常主要分布在矿床的外围,与矿床关系呈弱势。由于二者与萤石呈反相关性,因此,CaO、Pb在矿床所在区域的低背景状态可指示萤石的富集,同样具有找矿指示意义。

与F存在紧密套合关系的组分有SiO_2、Y、Zn,其浓集中心处可指示矿体的分布位置。见图5-2-115。

钻孔岩石资料显示,在萤石矿富矿体部位,CaF_2含量高,SiO_2含量相对较低。

第五章　地球化学综合研究成果

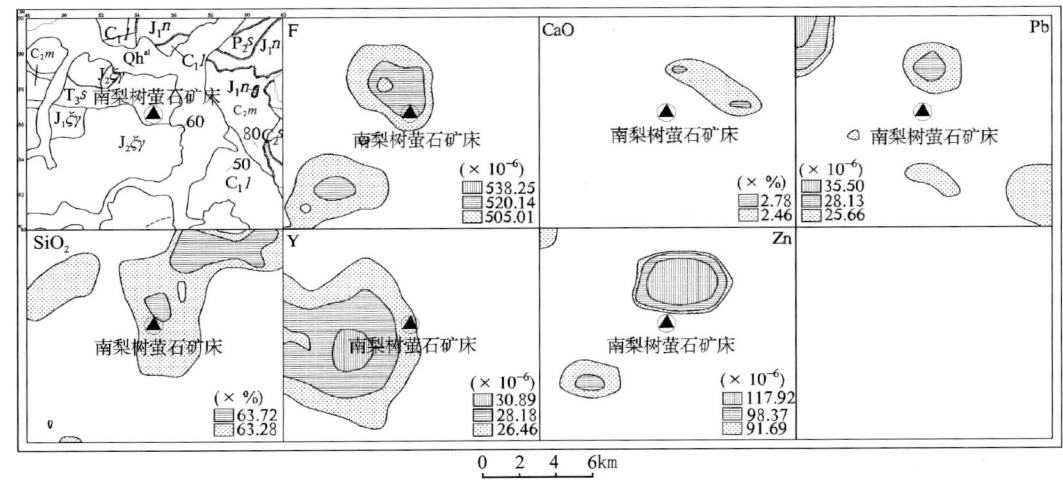

图 5-2-115　南梨树沟萤石矿床主要元素剖析图

1.第四系全新统冲洪积物;2.中二叠统寿山沟组砂岩;3.上石炭统石咀子组砂岩、页岩;4.上石炭统磨盘山组灰岩;5.下石炭统鹿圈屯组砂岩;6.中侏罗世正长花岗岩;7.早侏罗世正长花岗岩;8.下侏罗统南楼山组流纹岩;9.上三叠统四合屯组安山岩;10.地质界线;11.角度不整合;12.实测断层;13.推测断层;14.岩层产状;15.南梨树萤石矿床

3)矿床地质-地球化学找矿模型

矿床地质、地球化学特征如下。①下石炭统鹿圈屯组的海相火山碎屑岩夹碳酸盐岩建造,被燕山期酸碱性岩体侵入,构成富含 F、SiO_2、Y、Ca^{2+} 等组分的叠生地球化学场。②构造控矿明显,岩浆热液提供物源、热源。③主要成矿元素 F 异常反应强烈,与矿床积极响应,矿致性质明显,是找矿主要指标。间接指示元素有 SiO_2、Y、CaO、Pb。⑤矿体埋深较浅,成矿主要在中—低温的地球化学环境中。矿床地球化学异常模式见图 5-2-116。

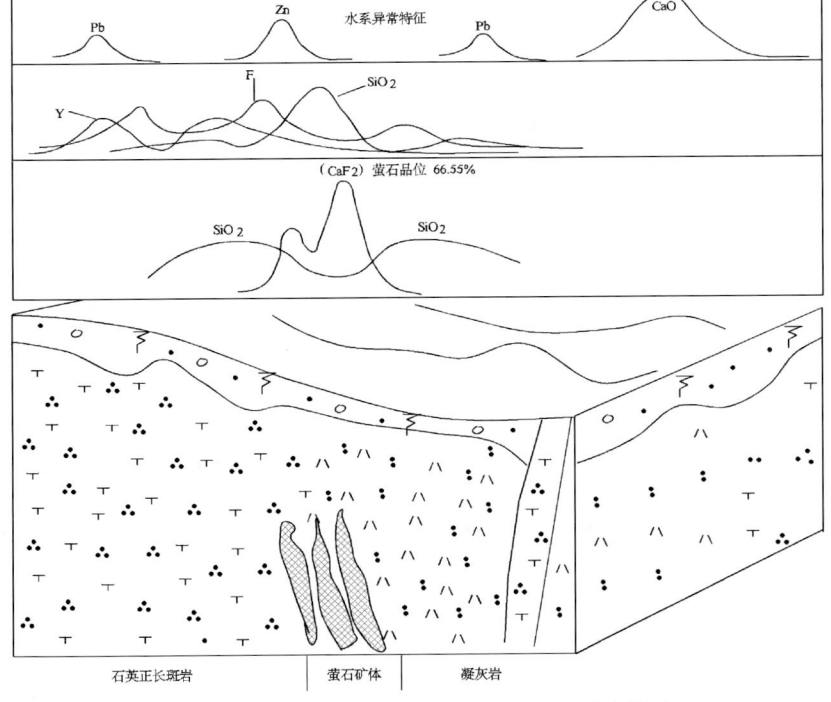

图 5-2-116　南梨树沟萤石矿床地球化学异常模式

第三节　地球化学组合与综合异常特征分析

一、地球化学组合异常特征分析

根据预测矿种的成因类型选择不同的元素组合，同一元素组合在不同地球化学场或不同的元素组合在同一地球化学场的异常结构特征是有差异的。这种差异性反映了元素特有的地球化学专属性，以及在成矿地球化学环境中所表现出来的矿化痕迹，这对评价成矿系统内各元素的找矿指示作用具有重要意义。

下面以异常区带为单元，结合矿产分布对元素组合特征进行阐述。

(一) 山门-兰家异常区(带)

该异常区(带)包括山门-乐山和兰家-上河湾 2 个 Ⅳ 级成矿带，矿产主要有山门银矿、镍矿，大顶子多金属矿，放牛沟多金属矿以及兰家金矿、八台岭金银矿。

代表山门银矿的元素组分主要是 Au、Cu、Sb、Hg(以 Au 为主的 33 号金组合)。其中，Au 异常显示二级分带，其浓集中心即是山门银矿的分布位置。主要伴生元素 Cu、Sb、Hg 构成 Au 的外带空间，呈离心结构。该组合异常特征显示银成矿应以中—低温为主。值得注意的是主成矿元素 Ag 异常反应较弱，这与矿体多呈隐伏状态有关。因此，作为前缘指示元素的 Au、Cu、Sb、Hg，对寻找隐伏银矿有重要指示意义。同时，该组合异常对指示外围金矿亦存在较强的指示作用。

针对山门镍矿，空间上存在套合关系的元素有 Ni、Au、Sb、Cu。其中，Ni 为山门预测工作区内裁剪数据投影异常，规模较小。Au、Sb 以较小规模的弱异常伴生在 Ni 的外带。Cu 只分布在 Ni 的外围区域，呈分散状态。从矿产分布看，组合中的 Au 异常应与山门金银矿有关；Sb、Cu 可能源于山门镍矿系统。因此，Ni 是寻找镍矿的主要指示元素，间接指示元素为 Sb、Cu。

代表大顶子山子铅锌多金属矿的是以 Pb、Zn 为主的 7 号铅锌组合异常，元素组分有 Ag、Au、Cu、W、Bi、Sb，具同心套合结构，Au、Zn 面积相对较大，W、Bi 异常规模较小，构成复杂元素组分富集的叠生地球化学场。目前，该异常区又发现了钼矿。因此，7 号铅锌组合异常是评价多金属矿非常有利的地段。

指示放牛沟多金属矿的是元素衬值组合异常，组分有 Pb、Cu、Ag、Au、As、Sb、Mo、Bi、Cr、Ni、V。其中，Pb、Cu、Ag、Bi 均以较小规模呈紧密的同心套合状态，而 Au、As、Sb、Mo 局部伴生在 Pb 的外带空间，为韵律状离心结构；Cr、Ni、V 呈衬值异常分布在边缘。该组合特征说明放牛沟多金属矿的异常组分复杂，矿化的异常规模十分有限。

兰家金矿的元素组分较简单，主要为 Au、Cu、As、Sb。其中，Au 分带差，面积 139km^2，对兰家金矿积极支持，是主要找矿指示元素。Cu、As、Sb 以较小的衬值异常分布在 Au 的外带。成为兰家金矿的重要伴生指示元素。

以 Ag 为主的 4 号组合异常落位在八台岭金银矿的外围区域。与 Ag 有叠加关系的 Au、Cu、Pb、Zn、Sb、Hg 表现的是衬值异常，组合中只有 Cu 与 Ag 构成同心结构，表生环境显示简单元素组分富集的叠生地球化学场。可依据 4 号组合异常类进行八台岭式金银矿的寻找。

其余组合异常显示的是 Au 或 Ag 的独立异常，规模小，没有矿产响应。

(二)那丹伯-山河-红旗岭-上营异常区(带)

该异常区(带)包括那丹伯——座营、山河-榆木桥、红旗岭-漂河川、福安堡-塔东4个Ⅳ级成矿带,矿产主要有福安堡钼矿、季德屯钼矿、大石河钼矿、大黑山钼矿、红旗岭铜镍矿、漂河川铜镍矿、头道川金矿、倒木河金矿、弯月金矿、二道甸子金矿、石咀子铜矿以及地局子铅锌矿和众多的矿点、矿化点。

1∶20万Mo组合异常共圈出9处。其中,1号、2号、7号、8号、12号显示优良的矿致性质。

1号组合异常落位在福安堡区域,异常组分有Mo、Cu、Ag、Zn、W、As、La、Y、Be。空间上套合紧密,呈向心韵律结构,组合规模较大,富集组分复杂,显示强烈的岩浆分异特征。在1∶5万化探异常中,Mo、Cu、Ag亦具有显著的再现性,并对福安堡钼矿积极支撑,说明Cu、Ag、Mo是区域内寻找钼矿的主要指示元素。

需要说明的是,在福安堡异常地球化学场中,稀土元素组合(La-Y-Be)发育,是评价稀有、稀土矿的有利异常区。同时由于风化淋滤作用比较强,地表介质中的主要元素异常反应并不是很明显,如季德屯钼矿的Mo异常反应较弱。因此,应注重深部的异常评价。

2号组合异常由Mo、Pb、Zn、Sb、W异常构成。Pb、Zn、Sb、W多分布在Mo的外带,具离心组合特征。在组合异常的南侧外围分布有大石河钼矿,故2号组合异常可为大石河钼矿外围寻找相同类型钼矿提供找矿远景区域。

7号组合异常组分有Mo、W、Sn、Bi、As、Sb、Hg,空间交合紧密,形成以Mo为中心的向心韵律结构,是组合规模较小,富集组分复杂的叠生地球化学场。该组合异常与大黑山钼矿的元素拓扑关系完全对等,具有显著的矿致性,是重要指示元素。

8号组合异常规模较大,与Mo空间套合紧密的元素有Cu、Ag、Zn、Pb、W、Sn、Bi、As、Sb、Hg,具离心-向心结构。在形成的复杂组分富集的叠生地球化学场中,有钼矿、金矿、铜矿、铅锌矿分布,表明8号组合异常地球化学场是矿致所成,为找矿重要区域。

12号组合异常指示的是西苇钼矿,组合规模较小,异常组分有Mo、W、Bi、As、Sb、Hg、Pb。其中,Mo、W、Bi、Pb同心套合,As、Sb、Hg围绕Mo分布,具分散分带特征,置于钼成矿岩浆系统的前锋区,是远程指示标志。

代表头道川金矿的是以Au为主的23号组合异常,组分有Au、Ag、As、Sb。其中,Au、Ag套合紧密,浓集中心吻合程度高;As、Sb与Au局部交合,构成的是组分较复杂的异常叠加模式。

24号金组合异常套合模式较复杂,主要组分有Au、Pb、W、Ag、Bi、Mo、As、Sb、Ni、Cr、Co。其中,与Au同心套合的是W-Bi-Mo组合,规模较小,具有同源特征,示踪的是二道甸子金矿系统。As、Sb、Pb、Ag以较大的异常规模构成Au的外带模式,成为金矿的前缘指示元素。Cu-Ni-Cr-Co组合中,Cu、Ni紧密交合,Cr、Co显示衬值异常。该组合与Au的浓集中心不吻合,应与漂河川铜镍矿以及分布的基性岩体有关。是评价铜镍的主要指标。

总之,24号金组合异常组分复杂,元素分异明显,显示多源性多阶段叠加改造特征。

26号金组合异常落位在永吉的倒木河。异常组分有Au、Cu、Pb、Ag、W、Sn、Bi、Mo、As、Sb、Hg,形成富集组分复杂的向心套合模式。其中,Au、Ag、Cu异常规模较大,是叠生地球化学场内主要的成矿元素和找矿指标。

31号金组合异常落位在辽源的椅山。衬值异常显示,Au较好地组合了Pb、Cu、As、Sb、Ag、W、Bi异常。其中,Cu、W、Bi与Au同心套合,组合规模较小。Pb、As、Sb、Ag伴生在Au的外带,呈分散状态。弯月金矿位于该组合异常的中心,具矿致性。因此,弯月金矿的元素分带特征为:前缘指标Pb、As、Sb、Ag,近矿指标Au、Cu,尾晕W、Bi,同时表明成矿应以中—低温阶段为主。

7号铜组合异常代表的是锅盔顶子铜矿。异常组分有Cu、Au、Ag、Pb、As、Sb、W、Mo、Bi,呈同心套合的是Cu、Mo、W、Bi、Ag、Pb,而Au、As、Sb与Cu为局部交合,形成组分复杂的叠生地球化学场。

石咀子铜矿所在区域显示的是 Au、Pb、W、Mo、Bi、As、Sb、Ag 衬值异常组合。其中,Au、Pb、Ag、W、Mo、Bi 以较小的异常规模构成铜的内带、中带,As、Sb 则以较大异常规模分布在 Cu 异常的外围,建立富集组分复杂的叠加异常模式。

示踪红旗岭铜镍矿的是以 Cu、Ni 为成矿主体的 18 号组合异常。主要元素有 Ni、(Cr、Co、Mn)、Cu、Pt、Pb、As、Sb,形成较复杂元素组分富集的叠生地球化学场。空间上(Cr、Co、Mn)、Cu、Pt、Pb 与 Ni 套合紧密,呈同心环结构。Ni、Cu 是成矿指示元素,Cr、Co、Mn、Pt、Pb 是直接找矿指示元素。Hg、As、Sb、Bi 与 Ni 也存在较好的叠合现象,成为远程评价指标。

需要说明的是,铁族元素同生地球化学场中,Pt 异常的发育指示红旗岭铜镍矿成矿的基性程度较高,同时亦可对铁镁质—超铁镁质岩体内铂矿提出有效评价。

其他铜镍组合异常组分简单,空间套合差,Cu、Ni 异常与分布的玄武岩岩体有关,没有铜镍矿产相应,找矿指示作用不明朗。

展示地局子区域地球化学场特征的 8 号铅锌组合异常,组分有 Pb、Zn、Cu、Ag、Au、W、Sn、Mo、Bi、As、Sb、Hg。空间上 Pb、Zn 同心套合,Cu、Ag、Au 异常规模较大,与 Pb、Zn 异常的浓集中心吻合不完整(外围有铜矿、金矿,使 Cu-Ag-Au 组合具多源性)。W、Sn、Mo 向心特征明显,As、Sb、Hg 构成铅锌地球化学场的外带异常模式,且呈现较大的规模。

(三)大蒲柴河-百草沟-天宝山-春化异常区(带)

该异常区(带)包括 4 个Ⅳ级成矿带(海沟-红太平、五凤-百草沟、天宝山-开山屯、新华村-小西南岔)。矿产有海沟金矿、五凤金矿、刺猬沟金矿、闹枝金矿、刘生店钼矿、红太平多金属矿、天宝山多金属矿、东清独居石矿和小西南岔铜金矿以及多处砂金矿。

海沟区域的金组合异常模式为 Au-Cu-Ag-As-Hg-Sb 以及 Pb-Bi-W-Mo(衬值异常)。其中,Bi、W、Mo 构成 Au 的内带,组合规模较小;Cu、Ag、Pb 主要套合在 Au 的中带;而 As、Hg、Sb 则伴生在 Au 的中带及外带。组合异常中,Au 强度高、规模大,而 Cu、Ag、As、Hg、Sb、Pb、Bi、W、Mo 等则以较小规模的低缓异常存在,这表明海沟区域形成的是组分简单的叠生地球化学场。

18 号金组合异常落位于刺猬沟,与 Au 空间紧密的元素有 Cu、Pb、Zn、Ag、Mo、Bi、W、Sn、As、Sb,异常规模相对较小。其中,Au、Cu 同心套合,Zn、Ag、Sb、Pb、Mo、Bi、W、Sn、As 构成 Au 的中外带异常模式。刺猬沟金矿落位组合异常中,表明该组合异常是成矿富集的结果。

分布在闹枝区域的 20 号组合异常,组合成分复杂,空间上与 Au 套合紧密的元素有 Pb、Cu、Ag、Bi、W、Sn、As、Sb。其中,As、Sb 以较大规模伴生在 Au 的外带,Pb、Cu、Ag、Bi、W、Sn 主要套合在 Au 的中带,整体呈离心-向心型异常结构。闹枝金矿即落位在组合异常内,显示组合异常的矿致性。

29 号金组合异常展示的是五凤金矿的地球化学异常模式。与 Au 紧密伴生的元素有 Hg、Sb、Ag、Sn 以及显示衬值异常的 Pb、Cu、Mo、Bi、W。其中,Sb、Mo、Bi、W 异常规模小,构成 Au 的内带,Hg、Ag 主要在 Au 的中带,Sn 异常规模大,与 Au 的内带、中带关系密切。这种复杂的组合特征指示金成矿经历了高、中、低温,但主要以由中—低温为主。

代表砂金矿异常模式的是 Au-Cu-Mo-W-Bi-As 组合,空间上套合紧密,显示优良的矿致性,是区域内评价金矿的主要指示元素。

刘生店区域的组合规模较大,异常组分有 Au、Cu、Ag、Zn、Pb、Mo、W、Bi、As、Sb、Hg,空间套合紧密,形成复杂组分富集的叠生地球化学场。该异常场内由西向东分布金矿、铜矿、钼矿,响应于不同的 Mo 异常浓集中心。其组合结构为,Au-Cu-Zn-Pb 组合分布在刘生店钼矿的外围,而 Ag、Mo、W、Bi、As、Sb、Hg 异常同心套合,构成离心-向心的异常结构模式。同时 Ag、Mo、W、Bi、As、Sb、Hg 亦有浓集中心与 Au、Cu、Zn、Pb 紧密套合现象。这种复杂的异常格局表明该组合异常是多源的,矿致系统内的 Au、Cu、(Zn、Pb)、Mo 在不同的成矿时期迁移富集,而在成矿组分转移的成矿作用过程中,主要伴生元素 Ag、W、Bi、As、Sb、Hg 也随之带入到成矿系统内聚集,成为重要的找矿指示标志。

小西南岔区域的叠生地球化学场由 Au、Cu、Mo、W、Bi、As、Sb 异常构成,富集组分复杂。其中,Au、Cu、Mo、W、Bi 呈同心套合状态,As、Sb 围绕 Au、Cu 分布,呈离心-向心结构。与组合异常强烈响应的是小西南岔铜金矿和杨金沟钨矿,分布在浓集中心,说明该成矿岩浆系统内元素组分具有多元性,指示作用明显。

落位在天宝山区域的组合异常规模较大,主要的异常组分有 Cu、Ag、Zn、Pb、Mo、Sn、Bi、As、Sb、Hg,空间上呈同心套合分带,韵律结构明显,形成复杂组分富集的叠生地球化学场。组合异常对成矿客体积极支撑的是天宝山多金属矿以及北山钼矿,指示作用强烈,显示成矿系统内相同的成晕源以及成矿构造-地质的均一性。

分布在红太平区域的异常组分为 Cu、Pb、Zn、Ag、Au、As、Sb、W、Bi,富集组分复杂,空间套合紧密。已知 Ag 异常沿北东向带状分布,显示较大的异常规模。Au 异常规模较小,Hg、Mo、Sn 主要分布在 Ag 异常外带,呈分散状态。而主要成矿元素 Cu、Pb、Zn 只显示较好的衬值异常。标准成矿客体-红太平多金属矿落位在组合异常中,显示组合异常的矿致特征。

万宝区域的稀土元素组合为 La-Y-Be。空间上呈现一定套合,组合规模较小。该组合异常与东清独居石砂矿处于同一汇水盆地中,显示两者具有一定的相关性。可依据 La-Y-Be 组合异常进一步寻找独居石砂矿。

(四)柳河-夹皮沟-金城洞异常区(带)

该异常区(带)即为铁岭-靖宇(次级隆起)铁、金、银、铜、铅、锌 Ⅳ级成矿带,是吉林省主要的金矿产地。分布有夹皮沟金矿(田)、六匹叶金矿、香炉碗子金矿、金城洞金矿以及西林河银矿、百里坪银矿、二密铜矿、天合兴铜(钼)矿、赤柏松铜镍矿,还包括金(银)矿点、铜矿点、钼矿点。

显示夹皮沟区域的 39 号金组合异常组分为 Au、Pb、Cu、Ag、Bi、W、Mo、Ni、Cr、As、Hg、Sb,有夹皮沟金矿(田)和六匹叶金矿积极响应,是矿致异常组合。其中,Bi、W、Mo 构成 Au 的内带;Pb、Cu 与 Au 的内带、中带、外带关系紧密,并且 Cu 异常规模较大;Ag、As、Hg、Sb 呈分散状态分布于 Au 的外带,而 Mo 亦有两处"卫星"异常充填在 Au 的前锋区。Ni-Cr 组合反映的是太古宙花岗绿岩建造,区域变质很深,与异常组分强烈叠加。这种复杂的异常组合模式指示夹皮沟区域成矿的复杂性。

41 号金组合异常落位在桦甸的王家店,空间上 Au、Cu、Ag、Mo、Hg、Pb、As、Sb 套合紧密,有多处金矿点响应,矿致特征明显,构成组分复杂的异常地球化学场。其中,Cu、Zn、Mo 与 Au 的浓集中心吻合较好,而 Pb、Ag、Hg、As、Sb 以韵律结构分布在 Au 的中外带。

Au、Cu、Mo 是此处寻找金、铜矿的主要指示元素,Ag、Hg、As、Sb 异常的叠加出现,指示金、铜在富集成矿过程中以低温阶段为主。

42 号金组合异常落位在金城洞—长仁区域,组分复杂,多源矿致特征明显。与 Au 空间叠合紧密的元素有 Cu、Zn、Ni、Cr、Co、Mo、Bi、Hg、As、Sb。其中,Hg、As、Sb 充填在 Au 的内带,Cu、Zn、Ni、Cr、Co 主要构成 Au 的内带、中带,而 Mo、Bi 以较小的异常规模围绕 Au 分布。这种异常分带特征表明该区域的矿化叠加改造活动是十分强烈的。

45 号金组合异常分布在和龙的金谷山区域,组合规模较小。异常组分 As、Sb、Ni、Cr、Mo 主要伴生在 Au 的外带,而 Cu、Pb 以衬值异常与 Au 的浓集中心吻合。该组合异常处在铁族元素同生地球化学场,Au、Cu、Pb、Ni、Cr 与分布于此处的金矿、铬铁矿有关,As-Sb-Mo 组合异常代表了后期的叠加改造活动。

47 号金组合异常分布在辉南的石朋沟区域,主要由 Pb、As、Sb、Bi、Ag、Mn 衬值异常构成,且以较小规模的"卫星"异常构成 Au 的外带异常结构;主成矿元素 Au,异常规模小,分带差,金矿多以矿点为主。表明在 Au 的富集成矿过程中,后期的叠加改造作用相对较弱。

51号金组合异常分布在柳河的香炉碗子区域,构成组分为 Cu、Pb、Ag、Hg、As、Ni、Cr,有香炉碗子金矿积极响应,是矿致异常组合。其中,Cu、Pb、Ag、Ni、Cr 构成 Au 的内带,是主要指示元素;Ni、Cr 为衬值异常,规模小,指示香炉碗子区域的太古界区域变质活动。Hg、Ag、As 伴生在 Au 的中外带,高温元素组合不发育。

那尔轰成矿带分布有金矿点、金银矿点(那尔轰金银矿),19号银组合异常显示该区域的异常地球化学场特征。即异常组分有 Ag、Cu、Zn、As、Hg、Mo、Bi,呈同心韵律套合,Au、Pb 为衬值异常,强度较弱,分布在 Ag 的外围。该组合异常源于不同的矿化系统,组分复杂,空间上前缘元素和尾晕交合紧密,分带性不强。Ag、Cu、Zn、Au、Pb 成为预测金矿以及伴生银矿的主要指示元素。

代表西林河区域异常特征的是21号银组合异常。构成组分有 Ag、Au、Pb、As、Sb、Hg,空间存在紧密的套合关系。其中,Ag、Au、Pb 呈同心结构,As、Sb、Hg 局部伴生在 Ag 的外带,高温组合 W、Sn、Mo、Bi 则与 Ag 没有套合,区域上显示一定的水平分带性。标准成矿客体-西林河银矿落位在 Ag、Au、Pb 的浓集中心,使组合异常具备优良的矿致性。As-Sb-Hg 组合的前缘特性表明矿体的剥蚀较浅,结合元素的垂直分带可预测隐伏矿体。

27号银组合异常反映了百里坪区域的地球化学场特征。组分有 Ag、Cu、Zn、As、W、Mo,空间叠合紧密,组合规模较大,构成复杂元素组分异常区,有热液脉型百里坪银矿积极响应。其中,Au、Pb 以较小的衬值异常出现,呈分散状态。Ag、Cu、Zn 是评价银矿的直接指示元素,As-W-Mo 组合指示矿体的出露状态。

反映天合兴成矿带区域异常地球化学场特征的是17号 Mo 组合异常。代表组分有 Cu、Ag、Zn、Pb、Mo、Bi,呈向心韵律结构,形成复杂元素组分富集区,有斑岩型天合兴铜(钼)矿积极响应。由于地表剥蚀比较强烈,聚集在前锋区的低温元素组合异常表现差。因此,应注重对深部岩体铜钼矿化的评价和预测。

代表二密区域地球化学场特征的是28号铜组合异常,矿化类型为斑岩型。该异常场组分复杂,主要有 Au、Ag、Pb、Zn、W、Sn、Mo、Bi、As、Sb、Hg。空间上元素叠加紧密,浓集中心吻合完整,呈同心韵律结构,有二密铜矿积极响应,构成矿致特征明显的富集组分聚集区。

该异常组合模式指示成矿经历了高、中、低温复杂的过程,中—低温元素组合为 Pb-Zn-Au-Ag-As-Sb-Hg,富集元素主要是 Pb、Zn、Au、Ag;而高温阶段的找矿指示元素为 Cu、W、Bi、Mo、Sn,富集的元素主要是 Cu。因此,二密铜矿主要是在高温阶段完成,且叠加改造作用强烈。依据 Ag、Au、Cu、Pb、Zn 的成矿和近矿分带以及伴生指示元素 As、Sb、W、Sn、Bi 在"成矿室"内的垂直分带模式,并结合地质特征可建立二密式多层级的地质-地球化学找矿模型。

赤柏松区域的元素组合(37号镍组合异常)主要由 Ni、Cr、Mn、Cu 构成,有熔离-贯入型赤柏松铜镍积极响应,是优良的矿致异常组合。其中,Ni、Cr 同心套合,Mn、Cu 伴生在 Ni 的外围区域,形成异常地球化学场的向心-离心结构。地球化学研究表明,Cu 为偏碱性元素,Ni 为偏酸性元素,而且 Cu 的地球化学活性大于 Ni。因此,Ni 多沉淀在岩体下部,Cu 共生在矿体上部边缘,表现在水系介质中 Ni、Cu 的浓集中心常常不吻合。

其他 Au、Cu、Ni、Ag 的组合异常组分简单,空间套合分散,分带性差,对评价预测外围金矿、铜矿、银矿等矿产有一定指示意义。

(五)金厂-抚松-长白异常区(带)

该异常区(带)即为营口-长白(次级隆起、Pt_1 裂谷)铅、锌、铁、金、银、铀、硼、菱镁矿、滑石Ⅳ级成矿带,是吉林省有色金属矿产的重要产地。矿产有大营铅锌矿、荒沟山铅锌矿、矿洞子铅锌矿、郭家岭铅锌矿、正岔铅锌矿、复兴屯铜金矿以及金英金矿、南岔金矿、荒沟山金矿、刘家铺子金银矿、西岔金银矿、大横路铜钴矿、杉松岗钴矿等。

本省铅锌矿多为层控内生成因，与地层和岩浆活动关系密切。元素组合以 Pb-Zn-Cu-Ag-Au 为代表，伴生元素为低温、高温组合。

抚松大营区域的元素组合为 Pb-Cu-As-Sb-W-Mo。其中，W、Mo 以较小的衬值异常构成 Pb 的内带；Cu、As、Sb 围绕 Pb 分布，呈离心韵律结构。该组合异常场组分简单，分带明显，有大营铅锌矿响应，是矿致组合异常模式。

表征荒沟山-南岔区域地球化学场特征的元素组分有 Au、Pb、Zn、Cu、Ag、As、Sb、Hg、W、Sn、Bi、Co、Ni、Cr、V。按矿化类型及元素的地球化学属性，可分为 4 种组合：①Au-Pb-Zn-Cu-Ag（成矿元素组合）；②As-Sb-Hg（低温元素组合）；③W-Sn-Bi（高温元素组合）；④Co-Ni-Cr-V（基性元素组合）。其中，Au、Pb、Zn 异常分带清晰，浓集中心明显，强度高。空间上 Au、Pb、Zn、Cu、Ag、As、Sb、Hg 同心套合，且组合规模较大。高温组合 W-Sn-Bi 则主要分布在金铅锌成矿地球化学场的外带，构成离心结构。Co-Ni-Cr-V 显示铜钴矿、伴生镍矿的矿化异常模式，Co、Ni、V 呈向心异常分布，Cr 充填在矿化系统的边缘，指示偏基性的地球化学环境。

总之，该区域组合异常场富集组分复杂，叠加交合紧密，异常场中有荒沟山铅锌矿（金矿）、金英金矿、南岔金矿、大横路铜钴矿、杉松岗钴矿以及多处矿点积极响应，形成成矿地质环境复杂，矿致组合异常端元多样，成矿流体叠加改造作用强烈的叠生地球化学场。

展示集安青石-矿洞子区域地球化学场特征的是 39 号铅锌组合异常。构成组分复杂，主要有 Pb、Zn、Cu、Au、Ag、As、Sb、Hg、W、Mo、Bi、Sn。其中，Pb 异常规模大，分带清晰，强度高，具有多个浓集中心；Pb、Zn、Au、Ag、W、Mo、Bi、Sn 同心套合，叠加强烈；Cu、As、Sb、Hg 构成 Pb 的外带结构。异常场中有矿洞子铅锌矿、郭家岭铅锌矿以及金矿（古马岭金矿）、铜矿点（望江楼铜矿点）积极响应，指示组合端元的多源特征和明显的矿致性质。

正岔-复兴屯区域的组合异常由 Pb、Zn、Au、Cu、W、Mo、Bi、As、Sb 异常构成，显示组分复杂的叠生地球化学场。其中，Pb、Zn、Au、Cu 呈同心套合状态，W、Mo、Bi、As、Sb 以较小规模分布在组合异常的外带空间。由于这种向心-离心结构明显的多层级异常模式是产生于正岔铅锌矿、复兴屯铜金矿以及西岔金银矿的矿致源，使得 Pb、Zn、Au、Cu 同心矿化系统在地球化学分带和同心状矿物分带上具有相似特征。不同的是离心结构的元素组成因不同的成矿期次而发生变化。

分布在长白成矿带的组合异常主要有 3 处。一是漫江南部的元素组合，为 Au、Ag、Pb、As、Sb、Mo；二是六道沟-八道沟的元素组合，为 Cu、Pb、Zn、As、Sb、W、Bi、Mo；三是长白县的组合，为 Zn、As、Sb、Hg、Mo。由此可知六道沟—八道沟的异常组分相对较多，构成的异常地球化学场最复杂，分布的矿产亦较多，如六道沟铜钼矿、铜山铜钼矿、乱泥塘金矿以及八道沟套圈铜矿。说明复杂异常区是成矿的有利地段。其余两处的异常组分虽然相对较少，但元素的找矿指示作用依然很大。目前，在长白区域钻探工程已验证深部有金矿存在。

该 3 处组合异常的共性是结构中都存在低温、高温元素，表明在长白成矿带的地质空间里，原生分散晕在频繁强烈的岩浆热液活动下有富集的趋势，并在表生介质里留下矿化痕迹。

刘家铺子区域的组合元素主要有 Au、Ag、Cu、Mo、Pb、Zn，组合规模较小。其中，Au、Ag 同心套合，代表刘家铺子金银矿化中心；Cu、Mo、Pb、Zn 构成 Au-Ag 组合异常的离心结构，指示分散矿化带，是金银矿的近矿评价指标。

二、综合异常特征分析

此次工作按预测矿种（金矿、银矿、铜矿、铅矿、锌矿、钨矿、锑矿、稀土矿、镍矿、钼矿、铬铁矿、硼矿、萤石），在组合异常基础上共编制了 13 张综合异常图，为地球化学找矿预测奠定基础。

下面根据Ⅳ级成矿区（带）中矿产分布特征，结合成矿地质背景、地质条件，对不同预测矿种的综合异常进行剖析和解译。

(一)山门-乐山、兰家-上河湾银、金、铜、铁、铅、锌、镍Ⅳ级成矿带

该成矿带预测的矿种有金矿、银矿、镍矿以及多金属矿。圈定的综合异常:金矿 8 个(甲级 6 号、25号;乙级 2 号、18 号;丙级 7 号、10 号、11 号、16 号);银矿 1 个(乙级 8 号);镍矿 1 个(甲级 9 号);铅(锌)矿 2 个(甲级 8 号;乙级 7 号)。

6 号金综合异常落位在双阳的兰家金矿,由 Au-Cu-As-Sb 组合异常构成,面积 $207km^2$,评定为甲级。该综合异常直接反映了兰家金矿的成矿岩浆系统,以范家屯组的火山岩建造(岩性凝灰岩、安山岩)为控矿层位,构造发育,海西期的石英闪长岩与成矿关系密切。低温组合 As、Sb 充填在矿化系统的前锋区,而伴生 Cu 在矿化蚀变带中(矽卡岩化)表现低衬度,小规模异常,这对寻找隐伏矿十分有利。

25 号金综合异常场由 Au-Cu-Zn 和 As-Sb-Hg 组合异常构成,面积 $395km^2$,为甲级综合异常,主要反映的是山门银矿及外围金矿的成矿岩浆系统。该系统以下古生界寒武系—奥陶系的海相火山-沉积岩建造为主要含矿围岩,韧-脆性剪切带及印支—燕山期的中酸性侵入岩体为热液成因的金银矿提供必要条件。但是,由于综合异常场是多成因的,使得水系异常特征组合(Au-Cu-Zn-As-Sb-Hg)与山门银矿客体的原生异常模式是不同的。因此,25 号金综合异常场应用对预测区域找矿有指示意义。

2 号金综合异常落位在九台上河湾镇,由 Au-W-As 组合异常构成,形成组分简单的浓集场。预测矿种为金矿,评定为乙级,有金矿点响应。地质背景为元古宙火山岩变质建造,有燕山期的岩浆活动,构造发育,是重要的找矿区域。

8 号铅(锌)矿综合异常场由 Pb-Zn-Au-Cu-Ag 和 W-Bi-Sb 组合异常构成,面积 $525km^2$,为甲级综合异常,表征的是大顶子多金属矿的成矿岩浆系统(8 号银矿综合异常和 18 号金综合异常指示的是同一矿致体系)。组合异常空间交合地段,Pb、Zn 等成矿元素最富集,同源组分(Au、Ag、W、Bi、Sb)在岩浆和热液交代系统的演化过程中也得到富集。在已知的上中生界海相碎屑岩-碳酸盐岩建造及燕山期花岗岩类为地质背景的条件下,上述组合成为矿致系统中心或边缘的主要找矿标志。

7 号铅(锌)矿综合异常场反映了放牛沟多金属矿的成矿岩浆系统。Pb、Cu、Ag、Au、As、Sb、Mo、Bi、Cr、Ni、V 等组分的高衬度值,浓集在时空演化的高层级综合异常场内。由同心-离心异常模式体现异常场的内部结构和构成组分。具体如元素水平分带:Pb(Zn)矿体→Cu、Ag、Bi(近矿)→Au、As、Sb、Mo(外带空间)→Cr、Ni、V(边缘);同样围岩蚀变和空间拓扑的矿物组合也显示分带特征,即硅化、绢云母化、黄铁矿化到接触带的青磐岩化,矿物有黄铁矿、磁铁矿、方铅矿、闪锌矿以及石榴石、透辉石、透闪石、绿泥石。

上奥陶统石缝组的变质砂岩、结晶灰岩、酸性熔岩以及侵位于加里东期的花岗岩类侵入体为上述矿致综合异常场的形成提供必要条件,而构造空间的继承性使成矿物质再度分配聚集。

9 号镍综合异常场由 Ni-Cr-Co-Mn-Cu 组合异常构成,评定为甲级,反映的是山门镍矿的成矿岩浆系统,并以 Ni、Cr、Co、Mn 的地球化学专属性特征显示控矿的基性—超基性岩体。而实际上,已知镍矿与 Ni 浓集晕并不吻合,而是生成于接触带部位;Ni、Cr、Co、Mn 的紧密套合模式表征的是侵位于海西晚期的基性—超基性岩体群。因此,这种偏移的组合异常不仅指示矿致系统,同样指示系统外围的地球化学场结构。如果明确了北东向的深大断裂是控制含矿流体的运移空间,那么在预测山门区域镍矿远景时,就应将系统外围的镍组合异常,包括基性-超基性岩体一并圈定。在找矿过程中,依据典型矿床异常模型,注重侵入接触带的矿化标志。

丙级综合异常,组分构成简单,成矿地质条件一般,没有矿产响应。

(二)福安堡-塔东钼、铁、钨、铜、金、铅、锌、银Ⅳ级成矿带

该成矿带预测的矿种主要为钼矿(钨矿)、铬铁矿以及萤石矿。圈定的综合异常,钼矿3个(甲级1号,丙级2号、3号)、钨矿4个(乙级3号,丙级4号、5号、6号)、铬铁矿1个(甲级1号)、萤石矿3个(丙级1号、2号、3号)。

1号钼综合异常分布在蛟河的福安堡区域,由Mo-W-As组合构成,规模较小,评定为甲级,表征的是福安堡钼矿的成矿岩浆系统。该综合异常场组分较简单,主要成矿元素Mo的异常强度在区域上整体反应较弱,这与分布的地质背景有关,如水系不甚发育,植被较厚等。

1号、2号、3号综合异常由西至东均位于燕山期花岗岩体的核心部位,同期的岩浆系统内,依次分布福安堡、季德屯和大石河钼矿系统。这表明2号、3号钼综合异常虽对已知矿床不支持(分布在大石河钼矿北侧),却是矿致系统外围有利的找矿依据。同时也指出,在评价该成矿带内的钼矿系统时,当Mo异常强度较低(福安堡钼矿)或在开放的成矿带内寻求对等的理想钼矿地球化学场存在困难时(季德屯、大石河钼矿),必须在局部上加强对固体已知客体的土壤与岩石分析,并结合成矿条件(燕山期控矿斑岩体、控矿构造、蚀变)才能取得较好的预测结果。

3号乙级钨矿综合异常场形成于季德屯—福安堡区域,由W-Sn-Bi-Mo-As组合异常构成,表征的是燕山期花岗岩类侵入体。空间上该综合异常场与花岗岩体吻合,规模较大。而且W、Mo浓集中心套合完整,并分别有福安堡钼矿和季德屯钼矿响应,显示较好的找矿前景。因此,在此处矿化强烈的花岗岩体系内应注意对伴生钨矿的预测。

1号铬铁矿甲级综合异常场形成于小绥河-孤店子区域,主要由Cr-Ni组合异常构成,面积约357km^2。空间上Cr、Ni的1:20万分散流与小绥河铬铁矿不吻合,其高衬度值指示了矿致系统外围的异常分布特征,这说明系统边缘仍存在超铁镁质岩石的可能。此外,铬尖晶石亦分布在外围汇水盆地中,可提供佐证。

反映小绥河铬铁矿成矿岩浆系统的该综合异常场,与矿体一样严格受构造裂隙以及破碎带的控制。这些次级构造派生于北东向侵入的超基性岩体。而系统范围内的矿物组合(铬尖晶石、赤铁矿、褐铁矿、磁铁矿、黄铁矿)以及围岩蚀变(铬铁矿化、滑石化、碳酸盐化、硅化、绿泥石化)无疑是找矿的重要标志。

总之,应用1号综合异常场预测铬铁矿是远远不够的,还必须依靠重砂异常和矿致系统的土壤或岩石异常特征。

3个萤石矿综合异常场主要由F-Y-Ca组合异常构成,表征的是燕山期的花岗岩类侵入系统。系统中F、Y、Ca呈高衬值异常分布,具同心套合结构,表明以花岗岩为能量核心的地球化学场,在岩浆分异和热液交代作用下,F、Y、Ca进入元素带入区充分富集,并在空间上继承了正交或斜交的构造裂隙,使富集组分常呈脉状产出。研究已知,在受斑岩体控制的钼矿脉两侧发现断续的萤石矿脉。因此,F-Y-Ca综合异常为预测萤石矿提供重要依据。

(三)那丹伯-一座营、山河-榆木桥子金、银、钼、镍、铜、铁、铅、锌Ⅳ级成矿带

该成矿带预测的矿种较多,主要有金矿、银矿、钼矿、铜矿(多金属矿)、锑矿、铬铁矿、萤石矿。综合异常,金矿5个(甲级12号、22号,乙级19号、26号,丙级30号);铜矿6个(甲级16号,乙级8号,丙级7号、15号、17号、23号);银矿3个(甲级9号,丙级10号、11号);钼矿3个(甲级4号,乙级5号、6号);锑矿4个(甲级10号,丙级4号、9号、11号);铬铁矿1个(甲级4号);萤石矿1个(甲级5号)。

12号金矿甲级综合异常场落位在永吉的头道川区域,主要由和Ni-Cr组合异常构成。其中,Au-Ag-As-Sb组合反映头道川金矿的矿致岩浆系统,显示该系统的低温矿化特征。地球化学研究表明,Au、Ag的电离势较低($\pi<2.5$)是离子半径较大的偏碱性元素,而As、Sb的离子电位接近或大于8,属

于强酸性元素。所以，在以细碧角斑岩和北东向韧性剪切带为主要成矿地质背景的12号综合异常场，富含As、Sb的酸性流体有利于Au、Ag的运移和富集。

Ni-Cr组合指示超基性岩体的成矿地质背景，是多金属硫铁矿物质系统聚集的标志，对头道沟多金属硫铁矿的预测有重要指示作用。

22号金综合异常落位在伊通的那丹伯镇，预测的矿种为金矿，主要由Au、Cu、W、As、Sb异常构成，反映的是弯月金矿的成矿岩浆系统。该系统以志留系的变质岩建造（大理岩、板岩、变粒岩等）为主要控矿围岩，北西向及东西向的扭性断裂交会处是成矿有利部位，燕山早期的岩浆活动加速了过渡带元素的带出带入和成矿室的形成，使Au、Cu、As、Sb充填在成矿室的顶部和前锋区。而成为重要找矿标志的围岩蚀变由矿化中心向外接触带为硅化、黄铁矿化、黄铜矿化、闪锌矿化、菱铁矿化、绢云母化、碳酸盐化，指示成矿由还原环境向弱氧化环境的转变。

8号铜矿乙级综合异常场（与19号金矿综合异常场相当）落位在锅盔顶子—地局子区域，由Au-Cu-Pb-Zn-Ag、W-Mo-Sn-Bi、As-Sb-Hg组合异常构成，显示的是锅盔顶子铜矿、地局子铅锌多金属矿以及金矿点、钼矿点的矿化岩浆系统，为多矿致源的复杂综合异常场。地质背景为上古生界火山岩建造，燕山早期强烈的酸性岩浆活动以及北东、北西向的韧脆性构造激发了矿致系统能量的周期性变化，导致含矿流体在不同的裂隙空间重新卸载，形成具有相似元素组合和地球化学环的叠加富集区。因此，整个成矿作用过程中的空间继承性使该综合异常场的规模相当大。

16号铜矿甲级综合异常场（与26号金矿乙级综合异常场相当）落位在磐石的石咀区域，由Au-Cu-Pb-Zn-Ag、W-Mo-Sn-Bi、As-Sb-Hg组合异常构成，主要显示的是石咀子铜矿的成矿岩浆系统，由于系统内还分布有多处金矿点，使综合异常场反映多源矿化特征。

石咀子铜矿形成于海底火山喷气成矿作用中，并经过了强烈的热液交代改造活动。Au、Cu、Pb、Zn、Ag浓集吻合部位反映了综合异常场的矿致中心，严格受喷气沉积物控制。W-Mo-Sn-Bi组合代表早期的成矿组分，构成成矿室的尾晕。As-Sb-Hg以离心结构发育阶段的产物进入裂隙空间，充填在封闭热液系统的前锋区。金矿化形成于同期的火山岩浆热液活动作用中，成矿物质在新的构造应力场聚集。

9号银矿综合异常场（与4号、5号钼矿综合异常相当）落位在大黑山—倒木河区域，规模大，东西向展布，元素组合为Ag-Au-Cu-Pb-Zn、Mo-W-Sn-Bi、As-Hg-Sb，反映多种矿致源的成矿岩浆系统，代表有民主屯金银矿、大黑山钼矿、刘生店钼矿以及金矿、铜矿、铅锌多金属矿。多种矿致系统指示不同的成矿类型和成矿地质背景（斑岩型钼矿、火山热液型金银矿、多金属矿）。尽管相近的元素组分体现在具有向心-离心结构特征的组合异常场，但异常组分空间叠加的无序性示踪了强烈的岩浆热液叠加改造过程。因此，该综合异常场内的元素组分既是主要成矿物质又是重要的找矿指示标志。

10号锑矿甲级综合异常场落位在石咀驿马成矿区，构成组分为Au、Ag、Cu、Pb、Zn、Mo、W、Sn、Bi、As、Hg、Sb。规模巨大，指示了驿马锑矿的成矿岩浆系统。但是，通过分散流反映出来的如此规模巨大的叠加综合异常场，并非驿马锑矿遭受机械或化学破坏和分散的结果，而与分布的金矿、银矿、铜矿等矿致系统也都存在密切的关系。体现在组合异常场中就是Au-Ag-Cu-Pb-Zn、Mo-W-Sn-Bi、As-Hg组合全部充填在锑矿的外围空间，呈分散状态，叠加无序。

总之，利用该综合异常场建立驿马锑矿的区域异常模式是困难的，必须依靠控矿岩石建造的横向、垂向序列才具有说服力。

4号铬铁矿甲级综合异常分布在永吉头道沟，规模较大，主要由Cr-Ni-Co组合构成，表征的是头道沟多金属硫铁矿系统。成为硫铁矿成矿系统能量"核心"的是燕山早期的超基性岩体，可见岩浆热液成矿作用决定了成矿物质的迁移、富集。依据具有成矿地球化学专属性特征的超基性岩体，可对铬铁矿进行找矿预测。

5号萤石矿甲级综合异常场形成于磐石的明城区域，主要由$F-Y-SiO_2-(CaO)$组合异常构成，反映明城南梨树沟萤石矿的成矿岩浆系统。该综合异常场以上古生界的海相火山碎屑岩夹碳酸盐建造及燕山期的酸性侵入体为成矿地质背景,北西向的构造裂隙容纳卸载的深层含 F-Y 流体。当 Ca^{2+} 在矿化过渡带被带入,SiO_2 被带出时,F-Y 流体在强酸性条件下的综合异常场中充分运移。

(四) 红旗岭-漂河川镍、金、铜 IV 级成矿带

该成矿带预测的矿种主要为铜镍矿、金矿、铬铁矿。分布的矿产有红旗岭铜镍矿、漂河川铜镍矿、双凤山镍矿、西台子硫铁矿以及二道甸子金矿。综合异常,镍矿 2 个(甲级 10 号、11 号);金矿 2 个(甲级 21 号,丙级 20 号);铬铁矿 3 个(乙级 13 号,丙级 12 号、14 号)。

10 号镍矿甲级综合异常落位在海龙的双凤山区域,由 Ni-Co 组合异常构成。该综合异常直接反映了双凤山镍矿的成矿岩浆系统,以分布的基性—超基性岩为主要成矿地质背景,显示优良的找矿前景,是预测镍矿的重要区域。

11 号镍矿甲级综合异常落位在磐石的红旗岭镇,预测的矿种主要为铜镍矿,由 Ni-Cr-Co-Cu-Pb-Hg 组合异常构成,面积 $247km^2$,表征的是红旗岭大型铜镍矿的成矿岩浆系统。系统内分布着与成矿关系密切的辉岩、橄榄岩侵入体,是成矿组分带入的能量"核心"。由于控矿岩体(辉岩-橄榄岩)的超深源特征,使 Ni-Cr-Co-Cu 在封闭的空间内沿北东向、北西向断裂构造发生回返式运移和对流循环,并充分占据矿致系统的绝大部分空间。这体现在 Ni、Cr、Co、Cu 的浓集中心完整套合铜镍矿体,Pb-Hg 外壳环状分布的综合异常场中。

21 号金矿甲级综合异常场分布在桦甸二道甸子区域,主要由 Au-As-Sb-Hg 组合异常构成,Cu-Pb-Zn 和 Mo-W-Sn-Bi 组合以环状构造充填在综合异常场的边缘空间。这同样表征了二道甸子金矿系统的元素分异特征。在以下古生界区域变质建造(片岩-角岩相)为成矿地质背景的条件下,Au 的富集经历了复杂的过程。即:基性—中酸性火山岩为 Au 提供了初始矿源层,强烈的区域变质作用和岩浆热液活动使 Au 循环运移和多次卸载。而 Au 的富集过程最终导致了矿致综合异常场伴生元素的空间无序叠加效果。

13 号铬铁矿乙级综合异常分布在桦甸西台子区域,主要由 Cr-Ni 组合构成,表征的是西台子硫铁矿的成矿岩浆系统。Cr、Ni 的富集是中基性火山岩类经过区域变质和岩浆热液交代作用的结果。应用该综合异常可对伴生的铬铁矿进行预测。

(五) 海沟-红太平金、铜、铅、锌、银、钼、稀土 IV 级成矿带

该成矿带预测的矿种主要有金矿、银矿、钼矿、铅锌多金属矿、稀土矿、萤石矿。分布的矿产有海沟金矿、刘生店钼矿、红太平多金属矿、东清独居石砂矿、敦化二合店萤石矿。综合异常,金矿 5 个(甲级 10 号,乙级 24 号、29 号,丙级 9 号、17 号);钼矿 2 个(甲级 8 号,乙级 7 号);铅锌多金属矿 6 个(甲级 6 号,丙级 13 号、14 号、17 号、18 号、24 号);稀土矿 2 个(乙级 8 号,丙级 5 号);萤石矿 2 个(乙级 6 号、丙级 9 号)10 号金矿甲级综合异常场落位在安图海沟区域,由 Au-Cu-Pb-Zn-Ag、W-Bi-Mo、As-Sb-Hg 组合异常构成。其中,Au 充填海沟金矿成矿岩浆系统层-极空间的富集区,其他组分于带入区局部富集。具体就是,中元古代色洛河群变质岩建造中,含 Au 流体在燕山早期岩浆热液作用下,沿发育成熟的裂隙-孔隙空间由下至上逐层连续增大,并从分散状态聚集成单矿物集合体。在这一过程中,伴生组分随着矿致系统构造应力释放而呈环状晕带分布,构成综合异常场的外带异常模式。

24 号金矿乙级综合异常场由 Au-Pb-Hg-W-Mo 组合构成,有金矿点响应,代表金矿化系统。形成于二叠系火山岩建造中,北东向、北西向断裂构造是成矿的有利部位。

8 号钼矿甲级综合异常场分布在安图刘生店—三岔子一带,综合异常规模较大,由 Mo-W-Bi-Cu-Pb-Zn-Ag-As-Sb-Hg 构成。与该综合异常场对等的成矿岩浆系统内分布刘生店钼矿、三岔子钼矿、金矿(29 号金矿综合异常)等成矿标准客体,指示 8 号综合异常优良的矿致性。地质背景显示,新元古界

的变质建造和燕山期的岩浆热液活动对综合异常场及矿致源的构成起到主要作用,应用8号综合异常的成矿聚集远景进行钼矿、金矿的找矿预测效果明显。

7号钼矿乙级综合异常场形成于燕山期的酸性岩体中,构成组分为Mo、Cu、Pb、Zn、Ag、As、Sb、Hg、W、Bi,是预测钼矿重要区域。

6号甲级综合异常场反映的是红太平铅锌多金属的成矿岩浆系统,由Pb-Zn-Cu-Ag和As-Sb-W-Bi组合异常构成。南侧"成矿室"从头晕(Ag-As-Sb-Hg)→成矿晕(Pb-Zn-Cu)→尾晕(W-Bi)具有完整连续的轴向分带,分析认为此处成矿侵位较深,成矿热液具有多期活动性特征,对深部找矿有利。北侧以尾晕(W-Sn-Bi-As)为主,含矿热液活动于浅位的地球化学障,成矿空间有限。因此,应注意综合异常区的深部找矿预测。

8号稀土矿乙级综合异常场位于安图东清独居石矿的北侧,由La-Li-Y-Be组合异常构成,表征燕山期的花岗岩浆系统。代表花岗岩体元素分配模式的La-Li-Y-Be组合,在强烈的侵入活动作用下,构成具有成矿专属性质的天然富集体。富集载体花岗岩呈中一粗粒花岗结构,在构造发育的条件下,具有良好的找矿前景。

6号乙级综合异常落位在敦化江源镇,由F的独立异常构成,反映了敦化二合店萤石矿系统。系统以燕山期的花岗岩类侵入体为主要地质背景,显示较好的成矿地质条件。需要说明的是,该综合异常场外围分布官瞎子沟铜矿、刘生店钼矿以及三岔子铜钼矿,分布的F异常应与这些矿致源有关。因此,从总体上看,此处的F综合异常具有多源性,在圈定以萤石矿为主体的综合异常场时要具体分析F异常的地球化学成因。

(六)五凤-百草、天宝山-开山屯金、银、铜、锌、镍、钼、铬Ⅳ级成矿带

该成矿带预测的矿种主要有金矿、银矿、钼矿、铅锌多金属矿、铜矿、镍矿、铬铁矿。分布的矿产有闹枝金矿、刺猬沟金矿、五凤金矿、天宝山铅锌多金属矿、天宝山北山钼矿、长仁铜镍矿、开山屯铬铁矿。综合异常,金矿5个(甲级14号、15号、28号,乙级35号,丙级31号);铅锌金属矿2个(甲级19号,丙级20号);钼矿2个(甲级9号,丙级10号);铜矿4个(甲级19号,乙级11号、12号、20号);镍矿4个(甲级16号,丙级5号、8号、17号);铬铁矿3个(甲级19号,丙级6号、9号);14号金矿甲级综合异常场(与铜矿11号综合异常场相当)由Au-Ag-Cu-Pb、As-W-Sn-Mo-Bi组合异常构成,面积452km²,落位在汪清的闹枝区域,反映了闹枝金矿的成矿岩浆系统。该系统以侏罗系屯田营组的火山岩建造为控矿层位,向心元素Au、Ag、Cu、Pb在燕山期岩浆热液和北西向构造应力作用下显著富集,构成矿致系统核部带的异常模式和重要找矿标志。离心元素的高温组合(As-W-Sn-Mo-Bi)以相同成因(亦源于闹枝金矿)形成交换带,这种显示成矿系统具备高温富集特征的有序立体带状结构是预测闹枝式金矿及伴生铜矿的有力依据。

15号金矿甲级综合异常场(与铜矿12号综合异常场相当)形成于刺猬沟区域的侏罗系屯田营组安山质角砾熔岩及安山岩中,由Au-Ag-Cu和As-Sb-Hg组合构成,反映了刺猬沟金矿的成矿岩浆系统。系统的向心元素(Au、Ag、Cu)带入富集和离心元素(As、Sb、Hg)的带出贫化,成为物质系统最重要的结构地球化学标志。这种标志从矿区到矿体各级次上都具有共性。因此,应用综合异常场的边界范围可进行成矿系统外围金矿和伴生铜矿的找矿预测。

28号金矿甲级综合异常场表征的是五凤金矿的成矿岩浆系统。系统异常结构模式由向心组合Au-Ag-Sb-Hg和离心组合W-Mo-Sn-Bi表达。可见,系统核部带的低温特征指示金矿体的隐伏状态,而高温组合的边缘富集使综合异常场的无序程度增加。在早古生代的火山活动为成矿提供丰富物质来源的前提下,该综合异常场无疑成为矿致系统边缘及深部找矿预测的最有利区域。

19号铅锌矿甲级综合异常场(与铜矿19号综合异常场相当)落位在龙井的天宝山区域,由Pb-Zn-Cu-Ag-Au、Mo-Sn-Bi和As-Sb-Hg组合异常构成,反映的是天宝山多金属矿的成矿岩浆系统。3种分

散流组合均在矿致系统的核心带富集,指示综合异常场在背景上无序结构的复杂程度,这对成矿非常有利。由成矿地质条件可知,形成于晚古生代碳酸盐岩接触带的矽卡岩化以及印支期、海西期的火山喷发活动均对矿致系统的形成起到重要作用,燕山期的岩浆侵入也为矿致系统带入丰富的物质来源。因此,该综合异常场组分的空间叠加是强烈的,叠加范围也具备一定规模性(约 660km^2)。

20 号铜矿乙级综合异常场由 Cu-Pb-Bi-As-Hg 衬值组合异常构成,有图们安山村铜矿点响应,具矿致特征。矿化系统核心部异常结构模式由 Cu-Bi 表达,交换带富集组分为 Pb、As、Hg,呈现较明显的无序异常地球化学标志,是找矿预测的有望区域。

9 号钼矿甲级综合异常场表征天宝山北山钼矿的矿致岩浆系统。构成组分主要为 Mo、Cu、Pb、Zn、Ag、As、Sb、Hg,规模较大。该系统的异常结构特征显示为标准的异常地球化学环。即 Mo、Cu、Pb、Zn、Ag、As、Sb、Hg 等主要矿液组分围绕能量"核心"(花岗岩体)的径向→环状迁移十分显著,形成以 Mo、Cu、Pb、Zn 为主体,Ag、As、Sb、Hg 置于系统前锋区的异常分带特征,其结果造成成矿系统物质的叠加聚集,表现在表生介质(水系)中矿致异常的空间紧密交合。

16 号镍矿甲级综合异常场形成于和龙的长仁区域,主要由 Ni-Cr-Cu-Au 组合异常构成,面积 153km^2,反映长仁铜镍矿的成矿岩浆系统。该系统核心带组分简单(Ni-Cr),矿化规模较小,边缘富集带由 Cu-Au 充填。以海西晚期的基性—超基性岩为控矿岩体,是具有优良成矿条件的综合异常区域。

分布在开山屯区域的甲级综合异常具有多源性(19 号铬铁矿甲级综合异常和 35 号金矿乙级综合异常),表征的是开山屯铬铁矿以及金谷山金矿和后底洞金矿的成矿岩浆系统。Cr-Ni-Al$_2$O$_3$-MgO 和 Au-Ag-W-As-Sb 组合分别表达了铬铁矿及金矿系统的核部带异常模式。

地质背景显示,开山屯铬铁矿系统受海西晚期侵入的超基性岩体控制,在水系地球化学场中表现为 Cr、Ni、MgO 具备明显浓集中心的单组分异常空间上的完整环状叠加以及 Al$_2$O$_3$ 异常分布在成矿系统外围的结构特征。可见,在成矿地质条件具备的成矿体系,成矿物质 Cr、Ni、MgO 在成矿作用下充填成矿室,并于异常场向心结构发育阶段强烈富集。

金矿系统与上古生界的火山岩建造关系密切,海西期的岩浆活动为 Au、Ag、W、As、Sb 的运移富集起到重要作用。从这一点上分析,铬铁矿与金矿的矿致岩浆系统在时空上是有联系的。这也说明该区域成矿的复杂性。

(七)新华村-小西南岔金、铜、钨、铅、锌、银、铁、钼 IV 级成矿带

该成矿带预测的矿种主要有金矿、铜矿、钨矿。综合异常,金矿 4 个(甲级 23 号、27 号,乙级 13 号,丙级 5 号);铜矿 3 个(甲级 13 号,乙级 22 号,丙级 21 号);钨矿 3 个(甲级 15 号,丙级 8 号、10 号)。

23 号金矿甲级综合异常场(与 13 号铜矿综合异常相当)落位在珲春的小西南岔区域,由 Au-Cu、W-Mo-Bi、As-Sb、Ni-Co-Cr 组合异常构成,反映小西南岔铜金矿的成矿岩浆系统。系统的浓集场由 Au、Cu、W、Mo、Bi、As、Sb 充填,围绕海西晚期的花岗岩类侵入体呈环状-径向迁移,燕山期的花岗岩浆活动继承线性构造空间,对前期的元素富集体进行叠加改造。边缘富集带仍呈现 Au、Cu、W 的高含量及 Ni-Co-Cr 的低衬值组合。这使得以中酸性火山岩建造为含矿围岩的综合异常场边界范围对预测铜金矿仍然重要。

27 号金矿甲级综合异常场(与 22 号铜矿综合异常相当)落位在珲春河区域,由 Au-Cu-Pb、W-Mo-Bi、As-Sb 组合异常构成,表征的是珲春河流域砂金矿的成矿系统。系统核部带呈现 Au、Cu、Pb、W、Mo、Bi 高浓集的同心环状异常结构,显示矿致中心复杂的组分叠加改造作用。交换带的离心组合(As-Sb)增加了矿致系统组分的无序程度,使含金流体在海西期和燕山期岩浆热液改造中产生较强的局部富集,这为砂金流体的形成提供丰富的物质来源。分析认为,珲春河流域的砂金矿应与分布在上游水系的原生金矿有密切关系,如小西南岔金矿、杨金沟金矿、瓦岗寨金矿以及多处金矿点。应用该综合异常场对寻找热液成因的原生金矿、铜矿也有重要作用。

15号钨矿甲级综合异常场落位在珲春的杨金沟区域，由 W-Mo-Bi-Au、As-Sb-Hg 组合异常构成，反映了杨金沟钨矿的成矿岩浆系统。该系统以下古生界五道沟群低级变质岩建造（板岩、变质砂岩、片岩）为成矿地质背景，向心组分 W、Mo、Bi、Au 最大限度地进入海西期和燕山期岩浆热液改造空间富集，并在北东向的断裂构造应力场以矿床形式建立矿致系统的立体模型。离心组分 As、Sb、Hg 显示系统的前锋特征，是系统找矿预测的重要标志。

（八）铁岭-靖宇（次级隆起）金、银、铜、铅、锌Ⅳ级成矿带

该成矿带预测的矿种主要有金矿、铜矿、镍矿、银矿、铅锌矿。综合异常，金矿 10 个（甲级 32 号、33 号、34 号、38 号，乙级 37 号，丙级 39 号、40 号、41 号、43 号、44 号）；铜矿 8 个（甲级 28 号、33 号、36 号，乙级 25 号、27 号，丙级 29 号、30 号、31 号）；镍矿 7 个（甲级 26 号，丙级 12 号、13 号、14 号、15 号、18 号、21 号）；银矿 9 个（甲级 21 号、24 号，丙级 17 号、18 号、19 号、22 号、23 号、25 号）；铅锌矿 10 个（乙级 23 号，丙级 22 号、26 号、27 号、28 号、30 号、31 号、32 号、35 号、38 号）。

32 号金矿甲级综合异常场落位在桦甸的夹皮沟区域，由 Au-Cu-Ag-Pb-Zn、W-Mo-Sn-Bi、As-Sb-Hg、Ni-Cr-Co-V 组合异常构成，反映夹皮沟金矿田的成矿岩浆系统。其中，Au、Cu、Ag 以较大的含量水平占据矿化空间，显示金矿系统的巨大规模；Pb、Zn 规模较小，分散在系统的带出部位。在以 Ni-Cr-Co-V 组合为专属性特征的太古宙花岗绿岩地体中，同样成为向心组分的 W、Bi 指示成矿系统经历了长期复杂的叠加改造活动（从阜平期、中条期到海西期及燕山期，都为金的迁移、富集提供了丰富的热源和物源，尤其在燕山期及海西期）。而离心部分的高低温元素组合（Mo-Sn-As-Sb-Hg）通过分散流模式聚集系统前锋区，进一步指示夹皮沟金矿系统的矿化复杂程度。

33 号金矿甲级综合异常落位在桦甸红石镇的西南侧，预测的矿种主要为金矿、铜矿，评定为甲级，由 Au-Cu-Pb-Zn-Ag 和 As-Sb-Hg 组合异常构成，规模中等。其中，Au-Cu-Pb-Zn-Ag 组合占据主体，As-Sb-Hg 展示较小的组合异常，表现为以 Au、Cu、Pb、Zn 为找矿目标的综合异常区，具有与夹皮沟金矿田相似的成矿地质条件。区内分布的相关矿产有金矿、铜矿和金银矿点。

34 号金矿甲级综合异常落位在和龙的金城洞区域，预测的矿种主要为金矿、铜矿、镍矿，由 Au-Cu、Mo-B、Hg-Sb、Ni-Co-Cr 组合异常构成，规模大，主要表征金城洞金矿的成矿岩浆系统。亲铁元素同生地球化学场指示太古宙花岗绿岩深度变质建造，近东西向的深大断裂和强烈的岩浆活动，为 Au、(Cu、Ni) 的富集提供良好的地质条件，是预测金矿、铜矿、镍矿的有利场所。

38 号金矿甲级综合异常落位在柳河的香炉碗子区域，由 Au、Cu、Pb、Ag、Hg、Ni、Co、Cr 异常构成，规模较大，表现为极复杂元素组分富集的叠生地球化学场。成矿地质条件优越，找矿前景良好，分布的矿产有陆相火山岩型香炉碗子金矿。

37 号金矿乙级综合异常落位在辉南县的辉南镇，预测的矿种主要为金矿，主要由 Au、Ag、Mn 异常构成，规模较小，表现为简单元素组分富集的叠生地球化学场，具有良好的找矿前景。分布有小型石朋沟金矿及多处金矿点。

以太古宙花岗绿岩地体为背景的综合异常亦是评价铜矿、镍矿的有利场所。

28 号铜矿甲级综合异常落位在靖宇的天合兴区域，预测的矿种为铜（钼）矿，由 Cu-Pb-Zn-Ag、Mo-Bi-Sn-W、As-Sb-Hg 组合异常构成。组分复杂，反映天合兴铜（钼）矿的成矿岩浆系统，系统内还有那尔轰铜（钼）矿点响应。其中，Cu、Pb、Zn、Ag 充填矿化空间，高温组合 Mo-Bi-Sn-W 随着成矿室的塑、脆性变形，在新的构造裂隙场进入岩浆系统的中心部位进行叠加改造，As-Sb-Hg 以低级的异常强度分布在前锋区。以上这些组分均形成标准的地球化学环围绕能量核心（燕山期的花岗斑岩体）展开，并沿构造界面以脉状或侵染面状铜钼矿化体分布在花岗斑岩体的外接触带。

33 号铜矿甲级综合异常落位在通化二密区域，由 Cu-Pb-Zn-Ag-Au、Mo-Bi-Sn-W、As-Sb-Hg 组合异常构成，反映组分复杂的二密铜矿成矿岩浆系统。该系统以燕山晚期的岩柱状花岗岩类侵入体为主

要成矿地质背景,空间上具有继承性的正交和斜交构造裂隙(派生环形破碎带)伴随成矿的整个过程。在这优良的成矿条件下,无论矿化中心还是标准的前锋晕、尾晕,在系统内均形成大大小小的异常环紧密套合。这种异常模式一方面指示矿化期岩浆强烈的叠加改造活动,另一方面也佐证了控制成矿规模的环形构造裂隙弧。

36号铜矿甲级综合异常场(与26号镍矿甲级综合异常相当)落位在通化赤柏松区域,预测的矿种为铜镍矿,主要由Ni-Cr-Cu-Au组合构成,表征赤柏松铜镍矿的成矿岩浆系统。该系统分布与成矿紧密的元古宙基性岩、超基性岩(橄榄苏长辉长岩相和斜长二辉橄榄岩相控矿),呈岩墙(脉)状南北向或北东向侵入到太古宙地体中,并对古老基底的有益组分进行萃取,这对Ni、Cu、Cr、Au的进一步富集起到重要作用。研究表明,系统的分散流模式是Ni、Cu、Cr呈小规模、低强度展布,指示矿体的隐伏状态。Au呈局部分散态势,显示较强的独立性。

25号、27号铜矿乙级综合异常是预测伴生铜矿有利场所。评价依据是缘于夹皮沟金矿田以及金城洞金矿系统优良的成矿地质条件和Cu元素的高度富集,并有铜矿点响应(桦甸二道金铜矿点)。因此,充分利用元素综合异常场的矿致性质,对找矿预测意义重大。24号、21号银矿甲级综合异常场落位在抚松的西林河区域,规模较大,由Ag-Au-Zn、Mo-As-Sb-Hg组合异常构成,有西林河银矿、金矿、锑矿响应。

该异常地球化学场形成于太古宙绿岩体与古元古界老岭群珍珠门组大理岩接触带部位,由于复杂的构造体系(深大断裂及裂隙-孔隙)使得矿致异常地球化学系统具有多级次特征,表现在含矿流体不同的富集阶段(银矿、金矿、锑矿)。典型矿床异常模式表明,从开放的物理-化学系统到封闭的金、银成矿系统,综合异常组分具有明显的分带性,即Au、Ag异常叠合部位是矿体分布位置,围绕Au-Ag成矿"核心",Zn、Mo成为近矿或尾晕,As、Sb、Hg分布在前缘位置。需要说明一点的是,As、Sb在空间上与Au、Ag亦存在紧密套合的现象,认为含矿流体由深处向上是多期反复运移的。因此,进行深部找矿是有希望的。

24号综合异常落位在和龙的百里坪,规模较大,元素组合为Ag-Au-Cu-Pb-Zn-W,预测矿种银矿,有百里坪银矿积极响应,成矿主要与岩浆热液有关。地质背景显示,由Ag-Au-Cu-Pb-Zn-W构成的矿致异常地球化学场岩浆活动频繁,从元古宙晋宁期到晚古生代海西期以及中生代燕山早期,岩体多次侵位,呈岩基状大面积分布的晋宁期花岗岩是主要控矿岩体。典型矿床异常模式表明,成矿岩浆系统内综合异常组分(Ag、Au、Cu、Pb、Zn、W、Sn、Mo、Bi)被带入到岩浆能量"核部",从深部到表生介质,综合异常组分空间叠加紧密,并向外围逐渐形成韵律结构。元素水平分带模式[Ag(Au)→Pb→Zn→Cu→Bi→W→Mo]较好地表征了这一点。总之,24号矿致综合异常是标准成矿客体的特征反映,元素的水平分带和垂直分带在空间上拓展了成矿系统的地球化学专属性特征。

23号铅锌矿乙级综合异常形成于夹皮沟区域,有桦甸云峰铅锌矿点积极响应,是预测铅锌矿的有望地段。

该成矿带内的丙级综合异常,虽不是主要成矿元素富集矿化的结果。但从矿产分布上看,这类丙级综合异常地球化学场却与分布的其他矿种有关,其异常组合亦在一定程度上揭露了成矿系统地球化学属性特征。所以,应用这些丙级综合异常释放的地球化学意义,对预测找矿有帮助。

(九)营口-长白(次级隆起、Pt_1裂谷)铅、锌、金、银、硼Ⅳ级成矿带

该成矿带分布的矿产主要有铅锌矿、金矿、银矿、铜矿、钼矿、锑矿、钴矿、硼矿等。综合异常,铅锌矿12个(甲级37号、39号、40号,乙级29号,丙级33号、34号、36号、41号、42号、43号、44号、45号);金矿9个(甲级45号、47号、48号、50号,乙级51号、52号,丙级42号、46号、49号);银矿6个(乙级26号,丙级27号、28号、29号、30号、31号);铜(钴)矿4个(甲级34号、35号,乙级37号,丙级32号);钼矿7个(甲级20号,丙级15号、16号、17号、18号、19号、21号);锑矿6个(甲级26号,丙级25号、27

号、28号、29号、30号）；硼矿5个（甲级6号，乙级5号，丙级3号、4号、7号）。

37号铅锌矿甲级综合异常场（与47号金矿甲级综合异常相当）形成于临江的荒沟山区域，主要由Pb-Zn-Cu-Au-Ag、As-Sb-Hg组合异常构成，表征的是荒沟山铅锌矿、金矿的成矿岩浆系统。该系统以古元古代大理岩建造为主要成矿地质背景，Pb、Zn、Cu、Au、Ag以较高的含量水平形成矿化中心环形异常模式。前锋区叠加成矿室之上，显示为低级的As、Sb、Hg分散流异常。在构造裂隙发育处岩浆活动频繁，这增加了矿致系统元素组分的无序程度，对成矿十分有利。分布在成矿系统边缘的W-Mo-Sn-Bi组合呈明显的分散状态，并未显示与成矿系统紧密联系，表明荒沟山岩浆系统具有隐伏性，应加强综合异常场的深部预测。

39号铅锌矿甲级综合异常场（与50号金矿甲级综合异常相当）形成于集安的正岔区域，主要由Pb-Zn-Cu-Au-Ag组合构成，表征的是正岔铅锌矿和西岔金银矿的成矿岩浆系统。代表铅锌矿致中心的Pb、Zn含量水平并不高，指示铅锌成矿系统的有效规模，而Au、Cu的高富集与系统内的金矿、铜矿有密切关系。在以元古宇集安群变质建造为大的地质背景条件下，构造裂隙的发育与成矿期的岩浆活动强烈度无疑对Au、Cu、Pb、Zn的富集水平和矿化规模起主导作用。地球化学研究表明，综合异常场内伴生组分W、Mo、Sn、Bi、As、Sb、Hg主要叠加于西岔金银矿系统上，对正岔铅锌矿系统贡献较小，这使金矿元素无序程度远远大于铅锌矿系统。

40号铅锌矿甲级综合异常场呈北东向落位于集安的古马岭-矿洞子区域，由Pb-Zn-Cu-Au-Ag、W-Mo-Sn-Bi、As-Sb-Hg组合异常构成，组分复杂，反映的是矿洞子铅锌矿和郭家岭铅锌矿的成矿岩浆系统。其中，Pb-Zn充填成矿系统核部，As-Sb-Hg在前锋区显示小规模低强度富集，而W-Mo-Sn-Bi沿北东向高强度连续分布，指示该综合异常场空间上元素叠加的无序性和复杂程度。这种异常结构与矿致系统北东向韧-脆性剪切带的极大发育有密切关系，这也为元素的富集成矿起到重要作用。

29号铅锌矿乙级综合异常场落位在抚松大营区域，由Pb-Ag-Cu、Mo-W、As-Sb组合异常构成，表征的是大营铅锌矿的成矿岩浆系统。其中，Pb、Ag、Cu、Mo、W组分以高强度建立矿化核部带的向心立体带状结构，边缘富集带仍呈现向心元素的偏高含量水平，而交换带显示As-Sb的分散流组合模式。很明显，该综合异常场元素组分的无序叠加提升了封闭矿致系统的有益元素富集能力，这源于区域变质和燕山期强烈的岩浆活动以及综合异常场构造应力释放空间的有效形成。

45号金矿甲级综合异常场形成于白山的六道江区域，由Au-Ag-Cu、Mo-Bi-Sb组合异常构成，面积222km²，反映金英金矿和刘家铺子-狼洞沟金银矿的成矿岩浆系统。该系统以新元古界的石英砂岩建造和寒武系的页岩、粉砂岩、灰岩建造为主要成矿地质背景，分别控制金英金矿和刘家铺子-狼洞沟金银矿的空间展布，北东向、北西向断裂构造起到重要的导矿、容矿作用，体现在Au、Ag、Cu向心组分的立体带状结构上。由于燕山期岩浆活动的隐伏状态，使Mo-Bi-Sb组合的强度水平较低，这为评价隐伏矿体提供依据。

48号金矿甲级综合异常场形成于通化的金厂镇区域，由Au-Cu-Pb-Zn-Ag、Mo-Bi-W-Sn、As-Sb-Hg组合异常构成，表征了多处小型金矿的成矿岩浆系统。该系统以古元古代变质建造为地质背景，断裂构造的发育和燕山期的岩浆活动使综合异常场的元素组分十分复杂，叠加改造作用强烈。表现为Au的较大异常规模和高浓集中心以及Cu、Pb、Zn、Ag建立的核部带、边缘带的高强度富集模式。而交换带以完全相反的化学元素谱（富集Mo-Bi-W-Sn、As-Sb-Hg）指示矿致系统有效的无序结构。这在低层次的分散流系统和高层次的金矿系统内都是一样的。

51号、52号金矿乙级综合异常场分布在北东向的鸭绿江断裂带上，成矿地质背景复杂，岩浆活动强烈，分别有古马岭金矿和下活龙金矿响应。而构成组分（Au、Cu、Pb、Zn、Ag、Bi、Mo、As）的空间无序程度较高。因此，51号、52号综合异常场是预测金矿的重要场所。

26号银矿乙级综合异常场表征的是临江花山金银矿的成矿岩浆系统。以临江组的石英砂岩建造为成矿地质背景，燕山期的岩浆活动强烈，北东向断裂构造发育。Au、Cu、Pb、Zn、Ag等组分在优良的地质条件下形成叠加紧密的综合地球化学场，是找矿预测的目标地段。

34号铜（钴）矿甲级综合异常场形成于临江的大横路-衫松岗区域，由Cu-Pb-Zn-Ag-Au、As-Sb-Hg组合异常构成，面积542km^2，反映大横路铜钴矿和衫松岗铜钴矿的矿致系统。矿致中心表现为Cu、Pb、Zn、Ag、Au、As、Sb、Hg的立体带状同心结构，决定了呈标准地球化学环的前锋异常（As、Sb、Hg）对核部带（Cu、Pb、Zn、Ag、Au）的叠加模式，也指示了古元古界碎屑岩-碳酸盐岩建造经过强烈的区域变质改造作用下的成矿专属性特征。

35号铜矿甲级综合异常场（与20号钼矿甲级综合异常场相当）落位在临江的六道沟区域，综合组分为Mo、W、Au、Cu、Pb、Zn、As、Sb，主要表征的是临江铜钼矿的成矿岩浆系统。该矿致系统以石英闪长岩、花岗闪长岩为能量核心，这直接决定了系统以Cu-Mo为主要成矿组分的地球化学专属性特征。而Au、Pb、Zn、As、Sb等伴生组分则充填于Cu-Mo成矿接触带的边缘及前锋区，形成巨大网脉级的矿带，遗留在水系空间上的即为矿致综合异常场。

26号锑矿甲级综合异常场形成于临江青沟子区域，由Sb-As-Cu、Pb-Zn-Au-Ag、W-Mo-Bi-Sn组合异常构成，面积448km^2，反映青沟子锑矿的成矿岩浆系统。该系统组分复杂，以古元古界老岭变质岩群为主要地质背景，构造发育，岩浆活动强烈。表现为核部带的Sb、As、Cu、W、Sn向心带状结构以及Pb、Zn、Au、Ag、Mo、Bi的外围富集模式。指示出矿致系统元素的无序叠加改造强度，为锑矿的天然富集体形成提供必要条件。

6号硼矿甲级综合异常场表征的是集安高台沟硼矿岩浆系统，综合规模较大，主要构成组分有B、MgO。典型矿床研究表明，高台沟硼矿系统赋存于富镁的碳酸盐岩、硅酸盐岩建造中，含B岩系中成矿组分处于"超背景晕"状态。含丰富射气成分的岩浆热液系统在构造应力场作用下与含B地层之间产生强烈的接触交代作用，为成矿系统提供充足热能。B、MgO成为带入组分载入沉积建造体系富集。应用6号甲级综合异常为矿床外围及深部找矿预测提供重要依据。

5号乙级综合异常分布在高台沟西北侧的集安江甸子一带，综合规模较大，构成的主要组分有B、MgO。地质背景显示，12号综合异常场主要形成于古元古界集安群地层中（Pt_1m、Pt_1d），构造和岩浆热液系统与高台沟硼矿相同，具备优良的成矿地质条件，是高台沟硼矿外围找矿预测的有利地段。

以上成矿带中的丙级综合异常虽然缺少主矿产响应，但在某种程度上却反映了造岩或其他矿致系统的元素带出、带入过程。因此，丙级综合异常场不仅表征了成矿系统的矿化痕迹，更重要的是反映了元素组分超高背景晕的表生地球化学环境，其综合异常场范围往往吻合于表壳岩体。

第四节 地球化学推断地质构造

地球化学推断地质构造的主要依据是应用39个元素的1∶20万化探数据制作的因子分析图。吉林省共制作了7个主要因子组合，每一个因子都代表了一组特定的元素组合，根据其释放的地球化学意义，可进行岩体和断裂构造的推断。

F_1因子由Fe_2O_3(0.896)、Ti(0.814)、Co(0.804)、Ni(0.707)、Cr(0.662)、V(0.617)、Mn(0.485)组成，主要反映的是富含铁族元素的花岗绿岩地质体以及基性火山岩、陆相中基性火山岩分布区。F_1因子图显示，石朋沟-夹皮沟-金城洞区域分布了变质程度较深的花岗绿岩表壳岩体，敦密断裂的北东侧（漂河川-大山咀子）和珲春小西南岔-黄松甸子是基性火山岩富集区。抚松以南、长白以西以陆相中基性火山岩为主。推断的基性岩体共7处。

F_2因子组成：Nb(0.900)、Zr(0.796)、Y(0.769)、Be(0.756)、La(0.741)、Th(0.519)。表征的是吉林省又一重要的同生地球化学场——稀有、稀土元素同生地球化学场，主要反映出富含稀有、稀土元素的花岗岩类侵入体以及碱性火山岩、中酸性火山岩分布区域，以地槽区为主。其分布特征与实际地质情况相吻合。

F_3 因子组成：B(0.795)、Li(0.715)〔Ca(−0.395)、Na_2O(−0.602)、Sr(−0.616)〕。该因子反映的是中酸性岩浆岩亲石元素及海相沉积富集组分，突出显示了花岗岩类侵入体（对比地质图为海西期）及富集 B、Bi 元素的海相沉积碎屑岩和碳酸盐岩建造。前者主要分布在我省地槽区的大黑山条垒构造区域和刺猬沟-闹枝-小西南岔金、铜成矿带上；后者主要分布在南部的通化、白山地区。另外，F_{10} 因子组成：SiO_2(0.463)、Ba(0.217)为造岩元素组合，表现为酸性岩浆岩侵入和碎屑岩沉积地段，在地台区与地槽区都有分布。F_3 因子和 F_{10} 因子所代表的元素组合特征均是本省亲石、碱土金属元素同生地球化学场的体现，并突出了沉积成岩成矿作用的主要特点。

推断地质构造具体见图 5-4-1。依据上述因子剖析，酸碱性地质体共推断出 9 处，主要分布在舒兰以西的上河湾-朝阳镇、蛟河的东北部、伊通-双阳、东风-磐石的大部分区域以及汪清一带、长白县的长白山和集安西部的广大区域。其中，长白山的碱性火山岩分布区，不仅稀有、稀土元素和挥发组分得分高，高温元素组合以及 Au、Cu、Pb 等金属元素亦呈较高背景晕状态。

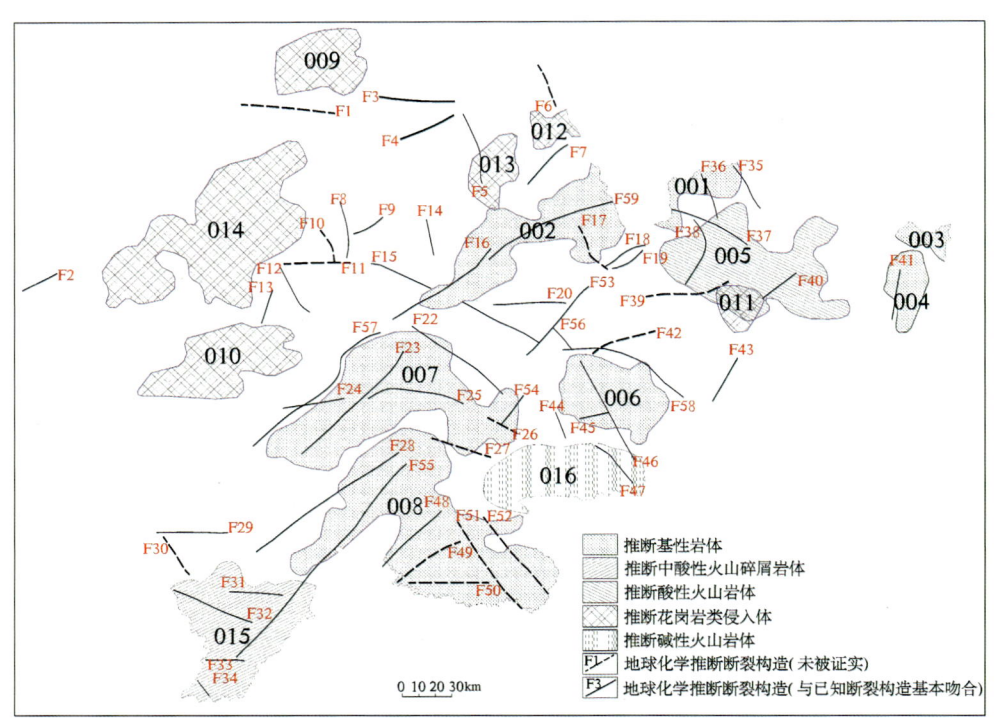

图 5-4-1 吉林省推断地质构造图

根据 F_1 因子、F_4 因子、F_6 因子的主要组合元素异常呈串珠状以及 F_{11} 因子所显示出的 Hg 元素的高贡献进行断裂构造的推断。共推断出 58 个断裂构造。其中，14 处未被证实，44 处地球化学推断断裂构造与地质、物探推断吻合。

第五节 预测工作区地球化学研究

吉林省潜力评价针对金、铜、铅、锌、钨、锑、稀土、银、镍、钼、铬铁矿、硼、萤石共 13 个矿种划分了 76 个预测工作区进行地球化学研究。其中，金矿 30 个、铜矿 23 个、银矿 9 个、镍矿 9 个、铅锌矿 8 个、钼矿 7 个、铬铁矿 3 个、萤石 3 个、锑矿 2 个、钨矿 1 个、稀土矿 1 个、硼矿 1 个。重复的预测工作区有 30 个。具体见表 5-5-1。

表 5-5-1 吉林省预测矿种和预测工作区对应一览表

预测矿种	主要预测类型	预测工作区
金矿	火山沉积型	头道沟-吉昌、石咀-官马、地局子-倒木河、漂河川、香炉碗子-山城镇、五凤、闹枝-棉田、刺猬沟-九三沟、杜荒岭、金谷山-后底洞
	层控内生型（矽卡岩型）	山门、兰家、万宝、浑江北、荒沟山-南岔、冰湖沟、古马岭-下活龙、十六道沟-长白、六道沟-八道沟
	侵入岩浆型	海沟、小西南岔-扬金沟、农坪-前山
	复合内生型	安口镇、石棚沟-石道河子、金城洞-木兰屯、夹皮沟-溜河、四方山-板石、正岔-复兴屯
	沉积型砂矿	黄松甸子、珲春河流域
铜矿	火山沉积型	石咀-官马、大黑山-锅盔顶子、地局子-倒木河、大梨树沟-红太平、闹枝-棉田、刺猬沟-九三沟、杜荒岭
	沉积变质型	荒沟山-南岔
	矽卡岩型	兰家、万宝、大营-万良
	侵入岩浆型（斑岩型）	红旗岭、漂河川、小西南岔-杨金沟、农坪-前山、长仁-獐项、天合兴-那尔轰、二密-老岭、赤柏松-金斗、正岔-复兴屯
	复合内生型	安口镇、夹皮沟-溜河、金城洞-木兰屯
铅锌矿	火山沉积型	放牛沟、地局子-倒木河、大梨树沟-红太平
	层控内生型	大营-万良、荒沟山-南岔、正岔-复兴屯、矿洞子-青石镇
	复合内生型	天宝山
钨矿	侵入岩浆型	小西南岔-杨金沟
锑矿	侵入岩浆型	石咀-官马、荒沟山-南岔
稀土矿	风化沉积型	西北岔
银矿	山门式热液型	山门
	刘家堡子-狼洞沟热液充填型	上甸子-七道岔
	红太平式火山岩型	梨树沟-红太平
	西岔式热液改造型	热闹-青石
	百里坪式岩浆热液型	百里坪
	西林河式岩浆热液型	西林河
	八台岭式构造蚀变岩型	八台岭-孤店子
	民主屯式火山热液型	民主屯
镍矿	红旗岭式基性—超基性岩浆熔离-贯入型	红旗岭、川连沟-二道岭子、双凤山、大肚川-露水河、漂河川、六棵松-长仁、大山咀子
	赤柏松式基性—超基性岩浆熔离-贯入型	赤柏松-金斗
	衫松岗式沉积变质型	荒沟山-南岔

续表 5-5-1

预测矿种	主要预测类型	预测工作区
钼矿	大黑山式斑岩型	季德屯-福安堡、前撮落-火龙岭、大石河-尔站、西苇、刘生店-天宝山
	天合兴式斑岩型	天合兴
	铜山式矽卡岩型	六道沟-八道沟
铬铁矿	小绥河式侵入岩浆型	小绥河、头道沟、开山屯
硼矿	高台沟式沉积变质型	高台沟
萤石	金家屯式热液充填交代型	一拉溪
	南梨树式热液充填交代型	明城
	牛头山式火山热液型	其塔木

预测工作区是在本省 V 级成矿带基础上，根据主要成矿元素异常和主要矿产的分布特征，以及典型矿床的主要控矿因素进行划分。完成的图件 1165 张，建库图件 1009 个。

下面以预测工作区为单元，就重要预测工作区内的预测矿种分别进行地球化学研究。

1. 山门预测工作区

该预测工作区属于台地、丘陵、低山森林景观区。

区内出露的地层主要为古生界下泥盆统、中石炭统以及二叠系寿山沟组的砂岩、砾岩夹灰岩建造。变质岩建造由新元古界西堡安组角闪质岩石以及奥陶系—志留系的变粒岩和大理岩构成。火山岩分布较少。侵入岩体以燕山期花岗岩为主，少量海西期侵入体。发育北东向韧性剪切带和共轭的北西向次一级断裂构造。

分布的矿产主要为山门热液充填型银（金）矿、大顶子多金属矿，表明岩浆热液与裂隙构造对成矿的重要性。

区域 Ag 异常 14 个。其中，1 号、6 号异常具有清晰的三级分带和明显的浓集中心，异常强度较高，极大值 1918×10^{-9}；面积分别为 $98km^2$、$22km^2$，呈带状北西向分布。

具有明显二级分带的异常是 2 号、3 号、5 号、7 号、8 号、10 号、11 号、12 号、13 号、14 号，异常规模均较小。其中，11 号异常与山门银（金）矿积极响应，矿致性质明显，是主要找矿标志。10 号、12 号、13 号异常围绕金银矿分布，构成向心-离心结构，是外围找矿的重要异常区。

4 号、9 号异常只具有外带，显示的找矿信息弱。

空间上与 Ag 套合紧密的元素有 Au、Cu、Pb、Zn、As、Sb、Hg。在梨树大顶子区域（1 号组合），Ag、Au、Cu、Pb、Zn、As、Sb、Hg 空间叠加紧密，呈同心套合状，综合面积为 $96.1km^2$，形成的是中—低温复杂元素组分富集的异常地球化学场。在异常场中这些异常组分的分带十分清晰，浓集中心非常明显，显示高强度的元素带出带入活动。该异常场内现已发现的矿产有铜铅锌多金属矿和中等规模的钼矿，地质背景显示，异常场内的元素富集成矿与印支—燕山期的岩浆活动关系密切，对寻找银矿亦有利。因此，1 号组合异常场是工作区内重要的找矿预测地段。

6 号、7 号、8 号组合构成的甲级综合异常场反映的是山门银（金）矿田，面积达到 $108km^2$。在 Ag、Au、Cu、Pb、Zn、As、Sb、Hg 空间交合紧密地段，同源组分的相对浓集指数最高，其浓集中心就是山门银矿的分布位置。而分布在综合异常场边缘的银（金）矿，以 Au 异常为主，Ag、Cu、Pb、Zn、As、Sb、Hg 与 Au 局部交合，呈离心韵律结构，表明在不同级次的岩浆和热液交代系统的演化过程中，元素的迁移富集是有规律变化的，这种变化性使 Ag、Au 在不同的矿化阶段富集成矿。

矿田外围的 2 号、3 号、4 号组合异常规模相对较小，但是元素组分仍然比较复杂，而且以 Ag 异常为中心的元素组分同样交合紧密,呈现完整的同心状,印支-燕山期的侵入体呈隐伏状存在。这为外围深部 Ag、Au 的进一步找矿预测提供了重要依据。

由元素综合异常及矿产分布特征,圈出 4 个银矿找矿预测区。A 级预测区由 1 个甲级和 2 个乙级综合异常构成,以山门银金矿为基础,进行深部及外围的找矿预测。3 个 C 级预测均由 Ag 的丙级综合异常构成,以 Ag 异常或其他矿产为基础进行预测。

总结工作区银(金)矿的地球化学找矿标志如下。①该区属于亲石、稀有、稀土元素同生地球化学场。印支-燕山期的岩浆热液活动为成矿提供丰富的热源、物源。北东、北西断裂构造的发育为含矿溶液的运移赋存提供重要空间。②Ag、Au 异常具有良好的分带性和明显的浓集中心。以 Ag 为主体的组合异常形成复杂组分富集区,显示出后期叠加改造作用的强烈。③Ag、Au 综合异常场具备良好的成矿地质背景和条件,且与分布的矿产积极响应,具有良好的找矿前景。④主要的找矿指示元素为 Ag、Au、Cu、Pb、Zn、As、Sb、Hg。其中,Ag、Au、Cu、Pb、Zn 为近矿指示元素,As、Sb、Hg 为远程指示元素,尾晕表现较差。⑤As、Sb、Hg 异常发育表明矿化应以中—低温为主,应注意深部找矿预测。

2. 八台岭-孤店子预测工作区

该预测工作区属于台地、丘陵、森林景观区。主要出露的是浅变质火山-沉积建造;中生界的沉积砂砾岩以及新生界的沉积盖层。变质岩建造零星分布在工作区的西南部。其中,主要的赋矿围岩是杨家沟组中部的变安山岩。燕山期的中酸性岩浆活动和北东向的层间断裂为成矿提供必要条件。

分布的矿产主要为八台岭构造蚀变岩型金银矿。

工作区圈出 18 个 Ag 异常。其中,1 号、4 号、5 号、10 号、13 号具有清晰的三级分带和明显的浓集中心。异常强度为 2612×10^{-9},最大面积是 5 号异常,125km^2,呈带状分布,具有两个浓集中心,八台岭金银矿即位于浓集中心,表明该异常优良的矿致性。

其余 Ag 异常多为二级分带,异常规模相对较小,围绕矿致系统零散分布。

与 Ag 空间套合紧密的元素有 Au、Pb、Cu、Bi。

5 号组合异常场落位在永吉八台岭区域,指示八台岭金银成矿系统。主要伴生元素 Au、Pb、Cu、Bi 异常规模较小,与 Ag 在局部呈交合状态,具离心韵律结构,形成复杂元素组分富集区。对应的矿物分带表现为以银金矿、硫银矿、辉银矿为主体,其次为分布在矿体外围的黄铁矿、黄铜矿、毒砂、方铅矿。从八台岭金银成矿规模偏小认为含矿热液在空隙裂隙空间的能量潜力并不是很强,而且周期性的成矿溶液卸载有限,致使能量系统的元素带出带入态势不显著,次生的叠加异常场并不复杂。应加强矿床深部的找矿预测。

2 号、4 号、5 号、7 号、8 号综合异常场分布在典型矿床的外围区域,Ag、Au、Pb、Cu、Bi 的异常叠加形态与 5 号组合异常场相近,其落位的地质背景是中生界的沉积岩建造或沉积岩建造与燕山期侵入体的接触带。因此,这些综合异常的形成与燕山期的岩浆活动是有连带关系的,对沉积该层下的金银找矿预测也是有根据的。

根据区内 Ag 的综合异常特征,结合成矿地质背景圈出 5 个 C 级地球化学找矿预测区。其中,八台岭预测区以八台岭银金矿为中心,可进行深部及外围伴生银矿的预测,有望增加一定远景储量。

总结工作区金银矿的地球化学找矿标志如下。①工作区属于同生亲石、稀有、稀土元素富集区。该工作区集中分布了印支期—燕山期花岗岩类侵入体,北东向和北西向的断裂构造发育,具有良好的成矿地质背景和条件。②主要成矿元素 Ag 对八台岭金银矿强烈支撑,是优质的矿致异常。伴生元素 Au、Pb、Cu、Bi 与 Ag 空间套合较紧密,为同源异常组分,是找矿的重要指示元素。③以 Ag 为主体的组合异常场反映的是与岩浆热液活动关系密切的金银成矿系统。在该成矿系统内,Ag、Au、Pb、Cu、Bi 的空间叠加位置是找矿预测的重要场所。④Ag、Au 是主要成矿元素,Pb、Cu 是近矿指示元素,Bi 为尾晕。低温组合异常较弱。⑤Ag、Au、Pb、Cu、Bi 的空间分带特征与成矿系统的矿物分带特征相对应。⑥综合异常场反映中—高温成矿地球化学环境。

3. 西林河预测工作区

工作区属于中低山、森林景观区。区域上出露的地层主要有太古宇、古元古界老岭岩群变质岩建造。火山岩建造和沉积岩建造由中生界和新生界构成。其中,太古宙花岗绿岩地体与古元古界老岭群珍珠门组大理岩接触带是主要的控矿部位。控矿部位的韧性剪切构造以及燕山期的岩浆活动为成矿提供必要条件。

预测工作区内主要分布西林河岩浆热液型银矿。

工作区圈出 8 个 Ag 异常。其中,1 号、3 号、5 号、6 号具有清晰三级分带和明显浓集中心,异常强度为 324×10^{-9}。面积分别为 $28km^2$、$48km^2$、$7.6km^2$、$20km^2$,北东或北西向带状分布。

2 号、4 号、7 号、8 号异常规模相对较小,以二级分带为主,具有北东向延伸的趋势。

与 Ag 空间组合紧密的元素有 Cu、Pb、Zn、Au、As、Sb、Hg。

3 号组合异常分布在抚松的西林河。Cu、Pb、Zn、Au、As、Sb 与 Ag 空间上同心交合,以 As、Sb 异常规模最大,Hg 分布在 Ag 的外带,形成复杂元素组分富集区。该异常区是岩浆热液型西林河银矿系统的直接反映,As、Sb、Hg 构成银矿的前锋区,同时有近矿组分 Cu、Pb、Zn、Au 叠加,显示含矿流体对成矿空间的多次充填,这对深部预测有利。

1 号组合异常场分布在西林河银矿系统的北侧外围,组合规模相对较小,异常组分亦较复杂。空间上伴生组分 Cu、Pb、Zn、Au、As、Sb、Hg 与 Ag 交合紧密,但异常分带不明显,可能与此处的构造裂隙发育有关。1 号异常场是西林河银矿系统外围重要的找矿区段。

4 号组合异常场分布在西林河银矿系统的东侧,组合规模相对较小,异常组分简单。Pb、Zn、Au 交合在 Ag 局部,As、Sb、Hg 没有异常分布,呈离心结构。这种结构特征表明该异常场在形成初期,由于构造裂隙的不甚发育,使构造空间内的物质以及能量的带入受到影响,造成异常规模的局限性。对找矿预测不利。

找矿预测区圈出 3 个。其中,B 级找矿预测区以西林河银矿为基础,应用矿床地质-地球化学模型可进行深部和矿床外围银矿的预测,有望增加较大规模。

总结工作区的地球化学找矿预测标志如下。①银矿赋存于古元古界老岭变质岩群中,韧性剪切断裂和燕山期的岩浆活动使有益组分进一步富集。②主要成矿元素 Ag 分带清晰,浓集指数高,矿致特征明显,为主要找矿标志。③以 Ag 为主体的组合异常场组分复杂,主要元素异常空间交合紧密,反映西林河银矿的成矿岩浆系统,是主要找矿预测区。④As、Sb、Hg 元素组合指示低温的成矿地球化学环境,利于深部找矿预测。

4. 百里坪预测工作区

工作区属于中低山森林沼泽景观区。区内岩浆热液活动强烈,以晋宁期花岗岩体规模最大,与银成矿关系最密切。近东西向的构造系统控矿。分布有岩浆热液成因的百里坪银矿和石人沟钼矿点。

工作区圈出 4 个 Ag 异常。其中,4 号异常具有清晰的三级分带和明显的浓集中心。异常强度较高,峰值为 649×10^{-9},面积达到 $349km^2$,呈带状近东西向分布,对百里坪银矿积极支撑,属于成矿异常。

1 号、2 号、3 号异常规模小,分带差,呈"卫星"异常分布在 4 号异常带的外围。

与 Ag 空间套合紧密的元素有 Au、Cu、Pb、Zn、Mo、W、Sn。

4 号组合异常场指示百里坪银矿系统。Au、Cu、Pb、Zn、Mo、W、Sn 与 Ag 呈同心套合结构,形成复杂元素组分富集的叠生地球化学场。高温组合异常(Mo、W、Sn)充填在成矿岩浆系统的前锋区,表明后期(海西期、燕山期)深部的花岗岩浆结晶分异活动对成矿系统进行了强烈的叠加改造作用,矿床应处于较高剥蚀期。

根据 Ag 的浓集中心圈出 2 个综合异常(Z-1、Z-2)。其中,Z-2 综合异常具有明显的矿致性质,地质背景和条件良好,是找矿预测的重点区域。

Z-1 综合异常落位在百里坪西侧,其异常结构与 Z-2 综合异常相同,地质背景显示为大面积的对成矿系统改造作用强烈的海西期、燕山期侵入体,是外围重要的找矿预测区段。

根据综合异常特征,结合成矿地质背景圈出 2 个地球化学找矿预测区。B 级找矿预测区以百里坪银矿为中心,进行深部和外围预测,有望增加中等规模远景储量。

总结该区银矿地球化学找矿标志如下。①该区属于亲铁元素同生地球化学场,Ag、Au、Cu、Pb、Zn、Mo、W、Sn 等元素叠加改造作用强烈,形成复杂组分叠生地球化学场。②主成矿元素 Ag 具有异常规模大、分带清晰、浓集中心明显、强度高的基本特征。主要伴生元素为 Au、Cu、Pb、Zn。③找矿主要指示元素为 Au、Cu、Pb、Zn、Ag、W、Sn、Bi、Mo。其中,Ag 为找矿指示元素,Cu、Pb、Zn、Au 为近矿指示元素,W、Sn、Mo 成为评价典型矿床的尾缘元素。④综合异常组分复杂,构成高水平含量富集区,呈一定分带性特征。有已知矿产积极响应,是优良的矿致异常。综合异常的成矿地质背景优良,为进一步找矿预测提供依据。⑤区内成矿于中—低温的复杂阶段。高温组合指示岩浆热液活动的强烈叠加改造作用。

5. 头道沟-吉昌预测工作区

该预测工作区属于台地、丘陵、低山森林景观区。出露的地层主要为古生界泥盆系王家店组;上石炭统磨盘山组、石咀子组以及二叠系寿山沟组、范家屯组的砂岩、砾岩夹灰岩建造。火山岩建造主要由志留系弯月组安山岩夹流纹岩、下石炭统余富屯组细碧角、角斑岩及下二叠统大河深组的石英角斑岩构成。侵入岩体以燕山期花岗岩为主,少量海西期闪长岩体。发育北东向和北西向断裂构造。分布有头道川火山岩型金矿。

工作区圈出 21 处 Au 异常。其中,1 号、9 号、14 号、19 号异常三级分带清晰,浓集中心明显,异常强度达 649×10^{-9}。面积分别为 $59km^2$、$15.7km^2$、$12.8km^2$ 和 $13.9km^2$。头道川金矿即落位于 1 号异常内,是主要找矿靶区。

其余 Au 异常分带较差,强度较低,没有金矿产直接响应。

与 Au 空间套合紧密的元素主要有 Ag、Cu、As、Sb、Hg、W、Mo、Sn、Bi。

1 号 Au 组合异常场形成于头道川金矿岩浆系统。指示元素 Au、Ag、Cu 同心套合,As、Sb、Hg、W、Mo、Sn、Bi 规模较小,构成金矿系统边缘异常模式,反映岩浆热液的叠加改造成矿作用。圈定的甲级综合异常,面积近 $53km^2$,似椭圆状,具有良好的成矿条件和找矿前景,是深部及外围找矿预测的主要靶区。

6 号、9 号、12 号、14 号 Au 组合异常场,具有组分复杂、组合规模较大的特征,且异常场外围有金矿点或铜矿点响应,是预测评价头道川式金矿的有利区域。

总结工作区金矿的地球化学找矿标志如下。①该区属于亲石、稀有、稀土元素同生地球化学场。②Au 是主要成矿元素,伴生元素为 Ag、Cu、As、Sb、Hg、W、Mo、Sn、Bi,对找矿有重要指示作用。Ag、As、Sb 异常发育表明矿化应以中—低温的地球化学环境为主。③以 Au 为主体的组合异常具有复杂组分富集的特点,显示强烈的热液叠加改造作用。④综合异常具备良好的成矿条件,且与金、铜矿化存在积极响应,具良好的找矿前景。⑤主要找矿指示元素为 Au、Ag、Cu、As、Sb、Hg、W、Mo、Sn、Bi。其中,Au、Ag、Cu 为近矿指示元素,As、Sb、Hg 为远程指示元素,尾部元素 W、Mo、Sn、Bi。⑥成矿经历了中—低温的地球化学环境

6. 香炉碗子-山城镇预测工作区

工作区位于龙岗断块西北缘,沿敦密断裂北东向狭长展布。属于中低山森林景观区。

区内分布大面积的以海相基性火山岩为主的新太古代变质岩群,阜平期、五台期的岩浆侵入活动强烈,使得区内的原岩遭受广泛的区域变质作用,构成稳定的铁族元素同生地球化学场。此外沿断裂带发育有大量的火山碎屑岩以及中生代超浅成的流纹岩。这些超浅成的流纹岩(流纹斑岩)火山岩体与金成

矿关系密切。侵入岩以燕山晚期的碱长花岗岩为主。北东向的断裂构造极其发育。分布有香炉碗子金矿及多处金、铜矿点。

区内共圈出 18 处 Au 异常。其中,11 号 Au 异常分带清晰,浓集中心明显,异常强度达 220×10^{-9},面积为 $55km^2$,NAP 值为 1038;呈椭圆状分布,轴向北东。

1 号、6 号、8 号、10 号、14 号、16 号、18 号 Au 异常均为二级分带,形态不规则。

空间上与 11 号 Au 异常套合紧密的伴生元素有 Cu、Pb、Zn、Ni、Co、Ag、As、Hg。呈同心结构的为 Au、Cu、Pb、Zn、Ag、As、Hg;中带、外带由 Ni、Co 构成,表现为含量水平较高的复杂组分地球化学场。

14 号 Au 组合落位在香炉碗子东南部,组分 Cu、Pb、Zn、Ag、As、Ni,亦是复杂异常场。

6 号甲级综合异常由 11 号 Au 组合异常构成,面积达 $44km^2$,近椭圆形状,北东向展布,指示香炉碗子金矿火山岩系(还有多处金矿点),是优良矿致异常场,可为进一步扩大找矿规模提供化探依据。

总结工作区金矿地球化学找矿标志如下。①该区属于亲铁元素同生地球化学场。②主要的找矿指示元素为 Au、Cu、Pb、Zn、Ag、As、Hg。其中,Au、Cu、Pb、Zn、Ag 是近矿指示元素。As、Hg 是远程指示元素,尾部指示元素为 Ni、Co。③Au 组合异常组分复杂,显示以 Ni、Co 为基础的同生地球化学场,经受 Au、Cu、Pb、Zn、Ag、As、Hg 强烈的叠加改造作用,形成复杂组分含量富集区。④Au 综合异常具有优良成矿地质条件,矿致性质明显。是预测有利地段。

5. 五凤预测工作区

该工作区属于中低山森林景观区。区内与成矿有关的主要是中生代侏罗纪屯田营组(J_3t)地层,构成火山岩建造。发育北东向、北西向和南北向断裂构造。侵入岩以印支期花岗岩和海西晚期的花岗闪长岩为主。

产出的矿产有五凤金矿,并伴有多处金矿点。

工作区圈出 9 处 Au 异常,以 6 号异常表现最好,具有清晰的分带特征和 2 处明显的浓集中心,强度达 1179×10^{-9},面积 $92.8km^2$,NAP 值为 1663,带状分布,轴向北东。

其余 Au 异常以中带、外带为主,规模较小,分布零散,形态不规则。找矿信息较弱。

空间上与 6 号金异常呈同心套合的元素是 Sb、Hg,构成 Au 的内带、中带;而 As、Ag 伴生在 Au 的外带,As 以较大的异常规模分布,表现为较复杂元素组分富集的特点。

9 号 Au 组合异常显示的伴生组分亦是 As、Sb、Hg、Ag,而且空间套合紧密,值得重视。

反映五凤金矿系统的甲级综合异常场由 6 号 Au 组合异常构成,面积约 $66km^2$。具有优良的成矿地质背景和条件,是扩大找矿规模的主要靶区。

丙级综合异常没有矿产分布,找矿前景不理想。

总结工作区金矿的地球化学找矿标志如下。①该区属于亲石、碱土金属元素同生地球化学场。②找矿的主要指示元素为 Au、Cu、Pb、Zn、Ag 、As、Sb、Hg。其中,Au、Cu、Pb、Zn、Ag 为近矿指示元素,As、Sb、Hg 为找矿的远程指示元素。③Au 甲级综合异常组分复杂,显示一定的分带性。空间上与已知矿产积极响应,是优质的矿致异常,可为扩大典型矿床规模提供重要依据。

6. 闹枝-棉田预测工作区

工作区属于中低山森林景观区,具有亲石、碱土金属元素以及铁族元素同生地球化学场的双重特征。主要分布有寒武系—奥陶系五道沟岩群马滴达岩组的变质砂岩建造;三叠系、二叠系砂岩构成的沉积岩建造以及中生界白垩系金沟岭组和刺猬沟组的安山岩建造。侵入岩体以燕山早期的花岗岩、花岗闪长岩、二长花岗岩为主,其次为印支期花岗岩。发育北东向、北西向及南北向断裂构造。其中,五道沟岩群马滴达岩组的变质砂岩建造是含 Au 地层,是成矿的初始矿源层,形成同生地球化学场。而金沟岭组和刺猬沟组的安山岩建造与成矿关系密切,是主要的赋矿层位,在侵入岩浆的作用下共同构成叠生地球化学场。赋矿空间强烈的构造蚀变以及 Au、Cu、Pb、Ag、Sn、Sb 等化探异常的叠加发育证明了这一点。

区内产出的矿产主要是闹枝金矿床,并存在多处金矿点、铜矿点。

工作区圈定出 5 处 Au 异常。其中,1 号异常分带清晰,具备 6 个明显的浓集中心,强度达到 $798×10^{-9}$。面积 $221km^2$,NAP 值为 2727,呈带状分布,北西向延伸。

与 Au 套合紧密的元素有 Cu、Pb、Zn、Ag、As、Sb、Hg、W、Sn、Bi、Mo。

1 号 Au 组合异常中,Cu、Pb、Zn、As、Sb、Hg、Ag、W、Sn、Bi、Mo 与 Au 的内带、中带、外带均紧密相连,构成组分复杂的地球化学场。由其构成的综合异常,面积 $106km^2$,以富含 Au 的古生界五道沟变质岩群和中生代中基性火山岩为主要地质背景,在燕山期花岗岩类岩浆强烈的成矿作用下,形成火山岩型的闹枝金矿成矿岩浆系统。

总结该区金矿的地球化学找矿标志如下。①该区属于亲铁元素同生地球化学场,同时具有亲石、稀有、稀土元素同生地球化学场特征。②Au 是主要成矿元素,具有异常规模较大、异常分带清晰,浓集中心明显,异常强度高的基本特征。主要的伴生元素为 Cu、Pb、Zn、Ag。③Au 组合异常显示强烈的叠加改造作用,形成的综合异常叠生地球化学场是进一步找矿的有利场所。④找矿的主要指示元素为 Au、Cu、Pb、Zn、Ag、As、Sb、Hg、W、Sn、Bi、Mo。其中,Au、Cu、Pb、Zn、Ag 为近矿指示元素,As、Sb、Hg 为找矿的远程指示元素,W、Sn、Bi、Mo 成为评价典型矿床的尾缘元素。⑤成矿经历了高—中—低温的多阶段过程,但主要以中—低温为主。中生代的火山活动为工作区金矿的形成提供了重要的物源与热源。

7. 刺猬沟-九三沟预测工作区

工作区同样属于中低山森林沼泽景观区,具有亲石、碱土金属元素以及铁族元素同生地球化学场的双重特征。主要出露有奥陶系五道沟岩群马滴达岩组的变质砂岩建造;古生界二叠系庙岭组(P_1m)和解放村组($P_{1-2}j$)的砂岩、粉砂岩、满河组(P_1mh)的中性火山岩以及三叠系柯岛岩群构成的沉积岩建造。火山岩建造主要是由三叠系托盘沟组和白垩系金沟岭组和刺猬沟组的安山岩、安山质凝灰岩、集块岩构成。区内次一级的断裂构造极其发育。侵入岩以海西期花岗闪长岩和印支期的花岗岩为主。金矿主要产于火山岩建造岩群中,而且赋矿空间构造蚀变强烈。刺猬沟金矿床以及金矿点、铜矿点多集中于此。

工作区圈定 Au 异常 14 处。其中,2 号、4 号、7 号、13 号异常具清晰的三级分带和明显的浓集中心,强度达 $111×10^{-9}$。面积分别为 $19km^2$、$31km^2$、$6km^2$、$18km^2$,哑铃状或椭圆状,北西向延伸的趋势。其中,4 号异常 NAP 值 183,刺猬沟金矿床落位其中。

其余 Au 异常分带不好,强度低,分布零散,规模亦较小。

4 号 Au 组合异常显示的元素组分比较复杂,有 Cu、Pb、Ag、W、Sn、Bi、Mo、As、Sb、Hg。其中,Cu、Pb、Ag、As 以较小的异常规模分布在 Au 的内带、中带;Sn、Mo 主要构成 Au 的内带,Bi、W 置于 Au 的外带。这种组合特征表明 4 号金组合异常在成矿成晕过程中,叠加改造活动强烈,具有多阶段、复杂的特点,同时亦显示出该处剥蚀程度较深。

1 号、2 号、7 号、9 号、10 号、13 号 Au 组合异常组分亦较复杂,主要伴生元素与 Au 多为局部交合,无序特征明显,组合规模较大,值得重视。

4 号甲级综合异常由 4 号金组合异常构成,面积为 $27km^2$,近椭圆形状,北西向展布。地质背景主要为与成矿关系密切的三叠纪中基性火山岩建造(安山岩、安山质凝灰岩),反映刺猬沟金矿系统,显示优质的矿致异常,是扩大找矿的主要靶区。

8 号甲级综合异常落位在满河村,刺猬沟金矿南侧,由 13 号组合异常构成,面积 $22km^2$,近椭圆形状。地质背景主要为满河组安山质火山角砾岩、凝灰岩,具较好的成矿条件和找矿前景,为找矿重要靶区。

2 号乙级综合异常落位在林子沟村,刺猬沟金矿的北侧,由 2 号金组合异常构成,面积为 $12km^2$。所处的地质背景为中生代的(K_1cw、T_3t)安山质凝灰角砾岩、安山岩、流纹岩,北东向、北西向断裂发育,空间上与分布的金矿点有一定的响应关系,显示出良好的成矿条件和找矿前景。

3号乙级综合异常落位在苍林村,由1号金组合异常构成,面积31km²,不规则形态,北东向展布。主要分布金沟岭组闪长玢岩、安山岩,具有良好的成矿条件,有苍林铜矿点与之响应,是找矿有望靶区。

7号乙级综合异常落位在庙沟村南,由10号金组合异常构成,面积约14km²,近椭圆状,北东向展布。分布二叠系砂岩、灰岩,燕山期的花岗岩浆活动频繁,显示较好的成矿条件,是找矿有望靶区。

总结该区金矿地球化学找矿标志如下。①该区属于亲铁元素同生地球化学场,主成矿元素Au在后期的Cu、Pb、Zn、Ag、As、Sb、Hg、W、Sn、Bi、Mo等元素强烈的叠加改造作用中,进一步迁移、富集,最终形成复杂组分叠生地球化学场。②Au是主要成矿元素,具有异常规模较大、异常分带清晰、浓集中心明显、异常强度高的基本特征。主要的伴生元素为Cu、Pb、Zn、Ag。③找矿主要指示元素为Au、Cu、Pb、Zn、Ag、As、Sb、Hg、W、Sn、Bi、Mo。其中,Au、Cu、Pb、Zn、Ag为近矿指示元素,As、Sb、Hg为找矿的远程指示元素,W、Sn、Bi、Mo成为评价典型矿床的尾缘元素。④7号、2号、4号综合异常组分复杂,显示复杂组分含量富集区,并有一定的异常分带性。空间上与已知矿产积极响应,是优良的矿致异常。可为扩大矿床规模提供依据。⑤区内成矿经历了高—中—低温的复杂阶段过程。中生代的火山活动为工作区矿产的形成提供了重要的物源与热源。

8. 兰家预测工作区

工作区属于台地、丘陵森林景观区。主要分布有石炭纪的碳酸盐岩建造;早二叠纪哲斯组(P_1z)砂岩,晚侏罗纪安民组(J_3a)中酸性火山岩、凝灰岩以及早白垩纪营城组(K_1y)中酸性火山岩、碎屑岩夹煤层。侵入岩体主要为燕山期的二长花岗岩、花岗闪长岩和花岗斑岩。发育北东向断裂构造。分布的矿产主要有矽卡岩型兰家金矿。

区内圈出Au异常7处。其中,4号异常具有清晰的三级分带和明显浓集中心,异常强度较低,为$5×10^{-9}$,面积6.2km²,近椭圆状。

1号、3号、6号、7号Au异常以外带或二级分带为主,规模较小,不规则形态。

6号组合异常中,与Au空间套合紧密的元素为As、Sb、Hg、Ag,形成叠生的地球化学元素富集区。由其构成的综合异常,面积约17km²,近椭圆状,东西向展布。以侏罗系的中基性火山岩及燕山期的花岗岩侵入体为主要地质背景,反映兰家金矿的成矿岩浆系统,矿致特征明显,是找矿预测的主要靶区。

总结工作区金矿的地球化学找矿标志如下。①该区具有亲石、碱土金属元素和亲铁元素共同富集的双重特征。②主成矿元素Au在As、Sb、Hg、Ag元素的叠加改造中,得到进一步迁移和富集。Au的综合异常成矿地质条件优良,是扩大找矿的有利区域。③Au、Ag、As、Sb、Hg是主要的找矿指示元素,其中,Au、Ag为近矿指示元素,As、Sb、Hg是远程指示元素。④As、Sb、Hg组合显示成矿的低温地球化学环境。

9. 荒沟山-南岔预测工作区

工作区属于中低山森林景观区,主要分布古元古界老岭变质岩群(珍珠门组、大栗子组)和新元古界青白口系的变质砂岩,形成亲石、碱土金属元素同生地球化学场。工作区的北侧局部分布有太古宇龙岗岩群。区内断裂构造极其发育,北东向呈蛇形延伸的韧性剪切带是主要的控矿构造。燕山期的岩浆侵入活动最为强烈,与成矿关系密切的主要是呈岩株产出的花岗斑岩体。矿化围岩蚀变强烈,主要有黄铁矿化、黄铜矿化、滑石化、透闪石化、硅化等。

分布的矿产主要有荒沟山金矿、铅锌矿、南岔金矿、刘家铺子金银矿。

工作区共圈出Au异常27处。其中,具有清晰三级分带和明显浓集中心的异常是1号、7号、8号、14号、19号、25号,异常强度为$278×10^{-9}$,面积分别为28km²、8km²、17km²、23km²、210km²、22km²,整体沿北东向延伸,呈椭圆状、不规则状或带状分布。14号、19-3号Au异常分别对荒沟山金矿、南岔金矿积极支撑,矿致特征明显。

具有较好二级分带的是 3 号、11 号、12 号、13 号、16 号、17 号、18 号、23 号、24 号异常,面积分别为 $7km^2$、$3km^2$、$5km^2$、$6km^2$、$3km^2$、$21km^2$、$3km^2$、$7km^2$、$6km^2$,椭圆状或不规则形态。这些 Au 异常主要分布在"S"型矿带的边缘,是外围找矿预测的有利区域。

Pb 异常 23 处。其中,2 号、7 号、12 号、13 号、16 号、20 号、21 号、23 号异常具有清晰的三级分带和明显的浓集中心,异常强度高,达到 $285×10^{-6}$,面积分别为 $117km^2$、$22km^2$、$4km^2$、$13km^2$、$17km^2$、$7km^2$、$15km^2$、$13km^2$。2 号 Pb 异常具有大小 5 个浓集中心,带状分布,北东向延伸;12 号、21 号、23 号 Pb 异常沿鸭绿江断裂展布,呈开放式。7 号、12 号、13 号、16 号异常内带较大,近椭圆状。

Zn 异常 13 处。以 3 号、10 号、11 号、13 号异常表现最好,即具有清晰的三级分带和明显的浓集中心,异常强度高,达到 $755×10^{-6}$,面积分别为 $239km^2$、$7km^2$、$10km^2$、$37km^2$。带状、椭圆状或不规则状分布,均呈北东向延伸。空间上与 2 号 Pb 异常吻合较好。

二级分带的 Pb、Zn 多为不规则形态,规模较小,呈北东向连续分布。

Ag 异常有 18 处。其中,1 号、2 号、9 号、10 号、13 号、14 号、15 号异常具有清晰三级分带和明显浓集中心,异常强度较高。以 2 号、14 号异常规模最大,面积 $92km^2$、$36km^2$,呈近东西向带状分布。1 号、9 号、10 号、13 号、15 号异常规模相对较小,等轴状零星分布。

二级分带的 Ag 异常主要围绕 2 号、14 号异常带分布,异常规模小。

空间上套合紧密的元素有 Au、Ag、Cu、Pb、Zn、As、Sb、Hg、W、Sn、Mo、Bi。

荒沟山区域,Au、Ag、Cu、Pb、Zn、W、Sn、Mo、Bi 呈同心套合,构成向心异常结构模式;As、Sb(衬值)、Hg 构成组合异常的离心结构环。这种无序程度复杂的离心-向心结构地球化学综合异常场,直接表征了荒沟山金矿以及铅锌矿的成矿岩浆系统,在优良的成矿地质背景和条件下,荒沟山综合异常场是深部及外围找矿预测的主要场所。

南岔区域,Au 异常规模较大,与 Au 紧密套合的是 Cu、Pb、Zn、Ag、Sb、W、Sn、Mo,核心带和边缘富集带均有以上组分充填,表明强势的无序叠加程度,形成复杂异常组分富集区。由其构成的综合异常场面积 $104km^2$,反映南岔金矿的矿致岩浆系统,是预测层控内生型金矿的主要靶区。

花山区域异常场组分复杂,Pb、Zn、Cu、Au、Mo、Bi、Hg 空间上与 Ag 交合紧密。Pb、Zn、Mo、Bi、Hg 构成 Ag 的内带,Cu、Au 与 Ag 局部交合,形成向心-离心结构的复杂异常组分地球化学场。该异常地球化学场内分布多处金(银)矿,组合异常场是金银矿致系统的反应,为找矿预测的重要区段。

构成刘家铺子区域异常地球化学场的是 Ag、Au、Cu、Pb、Zn、W。其中,Ag、Au、Pb、Zn 浓集中心与刘家铺子金银矿并不吻合,显示在动态的金银矿致系统形成过程中,反复充填的含矿流体对裂隙空间的继承性。因此,刘家铺子金银矿致系统是多阶段形成的,系统规模在时空上是不断变化的,具有继承效应,对深部找矿预测有利。

以 Au、Ag 和 Pb、Zn 为主体的甲、乙级综合异常场,规模较大,具有良好的成矿地质背景和条件,在矿床、矿点、矿化点响应下,成为集安成矿带及外围最重要的找矿靶区。

总结工作区地球化学找矿标志如下。①工作区属于亲石、碱土金属元素同生地球化学场。②成矿元素 Au、Ag、Pb、Zn 具有分带清晰、浓集中心明显、异常强度高的基本特征,对分布的金(银)矿、铅锌矿强烈支撑,矿致特征明显。③伴生元素 Cu、W、Sn、Mo、Ag、As、Hg 在后期的岩浆侵入活动中,对矿致系统进行了强烈的叠加改造作用,构成复杂组分富集区,利于 Au、Ag、Pb、Zn 的迁移、富集。④以 Au 为主体的元素组合异常,由北至南形成异常组分较复杂→简单→复杂→较复杂→简单的变化态势,表明金矿应以工作区的中部及南部为最佳找矿区域,北侧应以寻找铅锌矿为主。实践证明,已知的荒沟山金矿、南岔金矿分别落位于工作区的中部及南部,荒沟山铅锌矿位置偏北。⑤综合异常具有水平分带现象。以南岔金矿为例,根据元素的分布规律及异常面积大小,列出由南至北元素水平分带为 Hg→Au→As→Sn→W→Mo→Pb→Zn→Cu→Ag,该元素分带亦表明工作区的南部应以寻找金矿为主。⑥主要指示元素为 Au、Cu、Pb、Zn、W、Sn、Mo、Ag、As、Hg。近矿指示元素为 Au、Ag、Cu、Pb、Zn;远程指示元素为 As、Hg,评价成矿的尾部指示元素为 W、Sn、Mo。⑦主要成矿元素经历了高—中—低温复杂的成矿过程。

10. 古马岭-下活龙预测工作区

该工作区属于亲石、碱土金属元素同生地球化学场。主要出露古元古界黑云变粒岩、斜长角闪岩夹大理岩变质岩建造。侏罗纪果松组的安山岩、安山质火山碎屑岩火山岩建造。沉积岩建造主要由下古生界的砂岩、灰岩构成。侵入岩以古元古代的花岗岩类、印支期的二长花岗岩及燕山晚期二长花岗岩、花岗斑岩为主。其中,古元古代的黑云二长花岗岩含金,而印支期的二长花岗岩含有钼、铅锌矿产。古马岭金矿、下活龙金矿均分布在侵入岩体与围岩的接触带中,具有矽卡岩成因特征。

区内Au异常14处。其中,8号异常显示较清晰的三级分带和较明显的浓集中心。呈开放式存在。3号、9号、10号、12号、13号、14号金异常具有较好的二级分带现象,不规则状,面积分别为$10km^2$、$3km^2$、$4km^2$、$20km^2$、$4km^2$、$3km^2$,均呈北西向延伸。

1号、2号、4号、5号、6号、7号、11号异常规模较小,分布零散。

与Au空间套合紧密的元素为Cu、Pb、Mo、Bi,形成简单元素组分富集区。

反映下活龙金矿系统的2号甲级综合异常落位在下活龙村西侧,由3号金组合异常构成,面积约$9km^2$,不规则状,北西向展布。地质背景为集安岩群大东岔组的黑云变粒岩及古元古代的斑状花岗岩,北东向断裂构造横穿其中,具备优良的成矿条件,是找矿预测的重要靶区。

反映古马岭金矿系统的8号综合异常,面积$4km^2$,控矿岩体为集安岩群荒沟岔岩组变粒岩、斜长角闪岩和燕山期的二长花岗岩株,显示出良好的找矿前景。

总结工作区地球化学找矿标志如下。①工作区具有亲石、碱土金属元素同生地球化学场的特征。②主成矿元素Au具有较好的异常分带性,连续性好,受北东向断裂构造控制。③特征元素组合为Au、Cu、Pb、Mo、Bi,形成简单组分富集的叠生地球化学场。④Au综合异常具有较好的成矿条件和找矿前景,对金矿积极支撑,是预测的重要靶区。⑤主要找矿指示元素有Au、Cu、Pb、Mo、Bi。其中,Au、Cu、Pb为近矿指示元素,Mo、Bi是评价矿体的尾部指示元素。⑥Au富集于高—中温的成矿地球化学环境。

11. 六道沟-八道沟预测工作区

工作区具有亲石、碱土金属元素同生地球化学场的特征。主要出露古元古界老岭岩群大栗子岩组千枚岩夹大理岩变质建造。三叠系、侏罗系的安山岩、安山质火山碎屑岩、流纹岩以及流纹质火山碎屑岩,构成的是火山岩建造。沉积岩建造主要由下古生界的砂岩、灰岩构成。侵入岩体有古元古代巨斑花岗岩,燕山期的闪长岩、花岗闪长岩、花岗斑岩。发育北东向的断裂构造。其中,成矿建造为老岭岩群大栗子岩组千枚岩夹大理岩变质建造,控矿构造为北东向的鸭绿江断裂。围岩蚀变有硅化、黄铁矿化、绿泥石化。

分布有六道沟(铜山)铜钼矿及乱泥塘金矿。

区内Mo异常26处。其中,2号、5号、8号、9号、10号、12号、13号、14号、15号、17号、19号、20号、21号、24号、28号Mo异常具有清晰的三级分带和明显的浓集中心,异常强度较高,为$113×10^{-6}$,以14号、17号异常规模最大,面积约为$10km^2$、$39km^2$,带状分布,具东西向或北东向延伸的趋势。

具有二级分带的Mo异常11处,以2号异常表现最好,向北没有封闭。

Cu圈出了43处异常,其中,具有三级分带和明显浓集中心的异常13处,以15号异常规模最大,面积约$24km^2$,强度$629×10^{-6}$,与Mo的17号异常叠合较好。由此可见,主要成矿元素Cu、Mo在区内的富集能力是较强的,而且含量水平较高。

与Cu、Mo空间套合紧密的元素主要有Au、Ag、Pb、Zn、As、Sb、W、Bi。

14号组合异常由Mo、W、Bi、Ag、Pb构成,Ag、Pb显示较小的异常规模,交合在Mo的外带,呈分散状态;Mo、W形成同心套合结构,同时,在Mo的外带W也有分布。这种组合特征说明岩浆系统的后期叠加改造作用强烈,同源的W、Bi、Ag、Pb产生不均匀的径向迁移,使地球化学场的线性结构界限具有离心的无序特征。

17号组合异常规模较大,复杂的元素组分空间套合紧密,形成异常组分富集的叠生地球化学场。空间上 Cu、Ag、Pb、Zn、As、Sb、Bi 与 Mo 呈同心结构状态,W 与 Mo 的浓集中心偏离,Cu、Bi 显示较大的异常规模。

该组合异常场直接反映了临江六道沟铜钼矿的成矿岩浆系统,浓集中心即为铜钼矿的分布位置。Mo、Bi、Cu 的高含量水平以及异常组分的复杂叠加,表明岩浆系统的深源能量是较大的;而系统中具有较高离子电位($\pi>8$)Bi、W、As、Sb 的充填使主要成矿元素 Mo、Cu 能够充分迁移和分异,碱性元素 Ag、Pb、Zn($\pi<2.5$)在带入区形成的地球化学障是 Mo、Cu 沉淀富集的有利保证。因此,17号组合异常场深部的进一步找矿预测是有希望的。

分布在铜钼成矿岩浆系统外的组合异常,规模相对较小,空间叠加的异常组分仍较复杂。地质背景显示,这些组合异常落位在燕山期花岗侵入体或与围岩(安山岩、大理岩)的接触带上,显示优良的成矿地质条件,是外围找矿预测的重要区域。

根据综合异常特征,结合成矿地质背景圈出4个地球化学找矿预测区。其中,铜山预测区资源量最大,最有希望。

总结工作区铜钼地球化学找矿标志如下。①工作区属于亲石、碱土金属元素同生地球化学场,属于中低山森林沼泽景观区。②主要成矿元素为 Cu、Mo,具有清晰的三级分带和明显的浓集中心,异常强度较高,规模较大,带状分布,轴向延伸北东或东西。主要同源组分 Cu、Pb、Zn、Ag、As、Sb、Mo、Bi 空间叠加紧密,在燕山期的岩浆系统中构成复杂组分富集的叠生地球化学场,利于 Cu、Mo 的迁移、富集。③成矿指示元素为 Cu、Pb、Zn、Ag、As、Sb、Mo、Bi。近矿指示元素为 Cu、Pb、Zn、Ag;远程指示元素为 As、Sb,评价成矿的尾部指示元素为(Cu)、Mo、Bi。④Cu-Mo 综合异常显示出优良的成矿条件和找矿前景,并与区内分布的铜钼矿产积极响应,是矿致异常。为区内扩大找矿规模的重要靶区。⑤主要成矿元素经历了高、中、低温复杂的成矿过程。

12. 海沟预测工作区

工作区属于中低山森林景观区。区内地层主要有新太古代、元古宙变质岩、变质火山岩建造。沉积岩建造主要由色洛河岩群钓鱼台组石英砂岩、南芬组页岩夹泥灰岩及白垩系砂岩构成。火山岩建造反映的是中生代三叠纪流纹岩夹流纹质火山碎屑岩、侏罗纪安山岩和新生代玄武岩。侵入岩体以燕山早期的花岗岩类为主,其次为印支期的碱长花岗岩。其中,元古宙变质岩建造、燕山早期的花岗岩与成矿关系最为密切,为金矿的主要控矿围岩。北东向、北西向的次一级断裂构造发育。

分布的矿产主要有海沟侵入岩浆型金矿。

工作区 Au 异常10处。其中,3号异常具有清晰的三级分带和明显的浓集中心,异常强度 41×10^{-9},面积为 $28km^2$,近椭圆形状,呈北西向延伸。

1号、2号、4号、5号、6号异常具有较好的二级分带,面积分别为 $11km^2$、$3km^2$、$8km^2$、$28km^2$、$5km^2$,椭圆状或不规则状,轴向北东或东西。

7号、8号、9号异常规模很小,呈开放式分散状态,分布在工作区的南侧。

与 Au 空间套合紧密的元素有 Ag、Cu、Pb、Zn、As、Sb、Hg、W、Bi、Mo,构成离心-向心异常组合模式的复杂组分富集区。

反映海沟金矿岩浆系统的5号甲级综合异常场,面积约 $23km^2$,近椭圆状。地质背景为新太古界(Ar_3)、元古界(Pt_1、Pt_3)变质火山岩建造以及燕山早期的二长花岗岩,综合异常处在断裂构造的交会处,显示出良好的成矿条件和进一步找矿前景。

Au 的乙级综合异常面积亦较大,分布在矿致系统边缘,同样具备优良的成矿背景和条件,是海沟金矿外围找矿的重要靶区。

总结工作区金矿地球化学找矿标志为。①该区属于铁族元素同生地球化学场,同时具有亲石、稀有、稀土元素富集的特点。属于中低山森林景观区。预测的成矿类型为侵入岩浆型金矿。②主成矿元素 Au,具有清晰的三级分带和明显的浓集中心,强度高。伴生元素以 Ag、Cu、As、Sb、Hg 为主。③Au 组合异常形成组分复杂的叠生地球化学场,显示中—低温的富集地球化学环境。表明成矿具有隐伏特征。④Au 综合异常具备优良的成矿地质背景和条件,可为扩大找矿规模提供化探依据。⑤找矿指示元素为 Au、Ag、Cu、Pb、Zn、As、Sb、Hg、W、Bi、Mo。其中,Au、Ag、Cu、Pb、Zn 为近矿指示元素;As、Sb、Hg 为远程指示元素;W、Bi、Mo 为尾部指示元素。

13. 小西南岔-扬金沟预测工作区

该工作区属于中低山森林、沼泽景观区,具有亲石、碱土金属元素同生地球化学场性质。广泛分布呈岩基产出的海西晚期黑云母斜长花岗岩、花岗闪长岩侵入体,其次为呈岩株产出的燕山早期花岗闪长岩。此外,还分布有少量的寒武系—奥陶系五道沟群变质岩建造以及二叠系、三叠系中酸性火山岩建造。南北向、北东向断裂构造发育。

区内矿产丰富,有小西南岔侵入岩浆型铜金矿、杨金沟金矿、钨矿,东南岔砂金矿等。

区内 Au 异常 14 处。其中,8 号异常规模大,具有清晰的三级分带和 2 个明显的浓集中心,强度 292×10^{-9},面积为 $118km^2$,带状分布,轴向北西。

1 号、2 号、10 号、12 号异常具有清晰的二级分带,规模较小。呈椭圆或不规则状,北东向延伸的趋势。

Cu 异常 4 处。其中,3 号异常具有清晰的三级分带和明显的浓集中心,异常强度较高,达到 741×10^{-6},面积为 $145km^2$。异常呈带状分布,轴向北东向延伸。

4 号 Cu 异常具有完整的二级分带,面积 $18km^2$,形状不规则,具有北西向延伸的趋势。

8 号 Au 异常和 3 号 Cu 异常对小西南岔铜金矿积极支撑,是优良的矿致异常。而指示杨金沟金矿的 Au 异常表现不理想。

与 Au、Cu 空间套合紧密的元素有 Pb、Zn、Ag、As、Sb、Hg、W、Bi、Mo。形成的组合异常场具有叠合复杂的离心-向心结构,是无序程度较高的元素富集区。

表征小西南岔铜金矿成矿岩浆系统的综合异常场由 8 号组合异常构成,规模较大,以富含 Au、Cu、W 的寒武系—奥陶系五道沟群的香房子和杨金沟岩组以及海西晚期黑云母斜长花岗岩、花岗闪长岩侵入体为地质背景,显示优良的成矿条件和找矿前景。

反映杨金沟金矿系统的综合异常,面积 $35km^2$,亦具有优良的成矿条件和进一步找矿前景,是重要预测区。

显示杨金沟钨矿系统的组合异常组分复杂,元素空间无序叠加明显。其中,主要指示元素 W,具有清晰的三级分带和明显的浓集中心,异常强度 71×10^{-6},面积为 $111km^2$。形状不规则,近南北向延伸。综合异常场面积约 $136km^2$,以大面积的海西期花岗闪长岩和燕山晚期的闪长斑岩为主要地质背景,发育南北向、北西向、北东向的断裂构造,显示出优良的成矿条件和找矿前景。

总结工作区地球化学找矿标志如下。①工作区属于亲石、碱土金属元素同生地球化学场。金矿、铜矿、钨矿与海西期以及燕山晚期的酸性岩浆活动关系密切。②主成矿元素 Au、Cu、W 异常规模较大,分带清晰,浓集中心明显,强度高,是主要找矿指标。③反映矿致系统的组合异常场,组分复杂,表现的叠加改造作用强烈,构成的综合地球化学场,具有优良的成矿地质条件,是找矿的主要场所。④找矿指示元素有 Au、Cu、Pb、Zn、Ag、As、Sb、Hg、W、Bi、Mo。其中,Au、Cu、Pb、Zn、Ag 为近矿指示元素,As、Sb、Hg 是远程找矿指示元素,W、Bi、Mo 成为评价矿体剥蚀程度的尾部元素。⑤成矿经历了高—中—低温多阶段、复杂的过程。

14. 夹皮沟-溜河预测工作区

该工作区属于中低山森林景观区。主要出露具有绿岩特点的太古宇龙岗岩群四道砬子河组、杨家店组、英云闪长质片麻岩;夹皮沟岩群老牛沟组、三道沟组以及元古宇色洛河群红旗沟组、达连沟组,构成变质岩建造。其中,英云闪长质片麻岩(Ar_2gnt)、老牛沟组(Ar_3ln)、三道沟组(Ar_3sd)地层含有 Au。侵入岩体以阜平期、五台期的变质二长花岗岩以及燕山期的酸性花岗岩类为主。

区内金矿床(点)密布,如大型夹皮沟金矿、中型板庙子金矿、六匹叶金矿、二道岔金矿、二道沟铜铅金矿,小型三道沟金矿、老牛沟金矿、小北沟金矿、大线沟金矿、四道岔金矿、二道沟庙岭铅金矿以及八家子铅金矿。另外尚发现大量的贵金属、有色金属矿化点。

区内 Au 异常 5 处。其中,1 号异常规模大,分带清晰,浓集中心明显,强度 $546×10^{-9}$,面积为 $228km^2$,NAP 值为 17 173。呈带状分布,轴向延伸北西向。

2 号 Au 异常亦具有比较清晰的三级分带和浓集中心,面积为 $33km^2$,近椭圆状,北东向延伸。

3 号、4 号、5 号异常分带差,规模较小,呈卫星异常分布。

与 Au 空间套合紧密的元素有 Cu、Pb、Zn、Ag、As、Sb、Hg、W、Sn、Bi、Mo、Ni、Cr,呈离心-向心异常模式,核部带及交换带均显示为组分复杂的叠加地球化学场。这种组合复杂的富集模式指示在以 Ni、Cr 为基础的同生地球化学场中,成矿元素 Au 经历了从高温组合 W-Sn-Bi-Mo,到中温组合 Cu-Pb-Zn-Ag,再经过低温组合 As-Sb-Hg-Ag 的强烈叠加改造过程。

Au 综合异常共圈出 4 处。其中,1 号甲级综合异常落位在板庙子林场—夹皮沟镇,面积 $208km^2$,带状分布,北西向延伸,反映了以富含 Au、Cu 的太古宙古老变质岩群为地质背景的夹皮沟金矿岩浆系统。该系统在近东西向的深大断裂以及阜平到燕山期岩浆改造作用下,Au、Cu 得到进一步迁移富集,成为预测金矿的最主要场所。

2 号甲级综合异常落位在苇沙河—老金厂镇,面积 $50km^2$,近椭圆状,东西向展布。地质背景与 1 号甲级综合异常相同,有金矿产积极响应,矿致特征明显,是预测金矿的重要异常区。

乙级、丙级综合异常场形成于夹皮沟金矿带边缘,亦具有良好的成矿地质背景和条件,找矿前景良好。

总结工作区金矿地球化学找矿标志如下。①工作区属于由太古宙花岗绿岩组分构成的亲铁元素同生地化学场。②主要成矿元素 Au,异常规模大,具有分带清晰,浓集中心明显的基本特征,强度高。③主要的伴生元素有 Cu、Pb、Zn、Ag、W、Bi、Mo、As、Sb、Hg 等。在后期的岩浆侵入活动中,对 Au 进行了强烈的叠加改造作用,共同构成复杂组分富集的叠生地球化学场。利于 Au 的迁移、富集。④找矿指示元素为 Au、Cu、Ag、W、Mo、Sn、Bi、As、Sb、Hg。近矿指示元素为 Au、Cu、Ag;远程找矿指示元素为 As、Sb、Hg;尾部指示元素为 W、Sn、Mo、Ni、Co、Mn。⑤甲级综合异常具有较好具有优良的找矿前景,是扩大找矿的有利区域。⑥Au 富集成矿经历了高—中—低温复杂的过程。

15. 正岔-复兴预测工作区

该区属于中低山森林景观区,具有亲石、稀有、稀土元素同生地球化学场和亲铁元素同生地球化学场的双重特征。主要出露元古宇集安岩群和老岭岩群,少量中生代碎屑岩及中性火山岩建造,侵入活动从吕梁期到印支期均有出现,而与成矿关系密切的是印支期的花岗岩浆活动。北东向、北西向断裂构造发育。毒砂化、黄铁矿化、硅化与成矿关系密切。

区内矿产丰富,主要有西岔银金矿、金厂沟金矿、复兴屯铜金矿及正岔铅锌矿。

Au 异常圈出 11 处,Ag 异常 24 处。其中,1 号 Ag 异常与 11 号 Au 异常具有清晰的三级分带和显著的浓集中心,异常强度分别为 $8600×10^{-9}$ 和 $193×10^{-9}$,面积 $3km^2$、$90km^2$,Ag 近椭圆状,Au 不规则状,轴向延伸北东。该 Au、Ag 异常对西岔银金矿、金厂沟金矿积极支持,是优良的矿致异常。

7 号 Au 异常具有较好二级分带,面积 $20km^2$,呈不规则状,北西向延伸。有复兴屯铜金矿积极响应,矿致特征明显。具有同等指示效应的 Cu 异常呈三级分带,面积 $2km^2$,椭圆状。

指示正岔铅锌矿的是 3 号 Pb 异常和 2 号 Zn 异常。二者均具有三级分带和明显的浓集中心,强度分别为 $181×10^{-6}$、$236×10^{-6}$,面积 $16km^2$、$26km^2$,近椭圆状或不规则状,呈现东西向延伸的趋势。

其他 Au、Ag、Cu、Pb、Zn 异常主要分布在相应矿产的外围,以二级分带为主,多为不规则状。

空间上紧密叠加的元素是 Au、Ag、Cu、Pb、Zn、As、Sb、Hg、Sn、Mo、W、Bi。

反映西岔银金矿、金厂沟金矿系统的组合异常场由 Au、Ag、Cu、Pb、Zn、As、W、Bi 构成。系统内 Au、Ag 异常含量水平高,浓集中心即是金银矿分布位置,矿致特征明显。同源的 Pb、Zn、As、Bi、W 在成矿系统边缘富集,和 Au、Ag 一同构成组合异常的同心-离心结构。这种边缘富集特征说明在 Au-Ag 矿化过程中,异常边界的带入组分 Pb、Zn、As、Bi、W 对控矿空间的叠加改造作用十分强烈,由此造成的异常分带(内带 Au、Ag,中带 Pb、Zn,外带 As、Bi、W)突显了西岔金银成矿岩浆系统的地球化学场特征。系统边缘的 Pb、Zn、As、Bi、W 富集场是西岔金银矿外围的重要找矿预测区。

反映正岔铅锌矿致岩浆系统的是 3 号铅锌组合异常。组分有 Pb、Zn、Au、Ag、As、Sb、W、Bi。其中,Au 局部伴生在 Pb 的外带,Zn、Ag、As、Sb、W、Bi 以较大异常规模存在,并主要构成 Pb 的内带、中带。显示出在高—中—低温的成矿地球化学环境中形成具有较复杂元素组分富集特征的叠生地球化学场。

复兴屯铜金矿致岩浆系统由 Au-Ag-Cu-As-W 组合异常场表征。该异常场具有离心-向心立体带状结构,即 Au、Cu 的浓集中心吻合,As、W、Ag 与 Au、Cu 局部交合,充分表现元素在空间上的无序叠加,这无疑为 Au、Cu 的富集成矿起到重要作用。

从综合异常地质背景上看,无论是金(银)矿、铜矿、还是铅锌矿,元古宇集安岩群和老岭岩群为成矿系统提供了丰富的物质来源。在岩浆和变质改造成矿作用以及构造发育的条件下,正岔-复兴屯工作区将成为找矿预测的重要区域

总结工作区地球化学找矿标志如下。①工作区具有亲石、稀有、稀土元素同生地球化学场和亲铁元素同生地球化学场的双重特征。属于中低山森林景观区。②主要成矿元素 Au、Ag、Cu、Pb、Zn 具有非常清晰的三级分带和显著的浓集中心,异常强度较高,规模较大,并有相应矿产积极响应,找矿指示作用明显。③矿致组合异常形成复杂元素组分富集的叠生地球化学场,显示出伴生元素的强烈叠加改造作用。④矿致综合异常具有较好的成矿地质条件和找矿前景,空间上与分布的矿产积极响应,是区内找矿预测的重要靶区。⑤主要找矿指示元素有 Au、Ag、Cu、Pb、Zn、As、Sb、Hg、W、Mn、Bi。其中,Cu、Au、Au、Cu、Pb、Zn、Ag 为近矿指示元素,As、Sb、Hg 为远程指示元素,W、Mn、Bi 为评价成矿的尾部指示元素。

16. 黄松甸子预测工作区

黄松甸子地区所处的地质构造单元以及成矿地质背景、成矿地质条件与小西南岔-杨金沟预测工作区相同。分布的黄松甸子砂金矿、太平沟砂金矿、西土门子砂金矿以及珲春草坪河谷砂金矿点产于古近系土门子组下段的砾岩、各粒级砂岩层位中。

Au 异常 4 处。其中,4 号异常三级分带清晰,浓集中心明显,异常强度达到 311×10^{-9},面积 $45 km^2$,呈带状分布。有以上砂金矿积极响应,矿致特征明显。

1 号、3 号异常为二级分带,由于工作区范围而未封闭。

与 Au 空间套合紧密的元素有 Cu、Pb、Zn、Ag、As、Sb、Hg、W、Bi、Mo。

4 号 Au 组合异常由 Au、Cu、Pb、Zn、Ag、As、Sb、Hg、W、Bi、Mo 构成。其中,Cu、Pb、Zn、Ag、As、Sb、Hg、Bi、Mo 与 Au 呈同心套合,充填于 Au 的内带、中带,W 异常规模较大。而外带主要为 Hg 异常,显示出原生 Au 经受 Cu、Pb、Zn、Ag、As、Sb、Hg、W、Bi、Mo 后期强烈的叠加改造作用,在高-中-低温的成矿地球化学环境中,构成复杂元素组分富集的叠生地球化学场。

2 号甲级综合异常落位在黄松甸子,由 4 号 Au 组合异常构成,面积 $30 km^2$,表征的是黄松甸子区域砂金矿致系统。寒武系—奥陶系五道沟群香房子岩组二云片岩与石英片岩构成的变质岩建造(富含 Au、Cu、W 成矿元素)以及海西期的花岗岩类侵入活动,为成矿提供了良好的背景和条件。

总结工作区地球化学找矿标志如下。①该区属于亲石、碱土金属元素同生地球化学场,同时具有铁族元素富集的特征。②Au 异常规模较大,分带清晰,浓集中心明显,异常强度高,是主要找矿标志。③

Au 组合异常,组分复杂,叠加改造作用强烈,构成复杂元素组分富集的叠生地球化学场,同时显示高—中—低温多阶段、复杂的成矿地球化学环境。④Au 甲级综合异常与分布的矿产积极响应,是优质的矿致异常,可为扩大找矿规模提供重要的化探信息。⑤找矿的指示元素为 Au、Cu、Pb、Zn、Ag、As、Sb、Hg、Ag、W、Bi、Mo。其中,Au、Cu、Pb、Zn、Ag 为近矿指示元素,As、Sb、Hg 是远程找矿指示元素,W、Bi、Mo 成为评价矿体剥蚀程度的尾部元素。

17. 珲春河流域

该预测工作区主要包括古洞河和苇沙河。成矿物质主要来源于含 Au、Cu、W 的寒武系—奥陶系五道沟群变质砂岩。古近纪砾岩、砂岩层位是珲春河等砂金矿的主要控矿层位。

Au 异常圈出 5 处。其中,2 号异常分带清晰,具有 4 个明显的浓集中心,异常强度为 43×10^{-9},面积 $143km^2$,呈带状分布,轴向延伸北东。有珲春河等砂金矿积极响应,是主要找矿标志。

二级分带异常,多呈不规则状,规模相对较小,东西向延伸,显示砂金矿带边缘的异常分布特征。

Au 组合异常以 Au-Cu、As 和 Au-W、Mo、Bi 为代表。

2 号 Au 组合异常显示复杂的元素组分,Cu、As、W、Mo、Bi 与 Au 空间套合紧密。其中,W、Mo、Bi 构成 Au 的内带,中带主要由 Cu 构成,外带为 As。形成的叠生地球化学场,主要反映珲春河砂金矿的成矿岩浆系统。

总结工作区地球化学找矿标志如下。①该区属于亲石、碱土金属元素同生地球化学场。②主成矿元素 Au,异常规模较大,分带清晰,浓集中心明显,异常强度高。③Au 组合异常构成复杂元素组分富集区,是主要找矿区域。④找矿的指示元素为 Au、Cu、As、W、Mo、Bi。其中,Au、Cu 为近矿指示元素,W、Bi、Mo 成为评价矿体剥蚀程度的尾部元素。

18. 石咀-官马预测工作区

预测工作区属于丘陵、低山森林景观区。分布古生界寒武系、奥陶系的变粒岩与大理岩互层变质岩建造。中生界上石炭统窝瓜地组火山熔岩,三叠系四合屯组和侏罗系玉兴屯组、南楼山组的流纹岩、安山岩火山岩建造以及由下石炭统鹿圈屯组、上石炭统石咀子组以及二叠系寿山沟组地层构成的沉积岩建造。其中,玉兴屯组、南楼山组含 Cu;而石炭系鹿圈屯组、石咀子组灰岩中除含 Cu 外,还有 Au。侵入岩以海西期和燕山早期花岗岩为主。区内北东向、北西向断裂构造发育。

分布的矿产主要有石咀子铜矿、官马金矿、驿马锑矿等。前两者产于石炭纪灰岩与花岗岩内、外接触带上,以砂卡岩型、构造蚀变岩和石英脉型为主。后者产于晚三叠世安山岩、安山角砾岩中,受北西向断裂构造控制。矿体为矿化石英脉,

Cu 元素异常 3 处。其中,3 号异常具有清晰的三级分带和明显的浓集中心,面积约 $9km^2$,呈椭圆状。有石咀子铜矿积极响应,是优良的矿致异常。

Au 异常圈出 9 处。其中,1 号、4 号、5 号、8 号异常具有三级分带和浓集中心,异常强度达到 39×10^{-9},面积分别为 $43km^2$、$6km^2$、$22km^2$、$33km^2$,形状不规则,东西向或北东向延伸的趋势。NAP 值最大的是 1 号异常,为 559。4 号异常 NAP 值为 78,有金矿点响应,而官马金矿没有 Au 异常直接支持,只在金矿外围有显示。

Sb 异常有 8 处。2 号异常呈面状分布,$29km^2$,强度 37.8×10^{-6},浓集中心较大,其中心位置即为驿马锑矿,表明 2 号 Sb 异常的矿致性质。

与 Au、Cu 空间套合紧密的元素有 Pb、Ag、As、Sb、Hg、W、Sn、Bi、Mo。

表征官马金矿成矿岩浆系统的是 Pb、W、Sn、Bi、Hg、Au 构成的异常地球化学场。其中,Pb 与 Cu 呈同心套合状,W、Sn、Bi 构成 Cu 的内带、中带,Sn 以较大的异常规模存在;Hg、Au 局部伴生在 Cu 的外带。这种组合形式表明 Cu 在迁移、富集过程中是以高温阶段为主,构成较复杂元素组分富集的叠生地球化学场。而 Au 具有较强的独立性,在组合异常中呈离心模式。指示 Au、Cu 不同的矿化阶段,这

对铜、金找矿预测具有重要意义。

反映石咀子铜矿成矿岩浆系统的是由 Cu、Au、Pb、Ag、W、Sn、Bi、Mo、As、Hg 构成的异常地球化学场。其中，Cu、Au、Pb、Ag、W、Sn、Bi、Mo 同心套合，Au 及高温组合以较大的异常规模覆盖在 Cu 之上，As、Hg 局部伴生在 Cu 的外带。该组合形式显示出在以亲石、稀有、稀土元素为主的同生地球化学场中，主成矿元素 Cu 经受了 Au、Pb、Ag、Au、W、Sn、Bi、Mo、As、Hg 等元素强烈的叠加改造作用，形成组分复杂的叠生地球化学场。

反映驿马锑矿成矿岩浆系统的异常地球化学场主要由 Sb、Au、Pb、As、Hg 异常构成。空间上 Sb、Au、Hg 套合紧密，Pb、As 与 Sb 局部交合，是无序特征明显的元素富集区。

以上述组合异常构成的综合地球化学场具备优良的成矿地质背景和条件，在相应矿产的积极响应下，以 Au、Cu、Sb 为主体的综合异常无疑是扩大深部及外围找矿预测最有利场所。

总结工作区金、铜、锑矿地球化学找矿预测标志为。①工作区为亲石、稀有、稀土元素为主的同生地球化学场。属丘陵、低山森林景观区。②主成矿元素 Cu、Au、Sb 具有清晰的三级分带和明显的浓集中心，异常强度较高，对已知的金矿、铜矿、锑矿积极响应，是主要找矿指标。③Cu 组合异常组分复杂，具有水平分带特征（内带 Cu、Au、Pb、Mo，中带 Ag、W、Sn、Bi，外带 Au、As、Hg），构成高含量水平的富集叠生地球化学场。④综合异常成矿条件优良，与分布的矿产具有积极的响应关系，是主要预测场所。⑤找矿指示元素为 Cu、Au、Pb、Ag、W、Sn、Bi、Mo、As、Hg、Sb。其中，As、Hg、(Sb) 为远程指示元素；Cu、Au、Pb、Ag、Sb 为近矿指示元素；W、Sn、Bi、Mo 是成矿的尾部元素。⑥Au、Cu 成矿经历了高—中—低温复杂的过程。

19. 大黑山-锅盔顶子预测工作区

工作区属于丘陵、低山森林景观区。具有亲石、稀有、稀土元素同生地球化学场特点。主要出露太古宇、元古宇和下古生界变质岩建造；中生代安山岩、安山质碎屑岩、凝灰岩火山岩建造。其中，玉兴屯组砂砾岩、流纹质—安山质火山碎屑岩建造和南楼山组安山岩、凝灰质角砾岩建造含有 Au。沉积岩建造由上古生代和中生代砂岩类构成。侵入岩以燕山期花岗岩类为主，其次为二叠纪橄榄岩体。其中，燕山早期的花岗斑岩体是钼矿、铜矿的主要控矿岩体。发育北东向、北西向断裂构造。

分布的矿产主要有大黑山斑岩型钼矿、四方甸子钼矿、锅盔顶子铜矿。

工作区圈出 Mo 异常 10 处。其中，3 号、4 号异常具有清晰的三级分带和明显的浓集中心，异常强度 45×10^{-6}，面积分别为 $25km^2$、$17km^2$，呈带状分布。3 号 Mo 异常浓集中心有大黑山钼矿积极响应，是矿致异常。4 号 Mo 异常向东未封闭，有锅盔顶子铜矿分布，矿致特征明显。

7 号 Mo 异常以二级分带为主，面积 $86km^2$，呈东西向带状分布。有四方甸子钼矿及加兴顶子铜矿点响应，是矿致异常。

Cu 异常 6 处。其中，4 号异常分带清晰，浓集中心明显，强度为 1862×10^{-6}，面积 $67km^2$，具有北东向延伸的趋势。

1 号、2 号、3 号、6 号 Cu 异常显示出较明显的二级分带现象，并以 2 号、3 号异常中带分级最好。面积分别为 $5km^2$、$16km^2$、$17km^2$、$31km^2$，均呈不规则状态分布，轴向延伸北东或北西。

与 Mo 空间套合紧密的元素有 W、Ag、Cu、Pb、Zn、As、Sb。

3 号 Mo 组合异常由 W、Cu、Ag、Pb、Zn、As、Sb 构成。其中，W、Cu、Ag、Pb、As、Sb 以较大的异常规模与 Mo 形成同心套合结构，显示较复杂组分的天然富集体。而 Zn 与 Mo 的浓集中心偏离，呈局部交合状，指示能量核心具有一定埋深。

该天然富集体反映的是大黑山钼矿成矿岩浆系统，组合异常地球化学场的浓集中心即是大黑山钼矿分布位置。从组合异常分带上看，高离子电位的 As、Sb 在前锋区富集，使主要元素 Mo、W 在碱性的条件下沿着热液系统（花岗斑岩体）充分迁移、分异，并不断充填构造成矿空间。随着含矿流体在封闭的系统空间里不断对流循环，围岩中有益组分被萃取，同源的 Ag、Pb、Zn 通过带入区进入矿致岩浆系统。

在深源能量巨大的条件下,成矿元素 Mo 相对于酸-碱动态平衡的地球化学障进一步富集成矿。

4 号 Cu 组合异常中,Pb、Zn、Ag、As、W、Mo、Bi 充填在 Cu 的内带、中带,外带主要由 As 构成。形成的较复杂元素组分富集区。主要表征了永吉的锅盔顶子铜矿成矿系统,充分显示了带状异常的无序性,并促进了岩浆热液系统有益组分的叠加和富集。

具有二级异常分带的地球化学场在空间上的叠加组分同样比较复杂,Ag、Cu、Pb、As、Sb 异常规模相对较大,指示岩浆热液活动十分强烈,对矿致系统边缘仍有不同程度的叠加改作用。因此,这些外围的异常地球化学场对找矿预测同样有利。

工作区钼矿、铜矿地球化学找矿标志如下。①区内分布大面积的燕山期花岗岩类侵入体,北东向、北西向的断裂构造十分发育,二者是主要成矿要素。②主成矿元素 Mo、Cu 具有清晰的分带和浓集中心,与矿致源积极响应,矿致性质明显。③Mo、Cu 组合异常形成复杂组分富集的叠生地球化学场,反映的是钼矿、铜矿的成矿岩浆系统,是找矿预测的重要场所。④找矿指示元素有 Mo、W、Ag、Cu、Pb、Zn、As、Sb。其中,Mo、Cu 是主要成矿指示元素;Ag、Cu、Pb、Zn 是近矿指示元素;As、Sb 是前锋指示元素;Mo、W 是评价热液系统的尾晕。⑤成矿地球化学环境主要是中—高温。

20. 地局子-倒木河预测工作区

该预测工作区属于丘陵、低山森林景观区。主要分布古生界下二叠统大河深组安山质凝灰岩夹粉砂岩、砾岩及灰岩透镜体;范家屯组砂岩、粉砂岩及板岩夹凝灰质砂岩及灰岩透镜体。中生代侏罗纪南楼山组凝灰岩、火山角砾岩(与成矿关系密切)。侵入岩体以印支期的花岗闪长岩及燕山晚期的花岗岩为主。区内发育北东向断裂构造。

分布的矿产有火山岩型倒木河子金矿、地局子铜铅锌矿以及多金属矿点、钼矿点等。

工作区圈出 5 处 Au 异常。其中,3 号异常具有清晰的三级分带和 3 处明显的浓集中心,异常强度 30×10^{-9},面积 $138 km^2$,呈北东向带状分布,有倒木河子金矿及铜铅锌矿积极响应,是优质的矿致异常。

其余 Au 异常分布在倒木河子金矿系统边缘。

Cu 异常、Pb 异常、Zn 异常各圈出 10 个、13 个、4 个。其中,6 号 Cu 异常、4 号 Pb 异常以及 4 号 Zn 分带清晰,浓集中心明显,强度分别为 52×10^{-6}、58×10^{-6}、183×10^{-6},面积 $46 km^2$、$78 km^2$ 和 $38 km^2$,不规则带状分布。三者对地局子铜铅锌矿强烈支撑,矿致特征明显,是主要找矿指示元素。

反映倒木河子金矿岩浆系统的叠加异常地球化学场由 Au、Cu、Pb、Zn、W、Sn、Mo、Bi、As、Sb、Hg 组成。其中,Au、W、Sn、Mo、Bi 同心套合,构成成矿系统的核部带;Cu、Pb、Zn 与 Au 局部交合,表征系统的边缘富集模式;As、Sb、Hg 分布在金矿系统的外围,指示系统的交换特征。

Pb、Zn、Cu、Au、W、Mo、As、Sb 异常组分,形成地局子铜铅锌矿致系统的叠加异常地球化学场。空间上呈同心套合的 Pb-Zn-Cu 组合指示成矿系统核心;边缘组分 Au、W、Mo、As、Sb 具有多源性,可指示地局子铜铅锌矿致系统的外围异常分布特征。

Au、Cu、Pb、Zn 综合异常具有良好的成矿地质背景和条件,是找矿预测主要区域。

总结工作区金矿、多金属矿的地球化学找矿标志如下。①该区属于亲石、稀有、稀土元素同生地球化学场。②主要成矿元素 Au、Cu、Pb、Zn 异常面积大,强度高,浓集中心部位即为矿化核心。③反映成矿系统的异常地球化学场,组分复杂,元素空间叠合紧密,具备良好的成矿条件,是预测主要场所。④W、Sn、Mo、Bi 异常发育表明元素的富集成矿应以高温的地球化学环境为主。

21. 大梨树沟-红太平预测工作区

工作区属于中低山森林沼泽景观区。形成的是亲石、碱土金属元素同生地球化学场。主要分布新太古界万宝组片岩夹大理岩,杨木岩组片岩、变粒岩夹大理岩变质岩建造。中生代安山岩、安山质火山碎屑岩及流纹岩火山岩建造(与成矿关系密切)。以及上古生界二叠系庙岭组砂岩夹灰岩,中生界三叠系、白垩系砂岩、粉砂岩构成的沉积岩建造。岩浆活动频繁,主要是海西期的二长花岗岩和燕山期的花岗闪长岩、二长花岗岩和花岗斑岩，其次为印支期花岗闪长岩、二长花岗岩。断裂构造以北东向、北西向为主。

分布的矿产主要是汪清红太平火山岩型铜铅锌多金属矿。

工作区圈出14处Cu异常，8处Pb异常，3处Zn异常。具有清晰三级分带和明显浓集中心的是Cu:2号、4号、7号、9号，强度$94.5×10^{-6}$，面积分别为$16km^2$，$43km^2$，$18km^2$，$20km^2$。异常形状均不规则，呈带状分布，主要为北东向延伸。Pb:4号、7号，异常强度达到$34×10^{-6}$，面积分别为$3km^2$，$31km^2$。不规则状，东西向延伸的趋势。Zn:1号、3号，强度$210×10^{-6}$，面积分别为$190km^2$、$5km^2$，呈带状及近椭圆状。其中，4号Pb异常、3号Zn异常、7号Cu异常对红太平多金属矿积极支撑，矿致特征明显，是主要找矿指示元素。

其余异常规模相对较小，形状均不规则，分布零散，北东向延伸的趋势。

空间上，具有紧密套合关系的元素有Pb、Zn、Cu、Ag、Au、Sn、Bi、Mo、As、Sb。

反映红太平铜铅锌多金属成矿岩浆系统的异常地球化学场由Ag、Pb、Zn、Cu、Au、Mo、Sn、Bi、As等组分形成，是具有同心结构的复杂组分聚集区。伴生组分Ag、Au、Mo、Sn、Bi、As对主要成矿元素Pb、Zn、Cu的强烈叠加，造成矿致系统异常分带的不明显，这种元素物质的重新分布是与深部的构造活动频繁以及较大规模能源有关。因而进行深部找矿预测是有希望的。

分布在太平铜铅锌成矿系统南北两侧的异常组合，亦形成复杂的元素组分富集区。元素强烈的无序叠加指示组合异常场岩浆热液活动的反复性、继承性同样明显，这对外围找矿预测十分有利。

工作区多金属矿的地球化学找矿标志如下。①工作区具有亲石、碱土金属元素同生地球化学场特征。②主要成矿元素Pb、Zn、Cu、Ag具有清晰的三级分带和明显的浓集中心，异常强度高，在成矿岩浆系统中具有明显富集。③元素组合异常场组分复杂，空间套合紧密，利于成矿物质的迁移、富集。④找矿指示元素有Pb、Zn、Cu、Ag、Au、W、Sn、Mo、Bi、As、Sb。其中，Pb、Zn、Cu、Ag、Au是近矿指示元素，As、Sb是远程指示元素，W、Sn、Mo、Bi是尾部指示元素。⑤成矿主要以中—低温地球化学环境为主。

22. 红旗岭预测工作区

该工作区属于丘陵、低山森林景观区。具有亲铁元素同生地球化学场和亲石、稀有、稀土元素同生地球化学场的双重性质。主要出露早古生代变质岩群（斜长片麻岩、黑云斜长变粒岩、角闪斜长变粒岩），这套岩群中分布着以橄榄岩、辉长岩为主要成分的数量众多、大小不等的晚三叠世基性—超基性岩体，铜镍矿即产于这些岩体中。此外区内还分布着晚古生代中基性的安山岩、安山质凝灰岩。岩浆活动表现为海西期和燕山期花岗岩类侵入体，总体构成综合成矿建造系列。区内次级的北东向、北西向断裂构造发育。

分布的矿产主要为红旗岭岩浆熔离-贯入型铜镍矿床。

区内圈出5个Ni异常。其中，2号、5号异常分带清晰，浓集中心明显，面状分布，异常强度高，峰值为$526×10^{-6}$。2号异常面积$112km^2$，其浓集中心是红旗岭铜镍矿分布区，为成矿异常。5号异常向南没有封闭，对典型矿床不支持。

Cu元素异常亦有5处。1号、2号异常分带清晰，浓集中心明显，强度$195×10^{-6}$。前者面积$98km^2$，带状分布，有铜镍矿响应，亦是优良的成矿异常。

与Ni空间套合紧密的元素主要有Ni、Cu、Cr、Co、Mn、Pb。

1号组合异常场由Ni、Cu、Cr、Co、Mn、Pb异常构成，组分复杂。Ni、Cu、Cr、Co、Mn同心套合，Pb局部交合在Ni的外带，指示后期的岩浆热液叠加改造作用。

该异常地球化学场反映具有强烈成矿专属性的红旗岭铜镍成矿系统，控制着1号、2号、3号、9号以及茶尖岭含矿基性-超基性岩体。而这些含矿的基性-超基性岩体即是矿致系统的成矿柱，高含量的Ni、Cu、Cr、Co、Mn沿能量核心环状迁移，形成复杂异常组分的同心结构。由1号组合异常构成的甲级综合异常是区内重要的找矿预测区。

相对 1 号组合异常场，主要载体矿物镍黄铁矿、磁黄铁矿是集中分布的，其次是黄铜矿、紫硫镍矿和黄铁矿。而且随着含矿岩体基性程度的增高（体现于 Cr 的高质量分数和较大异常面积 $88km^2$），镍黄铁矿、磁黄铁矿含量增加，黄铜矿、黄铁矿相对减少，呈现标准矿物的分带特征。所以，红旗岭矿致系统是在岩体基性程度较高的地球化学环境中形成的。

7 号岩体没有相关的元素异常响应，3 号、4 号、5 号组合异常（Ni-Cr-Cu-Mn-Pb）围绕 7 号岩体分布，可作为外围的找矿区段。

根据综合异常特征，结合成矿地质背景圈出 2 个地球化学找矿预测区。

总结工作区铜镍矿地球化学找矿标志如下。①工作区属于亲铁、亲石、稀有、稀土元素同生地球化学场。②主成矿元素 Ni、Cu 具有规模大、分带清晰、浓集中心明显、异常强度高的基本特征。③Ni、Cu 组合异常场组分复杂，后期叠加改造作用强烈，是找矿预测的主要场所。④找矿主要指示元素为 Ni、Cu、Cr、Co、Mn。其中，Ni、Cu 是成矿指示元素；Cr、Co 为近矿指示元素。Mn 是评价矿床的尾部指示元素。⑤成矿经历了高—中—低温复杂阶段。

23. 漂河川预测工作区

工作区属于丘陵、低山森林景观区。具有亲铁、亲石、稀有、稀土元素同生地球化学场性质。主要出露寒武系的黑云斜长变粒岩和角闪斜长变粒岩以及奥陶系的大理岩，构成变质岩建造。其次为白垩系安山岩、上新世橄榄玄武岩建造。侵入岩以印支期的辉长岩（与成矿密切）以及燕山期的花岗岩类为主。发育北东向断裂。

分布的矿产主要有漂河川铜镍矿床。

工作区圈出 4 个 Ni 异常、8 个 Cu 异常。其中，3 号 Ni 异常和 2 号、3 号 Cu 异常均具有清晰的三级分带和明显浓集中心，强度分别为 79×10^{-6}、46×10^{-6}，面积 $620km^2$、$262km^2$、$107km^2$，呈北东向不规则带状分布。

空间上套合紧密的元素为 Ni、Cr、Co、Mn、Cu、Pb。

1 号、2 号、3 号组合异常场反映的是新生界基性火山岩建造，主要成分是深灰色的玄武岩、橄榄玄武岩。Ni 的浓集中心处有 Cr、Co、Mn 的浓集中心套合，而且，Ni、Cr、Co、Mn 的异常分布与基性玄武岩吻合，是玄武岩体引起的高背景异常富集区。Cu、Pb 亦与 Ni 的浓集中心存在紧密套合，但是，Cu、Pb 的异常规模相对较小，呈断续分布。说明 Cu、Pb 异常源于燕山期的岩浆活动，区域地质背景可以很好地表明这一点。

在漂河川铜镍矿分布区域 Ni 异常没有反应，控矿的海西晚期—印支期的辉长岩类侵入体出露亦较小，与漂河川铜镍矿不吻合，这与大面积的第四纪沉积盖层有关。在表生介质里对漂河川铜镍成矿岩浆系统明显支撑的是同源的 Cu、Co、Mn 异常，而且组合规模较大，显示简单元素组分富集特征。

根据综合异常特征在区内圈出 4 个找矿预测区。1 号、2 号、3 号找矿预测区预测的是风化成因的镍矿，底质是新生界的基性火山岩（玄武岩）；4 号找矿预测区预测的是与海西晚期—印支期的辉长岩类侵入体有关的岩浆熔离-贯入型铜镍矿。

总结工作区铜镍矿的地球化学找矿标志如下。①该工作区具有亲铁、亲石、稀有、稀土元素同生地球化学场、性质。②主成矿元素 Cu 具有清晰的三级分带和浓集中心，异常规模较大，强度较高，是找矿的主要指示元素。③Ni、Cu 组合异常构成简单组分富集区，是找矿预测的重要场所。④Ni 综合异常以新生界的基性火山岩为背景，是区内寻找风化型镍矿的有望区域。Cu、Co 综合异常是预测熔离-贯入型铜镍矿的重要异常区。⑤主要的找矿指示元素主要有 Ni、Co、Cu、Cr、Mn。

24. 六棵松-长仁预测工作区

区内分布的是太古宙深度变质的基性—超基性变质岩建造；其次是侏罗系及白垩系；北西向韧性剪切带穿过工作区，次一级断裂纵横交错；侵入岩体主要是太古宙花岗质片麻岩。

产出的矿产有金城洞金矿、木兰屯金矿、穷棒子沟金矿以及长仁铜镍矿。

工作区圈定 Ni、Cu 异常各 5 处。其中,2 号、3 号、4 号 Ni 异常和 4 号 Cu 异常具有清晰的三级分带和明显的浓集中心,强度分别为 $260×10^{-6}$、$65×10^{-6}$,面积分别为 $28km^2$、$502km^2$、$25km^2$ 及 $585km^2$。异常呈面状分布,近东西向延伸的趋势。

Au 圈定 16 处异常。其中,1 号、11 号异常分带清晰,浓集中心明显,强度 $142×10^{-9}$,面积分别为 $85km^2$、$79km^2$,呈北东向带状分布。

以上异常对区内的金矿、铜镍矿积极支撑,为矿致异常,是主要找矿指示元素。

其余 Ni、Cu、Au 异常以二级分带为主,异常规模相对较小,分布在工作区边缘。

空间上紧密套合的元素有 Ni、Cu、Au、Pb、Cr、Co、Mn、W、Mo。

1 号组合异常由 Au、Cu、Ni、Cr、Co 异常组成,具有同心结构,形成较复杂元素组分富集的叠生地球化学场。该异常场内分布穷棒子沟金矿、卧龙砂金矿,指示 1 号组合异常的矿致性。其中,Au、Cu 异常浓集中心即反映了穷棒子沟金矿岩浆系统;而 Ni、Cr、Co 异常中心与矿致系统偏离,反映的是矿致岩浆系统的成矿地球化学背景(变质的铁镁质体),为穷棒子沟金矿的尾晕。

3 号组合异常规模较大,组分有 Au、Cu、Pb、Ni、Cr、Co、Mn、W、Mo。其中,Au、Cu、Pb、Ni、Cr、Co、Mn 构成同心结构的异常地球化学场,Pb、W、Mo 异常零散分布,是后期叠加改造的结果。这些向心元素,反映了金城洞金矿、二道河子砂金矿以及官地铁矿的成矿岩浆系统,指示 Au、Cu、Pb、Ni、Cr、Co、Mn 优良的矿致性质。

Ni-Cr-Co-Mn 组合异常构成了六棵松-长仁预测工作区太古宙花岗绿岩的同生地球化学场。该地球化学场底质是一套深度变质的古老基性—超基性火山岩(与夹皮沟同),以 Ni、Cr、Co、Mn 呈超高背景晕为特征,其展示的异常界线就是古老变质建造的处露部位。作为 Au、Cu 初始层位的太古宇,经过多种成矿作用使 Au、Cu 得以反复富集。同时,处于高背景状态的 Ni、Cr、Co、Mn 等元素亦得到一定程度的聚集,呈现分带清晰的浓集中心,这为预测与岩浆热液活动有关的镍矿提供了必要条件。

4 号组合异常场主要由 Ni、Cr 异常构成,显示简单的元素富集特征。空间上 Ni、Cr 呈同心套合,反映的是长仁铜镍成矿系统。加里东晚期的辉石-橄榄岩体含矿性最佳,主要载体矿物磁黄铁矿、镍黄铁矿、黄铜矿、黄铁矿在矿致系统内也有较好的分布,是找矿预测的主要异常区。

Au、Cu、Ni 综合异常具有良好的成矿地质背景和条件,是找矿预测区的重要区域。

总结工作区的地球化学找矿标志如下。①工作区属于铁族元素同生地球化学场,为中低山森林景观区。②主要的成矿元素为 Au、Cu、Ni 具有分带清晰,浓集中心明显,强度高的基本特征。③Au、Cu、Ag、Ni、Co、Mn、W、Mo 在后期强烈的叠加改造作用中,构成复杂组分富集的叠生地球化学场,利于成矿物质的迁移、富集。④主要的找矿指示元素为 Au、Cu、Ni、Co、Mn、W、Mo。其中,Au、Cu 评价金成矿系统;Ni(Cu)、Co、Mn 评价铜镍成矿系统。⑤组合异常具有较好分带现象,内带 Ni、Co、Mn,中带 Au、Cu、Ag,外带 W、Mo。⑥成矿元素主要经历了高—中温复杂的成矿过程。

25. 赤柏松-金斗预测工作区

工作区属于中低山、森林景观区,具有亲铁、亲石、稀有、稀土元素同生地球化学场特征。区内地层出露复杂,变质岩建造主要由新太古代黑云变粒岩和变二长花岗岩构成。火山岩建造由侏罗系果松组、林子头组的安山岩、安山质火山碎屑岩、安山质集块岩等构成。沉积岩建造主要为侏罗系的小东沟组和鹰嘴砬子组的砾岩、砂岩构成。侵入岩有太古宙早期中酸性岩浆英云闪长岩、碱长花岗岩、花岗斑岩以及早元古代的辉长岩、二辉橄榄岩体。其中,林子头组的安山岩以及构成侵入岩建造的辉长岩、二辉橄榄岩体为含 Cu 层位,但与铜镍成矿关系密切的主要是以早元古代辉长岩、二辉橄榄岩体为代表的基性—超基性岩体。发育的断裂构造以北东向、北北东向为主,控制着区内的成岩、成矿系统。

分布的矿产主要是赤柏松铜镍矿床。

工作区圈出 Ni 异常 3 个,Cu 异常 1 个。其中,3 号 Ni 异常和 1 号 Cu 异常分带清晰,浓集中心明显,异常强度分别为 $51×10^{-6}$、$37×10^{-6}$,面积分别为 $238km^2$、$129km^2$,呈北西向面状分布。浓集中心有赤柏松铜镍矿积极响应,是矿致异常。

1号、2号 Ni 异常呈二级分带,面积分别为 $25km^2$、$18km^2$,形态不规则。

与 Ni 空间套合紧密的元素有 Co、Cr、Au、Cu、Ag、W、Sn、Mo、Ba、B、F。

1号、2号组合异常由 Ni、Cr、Au 构成,形成的地球化学场组分简单,没有矿产响应,是未知组合异常。

3号组合异常由 Ni、Co、Cr、Au、Cu、Ag、W、Sn、Mo 构成,形成复杂组分富集的叠生地球化学场。其中,Ni、Co、Cr、Cu 呈同心套合,Au、Ag 与 Ni 局部交合,构成 Ni 的中带,W、Sn、Mo、Ba、B、F 主要分布在 Ni 的外带。

3号组合异常场反映的是赤柏松铜镍成矿岩浆系统,3号矿体、5号矿体以及新安矿体与 Ni、Cu 的浓集中心吻合,显示 Ni、Co、Cr、Cu 的优良的矿致性。Au-Ag-W-Sn-Mo 组合异常说明后期的岩浆活动对矿致系统强烈的叠加改造作用。

3号异常地球化学场的 Ni-Co-Cr-Cu 组合规模较大,证明赤柏松铜镍成矿岩浆系统的规模亦较大。这种较大的能量潜力可促使矿致系统内的主要物质发生定向迁移和强烈的分异,从而生成物质含量丰富的高级别的标准成矿客体(赤柏松铜镍矿田)。因此,3号异常地球化学场是区内主要的找矿预测区。

根据综合异常特征,结合成矿地质背景圈出3个地球化学找矿预测区。

工作区铜镍矿的地球化学找矿标志如下。①工作区具有亲铁、亲石、稀有、稀土元素同生地球化学场特征。②主成矿元素 Ni、Cu 具有清晰的三级分带和明显的浓集中心,异常规模大,强度较高。③Ni、Cu 组合异常在亲铁元素同生地球化学场的基础上,由于后期的叠加改造作用,形成较复杂元素组分的叠生地球化学场,利于 Ni、Cu 的迁移富集。④Ni、Cu 综合异常具有良好的成矿条件和找矿前景,空间上与分布的矿产积极响应,是主要找矿异常区。⑤主成矿元素 Cu、Ni,主要伴生元素 Co、Cr、Au、W、Sn、Mo、Ba、B、F。其中,前缘指示元素为 W、Sn、Mo、Ba、B、F;近矿指示元素为 Cr、Au;尾部元素为 Cu、Ni、Co。⑥成矿主要经历了高温过程。

26. 天合兴-那尔轰预测工作区

工作区属于中低山森林景观区,具有亲铁元素同生地球化学场特征。分布以黑云片麻岩、斜长角闪岩和英云闪长质片麻岩为主的中太古代变质表壳岩及新太古代变质钾长花岗岩,构成太古宙花岗绿岩地质体;其次为古元古代变质辉长岩、辉绿岩脉;沉积岩和火山岩建造不甚发育,主要表现为早白垩世砂砾岩和流纹岩;侵入岩建造以燕山期的花岗闪长岩、花岗斑岩为主,与成矿关系密切;北东向的韧性剪切带是该区的主要控矿构造。

分布的矿产主要有天合兴斑岩型铜(钼)矿、那尔轰铜矿。

工作区圈出 10 处 Mo 衬值异常。其中,2号、3号、4号、5号、7号异常具有清晰的三级分带和明显的浓集中心,强度为 5.50 衬度值,面积分别为 $4km^2$、$3km^2$、$7km^2$、$37km^2$、$24km^2$。形状不规则,多呈北东向展布的趋势。天合兴铜(钼)矿分布在7号异常的浓集中心,指示该异常的矿致特征。

其余 Mo 异常具有较好的二级分带,规模相对较小,分布在工作区的边缘。

Cu 异常主要分布在工作区的东北侧,规模较大,对那尔轰铜矿及东大沟金矿点积极支撑,显示异常的多元性质。

与 Mo 套合紧密的元素有 W、Bi、Cu、Pb、Zn、Ag、As、Sb。

2号、3号、4号、5号组合异常分布在天合兴的北侧,由 Mo、W、Bi、Cu、Pb、Zn、Ag、As、Sb 构成,空间上 W、Bi、Cu、Pb、Zn、Ag、As、Sb 与 Mo 偏离交合,形成无序结构的较复杂组分富集体。这些组合异常规模相对较小,没有矿产响应,可结合成矿地质背景进行矿致系统外围的找矿预测。

7号组合异常反映的是天合兴铜(钼)成矿系统。W、Bi、Cu、Pb、Zn、Ag、As、Sb 与 Mo 空间紧密交叠,具同心韵律结构。伴生组分 W、Bi、Cu、Pb、Zn、Ag、As、Sb 的异常规模均较 Mo 大,显示相对较高的异常含量水平。同时,这些较大异常规模的伴生组分也显示出天合兴岩浆系统的规模。

矿致异常的同心韵律结构在矿物组合上也显示较好的分带性。在矿体分布位置以黄铜矿、斑铜矿、黝铜矿、辉铜矿、辉钼矿,向外有闪锌矿、方铅矿、铜蓝、黄铁矿、磁黄铁矿、辉银矿等。因此,应用矿物的分带性可以较好地进行找矿预测。

典型矿床研究表明,区内的岩浆活动是多期性的。正是这种多期次的岩浆侵入活动使元素在空间上出现复杂的叠加效果,对成矿有利。

根据 Mo 的综合异常分布特征圈出 4 个找矿预测区。该 4 个找矿预测区均落位在燕山期岩浆活动带上,显示优良的成矿地质背景。

工作区铜(钼)矿的地球化学找矿标志如下。①工作区的叠生地球化学场由与成矿关系密切的燕山期花岗岩类侵入体构成,是成矿的主要控矿岩体。②主成矿元素 Cu、Mo 具有分带清晰,浓集中心明显,异常强度高的基本特征。③以 Mo 为主体的组合异常空间套合紧密,形成较复杂组分富集的叠生地球化学场,是预测的重要异常区。④主要的找矿指示元素为 Mo、W、Bi、Cu、Pb、Zn、Ag、As、Sb(Ni、Cr)。其中,近矿指示元素 Cu、Pb、Zn、Ag,远程指示元素 As、Sb,尾部元素 Mo、W(Ni、Cr)。⑤区域上显示中—高温的成矿地球化学环境。

27. 二密-老岭预测工作区

工作区属于中低山森林景观区,具有亲石、稀有、稀土元素同生地球化学场性质。分布新太古代黑云绿泥片岩、斜长角闪岩,古元古代钾长花岗质片麻岩变质建造。其次为三叠系、侏罗系和白垩系的中性—偏碱性的火山岩建造。其中,侏罗系林子头组安山岩、安山质角砾岩、凝灰岩为含铜地层,二密铜矿即赋存于其中。沉积岩建造主要由南华系细河群钓鱼台组、南芬组以及桥头组的石英砾岩、砂岩夹泥岩、页岩构成。侵入岩以燕山晚期的花岗斑岩为主,其次为石英碱长岩、石英二长岩。区内北东向、北西向次一级的断裂构造极其发育。

与成矿关系密切的蚀变主要为黄铁矿化、黄铜矿化、滑石化、透闪石化、硅化。

分布的矿产主要是二密斑岩型铜矿。

工作区圈出 4 处 Cu 异常。其中,4 号异常分带清晰,浓集中心明显,强度 738×10^{-6},面积为 $58km^2$,形状不规则,异常轴向北西。该异常对二密铜矿积极支撑,是矿致异常。

3 号异常呈二级分带,面积为 $30km^2$,形状不规则,异常轴向北西。

1 号、2 号异常分带差,规模小。

与 Cu 空间套合紧密的元素为 Au、Pb、Zn、Ag、As、Sb、Hg、W、Sn、Bi、Mo。

4 号组合异常场由 Cu、Pb、Zn、Ag、Au、As、Sb、Hg、W、Sn、Bi、Mo 组分构成,空间上呈同心套合状态,As、Sb、W 以较大的异常规模分布,反映二密铜矿的矿致岩浆系统。在以燕山晚期的花岗斑岩和石英二长岩为主要主要地质背景的条件下,这种无序特征明显的组合表明成矿系统在岩浆侵入活动中,经历了高—中—低温复杂的叠加改造过程。

其余组合异常构成组分简单的叠生地球化学场,没有矿产响应。

由 4 号元素组合构成的甲级综合异常,面积 $80km^2$,显示优良的成矿条件和找矿前景,是找矿预测的主要靶区。

工作区斑岩型铜矿的地球化学找矿标志如下。①工作区属于亲石、稀有、稀土元素同生地球化学场。②主成矿元素 Cu,具有分带清晰、浓集中心明显、强度高的基本特征。③Cu、Pb、Zn、Ag、Au、As、Sb、Hg、W、Sn、Bi、Mo 构成组分复杂异常富集区,是成矿主要场所。④近矿指示元素为 Cu、Pb、Zn、Ag、Au;远程指示元素为 As、Sb、Hg;尾部指示元素为 W、Sn、Mo、Ni、Bi。⑤主要成矿元素经历了高—中—低温复杂的成矿过程。

28. 放牛沟预测工作区

工作区处于台地、丘陵森林景观区，具有亲石、碱土金属同生地球化学场特征。主要分布奥陶系放牛沟组变质中酸性火山岩、碎屑岩夹大理岩，其次为志留系桃山组、石缝组板岩、变质砂岩以及弯月组的变质火山岩。沉积岩建造主要有白垩纪砂岩和第四纪覆盖层构成。岩浆活动频繁，侵入体以加里东晚期的花岗闪长岩和燕山早期的花岗岩为主。北东向、北西向的次一级断裂构造发育。其中，早古生代火山岩建造及中生代岩浆侵入活动与成矿关系密切。

分布的矿产主要为放牛沟多金属硫铁矿。

工作区圈出 5 处 Pb 异常。其中，2 号、3 号、4 号异常呈二级分带，强度 33×10^{-6}，近椭圆状或不规则形状。

1 号、5 号 Pb 异常只具有外带，异常规模小，形态不规则。

Zn 异常圈出 4 处。其中，3 号、5 号异常具有清晰的三级分带和明显的浓集中心，强度 98×10^{-6}，面积分别为 $11km^2$、$55km^2$。前者不规则，北西向延伸；后者近椭圆状，轴向北东。

空间上紧密套合的元素有 Pb、Zn、Cu、Au、Ag、W、Bi、Mo。

2 号异常组合由 Pb、Zn、Au 构成，形成简单组分富集场。该富集场有多金属矿点响应，具有良好的成矿条件和找矿前景，是找矿预测重要场所。

3 号、4 号异常组合中，与 Pb、Zn 空间套合紧密的元素为 Cu、Au、Ag、Mo，构成向心-离心结构的复杂组分富集区。元素无序特征明显，是预测重要区域。

总结工作区多金属矿的地球化学找矿标志如下。①该区属于由变质火山岩构成的亲石、碱土金属元素同生地球化学场。②主要成矿元素 Pb、Zn 具有较好的异常分带性和较强的异常强度，显示矿致性。③以 Pb、Zn 为主体的异常组合构成具有良好成矿条件和找矿前景的异常富集区，是找矿预测重要场所。④主要指示元素为 Pb、Zn、Cu、Au、Ag、W、Bi、Mo。其中，Pb、Zn、Cu、Au、Ag 为近矿指示元素，W、Bi、Mo 为评价矿体的尾部指示元素。⑤成矿主要形成于中—高温的地球化学环境。

29. 大营-万良预测工作区

工作区处于低山、森林景观区，属于亲石、碱土金属元素同生地球化学场。主要出露太古宙变质钾长花岗岩、片麻岩以及斜长角闪岩变质建造；中生界长白组、果松组和林子头组的中酸性火山岩建造以及古生界、中生界的砂岩、页岩沉积岩建造。发育的东西向和北东向断裂构造对中生界的改造作用明显，对区内成矿至关重要。而燕山期的酸性花岗岩体以岩株状侵入到中生界的火山岩建造中，其接触带是成矿的有利部位。

分布的矿产主要是大营铅锌矿。

工作区圈出 7 处 Pb 异常，10 处 Zn 异常。其中，6 号 Pb 异常和 9 号、10 号 Zn 异常分带清晰，浓集中心明显，异常强度分别为 61×10^{-6}、129×10^{-6}，面积约 $90km^2$、$20km^2$ 和 $13km^2$，Pb 异常呈北西向带状分布，Zn 异常不规则状，轴向北东。二者分布在大营铅锌矿致系统北侧边缘，具有优质的矿致性质。

其余异常呈二级或只具有外带，异常规模相对较小，集中分布在工作区的两侧，没有铅锌矿产响应。

与 Pb 紧密套合的元素有 Zn、Au、Cu、Ag、As、Sb、W、Bi、Mo、Ni、Co、Cr。

6 号组合异常中，Pb、Zn、Ag 同心套合，Au、Cu、Bi、Mo 构成 Pb 的中带，As、Sb 则主要伴生在 Pb 的边缘，形成元素组分复杂的富集场。

2 号组合异常中，Zn、Au、Cu、Sb、Bi、Mo、Ni 与 Pb 局部交合。其中，Zn、Au、Bi、Mo 构成 Pb 的中带，Cu、Sb、Ni 则构成 Pb 的外带，形成无序特征明显的叠生地球化学场。

3 号、7 号组合异常显示的元素组分较简单，主要有 Cu、Ni、Co、Cr。形成简单的叠生地球化学场成矿地质条件一般。

综合异常圈出 6 处，甲级 1 处（5 号），乙级 1 处（4 号），丙级 4 处（1 号、2 号、3 号、6 号）。

5号甲级综合异常圈落位在大营村,由6号铅锌组合异常构成,面积81km², 不规则状态,北东向展布。地质背景主要为与成矿关系密切的中生界中酸性火山岩建造以及燕山期的花岗岩株,北东向断裂构造发育,显示出良好的成矿条件和找矿前景。空间上与分布的铅锌矿产积极响应,是矿致异常。

4号乙级综合异常圈落位在兴隆乡,由2号铅锌组合异常构成,面积20km²,不规则状,北东向展布。地质背景与5号甲级综合异常相似,亦显示良好的成矿条件和找矿前景,是区内扩大找矿的重要靶区。

4处丙级综合异常显示的成矿条件一般,找矿意义不大。

总结该区铅锌矿的地球化学找矿标志如下。①工作区以亲石、碱土金属元素同生地球化学场为主。②主要成矿元素Pb、Zn具有清晰的三级分带和明显的浓集中心,强度较高,规模较大。③Pb、Zn组合异常组分复杂,空间套合紧密,形成的综合异常富集区是找矿预测的主要场所。④找矿指示元素有Pb、Zn、Au、Cu、Ag、As、Sb、W、Bi、Mo。其中,近矿指示元素是Pb、Zn、Au、Cu、Ag;远程指示元素是As、Sb;而W、Bi、Mo是评价矿体剥蚀程度的尾部指示元素。⑤成矿经历了高—中—低温复杂的过程。

30. 矿洞子-青石镇预测工作区

该区处于中低山森林景观区,具有亲石、碱土金属元素同生地球化学场特征。主要出露古元古界集安岩群蚂蚁河岩组、荒岔沟岩组和大东岔岩组的黑云变粒岩夹斜长角闪岩变质建造。少量古生界寒武系和奥陶系粉砂岩、石英砂岩、灰岩夹页岩沉积建造。以及侏罗系果松组、林子头组的安山岩、安山质凝灰熔岩及流纹岩火山岩建造。燕山期的花岗侵入岩体呈岩基产出。北东向、北西向断裂构造发育。

区内矿产主要为矿洞子铅锌矿。

工作区圈出Pb异常16处。其中,2号、5号、6号异常具有清晰的三级分带和明显的浓集中心,强度133×10^{-6},面积分别为21km²、3km²、117km²。带状分布,北东向延伸。

3号、7号Pb异常呈二级分带,面积3km²、37km²,不规则状,轴向北西。

Zn异常圈出15处。其中,1号异常三级分带清晰,浓集中心明显,强度很高,达到314×10^{-6}。长条状,南北向延伸。

2号Zn异常具有较好的二级分带,面积20km²,不规则形状,具有北西向延伸的趋势。

对矿洞子铅锌矿具有指示效应的是6号Pb异常,矿致特征明显。

空间上套合紧密的元素有Pb、Zn、Au、Ag、Hg、W、Sn、Mo。

3号组合异常由Pb、Zn、Au、Ag、W、Sn、Mo、Hg构成。其中,Pb、Zn、W、Mo同心套合,Zn-Au-Ag显示Pb的边缘富集模式,组合规模较大;而Hg-Sn伴生在Pb的外带。形成组分复杂的综合富集场。富集场内有望江村铜矿点响应,显示良好的找矿前景,是重要靶区。

6号组合异常场由Pb、Zn、Ag、Mo、Sn构成,规模较大,反映矿洞子铅锌矿致岩浆系统。该系统以集安岩群变质岩建造为主要地质背景,燕山期的花岗岩浆侵入活动强烈,北东向的鸭绿江断裂横穿其中,表现出优良的成矿条件和找矿前景,是找矿的主要区域。

铅锌综合异常圈出9处,甲级1处(3号),乙级3处(1号、2号、6号),丙级(4号、5号、7号、8号、9号)。

总结该区铅锌矿的地球化学找矿标志如下。①工作区属于亲石、碱土金属元素同生地球化学场。②主要的成矿元素Pb、Zn,具有分带清晰、浓集中心明显、强度高的基本特征。③Pb、Zn组合异常场组分复杂,空间交合紧密,形成的富集区是主要找矿场所。④主要指示元素为Pb、Zn、Au、Ag、Hg、W、Sn、Mo。其中,近矿指示元素为Pb、Zn、Au、Ag;远程指示元素为Hg,尾部指示元素为W、Sn、Mo。⑤成矿经历了高—中—低温复杂的过程。

31. 刘生店-天宝山预测工作区

工作区属于中低山森林景观区。主要出露一套古生代中酸性火山岩-碎屑岩-碳酸盐岩建造;侵入岩体以燕山期的花岗岩类为主,其中,刘生店钼矿受花岗斑岩体控制,而天宝山铜铅锌钼多金属矿赋存于侵入体与天宝山群地层接触带的有利部位。

工作区圈出 28 个 Mo 异常。其中,1 号、3 号、5 号、9 号、11 号、24 号、27 号具有清晰的三级分带和明显的浓集中心,异常强度高,峰值为 15.5×10^{-6},面积分别为 $162km^2$、$365km^2$、$41km^2$、$149km^2$、$348km^2$、$47km^2$、$544km^2$,呈带状东西向展布。

具有较好二级分带的异常是 4 号、7 号、16 号、19 号、22 号、23 号,显示较小的异常规模,面积分别为 $31km^2$、$65km^2$、$37km^2$、$19km^2$、$57km^2$、$28km^2$,以较低级异常围绕主异常带分布。

其余异常只具有外带,规模小,呈"卫星"状分布在异常带的边缘。

Pb、Zn、Cu 异常各圈出 30 个、26 个、26 个。呈三级分带和具明显浓集中心的是,Pb:2 号、7 号、15 号、21 号、25 号;Zn:1 号、9 号、12 号、20 号、23 号,Cu:18 号、19 号、25 号。强度分别为 757×10^{-6}、9039×10^{-6}、452×10^{-6},多呈不规则带状分布。

空间上套合紧密的元素是 Cu、Pb、Zn、Mo、W、Ag、As、Sb。

1 号、3 号、4 号、5 号组合异常规模较大,组分复杂,形成复杂元素组分富集的叠生地球化学场。空间上 W、Cu、Pb、Zn、Ag、As、Sb 与 Mo 同心套合,构成 Mo 的同心异常带;但在 Mo 的中带、外带,W、Cu、Pb、Zn、Ag、As、Sb 亦有局部伴生现象。这种地球化学场的异常无序结构,表明后期岩浆热液的多期活动性以及叠加改造作用的强烈。

9 号组合异常由 Mo、W、Cu、Pb、Zn、Ag、As、Sb 构成,组分复杂。其中,W、Ag、Cu 以较大的异常规模与 Mo 同心套合,Pb、Zn、As、Sb 的浓集中心与 Mo 偏离。

该异常场有官瞎子沟铜矿响应,是优良的矿致异常,在理想的地质条件下,是找矿预测的重要区域。

11 号组合异常场由 Mo、W、Pb、Zn、Ag、As、Sb 异常构成。Mo、W、Ag 以较大的异常规模同心套合,As、Sb 异常规模亦较大,与 Mo 局部交合。Pb、Zn 呈分散状态。

11-2-2 号浓集中心反映的是安图刘生店钼矿岩浆系统。Mo、W、Ag 的高含量水平指示该成矿岩浆系统深部相当大规模的热源,As、Sb 冲填在前锋区有利于 Mo 的运移。

11-2-1 号浓集中心反映的是安图三岔子钼矿系统。Pb、Zn、Ag、As、Sb 异常偏离三岔子钼矿成矿岩浆系统,只 Cu 异常与它积极响应。这种同源组分的偏离无序特征指示成矿后期,由于构造及岩浆热液的继承性活动使 Pb、Zn、Ag、As、Sb 在带出区富集,对进一步成矿不利。因此,三岔子钼矿的成矿规模不大(累计探明储量 649t)。

27 号组合异常场直接反映了天宝山铜铅锌钼多金属成矿系统。Mo、W、Cu、Pb、Zn、Ag、As、Sb 在空间上形成组分复杂的异常天然富集体,显示规模较大的成矿岩浆系统。Mo、W、Cu、Pb、Zn、Ag、As、Sb 异常的有序套合,在天宝山成矿系统周围形成均匀的地球化学环。可见,在成矿过程中,巨量的含矿流体沿能量核心(花岗岩体)呈螺旋状迁移的。由于主要组分(Mo、W、Cu、Pb、Zn、Ag、As、Sb)的高含量水平使成矿元素(Cu、Pb、Zn、Mo)在构造空间充分充填,形成颇具规模的天宝山多金属矿化体系。

28 号组合异常分布在天宝山的南部,由 Mo、W、Cu、Pb、Zn 构成。其中,Zn 源于天宝山矿化系统,W、Cu、Pb 显示较小的异常规模。因此,该组合异常场应是天宝山多金属矿化体系的边缘富集体,可作为成矿系统外围重要的找矿预测区。

19 号、22 号、23 号显示的二级分带组合异常场,分布在主要异常带的南部,亦具有较复杂的伴生组分。在成矿地质背景、条件优良的条件下,这些组合异常场是外围重要的找矿预测区。

根据综合异常特征共圈出 7 个找矿预测区。其中,刘生店和天宝山找矿预测区最为重要。

工作区的地球化学找矿标志如下。①工作区属于中低山、森林景观区,具有大规模的深源能量系统及高含量水平物质。②主要成矿元素 Cu、Pb、Zn、Mo 分带清晰,浓集中心明显,强度高,有矿致系统积极响应,矿致性质明显。③元素富集区组分复杂,空间套合紧密,有矿致系统响应,显示优良的成矿地质背景和找矿前景,是主要找矿场所。④主要指示元素有 Mo、W、Cu、Pb、Zn、Ag、As、Sb。其中,Mo、W、Cu、Pb、Zn、Ag 是主要的成矿指示元素;As、Sb 是重要的前缘指示元素。

32. 西北岔预测工作区

工作区属于中低山森林景观,具有亲石、稀有、稀土元素同生地球化学场特征。主要出露新太古界夹皮沟岩群老牛沟岩组黑云角闪变粒岩夹斜长角闪岩,晚元古界东方红岩组变质流纹岩夹片岩,新生界的玄武岩以及下白垩统大拉子组砂砾岩及第四系沉积物。侵入岩体以燕山早期的花岗闪长岩、二长花岗岩体为主。其次为海西晚期黑云母花岗岩、黑云母斜长花岗岩及花岗闪长岩。其中,呈岩基产出的东清黑云母斜长花岗岩体是主要的含矿岩体。此外,位于岩体边缘后期侵入的花岗伟晶岩脉、细晶岩脉亦含有较多的成矿矿物。北西向的压扭性断裂和北东向的次一级断裂构造发育。

围岩蚀变有钠长石化、云英岩化及白云母化等,分布有安图东清独居石砂矿。

工作区圈出 La 异常 5 处。其中,5 号异常分带清晰,浓集中心明显,强度 78×10^{-6},区内面积约 $9km^2$。

2 号异常具有二级分带,中带强度亦较高,达到 70×10^{-6},面积 $12km^2$。不规则形态,北东向延伸的趋势。

其余异常只具外带,面积小,分布零散。

Y 异常圈出 3 处,均为二级分带,峰值 31×10^{-6},面积分别为 $1.8km^2$、$19km^2$、$7km^2$,形态不规则,北西向或北东向延伸。

Zr 异常圈出 3 处。其中,1 号异常三级分带清晰,浓集中心明显,强度 420×10^{-6},面积约 $15km^2$,不规则状,北西向延伸。

2 号、3 号异常呈二级分带,异常规模小,面积分别为 $1km^2$ 和 $6km^2$,峰值达到 342×10^{-6},不规则状,轴向延伸难以判断。

Th 异常圈出 6 处。其中,3 号异常分带清晰,浓集中心明显,异常强度 17×10^{-6},面积 $10km^2$,不规则状分布,具有北西向延伸的趋势。

3 号、4 号异常为二级分带,面积分别为 $5km^2$ 和 $8km^2$,椭圆状。

Nb 异常圈出 2 处,均为二级分带,峰值达到 20×10^{-6},区内面积约为 $27km^2$ 和 $5km^2$,带状分布,北东向延伸。

以上异常主要分布在成矿系统外围,对安图东清独居石砂矿缺乏支持。

空间上与 La 套合紧密的元素有 Y、Zr、Nb、Th 构成离心结构富集场。

3 号、4 号组合异常显示简单的元素组分,有 Th、Y 或 Nb 与 La 存在一定的空间套合关系;5 号组合异常只有 Zr 与 La 有局部套合关系。

综合异常圈出 4 处,甲级 1 处(1 号),乙级 1 处(4 号),丙级 2 处(2 号、3 号)。

1 号甲级综合异常落位在珍珠门电站,由 2 号 La 组合异常构成,面积 $11km^2$,北东向展布。地质背景主要为燕山期的花岗闪长岩、二长花岗岩,北西向的压扭性断裂横贯其中。异常场边缘有东清独居石砂矿响应,具有较好的成矿地质条件和找矿前景,是重要的找矿靶区。

4 号乙级综合异常落位在区内的柳树村西南部,由 5 号组合异常构成,面积 $11km^2$。地质背景主要为燕山期的花岗闪长岩、二长花岗岩,是有望找矿靶区。

总结工作区稀土矿地球化学找矿标志如下。①工作区具有亲石、稀有、稀土元素同生地球化学场特征,属于中低山森林景观区。②主成矿元素 La 具有清晰的三级分带和明显的浓集中心,强度较高,是直接找矿标志。③La、Y、Zr、Th、Nb 组合构成叠生富集场,是成矿的主要场所。④主要的找矿指示元素为 La、Y、Zr、Th、Nb。

33. 季德屯-福安堡预测工作区

工作区属于中低山、森林景观区。主要出露的是燕山期的花岗岩类侵入体。区域构造为北东向的新安-额穆断裂、北西向的八道岭-上营断裂以及南蛮子沟-北二青顶子断裂,北西向的次一级构造裂隙控矿。

分布的矿产主要为斑岩型福安堡钼矿以及季德屯钼矿。

工作区圈出 Mo 异常 8 个。其中,4 号、6 号具有清晰的三级分带和明显的浓集中心,异常强度较高,峰值为 $4.58×10^{-6}$,面积分别为 $70km^2$、$46km^2$,呈面状分布。二者分别对福安堡钼矿以及季德屯钼矿强烈支撑,是优良的矿致异常。

1 号、2 号、3 号、8 号异常具有较好的二级分带,面积分别为 $8km^2$、$19km^2$、$38km^2$、$20km^2$,空间上呈不规则形状。

5 号、7 号异常规模小,只具有外带。

与 Mo 空间套合紧密的元素有 W、Ag、Cu、Pb、Zn、As、Sb。

构成 1 号、2 号、3 号组合异常的元素组分较少,主要有 Cu 或 Sb 或 Ag、Cu、As。异常浓集中心吻合程度差,呈分散状态,反映的是钼矿系统外围低级的地球化学场特征。

4 号组合异常场组分较复杂,主要有 Mo、W、Ag、Cu、Pb、Zn。其空间上呈完整的同心套合状态,而且浓集中心吻合程度高,形成较复杂元素组分富集的叠生地球化学场。

该异常地球化学场直接反映了福安堡斑岩型钼矿的成矿岩浆系统(福安堡钼矿置于异常浓集中心),向心元素 Mo、W、Ag、Cu、Pb、Zn 不仅代表了福安堡矿致系统成矿专属性成分,而且形成有序异常结构的天然富集体。这种具有特征性的地球化学环均匀交替,充填了整个成矿空间,可以想象在福安堡成矿岩浆系统形成过程中,由于能量-物质的动态-平衡转移,向心元素沿着能量核心(花岗斑岩体)发生了韵律变化,即酸-碱波动。化学研究表明,Mo、W 的离子电位较高,属酸性元素,一般在碱性的地球化学环境中迁移,在酸性条件下沉淀;而 Ag、Cu、Pb、Zn 的离子电位较低,地球化学行为与此正相反。因此,在矿化初期,Mo、W 含量水平高,在碱性的岩浆系统里得以极大程度地迁移、分异,而随着 Ag、Cu、Pb、Zn 组分的带入,岩浆系统的酸性程度增加,形成利于 Mo、W 沉淀的地球化学障。

6 号组合异常场由 Mo、W、Ag、Cu、Pb、Zn、As、Sb 异常构成,是复杂元素组分富集的叠生地球化学场,反映的是季德屯钼矿岩浆系统。空间上 Mo、W、Cu、As、Sb 具有同心套合的态势。其中,As 异常规模较大;Ag、Pb、Zn 以相对较小异常规模分布在 Mo 的中带或外带。这种异常分带特征与福安堡钼矿存在差异。

在季德屯钼矿岩浆系统中,碱性的矿致地球化学环境中还出现 As、Sb 异常,由于 Mo、W、As、Sb 同属于高离子电位元素,这样季德屯钼矿岩浆系统的碱性程度就更强,对 Mo、W 的迁移、分异更为有利。而 Ag、Pb、Zn 在矿化系统边缘富集说明 Mo、W 含量处于更高水平,对"成矿室"的充填更充分,形成的矿致系统规模更大(季德屯:245 096t,福安堡:7306t)。同时,针对季德屯钼矿也应注意伴生的斑岩型铜矿、钨矿的预测。

7 号、8 号组合异常场分布在季德屯的东侧,显示的异常组分亦较复杂,Mo、W、Ag、Cu、Pb、Zn、As 在空间的套合程度亦较高。作为钼矿岩浆系统外围复杂组分异常场,7 号、8 号组合异常区应是季德屯钼矿外围重要的找矿预测场所。

根据综合异常特征圈出 5 个找矿预测区,其中,季德屯、福安堡预测区是区内扩大资源量的主要预测区域。

预测工作区钼矿的地球化学找矿标志如下。①主要成矿元素 Mo 分带程度高,富集能力强,具有规模相当大的深部能源。②Mo 的组合异常场组分复杂,空间套合紧密,分带特征明显,对钼矿岩浆系统积极支撑,为优良的矿致异常组合,是找矿预测的主要异常区段。③主要找矿指示元素有 Mo、W、Ag、Cu、Pb、Zn、As、Sb。其中,Mo 是主要成矿元素,Ag、Cu、Pb、Zn 是近矿指示元素,As、Sb 是成矿系统的前缘指示元素,尾晕 Mo、W、Cu。④成矿以高—中温的地球化学环境为主。

34. 大石河-尔站预测工作区

工作区属于中低山、森林、沼泽景观区。出露的含矿围岩主要为震旦系的砂岩、片岩夹板岩,其次是中生界的火山岩和第四纪沉积盖层。

区域岩浆活动频繁，有海西晚期和燕山早期的花岗岩、花岗斑岩。其中，燕山早期的花岗岩类侵入体与成矿关系密切。呈北东向延伸的西北岔断裂构造是主要的控岩控矿构造，工作区圈出 11 个 Mo 异常。其中，3 号异常具有清晰的三级分带和明显的浓集中心，强度较高，峰值为 12.2×10^{-6}，呈面状分布，北东向延伸的趋势。6 号异常亦显示三级分带特征，向北没有封闭。

1 号、4 号、9 号、11 号异常具有较好的二级分带，面积分别为 $23km^2$、$79km^2$、$29km^2$、$27km^2$，不规则分布。其中，11 号 Mo 异常对大石河钼矿积极支持，是成矿异常。

2 号、5 号、7 号、8 号异常只具有外带，规模较小，分布零散。

与 Mo 空间套合紧密的元素有 W、Ag、Cu、Pb、Zn、As、Sb。

1 号组合异常分布在工作区的北侧，由 Cu、As、Pb、Zn 构成。空间上与 Mo 套合程度较差，主要构成 Mo 的外带富集区，具离心结构。

3 号、6 号组合异常规模较大，由 Cu、Ag、Pb、Zn、As、Sb 构成，空间上与 Mo 同心套合，W 主要分布在组合场的外围，形成的是复杂组分富集区。

4 号组合异常分布在工作区的东侧，由 Cu、Pb、Zn 构成。空间上与 Mo 套合程度较差，主要在 Mo 的外带富集，具离心结构，形成的是简单元素组分富集的叠生地球化学场。

7 号组合异常规模相对较小，显示复杂的元素组分，Cu、Ag、Pb、Zn、Sb 以较大的异常富集带与 Mo 同心套合，As 分布在 Mo 的外围。

9 号、10 号组合异常分布在工作区的南部，构成组分简单，有 Pb、Sb 或 Ag、Pb，呈离心结构，组合规模不大，显示简单元素组分富集特征。

以上组合异常场均以燕山期的花岗岩类侵入体为背景，北东、北西向的断裂构造发育。Ag、Cu、Pb、Zn、As、Sb、W 对 Mo 的叠加改造作用较强烈，W 多与 Mo 偏离，分布比较零散。这种组合特征显示区内岩浆活动具有多期次性，而相对岩浆系统，离心型的 Ag、Cu、Pb、Zn、As、Sb 富集在物理-化学平衡系统的峰部，充填在构造裂隙空间，妨碍了 Mo、W 的进一步迁移、分异。

11 号组合异常场反映了大石河钼矿成矿岩浆系统。系统内异常组分复杂，其中，Ag、Cu、Pb、Zn、As 构成 Mo 的同心结构地球化学场，Sb 与 Mo 局部交合。空间上 11 号组合异常场的浓集中心向北偏移，与大石河钼矿不完全吻合。

典型矿床研究表明，钼矿体赋存在隐爆角砾岩筒构造系统，向北侧的构造裂隙空间极其发育，这决定了含矿流体的运移方向。同时，大石河钼矿分布在水系源头，元素异常通过分散流充分反映出来。

根据元素综合异常特征圈出 6 个找矿预测区。1 号、2 号、3 号、4 号、5 号找矿预测区分布在大石河钼矿的北部，具备优良的成矿地质条件，是外围找矿预测的有利区域。

根据综合异常特征，结合成矿地质背景圈出 6 个地球化学找矿预测区。其中，大石河预测区资源量最大。

总结工作区钼矿的地球化学找矿标志如下。①工作区异常地球化学场主要形成于燕山期的花岗岩类侵入体中，是成矿的主要因素。②主要成矿元素 Mo 具有显著的浓集效应，强度较高，规模较大。③以 Mo 为主体的组合异常场是复杂组分富集区，空间上元素套合紧密，无序特征明显，对钼矿系统积极支持。④Mo 综合异常具备优良的成矿地质条件，是主要的预测区。⑤主要找矿指示元素有 Mo、W、Ag、Cu、Pb、Zn、As、Sb。其中，Mo 是成矿指示元素，Ag、Cu、Pb、Zn 是近矿指示元素，W 是成矿系统尾晕。

35. 小绥河预测工作区

该工作区属于台地、丘陵森林景观区。出露的地层主要有中生代火山岩建造及古生代沉积建造。侵入岩主要是海西早期的橄榄岩相和燕山期的二长花岗岩，前者控矿。北东向的伊舒深大断裂控制岩浆的侵入，而次一级的裂隙构造为成矿提供赋存空间。

分布的矿产主要是小绥河铬铁矿。

工作区圈出 3 个 Cr 异常。这些 Cr 异常分带差,分布在工作区的边缘,异常规模较小,对小绥河铬铁矿不支持。

Ni 圈出 4 个异常。其中,1 号异常具有清晰三级分带和明显的浓集中心,强度为 30×10^{-6},面积 $28km^2$,北东向展布。该异常与典型矿床积极响应,矿致性质明显,是主要的伴生指示元素。

与铬铁矿相关的 Co、Mn、Fe_2O_3、MgO、Al_2O_3 异常主要分布在小绥河铬铁矿成矿岩浆系统的外围区域,对矿致系统不支持。

空间上 Cr、Ni 主要呈独立异常存在,没有套合现象。唯一套合存在的是 Fe_2O_3、MgO、Al_2O_3,分布在铬铁矿岩浆系统的北侧。

矿床所在区域的沉积岩建造以及大面积的流纹质-安山质火山碎屑岩,造成区域上的同化混染以及表生的地质改造作用,使 Cr、Co、Mn、Fe_2O_3、MgO 组分缺失。但由于 Ni 的亲硫性较强,在次生介质中常以硫化物存在,因此,Ni 异常在次生介质中出现较好的异常特征。

地球化学研究表明,Cr-Ni 组合并非完全是成岩过程的结果,在特定的条件(Cr、Ni 对 Mg 有较强的依赖性)下也具有矿化性质。所以,应用 Ni 异常对指示铬铁矿的找矿预测有一定指示作用。

根据综合异常特征,结合成矿地质背景圈出 2 个地球化学找矿预测区。该找矿预测区成矿地质条件优良,是扩大资源量的有利区域。

工作区铬铁矿的地球化学找矿标志如下。①铬铁矿地球化学场形成于海西早期的橄榄岩体中。②Cr 是主要的找矿指示元素,其综合异常场成矿地质条件优良,是主要找矿靶区。③Ni、Co、Mn、Fe_2O_3、MgO、Al_2O_3 是评价铬铁矿的重要伴生指标。

36. 头道沟预测工作区

工作区属于丘陵、低山森林景观区。区内的变质建造由寒武系的头道沟岩组构成;火山岩为中生界的安山岩、英安岩等;沉积岩为二叠系的砂岩和新生界的沉积盖层;侵入岩主要为海西晚期的橄榄岩以及燕山期的花岗岩类。区内发育北东、北西及近东西向的断裂构造。

主要矿产为头道沟硫铁矿。

工作区圈出 4 个 Cr 异常。其中,2 号、4 号异常具有清晰的三级分带和明显的浓集中心。强度为 777×10^{-6},面积分别为 $31km^2$、$91km^2$,展布方向为北西及北东。

1 号、2 号只具有外带,异常规模相对较小。

与 Cr 空间套合紧密的元素有 Ni、Fe_2O_3、MgO、Al_2O_3。

2 号组合异常由 Cr、Ni、Fe、Mg 构成,空间上呈同心结构,形成较复杂元素组分富集的叠生地球化学场。地质背景显示,组合浓集中心落位在范家屯组砂岩与侏罗系南楼山组安山质火山岩的接触带上,没有相应矿产响应,应由造岩过程(中性火山喷出)引起的异常地球化学场。

4 号组合异常规模相对较大,组分异常 Cr、Ni、Fe_2O_3、MgO、Al_2O_3 的浓集中心空间套合紧密,呈同心结构,形成的是复杂元素组分富集场。

该异常场主要反映的是海西晚期的超基性岩浆系统,向心元素(Cr、Ni、Fe_2O_3、MgO、Al_2O_3)的聚集指示系统的橄榄岩核心。而地球化学场环状的线性结构由正交或斜交的构造体系控制。地质背景显示,超基性岩体出现 4 个露头,侵入到寒武系的变质砂岩中,与 Cr 的异常相对应。头道沟硫铁矿形成与燕山期花岗岩和火山碎屑岩建造的接触带,与 4 号组合异常场的形成没有关系。因此,4 号组合异常场是预测铬铁矿的重要找矿预测区。

根据 Cr 的综合异常特征圈出 2 个找矿预测区。可结合地质背景进行深部找矿预测。

工作区铬铁矿的地球化学找矿标志如下。①反映矿致系统的异常地球化学场形成于海西晚期的基性—超基性岩体中。②主要成矿元素 Cr 具有分带清晰,浓集中心明显,强度高的基本特征。③Cr 的组合异常构成的是复杂组分的天然富集体,元素空间套合紧密,浓集中心即是同源元素迁移、分异的能量核心。④主要找矿指示元素为 Cr。一般情况下,伴生指标 Ni、Fe_2O_3、MgO 与 Cr 存在一定依存度,Al_2O_3 与 Cr 多呈负消长关系。

37. 开山屯预测工作区

主要为中低山、森林景观区,部分为长白山火山岩覆盖。分布太古界、元古界以及寒武系的变质岩建造;石炭系、二叠系、中生界的安山质火山岩、砂砾岩建造。侵入岩为海西晚期的橄榄岩、闪长岩以及燕山期的花岗岩类。其中,海西晚期的橄榄岩相侵入体与开山屯铬铁矿关系密切。构造系统显示为正交和斜交的北东向、北西向断裂。

主要矿产为开山屯铬铁矿。

工作区圈出 Cr 异常 5 个。其中,2 号异常具有清晰的三级分带和明显的浓集中心,强度为 $902×10^{-6}$,面积 $146km^2$,不规则形状。有开山屯铬铁矿积极响应,是矿致异常。

3 号异常具有二级分带,显示的面积为 $16km^2$,分布在开山屯的西侧。

1 号、4 号、5 号只有外带,异常规模较小,在工作区的边缘分布。

与 Cr 空间套合紧密的元素有 Ni、Fe_2O_3、MgO、Al_2O_3。

2 号组合异常场由 Cr、Ni、Fe_2O_3、MgO、Al_2O_3 构成,其中,Cr、Ni、Fe_2O_3、MgO 空间套合紧密,呈同心结构,Al_2O_3 与 Cr 局部交合,是异常场边缘的富集区。

该组合异常形成较复杂元素组分富集的叠生地球化学场,反映的是开山屯铬铁矿的成矿岩浆系统,铬铁矿即分布在浓集中心,具有优良的矿致性。系统内以超基性的橄榄岩浆为能量核心,具有高离子电位的 Cr、Ni、Fe_2O_3、MgO、Al_2O_3 含矿流体充填岩浆房,在构造空间迁移、富集。Cr、Ni、Fe_2O_3、MgO 的同心结构说明含 Cr 岩相仅专属于以 Fe、Mg 为造岩阳离子的纯橄岩、(辉橄岩、斜辉岩);而 Al_2O_3 含量水平在系统边缘富集较高也说明 Al 对铬铁矿富集的对抗性和一定程度的依存性。

3 号、4 号组合异常分布在矿致系统的外围区域,Cr、Fe_2O_3、MgO 紧密套合,表征造岩过程的地球化学场,可作为外围的找矿预测区。

根据 Cr 的综合异常特征,结合成矿地质背景圈出 3 个找矿预测区。其中,开山屯预测区对扩大资源量最有希望。

工作区铬铁矿的地球化学找矿标志如下。①工作区分布与成矿关系密切的海西晚期橄榄岩体,控制了铬铁矿异常地球化学场的形成。②主要成矿元素 Cr 具有分带清晰,浓集中心明显,强度高的基本特征。③Cr 的组合异常构成的是复杂组分的天然富集体,元素空间套合紧密,浓集中心即是同源元素迁移、分异的能量核心。④主要找矿指示元素为 Cr。伴生组分 Ni、Fe_2O_3、MgO 与 Cr 的依存度较高,与 Al_2O_3 多呈负消长关系。

38. 高台沟预测工作区

该预测工作区属于中低山、森林景观区。主要分布古元古界集安岩群,由上部的大东岔组、中部的荒岔沟组和下部的蚂蚁河组构成,属于富镁的碳酸盐岩、硅酸盐岩建造。该建造变质改造成矿作用强烈。高台沟硼矿赋存于蚂蚁河组的含硼蛇纹岩、橄榄大理岩变质建造中。元古宙的岩浆活动和东西向的复式向斜构造为成矿提供重要条件。

主要矿产为集安高台沟硼矿。

工作区圈出 B 异常 7 个。其中,2 号、3 号、4 号、7 号具有清晰的三级分带和明显的浓集中心,以 4 号、7 号异常浓集中心最大。异常强度为 $139×10^{-6}$,面积分别为 $58km^2$、$190km^2$、$165km^2$、$168km^2$,呈不规则面状分布,具有北东向延伸的趋势。高台沟硼矿即分布在 7 号异常浓集中心。

6 号异常具有较好的二级分带,面积 $35km^2$,北东向展布。与 B 异常空间套合紧密的有 MgO、Fe_2O_3、Na_2O 异常。

4 号组合异常由 B、MgO、Fe_2O_3、Na_2O 异常构成。其中,B、MgO 呈同心结构,Fe_2O_3、Na_2O 伴生在

B 的外带,形成较复杂元素组分富集地球化学场。

6 号组合异常结构中,B 与 Na_2O、MgO、Fe_2O_3 的浓集中均有偏离,呈局部交合,表征岩浆系统在外围区域的组合结构。

7 号组合异常由 B、MgO、Fe_2O_3、Na_2O 构成,组合规模较大,具有较好的同心套合特征,表征的是高台沟硼矿岩浆系统的天然富集体,高台沟硼矿即分布在异常的浓集中心,显示优良的矿致性质,是找矿预测的主要区域。

根据 B 的综合异常特征圈出 3 个找矿预测区。预测区的落位处显示优良的成矿地质背景和条件,为预测提供保障。

工作区硼矿的地球化学找矿标志如下。①硼矿异常地球化学场受含硼蛇纹岩、橄榄大理岩变质建造控制。②主要成矿元素 B 分带清晰,浓集中心明显,异常强度高。③B-MgO-Fe_2O_3-Na_2O 组合异常场规模较大,是找矿预测的主要区域。

39. 其塔木预测工作区

该区属于台地、丘陵森林景观区。分布新元古代变质岩建造;中生代中酸性的火山岩建造以及砂岩、砾岩沉积建造。侵入体以燕山期的花岗岩类为主,北东向、北西向的正交、斜交构造系统发育。

分布的矿产主要为牛头山萤石矿。

工作区圈出 3 个 F 异常,以二级分带为主,向东没有封闭,区内显示的面积分别为 $34km^2$、$48km^2$、$10km^2$。

与 F 存在叠合现象的有 Y、SiO_2、Zn。其中,SiO_2 分布在 F 的外带,显示与萤石的负相关性;Y、Zn 与 F 交合比较紧密,是萤石矿液中常见的伴生元素。

与萤石矿相关的有益组分 F、CaO,对牛头山萤石矿不支持,而 Y、Pb、SiO_2、Zn 均分布在萤石矿的外围区域。

典型矿床研究表明,牛头山萤石(CaF_2)中的 F 具有深源特征,与侵入的燕山期花岗岩浆密切相关,Ca^{2+} 应来源于含矿围岩(安山岩中的基性斜长石富含钙质成分)。含矿流体沿派生的构造裂隙侵入,形成脉状萤石矿体。因此,萤石矿脉往往形成于岩浆热液的后期。这种硅酸盐成因的充填型脉状萤石,矿体形态、产状比较稳定,矿石成分简单(主要为石英-萤石型),属于富矿级别,利于开采。

该工作区化探异常信息对指示萤石矿的寻找与预测效果是有限的,岩浆活动和构造裂隙是成矿的主要因素,也是找矿的重要标志。因此,根据综合异常特征和成矿地质条件,圈出 2 个 C 级找矿远景区。

40. 一拉溪预测工作区

工作区属于台地、丘陵森林景观区。区域上主要分布中生代火山岩建造以及晚古生代沉积岩建造、第四纪盖层。侵入岩以燕山期的花岗岩类为主;次一级的构造裂隙发育。

分布的矿产为金家屯萤石矿。

工作区圈出 3 个 F 异常。其中,1 号异常具有清晰三级分带和明显的浓集中心,规模较大,显示的面积为 $93km^2$,异常强度为 $646×10^{-6}$,面状分布,向北没有封闭。

3 号异常具有二级分带,规模相对较小,面积 $10km^2$,不规则分布。

2 号异常只有外带,规模小。

空间上与 F 套合紧密的只有 Zn,指示深层的岩浆活动。

矿床所在区域有 SiO_2 的外带异常显示,呈高度的负相关性。F、Y、Pb、CaO 对金家屯萤石矿不支持,以分散状态分布在典型矿床的外围。

金家屯萤石矿亦为硅酸盐成因的充填型脉状萤石矿,F 来源于花岗质岩浆侵入,Ca^{2+} 来自于灰岩及泥质板岩中,层间裂隙为成矿提供空间。研究表明,含矿流体在运移过程中对围岩的接触交代作用明显,使得 F 和 Ca^{2+} 进一步富集。

该工作区化探异常信息对萤石矿的找矿预测亦没有明显的指示作用,找矿预测主要依据燕山期的花岗岩浆活动和裂隙构造,可圈出 2 个 C 级找矿远景区。

41. 明城预测工作区

工作区属于丘陵、低山森林景观区。主要分布中生代火山岩建造(安山岩-流纹岩);上古生界和中生界的砂岩、粉砂岩沉积建造;燕山期的花岗岩浆侵入活动强烈,近东西向的区域性断裂控制花岗岩浆活动,北西向的构造裂隙控制矿脉的空间分布。

主要矿产为南梨树沟萤石矿。

工作区圈出 4 个 F 异常,均具有清晰的三级分带和明显的浓集中心,强度为 561×10^{-6},面积分别为 $39km^2$、$18km^2$、$66km^2$、$39km^2$,具条带状分布,北西向延伸的趋势。其中,2 号 F 异常与南梨树沟萤石矿积极响应,是优质的矿致异常。

与 F 空间套合紧密的元素有 CaO、Y、Pb、Zn、SiO_2。

2 号组合异常场反映的是南梨树沟萤石矿的成矿岩浆系统。F 与 CaO、Y、Pb、Zn、SiO_2 的浓集中心套合(与 Zn)或偏离(与 Y、Pb、CaO、SiO_2),呈同心-离心结构,形成组分复杂的异常集合。

该组合异常复杂的叠加组分表征了燕山期强烈的岩浆活动和后期的叠加改造作用。低离子电位的 CaO、Y、Pb、Zn 使含矿流体呈碱性,利于含矿热液的迁移;SiO_2 属于酸性组分,利于 CaF_2 的沉淀富集。

1 号、3 号、4 号组合异常场显示的元素组分较简单,SiO_2 没有异常分布,表明与组合异常场有关的侵入体酸性程度降低,属于早期侵入的岩体。

根据综合异常的分布特征圈出 4 个找矿预测区。这 4 个找矿预测区以燕山期的花岗岩类侵入体为地质背景,显示北东向、北西向的断裂构造,具备良好的成矿地质背景和条件,是找矿预测的重要区域。由此圈出 4 个找矿远景区。其中,南梨树远景区对扩大找矿最有利。

总结工作区萤石矿的地球化学找矿标志如下。①工作区萤石矿异常地球化学场形成于燕山期的花岗岩类岩体中。②成矿元素 F 分带清晰,浓集中心明显,强度较高。对南梨树沟萤石矿积极支撑,矿致特征明显,是主要找矿标志。③F、CaO、Y、Pb、Zn、SiO_2 构成复杂组分异常区,其综合异常场成矿地质条件优良,是重要的预测靶区。

第六章　地球化学找矿预测区圈定及综合评价

第一节　预测矿种成矿地球化学分析

任何一类矿床的形成都是成矿元素分散、迁移、富集的结果。各种不同的地质-地球化学作用机制，使地质体中元素具有不同的活化、析出能力。

在内生及外生造岩作用下，处于均匀分散状态的化学元素，在具有特殊专属性的地球化学块体里相对富集，达到地壳克拉克值的数倍。随着岩浆溶液的渗滤、热液交代以及地下水等的作用下，造成稀有元素和分散元素的进一步富集，从而形成工业矿床。这些均匀分散的巨量物质在区域变质、接触变质以及动力变质等作用中，发生存在形式上的本质变化，并进行再分布。在这些必备的成矿地球化学条件下，那些活性强的成矿物质在成矿系统中高度浓集才有成矿的可能。

一、金矿、铜矿的成矿地球化学分析

Au 是独立性较强的元素，具有两性特征（$\pi=2.5\sim8$），易在强酸、强碱条件下溶解迁移，在近中性条件下沉淀。而 Cu 是离子半径较大的碱性元素，在碱性条件下易沉淀，酸性介质中易迁移。在自然界的热液流体中均以稳定络合物或螯合物存在。

本省 Au、Cu 初始富集于太古宙变质岩系。这套变质建造以海相基性火山岩为主，其间的（阜平期）侵入岩亦相当发育。由于强烈的区域变质作用，二者原岩变质构成 TTG 组合，形成以亲铁元素为主的同生地球化学场。进入滨太平洋多金属成矿阶段，古老基底中的成矿元素得到再次活化，使得 Au、Cu 在岩浆改造过程中进一步富集，形成以夹皮沟绿岩金和香炉碗子 TTG 金为代表的古老金矿带。这在 Au、Cu 地球化学异常图中有充分体现。

新元古代的和龙以及龙岗地块的拉张活动，导致富含 Au、Cu 的海相火山碎屑在元古代的裂谷中沉积（集安群和老岭群地层），在复杂的成矿作用下形成了西岔金矿、复兴屯铜金矿和南岔金矿。

后期的岩浆热液活动（主要是燕山期）构成以中性火山岩为控矿层位的矿致岩浆系统，Au、Cu、Ag、Pb、Zn、Sb、W、Mo、Sn 等主要元素在酸碱平衡的地球化学体系里被带入成矿系统，为 Au、Cu、Ag、Pb、Zn 的局部富集提供丰富的热源和物源，形成了一系列与岩浆热液关系密切的金矿、铜矿。如海沟金矿、五凤金矿、闹枝金矿、刺猬沟金矿、小西南岔铜金矿、石咀子铜矿、二密铜矿等。

二、银矿的成矿地球化学分析

自然界中的 Ag 属于离子电位较小($\pi<2.5$)的碱性元素,在热液作用中与 HS^- 形成稳定的络合物迁移、沉淀,常常与 Au 共生存在。本省 Ag 在元古宇集安群中初始富集,随着古亚洲构造域的发展,北部地槽区的 Au、Ag 在寒武纪—奥陶纪酸性火山岩建造中也呈高背景状态。进入滨太平洋构造域发展阶段,岩浆的侵入活动十分强烈,Ag 在这一时期得以充分富集成矿。

从 Ag 的地球化学异常图及综合异常图上看,本省 Ag 主要富集在山门-乐山成矿带(山门金银矿)、兰家-八台岭成矿带(八台岭金银矿)、山河-榆木桥子成矿带(民主屯银矿)、大蒲柴河-天桥岭(红太平多金属矿)、天宝山-开山屯成矿带(天宝山多金属矿)、夹皮沟-金城洞成矿带(西林河银矿百里坪银矿)、集安-长白成矿带(西岔金银矿、狼洞沟金银矿)。以 Ag 为主体的综合异常组分复杂,空间套合紧密,具备优良的成矿背景和条件,并与金、银矿积极响应,是优质的成矿异常。

典型矿床研究表明,Au、Ag 的聚集成矿与加里东期、海西晚期以及燕山期的岩浆热液活动关系密切,尤其是燕山期的花岗岩浆热液活动最为重要,是主要的成矿时期。如西岔金银矿以集安群荒岔沟组为初始矿源层,山门金银矿、狼洞沟金银矿以海相火山-沉积岩建造为初始富集层位,在主成矿期(燕山期),岩浆活动提供大量成矿物质,成矿岩浆系统产生强烈的热液接触交代作用,促使带入组分进一步活化、迁移、富集。于是在构造空间相对稳定的条件下,这些同源的活化组分(Au、Ag、Cu、Pb、Zn、W、Mo、Bi、As、Sb、Hg)在岩浆热液系统呈现分带清晰、浓集中心明显的天然异常带,形成空间套合紧密的叠生矿致地球化学场。

三、铅锌矿的成矿地球化学分析

Pb、Zn 亦为离子电位较小的碱性元素,具有较强的亲 S 性和亲 Cu 性,在内生热液流体中常以硫化物配合物、硫氢配合物形式迁移,并以独立的硫化物矿物沉淀富集。研究表明,Pb、Zn 在热液系统的稳定性远远大于 Cu,因此,在热液成矿作用中,由热液活动中心向上向外普遍存在 Cu→Zn→Pb 的分带现象,这对评价铅锌成矿具有重要意义。

在岩浆成岩阶段,Pb、Zn 主要呈分散状态进入造岩矿物。一般情况下,Pb 代替 K 进入含 K 矿物,而 Zn 常于铁镁硅酸盐及铁氧化物中富集。这使得内生热液成因的铅锌矿围岩多为含一定量 SiO_2 的酸性岩类。

吉林省铅锌矿主要形成于叠加滨太平洋多金属成矿阶段。该阶段由于和龙地块和龙岗地块的拉张,元古宙裂谷坳拉槽接受了巨厚的海相陆源碎屑以及碳酸盐沉积,并伴随强烈的海底火山活动,形成以集安群和老岭群为主要地质背景的亲石、碱土金属元素同生地球化学场,使得 Pb、Zn 等有色金属得到充分富集成矿(荒沟山铅锌矿、正岔铅锌矿)。

晚元古代—中生代—新生代是滨太平洋后陆壳的主要发展阶段。该阶段的岩浆热液叠加改造活动十分强烈,并带来丰富的有色金属以及贵金属,同时古老基底的成矿物质亦得到活化,形成以放牛沟多金属矿(奥陶系—志留系)、红太平多金属矿(二叠系)、天宝山多金属矿(海西期—燕山期)为代表的铅锌多金属矿床。

由 Pb、Zn 地球化学异常的分布态势可知,吉林省 Pb、Zn 异常对上述典型矿床均具有强烈的支撑效应,表现为其异常地球化学场对铅锌成矿岩浆系统的明显反映。

四、钼矿的成矿地球化学分析

Mo 属于离子电位较大的酸性元素($\pi>8$),亲 S 性强,在热水溶液中形成$(MoS_2)^{2-}$稳定络合物迁移,与 Cu、W 紧密共生。本省 Mo 主要在滨太平洋构造域发展阶段富集,以亲石、稀有、稀土分散元素同生地球化学场为基础,异常主要分布在吉中山河-榆木桥子成矿带(大黑山钼矿)、上营-蛟河成矿带(季德屯钼矿、福安堡钼矿)、天宝山-开山屯成矿带(刘生店钼矿)、春化-小西南岔成矿带(小西南岔金铜矿);吉南柳河-那儿轰成矿带(天合兴铜钼矿)、集安-长白成矿带(郭家岭铅锌矿、铜山铜钼矿),均为 Mo、Cu、Pb、Zn 等典型矿床的主要成矿区域。Mo 的综合异常场内燕山期的成矿岩浆系统和控岩控矿构造十分发育,含矿围岩蚀变强烈,显示优良的成矿地质背景和条件。热液组分 Cu、Pb、Zn、Mo、W、Sn、Bi、As、Sb 在燕山期强烈的酸性岩浆活动作用下,沿岩浆系统能量核心(花岗斑岩体)作环状径向迁移,呈现同心-离心型的韵律异常结构,具有异常强度高,浓集中心明显的基本特征,并最终在成矿构造空间充分充填,形成空间叠加紧密的复杂组分异常地球化学场。因此,后期叠加地球化学场对古老基底的同生地球化学场进行了继承以及强烈的改造作用。

长白山碱性火山岩分布区显示大面积的 Mo 异常,是超高背景火山岩体引起的成岩异常。

五、镍矿的成矿地球化学分析

Ni 的离子电位在 2.5～8 之间,属于酸碱两性元素,具有亲石、亲硫特征,在热水溶液中形成$[Ni(S_2O_3)2]^{2-}$络合物迁移,显示与 Cr、Co、Cu 紧密共生的矿化性。本省 Ni 在滨太平洋多金属成矿阶段,由于龙岗地块、和龙地块的地台化,Au、Cu、Ni 得到初始富集,伴随着晚古生代—中生代的构造-岩浆隆起,岩浆侵入为主,基性—超基性侵入体构成亲铁元素同生地球化学场,使 Au、Cu、Ni 得到再次聚集。因此,发生在滨太平洋构造域的成矿作用,不仅促使古老基底的成矿物质进一步活化、迁移,而且后期强烈的岩浆活动又为成矿系统提供了大量的新物质和热能。

Ni 异常图显示的成矿地球化学专属性特征明显,从其分布特征看,主要分布在红旗岭-漂河川成矿带(红旗岭铜镍矿、漂河川铜镍矿)、夹皮沟-金城洞成矿带(长仁铜镍矿)、二密-靖宇成矿带(赤柏松铜镍矿),均为 Ni 典型矿床的成矿岩浆系统分布区,以铁镁质的基性—超基性为基础地质背景。在 Ni 的成矿岩浆系统中,同源元素 Ni、Co、Cr、Cu、MgO、Fe_2O_3 围绕能量核心(基性—超基性岩体)环状迁移,在正交、斜交的构造空间分异侵位,形成颇具规模的 Cu-Ni 矿体。

大肚川—露水河一带表征的是太古宙花岗绿岩地质体,原岩是一套基性—超基性的火山岩;而大山咀子、抚松—长白一带反映的是新生界的基性火山岩分布区。这些基性火山岩分布区的 Ni、Co、Cr、Cu 异常规模与出露的基性火山岩界线是吻合的,呈现超高背景的成岩异常及潜在的矿致异常。

六、铬铁矿、硼矿、萤石的成矿地球化学分析

Cr 的离子电位在 2.5～8 之间,属于酸碱两性元素,亲氧程度明显大于亲铁性。含矿岩相仅专属于以 Mg、Fe 为造岩矿物阳离子的纯橄榄岩、斜辉橄榄岩和斜辉岩,以稳定的氧化物形式迁移。Cr 元素主要在滨太平洋构造域发展阶段初始富集,异常的分布特征严格受基性—超基性岩体控制,在海西期岩浆成矿作用中迁移、富集、成矿。

本省铬铁矿多呈豆荚状，规模较小，品位变化大，蛇纹石化强烈，属富铝型，是铁族元素的重要组分。空间上 Cr 的异常分布特征与 Ni 十分接近，比如沿北东向敦密断裂分布的新生代基性玄武岩，Cr、Ni 异常表征的是玄武岩体分布区；大肚川、金城洞的 Cr、Ni 异常反映的是太古宙铁镁质基底。

在铬铁矿典型矿床分布区域，以开山屯铬铁矿的 Cr 异常表现理想，对铬铁矿强烈支持，矿致性质明显。小绥河铬铁矿 Cr 异常没有响应。

B 的离子电位很高（$\pi > 13$），是离子半径较小的强酸性元素，具有较强的亲氧、亲石性质，与 Mg 紧密共生，由于 B 在热水溶液里常呈气态存在，因此，是热液成因矿床较为重要的矿化剂元素。

本省 B 是在和龙地块、龙岗地块拉张，元古代裂谷坳拉槽接受巨厚海相陆源碎屑，碳酸盐岩沉积形成的同生地球化学场中初始富集，并在强烈的火山热液活动作用下局部浓集。这从 B 的异常图分布可以得到证实，即 B 异常主要分布在台区，地质背景为古元古代一套海相碎屑岩-碳酸盐岩沉积建造，是 B 的初始富集层位。而后期强烈的岩浆活动，给成矿系统带来大量的物源、热源，并与围岩产生强烈的区域变质作用。地球化学研究表明，B、F、Cl、S 等气成元素主要来源于深部岩浆，变质热液活动可使元素得到充分迁移、富集。高台沟硼矿即形成于蚂蚁河组沉积变质建造中，并相对贫铁。

本省萤石主要是热液脉型成因，形成于滨太平洋构造域发展阶段。主要组分 F 来源于燕山期深成的花岗岩浆，Ca^{2+} 来源于围岩。F 的异常分布对典型矿床不支持，其分布的地质背景为中生代酸性火山岩以及新生代碱性火山岩建造，异常展布方向主要反映了区域断裂构造体系。因此，以 F 异常为主体的叠生地球化学场对预测萤石矿意义不是很明朗，需要根据实际地质背景分析是矿致异常还是构造引起的高背景区域。

第二节　找矿预测区、靶区圈定

吉林省地球化学共研究了 Au、Ag、Cu、Pb、Zn、W、Sb、Mo、Ni、Cr、B、稀土、萤石 13 个矿种，相应编制了 13 张找矿预测图。

一、圈定依据

根据《化探资料应用技术要求》，地球化学找矿预测区主要依据地球化学异常分类评价结果、异常组合在空间上的分布分配规律以及预测矿种、预测矿床类型等综合因素，同时考虑 1∶5 万化探异常进行圈定。靶区圈定是依据甲类、乙类异常的分布特征，三级异常查证结果以及典型矿床的异常模式。

二、划分原则

（1）以地球化学异常分布分配规律、元素组合特征、成因分类为依据，结合成矿区带、地球化学分区以及地球化学推断地质构造成果，圈定找矿预测区。

（2）以同类异常数量和找矿意义分类结果为依据对找矿预测区进行分级。

（3）找矿预测区按 A、B、C 三级划分。

依据《化探资料应用技术要求》中找矿预测区的划分原则，结合本省以往预测区的划分条件，确定 A、B、C 三级划分标准。

A 级：找矿预测区或附近有典型矿床或相关的矿产响应，并建立地球化学找矿模型，通过对比分析，确认预测区内存在1个以上的甲级、乙级综合异常,组合异常复杂,成矿地质条件突出,有希望找到或新增储量达到大型以上规模的矿床(矿田);或者预测资源量总和超出已知储量巨大的预测区;或者主成矿元素异常显示预测区内具有找到新矿种的巨大潜力,而且异常查证证实新矿种有望找到中型以上规模的矿床。

B级:找矿预测区或附近有中—小型矿床或矿点分布,综合异常以乙级为主,组合异常复杂,成矿地质条件较好,有望找到中型或大型以上规模的矿床;或者根据地球化学定量预测模型计算的资源总量巨大,有希望找到中型或大型以上规模的矿床。

C级:综合异常以乙级或丙级为主,组合异常简单,成矿地质条件有利或一般,未进行异常查证或查证后未取得重要突破,但推测有望找到工业矿体或小型以上矿床;有甲、乙综合异常存在,但工作程度已很高,深、边部找矿还具有一定潜力,但重大突破的可能性较小。

靶区是在地球化学找矿预测区内划分的,是与同一成矿区带内典型矿床相似的异常模式,或通过三级异常查证发现有利找矿线索,或与其他预测方法高度吻合的,具有明确找矿方向和目标的甲类、乙类异常区。

三、找矿预测区圈定

根据上述原则共圈定:

金矿找矿预测区33个。其中,5个A级,13个B级,15个C级。

铜矿找矿预测区28个。其中,A级2个,B级7个,C级19个。

铅矿找矿预测区12个。其中,A级1个,B级6个,C级5个。

锌矿找矿预测区12个。其中,A级1个,B级6个,C级5个。

锑矿找矿预测区7个。其中,B级2个,C级5个。

钨矿找矿预测区12个。其中,B级3个,C级9个。

稀土矿找矿预测区6个。其中,B级1个,C级5个。

银矿找矿预测区17个。其中,2个A级,4个B级,11个C级。

镍矿找矿预测区13个。其中,A级2个,B级1个,C级10个。

钼矿找矿预测区16个。其中,A级2个,B级2个,C级12个。

铬铁矿找矿预测区3个,均为C级。

硼矿找矿预测区4个。其中B级1个,C级3个。

萤石找矿预测区5个,均为C级。

下面就A级或B级找矿预测区的圈定依据做如下具体说明:

夹皮沟-溜河找矿预测区处于铁岭-靖宇(次级隆起)铁、金、银、铜、铅、锌成矿带上,以预测复合成因的金矿、铜矿为主。区内从阜平期到燕山期岩浆活动强烈,近东西向深大断裂及韧性剪切带控制了区内的成岩、成矿。形成以太古宙花岗绿岩变质建造为基础的叠生地球化学场,显示强烈的区域变质改造作用。分布有夹皮沟金矿田(大型矿床1处,中型矿床3处,小型矿床7处;伴生Cu:4507t),老岭金矿(查明资源储量Au:166kg),六匹叶金矿(查明资源储量Au:4768kg),桦南金矿(查明资源储量Au:2563kg),资源潜力较大。预测区Au、Cu矿致异常分带清晰,浓集中心明显,面积大,伴生组分Pb、Zn、Ag、As、Sb、Hg、Ag、W、Sn、Bi、Mo、Ni、Cr与Au、Cu空间套合紧密,圈定的甲级综合异常构成组分复杂的天然富集体,为扩大找矿最有潜力区域。

五凤找矿预测区处于五凤-百草沟金、铜、银、铅、锌、铁成矿带上,主要预测火山岩型金矿。区内中生代火山岩建造发育(三叠纪安山岩、安山质角砾凝灰岩和集块岩),与侵入岩接触带蚀变强烈,北东与北西向断裂构造交会处控矿裂隙遍布,显示优良的成矿地质背景和条件。分布的五凤、五星山金矿即受上述要素控制。主要指示元素 Au 具有清晰的分带和浓集中心，伴生组分 Cu、Pb、Zn、As、Sb、Hg、Ag 与 Au 空间交合紧密，构成组分复杂的甲级综合异常场。所以，金矿系统深部及边缘仍具有较大的找矿潜力。

闹枝-刺猬沟找矿预测区处于五凤-百草沟金、铜、银、铅、锌、铁成矿带上，主要预测火山岩型金矿，还有伴生铜矿、铅锌矿。区内侏罗系火山岩建造是主要的控矿围岩；正交、斜交的构造裂隙极其发育；燕山期岩浆热液活动提供丰富的热源、物源，受此成矿要素控制的是闹枝金矿、刺猬沟金矿及头道沟金矿（资源储量，闹枝金矿 Au:2450kg，刺猬沟金矿 Au:3010kg，头道沟金矿 Au:405kg；伴生 Cu:3068t；伴生 Pb:7449t；伴生 Zn:13 352t），具有较大的资源潜力。主要元素 Au、Cu、Pb、Zn 异常分带清晰，浓集中心明显，强度高，是优良的成矿异常。Au、Cu、Pb、Zn、Ag、As、Sb、Hg、W、Sn、Bi、Mo 构成离心-向心结构的叠生地球化学场，圈定的甲级综合异常为矿致系统深部及边缘找矿预测提供依据。

小西南岔找矿预测区处于新华村-小西南岔金、铜、钨、铅、锌、银、铁、钼、铂、钯成矿带上，主要预测斑岩型金矿、铜矿。区内分布大面积的海西期及燕山早期的的花岗闪长岩（与成矿关系密切），近南北向的五道沟向斜及北北东向、北西向断裂构造控矿了含矿热液的运移及赋存。而下古生界五道沟群（杨金沟金矿）和中生代火山岩建造（小西南岔金铜矿）对矿致系统的形成也起到一定的控制作用。在此条件下产生的是大型小西南岔金铜矿（资源储量 Au:85 706.84kg，Cu:306 808.94t）及小型杨金沟金矿（资源储量 Au:2036kg），此外还有众多的沙金矿产（黄松甸子沙金矿、西土门子沙金矿、春化沙金矿等），显示巨大的金、铜资源潜力。主要成矿元素 Au、Cu 异常强度高，分带清晰，浓集中心明显，对金、铜矿产积极支撑。Au、Cu、Pb、Zn、Ag、As、Sb、Hg、W、Bi、Mo 空间叠加紧密，圈定的甲级综合异常是金矿、铜矿找矿预测的主要区域。

海沟找矿预测区处于海沟-红太平金、铁、铜、铅、锌、银、钼、镍成矿带上，主要预测侵入岩浆型金矿。分布大型海沟金矿（资源储量 Au:48 901kg）和小型西林河金矿、湾勾金矿点。矿致系统的地质背景为中元古界色洛河群变质岩建造（角闪片麻岩、角闪岩、变粒岩），燕山期强烈的岩浆活动及北东向的构造裂隙构成金矿系统的运移通道和赋存空间。主要成矿元素 Au，具有强度高、分带及浓集中心明显的基本特征，Au、Ag、Cu、Pb、Zn、As、Sb、Hg、W、Bi、Mo 形成离心-向心结构的综合异常场。因此，该预测区找金潜力较大。

头道-吉昌找矿预测区处于山河-榆木桥子金、银、钼、镍、铜、铁、铅、锌成矿带上，主要预测火山岩型金矿。控制区内矿致系统的是晚古生代火山-沉积建造（灰岩、页岩及砂岩），北东向的韧性剪切带以及燕山期的花岗岩浆活动。代表矿产为头道川金矿（资源储量 Au:1517kg）。主要指示元素 Au 具有异常分带清晰，浓集中心明显，强度较高的基本特征，Au、Ag、Cu、Zn、Pb、As、Sb 异常组合构成叠加紧密的元素富集区，圈定的乙级综合异常场是扩大找矿的有望区域。

椅山-胡米找矿预测区处于那丹伯——座营金、钼、银、铅、锌、铜、镍成矿带上，主要预测层控内生型金矿。控制区内金矿岩浆系统的是晚志留系变质岩建造（大理岩、变粒岩、角岩、变质砂岩等），燕山期的片理化流纹岩、花岗岩以及北西向压扭性断裂和东西向张扭性断裂。反映弯月金矿系统的综合地球化学场由 Au、Pb、Cu、W、Bi 构成。其中，Au 异常分带清晰，浓集中心明显，强度较高，对弯月金矿积极支撑。因此，圈定的乙级综合异常是扩大找矿的有望场所。

地局子-倒木河找矿预测区处于山河-榆木桥子金、银、钼、镍、铜、铁、铅、锌成矿带上，主要预测火山岩型金矿。控制金矿系统的是下侏罗统南楼山组火山岩建造，燕山期的酸性岩浆活动，以及北东向、近东西向和北西向的裂隙系统。矿产有倒木河金矿、地局子铅锌矿以及新立屯多金属矿，显示较大的资源潜力。主要指示元素 Au 具有异常分带清晰，浓集中心明显，强度较高的基本特征，圈定的 Au、Cu、Pb、Zn、W、Sn、Mo、Bi 综合异常场为扩大找矿预测提供重要依据。

杜荒岭找矿预测区处于新华村-小西南岔金、铜、钨、铅、锌、银、铁、钼、铂、钯成矿带上，主要预测火山岩型金矿。区内控制金矿系统的是中生界火山岩建造。燕山早期的花岗岩浆活动以及北东向、北西向的断裂构造体系。主要矿产有杜荒岭金矿（资源储量 Au:1768kg）、九三沟金矿（资源储量 Au:

1 115.97kg)、金仓沙金矿(资源储量 Au:2208kg),显示较大的资源潜力。主要指示元素 Au 异常分带清晰,强度较高。Au、Pb、Zn、Ag、As、W、Bi、Mo 空间套合紧密,圈定的综合异常场为金矿系统深部及边缘找矿预测提供重要依据。

香炉碗子-山城镇找矿预测区处于铁岭-靖宇(次级隆起)铁、金、银、铜、铅、锌成矿带上,主要预测侵入岩浆型金矿。区内控制金矿系统的是太古宙龙岗群变质建造,太古宙到中生代的岩浆叠加改造活动以及东西向和北东向断裂构造体系。代表矿产香炉碗子金矿(资源储量 Au:6048kg),烟筒桥子金矿(资源储量 Au:999kg)、梅河口市砂金矿(资源储量 Au:3631kg),显示较大的资源潜力。预测区内,Au 异常分带清晰,浓集中心明显,强度高。Au、Cu、Pb、Zn、Ag、As、Hg、Ni、Co 空间套合紧密,圈定的甲级综合异常场为金矿系统深部及边缘找矿预测提供重要依据。

荒沟山-南岔找矿预测区处于营口-长白(次级隆起、Pt_1 裂谷)铅、锌、铁、金、银、铀、硼、菱镁矿、滑石成矿带上,主要预测层控内生型金矿、铅锌矿、岩浆热液成因的银(金)矿、锑矿以及沉积变质成因的铜钴矿。区内主要分布古元古界和下古生界的沉积-变质建造,岩性为老岭群珍珠门组大理岩(Au、Pb、Zn 赋存层位)、花山组的千枚岩(Cu、Co 赋存层位)、临江组的二云片岩、绢云母片岩(Sb 赋存层位);下寒武统的页岩、灰岩、石英砂岩(Ag 赋存层位)。北东向、北西向的断裂以及构造裂隙体系在空间上具有继承性,控制含矿热液的运移、分布。印支期、燕山期的酸性岩浆活动为矿致系统提供必要的成矿物质和运移动力。代表矿床有荒沟山金矿(资源储量 Au:6585kg)、临江铅锌矿(Pb:20 941t,Zn:117 487t)、杉松岗钴矿(资源储量 Co:1221t,伴生 Cu:3925t,伴生 Ni:1213t)大横路铜钴矿(资源储量 Co:20 635t,伴生 Cu:59 392t,伴生 Ni:7995t)、刘家铺子-狼洞沟金银矿(资源储量 Ag:206t,Au:5754kg)、青沟子锑矿(资源储量 Sb:19 428t),具有较大的资源潜力。主要成矿元素 Au、Ag、Pb、Zn、Sb 异常分带清晰,浓集中心明显,强度高,对相应矿产积极支撑。空间上,Au、Cu、Pb、Zn、Ag、As、Sb、Hg、W、Sn、Mo 叠加紧密,充分反映矿致系统组分的复杂性,为扩大找矿预测规模提供重要依据。

正岔-复兴找矿预测区处于营口-长白(次级隆起、Pt_1 裂谷)铅、锌、铁、金、银、铀、硼、菱镁矿滑石成矿带上,主要预测侵入岩浆热液成因的金矿、银矿、铜矿、铅锌矿。控制矿致系统的是下元古界荒岔沟组的沉积-变质建造以及燕山期的酸性岩浆活动和构造裂隙系统。代表矿床有西岔-金厂沟金银矿(资源储量 Au:2850kg,Ag:25t)、复兴屯铜金矿(资源储量 Au:444kg,Cu:554.98t)、正岔铅锌及多处小型金矿(通化县隆胜金矿 Au:977kg,西北天金矿 Au:96.14kg,河口金矿 Au:214kg,马当山金矿 Au:264kg),显示较大的资源潜力。指示矿致系统的 Au、Ag、Cu、Pb、Zn 异常分带清晰,浓集中心明显,强度高,Au-Cu-Pb-Zn-Ag 和 As-W-Mn-Bi 组合构成组分复杂地球化学场,为扩大深部及外围找矿规模提供化探依据。

农坪-前山找矿预测区处于新华村-小西南岔金、铜、钨、铅、锌、银、铁、钼、铂、钯成矿带上,以预测沉积成因的砂金矿为主。砂金系统以第三系(新进系+古近系)的砂岩、砾岩为主要赋矿层位,宽缓的古斜坡控制了砂金的空间分布,而与燕山期岩浆热液关系密切的内生金矿,亦为砂金系统提供一定的物质来源。表征矿致系统的异常地球化学场由 Au、Cu、Pb、Ag、W、Mo、Bi 组分构成,表现为叠加紧密的异常富集区。其中,Au 异常分带清晰,浓集中心明显,规模大,对金矿系统积极支撑,成为找矿预测的主要指示标志。

山门找矿预测区处在山门-乐山银、金、铜、铁、铅、锌、镍成矿带上,以预测热液脉型银矿、金矿为主,其次为岩浆热液成因的镍矿、铜铅锌多金属矿。区内分布大面积的寒武纪—奥陶纪火山-沉积岩建造,岩浆热液活动频繁(尤以印支期—燕山期对成矿最为有利),北东及次一级的北西向断裂十分发育,具备优质的成矿地质条件和找矿潜力。现已发现的标准成矿客体有大型山门金银矿床(查明资源储量 Ag:1739t,Au:8064kg),中等规模的大顶山铜铅锌多金属矿床(查明资源储量 Cu:1311t,Pb:1212t,Zn:10 373t,Ag 达到边界品位)以及小型山门镍矿(查明资源储量 Ni:4462t,Cu 接近边界品位),资源潜力巨大。矿致岩浆系统,Ag、Au、Cu、Pb、Zn、Ni 等主要成矿元素异常强度高,分带清晰,浓集中心明显,面积较大,对矿产积极支持,是优良的矿致异常。Au、Ag、Cu、Pb、Zn、Hg、Sb、Ni 空间套合紧密,异常组合富集组分复杂,构成甲级和乙级综合异常场,是扩大找矿的主要场所。

民主屯找矿预测区处于山河-榆木桥子金、银、钼、镍、铜、铁、铅、锌成矿带上,主要预测热液脉型的金银矿。控矿系统以古生界海相火山-沉积岩建造为地质背景,燕山期的花岗岩类侵入活动,以及北东向、北西向断裂构造的发育在区域上产生了强烈的变质作用,对成矿十分有利。区内矿产资源丰富,有民主屯金银矿(资源储量 Au:44kg,Ag:24t),头道川金矿(资源储量 Au:1547kg),大黑山钼矿(资源储量 Mo:14 967 231t,Cu:2218t),锅盔顶子铜矿以及地局子铅锌多金属矿(资源储量 Pb:18 624t,Zn:27 943t,Ag 接近边界品位),资源量巨大。主要成矿元素 Ag、Au、Cu、Pb、Zn、Mo 异常强度高,分带清晰,浓集中心明显,异常规模大,对矿产积极支持,指示作用明显。构成综合异常场的元素组分复杂,空间叠合紧密,是矿致系统深部及边缘找矿预测的主要场所。

西林河找矿预测区处于铁岭-靖宇(次级隆起)铁、金、银、铜、铅、锌成矿带上,代表矿产为西林河岩浆热液型银矿(资源储量 Ag:57t)。地质背景主要为太古界花岗绿岩地体与古元古界老岭群珍珠门组大理岩建造,是成矿初始矿源层,其接触带是主要赋矿部位;北东向韧性剪切带控矿明显,糜棱岩化以及燕山期的钾长花岗岩侵入为成矿起到重要作用。主要成矿元素 Ag 分带清晰,异常强度高,浓集中心位置即为西林河银矿分布区。空间上与 Ag 紧密叠加的组分有 Au、Cu、Pb、Zn、Sb、As、Hg,反映矿致异常地球化学场。遥感和物探资料显示西林河异常区有隐伏的花岗岩体存在,这为预测区的圈定提供佐证。预测区除银矿外还有金矿、锑矿分布,具有较大的资源潜力,是重要找矿预测区。

百里坪找矿预测区处于铁岭-靖宇(次级隆起)铁、金、银、铜、铅、锌成矿带上,分布岩浆热液成因的百里坪银矿。控矿地层为太古宙表壳岩,呈捕虏体的形式残留于百里坪岩体中,是重要的含矿层位。控矿岩浆岩为晋宁期的花岗岩;海西晚期及燕山早期中酸性侵入岩有利于成矿元素进一步活化、迁移、富集。东西向、北东向及北西向断裂构造,为区域成矿提供空间。遥感解译表明,区内线性和环形构造发育,百里坪银矿即受该种构造体系控制。化探方面,矿床所在区域内的 Ag 异常具有三级分带和明显浓集中心,峰值为 509×10^{-9},异常轴向与控矿构造方向一致。与 Ag 异常存在空间套合关系的元素有 Au、Cu、Pb、Zn、W、Mo、Sn,形成复杂元素组分富集的叠生地球化学场。总之,百里坪找矿预测区具有优良的成矿地质条件,对寻找外围及深部热液成因银矿十分有利。此外,区内还分布有钼矿点,是扩大找矿的重要区域。

红旗岭找矿预测区处在红旗岭-漂河川镍、金、铜成矿带上,主要预测岩浆熔离-贯入型铜镍矿。区内分布有与铜镍硫化物矿床有成因联系的海西早期与晚期的镁铁—超镁铁质岩体。其中,以 1 号岩体为代表的含矿辉长岩-辉石岩-橄榄岩-橄辉岩相是主要含矿体。辉发河超岩石圈断裂是含镍基性—超基性侵入岩体的导岩(矿)构造,与之有成因联系的北西向次一级压扭性断裂为储岩(矿)构造。遥感解译证明,预测区内环形构造发育,指示隐伏岩体的存在。因此,红旗岭找矿预测区的成矿地质条件是非常优越的。主要矿产为红旗岭铜镍矿床(资源储量 Ni:206 862t,伴生 Cu:17 606t),找矿潜力巨大。主要元素 Ni、Cu、Co、Bi、Au、Ag、As、Hg、Mo 异常强度高,分带清晰,浓集中心明显,规模较大,对铜镍矿积极支持,是优良的矿致异常。以 Ni、Cu 为主体的组合异常空间套合紧密,富集组分复杂,构成甲级综合地球化学场,为矿致系统深部及边缘找矿预测提供重要依据。

赤柏松找矿预测区处于二密-靖宇镍、铜、金、铁成矿带上,主要预测岩浆熔离-贯入型铜镍矿。区内与成矿关系密切的是分布于三棵榆树、赤柏-金斗穹状背形核部的元古代基性岩、超基性岩,本溪-二道江断裂在区域上控制了基性岩浆活动,次一级的北东向或北北东向断裂构造在本区十分发育,整体构成主要控岩、控矿构造,这在遥感解译以及物探推断中可以得到进一步佐证。区内分布的矿产主要是赤柏松铜镍矿(资源储量 Ni:89 965t,伴生 Cu:4 679.09t),具备中等以上规模,其深部和外围具有较大的找矿潜力。此外,还分布有多处金矿点。因此,赤柏松找矿预测区资源丰富,是重要的找矿预测区域。

长仁找矿预测区处于天宝山-开山屯铅、锌、金、银、镍、钼、铜、铁成矿带上,主要预测岩浆熔离-贯入型铜镍矿。区内主要分布下古生界寒武系—奥陶系沉积-变质建造,侵入体为加里东期的铁镁质—超铁镁质岩体,是主要控矿岩体。近东西向的韧性剪切带横贯预测区北侧,次一级的北东向、北西向断裂极其发育,成矿地质条件优越。代表矿产长仁铜镍矿(资源储量 Ni:31 039t,伴生 Cu:5545t),资源量较大。主要成矿元素 Ni、Cr、Co、Cu 异常强度高,分带清晰,浓集中心明显,规模较大,对矿床积极支持。异常组分空间套合紧密,形成复杂异常地球化学场,是进一步寻找熔离型铜镍矿的重要场所。

天宝山找矿预测区处于天宝山-开山屯铅、锌、金、银、镍、钼、铜、铁成矿带上,主要预测复合成因的铜铅锌多金属矿、斑岩型钼矿。控制多金属矿致系统的是石炭系(天宝山岩群)亮晶灰岩、板岩;二叠系中酸性火山岩及碎屑岩夹板岩、灰岩等,以及东西向、南北向、北西向的断裂构造体系和印支期、燕山期的花岗岩类侵入活动。其中,印支期、燕山期的花岗岩类侵入体与天宝山岩群的接触带是钼矿的有利位置。代表矿床为天宝山铜铅锌多金属矿(资源储量 Cu:50 589t,Pb:171 630t,Zn:484 905t,Ag:85t)、北山钼矿(资源储量 Mo:3784t),具有较大的资源量。主要成矿元素 Cu、Pb、Zn、Mo、Ag 的异常强度高,分带清晰,浓集中心明显,规模较大,对相应积极支持,是矿致异常。空间上,Cu、Pb、Zn、Ag、Au、Mo、Sn、Bi、As、Sb、Hg 套合紧密,形成的复杂组分富集区,是扩大资源量的重要靶区。

大梨树沟-红太平找矿预测区处于红太平金、铁、铜、铅、锌、银、钼、镍成矿带上,主要预测火山岩型的铜铅锌多金属矿。控制多金属矿致系统的是上古生界陆相中酸性火山-沉积建造,以及极其发育的褶皱、断裂系统和燕山期的岩浆热液改造活动。代表矿产为汪清红太平铜铅锌多金属矿(资源储量 Cu:9382t,Pb:2641t,Zn:19 642t),显示较大的资源储量。主要成矿元素 Cu、Pb、Zn、Ag 具有较好的分带性,对矿致系统积极支持,元素组合 Cu、Pb、Zn、Ag、Au、As、Sb、W、Sn、Bi、Mo 空间上套合紧密,形成的复杂组分富集区是扩大资源量的有望预测区。由于典型矿床的工作程度较高,深部和外围尚有一定潜力,评定为 C 级预测区。

天合兴-那尔轰找矿预测区处于铁岭-靖宇(次级隆起)铁、金、银、铜、铅、锌成矿带上,主要预测斑岩型铜(钼)矿。主要控矿要素是燕山晚期的花岗斑岩体以及北西向、东西向、北北东向脆性断裂。代表矿产为天合兴铜(钼)矿、那尔轰铜(钼)矿,具有一定的资源潜力。成矿元素 Cu、Mo 分带清晰,浓集中心明显,对铜(钼)矿产积极支撑。Au、Pb、Zn、Ag、Mo、As、Sb、Hg、Ni、Cr 构成复杂组分富集场,为扩大找矿规模提供依据。

二密-老岭沟找矿预测区处于铁岭-靖宇(次级隆起)铁、金、银、铜、铅、锌成矿带上,主要预测斑岩型铜矿。控制铜矿岩浆系统的主要是燕山期石英闪长岩和花岗斑岩体,以及张性、张扭性、扭性构造裂隙群。代表矿产为通化二密铜矿,资源储量 Cu:105 475t,具有较大的资源潜力。主要成矿元素 Cu 异常分带清晰,浓集中心明显,组合元素 Cu、Pb、Zn、Ag、Au、As、Sb、Hg、W、Sn、Bi、Mo 呈同心套合,构成的复杂组分富集场是成矿预测的有利场所。

六道沟-八道沟找矿预测区处于营口-长白(次级隆起、Pt_1 裂谷)铅、锌、铁、金、银、铀、硼、菱镁矿、滑石成矿带上,主要预测矽卡岩成因的铜钼矿、金矿。控制矿致系统的主要是元古宇老岭群珍珠门组大理岩、白云质大理岩,区域性东西向、北东向断裂构造以及燕山期的闪长岩、花岗闪长岩、花岗斑岩体。代表矿产临江六道沟铜钼矿(资源储量 Cu:19 602t,Mo:1955t)、铜山铜钼矿(资源储量 Cu:113t),临江市金矿(资源储量 Au:665t),资源潜力较大。成矿元素 Cu、Mo、Au 异常强度高,浓集中心明显,对矿产积极支撑,空间上 Cu、Pb、Zn、Ag、Au、Mo、W、Bi、As、Sb、Hg 套合紧密,构成的综合异常场为矿致系统深部和边缘找矿预测提供重要依据。

石咀找矿预测区处于山河-榆木桥子金、银、钼、镍、铜、铁、铅、锌成矿带上,预测火山岩成因的铜矿、金矿。控矿要素为二叠系的火山-沉积变质建造(碎屑岩、灰岩、大理岩),燕山早期的中酸性岩浆活动,以及发育的北西向韧性剪切带和层间裂隙。代表矿产为石咀铜矿(资源储量 Cu:53 138t)、官马金矿(资源储量 Au:1728kg),具有一定的资源潜力。成矿元素 Cu、Au 异常强度高,浓集中心明显,对矿产积极支撑,空间上 Cu、Au、Pb、Ag、As、Sb、Hg、W、Sn、Bi、Mo 紧密套合,形成复杂组分富集场,可为预测矿致系统深部及边缘资源储量提供重要依据。

放牛沟找矿预测区处于山门-乐山银、金、铜、铁、铅、锌、镍成矿带上,主要预测火山沉积成因的铅锌多金属矿。控制矿致系统的是下古生界(奥陶系、下志留统)的火山-沉积变质建造,加里东期的岩浆活动以及正交、斜交的构造裂隙系统。矿产为伊通放牛沟铅锌多金属硫铁矿（资源储量 Pb:8935t,Zn: 38 462t)，具有较大的资源潜力。成矿元素 Pb、Zn 强度较高，呈二级分带，空间上 Pb、Zn、Cu、Au、Ag、W、Bi、Mo 构成无序特征明显的异常地球化学场，为扩大矿致系统深部及边缘的资源预测提供重要依据。

大营-万良找矿预测区处于营口-长白（次级隆起、Pt_1 裂谷）铅、锌、铁、金、银、铀、硼、菱镁矿、滑石成矿带上，主要预测矽卡岩型铅锌矿。控矿要素为早古生代大理岩建造，北东向、北西向的构造裂隙系统，以及燕山早期的花岗岩类侵入活动。代表矿产为大营铅锌矿（资源储量 Pb:8033t,Zn:40 324t)，显示较大的资源潜力。主要成矿元素 Pb 呈三级分带，强度较高，Pb、Zn、Au、Cu、Ag、As、Sb、Bi、Mo 空间紧密交合，构成组分复杂的富集区，反映铅锌矿致系统的异常地球化学场特征，可为扩大矿致系统深部及外围的资源预测提供依据。

矿洞子-青石镇找矿预测区处于营口-长白（次级隆起、Pt_1 裂谷）铅、锌、铁、金、银、铀、硼、菱镁矿、滑石成矿带上，主要预测矽卡岩型铅锌矿。控矿要素为下古生界的沉积-变质建造，北东向、北西向成矿构造，以及燕山早期黑云母花岗岩和花岗斑岩体。代表矿产为矿洞子铅锌矿、郭家岭铅锌矿（资源储量 Pb:38t,Zn:15 134t)，显示较大的资源潜力。成矿元素 Pb、Zn 具有清晰的三级分带和明显的浓集中心，强度较高。Pb、Zn、Au、Ag、Hg、W、Sn、Mo 组合形成复杂组分富集场，表征矿致系统的异常地球化学模式，为预测提供重要依据。

季德屯找矿预测区处于福安堡-塔东钼、铁、钨、铜、金、铅、锌、银成矿带上，以预测斑岩型钼矿为主。控矿系统为燕山期的花岗岩类含矿建造，以及十分发育的北东向、北西向断裂构造体系。遥感解译证明预测区分布多处环形构造和线性构造，这些环形和线性构造指示隐伏岩体和控矿空间的存在。现已发现的标准成矿客体为季德屯钼矿（资源储量 Mo:245 096t)和福安堡钼矿（资源储量 Mo:7306t)。因此，该预测区具备优质的成矿地质条件和较大的找矿潜力。在矿床所在区域，Mo、W、As、Au、Ag、Pb、Zn、Na_2O、K_2O 等组分异常强度高，分带清晰，浓集中心明显，面积较大，对典型矿床积极支持，是优良的矿致异常。以 Mo 为主体的异常组分复杂，空间套合紧密，构成的富集叠生地球化学场为扩大资源量提供重要依据

前撮落找矿预测区处于山河-榆木桥子金、银、钼、镍、铜、铁、铅、锌成矿带上，主要预测斑岩型钼矿。控矿系统为呈蘑菇状小岩株产出的燕山早期斜长花岗斑岩体和东西向的撮落屯-大顶子控岩构造，以及共轭的北西向茨芽岗-大黑山控矿断裂构造。矿产有大黑山钼矿（资源储量 Mo:1 497 231t)、四方甸子钼矿、桦甸兴隆钼矿（资源储量 Mo:1866t)以及金、铜矿、铅锌多金属矿，矿产资源丰富，资源潜力巨大。化探方面，主要成矿元素 Mo 异常具有清晰三级异常和明显浓集中心，与 Mo 空间套合紧密的伴生元素有 W、Cu、Ag、As、Bi、Pb、Zn，形成复杂组分富集场。遥感解译的多条环形和线性构造为成矿预测提供重要佐证。总之，前撮落找矿预测区地质背景和找矿前景优良，资源潜力巨大，化探、遥感依据充分，是重要找矿预测区。

刘生店找矿预测区处于海沟-红太平金、铁、铜、铅、锌、银、钼、镍成矿带上，主要预测斑岩型钼矿。控矿要素为印支期与燕山期的花岗斑岩体及压扭性的断裂构造。主要矿产为刘生店钼矿、敦化三岔子钼矿（资源储量 Mo:649t)，显示较大的资源潜力。成矿元素 Mo 异常分带清晰，浓集中心明显，强度高，对矿产积极支撑；以 Mo 为主体的组合异常规模大，元素空间套合紧密，构成复杂组分富集区，可对成矿客体深部和外围进行有效预测。此外，遥感资料推测区内存在多条脆性变形构造以及环形构造，这为评价控矿岩体和控矿空间提供重要佐证。

小绥河找矿预测区处于福安堡-塔东钼、铁、钨、铜、金、铅、锌、银成矿带上，主要预测侵入岩浆型铬铁矿，响应矿产为小绥河铬铁矿。与成矿关系密切的是海西早期超基性岩体，主要为橄榄岩相。北东向的伊舒深大断裂控制岩浆的侵入，而次一级的裂隙构造为成矿提供赋存空间。地球化学研究表明，Cr-Ni 组合并非完全是成岩过程的结果，在特定的条件（Cr、Ni 对 Mg 有较强的依赖性）下也具有矿化性质。所以，该区应用 Ni 异常对指示小绥河式铬铁矿的找矿预测有一定作用。

由于小绥河铬铁矿工作程度较高,规模较小,深、边部尚存在一定的找矿潜力,而且区内没有其他矿产分布。因此,圈定为 C 级。

头道沟找矿预测区处于山河-榆木桥子金、银、钼、镍、铜、铁、铅、锌成矿带上,主要预测侵入岩浆型铬铁矿,有头道沟硫铁矿和倒木河硫铁矿响应。分布海西晚期的橄榄岩相侵入体,北东向、北西向及近东西向的断裂构造发育。主要成矿元素 Cr 具有清晰的分带和浓集中心,同源元素(Cr、Ni、Fe_2O_3、MgO、Al_2O_3)空间套合紧密,其聚集部位指示岩浆系统的橄榄岩核心。遥感资料显示,超基性体分布区域有环形构造支撑,遥感铁染异常和羟基异常发育。表明该预测区具有优良的成矿地质条件和一定找矿前景,根据综合异常特征圈定为 C 级找矿预测区。

开山屯找矿预测区处于天宝山-开山屯铅、锌、金、银、镍、钼、铜、铁成矿带上,主要预测侵入岩浆型铬铁矿,有开山屯铬铁矿响应。分布与成矿关系密切的海西晚期超基性岩体,主要为橄榄岩相。遥感资料显示,区内环形和线性构造发育,对典型矿床控制明显。主要成矿元素 Cr 分带清晰,浓集中心明显,Cr、Ni、Fe_2O_3、MgO、Al_2O_3 组分空间套合紧密处即为开山屯铬铁矿分布位置。因此,开山屯找矿预测区具备优良的成矿地质条件和找矿前景。由于开山屯铬铁矿规模较小,工作程度已经很高,在矿床外围及深部尚存在一定的潜力。所以,将该预测区定为 C 级。

高台沟找矿预测区处于营口-长白(次级隆起、Pt_1 裂谷)铅、锌、铁、金、银、铀、硼、菱镁矿、滑石成矿带上,主要预测沉积变质成因的硼矿。控矿要素为早元古界集安群的沉积变质建造,东西向的复式向斜构造以及元古宙花岗岩浆活动。代表矿产为高台沟硼矿(资源储量 B:$24.374×10^4$t),还有土窑子、东岔、文字沟岭、二道阳岔、小东沟、四道河子、邱家沟等硼矿点,具备较大的资源潜力。化探方面,区内 B 异常分带清晰,浓集中心明显,强度高,面积大,对高台沟硼矿积极支撑,是成矿异常。空间上 B、MgO、Na_2O 异常套合紧密,Fe_2O_3 异常相对较弱,低温组合 As、Sb、Hg 主要围绕 B 呈环状分布,表示酸性的地球化学环境。遥感资料显示,与含硼建造有关的古生代花岗岩类引起的环形构造有 15 个(张廷秀等,2012),褶皱引起的环形构造 4 个,为成矿预测提供重要佐证。

明城找矿预测区处于山河-榆木桥子金、银、钼、镍、铜、铁、铅、锌成矿带上,主要预测热液脉型萤石矿。控矿因素为燕山期花岗岩类侵入体及发育的构造裂隙。代表矿产是明城南梨树沟萤石矿(资源储量 $0.81×10^4$t),具有一定的储量基础。化探方面,F、CaO、Y、SiO_2 均具有清晰的分带和明显的浓集中心,空间上异常套合紧密,对萤石矿致系统积极支撑。因此,该区具有优良的成矿地质背景和条件。但由于成矿系统工作程度已经较高,在矿区外围和深部尚有进一步找矿潜力。

以上矿种 C 级找矿预测区成矿地质条件一般或良好,区内没有相应矿产响应或响应不强烈或存在矿点。主要成矿组分异常分带差,强度不高,元素组合简单,综合异常以丙级为主,在进一步工作的基础上有望找到矿。此外,预测区内有主要矿产存在,综合异常为乙级或甲级,但典型矿床规模小,已经有较高的工作程度,深、边部尚存在一定的找矿潜力,重大突破的可能性较小。如小绥河铬铁矿、石咀子铜矿、正岔铅锌矿等。

找矿靶区的圈定主要是应用 1:5 万化探数据以及典型矿床土壤、岩石资料确定找矿靶区。如五凤找矿靶区、闹枝找矿靶区、荒沟山找矿靶区、红太平找矿靶区、安口镇找矿靶、正岔找矿靶区、郭家岭找矿靶区等,是典型矿床外围及深部找矿的重要目标。

第三节　找矿预测区、靶区特征及综合评价

一、找矿预测区特征及综合评价

预测矿种的找矿预测区综合评价主要突出预测区的大地构造位置、成矿带、矿产分布、成矿地质背景、地质条件、化探异常特征以及物探、遥感佐证。

1. 金矿找矿预测区特征及综合评价

金矿找矿预测区特征及综合评价具体见表 6-3-1。

表 6-3-1 吉林省金矿地球化学找矿预测区综合评价

名称及编号	面积(km²)	所处成矿区(带)	区内或附近已知矿产	有利成矿条件	综合异常分布情况	地球化学及其他因素	评价结果
福安堡 Au-1	232	天山–兴蒙造山带、塔东弧盆。福安堡–塔东钼、铁、铜、金、铅、锌、银成矿带	无矿产分布	主要分布海西晚期花岗闪长岩及印支期正长花岗岩，发育北西向断裂	1个丙类综合异常	元素组合 Au-As-W，浓集中心吻合度较差，Au 强度较低	C级
上河湾 Au-2	13	天山–兴蒙造山带、塔东弧盆。兰家–上河湾金、铁、铜、银成矿带IV级成矿带	三合和姜家沟金矿	分布海西晚期花岗岩及燕山晚期黑云花岗岩，北向断裂构造发育，金矿处于接触带上	1个乙类综合异常	Au,Cu 异常强度较低，元素组分简单，Au,Cu 异常套合较好	C级
上营 Au-3	284	天山–兴蒙造山带、塔东弧盆。福安堡–塔东钼、铁、铜、金、铅、锌、银成矿带	有钨铜矿和锡矿点分布	分布海西晚期花岗闪长岩及印支期二长花岗岩、碱长花岗岩，发育北东与北西向断裂	1个丙类综合异常	元素组合为 Au-As-W，浓集中心吻合不好；Au 异常强度低	C级
兰家 Au-4	358	天山–兴蒙造山带、大顶子–石头口门上叠裂陷盆地。兰家–上河湾金、铁、铜、银成矿带	兰家小型金矿，外围有孟家沟金矿点	分布石炭系碳酸盐岩建造。燕山期花岗岩提供物源和热源、北东向断裂构造控矿	2个丙类综合异常	元素组合为 Au-As-Sb-Hg-Ag。其中，Au 浓集中心小，规模小。空间上多为局部交合，As,Sb,Hg 指示深部找矿	C级
塔东 Au-5	205	天山–兴蒙造山带、塔东弧盆。福安堡–塔东钼、铁、铜、金、铅、锌、银成矿带	塔东铁矿	新生界基性玄武岩覆盖区，处于北东向紧密断裂带上	1个丙类综合异常	Au,Cu,Ag,Ni,Cr,Co,Mn,Ti,V 呈同心套合，注意深部找矿	C级

续表 6-3-1

名称及编号	面积(km²)	所处成矿区(带)	区内或附近已知矿产	有利成矿条件	综合异常分布情况	地球化学及其他因素	评价结果
安口 Au-6	346	敦密断裂带及华北东部陆块、清源新太古代地块。铁岭-靖宇(次级隆起)铁、金、银、铜、铅、锌成矿带	柳河金厂沟小型金矿	出露新太古代斜长角闪岩、斜长变粒岩、变质辉长岩及变花岗岩,北东向深大断裂穿越此区,侵入岩体以燕山晚期的碱长花岗岩为主	1个乙类综合异常	Au异常分带清晰、浓集中心明显,强度高。Cr,Co,Ni,Cu,Hg与Au吻合度高。磁法、重力推断变质建造	C级
五凤 Au-7	373	罗子沟-延吉古火山盆地群、延吉盆地北缘。五凤-百草沟金、铜、铅、锌、铁成矿带	五凤金矿	矿床主要赋存在中生代中、上部安山岩、安山质角砾凝灰岩和集块岩中。火山口构造中,北东向辐射状断裂和北西向环状断裂控制矿体	1个甲类综合异常	Au异常分带清晰、浓集中心明显。Au,Cu,Pb,Zn,As,Sb,Hg,Ag吻合度较好,元素组合较富集场。磁法、重力推杂组分富集场。磁法、重力推断中生代火山岩组合建造	A级
山门 Au-8	1122	天山-兴蒙造山带、大顶子-石头口门上叠裂陷盆地。山门-乐山银、金、铜、铁、铅、锌、钼成矿带	分布大型山门金银矿、叶赫河金矿点	主要含矿地层为奥陶系石缝岩、灰岩,矿体隐伏在石缝岩组与印支期-燕山期侵入体接触带,北东向断裂发育	2个甲类综合异常	Au异常分带清晰、浓集中心明显。元素组合主要为Au-Ag-Cu-Pb-Zn-Hg-Sb,空间上呈同心套合状。磁法、重力推断古生代火山岩组合建造,矿致系统蚀变强烈	A级
头道-吉昌 Au-9	509	天山-兴蒙造山带、磐梓上叠裂陷盆地内。山河-榆木桥子金、银、钼、铜、铅、锌成矿带	头道川金矿及八面石、国旗山金矿点	石炭纪余富屯组,岩性为页岩、灰岩、砂岩,是主要含矿围岩;成矿受北东向构造剪切褶皱构造控制;燕山期的花岗岩类侵入体提供热源	1个乙类综合异常	Au异常分带清晰、浓集中心明显。Au、Ag、Cu、Zn、Pb、As、Sb空间套合较好。磁法、重力推断沉积-变质建造和酸性岩体与成矿关系密切	B级

续表 6-3-1

名称及编号	面积(km²)	所处成矿区(带)	区内或附近已知矿产	有利成矿条件	综合异常分布情况	地球化学及其他因素	评价结果
椅山-胡米 Au-10	844	天山-兴蒙造山带，磐桦上叠断陷盆地内。那丹伯——座营金、钼、银、铅、锌、铜、镍成矿带	弯月金矿，辰隆金矿及多处金矿点	上志留统—下泥盆统椅山组沉积-变质建造是主要的含矿层位；侏罗纪片理化流纹岩及细粒闪长岩与成矿关系密切，弯月东山北西向压扭性断裂及弯月东西向张扭性断裂控矿	1个乙类综合异常	Au异常分带清晰，浓集中心明显。Au,Pb,Cu,W,Bi构成异常富集区，是预测有利场所	B级
地局子-倒木河 Au-11	510	南楼山火山坳陷盆地。山河—榆木桥子金、银、钼、镍、铅、铜、锌成矿带	倒木河金矿，地局子铅锌矿及多金属矿	下侏罗统南楼山组火山岩建造是金矿的含矿层位；燕山期中酸性岩浆活动为成矿提供物质源与热能，近东西向和北西向的构造裂隙控矿	1个乙类综合异常	Au异常分带清晰，浓集中心明显。Au,Cu,Pb,Zn,W,Sn,Mo,Bi交合紧密，构成富集场。磁法重力的叠生界富集场。磁法、重力推断矿致断成矿与酸性岩浆系受火山岩建造和中酸性岩体控制	B级
漂河川 Au-12	744	天山-兴蒙造山带，磐桦上叠裂陷盆地。红旗岭-漂河川镍、金、铜成矿带	二道甸子金矿，漂河川铜镍矿	寒武纪—奥陶纪的碳质云英角页岩互层为含金层位；燕山期花岗岩为成矿提供热源；北西向冲断层为主要控矿构造，含金石英脉主要受此控制	1个乙类综合异常和1个丙类综合异常	Au异常分带清晰，浓集中心明显。Au,Cu,Co,Ni构成离心结构的叠生界含金系统。磁法推断下古生界含金系统推断成矿与酸性岩浆活动有关	B级
万宝 Au-13	588	天山-兴蒙造山带，汪清-晖春上叠裂陷盆地内。海沟-红太平金、铁、铜、铝、锌、锌、银、钼、镍成矿带	安图三盆子北山金矿，钼矿	分布新元古界万宝组变质岩建造及中生界火山岩建造；侵入体以海西期、燕山期花岗岩类为主；发育北西向断裂	1个乙类和1个丙类综合异常	Au异常分带清晰，浓集中心明显。Au,Ag,As,Sb,W,Bi,Mo构成紧密套合富集场	C级

续表 6-3-1

名称及编号	面积(km²)	所处成矿区(带)	区内或附近已知矿产	有利成矿条件	综合异常分布情况	地球化学及其他因素	评价结果
闹枝-刺猬沟 Au-14	1121	罗子沟-延吉火山盆地群。五凤-百草沟金、铜、银、铅、锌、铁成矿带	闹枝金矿、刺猬沟矿及多处金矿点	矿床产于中侏罗统屯田营组火山岩建造中；发育东西向、南北向以及北东向、西向断裂构造，其交会处是成矿有利部位；燕山期岩浆活动提供热源、物源	2个甲类异常	Au异常分带分清晰，强度高，规模较大。Au、Cu、Pb、Zn、Ag、As、Sb、Hg、W、Sn、Bi、Mo套合紧密，构成复杂组分富集场；磁法、重力分别推断金矿系统与火山岩建造和酸性岩体关系密切	A级
杜荒岭 Au-15	310	天山-兴蒙造山带，汪清-珲春上叠裂陷盆地内。新华村-小西南岔金、铜、钨、银、锌、铁、钼、铂钯成矿带	九三沟金矿、杜荒岭金矿及汪汪清金仓砂金矿	分布与成矿关系密切的中生代火山岩建造；发育北东向、北西向和东西向的断裂构造，其断裂交汇处是成矿有利部位；燕山早期的花岗岩类为成矿提供热源、物源	1个乙类综合异常	Au异常呈二级分带，浓集中心明显。Au、Pb、Zn、Ag、As、W、Bi、Mo构成复杂组分富集场。磁法、重力分别推断火山岩和中酸性岩体控矿机构，以及低级断裂构造	B级
小西南岔 Au-16	770	罗子沟-延吉火山盆地群。新华村-小西南岔金、铜、钨、银、锌、铁、钼、铂钯成矿带	小西南岔金铜矿、杨金沟金矿、黄松甸子及珲春河砂金矿	与成矿关系密切的主要是海西期及燕山早期的花岗闪长岩；近南北向的五道沟、北东向断裂裂控矿。下古生界五道沟群板岩、变质砂岩、片岩以及二叠纪依县兰中酸性火山岩亦是主要赋矿围岩	1个甲类综合异常	Au异常分带清晰，规模大。Au、Cu、Pb、Zn、Ag、As、Sb、Hg、W、Bi、Mo构成复杂组分富集区。磁法、重力分别推断中酸性岩体和古生界控矿围岩，以及低级断裂构造	A级
石咀-官马 Au-17	353	天山-兴蒙造山带，磐桦上叠裂陷盆地内。山河-榆木桥子金、银、钼、镍、铜、铁、铅、锌成矿带	官马、烟筒山粗榆金矿、官马上鹿村金矿、石咀子铜矿等	分布有关的石炭系石咀子组中酸性海底火山喷出岩，其及三叠纪中酸性侵入岩，其与燕山期入体的接触带是主要赋矿部位；发育西向韧性剪切带及层间裂隙	1个乙类综合异常	Au异常分带清晰，浓集中心明显，强度较高。Au、Cu、Pb、Ag、As、Sb、Hg、W、Bi、Mo同套合紧密，构成富集场，磁法、重力异常中心与结构富集构造异心一向火山岩和酸性岩体控矿机构及低级构造系统	C级

续表 6-3-1

名称及编号	面积(km²)	所处成矿区(带)	区内或附近已知矿产	有利成矿条件	综合异常分布情况	地球化学及其他因素	评价结果
敦化六合 Au-18	129	天山-兴蒙造山带,汪清-晖春上叠上叠裂陷盆地内。海沟-红太平金、铁、铜、铝、锌、银、钼、镍成矿带	敦化六合金矿	主要出露海西期花岗闪长岩。成矿条件良好,可类比小西南岔金铜矿寻找组合岩型金矿	1个乙类综合异常	Au为二级分带,规模较小。Au,Pb,Hg,W,Mo,Bi构成利于找矿预测复杂组分富集区	C级
安怒-清津 Au-19	744	天山-兴蒙造山带,下二台-呼兰-伊泉陆源岩浆弧及西保安-江城岩浆弧。那丹伯——座营金、钼、银、铅、铜、锌、镍成矿带	没有矿产分布	主要分布中生代火山岩,火山碎屑岩。海西晚期岩浆侵入活动强烈,北东向、北西向断裂构造十分发育,显示一定的成矿条件	1个丙类综合异常	Au呈二级分带,强度较低。Au,Pb,Ag构成简单组分富集区	C级
东风 Au-20	178	天山-兴蒙造山带,下二台-呼兰-伊泉陆源岩浆弧。那丹伯——座营金、钼、银、铅、铜、锌、镍成矿带	没有矿产分布	主要分布中生代火山岩,火山碎屑岩。海西晚期岩浆侵入活动强烈;北东向、北西向断裂构造发育	1个丙类综合异常	Au呈二级分带,强度较低。Au,Pb,Ag构成简单组分富集区	C级
夹皮沟-溜河 Au-21	1913	华北东部陆块,夹皮沟(次级隆起)铁岭-靖宇太古代地块。铁、金、银、铜、铅、锌成矿带	夹皮沟金矿田。包括夹皮沟金矿、板庙子金矿、二道沟金矿、三道沟金矿等	矿区内主要出露高变质的花岗绿岩体,矿床即赋存于夹皮沟绿岩带之中;早早期的褶皱变构造及其派生北西向韧性剪切带控制成矿;区内岩浆活动频繁,从阜平期到燕山期,都为金提供了丰富的热源和物源	2个甲类综合异常	Au分带清晰,浓集中心明显,强度高,规模大。Au,Cu,Pb,Zn,Ag,As,Sb,Hg,W,Sn,Bi,Mo,Ni,Cr空间紧密套合,构成复杂组分富集场。磁法、重力推断变质岩建造和断裂构造控矿系统	A级

续表 6-3-1

名称及编号	面积(km²)	所处成矿区(带)	区内或附近已知矿产	有利成矿条件	综合异常分布情况	地球化学及其他因素	评价结果
石棚沟－石道河子 Au-22	587	敦密断裂带。铁岭－靖宇（次级隆起）铁、金、银、铜、铅、锌成矿带	石明沟金矿，芹菜沟金矿，石道河子金矿以及多处金矿点	主要出露中太古界杨家店组黑云片麻岩夹斜长角闪岩、英云闪长质片麻岩变质建造，岩体从太古宙到中生代都有分布；北西向深大断裂穿越此区	1个乙类综合异常	Au 呈三级分带，浓集中心明显，强度较高。Au, Pb, Ag, As, Sb, Bi 空间套合紧密，构成复杂组分富集场。磁法、重力推断太古宙变质岩建造和断裂构造控矿系统	B 级
金城洞－木兰屯 Au-23	1157	华北东部陆块，和龙新太古代地块。铁岭－靖宇（次级隆起）铁、金、银、铜、铅、锌成矿带。	金城洞金矿、二道河砂金矿、穷棒子沟金矿以及木兰屯砂金矿等	主要分布新太古界龙岗岩群；北西向韧性剪切带穿过工作区，次一级断裂纵横交错；侵入岩体主要是中太古代斜长花岗岩质片麻岩以及新太古代英云闪长质片麻岩，与夹皮沟具有相近的成矿条件	1个甲类综合异常	Au 呈三级分带，浓集中心明显，强度较高。Au, Cu, Hg, Ag, Ni, Co, Mn, W, Sn, Bi, Mo 套合紧密，构成复杂组分富集区。磁法、重力推断太古变质岩建造和高级断裂构造控岩、控矿系统	B 级
金合山－后底洞 Au-24	178	百里坪岩浆弧。天宝山－开山屯铅、锌、金、镍、铜、钼、铁成矿带	金合山金矿、开山屯铬铁矿	出露的古生界寒武系马达组含有 Au, Cu；北西向次一级断裂纵横交错；侵入岩为海西晚期及燕山早期基性岩、闪长岩及超基性岩、花岗岩	1个乙类综合异常	Au 分带清晰，浓集中心明显，强度较高。Au, Cu, As, Sb, Ni, Cr 形成复杂组分富集场。磁法、重力推断变质岩建造、岩浆活动及断裂构造控岩、控矿系统	C 级

续表 6-3-1

名称及编号	面积(km²)	所处成矿区(带)	区内或附近已知矿产	有利成矿条件	综合异常分布情况	地球化学及其他因素	评价结果
香炉碗子-山城镇 Au-25	699	敦密断裂带及华北东部陆块-清原新太古代地块。铁岭-靖宇(次级隆起)铁、金、银、铜、铅、锌成矿带	香炉碗子金矿、烟筒桥子金矿、梅河口市砂金矿	分布龙岗群杨家店组变质岩建造,为 Au 成矿提供成矿物质来源;东西向脆-韧性剪切带横贯矿区,其与北东向断裂带交会处是成矿有利部位;从太古代到中生代岩浆活动频繁,为成矿带来物源、热源	1个甲类综合异常	Au 分带清晰,浓集中心明显,强度高。Au、Cu、Pb、Zn、Ag、As、Hg、Ni、Co 空间套合紧密,形成复杂组分富集场。磁法、重力推断变质建造、活动及断裂构造控岩、控矿系统	B级
大营-万良 Au-26	766	华北东部陆块、老岭岭坳陷盆地。营口-长白(次级隆起)铅、锌、铁、金、银、铀、硼、菱镁矿、滑石成矿带	大营铅锌矿	分布寒武系白云岩、太古宙老山岩质片麻岩及侏罗系安山岩;北东向断裂构造发育	2个乙类综合异常	Au 具二级分带,强度不高。Au、Pb、As、Sb、Hg、Mo、W 套合紧密,形成复杂组分富集场、重力复杂建造和断裂构造系统	C级
四方山-板石 Au-27	299	华北东部陆块、会栈中太古代陆核。铁岭-靖宇(次级隆起)铁、金、银、铜、铅、锌成矿带	金英金矿、板庙子金矿及刘家铺子金银矿	出露老岭群珍珠门组、青白口系钓鱼台组白云石大理岩,中珍珠门组白云石组石英砂岩局部含矿;钓鱼台组石英砂岩是金矿的主要赋矿层位;岩浆北东向断裂构造发育,但岩石不具代表性	1个乙类、1个丙类综合异常	Au 分带清晰,浓集中心明显,强度不高。Cu、Pb、Ag、As、Sb 与 Au 空间套合较好,形成复杂组分富集场。磁法、重力推断变质建造及北东向断裂控矿系统	B级

续表 6-3-1

名称及编号	面积(km²)	所处成矿区(带)	区内或附近已知矿产	有利成矿条件	综合异常分布情况	地球化学及其他因素	评价结果
荒沟山-南岔 Au-28	830	辽吉元古宙裂谷带,老岭-崮屯陷盆地。营口-长白(次级隆起,Pt₁裂合、铅、锌、铁、金、银、铀、硼、菱镁矿、滑石成矿带	荒沟山金矿、南岔金矿、大横路铜钴矿等	主要分布古元古界老岭群珍珠门组和花山组。其中,珍珠门组白云石大理岩是主要的含矿层位;控矿、容矿构造主要有北东向褶皱断裂构造及断裂构造,呈"S"形展布;印支期花岗岩体、脉岩提供了热源	1个甲类综合异常	Au呈三级分带和明显浓集中心,强度高。Au、Cu、Pb、Zn、Ag、As、Sb、Hg、W、Sn、Mo空间套合紧密,形成复杂组分富集场。磁法、重力推断沉积-变质建造、岩浆活动及断裂构造控岩、控矿系统	B级
东北岔 Au-29	615	华北东部陆块,老岭-崮陷盆地。营口-长白(次级隆起,Pt₁裂合、铅、锌、铁、金、银、铀、硼、菱镁矿、滑石成矿带	没有矿产响应	分布大栗子组千枚岩、二云片岩及珍珠门白云质大理岩;其次为侏罗系的火山岩;侵入体以燕山期的花岗岩为主	1个乙类综合异常	Au呈二级分带,强度较低。Au、As、Sb、Hg空间套合紧密,形成简单组分富集场	C级
正岔-复兴 Au-30	835	华北东部陆块,老岭-崮陷盆地。营口-长白(次级隆起,Pt₁裂合、铅、锌、铁、金、银、铀、硼、菱镁矿、滑石成矿带	西岔-金厂沟金矿、复兴电铜金矿、龙胜金矿等	分布的集安群荒沟组地层是主要的含矿围岩。虾蟆沟-四道阳岔背斜近倾没端的小褶皱或倒转背斜为容矿构造,而北东向冲断层是主要的控矿构造;燕山期的正岔花岗岩体为成矿区提供物源,热源	2个甲类综合异常	Au分带清晰三级和浓集中心明显,强度高。Au、Cu、Pb、Zn、As、Ag、W、Mn、Bi空间套合紧密,形成复杂组分富集场。磁法、重力推断沉积-变质建造、岩浆活动及断裂构造控岩、控矿系统	B级

续表 6-3-1

名称及编号	面积(km²)	所处成矿区(带)	区内或附近已知矿产	有利成矿条件	综合异常分布情况	地球化学及其他因素	评价结果
海沟 Au-31	832	太平岭-英额岭火山盆地区,敦化-密山走滑-伸展复合地堑。海沟-红太平金、铁、铜、铅、锌、银、钼、镍成矿带	海沟金矿、抚松西林河小型金矿及湾勾金矿点	出露中元古界色洛河群红光屯组和木兰组;其中,色洛河群红光屯组斜长角闪片麻岩、斜长角闪岩,斜长花岗岩为含矿长变粒岩与成矿关系密切。燕山早期二长花岗岩及岩脉为成矿提供热源、物源;北北东北东向断裂带控矿	1个甲类综合异常	Au分带清晰,浓集中心明显,强度高。Au、Ag、Cu、Pb、Zn、As、Sb、Hg、W、Bi、Mo空间套合紧密,形成的异常富集场是主要成矿场所。磁法、重力推断变质建造、岩浆活动及断裂构造控岩、控矿系统	A级
古马岭-活龙 Au-32	438	华北东部陆块、集安-长白古生代坳陷盆地。营口-长白(次级隆起,Pt₁裂合带)铅、锌、铁、金、银、铀、硼、镁镁矿、滑石成矿带	下活龙金矿及古马岭小型金矿	下古生界五道沟群是主要含矿层位。向斜翼部派生的北北东或北东向断裂是成矿期主要的控矿构造;而五道沟群地层与燕山期黑云母斜长花岗岩体的接触部位,是主要的容矿构造,与成矿关系密切的侵入岩主要是海西晚期黑云母斜长花岗岩,燕山期次之	1个乙类综合异常	Au异常具有较清晰三级分带和较明显浓集中心。Cu、Pb、Mo、Bi与Au空间套合紧密,形成简单组分富集叠生地球化学场。磁法、重力推断古生界变质建造、岩浆活动及断裂构造控岩、控矿系统	C级
农坪-前山 Au-33	811	罗子沟-延吉火山-盆地群。新华村-小西南岔金、铜、钨、铅、锌、银、铁、钼、铂、钯成矿带	桃源洞金矿、柳树河子砂金矿、马滴达金矿以及珲春河砂金矿	分布中酸性火山岩沉积砂岩;发育北东、北西及南北向断裂构造;出露大面积的海西期复杂花岗闪长岩	1个甲类综合异常	Au异常分带清晰,浓集中心明显,强度高,规模大。Au、Cu、Pb、Ag、W、Mo、Bi空间组合成较复杂组分富集场。磁法、重力推断古生代变质建造、岩浆活动及断裂构造控岩、控矿系统。遥感解译矿致环型和线性构造具多处环型矿致构造	B级

2. 铜矿找矿预测区特征及综合评价

铜矿找矿预测区特征及综合评价，具体见表6-3-2。

表6-3-2 吉林省铜矿地球化学找矿预测区综合评价

名称及编号	面积(km²)	所处成矿区（带）	区内或附近已知矿产	有利成矿条件	综合异常分布情况	地球化学及其他因素	评价结果
大山咀子 Cu-1	473	天山-兴蒙造山带，塔东弧盆。福安堡-塔东钼、铁、钨、铜、金、铅、锌、银成矿带	无矿产分布	处于北东向敦密断裂交会处。表壳岩为新生代基性玄武岩	1个丙类综合异常	Cu, Ni异常分带较好，强度较高。Cu, Au, Ni, Cr, Mn, V空间上紧密套合，构成复杂组分富集区，是预测岩浆熔离型铜镍矿的有利区域。磁法、重力推断基性-超基性岩建造及一级断裂系统	C级
大梨树沟-红太平 Cu-2	159	天山-兴蒙造山带，汪清-晖春上叠裂陷盆地。海沟-红太平金铁铜铅锌银钼镍成矿带	红太平铜铅锌多金属矿	分布与成矿密切的中生代火山碎屑岩建造；褶皱与断裂极其发育；燕山期岩浆热液提供物质源与热源	1个甲类综合异常	元素组合为Cu, Pb, Zn, Ag, Au, As, Sb, W, Sn, Bi, Mo，空间上套合紧密，构成复杂组分富集区。磁法、重力推断火山岩建造和酸性岩体；遥感推断环型和线性构造系统，显示该区优良的成矿条件	C级
山门 Cu-3	378	天山-兴蒙造山带，大顶子-石头口门上叠裂陷盆地。山门-东山银、金、铜、铁、铅、锌、镍成矿带	山门铜镍矿	控矿系统为燕山期的基性-超基性侵入体和发育的北东向断裂构造系统	2个乙类综合异常	Cu异常具清晰三级分带和明显浓集中心。元素组合为Cu, Ni, Au, Ag, Pb, Zn, As, Sb, Hg, W, Sn, Bi。其中，Au, Ag, Pb, Zn, As, Sb, Hg, W, Sn, Bi与Cu, Ni呈同心套合状。磁法推断基性-超基性岩体控制成矿系统	C级

续表 6-3-2

名称及编号	面积(km²)	所处成矿区(带)	区内或附近已知矿产	有利成矿条件	综合异常分布情况	地球化学及其他因素	评价结果
头道-吉昌 Cu-4	38	天山-兴蒙造山带，磐桦上叠裂陷盆地内。山河-榆木桥子金、银、钼、镍、铜、铅、锌成矿带	明城小北沟铜矿点	石炭纪余富屯组碧角斑岩、细碧岩及烟筒山组灰岩，燕山期的花岗岩类侵入体发育。北西向的韧性剪切带穿过此区。注意砂卡岩型铜矿的寻找	1个乙类综合异常	Cu异常具有二级分带，规模较小。Cu-Pb-As-Sb-Bi组合规模较大，构成离心-向心结构的叠生富集场。磁法、重力推断叠加沉积建造和酸性岩体与成矿关系密切	C级
锅盔顶子 Cu-5	237	南楼山火山坳陷盆地。山河-榆木桥子金、银、钼、镍、铜、铁、铅、锌成矿带	锅盔顶子铜矿，加兴顶子铜矿，口前歪头砬子铜矿及多处铜矿点	主要分布石炭纪、二叠纪及三叠纪火山岩建造。燕山期花岗岩提供物源和热源，北东向断裂构造控矿。成矿条件优良	1个乙类综合异常	Cu异常具清晰三级分带和明显浓集中心，异常强度较高。Cu、Ag、Pb、Zn、Au、As、Sb、Hg、W、Sn、Bi、Mo空间套合紧密，形成复杂富集区。磁法、重力推断控矿致密系统的火山岩建造和酸性岩体。遥感推断环型和线性构造系统，显示该区优良的成矿地质条件	B级
漂河川 Cu-6	259	前南华纪华北东部陆块，龙岗-陈台沟-沂水前新太古代陆核，板石新太古代地块。红旗岭-漂河川镍、金、铜成矿带	漂河川铜镍矿床	铜镍含矿系统受海西晚期辉长岩类，斜长辉岩类，辉岩类及北西向张扭性断裂构隙控制，而二道甸子-暖木条子轴向近东西背斜北翼是主要的容矿构造	2个乙类综合异常	Cu、Ni异常分带清晰，强度较高，Cu、Ni、Co、Mn、Au、W、Sn、Mo空间套合较好，构成离心-向心结构的复杂分富集区。磁法异常体现矿-超基性岩体及断裂构造系统，显示该区优良的成矿地质条件	C级

续表 6-3-2

名称及编号	面积(km²)	所处成矿区(带)	区内或附近已知矿产	有利成矿条件	综合异常分布情况	地球化学及其他因素	评价结果
大石头 Cu-7	205	天山-兴蒙造山带，汪清-晖春上叠裂陷盆地内。海沟-红太平金、铁、铜、铅、锌、银、钼、镍成矿带	分布安图双山铜钼矿点	分布新元古界万宝岩组大理岩变质建造；海西期、燕山期火山岩建造及中生界火山岩建造；海西期、燕山期花岗岩岩浆活动强烈；北西向断裂发育	1个乙类综合异常	Cu异常具有清晰的二级分带，规模较小。Au,Pb,As,Mo与Cu套合不紧密，多分布在Cu的外带	C级
南枝-棉田 Cu-8	255	罗子沟-延吉火山盆地群。五凤-百草沟金、铜、银、铅、锌、铁成矿带	南枝金矿、刺猬沟金矿	矿致系统受中侏罗统屯田营组火山岩建造和燕山期岩浆活动以及北东向、北西向断裂构造控制	2个乙类综合异常	Cu异常分带清晰，浓集中心明显。Cu,Au,Pb,Zn,Ag,Sb,Hg,Ag,W,Sn,Bi,Mo空间套合紧密，构成复杂组合富集场。磁法、重力推断火山岩分布区及酸性岩岩体。遥感解译环形与线性构造系统	C级
刺猬沟-九三沟 Cu-9	218	罗子沟-延吉火山盆地群。五凤-百草沟金、铜、银、铅、锌、铁成矿带	刺猬沟金矿、苍林铜矿	矿致系统形成于中侏罗统屯田营组火山岩建造中；北东向、北西向断裂交合处是成矿有利位置。燕山期岩浆活动提供热源、物源	2个甲类综合异常	Cu异常分带清晰，浓集中心明显、规模较大。Cu,Au,Pb,Zn,Ag,As,Sb,Hg,Ag,W,Sn,Bi,Mo空间套合紧密，构成复杂组分富集场。磁法、重力推断火山岩分布区及酸性岩岩体。遥感解译环形及线性构造系统	C级

续表 6-3-2

名称及编号	面积(km²)	所处成矿区（带）	区内或附近已知矿产	有利成矿条件	综合异常分布情况	地球化学及其他因素	评价结果
小西南岔-杨金沟 Cu-10	912	罗子沟-延吉火山盆地群。新华村-小西南岔金、铜、钨、铅、锌、银、铁、钼、铂、钯成矿带	小西南岔金铜矿、东南岔金铜矿、杨金沟金矿	二叠纪和侏罗纪中酸性火山岩是主要的含矿围岩。近南北的五道沟向斜及北北东向断裂、北西向断裂切与成矿关系密切。主要是海西期的花岗闪长岩、闪长岩	1个甲类综合异常	Cu异常呈清晰的三级分带及明显的浓集中心，异常强度较高，规模大。元素组合主要为Cu-Au-Pb-Zn-Ag, As-Sb-Hg, W-Bi-Mo。其中，Ag, W, As, Hg元素异常与Cu套合较紧密，呈同心套合状，构成Cu的内带、中带；Au, Sb, Bi, Mo以较大异常规模围绕Cu存在，显示出复杂组分富集的特征。磁法、重力推断火山岩分布区及酸性岩体。遥感解译环形与线性构造系统	A级
石咀子 Cu-11	18	天山-兴蒙造山带，磐梓上叠裂陷盆地内。山河-榆木桥子金、银、钼、镍、铜、铁、铅、锌成矿带	石咀子铜矿	分布与成矿有关的石炭系石咀组海底火山喷气岩及三叠系中酸性火山岩，燕山期侵入体接触带是主要赋矿部位；发育北西向切性剪切带及层间裂隙。具有优良的成矿背景和条件	1个甲类综合异常	矿床所在区域元素异常具有清晰三级分带和浓集中心。Cu异常强度较高，与Cu空间套合紧密的元素有Pb, Ag, Au, As, Sb, Hg, W, Sn, Bi, Mo，构成叠复地球化学场，是矿成富集的有利场所。磁法、重力推断火山-沉积建造及酸性线性构造。遥感解译环形与线性构造系统	C级

续表 6-3-2

名称及编号	面积(km²)	所处成矿区(带)	区内或附近已知矿产	有利成矿条件	综合异常分布情况	地球化学及其他因素	评价结果
红旗岭 Cu-12	170	天山-兴蒙-吉黑造山带，盘桦上叠裂陷盆地。红旗岭-漂河川镍、金、铜成矿带	红旗岭大型铜镍矿床	地层主要为太古宙地体和志留系一泥盆系海相砂页岩和泥灰岩，经变质成呼兰群片岩及大理岩；辉发河超基性-超基性侵入岩体控制含镍岩石圈断裂。与之有成因联系的北西向北东向一级压扭性断裂储矿（矿）构造；印支期和海西晚期的辉长岩-辉石岩-橄榄岩相是主要储矿构造。成矿地质条件优越	1个甲类综合异常	Cu异常具有清晰的三级分带和明显的浓集中心。异常强度高，达到300×10⁻⁶，规模较大，北东向延伸。与Cu异常空间密切套合的元素为Mo、Bi、Au、Ni、Co、Cr、Sb、Hg、Ag，构成较复杂组分套集的叠生地球化学场，是成矿有利场所。磁法、重力推断基性-超基性侵入岩体和一级北东向断裂。遥感解译环形与线性构造系统	A级
夹皮沟 Cu-13	770	华北东部陆块，夹皮沟太古代地块。铁岭-靖宇(次级隆起)铁、金、银、铜、铅、锌成矿带	夹皮沟金矿、二道沟金矿、板庙子金矿及小二道沟铜金矿	出露高变质的花岗绿岩体，矿床即赋存于夹皮沟构造带之中，早平期的褶皱构造及其派生出的北西向韧性剪切带控制成矿；区内岩浆活动频繁，从阜平期到燕山期，都为成矿提供了丰富的热源和物源。显示优良成矿背景和条件	1个乙类综合异常	Cu异常具有清晰的三级分带和明显的浓集中心，强度较高，规模较大。Cu、Au、Pb、Zn、Sn、Ag、As、Sb、Hg、Ag、W、Sn、Bi、Mo、Ni、Cr空间套合紧密，构成复杂组分富集场，是成矿的有利场所。磁法、重力推断变质建造和一级近东西向断裂。遥感解译环形与线性构造系统	B级

续表 6-3-2

名称及编号	面积(km²)	所处成矿区(带)	区内或附近已知矿产	有利成矿条件	综合异常分布情况	地球化学及其他因素	评价结果
万宝 Cu-14	227	天山-兴蒙造山带。海沟-红太平山金、铁、铜、铅、锌、银、钼、镍成矿带	敦化官膳子沟铜钼矿	主要分布元古宇青龙村组和奥陶系黄莺屯组变质岩建造；侵入岩以海西期花岗闪长岩和燕山期花岗岩为主；断裂构造发育。具有良好的成矿地质背景条件，注意寻找矽卡岩型铜钼矿	1个乙类综合异常	Cu异常分带清晰，浓集中心明显，强度较高，面积大。Pb、Zn、Ag、As、Sb、Hg与Cu同心状套合。Au与Cu吻合度稍差，显示不同的矿化阶段。其中，W-Sn-Bi-Mo组合构成Cu的外带，是典型的矽卡岩型铜钼矿元素分布模式，是重要的地球化学找矿标志	C级
天宝山 Cu-15	322	天山-兴蒙造山带，汪清-珲春上叠裂陷盆地内。天宝山-开山屯铅、锌、金、银、镍、钼、铜、铁成矿带	天宝山铜铅锌多金属矿及龙井小八道沟铜矿	石炭系与二叠系中酸性火山岩与成矿关系密切。东西向与南北向的张扭性或压扭性断裂以及北西向的压性或压扭性断裂是区内主要的控矿、容矿构造。印支期、燕山期的花岗岩类侵入体为成矿提供物源、热源	1个甲类综合异常	Cu异常分带清晰，浓集中心明显，规模大。元素组合为Cu-Pb-Zn-Ag-Au、As-Sb-Hg、Sn-Bi-Mo，与Cu吻合度较高，磁法、重力推断断裂控矿火山岩构造，形成复杂组合富集场。遥感解译环形与低级断裂和线性构造系统	B级
天合兴-那尔轰 Cu-16	465	华北东部陆块，夹皮沟新太古代地块。铁岭-靖宇(次级隆起)铁、金、银、铜、铅、锌成矿带	天合兴铜矿、那尔轰铜矿	主要出露太古宙表壳岩，控矿因素是正交、斜交的断裂裂隙系统以及燕山晚期花岗斑岩体	1个甲类综合异常	Cu异常分带清晰，浓集中心明显，对铜矿系统积极支撑，与Cu同紧密套合的有Au、Pb、Zn、Ag、Mo、As、Sb、Hg、Ni、Cr，构成复杂性富集场。磁法、重力推断酸性岩体和低级断裂。遥感解译环形与线性构造系统	B级

第六章 地球化学找矿预测区圈定及综合评价

续表 6-3-2

名称及编号	面积（km²）	所处成矿区（带）	区内或附近已知矿产	有利成矿条件	综合异常分布情况	地球化学及其他因素	评价结果
金城洞－木兰屯 Cu-17	456	华北东部陆块，和龙新太古代地块。铁岭－靖宇（次级隆起）铁、金、银、铜、铅、锌成矿带	分布较多小型金矿	分布新太古界龙岗岩群；北西向韧性剪切带穿过工作区，次一级断裂纵横交错；侵入岩体主要是中太古代钾长花岗质片麻岩以及新太古代夹云闪长质片麻岩，与夹皮沟成矿条件相近	1个乙类综合异常	Cu异常呈二级分带，强度不高，规模亦不大，与Cu套合紧密的元素有Au, As, W，构成简单组分富集场。磁法、重力推断解译质建造和一级近东西向断裂。遥感解译环形与线性构造系统	C级
长仁－獐项 Cu-18	98	华北东部陆块，和龙新太古代地块。天宝山－开生屯铅、锌、金、银、镍、铜、钼、铁成矿带	长仁铜镍矿床	主要出露下古生界寒武系－奥陶系，基性－超基性岩体控矿；北北东或南北向的压扭性及张扭断裂构造提供成矿空间	1个乙类综合异常	Cu异常分带清晰，浓集中心明显，强度较高。Cu与Au, Pb, Zn, Ni, Mo空间套合紧密，构成复杂组分富集场。磁法、重力推断基性－超基性岩体；遥感解译环形与线性构造系统	C级
香炉碗子－山城镇 Cu-19	510	敦密断裂带及华北东部陆块，清源新太古代地块。铁岭－靖宇（次级隆起）铁、金、银、铜、铅、锌成矿带	没有铜矿分布	分布龙岗岩群杨家店组，是Au, Cu初始矿源层。东西向脆－韧性剪切带与北东向断裂交会处是成矿有利部位。岩浆活动频繁	1个丙类综合异常	Cu异常呈二级分带，强度不高，规模较小。与Cu浓集中心吻合度较好的为Au, Ag, Pb, Hg, Ni, Cr，构成较复杂组分富集场所。磁法、重力推断是成矿预测的有利场所。磁法、重力活动及断裂构造、岩浆活动及断裂构造控岩控矿系统	C级

续表 6-3-2

名称及编号	面积(km²)	所处成矿区(带)	区内或附近已知矿产	有利成矿条件	综合异常分布情况	地球化学及其他因素	评价结果
安口 Cu-20	602	北东部陆块，清源新太古代地块。铁岭-靖宇(次级隆起)铁、金、银、铜、铅、锌成矿带	没有铜矿分布	主要出露新太古代斜长角闪岩，斜长变粒岩，变质辉长岩及变花岗岩类建造；北东向深大断裂穿越此区，部分燕山晚期碱长花岗岩	1个乙类综合异常	Cu异常分带清晰，浓集中心明显，强度较高。Cu,Au,Cr,Co,Ni,Hg空间上套合紧密，构成复杂组分富集场，磁法、重力推断变质建造、岩浆活动及断裂构造系统	C级
金川镇 Cu-21	530	华北东部陆块，会全栈中太古代陆核。铁岭-靖宇(次级隆起)铁、金、银、铜、铅、锌成矿带	没有铜矿分布	主要出露太古宙表壳岩，位于辉发河深大断裂此段的东南侧，岩浆活动强烈	1个乙类综合异常	Cu异常呈二级分带，强度不高，规模不大。Cu,Zn,Hg,Sn套合紧密，形成简单组分富集场。遥感解译环形与线性构造系统	C级
大营-万良 Cu-22	468	吉南-辽东火山盆地隆起。营口-长白(次级隆起)Pt₁裂合系)铅、锌、铁、金、银、铀、硼、菱镁矿、滑石成矿带	没有铜矿分布	出露太古宙变质钾长花岗岩，片麻岩以及斜长角闪岩，以及中生代中酸性火山岩建造；发育东西向和北东向断裂构造	1个乙类综合异常	Cu异常具二级分带，强度较低，规模不大。Pb,Sb,W空间上与Cu套合一般，形成简单组分富集场。遥感解译环形与线性构造系统	C级
鸭园-六道江 Cu-23	705	华北北东部陆块，板石新太古代地块。营口-长白(次级隆起)Pt₁裂合系)铅、锌、金、铁、银、铀、硼、菱镁矿、滑石成矿带	六道江铜矿	出露寒武系-奥陶系灰岩、白云岩、砂岩、二叠系灰岩；北东-北西向断裂构造十分发育；侵入岩以燕山晚期的花岗斑岩为主	1个甲类综合异常	Cu异常具备比较清晰的三级分带和明显的浓集中心。Cu,Pb,Sb,Mo与Cu的吻合度较差。磁法、重力推断沉积-变质建造以及酸性侵入岩体	C级

续表 6-3-2

名称及编号	面积(km²)	所处成矿区(带)	区内或附近已知矿产	有利成矿条件	综合异常分布情况	地球化学及其他因素	评价结果
二密-老岭沟 Cu-24	440	华北东部陆块,板石新太古代地块。铁岭-靖宇(次级隆起)铁、金、银、铜、铅、锌成矿带	分布二密铜矿	控矿围岩为侏罗系火山岩建造;燕山期石英闪长岩花岗斑岩控矿;正交、斜交构造裂隙提供赋矿化空间	1个甲类综合异常	Cu异常分带清晰,浓集中心明显。Cu、Pb、Zn、Ag、Au、As、Sb、Hg、W、Sn、Bi、Mo空间上同心套合,构造复杂组分富集场,是成矿预测的有利场所。磁法、重力推断酸性岩体和裂隙构造,遥感解译环形与线性构造系统	B级
荒沟山-南岔 Cu-25	821	辽吉元古宙裂谷带,老岭岭坳陷盆地。营口-长白(次级隆起)Pt₁裂谷)铅、锌、铁、金、银、硼、菱镁矿、滑石成矿带	大横路铜钴矿,杉松岗钴矿	分布老岭岩群花山组的沉积-变质建造(千枚岩);北东向韧性、韧脆性断裂构造发育;印支期、燕山期花岗岩浆活动提供热源与物源	1个甲类综合异常	Cu异常具有二级分带,强度不高,规模较大,呈带状北东向分布。Cu、Au、Ag、Pb、Zn、As、Sb、Hg、W、Bi、Mo空间套合紧密,构成复杂组分富集场,是成矿预测的有利场所。磁法、重力推断沉积-变质建造以及酸性侵入岩体。遥感解译环形与线性构造系统	B级
赤柏松-金斗 Cu-26	34	华北东部陆块,板石新太古代地块。铁岭-靖宇(次级隆起)铁、金、银、铜、铅、锌成矿带	赤柏松铜镍矿,新安铜镍矿	地层以太古宙地体表壳岩为主;与成矿关系密切的侵入岩体为元古宙基性-超基性岩,呈岩墙(脉)状。本溪-二道江断裂是出现在区内的超岩石圈断裂,它控制区域上基性岩浆活动;北东向次一级断裂构造十分发育	1个甲类综合异常	Cu异常具有清晰的三级分带,异常强度和明显的浓集中心,异常组分较高。Cu、Au、Ni、Co、Mn、W、Sn、Mo空间套合紧密,构成同心结构的复杂组分富集区。磁法、重力推断基性-超基性岩体。遥感解译环形与线性构造系统	B级

续表 6-3-2

名称及编号	面积(km²)	所处成矿区(带)	区内或附近已知矿产	有利成矿条件	综合异常分布情况	地球化学及其他因素	评价结果
八道沟－六道沟 Cu-27	538	华北东部陆块，老岭岭坳陷盆地。营口-长白(次级隆起，Pt_1裂合)铅、锌、铁、金、银、铀、硼、菱镁矿、滑石成矿带	分布六道沟铜钼矿、铜山铜钼矿、八道沟套圈铜矿	主要出露中元古界老岭群珠门组大理岩、白云质大理岩。区域东西向及北东向断裂构造控制该区中生代岩浆活动。侵入岩以燕山期花岗闪长岩、花岗斑岩为主	1个乙类综合异常	Cu异常具备比较清晰的三级分带和明显的浓集中心，浓集中心规模较小。Cu、Pb、Zn、Ag、Au、As、Sb、Hg、W、Bi、Mo构成矿致系异常模式。其中，Au异常规模小，分布在Cu的外带，Pb-Zn-Ag-Au、As-Sb-Hg、W-Bi-Mo组合与Cu呈同心套合状。磁法、重力推断酸性岩体。遥感解译环形与线性构造系统	C级
正岔-复兴 Cu-28	893	华北东部陆块，老岭岭坳陷盆地。营口-长白(次级隆起，Pt_1裂合)铅、锌、铁、金、银、铀、硼、菱镁矿、滑石成矿带	分布复兴屯金铜矿	分布的集安群荒岔沟组是主要含矿围岩。虾蟆沟-四道阳岔背斜倾没端的小褶皱或倒转背斜为容矿构造，而北东向逆冲断层是矿区主要的控矿构造。燕山期正岔花岗斑岩体为成矿提供物源、热源	1个甲类综合异常	Cu异常具有非常清晰的三级分带和显著的浓集中心。元素组合为Cu-Au-Pb-Zn、As-W-Bi-Mo。其中，Cu-Au-Pb-Zn组合套合完整，As-W-Bi-Mo组合只构成Cu的外带，构成离心－向心结构，重力推断沉积－富集区。磁法、遥感解译变质建造。遥感解译环形与线性构造系统	C级

3. 铅矿找矿预测区特征及综合评价

铅矿找矿预测区特征及综合评价,具体见表 6-3-3。

表 6-3-3　吉林省铅矿地球化学找矿预测区综合评价

名称及编号	面积(km²)	所处成矿区(带)	区内或附近已知矿产	有利成矿条件	综合异常分布情况	地球化学及其他因素	评价结果
放牛沟 Pb-1	168	天山-兴蒙造山带,大顶子-石头口门上叠裂陷盆地。山门-东山银、金、铜、铁、铅、锌、镍成矿带	伊通放牛沟多金属硫铁矿	奥陶系-志留系中酸性火山岩,碎屑岩夹大理岩建造;褶皱、断裂构造控矿;加里东晚期的花岗岩类侵入体与成矿关系密切	1个甲类综合异常	异常分带好,强度低,规模小。Pb-Zn-Cu-Au-Ag 和 W-Bi-Mo 组合元素空间套合比较紧密,构成复杂组分富集场。磁法、重力推断沉积-变质建造。遥感解译环形与线性构造系统	B级
山门 Pb-2	171	天山-兴蒙造山带,大顶子-石头口门上叠裂陷盆地。山门-东山银、金、铜、铁、铅、锌、镍成矿带	大顶子多金属矿	主要出露石炭纪灰岩,燕山期的花岗岩类侵入体大面积分布。北东向断裂构造控矿	1个乙类综合异常	Pb 分带清晰,浓集中心明显,强度高,规模大。Pb、Zn、Cu、Au、Ag、As、Sb、Hg、W、Bi、Mo 空间套合紧密,形成复杂组分富集场。磁法、重力推断沉积-变质建造和酸性岩浆活动。遥感解译环形与线性构造系统	C级
地局子-倒木河 Pb-3	203	南楼山火山坳陷盆地。山河-榆木桥子金、银、钼、镍、铜、铁、铅、锌矿带	分布地局子铅锌矿、新立屯铅矿、二道林子多金属矿	矿致系统主要古生界下二叠统大河深组火山岩建造,印支期的花岗闪长岩和燕山晚期的花岗岩侵入人体以及发育的北东向断裂构造控制	1个乙类综合异常	Pb 分带好,有浓集中心,强度高,规模大。Pb、Zn、Au、Cu、Ag、As、Sb、W、Mo 套合紧密,形成复杂组分富集场。磁法、重力推断火山岩建造和酸性岩浆活动。遥感解译环形与线性构造	B级

续表 6-3-3

名称及编号	面积(km²)	所处成矿区(带)	区内或附近已知矿产	有利成矿条件	综合异常分布情况	地球化学及其他因素	评价结果
大桥 Pb-4	267	天山-兴蒙造山带，汪清-晖春上叠裂陷盆地内，海沟-红太平金、铁、铜、铅、锌、银、钼、镍成矿带	没有铅锌矿分布	分布古元古界万宝岩组变质砂岩夹大理岩建造及中生界火山岩建造；侵入体以海西期、燕山期花岗岩类为主；发育北西向断裂，岩浆岩不发育	1个丙类综合异常	Pb有分带，规模较小。元素组合为Pb-Zn-Au-Cu-Ag-As。其中，Au,Cu,Ag与Pb呈同心套合，形成复杂组合富集。磁法、重力推复火山岩建造和酸性岩浆活动。遥感解译环形与线性构造系统	C级
闹枝-楠田 Pb-5	319	罗子沟-延吉火山盆地群。五凤-百草沟金、铜、银、铅、锌、铁成矿带	汪清楠田铅锌矿点	分布三叠系、二叠系砂岩构成的沉积岩组和刺猬沟组的安山岩建造；侵入岩有白垩系金沟岭组、印支期及燕山期闪长岩、花岗岩；发育北东向、北西向及南北向断裂构造	1个乙类综合异常	Pb异常分带差，强度低，规模小。Pb-Zn-Cu-Ag-Au；W-Sn-Bi-Mo组合紧密套合。磁法、重力推复火山岩建造和酸性岩浆活动。遥感解译环形与线性构造系统注意火山岩型铅锌矿的寻找	C级
天宝山 Pb-6	561	天山-兴蒙造山带，汪清-晖春上叠裂陷盆地内。天宝山-开山屯铅、锌、铜、镍、钼、金成矿带	天宝山多金属矿	石炭系与二叠系中酸性火山岩中与成矿关系密切，东西向、南北向的张性或扭性断裂以及北西向主要的整合、控矿构造；印支期、燕山期的花岗岩类侵入体为成矿提供物源、热源	1个甲类综合异常	Pb异常呈三级分带和明显浓集中心。Pb,Cu,Ag,Au,As,Sb,Hg,Sn,Bi,Mo形成复杂元素组合富集场。磁法、重力推复火山岩-沉积岩建造和酸性岩浆活动。遥感解译环形与线性构造系统	A级

第六章 地球化学找矿预测区圈定及综合评价

续表6-3-3

名称及编号	面积(km²)	所处成矿区(带)	区内或附近已知矿产	有利成矿条件	综合异常分布情况	地球化学及其他因素	评价结果
大梨树沟－红太平 Pb-7	288	天山－兴蒙造山带，汪清－晖春上叠裂陷盆地。海沟－红太平金、铜、铅、锌、银、钼、镍成矿带	红太平铜铅锌多金属矿	分布有与成矿关系密切的中生界火山碎屑岩建造；褶皱与断裂构造极其发育；燕山期岩浆热液提供物源与热源	1个乙类综合异常	Pb呈三级分带和明显浓集中心，强度较高。Pb-Zn-Cu-Ag-Au、As-Sb、W-Sn-Bi-Mo空间上套合紧密。磁法、重力推断火山岩建造和酸性岩浆活动。遥感解译矿致系统的环形与线性构造系统	C级
大营－万良 Pb-8	433	吉南－辽东火山盆地地区，Pt₁营口－长白(次级隆起)铅、锌、金、铁、银、硼、菱镁矿、滑石成矿带	分布大营铅锌矿	控矿因素为寒武系徐庄组、张夏组以及崮山组的大理岩建造；北东向的深大断裂是主要的导矿构造，北西向的次一级断裂是主要的容矿构造；燕山早期花岗岩类侵入岩及脉岩体提供热源、物源	1个乙类综合异常	Pb异常分布清晰，具有明显浓集中心，强度较高。Pb、Zn、Au、Cu、Ag、As、Sb、Bi、Mo形成复杂组分富集场。磁法、重力推断沉积－变质建造和酸性岩浆活动。遥感解译矿致系统的环形与线性构造系统	B级
荒沟山－南岔 Pb-9	506	辽吉元古代裂合带老岭坳陷盆地。营口－长白(次级隆起)Pt₁铅、锌、金、铁、银、硼、菱镁矿、滑石成矿带	分布中小型的荒沟山铅锌矿	含矿地层主要是老岭群珍珠门组白云质大理岩。与成矿关系密切的侵入岩为印支期花岗岩体。控矿、容矿构造主要是北东向的褶破断构造及北东向韧性－韧脆性断裂构造	1个甲类综合异常	Pb异常分布清晰，浓集中心明显，强度高。Pb、Zn、Au、Ag、As、Hg、W、Sn、Mo构成复杂组分富集场。磁法、重力推断火山岩建造和酸性岩浆活动。遥感解译矿致系统的环形与线性构造系统	B级

续表 6-3-3

名称及编号	面积(km²)	所处成矿区(带)	区内或附近已知矿产	有利成矿条件	综合异常分布情况	地球化学及其他因素	评价结果
正岔-复兴青石 Pb-10	1017	华北东部陆块-老岭坳陷盆地。营口-长白(次级隆起,Pt₁)铅、锌、金、银、硼、菱镁矿、滑石成矿带	通化爱国铅锌矿床,正岔铅锌矿床	集安群荒岔沟组是主要的含矿围岩,岩性有黑云变粒岩、斜长角闪岩及石墨大理岩,层状铅锌矿,褶皱与断裂发育,是主要成矿构造,侵入岩体表露差	1个甲类综合异常	Pb异常分带清晰,明显的浓集中心,强度高。Pb、Zn、Au、Ag、As、Sb、W、Bi构成复杂组分富集区。磁法、重力推断沉积-变质建造和酸性岩浆活动。遥感解译矿致系统的环形与线性构造系统。	B级
矿洞子-青石镇 Pb-11	1102	华北东部陆块-集安古元古裂谷盆地。营口-长白(次级隆起,Pt₁)铅、锌、金、银、硼、菱镁矿、滑石成矿带	矿洞子铅锌矿,郭家岭铅锌矿	控矿系系受寒武系-奥陶系的砂岩、页岩和灰岩沉积-变质建造控制,矿区处于鸭绿江断裂带上,多期断裂活动强烈,有北东、北西两组,是主要成矿构造;侵入岩体以燕山早期黑云母花岗岩及花岗斑岩为主	1个乙类综合异常	Pb呈三级分带、明显集中,强度较高。Pb、Zn、Au、Ag、Hg、W、Sn、Mo形成复杂组分富集场。磁法、重力推断沉积-变质建造和酸性岩浆活动。遥感解译矿致系统的环形与线性构造系统	B级
古马岭-活龙 Pb-12	771	华北东部陆块,集安-长白古生代坳陷盆地。营口-长白(次级隆起,Pt₁)铅、锌、金、银、硼、菱镁矿、滑石成矿带	分布石缴铅锌矿	出露古元古界黑云变粒岩,斜长角闪岩夹大理岩变质岩建造;侏罗系火山岩建造以及下古生界的砂岩、灰岩沉积岩建造。侵入岩以古元古代的花岗岩类、燕山晚期二长花岗岩为主。北东向鸭绿江断裂穿过此区	1个乙类综合异常	Pb具有清晰的二级分带,强度较低,规模小。Pb-Zn-Cu-Au;Hg-W-Bi-Mo套合紧密。磁法、重力推断沉积-变质建造和酸性岩浆活动。遥感解译矿致系统的环形与线性构造系统	C级

4. 锌矿找矿预测区特征及综合评价

锌矿找矿预测区特征及综合评价，具体见表 6-3-4。

表 6-3-4 吉林省锌矿地球化学找矿预测区综合评价

名称及编号	面积(km²)	所处成矿区（带）	区内或附近已知矿产	有利成矿条件	综合异常分布情况	地球化学及其他因素	评价结果
神仙洞 Zn-1	184	天山-兴蒙造山带，塔东弧盆。新华村-小西南金、铜、钨、铅、锌、银、铁、钼、铂、钯成矿带	没有相关矿产分布	分布有二叠系庙岭组石英砂岩及上三叠统的中酸性火山岩。出露大面积海西晚期及燕山晚期花岗闪长岩。发育北东向和北西向断裂	1个丙类综合异常	Zn异常呈二级分带，强度较高，面积较大。Zn、Cu、Au、Ag空间套合紧密，具简单组分富集特征。磁法、重力推断火山-沉积建造和酸性岩浆活动。遥感解译矿致系统的环形与线性构造系统	C级
大梨树沟-红太平 Zn-2	288	天山-兴蒙造山带，汪清-晖春上叠裂陷盆地。海沟-红太平金、铁、铜、铅、锌、银、钼、镍成矿带	分布红太平铜铅锌多金属矿	分布有与成矿关系密切的中生界火山碎屑岩建造。褶皱与断裂发育及其岩浆热液提供物源与热源	1个乙类综合异常	Zn异常具有清晰分带和明显浓集中心。Zn、Pb、Cu、Ag、Au、As、Sb、W、Sn、Bi、Mo空间上套合紧密，形成复杂组合富集区。磁法、重力推断火山建造和酸性岩浆活动。遥感解译矿致系统的环形与线性构造系统	B级
山门 Zn-3	171	天山-兴蒙造山带，大顶子-石头口门上叠裂陷盆地。山门-乐山银、金、铜、铁、铅、锌、镍成矿带	分布大顶子多金属矿	主要出露石炭纪灰岩、燕山期的花岗岩类侵入体大面积分布，北东向断裂构造控矿	1个乙类综合异常	Zn呈三级分带，浓集中心明显。Zn、Pb、Cu、Au、Ag、As、Sb、Hg、W、Bi、Mo空间套合完整，组合规模大，形成复杂组分富集场。磁法建造沉积-变质解译和酸性岩浆活动。遥感解译矿致系统的环形与线性构造系统	B级

续表 6-3-4

名称及编号	面积（km²）	所处成矿区（带）	区内或附近已知矿产	有利成矿条件	综合异常分布情况	地球化学及其他因素	评价结果
地局子－倒木河 Zn-4	128	南楼山火山坳陷盆地、山河－榆木桥子金、银、铜、钼、铁、铅、锌成矿区带	分布地局子铅锌矿、新立屯铅锌矿、二道桦子多金属矿	主要分布古生界下二叠统大河深组火山岩、范家屯组砂岩、粉砂岩及板岩夹凝灰质砂岩及灰岩透镜体；侵入岩体以印支期的花岗闪长岩及燕山晚期的花岗岩为主；区内发育北东向断裂构造	1个乙类综合异常	Zn异常分带较差。Zn,Pb,Au,Cu,Ag,As,Sb,W,Mo空间套合紧密，形成复杂组分富集场。磁法、重力推测火山岩建造和酸性岩浆活动。遥感解译致矿系统的环形与线性构造	B级
天宝山 Zn-5	561	天山－兴蒙造山带、汪清－珲春上叠裂陷盆地内、天宝山－开山屯铅、锌、铜、镍、钼、金成矿区带	分布天宝山大型多金属矿	石炭系与二叠纪中酸性火山岩中与成矿关系密切；东西向、南北向的张性或承扭性断裂以及北西向的压扭性控岩控矿构造是区内主要的控岩控矿构造；印支期、燕山期的花岗岩类侵入体为成矿提供物源、热源	1个甲类异常	Zn具有清晰三级分带，浓集中心、强度高，面积较大。与Zn空间套合紧密的元素有Pb,Cu,Ag,Au,As,Sb,Hg,Sn,Bi,Mo。形成复杂组分富集的叠生地球化学场	A级
南土顶子 Zn-6	136	近东西向夹皮沟－金城洞断裂带。天宝山－开山屯铅、锌、铜、镍、钼、金成矿区带	没有铅锌矿分布	主要分布新生代基性玄武岩，注意深部找矿评价	1个丙类综合异常	Zn具二级分带，规模较小。Zn,Pb,Au,Cu,Mo,Bi空间套合紧密，形成复杂组分富集场	C级
金城洞－木兰屯 Zn-7	179	华北部陆块，和龙新太古代地块，铁岭－靖宇（次级隆起）铁、铜、银、金、铅、锌成矿带	外围有多处金矿点分布	太古宙花岗绿岩建造；岩浆活动强烈；发育北东向、北西向及南北向断裂构造	1个丙类综合异常	Zn异常分带差。组合元素Pb,Zn,Cu,Ag,Au,W,Sn,Bi,Mo空间组分套合，形成复杂集场。遥感解译致矿系统的环形与线性构造系统	C级

续表 6-3-4

名称及编号	面积(km²)	所处成矿区(带)	区内或附近已知矿产	有利成矿条件	综合异常分布情况	地球化学及其他因素	评价结果
白头山 Zn-8	900	华北东部地块、老岭坳陷盆地。营口-长白铅、锌、金、银成矿带	没有矿产分布	主要分布新生界中-基性火山岩盖层	1个丙类综合异常	Zn异常分带清晰，浓集中心明显，强度高。Zn, Au, Cu, W, Mo, Sn套合紧密，形成复杂组分富集场。遥感解译矿致系统的环形与线性构造系统	C级
荒沟山-南岔 Zn-9	179	辽吉元古宙裂谷带老岭坳陷盆地。营口-长白(次级隆起, Pt₁)铅、锌、铁、金、银、硼、菱镁矿、滑石成矿带	荒沟山铅锌矿	含矿地层老岭群珍珠门组；成矿关系密切的侵入岩体为印支期花岗岩体，含矿、容矿构造是北东向韧性、韧脆性断裂构造及褶皱构造裂隙构造	1个甲类综合异常	Zn异常具有清晰三级分带和明显浓集中心，强度高。空间上, Zn, Pb, Au, Ag, As, Hg, W, Sn, Mo构成复杂组分富集场。注意砂卡岩型铅锌富矿的寻找	B级
六道沟-八道沟 Zn-10	117	华北东部地块、老岭坳陷盆地。营口-长白(次级隆起, Pt₁)铅、锌、铁、金、银、硼、菱镁矿、滑石成矿带	临江铜钼矿	主要出露中元古界老岭群珍珠门组大理岩、白云石大理岩；区域东西向断裂构造及北东向裂隙构造整控制该区中生代岩浆活动，以燕山期花岗闪长岩、花岗斑岩为主。具备寻找荒沟山式铅锌矿的条件	1个乙类综合异常	Zn异常呈二级分带，强度较高，规模较大。Zn-Pb-Cu-Au-Ag, As-Sb-Hg, W-Bi-Mo组合空间套合紧密，构成复杂组分富集场。磁法、重力推断沉积-变质建造和酸性岩浆活动。遥感解译矿致系统的环形与线性构造系统	C级

续表 6-3-4

名称及编号	面积(km²)	所处成矿区（带）	区内或附近已知矿产	有利成矿条件	综合异常分布情况	地球化学及其他因素	评价结果
正岔－复兴 Zn-11	260	华北东部陆块，老爷岭拗陷盆地。营口－长白（次级隆起，Pt₁）铅、锌、金、银、硼、菱镁矿、滑石成矿带	分布通化爱国铅锌矿床、正岔铅锌矿	集安群荒岔沟组地层是主要的含矿围岩，岩性有黑云变粒岩、斜长角闪岩及石墨大理岩；褶皱与断裂发育，是主要成矿构造。侵入岩体露差	1个甲类综合异常	Zn异常呈二级分带，强度较高。Zn、Pb、Au、Ag、As、Sb、W、Bi空间套合紧密，形成复杂组分富集场。磁法、重力推断沉积-变质建造和酸性岩浆活动。遥感解译矿致系统的环形与线性构造系	B级
矿洞子－青石镇 Zn-12	731	华北东部陆块，集安古元古代裂谷盆地。营口－长白铅、锌、金、银、硼、菱镁矿、滑石成矿带	分布矿洞子铅锌矿、郭家岭铅锌矿	控矿因素为寒武系－奥陶系的砂岩、页岩和灰岩沉积－变质建造；活动强烈的鸭绿江断裂带以及燕山早期的黑云母花岗岩及花岗斑岩体	1个乙类综合异常	Zn异常分带清晰，浓集中心明显，强度较高。Zn、Pb、Au、Ag、Hg、W、Sn、Mo形成杂元素组分富集场。磁法、重力推断裂构造和酸性岩浆活动	B级

5. 银矿找矿预测区特征及综合评价

银矿找矿预测区特征及综合评价,具体见表 6-3-5。

表 6-3-5 吉林省银矿地球化学找矿预测区综合评价

名称及编号	面积 (km²)	所处成矿区(带)	区内或附近已知矿产	有利成矿条件	综合异常分布情况	地球化学及其他因素	评价结果
八台岭 Ag-1	529	天山-兴蒙造山带,塔东弧盆。兰家-上河湾金、铁、铜、银Ⅳ级成矿区带	八台岭金银矿,黑背村金矿点	主要分布有与成矿有关的古生界二叠系火山岩建造,燕山期石英闪长岩控矿,北东向、北西向的层间断裂	1个乙类综合异常	Ag异常呈二级分带,强度高,面积大,带状分布。元素组合为Ag-Au-Pb-W-Bi,浓集中心吻合度差。磁法、重力推断酸性岩体和低级裂断构造系统	C级
山门 Ag-2	752	天山-兴蒙造山带,大顶子-石头口门上叠裂陷盆地。山门-乐山银、金、铜、铁、铅、锌、镍Ⅳ级成矿区带	山门金银矿,叶赫河金矿	含矿地层为奥陶系石缝组的中酸性火山岩、碎屑岩、灰岩;燕山期岩浆活动强烈;区域上受依兰-伊通断陷旁侧断裂控制,主干断裂旁侧的次级北北东向断裂是容矿构造,具有多期活动特点	1个甲类综合异常	Ag异常分带清晰,浓集中心明显。与Ag套合紧密的元素为Ag、Au、Cu、Pb、Zn、Hg、Sb构成复杂组分异常场。磁法、重力推断沉积变质、遥感推断环形和线性构造系统	A级
大顶子 Ag-3	319	天山-兴蒙造山带,大顶子-石头口门上叠裂陷盆地。山门-乐山银、金、铜、铁、铅、锌、镍Ⅳ级成矿区带	大顶子铜铅锌金多金属矿	主要分布奥陶系的中酸性火山岩、碎屑岩、灰岩建造以及印支期、燕山期的花岗岩类侵入体,发育北东向北西向断裂	1个丙类综合异常	Ag异常明显。与Ag套合紧密的元素为Cu、Pb、Zn、Hg、Sb异常复杂组分异常场。磁法、重力推断沉积-变质建造和酸性岩体	C级

续表 6-3-5

名称及编号	面积(km²)	所处成矿区（带）	区内或附近已知矿产	有利成矿条件	综合异常分布情况	地球化学及其他因素	评价结果
民主屯 Ag-4	1521	天山-兴蒙-吉黑造山带，包尔汉图-温都尔庙弧盆系，下二合子-呼兰-伊通陆缘岩浆弧，磐梯裂陷盆地内。山河-榆木桥子金、银、钼、铜、铅、锌Ⅳ级成矿区带	民主屯金银矿以及铜铝锌多金属矿产	下石炭统余富屯组中酸性火山岩-碳酸盐岩建造为银（金）的矿源层；燕山期的花岗岩类侵入活动强烈；北东向展布的头道川-太平川-烟筒山韧性剪切带为容矿构造，控制了头道川-烟筒山金、银、铜矿带的分布	1个甲类综合异常	Ag、Au、Cu、Pb、Zn、As、Sb、Hg 空间套合紧密，元素组合套具有较强的浓度分带及显著的浓集中心。磁法、土壤异常具有较强的浓集中心。重力推断火山-沉积建造和酸性岩体，遥感推断环形和线性构造	A级
春阳 Ag-5	646	天山-兴蒙-吉黑造山带，小兴安岭-张广才岭弧盆系，放牛沟-里水-五道沟陆缘岩浆弧，汪清-珲春上叠裂陷盆地北部，大蒲柴河-天桥岭金、银、钼、铜、铅、锌矿成矿区带	没有矿产分布	分布二叠系庙岭组的火山碎屑岩-碳酸盐岩建造，是红太平铜银多金属矿床主要的矿源层及含矿地层；二叠纪庙岭-开山屯裂陷槽是控矿的区域构造标志，轴向近东西展布的开阔向斜构造控制红太平矿区；燕山期为主要成矿期	1个丙类综合异常	元素组合主要为 Cu-Pb-Zn-Ag；As-Sb，元素空间叠合复杂，构成复杂富集区。注意深部找矿，重力推断断裂成复变质建造和酸性岩体，遥感推断环形和线性构造系统	C级

续表 6-3-5

名称及编号	面积(km²)	所处成矿区(带)	区内或附近已知矿产	有利成矿条件	综合异常分布情况	地球化学及其他因素	评价结果
红太平 Ag-6	969	天山-兴蒙-吉黑造山带(Ⅰ)、小兴安岭-张广才岭弧盆系(Ⅱ)、放牛沟-里水-五道沟陆缘弧浆岩(Ⅲ)汪清-晖春上叠陷盆地(Ⅳ)北部。海沟-红太平金、银、钼、铜、铅、锌Ⅳ级成矿区带	红太平多金属矿	分布二叠系庙岭组的火山碎屑岩-碳酸盐岩组建造，是红太平铜银多金属矿床主要的矿源层及矿含矿地层；二叠纪庙岭-开山屯陷槽是控矿的区域构造标志，轴向近东西展布的开阔向斜构造控制红太平矿区，燕山期为主要成矿期。	2个乙类综合异常	Ag分带清晰，浓集中心明显，强度高。Cu、Pb、Zn、Ag、As、Sb构成复杂组分富集区。磁法、重力推断火山-沉积建造和酸性岩体。遥感推断环形和线性构造系统	C级
三棵镇 Ag-7	882	南华纪-中三叠世天山-兴安-吉黑造山带、包尔汉图-温都尔庙弧盆系、下二台-呼兰-伊春陆缘弧、磐华上叠裂陷岩浆弧、磐华上叠裂陷盆地内。山河-榆木桥子金、银、钼、铜、铅、锌Ⅳ级成矿区带	石咀铜矿、官马金矿、老各岭银矿点	分布与成矿有关的上古生界海相火山岩及三叠系中酸性火山岩；其与燕山期侵入岩接触带是主要燕山期赋矿部位；发育北西向韧性剪切带及层间裂隙	2个丙类综合异常	Ag异常分带清晰，浓集中心明显。Ag、Au、Cu、Pb、As、W、Bi构成复杂组分富集场。磁法、重力推断火山-沉积建造和酸性岩体。遥感推断环形和线性构造系统	C级
万宝镇 Ag-8	1212	位于包尔汉图-温都尔庙弧盆系、下冶-呼兰-伊春陆源岩浆弧内。海沟-红太平金、银、钼、铜、铅、锌Ⅳ级成矿区带	刘生店钼矿、官瞎子沟铜矿、三岔子铜钼矿	分布大面积的燕山期花岗岩类侵入岩体，为成矿人体提供物质和热源。北西向大断裂控制岩体分布，近东西向裂隙-微裂隙控制矿体	1个乙类综合异常	Ag异常分带清晰，浓集中心明显。Ag、Au、Cu、Zn、Pb、As、Sb空间套合程度较好。磁法、重力推断火山-沉积建造和酸性岩体	C级

续表 6-3-5

名称及编号	面积(km²)	所处成矿区(带)	区内或附近已知矿产	有利成矿条件	综合异常分布情况	地球化学及其他因素	评价结果
天宝山 Ag-9	892	天山-兴蒙造山带，汪清-珲春上叠裂陷盆地内。天宝山-开山屯铁、铅、锌、铜、镍、钼、金、银Ⅳ级成矿区带	天宝山多金属矿及北山钼矿	石炭系与二叠系中酸性火山岩与成矿关系密切；东西向，南北向的张性及北西向成压性断裂以及北西向的压扭性或压扭性断裂是控矿构造，印支期、燕山期的花岗岩类侵入体为成矿提供物源、热源	1个乙类综合异常	Ag异常分带清晰，浓集中心明显。Ag, Au, Cu, Zn, Pb, As, Sb空间套合程度较好，形成复杂组分富集场，遥感推断环形和线性构造系统	C级
那尔轰 Ag-10	611	华北东部陆块，夹皮沟新太古代地块。铁岭-靖宇（次级隆起）铁、金、银、铜、铅、锌Ⅳ级成矿带	天合兴铜矿及那尔轰铜矿	主要出露太古宙表壳岩，与成矿关系密切的控矿因素是东西、南北、北东、北西及北北东向脆性断裂以及燕山晚期酸性斑岩体	2个丙类综合异常	Ag异常分带清晰，浓集中心明显。Ag, Au, Cu, Pb, Zn, As, Sb, Hg, Mo构成复杂组分富集场，磁法、重力推断火山-沉积建造和酸性岩体	C级
西林河 Ag-11	775	东北叠加造山-裂谷系，小兴安岭-张广才岭弧盆系，太平岭-老爷岭-英额岭火山-盆地群，铁岭-靖宇（次级隆起）铁、金、银、铜、铅、锌Ⅳ级成矿带	主要分布西林河银矿	矿体赋存于珍珠门组大理岩与太古宙花岗质糜棱岩接触带内；北东向深大断裂是导矿构造，其次级北东向断裂构造及韧脆性剪切带控矿、储矿；燕山期五道溜河侵入岩体与成矿关系密切	1个甲类综合异常	Ag异常呈三级分带，浓集中心明显。Ag, Au, Cu, Pb, Zn, Sb, As, Hg, 形成复杂组分富集场，磁法、重力推断变质建造和酸性岩体，遥感推断环形和线性构造系统	B级

续表 6-3-5

名称及编号	面积（km²）	所处成矿区（带）	区内或附近已知矿产	有利成矿条件	综合异常分布情况	地球化学及其他因素	评价结果
百里坪 Ag-12	867	东北叠加造山-裂谷系，小兴安岭-张广才岭弧盆系，太平岭-罗才沟-延吉火山-盆地群、铁岭-靖宇铁、金、银、铜、铅、锌Ⅳ级成矿带	分布百里坪银矿、兴隆银矿、城子沟金矿	太古宙表壳岩，呈捕房体形式残留于百里坪岩体中，为成矿提供一定物质来源；晋宁期成矿岩体，为主要的控矿岩体；近东西向断裂构造与北东及北西向断裂构造交会部位是寻找本类型矿床的有利部位	1个甲类综合异常	Ag异常呈三级分带和明显浓集中心。Ag、Au、Cu、Pb、Zn、W形成复杂组分富集场。磁法、重力推断变质建造和侵入岩体。遥感推断环形和线性构造系统	B级
香炉碗子 Ag-13	456	敦密断裂带及华北东部陆块，清源新太古代地块。铁岭-靖宇（次级隆起）铁、金、银、铜、铅、锌Ⅳ级成矿带	分布香炉碗子金矿、烟筒桥子金矿及水道砂金矿等	太古宇龙岗群杨家店组变质建造，为Au(Ag)成矿提供了物质来源，东西向脆-韧性剪切带横贯矿区，其与北东向断裂带交会处是成矿有利部位；从太古宙到中生代岩浆活动频繁，为成矿带物源、热源	2个丙类综合异常	Ag异常具有三级分带和明显浓集中心，异常强度较高。Ag、Au、Cu、Hg形成的元素富集场。磁法、重力推断变质建造和侵入岩体。遥感推断环形和线性构造致系统环形和线性构造	C级

续表 6-3-5

名称及编号	面积(km²)	所处成矿区（带）	区内或附近已知矿产	有利成矿条件	综合异常分布情况	地球化学及其他因素	评价结果
刘家铺子 Ag-14	523	辽吉元古宙裂谷带、老岭－营口－长白（次级隆起，Pt_1裂谷），铅、锌、铁、金、银、铀、硼、菱镁矿、滑石成矿带	分布狼洞沟金银矿、荒沟山金矿、南岔金矿及众多矿点	太古宇龙岗群和古元古界老岭群变质岩系及下古生界寒武系府岩为成矿提供丰富的物质来源；近东西向和北东向断裂构造控矿；燕山期中酸性石英闪长斑岩及次流纹岩的侵入为成矿提供物源和热动力	2个乙类综合异常	Ag异常呈二级分带，强度较高。Ag、Au、Pb、Zn、As、Sb、W、Sn形成复杂组分富集场。磁法、重力推断变质建造和酸性侵入岩体。遥感推断致断裂系统环形和线性构造	B级
八道沟镇 Ag-15	918	华北东部陆块、老岭岭岭盆地。营口－长白（次级隆起，Pt_1裂谷），铅、锌、铁、金、银、铀、硼、菱镁矿、滑石成矿带	分布六道沟铜钼矿、铜山铜钼矿、八道沟套圈铜矿	主要出露中元古界老岭群、白云岩大理岩、珠门组大理岩。区域北东向断裂构造控制及北东西向断裂构造活动。该区酸性岩浆活动，侵入岩以燕山期闪长岩，花岗闪长岩，花岗斑岩为主	2个丙类综合异常	Ag异常具有三级分带明显浓集中心，强度较高。Ag、Au、Cu、Pb、Zn、As、Sb、W、Mo空间套合紧密，形成复杂组分富集场。磁法、重力推断变质建造和酸性侵入岩体。遥感推断所致系统环形和线性构造	C级

第六章 地球化学找矿预测区圈定及综合评价

续表 6-3-5

名称及编号	面积(km²)	所处成矿区(带)	区内或附近已知矿产	有利成矿条件	综合异常分布情况	地球化学及其他因素	评价结果
西岔 Ag-16	1150	华北东部陆块(Ⅱ)、胶辽吉古元古代裂谷带(Ⅲ)、集安裂谷盆地(Ⅳ)内。辽吉裂谷中段北部边缘，营口-长白(次级隆起)Pt₁裂谷)铅、锌、金、银、铀、硼、菱镁矿、滑石成矿带	分布西岔金银矿、西岔金矿、正岔铅锌矿	荒岔沟组变粒岩层为赋矿层位；印支期及燕山期中酸性岩类的侵入岩；横切"营斜"北北东向主干断裂略向东突出的弧形地段控制矿区。主干断裂在该地段的次级分枝断裂和平行断裂以及南北向断裂谷是矿本身是谷断裂构造	1个乙类综合异常	Ag异常分带清晰，浓集中心明显，强度高。Ag、Au、Cu、Pb、Zn、As、Sb、W、Sn、Bi、Mo形成复杂组分富集场。磁法、重力推断沉积-变质建造和酸性侵入岩体。遥感推断矿致性系统环形和线性构造	B级
长白 Ag-17	333	华北东部陆块、胶辽吉元古代裂谷带、老岭坳陷盆地内。营口-长白(次级隆起)Pt₁裂谷)铅、锌、金、铁、银、铀、硼、菱镁矿、滑石成矿带	发现金矿	主要分布新生界基性火山岩；火山构造裂隙发育	1个丙类综合异常	Ag异常分带清晰，浓集中心明显，强度较高。Ag、Au、Sb、Hg、W形成未组分富集场。磁法、重力推断火山岩建造和酸性侵入岩体	C级

6. 镍矿找矿预测区特征及综合评价

镍矿找矿预测区特征及综合评价，具体见表 6-3-6。

表 6-3-6 吉林省镍矿地球化学找矿预测区综合评价

名称及编号	面积(km²)	所处成矿区(带)	区内或附近已知矿产	有利成矿条件	综合异常分布情况	地球化学及其他因素	评价结果
大山咀子 Ni-1	1400	敦化-密山走滑-伸展复合地垒。福安堡钼、铁、钨、铜、金、铅、锌、银Ⅳ级成矿带	没有矿产分布	主要分布新生界的基性火山岩：北东向敦密断裂横穿工作区	1个丙类综合异常	Ni异常分带清晰，明显浓集中心。Ni、Cr、Mn、V空间套合紧密，反映新生界基性火山岩区。磁法推断环形构造。遥感推断环形构造系统	C级
山门 Ni-3	134	张广才岭-哈达岭火山-盆地群内。山门-东山银、金、铜、铁、铅、锌、镍Ⅳ级成矿区带	山门镍矿	区内与山门镍矿关系密切的主要是海西晚期侵入的基性-超基性岩体，岩石成分主要为辉石角闪岩，北东向韧性剪切带是主要控岩-控矿构造	1个甲类综合异常	Ni异常呈二级分带，Ni-Cr-Co-Mn-V组合反映山门镍矿系统，是主要找矿预测区。磁法、重力推断基性-超基性构造。遥感推断环形构造系统	C级
腰岭子 Ni-4	1408	敦化-密山走滑-伸展复合地垒。处于敦密断裂上，不同Ⅳ级成矿区带交汇处	边缘分布漂川铜镍矿	主要分布新生界的基性火山岩：北东向敦密断裂横穿工作区	1个丙类综合异常	Ni异常分带清晰，浓集中心明显。Ni-Cr-Mn-V组合反映新生界基性火山岩体，是潜在找矿预测区	C级
双凤山 Ni-5	83	盘岭上叠裂陷盆地(Ⅳ)内。大清柴河-天桥岭铜、锌、金、铁、钼、镍Ⅳ级成矿区带	分布海龙双泉乡钴矿	出露海西晚期的辉长岩，花岗闪长岩，花岗斑岩以及燕山期的花岗岩类为主；发育北东向韧性剪切带与次一级的北西向断裂构造。具有预测镍矿的地质背景和条件	1个甲类综合异常	Ni异常具清晰分带和明显浓集中心，是重要预测区。Ni、Cr、Co呈套合状。磁法、重力推断基性岩建造。遥感推断环形构造系统	C级

续表 6-3-6

名称及编号	面积(km²)	所处成矿区(带)	区内或附近已知矿产	有利成矿条件	综合异常分布情况	地球化学及其他因素	评价结果
红旗岭镇 Ni-6	522	包尔汉图-温都尔庙弧盆系，二连-呼兰-伊泉陆缘浆弧，盘桓上叠陷盆地内。磐石-漂河川金、铜、镍、铁Ⅳ级成矿区带	红旗岭铜镍矿	与铜镍硫化物矿床有成因联系的主要是海西早期与晚期岩浆-超基镁铁质岩体，辉发河超岩石圈断裂侵入岩体镍基性-超基性（矿）构造，与之有成因联系的北西向次一级压扭性断裂为储岩（矿）构造	1个甲类综合异常	Ni异常分带清晰，浓集中心明显，强度高，规模大。Ni、Cu、Co、Bi、Au、Ag、As、Hg、Mo构成复杂组合富集区。磁法、重力推断基性-超基性岩体。遥感推断环形构造系统	A级
夹皮沟镇 Ni-7	1645	处于地台区北缘，近东西向超岩石圈断裂带的南侧。铁岭-靖宇（次级隆起）铁、金、银、铜、铅、锌Ⅳ级成矿带	分布夹皮沟金矿田，苇厦河镍矿点	分布太古宙花岗绿岩原岩为基性-超基性火山岩，构造发育，成矿地质条件优越	1个丙类综合异常	Ni元素异常具有清晰的浓集中心、异常分带和明显的三级强度较高，规模大、Ni-Cr-Co-Mn组合反映找矿预测区，是潜在找矿基性-超基性岩体。磁法、重力推断基性-超基性岩体。遥感推断环形构造系统	C级
露水河镇 Ni-8	488	处于地台区北缘，近东西向超岩石圈断裂带的南侧。铁岭-靖宇（次级隆起）铁、金、银、铜、铅、锌Ⅳ级成矿带	分布金矿、银矿、铬矿	分布太古宙花岗绿岩原岩为基性-超基性火山岩，构造发育，成矿地质条件优越	1个丙类综合异常	Ni异常分带清晰，浓集中心明显，强度高，规模大。Ni-Cr-Co-Mn组合成构成找矿区，磁法、磁场，是潜在找矿基性-超基性岩体。重力推断基性-超基性岩体。遥感推断环形构造系统	C级

续表 6-3-6

名称及编号	面积(km²)	所处成矿区(带)	区内或附近已知矿产	有利成矿条件	综合异常分布情况	地球化学及其他因素	评价结果
和龙县 Ni-9	1198	华北东部陆块,和龙新太古代地块。铁岭-靖宇(次级隆起)铁、金、银、铜、铅、锌Ⅳ级成矿带	分布较多小型金矿、铁矿	主要分布新太古界龙岗岩群,原岩为基性-超基性火山岩,北西向韧性剪切带穿过工作区,次一级断裂纵横交错,成矿地质条件优越	1个丙类综合异常	Ni异常分带清晰,浓集中心明显,强度高,规模大。Ni-Cr-Co-Mn组合成复杂组合富集场,是潜在找矿区,磁法、重力推断基性-超基性岩体,遥感推断环形构造系统	C级
西城镇 Ni-10	207	华北东部陆块,和龙新太古代地块。铁岭-靖宇(次级隆起)铁、金、银、铜、铅、锌Ⅳ级成矿带	长仁铜镍矿	主要分布加里东期的超基性侵入岩体,北西向韧性剪切带控制长仁铜镍矿;次一级断裂纵横交错,成矿地质条件优越	1个甲类综合异常	Ni异常分带和浓集中心亦明显,强度较高,面积25km²。特征元素组合为Ni-Cr,磁法、重力推断基性-超基性岩体。遥感推断环形变形构造系统	B级
金川镇 Ni-11	825	华北东部陆块,会全栈中太古代陆核。铁岭-靖宇(次级隆起)铁、金、银、铜、铅、锌Ⅳ级成矿带	分布金川铁矿	分布太古宙花岗岩绿岩地质体,原岩为基性-超基性火山岩;发育北东向韧性剪切带	1个丙类综合异常	Ni异常分带清晰,浓集中心明显,强度高,规模大。Ni、Co、Cr、V、Cu、Hg反映太古宙花岗绿岩分布区,是潜在找矿性,磁法、重力推断太古宙基性-超基性岩体	C级

第六章 地球化学找矿预测区圈定及综合评价

续表 6-3-6

名称及编号	面积(km²)	所处成矿区(带)	区内或附近已知矿产	有利成矿条件	综合异常分布情况	地球化学及其他因素	评价结果
杉松岗 Ni-12	189	前南华纪华北东部陆块(Ⅱ),胶辽吉元古宙裂谷带(Ⅲ)老岭坳陷盆地内。营口-长白(次级隆起,Pt₁裂谷),铅、锌、铁、金、银、铀、硼、菱镁矿、滑石Ⅳ级成矿带	杉松岗铜钴矿	主要分布古元古界变质岩建造。其中,花山组含碳绢云母枝岩控制杉松岗铜钴矿;三道阳岔-三岔河复式背斜北翼次一级褶皱构造控制矿体分布;燕山晚期的闪长岩脉与矿化关系最为密切	1个丙类综合异常	Ni,Co,Cu水系异常对杉松岗铜钴矿不支持。1:2000土壤测量Ni,Co,Cu异常再现理想,反映杉松岗铜钴矿系统。组合异常是主要预测场所,重力推断沉积-变质建造	C级
通化县 Ni-13	433	华北东部陆块,板石新大古代地块内的二密-英额布中生代火山-岩浆盆地的南侧。铁岭-靖宇(次级隆起),铁、金、银、铜、铅、锌成矿带	分布赤柏松铜镍矿、新安铜镍矿	与成矿关系密切的侵入体为元古宙基性岩、超基性岩,呈岩墙(脉)状。本溪-二道江断裂控制区域上基性岩浆活动。北东向或北北东向次一级断裂构造在本区十分发育	1个甲类综合异常	Ni异常分带较差,Cu异常具有清晰分带和明显浓集中心,强度较高。Ni-Cu-Au-Co-Mn-W-Sn-Mo组合反映赤柏松铜镍矿系统,具有直接指示作用,是主要预测区	A级

7. 钼矿找矿预测区特征及综合评价

钼矿找矿预测区特征及综合评价，具体见表6-3-7。

表6-3-7　吉林省钼矿地球化学找矿预测区综合评价

名称及编号	面积(km²)	所处成矿区(带)	区内或附近已知矿产	有利成矿条件	综合异常分布情况	地球化学及其他因素	评价结果
季德屯 Mo-1	244	小兴安岭-张广才岭弧盆系，双阳-永吉-蛟河上叠裂陷盆地内。福安堡-塔东-钼、铁、钨、铜、金、铅、锌、银Ⅳ级成矿区带	季德屯钼矿、福安堡钼矿	分布大面积燕山期花岗岩类侵入体，早期似斑状二长花岗岩和早期花岗闪长岩为含矿主要围岩；区内北东-南西向断裂破碎带控矿，构造破碎带为容矿构造	1个甲类综合异常	矿床元素异常分带分带清晰三级，浓集中心明显。特征组合Mo、As、W构成叠生地球化学场，是成矿的有利场所。遥感、重力推断酸性岩体，重力推断环形和线性构造系统	A级
大秃顶子 Mo-2	162	小兴安岭-张广才岭弧盆系，双阳-永吉-蛟河上叠裂陷盆地内。福安堡-塔东-钼、铁、钨、铜、金、铅、锌、银Ⅳ级成矿区带	南侧有大石河钼矿分布	分布大面积的燕山期花岗岩类侵入体，为钼矿体形成提供成矿物质与热源；区域北东向断裂带和北西向裂带发育，两者交会处是最佳的部位	1个丙类综合异常	Mo异常分带清晰，浓集中心明显，规模较小。Mo、Bi、Sn、Ag、As构成复杂组分富集场，是成矿的有利场所。磁法、重力推断酸性岩体，遥感推断环形和线性构造系统	C级
光秃山 Mo-3	788	小兴安岭-张广才岭弧盆系，双阳-永吉-蛟河上叠裂陷盆地内。福安堡-塔东-钼、铁、钨、铜、金、铅、锌、银Ⅳ级成矿区带	南侧有大石河钼矿分布	分布大面积的燕山期花岗岩类侵入体，为钼矿体形成提供成矿物质与热源；区域北东向断裂带和北西向裂带发育，两者交会处是最佳的部位	1个丙类综合异常	Mo异常分带清晰，浓集中心明显，规模较大。与Mo异常空间密切套合的元素为Mo、Bi、Sn、Ag、As，构成叠生地球化学场，是成矿的有利场所。磁法、重力推断酸性岩体，遥感推断环形和线性构造系统	C级

续表 6-3-7

名称及编号	面积(km²)	所处成矿区(带)	区内或附近已知矿产	有利成矿条件	综合异常分布情况	地球化学及其他因素	评价结果
西苇 Mo-4	176	张广才岭－哈达岭火山－盆地区，南楼山－辽源火山－盆地群。那丹伯－一座营金、钼、铅、锌、银Ⅳ级成矿区带	分布西苇斑岩型钼矿	主要的是燕山期的花岗岩类侵入体。北东向、北西向断裂构造比较发育，显示优良的成矿地质背景和条件	1个丙类综合异常	Mo异常分带清晰，浓集中心明显，面积较小。元素组合为Mo-Pb-Sb-W，形成较复杂天然异常富集体，是重要预测区。磁法、重力推断酸性岩体和低级断裂环形和线性构造系统，遥感推断环形和线性构造系统	C级
前撮落 Mo-5	896	小兴安岭－张广才岭叠加岩浆弧，张广才岭－哈达岭火山－盆地区，南楼山－辽源火山－盆地群。山河－榆木桥子金、钼、铜、铅、锌、银Ⅳ级成矿区带	分布大黑山钼矿、四方甸子钼矿、兴隆钼矿	主要为燕山早期的斜长花岗斑岩体、花岗闪长岩、二长花岗岩。东西向的长山屯－大顶子断裂控岩，北西向的茨芽岗－大黑山断裂构造控矿。门头砬子－东沟断裂控制四方甸子钼矿	1个甲类综合异常	Mo异常分带清清晰，浓集中心明，强度高，面积大。元素组合为Mo-Cu-Pb-Zn-Ag、As-Sb-Hg、W-Sn-Bi，空间套合紧密，组合异常较复杂构成富集区，是主要预测区。磁法、重力推断酸性岩体成复杂断裂构造，遥感推断环形和低级断环形和线性构造系统	A级
旺起 Mo-6	614	小兴安岭－张广才岭叠加岩浆弧，张广才岭－哈达岭火山－盆地区，南楼山－辽源火山－盆地群。山河－榆木桥子金、钼、铜、铅、锌、银Ⅳ级成矿区带	分布铜矿点，铅锌矿点	主要分布燕山期的花岗岩类侵入体；断裂构造发育，具有优良的成矿地质条件	1个丙类综合异常	Mo异常分带清晰，浓集中心明显，强度高，面积大。元素组合为Mo-Cu-Pb-Zn，空间组合紧密，形成较复杂元素组合富集叠生地球化学场，形有利场所，是预测酸性岩体和低级断环形和线性裂构造，遥感推断环形和线性构造系统	C级

续表 6-3-7

名称及编号	面积(km²)	所处成矿区（带）	区内或附近已知矿产	有利成矿条件	综合异常分布情况	地球化学及其他因素	评价结果
江源镇 Mo-7	1785	包尔汉图-温都尔庙弧盆系、下岔-呼兰-伊泉陆源岩浆弧内。天宝山-开山屯金、钼、铜、铅、锌、银Ⅳ级成矿区带	东侧分布刘生店钼矿、三岔子铜钼矿	主要为燕山期的花岗岩类侵入体，北东向、北西向断裂构造发育，显示良好的成矿地质背景条件	1个丙类综合异常	Mo异常分带清晰，浓集中心明显，强度高，面积大。元素组合为Mo-Cu-Pb-Zn-Ag、As-Sb、Hg-W-Bi，空间套合紧密，组合异常地球化学场，是主要预测区域。磁法、重力推断酸性岩体和低级断裂构造。遥感推断环形和线性构造系统	C级
刘生店 Mo-8	952	包尔汉图-温都尔庙弧盆系、下岔-呼兰-伊泉陆源岩浆弧内。天宝山-开山屯金、钼、铜、铅、锌、银Ⅳ级成矿区带	分布刘生店钼矿、三岔子铜钼矿	主要为燕山期的花岗岩类侵入体，北东向、北西向断裂构造发育，显示良好的成矿地质背景条件	1个甲类综合异常	Mo异常分带清晰，浓集中心明显，强度高，面积大。元素组合为Mo-Cu-Pb-Zn-Ag、As-Sb、Hg、W-Bi，空间套合紧密，三岔子铜钼矿岩浆系统，表征刘生店钼矿预测区域。磁法、重力推断酸性岩体和低级断裂构造。遥感推断环形和线性构造系统	B级
天宝山镇 Mo-9	959	包尔汉图-温都尔庙弧盆系、下岔-呼兰-伊泉陆源岩浆弧内。天宝山-开山屯金、钼、铜、铅、锌、银Ⅳ级成矿区带	分布天宝山多金属矿、北山钼矿	分布与Mo成矿关系密切的印支期、燕山期花岗岩类侵入体，与天宝山群接触带是成矿有利位置。断裂构造主要有东西向、北西向，其中东西向断裂为张性或张扭性，是主要控矿构造	1个乙类综合异常	Mo异常分带清晰，浓集中心明显，强度高，面积大。元素组合为Mo-Cu-Pb-Zn-Ag、As-Sb、Hg，空间套合紧密，表征天宝山钼矿岩浆系统，重力成预测区域。磁法推断酸性岩体和低级断裂构造。遥感推断环形和线性构造系统	B级

续表 6-3-7

名称及编号	面积(km²)	所处成矿区(带)	区内或附近已知矿产	有利成矿条件	综合异常分布情况	地球化学及其他因素	评价结果
那尔轰 Mo-10	184	华北东部陆块、靖宇-和龙隆起。铁岭-靖宇（次级隆起）铁、金、银、铜、铅、锌Ⅳ级成矿带	分布那尔轰铜钼矿	主要分布与成矿关系密切的燕山期花岗闪长岩、花岗斑岩；北东向的韧性剪切带是该区的主要控矿构造	1个丙类综合异常	Mo异常分带清晰，浓集中心明显，强度较高，面积小。Mo-Pb-Zn-Ag-Hg构成复杂组分富集场，是成矿有利场所。遥感推断环形和线性构造系统	C级
天合兴 Mo-11	199	华北东部陆块、靖宇-和龙隆起。铁岭-靖宇（次级隆起）铁、金、银、铜、铅、锌Ⅳ级成矿带	天合兴铜（钼）矿	主要分布与成矿关系密切的燕山期花岗闪长岩、花岗斑岩；北东向的韧性剪切带是该区的主要控矿构造	1个丙类综合异常	Mo异常分带清晰，浓集中心明显，强度较高，面积小。Mo、Pb、Zn、Ag构成杂组分富集场，是成矿有利场所的磁法、重力推断酸性岩体和低级断裂构造。遥感推断环形和线性构造系统	C级
石人沟 Mo-12	230	华北东部陆块、老岭龙隆起。铁岭-靖宇（次级隆起）铁、金、银、铜、铅、锌Ⅳ级成矿带	分布石人沟钼矿	主要出露新生界碱性火山岩和第四系沉积盖层。盖层下有燕山期花岗岩侵入体分布，具有较好的地质背景	1个丙类综合异常	Mo异常分带清晰，浓集中心明显，强度较高。Mo-Zn-W-Sb、构成较复杂元素组分富集的叠生地球化学场，是成矿预测的有利场所。磁法、重力推断酸性岩体和低级断裂裂岩构造。遥感推断环形和线性构造系统	C级
江甸子 Mo-13	529	华北东部陆块、老岭龙隆起。集安-长白金、铅、锌、银、钼Ⅳ级成矿区带	没有钼矿产分布	燕山期中酸性岩脉广泛分布，如花岗斑岩等，反映控岩构造的继承性。发育东西向和北东向断裂构造，具良好地质条件	1个丙类异常	Mo异常分带清晰，浓集中心明显，强度较高，面积小。Mo-Cu-Pb空间套合单元素组分富集的地球化学场，形成一般的叠生地球化学场。遥感推断环形和线性构造系统	C级

续表 6-3-7

名称及编号	面积(km²)	所处成矿区(带)	区内或附近已知矿产	有利成矿条件	综合异常分布情况	地球化学及其他因素	评价结果
热闹-阳岔 Mo-14	1624	华北东部陆块、老岭龙岗隆起。营口-长白(次级隆起,Pt₁裂谷)铅、锌、金、铁、银、铀、硼、菱镁矿、滑石Ⅳ级成矿区带	分布铅锌矿、铜矿点	区内出露地层主要为古元古界集安群,印支期及燕山期中酸性岩类的侵入活动十分强烈,北东向断裂构造发育,成矿地质条件优良	1个丙类综合异常	Mo异常分带清晰,浓集中心明显,强度较高。Mo-Cu-Pb-Zn,W-As-Sb-Hg-Bi,呈同心套合,构成复杂组分富集,是成矿的有利场所。遥感推断环形和线性构造系统	C级
六道沟镇 Mo-15	293	吉南-辽东火山盆地、长白山-盆地岩群、中生代鸭绿江构造岩浆岩带中。营口-长白(次级隆起,Pt₁裂谷)铅、锌、金、铁、银、铀、硼、菱镁矿、滑石Ⅳ级成矿区带	分布铜银山铜钼矿	控矿地层为老岭群珍珠门组碎屑岩-碳酸盐岩沉积岩建造;北西向次级断裂控矿;控矿岩体为侏罗纪闪长岩、花岗闪长岩、二长花岗岩	1个甲类异常	Mo异常分带清晰,浓集中心明显,强度较高,面积大。Mo-Cu-Pb-Zn,W-As-Sb,空间上呈同心套合,构成复杂组分富集的场,是成矿的有利场所。磁法、重力推断酸性岩体和低级断裂构造。遥感推断环形和线性构造系	C级
古马岭 Mo-16	328	华北东部陆块、老岭龙岗隆起。营口-长白(次级隆起,Pt₁裂谷)铅、锌、金、铁、银、铀、硼、菱镁矿、滑石Ⅳ级成矿区带	分布古马岭金矿、铅锌矿	分布老岭岩群地层。燕山期岩浆活动强烈,北东向、北西向断裂构造发育,具有优良的成矿地质条件	1个丙类异常	Mo异常分带清晰,浓集中心明显,强度较高,元素组合为Mo-Cu-Pb-W-Bi,空间上套合紧密,构成复杂元素组分富集的有利场所,是成矿的叠生地球化学场,磁法、重力地球化学场、重力推断断裂构造,遥感推断断裂环形和线性构造系统	C级

8. 铬铁矿找矿预测区特征及综合评价

铬铁矿找矿预测区特征及综合评价，具体见表6-3-8。

表6-3-8 吉林省铬铁矿地球化学找矿预测区综合评价

名称及编号	面积(km²)	所处成矿区(带)	区内或附近已知矿产	有利成矿条件	综合异常分布情况	地球化学及其他因素	评价结果
古马岭小绥河 Cr-1	648	天山-兴蒙-吉黑造山带，小顶山-张广才岭-黄松裂陷槽，双阳-永吉-蛟河上叠裂陷盆地。山河-榆木桥子金、铜、银、铬Ⅳ级成矿区带	分布小绥河铬铁矿	侵入岩主要是海西早期的橄榄岩和燕山期的二长花岗岩，前者控矿；北东向的伊舒深大断裂控制岩浆的侵入，而次一级的裂隙构造为成矿提供赋存空间	1个甲类综合异常	Cr异常对小绥河铬铁矿不支持。主要伴生元素Ni与矿床积极响应，是主要的预测指示元素。磁法、重力推断超基性岩体和低级断裂构造	C级
头道沟 Cr-2	614	天山-兴蒙-吉黑造山带，小兴安岭-张广才岭弧盆系，小顶山-张广才岭-黄松裂陷槽，双阳-永吉-蛟河上叠裂陷盆地。山河-榆木桥子金、铜、银、铬Ⅳ级成矿区带	分布头道沟硫铁矿	出露与成矿关系密切的海西晚期的橄榄岩，物探推测有超基性岩体存在；区内发育北东向、北西向及近东西向的断裂构造。具有优良成矿地质条件	1个甲类综合异常	Cr异常具有非常清晰的分带和显著的浓集中心。特征组合异常场(Cr-Ni)，是主要找矿预测场所。磁法、重力推断酸性岩体和低级断裂构造。遥感推断环形和线性构造系统	C级
开山屯 Cr-6	279	华北东部陆块，靖宇-和龙隆起，天宝山-开山屯金、铜、铁、铬Ⅳ级成矿区带	分布开山屯铬铁矿、金合山金矿	分布太古宇、元古宇以及寒武系的变质建造；海西晚期的橄榄岩相与开山屯铬铁矿关系密切。北东向、北西向断裂发育	1个甲类综合异常	Cr元素异常具有清晰的分带和明显的浓集中心，异常强度较高，Cr-Ni-Al₂O₃-MgO组合反映开山屯铬铁矿系统，是主要的找山预测区。磁法、重力推断开山屯岩体和低级断裂构造。遥感推断环形和线性构造系统	C级

9. 硼矿找矿预测区特征及综合评价

硼矿找矿预测区特征及综合评价，具体见表6-3-9。

表6-3-9 吉林省硼矿地球化学找矿预测区综合评价

名称及编号	面积(km²)	所处成矿区(带)	区内或附近已知矿产	有利成矿条件	综合异常分布情况	地球化学及其他因素	评价结果
光华镇 B-1	638	华北东部陆块、胶辽吉古元古代裂谷带、老岭坳陷盆地。营口-长白(次级隆起，Pt_1)铅、锌、金、银、铀、硼、菱镁矿、滑石Ⅳ级成矿区带	分布有铁矿、磷矿、金矿	主要分布古元古界老岭岩群、寒武系-奥陶系中酸性火山岩、碎屑岩夹大理岩建造、褶皱、断裂构造控矿，古元古代(吕梁期)混合花岗岩类侵入，显示优良的成矿地质条件	1个丙类综合异常	B异常具清晰的三级分带和明显的浓集中心、强度高、规模较大。元素组合为B-MgO，元素同套合比较紧密，重力推断沉积-变质建造和低级断裂构造，遥感推断环形变形线性构造系统，是重要预测区	C级
花山 B-2	1635	华北东部陆块、胶辽吉古元古代裂谷带、老岭坳陷盆地。营口-长白(次级隆起，Pt_1)铅、锌、金、银、铀、硼、菱镁矿、滑石Ⅳ级成矿区带	分布金矿、锑矿、铁矿	主要分布古元古界老岭岩群混合质变质建造，古元古代花岗岩类以及燕山期的侵入，北东向韧性剪切带发育，具有优良的成矿地质条件，具重要找矿前景	1个丙类综合异常	B异常具清晰的三级分带和明显的浓集中心、强度高、规模较大。元素组合为B-MgO，组合元素空间套合比较紧密，磁法、重力推断沉积-变质建造和低级断裂构造，遥感推断环形变形线性构造系统	C级
江甸子 B-3	495	华北东部陆块、胶辽吉古元古代裂谷带、老岭坳陷盆地。营口-长白(次级隆起，Pt_1)铅、锌、金、银、铀、硼、菱镁矿、滑石Ⅳ级成矿区带	分布金矿、铜矿	主要分布古元古界集安岩群，由大东岔组、中部的蚂蚁河组、下部的荒沟组构成。属于富镁硅酸盐岩、硅酸盐岩建造、沉积变质改造成矿作用强烈。元古宙的岩浆活动和东西向的复式向斜构造为成矿提供重要条件	1个丙类综合异常	B异常具清晰的三级分带和明显的浓集中心、强度高、规模较大。元素组合为B-MgO-Na_2O，组合元素空间套合比较紧密，是重要的预测区。重力、磁法、变质建造推断沉积-变质建造和低级断裂构造，遥感推断环形变形线性构造系统	C级

续表 6-3-9

名称及编号	面积(km²)	所处成矿区(带)	区内或附近已知矿产	有利成矿条件	综合异常分布情况	地球化学及其他因素	评价结果
高台沟 B-4	754	华北东部陆块-胶辽吉古元古裂谷带-老岭坳陷盆地。营口-长白(次级隆起,Pt₁裂谷)铅、锌、铁、金、银、铀、硼、菱镁矿、滑石Ⅳ级成矿区带	分布高台沟硼矿及多处硼矿点	主要分布下元古界集安岩群,属于富镁的碳酸盐岩、硅酸盐岩建造、沉积变质改造成矿作用强烈。其中,蚂蚁河组的变质建造是含矿层位。元古宙的复闭式向斜构造和东西向为成矿提供重要条件	1个甲类综合异常	B异常具清晰的三级分带和明显的浓集中心,强度高、规模较大。元素组合为B-Mgo。组合元素空间套合比较紧密,是重要的预测区。磁法、重力推断沉积-变质建造和低级断裂构造。遥感推断环形和线性构造系统	B级

10. 萤石矿找矿预测区特征及综合评价

萤石矿找矿预测区特征及综合评价，具体见表 6-3-10。

表 6-3-10 吉林省萤石矿地球化学找矿预测区综合评价

名称及编号	面积(km²)	所处成矿区（带）	区内或附近已知矿产	有利成矿条件	综合异常分布情况	地球化学及其他因素	评价结果
太阳屯 CaF₂-1	626	小兴安岭-张广才岭弧盆系，双阳-永吉-浑江坳陷盆地内。福安堡-塔东组、铁、钨、铜、金、铅、锌、银Ⅳ级成矿区带	分布太阳屯萤石矿点	分布大面积的燕山期花岗岩类侵入体，区域北西向断裂带和北西向断裂带发育，具有良好的地质背景和条件	1个丙类综合异常	F异常呈二级分带，浓集中心明显，规模较大。F-Y构成较简单组分富集场，是预测成矿有利场所。磁法、重力推断酸性岩体及构造系统	C级
光秃山 CaF₂-2	287	小兴安岭-张广才岭弧盆系，双阳-永吉-浑江坳陷盆地内。福安堡-塔东组、铁、钨、铜、金、铅、锌、银Ⅳ级成矿区带	南侧有大石河钼矿分布	分布大面积的燕山期花岗岩类侵入体，区域北西向断裂带和北西向断裂带发育，具有良好的地质背景和条件	1个丙类综合异常	F异常呈二级分带，规模较大。特征组合F-CaO构成简单组分富集场，是预测成矿有利场所。有萤石重砂异常响应。遥感推断环形和线性构造系统	C级
明城镇 CaF₂-3	369	东北叠加造山-裂谷系，南楼山-辽源火山-盆地群内。山河-榆木桥子金、银、钼、铜、铅、锌Ⅳ级成矿带	分布南梨树沟萤石矿	燕山期的花岗岩侵入活动强烈，近东西向的区域活动、北西向控制花岗岩浆活动裂隙控制矿脉的构造裂隙控矿的空间分布	1个甲类综合异常	F异常呈三级分带，浓集中心明显，规模较小。F、CaO、Y、SiO₂、查集密，构成复杂组分富集场，是预测成矿有利场所。磁法、重力推断断酸性岩体。遥感推断环形和线性构造系统	C级

续表 6-3-10

名称及编号	面积(km²)	所处成矿区(带)	区内或附近已知矿产	有利成矿条件	综合异常分布情况	地球化学及其他因素	评价结果
江源镇 CaF_2-4	593	东北叠加造山-裂谷系、老爷岭古火山-盆地群。海沟-红太平金、铁、铜、铅、锌、银、钼、镍Ⅳ级成矿带	分布敦化二合店萤石矿	主要分布燕山期的花岗岩侵入体，北东向、北西向断裂构造发育，有优良的成矿地质条件	1个甲类综合异常	F异常呈二级分带和明显的浓集中心，规模较大。有萤石重砂异常响应。遥感推断环形和线性构造系统	C级
天宝山镇 CaF_2-5	1016	东北叠加造山-裂谷系、罗子沟-延吉火山-盆地群。五凤-百草沟金、铁、银、铅、锌、铁Ⅳ级成矿带	分布五凤金矿、五星山金矿	主要分布燕山期的花岗岩侵入体，北东向、北西向断裂构造发育，有优良的成矿地质条件	1个丙类综合异常	F异常分带和浓集中心明显，规模较大。F-CaO构成富集场。有萤石重砂异常响应。磁法、重力推断酸性岩体。遥感推断断裂形和线性构造	C级

11. 锑矿找矿预测区特征及综合评价

锑矿找矿预测区特征及综合评价，具体见表6-3-11。

表6-3-11 吉林省锑矿地球化学找矿预测区综合评价

名称及编号	面积(km²)	所处成矿区(带)	区内或附近已知矿产	有利成矿条件	综合异常分布情况	地球化学及其他因素	评价结果
天桥岭 Sb-1	449	天山-兴蒙造山带，汪清-珲春上叠断陷盆地。海沟-红太平金、铁、铜、铅、锌、银、钼、镍Ⅳ级成矿带	没有锑矿床分布	主要分布中生界火山碎屑岩建造，褶皱与断裂极其发育。岩浆活动频繁	1个丙类综合异常	Sb异常呈三级分布，浓集中心明显，强度高。Sb-Au-Zn-As-Hg构成复杂组合富集场。遥感推断环形和线性构造系统	C级
草帽顶子 Sb-2	187	天山-兴蒙造山带，汪清-珲春上叠断陷盆地。大蒲柴河-天桥岭铜、铅、锌、金、钼Ⅳ级成矿区带	没有锑矿床分布	分布二叠系庙岭组石英砂岩、杂砂岩，上侏罗世安山岩。北西向断裂发育。燕山早期岩浆活动强烈	1个丙类综合异常	Sb异常分布清晰，浓集中心明显，强度高。特征组合Sb-Ag-As构成的富集场是异常形成重要预测区。遥感推断环形和线性构造	C级
官马 Sb-3	459	天山-兴蒙造山带，磐桦上叠盆地内。山河-榆木桥子金、银、铜、铅、锌、钼Ⅳ级成矿区带	磐石驿马锑矿	出露的上三叠世安山岩，安山角砾岩与成矿关系密切；侵入岩为花岗闪长岩，矿床晚期产物；矿床处于永吉中生代火山岩盆地西南部边缘；区内北西向断裂构造发育	1个甲类综合异常	Sb异常分带清晰，浓集中心明显，规模大。Sb、Au、Ag、Pb、Zn、As空间套合紧密，构造复杂组合异常场。遥感推断环形和线性构造	B级
漂河川 Sb-4	368	龙岗-陈台沟-沂水前新太古代陆核，板石新太古代红旗岭-漂河川镍、金、铜Ⅳ级成矿区带	分布桦甸桦树香锑矿、幸福锑矿点	含矿岩体侵位受北西向张扭性断裂裂隙控制，而二道甸子-暖木条子北向背斜北翼主要的容矿构造；与成矿关系密切的是海西晚期辉近东西向的中基性岩体	1个乙类综合异常	Sb异常分带清晰，浓集中心明显，强度高。Sb、Au、Cu、Pb、Zn、Ag、As、Hg空间套合紧密，构成的复杂组合异常场是寻找岩浆型锑矿热液型锑矿的主要场所	C级

续表 6-3-11

名称及编号	面积(km²)	所处成矿区（带）	区内或附近已知矿产	有利成矿条件	综合异常分布情况	地球化学及其他因素	评价结果
万宝 Sb-5	469	天山-兴蒙造山带。海沟-红太平金、铁、铜、铅、锌、银、钼、镍Ⅳ级成矿带	有金矿产分布	主要分布奥陶系黄莺屯组及元古宇青龙村组变质岩建造；侵入岩以海西期闪长岩和燕山期花岗岩为主；断裂构造发育	1个乙类综合异常	Sb异常分带清晰，浓集中心明显，强度高。Sb、Au、Cu、As、Hg空间套合紧密。遥感推断环形和线性构造系统	C级
智新 Sb-6	525	百里坪岩浆弧。天宝山-开山屯铅、锌、金、镍、钼、铜Ⅳ级成矿区带	有金矿产分布	主要出露二叠系、白垩系火山-碎屑岩建造。北东、北西向的次一级断裂及横交错。海西晚期及燕山早期花岗岩浆活动强烈	1个乙类综合异常	Sb异常分带清晰，浓集中心明显，强度高。Sb、Au、Zn、As空间套合紧密，构成的异常场是预测成矿重要场所	C级
荒沟山-南岔 Sb-7	505	辽吉元古宙裂谷带老岭拗陷盆地。营口-长白（次级隆起）Pt₁裂谷）铅、锌、铁、金、银、铀、硼、菱镁矿、滑石Ⅳ级成矿带	分布临江青沟子锑矿	出露古元古界老岭群珍珠门组、临江组和大栗子组沉积-变质岩建造。其中，临江组二云片岩、绢云片岩地层为主要容矿层位；侵入岩主要有燕山早期的草山似斑状黑云母花岗岩岩体。正交、斜交断裂构造控制成矿系统	1个甲类综合异常	Sb异常分带清晰三级，浓集中心明显，强度高。Sb、Au、Cu、Pb、Zn、Ag、As、Hg空间套合紧密，构成复杂组分富集场，磁法、重力推断沉积-变质构造和中酸性岩体，注意岩浆热液型锑矿寻找	B级

12. 钨矿找矿预测区特征及综合评价

钨矿找矿预测区综合异常评价，具体见表6-3-12。

表6-3-12 吉林省钨矿地球化学找矿预测区综合评价

名称及编号	面积(km²)	所处成矿区(带)	区内或附近已知矿产	有利成矿条件	综合异常分布情况	地球化学及其他因素	评价结果
火炬丰 W-1	319	天山-兴蒙造山带，塔东弧盆。福安堡-塔东钼、铁、钨、铜、金、铅、锌、银Ⅳ级成矿区带	外围有钼矿分布	主要出露大面积的印支期花岗岩类侵入体，其次为海西期花岗闪长花岗岩。北东向断裂构造发育	1个丙类综合异常	W异常分带清晰，浓集中心明显，强度高。特征组合紧密，Bi-Mo。空间套合酸性岩体、磁法、重力推断断裂环形和线性构造系统	C级
福安堡 W-2	382	天山-兴蒙造山带，塔东弧盆。福安堡-塔东钼、铁、钨、铜、金、铅、锌、银Ⅳ级成矿区带	分布福安堡钼矿床和季得屯钼矿床	分布二叠系林西组砂岩、板岩。出露大面积的印支期花岗岩类侵入体，其次为海西期花岗闪长花岗岩。北西向的断裂构造发育，成矿条件良好	1个乙类综合异常	W异常具有清晰三级分带和明显的浓集中心，异常强度高，吻合程度高，是直接找矿标志。W-Sn-Bi-Mo。其中，Mo与W在W的外带，Sn-Bi组合为W-Sn-Be-Y-Zr。磁法、重力推断环形和线性构造系统	B级
汇蜜峰 W-3	307	南楼山火山岩陷盆地。山河-榆木桥子金、银、钼、铜、铁、铅、锌Ⅳ级成矿区带	没有相应矿产分布	主要分布三叠系紫砂岩；出露大面积的印支期二长花岗岩；发育北东向断裂。具有一定的成矿地质条件	1个丙类综合异常	W异常具有清晰二级分带，强度为4×10⁻⁶。组合为W-Sn-Be-Y-Zr，是直接找矿标志。磁法、重力推断环形和线性构造环形。遥感推断断形构造系统	C级
孤店子 W-4	367	南楼山火山岩陷盆地。山河-榆木桥子金、银、钼、铜、铁、铅、锌Ⅳ级成矿区带	没有相应矿产分布	主要分布白垩系砂岩；出露大面积的燕山期二长花岗岩；发育北东向断裂。具有良好的成矿地质条件	1个丙类综合异常	W异常具有清晰二级分带，强度组合为W-Bi，形成矿有利场所。特征组合为4×10⁻⁶的异常富集场，重力推断的异常磁法推断酸性岩体	C级

续表 6-3-12

名称及编号	面积（km²）	所处成矿区（带）	区内或附近已知矿产	有利成矿条件	综合异常分布情况	地球化学及其他因素	评价结果
罗子沟 W-5	363	罗子沟盆地。海沟-红太平金、铁、铜、铅、锌、银、钼、镍Ⅳ级成矿带	附近分布汪清白石碇子钨矿点	主要分布二叠系和白垩系石英砂岩；出露大面积印支期花岗岩；发育北东向和北西向次一级断裂构造。具有一定的成矿条件	2个丙类综合异常	W异常具有清晰二级分带。元素组合为W-Sn-Bi，空间吻合程度较高，形成的富集生地球化学场是预测有利场所	C级
红太平 W-6	325	天山-兴蒙造山带，汪清-珲春上叠系裂陷盆地。海沟-红太平金、铁、铜、铅、锌、银、钼、镍Ⅳ级成矿带	没有相应矿产分布	分布新元古界五道沟群变质岩及二叠系、白垩系石英砂岩；出露海西期西期花岗岩；发育北东向和北西向次一级断裂构造。具有一定的成矿条件	1个丙类综合异常	W异常具有清晰分带。元素组合为W-Bi-As-Sb，与W吻合程度高，形成的富集场地球化学场是预测有利场所。遥感推断环形和线性构造系统	C级
旺起 W-7	971	南楼山火山坳陷盆地。山河-榆木桥子金、银、钼、铜、铅、锌Ⅳ级成矿区带	分布大黑山大型钼矿	出露寒武系变质砂岩夹千枚岩、二叠系砂岩、板石岩，及部分南楼山火山岩；出露印支期花岗岩、海西期西期花岗岩及燕山期闪长岩；发育北东向逆掩断层和北西向断裂构造。成矿条件优良	1个甲类综合异常	W异常分带清晰，浓集中心明显，强度高。W、Sn、Bi、Mo、As、Sb、Hg空间套合紧密，形成富集场。磁法、重力推断酸性岩体。遥感推断环形和线性构造系统	B级
汪清 W-8	106	罗子沟盆地。五凤-百草沟金、铜、银、铅、锌Ⅳ级成矿区带	没有相应矿产分布	主要分布二叠系和侏罗系中酸性火山岩；出露二叠系的石英砂岩；出露燕山期花岗闪长岩及燕山期闪长岩；发育北东向断裂构造	1个丙类综合异常	W异常呈二级分带。W、Sn、Bi、Mo、As、Sb、Hg吻合程度较高，显示环形分带特征。形成的复杂组分富集场预测有利场所。磁法、重力推断酸性岩体。遥感推断环形和线性构造系统	C级

续表 6-3-12

名称及编号	面积(km²)	所处成矿区(带)	区内或附近已知矿产	有利成矿条件	综合异常分布情况	地球化学及其他因素	评价结果
小西岔-杨金沟 W-9	355	罗子沟-延吉火山-盆地群。新华村-小西岔南金、铜、钨、铅、锌、银、铁、钼、铂、钯Ⅳ级成矿区带	分布杨金沟金钨矿	主要分布新元古界五道沟群变质砂岩及二叠系的石英砂岩；出露海西期花岗闪长岩；发育北东向和北西向及东西向次一级断裂构造。具有成矿条件	1个甲类综合异常	W异常分带清晰，浓集中心明显，强度高。元素组合为W-Bi-Mo-Au-Cu；As-Sb-Hg，显示环形分带特征。形成复杂组分富集场。磁法、重力推断酸性岩体。遥感推断环形和线性构造系统	B级
万宝 W-10	396	天山-兴蒙造山带。海沟-红太平金、铁、铜、铅、锌、银、钼、镍Ⅳ级成矿带	没有相应矿产分布	主要分布新元古界青龙村组黑云斜长片麻岩，侵入寒武系辉长岩类以及印支期、燕山期的花岗岩；北东向韧性剪切带及次一级断裂构造。具有一定的成矿条件	1个丙类综合异常	W异常呈二级分带。元素组合为W-Bi-Mo；As-Sb-Hg，空间上元素组合形成复杂组分富集场。磁法、重力推断酸性岩体。遥感推断环形和线性构造系统。注意岩浆热液型钨矿的寻找	C级
大蒲柴河 W-11	212	天山-兴蒙造山带。海沟-红太平金、铁、铜、铅、锌、银、钼、镍Ⅳ级成矿带	没有相应矿产分布	主要分布奥陶系二云斜长片麻岩，变粒岩，角闪岩，侵入岩以燕山期闪长岩为主。发育北西向断裂构造。具有一定的成矿条件	1个丙类综合异常	W异常呈清晰二级分带。元素组合为W-Bi-Mo；As-Sb-Hg，套合紧密，形成复杂组分富集场。磁法、重力推断酸性岩体。遥感推断环形和线性构造系统。注意岩浆热液型钨矿的寻找	C级
智新 W-12	263	百里坪岩浆弧。天宝山-开山屯铅、锌、金、镍、钼、铜Ⅳ级成矿区带	有金矿产分布	主要分布二叠系、白垩系大面积北东向积海西期花岗闪长岩；出露发育次一级断裂构造性剪切带及次一级断裂构造。具有一定的成矿条件	1个乙类异常	W异常具有清晰三级分带和较小的浓集中心，异常强度高，显示环形分带特征。元素组合为W-Bi-As-Sb，吻合性标志，是直接找钨程度较高。磁法、重力推断环形和线性构造特征。遥感推断岩浆热液型钨矿的寻找	C级

13. 稀土矿找矿预测区特征及综合评价

稀土矿找矿预测区特征及综合评价，具体见表6-3-13。

表 6-3-13　吉林省稀土矿地球化学找矿预测区综合评价

名称及编号	面积(km²)	所处成矿区(带)	区内或附近已知矿产	有利成矿条件	综合异常分布情况	地球化学及其他因素	评价结果
烟筒砬子 La-1	765	天山-兴蒙造山带-塔东弧盆。福安堡-塔东钼、铁、钨、铜、金、铅、锌、银Ⅳ级成矿区带	没有相应矿产分布	分布二叠系林西组砂岩、板岩；出露印支期闪长岩、海西期花岗岩及燕山期花岗岩；北西向的断裂构造发育	1个丙综合类异常	成矿元素 Th、Be 具有三级分带和浓集中心，规模大，强度高。Y 具有二级分带，规模较小，异常只显示外带，而 La 异常只显示外带，吻合程度高 Y、La、Th、Be	C级
天岗 La-2	471	天山-兴蒙造山带-塔东弧盆。福安堡-塔东钼、铁、钨、铜、金、铅、锌、银Ⅳ级成矿区带	没有相应矿产分布	分布大面积的支期、燕山期的花岗岩类。北东向、北西向的断裂构造发育。具备一定成矿条件	1个丙类综合异常	成矿元素 Y、La、Th、Be 具有清晰二级分带，异常强度不高。元素组合为 Y-Zr-Th-Be。其中，Th、Be 与 Y、Zr 吻合程度一般。磁法、重力推断酸性岩体	C级
漂河川北 La-3	347	敦密断裂带。红旗岭-漂河川镍、金、铜Ⅳ级成矿区带	没有相应矿产分布	分布燕山期二长花岗岩、闪长玢岩。有超岩石圈致密断裂穿过。具备成矿条件	1个丙类综合异常	主要成矿元素 Y、La、Th、Be 具有清晰二级分带，异常规模不大，强度较好。Y-La-Th-Be 吻合程度较好。磁法、重力推断酸性岩体	C级

续表 6-3-13

名称及编号	面积(km²)	所处成矿区(带)	区内或附近已知矿产	有利成矿条件	综合异常分布情况	地球化学及其他因素	评价结果
万宝 La-4	587	天山-兴蒙造山带。海沟-红太平金、铁、铜、铅、锌、银、钼、镍Ⅳ级成矿带	南侧分布安图东清独居石砂矿	出露大面积的印支期、燕山期的花岗岩；北西向韧性剪切带及次一级断裂构造。具有一定的成矿条件	1个乙类综合异常	主要成矿元素Y、La、Th、Be具有清晰二级分带。异常规模不大，强度不高。吻合程度不好。磁法、重力推断酸性岩体	C级
天宝山 La-5	564	天山-兴蒙造山带。汪清-珲春上叠裂陷盆地内。天宝山-开山屯铅、锌、铜、钼、金Ⅳ级成矿区带	没有相应矿产分布	分布大面积的燕山期花岗岩；北西向韧性剪切带及次一级断裂构造发育。具有一定的成矿条件	1个丙类综合异常	La、Th具有二级分带，Be只具外带。异常规模不大，强度不高。吻合程度较好。磁法、重力推断酸性岩体。遥感推断环形和线性构造系统	C级
白头山 La-6	781	华北东部地块、老爷岭坳陷盆地。营口-长白铅、锌、铁、金、银、铀、硼、菱镁矿、滑石Ⅳ级成矿带	没有相应矿产分布	主要分布长白山新生界碱性火山岩分布区。具有较好的成矿条件	1个乙类综合异常	La、Y、Zr、Th、Be吻合程度高，异常规模大，均具有三级分带和浓集中心。磁法、重力推断酸性岩体。遥感推断环形和线性构造系统	B级

总之，以上13个矿种的找矿预测区是扩大资源规模的重要预测区域。这些预测区建立在优良的成矿地质背景和成矿条件上，以典型矿床的地球化学找矿模型为强力支撑，在物探、遥感综合地质找矿理论指导下，一定会有重要的发现。

二、找矿靶区特征及综合评价

在预测矿种的地球化学找矿预测区内,主要依据1:5万化探异常和1:1万比例尺的土壤异常以及1:2000岩石异常分布特征进一步圈定找矿靶区。这些靶区异常查证效果比较显著,并有典型矿床地球化学找矿模型类比圈定未知区的预测靶区。靶区特征及综合评价,具体见表6-3-14。

表6-3-14 预测矿种找矿靶区一览表

矿种	所在找矿预测区	靶区	异常均值	离差	面积(km²)	异常查证	靶区范围	靶区评价
金矿	闹枝-刺猬沟找矿预测区	刺猬沟	25.2	1.13	36.90	1:5万水系测量,1:1万土壤测量。钻探二级查证。主要测试元素Au、Ag、Cu、Pb、Zn等	E129°58′58″~N43°21′54″ E130°01′47″~N43°21′24″ E129°58′42″~N43°15′45″ E129°56′49″~N43°16′39″	刺猬沟靶区为寻找刺猬沟金矿区外围及深部金矿提供工作目标
	闹枝-刺猬沟找矿预测区	闹枝	161.8	4.085	22.81	1:5万水系测量,1:1万土壤测量。钻探二级查证。主要测试元素Au、Ag、Cu、Pb、Zn等	E129°39′41″~N43°17′18″ E129°44′26″~N43°18′04″ E129°44′12″~N43°15′51″ E129°39′30″~N43°15′39″	闹枝靶区为寻找五凤金矿区外围及深部金矿提供工作目标
	五凤找矿预测区	五凤	233	3.78	27.38	1:5万水系测量,1:1万岩石测量。钻探二级查证。主要测试元素Au、Ag、Cu、Pb、Zn等	E129°17′40″~N43°03′00″ E129°23′02″~N43°03′57″ E129°22′43″~N43°01′19″ E129°17′49″~N43°01′26″	五凤靶区为寻找五凤金矿区外围及深部金矿提供工作目标
	小西南岔找矿预测区	小西南岔	112.1	1.466	43.21	1:2.5万水系测量,1:1万土壤测量、槽探三级查证。主要测试元素Au、Ag、Cu、Pb、Zn、W、Sn、Mo等	E130°57′41″~N43°16′40″ E131°00′28″~N43°16′08″ E130°55′49″~N43°10′33″ E130°53′23″~N43°11′14″	圈定的靶区为寻找小西南岔金铜矿区外围及深部金矿提供工作目标
	小西南岔找矿预测区	杨金沟	60.00	1.466	7.05	1:5万水系测量,1:1万土壤测量,探槽三级查证。主要测试元素Au、Ag、Cu、Pb、Zn、W、Sn、Mo等	E130°51′47″~N43°08′08″ E130°55′19″~N43°07′04″ E130°54′04″~N43°06′26″ E130°51′12″~N43°07′44″	圈定的靶区为寻找杨金沟金矿区外围及深部金矿提供工作目标

续表 6-3-14

矿种	所在找矿预测区	靶区	异常均值	离差	面积(km²)	异常查证	靶区范围	靶区评价
金矿	荒沟山—南岔找矿预测区	荒沟山	55.00	1.17	20.28	1:5万水系测量，1:1万土壤测量，1:1000岩石、槽探、深部钻探一级查证。主要测试元素 Au、Ag、Cu、Pb、Zn、W、Sn、Mo 等	E126°39′21″—N41°47′08″ E126°43′32″—N41°46′18″ E126°40′34″—N41°44′15″ E126°38′21″—N41°45′54″	圈定的靶区为寻找荒沟山矿区外围及深部金矿提供工作目标
	荒沟山—南岔找矿预测区	南岔外围	8.50	1.17	11.49	1:2.5万水系加密采样，1:1万土壤测量，地质填图，电法，土壤揭露，工程揭露 400米×20米。二级查证。主要测试元素 Au、Ag、Cu、Pb、Zn、Sb 等	E126°28′20″—N41°42′53″ E126°32′07″—N41°42′48″ E126°30′52″—N41°41′19″ E126°27′46″—N41°42′09″	圈定的靶区为寻找南岔金矿区外围及深部金矿提供工作目标
	头道－吉昌找矿预测区	头道川	110.6	0.57	44.48	1:5万水系加密采样，1:1万土壤测量，探槽三级查证	E126°35′06″—N43°29′44″ E126°06′36″—N43°28′06″ E126°01′55″—N43°24′21″ E125°59′17″—N43°26′04″	头道川靶区为寻找头道川金矿深部及深部金矿提供目标
	金城洞—木兰屯找矿预测区	和龙金城洞	32.35	0.61	16.11	1:5万水系测量，1:2万土壤测量，电法、磁法二级查证。主要测试元素 Au、Ag、Cu、Pb、Zn、Ni 等	E128°51′17″—N42°38′16″ E128°55′34″—N42°38′51″ E128°55′52″—N42°37′30″ E128°51′31″—N42°36′47″	和龙金城洞靶区为寻找金城洞外围及深部金矿提供目标
	石咀—官马找矿预测区	石咀镇	9.18	0.401	4.07	1:5万水系测量，1:2万土壤测量，探槽，地质填图，电法、磁法二级查证。主要测试元素 Au、Ag、Cu、Pb、Zn 等	E126°08′26″—N43°03′46″ E126°10′18″—N43°04′14″ E126°10′41″—N43°03′30″ E126°08′43″—N43°03′02″	石咀子镇靶区为在预测区内寻找海相火山岩型金矿提供目标

续表 6-3-14

矿种	所在找矿预测区	靶区	异常均值	离差	面积(km²)	异常查证	靶区范围	靶区评价
金矿	正岔-复兴找矿预测区	西岔-金厂沟	37.30	0.669	20.79	1:5万水系测量,1:2万土壤测量,探槽、地质填图、电法、磁法二级查证。主要测试元素 Au,Ag,Cu,Pb,Zn 等	E125°45′19″—N41°24′16″ E125°49′02″—N41°24′18″ E125°49′03″—N41°22′09″ E125°45′21″—N41°22′07″	该靶区为寻找西岔金矿床、金厂沟金矿床外围及深部金矿提供目标
	石咀找矿预测区	石咀	40.3	3.63	4.31	1:5万水系测量,1:1万土壤测量,槽探、钻探二级查证。主要测试元素 Au,Ag,Cu,Pb,Zn 等	E126°08′41″—N43°04′11″ E126°10′15″—N43°04′11″ E126°10′15″—N43°03′06″ E126°08′40″—N43°03′06″	可针对石咀铜矿床进行外围及深部找矿
	大梨树沟-红太平找矿预测区	红太平	37.5	5.30	6.12	1:5万水系测量,1:1万土壤测量,工程揭露二级查证。主要测试元素 Au,Ag,Cu,Pb,Zn 等	E129°32′52″—N43°34′55″ E129°34′53″—N43°34′54″ E129°34′36″—N43°33′39″ E129°33′00″—N43°33′29″	可针对红太平多金属矿床进行深部找矿
	六道沟-八道沟找矿预测区	六道沟	61.46	5.11	15.53	1:5万水系加密采样,1:1万土壤测量三级查证。主要测试元素 Au,Ag,Cu,Pb,Zn,W,Sn,Mo 等	E127°16′04″—N41°40′10″ E127°18′33″—N41°40′14″ E127°18′57″—N41°38′09″ E127°15′48″—N41°38′02″	可针对六道沟铜钼矿床外围及深部找矿
铜矿	大梨树沟-红太平找矿预测区	大梨树沟	37.5	5.30	2.23	1:5万水系测量,1:1万土壤测量三级查证。主要测试元素 Au,Ag,Cu,Pb,Zn,W,Sn,Mo 等	E129°18′52″—N43°33′19″ E129°20′15″—N43°33′26″ E129°20′24″—N43°32′51″ E129°18′55″—N43°32′43″	针对大梨树沟多金属矿床进行外围及深部找矿
	金城洞-木兰屯找矿预测区	金城洞	41.1	7.10	11.88	1:5万水系测量,1:2万土壤测量,探槽、地质填图、电法、磁法二级查证。主要测试元素 Au,Ag,Cu,Pb,Zn,Ni 等	E128°51′47″—N42°38′25″ E128°54′31″—N42°38′38″ E128°53′37″—N42°36′38″ E128°51′15″—N42°36′46″	针对金城洞金矿床的寻找及深部铜矿的寻找

续表 6-3-14

矿种	所在找矿预测区	靶区	异常均值	离差	面积(km²)	异常查证	靶区范围	靶区评价
铜矿	安口镇找矿预测区	安口镇	43.56	7.14	1.11	1:5万水系测量,1:1万土壤测量,工程揭露三级查证。主要测试元素 Au,Ag,Cu,Pb,Zn,Ni 等	E125°39′34″—N42°10′06″ E125°40′26″—N42°10′06″ E125°40′26″—N42°09′37″ E125°39′34″—N42°09′37″	可进行沉积变质型铜矿的寻找
铜矿	正岔-复兴找矿预测区	正岔	46.03	6.40	0.55	1:5万水系测量,1:2万土壤测量,电法、磁法查证,地质揭露,探槽。主要测试元素 Au,Ag,Cu,Pb,Zn,W,Sn,Mo 等	E125°48′56″—N41°25′35″ E125°49′31″—N41°25′35″ E125°49′31″—N41°25′16″ E125°48′56″—N41°25′16″	可进行岩浆热液型铜金矿的寻找
铜矿	大梨树沟-红太平找矿预测区	红太平	23.3	3.03	43	1:5万水系测量,1:1万土壤测量,工程揭露三级查证。主要测试元素 Au,Ag,Cu,Pb,Zn,W,Sn,Mo 等	E129°33′06″—N43°33′43″ E129°34′00″—N43°34′40″ E129°34′34″—N43°34′07″ E129°33′19″—N43°33′35″	可进行典型矿床外围及深部找矿
铜矿	大梨树沟-红太平找矿预测区	大梨树	23.3	3.03		1:5万水系测量,1:1万土壤测量,工程揭露三级查证。主要测试元素 Au,Ag,Cu,Pb,Zn,W,Sn,Mo 等	E129°19′07″—N43°33′57″ E129°21′24″—N43°33′40″ E129°21′32″—N43°32′52″ E129°18′52″—N43°32′55″	可进行典型矿床外围及深部找矿
铅矿	放牛沟找矿预测区	放牛沟	28.3	4.7	37	1:5万水系测量,1:1万土壤测量,槽探、钻探三级查证。主要测试元素 Au,Ag,Cu,Pb,Zn 等	E125°03′21″—N43°30′50″ E125°04′31″—N43°30′31″ E125°03′50″—N43°29′36″ E125°02′51″—N43°29′54″	可进行典型矿床外围及深部找矿
铅矿	荒沟山-南岔找矿预测区	荒沟山	77.9	6.89	66	1:5万水系测量,1:1万土壤测量,槽探、钻探三级查证。主要测试元素 Au,Ag,Cu,Pb,Zn,Sb 等	E126°41′27″—N41°47′59″ E126°42′59″—N41°47′04″ E126°41′03″—N41°45′27″ E126°39′44″—N41°46′49″	可进行典型矿床外围及深部找矿

续表 6-3-14

矿种	所在找矿预测区	靶区	异常均值	离差	面积(km²)	异常查证	靶区范围	靶区评价
铅矿	矿洞子-青石镇找矿预测区	郭家岭	60.4	7.39	55	1:5万水系测量,1:1万土壤测量三级查证。主要测试元素 Au、Ag、Cu、Pb、Zn、W、Sn、Mo 等	E126°15′09″—N41°10′58″ E126°18′19″—N41°12′28″ E126°16′26″—N41°09′31″ E126°17′57″—N41°10′26″	可进行典型矿床外围及深部找矿
铅矿	矿洞子-青石镇找矿预测区	阳岔	60.4	7.39		1:5万水系测量,1:1万土壤测量,工程揭露三级查证	E126°15′38″—N41°17′27″ E126°18′13″—N41°16′34″ E126°17′16″—N41°14′22″ E126°15′03″—N41°15′36″	可进行典型矿床外围找矿
铅矿	正岔-复兴找矿预测区	正岔	63.3	7.59	31	1:5万水系测量,1:1万土壤测量,工程揭露三级查证。主要测试元素 Au、Ag、Cu、Pb、Zn、W、Sn、Mo 等	E125°51′17″—N41°24′26″ E125°53′28″—N41°23′25″ E125°51′58″—N41°22′03″ E125°50′19″—N41°23′03″	可进行典型矿床外围及深部找矿
铅矿	大梨树沟-红太平找矿预测区	红太平	119.1	9.13	1.97	1:5万水系测量,1:1万土壤测量,工程揭露三级查证。主要测试元素 Au、Ag、Cu、Pb、Zn、W、Sn、Mo 等	E129°33′16″—N43°34′37″ E129°34′25″—N43°34′31″ E129°34′26″—N43°33′54″ E129°33′09″—N43°33′58″	可进行典型矿床外围找矿
锌矿	荒沟山-南岔找矿预测区	荒沟山	220.8	20.76	9.35	1:5万水系测量,1:1万土壤测量,槽探、钻探二级查证。主要测试元素 Au、Ag、Cu、Pb、Zn、W、Sn、Mo 等	E126°42′27″—N41°50′41″ E126°44′41″—N41°50′58″ E126°44′59″—N41°49′19″ E126°42′29″—N41°49′19″	可进行典型矿床外围找矿
锌矿	正岔-复兴找矿预测区	正岔	128.2	16.91	1.95	1:5万水系测量,1:1万土壤测量,工程揭露异常查证。主要测试元素 Au、Ag、Cu、Pb、Zn、W、Sn、Mo 等	E125°56′53″—N41°23′50″ E125°57′37″—N41°23′49″ E125°57′36″—N41°22′52″ E125°56′46″—N41°22′55″	可进行典型矿床外围及深部找矿

续表 6-3-14

矿种	所在找矿预测区	靶区	异常均值	离差	面积(km²)	异常查证	靶区范围	靶区评价
锌矿	矿洞子-青石镇找矿预测区	大青沟	168.0	21.3	8.33	1:5万水系测量,1:1万土壤测量,工程揭露三级查证	E126°15′14″—N41°19′34″ E126°16′11″—N41°19′40″ E126°17′06″—N41°17′16″ E126°15′28″—N41°17′11″	可为进行典型矿床外围找矿提供目标
锑矿	荒沟山-南岔找矿预测区	荒沟山	8.33	0.27	14.25	1:5万水系测量,1:1万土壤测量三级查证。主要测试元素 Au,Ag,Cu,Pb,Zn,Sb 等	E126°43′24″—N41°49′36″ E126°45′45″—N41°50′28″ E126°46′44″—N41°48′30″ E126°43′53″—N41°47′46″	可为寻找青沟子式锑矿提供目标
	荒沟山-南岔找矿预测区	青沟子	8.33	0.27	17.97	1:5万水系测量,1:1万土壤、槽探三级查证,钻孔深部控制	E126°50′02″—N41°51′43″ E126°52′32″—N41°52′16″ E126°53′28″—N41°49′48″ E126°49′58″—N41°49′41″	可进行典型矿床外围及深部找矿
钨矿	小西南岔-杨金沟找矿预测区	东沟	56.62	1.01	9.5	1:5万Ⅱ级或Ⅲ异常查证,1:1万土壤测量、槽探三级查证。主要测试元素 Au,Ag,Cu,Pb,Zn,W,Sn,Mo 等	E130°53′00″—N43°10′18″ E130°54′25″—N43°10′19″ E130°54′28″—N43°07′36″ E130°53′09″—N43°07′35″	可寻找杨金沟式钨矿提供目标
银矿	山门找矿预测区	山门	127	63	38	1:5万Ⅱ级或Ⅲ异常查证,1:1万地质图、土壤测量、槽探及钻探工程。测试元素 Ag,Au,Mo,Zn,Ni 等	E124°31′17″—N43°02′11″ E124°33′56″—N43°01′05″ E124°28′06″—N42°58′08″ E124°30′48″—N42°56′56″	为寻找热液充填银矿提供目标
	民主屯找矿预测区	民主屯	159	521	85	三级异常查证。采用1:5万水系、土壤测量、槽探方法。测试元素 Ag,Au,Cu,Zn,Bi,Hg 等	E126°02′52″—N43°26′15″ E126°12′48″—N43°26′15″	为寻找火山热液银矿提供目标
	西林河找矿预测区	西林河	173	108	42	Ⅲ级异常查证方法有1:5万水系及1:1万土壤测量。测试元素有 Au,Ag,Cu,Pb,Zn 等	E127°53′21″—N42°40′15″ E127°58′17″—N42°37′57″ E127°44′13″—N42°38′04″ E127°56′41″—N42°35′51″	寻找岩浆热液型银矿目标

续表 6-3-14

矿种	所在找矿预测区	靶区	异常均值	离差	面积(km²)	异常查证	靶区范围	靶区评价
银矿	百里坪找矿预测区	百里坪	177	68	68	Ⅲ级异常查证,方法有1:5万水系及1万土壤测量。测试元素有Au,Ag,Cu,Pb等	E128°50′25″—N42°20′14″ E128°54′42″—N42°14′07″	寻找岩浆热液改造型银矿提供目标
银矿	刘家堡子找矿预测区	刘家堡子	1.35 衬值	65	36	Ⅱ级-Ⅲ级异常查证。方法有1:5万水系及1:1万土壤测量及1:2000土壤测量。测试元素 Au,Ag,Cu,Pb,Zn,As,Sb	E126°17′53″—N41°55′15″ E126°23′01″—N41°52′36″ E126°41′06″—N41°55′55″ E126°46′00″—N41°53′36″	为寻找热液充填型银矿提供目标
银矿	西岔找矿预测区	西岔	1.24 衬值	65	20	Ⅱ级-Ⅲ级异常查证。方法有1:5万水系,1:1万土壤测量,槽探等。测试元素有 Au,Ag,Cu,Pb,Zn	E125°46′23″—N41°23′35″ E125°50′17″—N41°21′49″	为寻找岩浆热液改造型银矿提供目标
钼矿	季德屯找矿预测区	季德屯	1.37	0.804	45	1:1万土壤测量,测量结果圈出2个具有明显浓集中心的Mo异常,Mo矿体即浓集中心在异常圈内的地质背景即是赋矿二长花岗岩-石英闪长岩	E127°15′56″—N44°24′32″ E127°16′53″—N44°23′30″ E127°07′01″—N44°19′12″ E127°08′33″—N44°17′54″	为寻找斑岩型钼矿提供目标
钼矿	前撮落找矿预测区	大黑山	1.23	0.804	45	Ⅱ级-Ⅲ级土壤测量和岩石测量,槽探方法。测试元素 Ag,Au,Cu,Zn,Bi,Hg	E126°16′15″—N43°30′59″ E126°21′51″—N43°27′42″	为寻找斑岩型钼矿提供目标
钼矿	刘生店找矿预测区	刘生店	1.28	1.222	24	1:1万土壤地球化学场中,Mo富集强烈,异常圈绕矿体呈带状韵律分布,具有明显的浓集中心,对钼矿体积极支撑	E128°15′17″—N43°02′37″ E128°19′50″—N43°00′36″	为寻找斑岩型钼矿提供目标
钼矿	天宝山镇找矿预测区	天宝山	1.28	1.222	24	1:1万土壤测量,测量结果显示,Cu,Pb,Zn,Mo异常重现性好,呈带状分布,具有明显的分带性和较强的浓集中心,空间套合紧密	E128°57′56″—N42°58′28″ E129°01′53″—N42°56′01″	为寻找斑岩型钼矿提供目标

续表 6-3-14

矿种	所在找矿预测区	靶区	异常均值	离差	面积(km²)	异常查证	靶区范围	靶区评价
镍矿	红旗岭镇找矿预测区	红旗岭	36	17.39	35	Ⅲ级异常查证,采用1:5万水系、土壤测量,1:1万的地电化学测量,槽探方法。测试元素 Cu、Ni、Co、Cr、Ag 等	E126°22′03″—N42°54′47″ E126°27′44″—N42°52′28″	为寻找岩浆熔离－贯入型镍矿提供目标
镍矿	通化县找矿预测区	赤柏松	30	28.19	28	Ⅲ级异常查证,采用1:5万水系、土壤测量,槽探方法。测试元素 Ag、Au、Cu、Bi、W、Ni 等	E125°38′05″—N41°39′13″ E125°43′14″—N41°41′17″ E125°44′03″—N41°39′52″ E125°39′09″—N41°37′50″	为寻找岩浆熔离－贯入型镍矿提供目标

第四节 综合评价成果应用

吉林省化探专题共研究了金、银、铜、铅、锌、镍、钼、钨、锑、稀土、铬、硼、萤石13个矿种,编制了13个矿种的综合异常图和找矿预测图。结合成矿区带,成矿地质背景、条件,矿产分布特征,对13个矿种进行综合评价。同时建立了各矿种典型矿床地球化学找矿模型,为成矿规律研究及成矿预测提供重要依据。也为储量核查、吉南地区找矿战略规划、主要成矿带成矿规律研究、和龙六颗松铜镍矿国家基金项目以及大川地区稀有稀土矿产远景调查项目的设立提供了综合评价成果。具体如下。

(1)为成矿规律研究提供了13个矿种的区域地球化学异常图、组合异常图、综合异常图;预测工作区的元素地球化学异常图、组合异常图、综合异常图,以及相应的评价成果。

(2)为成矿预测提供各矿种找矿预测区图、最小预测区图(靶区图),为各矿种储量预测提供必要依据。

(3)为典型矿床综合研究提供1:20万区域地球化学异常图、1:5万典型矿床地球化学异常图和大比例尺的土壤、岩石异常剖面图;典型矿床地球化学异常模式图及相应评价。

(4)为吉林省储量核查提供典型矿床地球化学资料,包括成矿元素异常特征、分布范围、分布规律等。及时巩固储量核查的地球化学依据。

(5)为吉南地区找矿战略规划提供金、银、铜、铅、锌、镍、钼、钨、锑等主要元素的地球化学异常分布特征和成果评价。确保项目的顺利建立。

(6)提供主要成矿区(带),如红旗岭-漂河川成矿带、夹皮沟-金城洞成矿带、小西南岔成矿带金、银、铜、铅、锌、镍等主要成矿元素的剖析图,综合异常分布特征以及综合异常场与矿产的响应结果等评价成果。

(7)为和龙六颗松铜镍矿国家基金项目以及大川地区稀有稀土矿产远景调查项目的立项工作提供Cu、Ni、Nb、Ta、Y、Be相关异常图件和评价结果,使得所建项目得以实施。

(8)为吉林省矿权维护提供化探支撑。

总之,潜力评价化探成果已及时准确地应用到本省各项工作当中,并已通过实践证明,潜力评价化探专题的各项研究成果具有一定价值,应用效果比较显著,值得信赖。为后续找矿预测工作提供更大的技术支撑。

第七章 结论与建议

第一节 主要结论

（1）吉林省矿产资源潜力评价化探评价的矿种有 13 种，即 Au、Cu、Pb、Zn、Ag、Ni、Mo、W、Sb、Cr、B、稀土、萤石。共编制了省级图件 129 张，包括地球化学工作程度图，地球化学景观图，39 种元素地球化学图，39 种元素地球化学异常图，地球化学组合异常图、地球化学综合异常图、地球化学找矿预测图。其中，建库图件 107 张。

预测工作区 97 个（金矿 30 个；铜矿 23 个；银矿 9 个；镍矿 9；铅锌矿 8 个；钼矿 7 个；铬铁矿 3 个；萤石矿 3 个；锑矿 2 个，钨矿、稀土矿、硼矿各 1 个）。图件共编制 1209 张，包括地球化学图、地球化学异常图、地球化学组合异常图、地球化学综合异常图、地球化学找矿预测图。其中，建库图件 898 张。

典型矿床编制了 74 张图件，主要为典型矿床剖析图。

为了更好地展现与诠释异常的分布特征，在评价过程中结合了元素的衬值异常分布规律。对本省存在典型矿床而主成矿元素异常表现较弱的工作区，通过对比研究，就能够较好地展示出异常的存在，从而进行解译与评价。

（2）地球化学基础图件的制作是对本省 13 个预测矿种地球化学研究的全面总结。通过深入细致的解译评价，并结合矿产分布特征，不但使我们对全省主要成矿元素 Au、Ag、Cu、Pb、Zn、Ni、Mo、Cr、B、F 在地球化学场中的分布分配规律有了全面的了解与掌握，而且可以全面展示元素异常与成矿的内在联系。

（3）综合异常图和找矿预测图是最主要的成果图件。在圈定综合异常图和找矿预测图时充分考虑了不同的成矿地质背景、条件，不同的异常源特征，以及矿致岩浆系统的控制因素。这样可以更深层次向我们揭示元素在不同地质背景、地质条件作用中迁移、富集过程，从而依据元素在空间形成的叠加地球化学场，为地球化学找矿预测提供重要依据。

13 个预测矿种共圈定综合异常 357 个。具体如下。

金矿综合异常 53 个，其中，甲级 19 个，乙级 11 个，丙级 23 个。

铜矿综合异常 37 个，其中，甲级 9 个，乙级 15 个，丙级 13 个。

铅矿综合异常 45 个，其中，甲级 6 个，乙级 5 个，丙级 34 个。

锌矿综合异常 18 个，其中，甲级 3 个，乙级 4 个，丙级 11 个。

锑矿综合异常 30 个，其中，甲级 2 个，乙级 6 个，丙级 22 个。

钨矿综合异常 31 个，其中，甲级 2 个，乙级 4 个，丙级 25 个。

稀土矿综合异常 16 个，其中，乙级 3 个，丙级 13 个。

银矿综合异常 32 个，其中，甲级 3 个，乙级 8 个，丙级 21 个。

镍矿综合异常 26 个，其中，甲级 5 个，丙级 21 个。

钼矿综合异常 21 个,其中,甲级 5 个,乙级 3 个,丙级 13 个。
铬铁矿综合异常 27 个,其中,甲级 3 个,乙级 2 个,丙级 22 个。
硼矿综合异常 7 个,其中,甲级 1 个,乙级 1 个,丙级 5 个。
萤石综合异常 14 个,其中,甲级 1 个,乙级 1 个,丙级 12 个。
依据综合异常和预测矿种,共圈定找矿预测区 168 个。具体如下。
金矿找矿预测区 33 个,其中,A 级 5 个,B 级 13 个,C 级 15 个。
铜矿找矿预测区 28 个,其中,A 级 2 个,B 级 7 个,C 级 19 个。
铅矿找矿预测区 12 个,其中,A 级 1 个,B 级 6 个,C 级 5 个。
锌矿找矿预测区 12 个,其中,A 级 1 个,B 级 6 个,C 级 5 个。
锑矿找矿预测区 7 个,其中,B 级 2 个,C 级 5 个。
钨矿找矿预测区 12 个,其中,B 级 3 个,C 级 9 个。
稀土矿找矿预测区 6 个,其中,B 级 1 个,C 级 5 个。
银矿找矿预测区 17 个,其中,A 级 2 个,B 级 4 个,C 级 11 个。
镍矿找矿预测区 13 个,其中,A 级 2 个,B 级 1 个,C 级 10 个。
钼矿找矿预测区 16 个,其中,A 级 2 个,B 级 2 个,C 级 12 个。
铬铁矿找矿预测区 3 个,均为 C 级。
硼矿找矿预测区 4 个,B 级 1 个,C 级 3 个。
萤石找矿预测区 5 个,均为 C 级。
13 个预测矿种共圈定找矿靶区 44 个。具体如下。
金矿找矿靶区 11 个。
铜矿找矿靶区 7 个。
铅矿找矿靶区 7 个。
锌矿找矿靶区 4 个。
锑矿找矿靶区 2 个。
钨矿找矿靶区 1 个。
银矿找矿靶区 6 个。
镍矿找矿靶区 2 个。
钼矿找矿靶区 4 个。

(4)1∶5 万化探数据在预测工作区的应用,更有效准确地展示元素在区域上的分布分配规律,全面总结地球化学找矿标志。并依据 1∶5 万主要成矿元素化探异常以及土壤、岩石资料,在找矿远景区进一步圈定找矿靶区。

(5)典型矿床地球化学找矿模型的建立是此次评价工作另一重要成果。通过建立异常模式,就可以对矿区外围乃至周边地区具有相同或相似地质、地球化学特征的区域进行类比预测,使找矿目标更具体,效果更显著。

(5)本次针对预测矿种的预测工作充分应用了物探、遥感研究成果,使找矿预测区更具有科学性,实效性,避免了因成矿元素异常的高、大、全造成的过大面积的预测。此外,萤石矿的预测应用了重砂成果,在 F 异常分布较差的条件下,根据萤石重砂异常的分布特征,进一步圈定了萤石找矿预测区。

(6)本次工作数据和图件都由计算机处理,相关地球化学图件都进行了属性挂接,这使工作效率更高、更便捷、成果更完整。

(7)本次工作通过各专业的相互配合,取长补短,使得本专题对元素异常解释与评价的综合性研究得到明显加强。可以说这是本次工作取得的又一重要成果。

第二节　问题与建议

（1）潜力评价工作任务繁重，虽经过多次修改，但一些工作仍存在许多缺陷，有待在以后的常态化工作中进一步研究和改进。

（2）地球化学数据的处理是个大问题，尤其是系统误差的调平以及元素异常下限的择取。如何根据本省元素的实际分布态势，选择更有效的处理方法，进而更多地汲取异常信息，需要在实践中更深入研究。

（3）1∶5万化探资料搜集艰难，只有一部分可以利用，难以覆盖整个工作区域。利用1∶20万化探数据进行补充，使得预测精度受到影响。

（4）土壤、岩石化探数据缺少，使得异常评价、找矿预测以及典型矿床找矿模型建立受到一定的影响。

（5）由于本次成图按规定需要采用原始值而非衬值。因此，成图以后有一些弱小异常被掩盖而没有显现出来，甚至在典型矿床存在的地方，其主要成矿元素异常经常呈现弱势，这给异常解译带来困难。

（6）实践证明，利用水系沉积物测量数据来研究区域地球化学元素的分布分配规律是可行的。虽然不同区域水系介质中各元素的迁移能力有差异，而且水系中的含量与土壤和基岩相比有高有低，但元素的总体变化规律没有改变，也就是说元素在地球化学介质中分布专属性依然存在。所以，仅仅把化探异常作为一种传统的找矿手段是不够的，应更深一步在区域地球化学理论、基础地质研究和成矿定量预测方面开发利用。

主要参考文献

朴清龙,1993.吉林省 1∶20 万区域化探一些矿致异常的分散模式[J].吉林地质(1):16-25.
阮天健,朱有光,1988.地球化学找矿[M].北京:地质出版社.
松权衡,李景波,于城,等,2002.白山市大横路铜钴矿床找矿地球化学模式[J].吉林地质.21(1-2):56-64.
陶文宏,1997.吉林省荒沟山金矿床地球化学找矿模型[J].吉林地质,16(3):27-30.
西北大学地质系矿物教研室,1978.矿物学[M].北京:地质出版社.
袁见齐,朱上庆,翟裕生.1979.矿床学[M].北京:地质出版社.